KB033308

북조선인의 탄생

-주체교육의 형성-

북조선인의 탄생 –주체교육의 형성–

초판 1쇄 발행 2020년 8월 25일

지은이 | 김경욱
펴낸이 | 윤관백
펴낸곳 | 도서출판 선인

등 록 | 제5-77호(1998.11.4)
주 소 | 서울시 마포구 마포대로4다길 4(마포동 324-1) 곶마루빌딩 1층
전 화 | 02)718-6252 / 6257
팩 스 | 02)718-6253
E-mail | sunin72@chol.com
Homepage | www.suninbook.com

값 58,000원

ISBN 979-11-6068-397-4 93370

· 잘못된 책은 바꿔 드립니다.

북조선인의 탄생

-주체교육의 형성-

김 경 욱

책을 내며

이 책은 내가 북한대학원 대학교에서 받은 박사학위 논문인 「북한 교육교양의 원형에 대한 연구－천리마시대(1956-1972)를 중심으로－」를 책으로 엮어 낸 것이다. 나는 이 논문을 쓰면서 나와 거의 동시대를 학령기로 보낸 사람들이 나와 비슷한 경로로 대한민국인(한국인)으로 구성되었고 북한에서는 다른 경로로 북조선인으로 구성되었다는 확신을 갖게 되었다. 내 삶 자체가 이 논문을 쓸 때 일종의 거울역할을 했다고 볼 수 있다. 박정희 시대(1962~1979)에 청소년기 전체를 바친 사람이 자신의 청소년시절을 반추하면서 남과 북을 비교할 수 있는, 내 자신의 거울이 없었다면 이 작업이 쉽지 않았을 것이다. 그리고 또한 전두환 시절부터 박근혜 시대까지 윤리도덕교사를 하면서 그 교직생활 내내 30여년간 통일을 화두로 삼고 살지 않았다면 탄생하기 어려운 논문이었다고 생각한다.

나는 이승만 시대에 태어났고 내 학창시절 전체를 통째로 지배한 것은 박정희의 사상이었다. 박정희정권에 의해 나는 철저하게 반공반북교육을 받고 자랐다. 그리고 전두환, 노태우, 김영삼, 김대중, 노무현, 이명박, 박근혜 시대에 고등학교에서 윤리를 학생들을 가르쳤다. 1983년에 고등학교에서 윤리를 가르칠 때 반공반북교육을 했음에도 불구하고 나는 전혀 내적 갈등을 느끼지 않았다. 나에게는 북한은 타도의 대상이었을 뿐이다. 이러한 나의 생각에 심한 균열이 생기고 통일문제가 우리 시대의 절대적 과제라는 것을 깨닫게 된 것은 폭도들의 내란정도로만 알았던 광주항쟁에 대한 진실을 알게 된 이후부터다. 내가 반공반북교육을 받은 것도 학생들에게 여과 없이 반공반북교육을 한 것도 결국은 남북 대치상황이 만든 것이고, 우리 사회의 모든 부조리가 분단과 남북의 대치상황에서 오게 되는 것이라는 것을 깨닫게 되었다. 나는 교사로서 반공반북교육을 평화통일교육으로 바꿔야 한다는 생각을 하게 되었다.

김대중정권 수립 이후 남과 북의 교류가 많아지면서 학생들에게 평화통일 교육을 할 수 있는 여지가 생겨났다. 그러나 남북의 대치상황이 강화될수록 학생들은 통일에 대한 관심이 멀어지게 되었다. 이명박, 박근혜정권의 대북정책으로 인해 통일교육은 풍부해질 수도 없고 한 단계 더 나아갈 수도 없게 되었다. 결과적으로 도덕윤리 교사들도 통일 문제를 다루는 것을 기피했다. 학생들도 통일이나 북한에 대한 관심을 잃어버렸다. 그렇지만 나에게는 김대중정권에 의해 활성화된 남북교류와 평화의 분위기가 잠시 멈추었을 뿐 그렇게 오래 갈 것으로 보이지 않았다.

나는 이명박, 박근혜 정부에 의해 거의 통일교육이 불가능해진 학교현장과 어느 정도 거리를 두고 북한 교육을 깊이 파고 들어가 보기로 하였다. 그 유일한 길은 북한대학원이었다. 석사, 박사과정을 밟으면서 겉으로 쉽게 드러나는 북한 교육의 내용과 사회적 맥락을 넘어 좀 더 구조적으로 자세히 파악해 보고자 하였다. 나 자신이 학생들을 가르치면서 풀리지 않았던 의문들을 스스로 풀어봐야겠다고 다짐하였다. 그리고 더 거창한 생각도 하였다. 통일을 준비하고 남북교류가 활성화되면 교육교류를 해야 하는데 북한의 교육을 모르면서 부문별 교류를 하게 되면 형식적인 교류밖에 될 수 없다, 함께 노래 부르고 행사에 참여하고 지원하는 것으로는 마음의 교류가 일어날 수 없다, 남과 북이 교류협력을 강화하면서 통일문화·통일교육의 틀을 만들어 가기 위해서는 북한 교육을 현재보다 더욱 깊이 있게 잘 알아야 한다, 일종의 북한 바로 알기 운동이 부문별로 심화된 형태로 진행되어야 한다, 어차피 통일을 준비하는 과정에서 누군가는 해야 할 일이라고 생각하였다.

그런데 내가 북한교육을 이해하려는 데 큰 난관이 있었다. 그것은 내가 아무리 상상력을 동원해도 궁극적으로는 북한주민들에 대해 이해할 수 없었다는 사실에 있다. '고난의 행군' 시기의 모습을 담은 영상들을 통해 알게 된 북한의 실상과, 김일성과 김정일의 죽음을 대하는 북한 사람들의 모습은 도저히 이해할 수 없었다. 그러나 나는 도저히 이해할 수 없는 북한적 현상을 반드시 이해해야 되겠다고 마음먹었다. 북한적 현상을 혐오하거나 비판하기 전에 북한 사람들이 어떤 식으로 얼마나 철저히 교육을 받았기에 저렇게 될 수 있을까를 이해하려고 마음먹었다는 뜻이다.

이를 위해서 북한주민의 인간성 형성과정을 체계적으로 보여주는 북한의 교육사를 철저하게 파고들어야겠다는 생각을 하였다. 북한의 교육사를 철저하게 파고들기 위해서는 우리나라나 북한에서 소개되고 있는 도식적인 북한 교육사를 좀 더 객관적으로 역동적이며 좀 더 미시적으로 탐구해서 북한의 주체사상이 종교화되는 과정을 새롭게 써보려고 했지만, 그 과정에서 북한교육의 원형을 찾는 게 우선과제가 되어야 함을 알게 되었다. 제3자의 눈으로는 도저히 이해하기가 쉽지 않은 북한사람들을 어떻게 하면 이해할 수 있을까 하는 생각은 결국 북한의 주체사상이 어떤 경로로 종교화되었는가에 대한 탐구로 나를 인도하였다. 이 과정 중에 북한에서 지도자에 대한 숭배사상이 일관적, 지속적으로 심화되고 미묘한 변화가 계속되는 데에는 주체사상의 종교화가 밀접하게 연관되어 있음을 다시 한번 알게 되었다. 따라서 북한 사람들을 이해하려면 주체사상의 종교화과정을 미세한 부분까지 추적해야 하는 것이라고 생각하게 되었다.

그러다가 이러한 탐구 과정에서 우연히 발견한 '주체확립과 혁명적 군중노선'이라는 말이야말로 내 고민을 해결할 수 있는 핵심어라는 사실을 알게 되었다. 나는 이 핵심어를 가지고 북한의 사상적 변천과정을 펠 수 있다는 생각이 들었다. 한때 북한에서 하나로 묶어 쓰였던 '주체확립과 혁명적 군중노선'은 이제는 '주체확립'이나 '혁명적 군중노선'이라는 말로 나뉘어 사용되고 있는 것을 알아냈다. 어찌 보면 북한마저 이 두 가지 말이 본래는 하나였고 이 노선이 바로 주체사상의 원형이라는 사실은 잊고 있는 것 같았다. 아마 북한에서도 수령론, 후계자론이 부각되고 주체사상을 체계화하는 과정에서 주체철학을 앞세우게 되면서 '주체확립과 혁명적 군중노선'이 주체사상의 원형이었다는 것이 자연스럽게 잊히거나 무시된 것이 아닐까 하는 생각이 들었다. 나는 망각에 싸인 대한민국에서의 나의 세월을 망각에서 들춰내면서, 나의 인간성이 형성되는 과정을 반추하면서 이 '주체확립과 혁명적 군중노선'이라는 말을 통해 북한 사람들의 망각의 세월을 들춰내고자 하였다. 북한 사람들이 기회 있을 때마다 호명하고 있지만 실체는 숨겨져 있는 것처럼 보이는 이 망각의 시기는 바로 이 책에서 명명한 천리마시대라고 할 수 있다.

1945년 분단 이후 일정기간 동안은 남과 북의 체제가 다르다고 할지라도 인간성 자체는 크게 변화하지 않았다고 생각된다. 분단의식도 그렇게 심화된 것은 아니었다고 할 수 있다. 남과 북은 한국전쟁을 통해서 서로 간에 적개심을 키우기는 했지만 민족성 자체가 변한 것은 아니었다. 즉 남과 북은 체제가 다를 뿐 사람마저 다르지는 않았을 것이라는 게 필자의 추측이다. 남북분단과 한국전쟁을 겪으면서도 남북한의 정치사상적 차이는 있을지 모르지만 인간성은 크게 바뀌지 않았으리라 생각된다. 그러나 이승만과 김일성이 대립하던 시기에 약간의 균열이 있던 남북한 사람들의 인간성은 김일성과 박정희가 대립하던 시기에 완전히 바뀌게 된다.

대한민국인(한국인)과 북조선인으로 결정적으로 갈라진 시기가 바로 천리마시대인 것이다. 이 책은 남과 북의 영토의 분단, 사상의 분단, 체제의 분단을 넘어서서 결정적으로 인간이 분단된 시기를 연구한 것이다. 남과 북은 거의 동일한 시기에 서로 다른 인간을 만들어 냈다. 한국인과 북조선인이 탄생한 것이다. 이렇게 인간적으로 분단된 상황이 오래 되었기 때문에 한국인인 나는 북한주민들의 인간성(원형) 형성과정을 알게 되면 북한 사람들을 이해하는 데 큰 도움이 되리라 생각하였다. 중립적 관찰자로서 내가 북한 사람들에 대해 북한 사람들보다 더 잘 이해하게 될 수도 있기를 바라는 마음마저 갖게 되었다. 또한 이 책이 남과 북의 상호 만남과 이해, 평화적 교류와 협력에 도움이 될 수 있겠다는 바람도 갖게 되었다. 그래서 아무쪼록 이 책이 대한민국인과 북조선인들이 서로서로 자신을 돌아볼 수 있는 거울이 될 수 있기를 바란다.

이 책은 남과 북이 만날 수 있는 길을 모색하는 과정에서 나온 것이다.
이 책은 필자가 불가능한 것처럼 보이는 곳에서 가능한 길을 찾아가는 돈키호테식 인생관을 가지지 않았다면 나올 수 없었다.
이 책은 참고 기다려준 필자의 아내의 기다림이 없이는 불가능했을 것이다.
이 책은 이대로 가다가는 분단되고 갑갑한 세상을 넘겨받을 자식을 바라보는 내 마음이 없었다면 불가능했을 것이다.
이 책은 분단의 아픔을 가슴에 새기지 않았다면 통일에 대한 염원이 없었다면 나올 수 없었다.
이 책은 6 · 15 공동선언이 없었다면, 6 · 15 공동선언의 산물인 북한대학원이 없었으면 나올 수 없었다.
이 책은 남과 북이 서로 잡아당기는 흡인력을 벗어나려는 나의 초월의지가 없었다면 나올 수 없었다.

통일교육의 길을 찾는 교사들에게 이 책을 바칩니다.

길 없는 길을 찾아갔던 모든 모험가와 그 길을 찾아가고 있는 모든 선각자들에게 바칩니다.

내 논문을 멋진 책으로 만들어주신 북한학 출판의 개척자인 선인출판사에 감사드립니다.

이 책의 원본인 제 방대한 박사학위논문은 교수님들의 조언이 없었다면 출판할 정도로 풍부한 내용을 갖추지 못했을 것입니다. 조언을 아낌없이 해 주신 이우영, 양무진, 조정아, 신현숙, 구갑우 교수님께 감사드립니다.

저에게 끝까지 용기를 불어 넣어주신 교수님들과 특히 거의 10개월간 지속적으로 저에게 조언을 해주신 구갑우 교수님께 다시 한번 감사드립니다.

2020년 7월

저자

차 례

책을 내며 _5

제1장 천리마시대의 교육교양 _15

제1절 천리마시대란 어느 시기인가 17
제2절 천리마시대 교육교양 연구의 중요성 26
제3절 천리마시대 교육교양에 대한 새로운 연구의 필요성 32
제4절 북한을 총체적으로 알기 위한 방법론적 다원주의 44
제5절 이 글의 한계와 과제 53

제2장 북한 사회주의체제 원형의 형성 _57

제1절 주체확립과 혁명적 군중노선 62
제2절 천리마작업반운동 98
제3절 낡은 리더십과 새로운 리더십 128
제4절 청산리방법과 대안의 사업체계 153
제5절 인민적 사업작풍 191
제6절 수령제: 공산주의와 지도자숭배 210

제3장 북한 사회주의교육교양의 원형형성과 변용 _227

제1절 교육적 인간상과 천리마기수 232
제2절 교육교양방법과 청산리방법 246
제3절 북한 사회주의교육교양의 변용 282

제4장 교육교양내용 _311

제1절 혁명가가 되어야 한다: 혁명화 318
제2절 계급으로서의 노동자가 되어야 한다: 노동계급화 342
제3절 산지식인이 되어야 한다 364
제4절 집단주의자가 되어야 한다: 집단주의교양 384
제5절 애국자가 되어야 한다: 사회주의애국 주의교양 431
제6절 도덕적 인간이 되어야 한다: 사회주의 생활양식교양 436

제5장 교육교양방법 _457

제1절 서사교육 464
제2절 설복과 교양 485
제3절 거점, 순례, 행사, 의례를 통한 교양 506
제4절 노동을 통한 교양 513
제5절 실습, 실험, 연습 528
제6절 모범분단, 천리마학급, 천리마학교 535
제7절 교과외활동과 자체학습 549
제8절 자체수양 566

第6장 '북조선인'의 탄생과 관점 전환 _585

제1절 정체성과 관점전환 589
제2절 북한 사회주의교육교양의 한계와 모순 598
제3절 '북조선인'의 탄생과 변용 658

第7장 교육은 인간을 얼마나 변화시킬 수 있는가 _687

참고문헌 _697
찾아보기 _712

표 차례

〈표 1-1〉 천리마시대 북한체제의 모형 52
〈표 1-2〉 천리마시대 주체사상의 체계 52
〈표 2-1〉 문덕군 마산농업협동조합 제3작업반 포전선전실의 5일간 선전실 운영계획서 127
〈표 5-1〉 생산노동 지도안 530
〈표 5-2〉 실습 시간표 531
〈표 5-3〉 년간 체육 대회 기준 지표(인민학교) 562
〈표 6-1〉 인민학교 1~3학년의 동무 선택 관계 605
〈표 6-2〉 인민학교 3, 4학년과 고등중학교 1, 2학년의 동무 선택 관계 605

제 1 장

천리마시대의 교육교양

제1절 천리마시대란 어느 시기인가

이 글의 목적은 천리마시대(1956~1973)에 북한 체제의 원형과 북한 사회주의교육교양의 원형이 만들어졌으며 그 결과로서 '북조선인'의 원형이 탄생했음을 밝히는 것이다.

'천리마시대'란 용어는 북한에서 발행된 역사책에서 시대를 규정하는 명칭으로 쓰이지는 않는다. 그렇다고 필자가 자의적으로 정한 명칭은 아니다. 1960년 8월 22일 '전국천리마작업반운동선구자대회'에서 김일성이 스스로 명명한 것이기도 하고, 같은 해 11월 27일에는 작가, 작곡가, 영화부문 일꾼들과의 담화에서 '천리마시대에 맞는 문학예술을 창조하자'라는 제목의 연설을 함으로써 공식화했기 때문이다. 그에 따라 천리마시대라는 말은 당시의 북한 주민들이 활용한 용어이기도 했다. 김일성 자신이나 북한의 출판물에도 한때 천리마시대라고 했던 것을 보면 이러한 시대규정이 적절하다고 보인다.[1)]

북한의 천리마운동은 1956년 12월에 시작되어 3대혁명소조운동이 일어나게 되는 1973년 2월 전까지 북한을 대표하는 군중운동이었다. 천리마시대는 다시 소시기로 나눌 수 있지만, 모든 시기에 걸쳐 공통적으로 나타나는 대중운동인 천리마운동을 차용하여 이 시기를 천리마시대로

---

1) "동무들은 자랑찬 천리마시대의 참다운 주인공들로서 전체 인민의 무한한 사랑을 받고있으며 훌륭한 행동과 특출한 업적으로써 모든 사람들을 감동시키고있으며 무한히 고무하고있습니다." 김일성, '천리마기수들은 우리 시대의 영웅이며 당의 붉은 전사이다(전국천리마작업반운동선구자대회에서 한 연설, 1960. 8. 22),' 『김일성저작집14권』(조선로동당출판사, 1981), 255쪽. "천리마시대에 맞는 문학예술을 창조하자(1960. 11. 27)」, 『김일성전집』(평양: 조선로동당출판사, 1999), 277~294쪽.

명명한 것이다. 만약 이런 식으로 대중운동을 중심으로 해서 북한의 시대를 규정해 보면, 토지개혁이 끝난 직후 건국사상총동원운동이 벌어진 1946년 11월부터 1948년까지의 시기는 건국사상총동원시대로 명명할 수 있고, 그 다음 전쟁복구 이후부터 70년대 초반까지는 천리마시대라 할 수 있을 것이다.

천리마시대를 다시 천리마운동의 변화과정에 의거해서 보면 크게 3시기로 나누어 볼 수 있다. 제1시기는 천리마운동이 시작된 1956년부터 1960년 8월 '천리마작업반운동선구자대회' 이전까지, 제2시기는 1960년 8월의 '천리마작업반운동선구자대회' 이후부터 1968년 '제2차천리마작업반운동선구자대회' 이전까지, 마지막으로 제3시기는 '제2차천리마작업반운동선구자대회'부터 1974년 3대혁명붉은기쟁취운동으로 대체될 때까지의 시기이다.[2)]

1956년 천리마운동이 시작된 지 1년 8개월만인 1958년 8월에 농업협동화와 개인상공업의 사회주의적 개조가 완성되었다. 이 과정에서 소위 천리마속도가 탄생했다. 그러나 제1시기의 천리마운동은 기술혁신, 노력동원에 있어 효과가 있었으나 사회주의사회에는 적합하지 않았다.

제2시기는 1960년 8월에 있었던 '천리마작업반운동선구자대회'부터 1968년 제2차 천리마작업반운동 선구자대회 이전까지의 시기이다. 김일성은 사회주의를 전면적으로 건설하고 공산주의사회를 만들려면 생산력 발전만으로는 안 되고 그것을 밑받침해주는 공산주의적인 인간개조가 더 시급하다고 생각했다. 그것을 분명히 한 것은 1958년 11월 전국 시, 군 당위원회 선동원들을 위한 강습회에서 한 연설 「공산주의교양에 대하여」에서였다. 그리고 이를 위해 1959년 2월 다시 강선제강소를 찾아

2) 이러한 시기 구분은 북한 측 자료에서 쉽게 볼 수 있다. 『백과전서 4』(평양: 과학, 백과사전 출판사, 1983), 945쪽 참조.

가 천리마작업반운동을 일으켰다. 천리마운동에서 천리마작업반운동으로 변화된 것이다. 천리마운동은 '천리마작업반운동선구자대회' 이후 경제뿐만 아니라 교육분야 등 모든 분야로 급속도로 확산되었다. 이 시기에 평양속도, 비날론속도가 창조되었다.

김일성은 1960년 2월 청산리와 강서군을 현지지도하여 청산리정신, 청산리방법을 창조하였다고 한다. 청산리총회에서 한 연설 「사회주의적 농촌경리의 정확한 운영을 위하여」, 강서군당위원회 전원회의에서 한 연설 「새 환경에 맞게 군당단체의 사업방법을 개선할 데 대하여」, 당중앙위원회 상무위원회 확대회의에서 한 연설 「강서군당사업지도에서 얻은 교훈에 대하여」를 통하여 청산리정신, 청산리방법을 창조한 것이다. 이러한 청산리정신, 청산리방법을 경제지도 관리에 적용하고 구체화시킨 것이 지배인유일관리제를 없애고 당위원회의 집체적 지도로 교체한 '대안의 사업체계'다. 대안의 사업체계가 현장에 확대되면서 천리마작업반운동도 더욱 확대되고 강화되었다고 한다.

그런데 천리마운동의 제2시기는 당중앙위원회 제4기 제6차 전원회의(1963년 5월)를 기점으로 해서 전반부와 후반부로 나눠질 수 있다. "전원회의에서는 이미 영예로운 천리마 칭호를 쟁취한 작업반들을 모두 공고히 하면서 모든 부문에서 천리마 기수들의 대렬을 급속히 장성시키며 나아가서 2중 천리마 작업반과 천리마 직장, 천리마 공장의 대렬을 계속 확대 발전시킬 구체적인 과업을 제시하였다."[3]

1964년에는 김일성의 연설인 「우리나라 사회주의농촌문제에 관한 테제」를 통해서는 사상, 문화, 기술혁명을 통해 농민을 혁명화, 노동계급화할 것을 촉구하였고, 「근로단체사업을 개선강화할 데 대하여」를 통해

3) 백재욱, 『천리마운동은 사회주의 건설에서의 우리 당의 총로선』(평양: 조선로동당 출판사, 1965), 135쪽.

서는 직업동맹, 농업근로자동맹, 사회주의노동청년동맹 등 사회단체의 조직활동을 강화할 것을 촉구하였으며, 「지도일군들의 당성. 계급성, 인민성을 높이며 인민경제의 관리운영사업을 개선할 데 대하여」를 통해서는 다시금 일꾼들의 사업작풍의 개선을 촉구하였다. 1964년 3월 내각 결정 21호 「인민경제 계획화 체계를 개편할 데 대하여」를 채택하여 국가경제계획을 일원화하고 세부화해서 대안의 사업체계를 더욱 강화한 시기이기도 하다. 이 과정은 김일성의 권력을 강화시켜주었고, 1967년에 제도로서의 수령제를 만들 수 있는 강력한 토대가 마련되었다.

학교 교육적 측면에서는 김일성이 약수중학교를 1955년부터 11차례에 걸쳐 현지지도를 통해서 학교의 교육적 환경, 공산주의적 품성 교양, 산지식 교육, 체육교육과 정서교육을 통한 전면적 발전된 공산주의 건설자로 육성하기 위한 구체적인 모범학교 사례를 만들어 내었고, 그것이 1964년 『약수 중학교 교육 경험』이라는 단행본으로 발행되어 전국적으로 보급되었다.[4]

제3시기는 '제2차천리마작업운동선구자대회'로부터 1973년 3대혁명소조운동이 일어나기 전까지의 시기이다. 김일성은 1967년 5월에는 '제2차전국천리마작업반운동선구자대회'에서 천리마작업반운동을 더욱 심화발전시킬 것을 요구했으며, 1968년 4월에는 전국청년총동원대회에서 청년들이 사회주의경제건설과 국방건설의 모든 초소에서 선봉대가 될 것을 요구했다. 1968년부터 경제건설과 국방건설의 병진정책이 본격화된 것이다. 이 시기에 새로운 천리마속도인 강선속도가 창조되었다.[5]

---

4) 교육도서출판사, 『약수 중학교 교육 경험』(평양: 교육도서출판사, 1964), 6쪽 참조.

5) 김일성, 「청년들은 우리 혁명의 종국적승리를 위하여 경제건설과 국방건설의 모든 전선에서 선봉대가 되자(1968. 4. 13)」, 『김일성저작집 22』(평양: 조선로동당출판사, 1988), 133~171쪽. 김일성, 「사회주의건설의 위대한 추동력인 천리마작업반운동을 더욱 심화발전시키자」, 『김일성저작집 22』(평양: 조선로동당출판사, 1988), 256~289쪽; 「강선땅의 새 서사시」, 『천리마』, 1970. 4, 73~78쪽 참조.

천리마작업반운동의 제2시기가 끝날 무렵 북한은 경제적으로 어려움에 봉착했고, 경제국방병진노선이 본격적으로 구현되기 시작하였다. 9년제 기술의무교육 시기에 해당하는 천리마작업반운동의 제3시기에 북한은 사회주의 공업화를 완수했고, 73년부터는 11년제 의무교육으로 넘어갔다. 제3시기에 천리마운동은 노골적으로 유일사상체계확립을 강조하는 것으로 변화를 겪다가 73년 2월부터 일어난 3대혁명소조운동에 의해서 중단되었다고 볼 수 있다. 공식적으로는 1975년 11월에 3대혁명붉은기쟁취운동에 의해 천리마시대가 막을 내렸다고 할 수 있으므로, 1968~1972년은 과도기이면서도 천리마시대라고 할 수 있다.

김일성이 천리마운동에 의해 만들어진 최종적인 형태의 북한체제를 규범화하고 제도화하기 위해 천리마시대 말기인 1972년 12월 28일에 제정한 조선민주주의인민공화국의 사회주의헌법에는 '조선민주주의 인민공화국에서 천리마운동은 사회주의건설의 총로선이다. 국가는 천리마운동을 끊임없이 심화발전시켜 사회주의건설을 최대한으로 다그친다.'(제13조)로 되어 있다. 그리고 천리마운동이 3대혁명붉은기쟁취운동으로 대체된 지 오랜 시간이 흐른 뒤 김일성이 공식적으로 물러나고 김정일시대가 개막된 다음인 1992년 4월 9일에 만들어진 조선민주주의 인민공화국 사회주의헌법에서는 '국가는 3대혁명붉은기쟁취운동을 비롯한 대중운동을 힘있게 벌려 사회주의건설을 최대한으로 다그친다'고 되어 있어, 이런 변화는 1973년에 일어난 3대혁명붉은기쟁취운동이 천리마운동을 계승하면서도 천리마운동과 단절하고 나타난 운동이었음을 알 수 있게 한다. 만약 천리마운동이 지속된 시기를 천리마시대로 명명할 수 있다면 이런 논리에 의거해 적어도 70년대 초반부터 김일성 사후 고난의 행군시기까지를 3대혁명 붉은기시대라고 할 수 있을 것이다.[6)]

---

6) 이우영은 1960년대를 천리마시대로, 1970년대를 3대혁명 시대라고 언급하였다. 이

이러한 천리마운동은 북한사회를 이해하는 데 필요한 변수가 아니라 김일성시대, 김정일시대, 김정은시대를 관통하는 상수다. 그 이유는 첫째, 천리마운동이 북한의 사회주의와 공산주의건설의 총노선이기 때문이다. 그리고 천리마운동이 사회주의건설의 총노선인 이유는 천리마운동이 북한의 사회주의와 공산주의건설의 사상이론적 기반이라고 할 수 있는 주체확립과 혁명적 군중노선을 구현한 것이고, 주체확립과 혁명적 군중노선은 북한의 현재의 공식적인 이데올로기인 김일성-김정일주의의 원형이라고 할 수 있는 주체사상의 핵심적 요소를 구성하고 있기 때문이다.[7)]

또한 천리마운동은 사상혁명을 앞세운 '사상혁명, 기술혁명, 문화혁명'으로 요약될 수 있는 것이고, 천리마운동을 대체한 것으로 알려지는 3대혁명붉은기쟁취운동에서 말하는 3대혁명도 '사상혁명, 기술혁명, 문화혁명'을 일컫는 말이다. 시대가 변함에 따라 사상혁명, 기술혁명, 문화혁명의 내용이나 방법은 변했다고 하지만, 3대혁명붉은기쟁취운동도 천리마운동처럼 세 가지 혁명이며 사상혁명을 앞세운 기술혁명, 문화혁명이다. 즉, 3대혁명붉은기쟁취운동은 천리마작업반운동을 시대의 변화와 요구에 맞춰 변용한 것이다.[8)]

둘째, 북한 헌법의 변천사를 보면 간접적으로 알 수 있다. 천리마운동 조항은 1972년 북한 헌법에서 확인되나, 천리마작업반운동이 3대혁명붉

우영, 「남북한 문화의 차이」, 경남대학교 북한대학원 엮음, 『북한 문화, 둘이면서 하나인 문화』(서울: 한울아카데미, 2006), 461쪽.

7) 백재욱, 『천리마 운동은 사회주의 건설에서의 우리 당의 총로선』(평양: 조선로동당출판사, 1965).

8) 김재현, 『사상, 기술, 문화의 3대혁명 수행경험』(평양: 조선로동당출판사, 1986); 정영철, 『김정일 리더십 연구』(서울: 선인, 2008), 284쪽; 천리마운동시기에 김일성은 사상혁명, 기술혁명, 문화혁명을 세 가지 혁명이라고 했는데, 3대혁명붉은기쟁취운동에서는 천리마운동 시기와 사상혁명, 기술혁명, 문화혁명을 3대혁명이라고 정식화한 것이 차이점이라고 할 수 있다.

은기쟁취운동으로 바뀐 다음인 1992년 헌법에는 기존의 천리마작업반운동 자리를 3대혁명붉은기쟁취운동이 차지하였다. 하지만 천리마운동과 짝을 이루었던 청산리정신, 청산리방법은 그대로 자리하였다. 1972년의 헌법에는 "국가는 모든 사업에서 우가 아래를 도와주고 대중의 의견을 존중히 하며 정치사업, 사람과의 사업을 앞세워 대중의 자각적 열성을 불러 일으키는 위대한 청산리정신, 청산리방법을 관철한다."(12조)로 등장한 이후 1992년의 헌법에는 "국가는 군중로선을 구현하며 모든 사업에서 우가 아래를 도와주고 대중 속에 들어가 문제해결의 방도를 찾으며 정치사업, 사람과의 사업을 앞세워 대중의 자각적 열성을 불러 일으키는 청산리정신, 청산리방법을 관철한다."(13조)로 표현만 조금 바꿔서 재등장하였다. 이 문구는 1998년의 헌법(13조)에도 그리고 2012년에 수정보충된 헌법(13조)에도 동일한 내용이 역시 형태만 조금만 바뀌어 재등장하고 있다.[9]

셋째, 북한에서는 천리마운동과 함께 천리마속도가 창조되었다고 하였으며, 계속해서 새로운 속도가 창조되는데 그것이 종종 '새로운 천리마속도'라고 불린다는 사실로도 알 수 있다. 천리마시대에 탄생된 평양속도, 비날론속도, 강선속도도 항상 '새로운 천리마속도'였고, 고난의 행군

---

9) 1972년의 조선민주주의인민공화국 사회주의헌법 "제13조 조선민주주의인민공화국에서 천리마운동은 사회주의건설의 총로선이다. 국가는 천리마운동을 끊임없이 심화발전시켜 사회주의건설을 최대한으로 다그친다.' 『조선중앙연감』(평양: 조선중앙통신사), 1973, 1쪽; 1998년의 조선민주주의인민공화국 헌법 "제13조 국가는 군중로선을 구현하며 모든 사업에서 우가 아래를 도와주고 대중속에 들어가 문제해결의 방도를 찾으며 정치사업, 사람과의 사업을 앞세워 대중의 자각적열성을 불러일으키는 청산리정신, 청산리방법을 관철한다." 『조선중앙연감』(평양: 조선중앙통신사), 1999, 31쪽; 2012년에 수정보충된 북한의 헌법 "제13조 국가는 군중로선을 구현하며 모든 사업에서 우가 아래를 도와주고 대중속에 들어가 문제해결의 방도를 찾으며 정치사업, 사람과의 사업을 앞세워 대중의 자각적열성을 불러일으키는 청산리정신, 청산리방법을 관철한다." 『조선민주주의인민공화국법전』(평양: 법률출판사, 2012), 17쪽.

시기에 창조된 희천속도도 '새로운 천리마속도'라고 불렸기 때문이다.[10)]

김정일시대에 김정일이 강성대국건설을 위한 천리마대진군을 대중들에게 요구하면서 천리마라는 이름이 재등장하고 1999년 11월에는 '제2의 천리마대진군 선구자대회'를 열었던 것을 보면, 천리마운동은 3대혁명붉은기쟁취운동으로 단순히 대체된 것만은 아니고 언제든지 호명하면 군중운동으로 발현될 수 있을 정도로 사회에 내재되어 있는 정신이라고 할 수도 있다. 김정은 시대에 등장한 만리마속도라는 구호도 결국은 천리마속도에 대비해서 등장한 용어로서 만리마속도 역시 '새로운 천리마속도'라고 할 수 있기 때문이다. 북한의 역사를 속도창조의 역사라고 본다면 북한이 주장하듯이 천리마는 바로 북한의 상징이기도 하다.[11)]

마지막으로 넷째, 북한의 정신적 지주인 김일성, 김정일의 동상이 서 있는 만수대언덕에 김일성, 김정일 동상보다 더 오래 전에 천리마동상이 서있고 그 동상 그 이후로 북한의 상징물로 되고 있다는 사실로도 알 수 있다. 천리마는 전설적인 동물로서 빠른 속도를 상징한다. 천리마동상은 1961년 4월 15일 제막되었다. 천리마동상은 북한 노동당 중앙위원회의 "붉은 편지"(사실은 김일성이 북한 주민들에게 보내는 편지)를 높이 치켜든 노동자와 볏단을 안은 여성농민이 날개를 펼치고 하늘 높이 날아오르는 천리마를 함께 타고 달리는 모습을 형상한 청동조각상이다. 이 조각상은 김일성의 각별한 지도로 만들어졌는데 김일성의 사고방식이 많이 투영된 작품이라고 할 수 있다. 동상에서 날개는 빠른 속도를 의미하고, 노동자와 농민이 함께 하고 있는 것은 당중앙위와 김일성의

---

10) 「새로운 천리마속도, 희천속도로 대고조의 위대한 승리를 이룩하자」, 『로동신문』, 2009. 9. 25.

11) "천리마운동은 천리마작업반운동으로 심화발전되여 온 나라에 급속히 확대되였으며 우리 나라는 《천리마조선》으로 불리우게 되었고 《천리마》는 조선의 상징, 조선인민의 기상으로 되었다." 『광명대백과사전 1』(평양: 백과사전출판사, 2007), 609쪽.

교시를 중심으로 통일단결한다는 것을 의미한다. 바라보는 곳은 휘황찬란한 공산주의미래다. 그들이 보여주고 있는 자세는 보수주의와 소극주의에 반대하고 계속전진, 계속 혁신하는 것을 형상화한 것이다. 천리마는 동아시아가 공유하는 전설상의 동물이다. 그런데 전설상의 천리마에게는 날개가 없다. 북한의 천리마동상은 날개를 달아서 그리스 신화의 페가수스를 닮았다고 할 수 있다. 이것은 김일성이 산업사회와 공산주의미래를 그리면서 우리나라의 전통을 서양의 문물과 결합해서 재해석하고 있다는 것을 잘 보여주고 있다. 김일성의 민족적 사회주의적 사상이 잘 드러난다. 이는 김일성이 생각하고 있는 사상혁명, 기술혁명, 문화혁명의 방향이 집약적으로 표현되어 있는 작품이라고 할 수 있다.[12)]

얼핏 보기에는 김정일이 공식적으로 후계자가 된 시기이자 김정일이 스스로 주체의 시대라고 말한 3대혁명붉은기쟁취운동이 시작된 시기와 그 이전 시기인 천리마시대와의 단절이 심하기 때문에 두 시기가 완전히 다른 시대처럼 보이지만 꼭 그런 것은 아니다. 수령제가 명시화된 1967년, 김일성주의가 부각된 주체의 시대, 김일성 사후의 시기, 고난의 행군시기, 김정은 체제에 이르기까지 북한 체제는 끊임없이 변했지만 천리마시대에 형성된 북한 사회주의제도의 원형이 사라진 것은 아니기 때문이다.

12) 『조선대백과사전20』(평양: 백과사전출판사, 2000), 537~538쪽; 와다 하루키, 『북조선: 유격대국가에서 정규군국가로』(서울: 돌베개, 2006), 138쪽.

제2절 천리마시대 교육교양 연구의 중요성

이와 같이 천리마시대를 천리마운동의 변화단계에 따라서 시기 구분한 것에 의거해서 본다면 이 글은 시기적으로는 천리마운동의 제2시기, 제3시기를 집중적으로 다룬 것이라고 할 수 있다. 따라서 대략 1960년대의 북한 교육이 이 글이 다루고자 하는 주된 대상인 셈이다.

북한의 교육교양의 원형을 찾는 것이 이 글의 목적이기 때문에 이 글은 천리마시대의 북한 현상 중에서도 북한의 교육교양, 그 중에서도 북한의 초중등학교에서 이루어진 교육과 교양에 초점을 맞춘 것이다. 공장학교 등의 성인교육, 대학교육 등의 고등교육, 유아교육이 초중등학교교육과 무관하지 않지만 자료접근이 가능하다면 초중등학교의 교육과 교양에 초점을 맞췄다.

북한에서 교육과 교양은 분리되어서도 사용하고 교육교양이라고 붙여서도 사용한다. 보통은 교육이 교양과 분리되어 사용될 때가 많지만, 넓은 의미의 교육은 교양을 포괄한다고 볼 수 있다. 그러나 좁은 의미의 지적 교육과 좁은 의미의 사상교양을 합쳐서 교육교양이라는 말을 쓴다고 볼 수 있다. 북한에서는 좁은 의미의 지적 교육과 좁은 의미의 사상 교양을 포괄하는 것으로서 교육학이라는 말을 쓰고 있다. 또한 넓은 의미의 교양은 넓은 의미에서의 교육과 같은 뜻으로 쓰일 수도 있을 것이다.[13]

북한의 과학, 백과출판사에서 1982년에 발행한 『백과전서 (1)』에서 교

13) "교육교양: 교육과 교양을 아울러 이르는 말" 문영호 외, 『조선말사전』(평양: 백과사전출판사, 2010), 138쪽.

양은 "사람들을 정치사상적으로, 문화도덕적으로 준비된 사회적인간으로 키우는 사업. 넓은 의미에서 볼 때 교양은 사람들에게 사상의식과 도덕뿐만 아니라 과학지식과 기능을 형성시켜주는 교육과 같은 뜻으로도 쓰인다. 사람들에게 주로 사상관점과 행동관습 및 도덕품성을 형성시켜주는 과정으로 좁게 리해하는 교양은 교육의 한 구성부분으로 된다. 교양은 사람들에게 사상의식과 도덕의식을 넣어주는 사람과의 사업의 하나이다."라고 정의 내린 것을 통해서도 알 수 있다.[14)]

특히 북한에서 교육학이라는 용어를 쓸 때는 예외 없이 교양을 다 포함하고 있다. 북한에서 발행한 『교육학』 또는 『사회주의교육학』이라는 명칭의 책들이 『교양학』이나 『사회주의교양학』이라고 하지 않는 것을 보면 알 수 있다. 1961년에 발행된 『교육학: 사범전문학교용』에선 교육학의 중심적인 부분이 교수론과 교양론으로 되어 있다. 1991년에 발행된 『사회주의교육학: 사범대학용』에서도 마찬가지다. 북한에서는 좁은 의미의 교육을 '교수'라고 한 것으로 보인다. 이렇게 보면 북한 사회에서 '교육학'에서 쓰인 '교육'이라는 말은 넓은 의미의 교육을 뜻하는 것이다.

1961년의 『교육학: 사범전문학교용』에서는 문학예술교육을 미적 교양에 넣었고, 체육을 육체교양이라는 이름으로 다루었다. 1991년의 『사회주의교육학: 사범대학용』에서는 문학예술교육을 정서교양이라는 이름으로 다루고 있고, 체육은 체육교양이라는 이름으로 다루고 있다. 즉, 같은 대상을 두고도 교양이라고도 하고 교육이라고도 한다. 그러나 좁은 의미의 교육은 교양을 포괄하지 않는다고 본다. 교육교양이라는 말에서 앞에 놓은 '교육'이라는 말은 좁은 의미의 교육을 뜻하는 말로서 주로 지적이고 기능적인 측면을 의미한다고 보이며, 뒤에 놓인 '교양'이라는 말은 일반적인 교양을 뜻하는 것이 아니고 공산주의적 인간을 만들

---

14) 『백과전서(1)』(평양: 과학, 백과출판사, 1982), 422쪽.

기 위한 인간개조사업을 뜻한다고 볼 수 있다. 이것은 김일성의 용례를 보면 알 수 있다. 김일성은 '교육개조'라는 말은 사용하지 않았지만 '교양개조'라는 말은 쓰고 있기 때문이다.[15)]

즉 교육은 품성을 키우는 것이라고 하지만 지식을 앞세우는 것이라면 교양은 품성개조 즉 인간개조에 초점을 맞춘 것이라고 할 수 있을 것이다. 또한 같은 활동이라도 교육이라는 용어로 접근하게 되면 지육이 덕육보다 우선적이 된다고 할 수 있지만, 교양이라는 용어로 접근하게 되면 덕육이 우선적이 된다고 할 수 있을 것이다. 그리고 교육의 목적이 인간개조인 이상, 교육은 교양의 전제이면서 교육의 목적이 곧 교양이라고 할 수 있을 것이다.[16)]

따라서 교육사업이라고만 말하면 자칫 사람들이 좁은 의미의 교육만을 생각할 수 있고 그렇게 되면 학교교육에서 인간개조사업을 직접적인 목적으로 하는 교양사업은 오히려 부차적인 것으로 오해를 살 수 있기 때문에, 북한에서 교육교양이라는 말이 나온 것으로 보인다. 교육교양이라는 말을 사용함으로써 앞에 쓰인 교육이라는 말이 좁은 의미의 교육이든 넓은 의미의 교육이든 북한에서 교양은 교육의 핵심적 내용이라는 것을 분명히 드러내고자 하는 것이라고 할 수 있다. 또한 북한에서는

---

15) "지금 일본에서 약 3만명의 동포들이 귀국하였는데 이들은 순전히 자본주의사회에서 살던 사람들입니다. 이들을 다 포섭하고 교양하여 북반부사람들과 같이 훌륭한 사회주의건설자로 만들어야 합니다. 우리 당원들이 이들을 맡아 교양하여야 합니다. 그들을 교양개조하는 문제는 우리의 능력을 검열하는 시험과 같습니다." 김일성, 「인민군대는 공산주의학교이다(1960. 8. 25)」, 『김일성저작집 14』(평양: 조선로동당출판사, 1981), 281쪽.

16) "교육: 지식을 가르치며 품성을 길러줌" 조선민주주의인민공화국 과학원 언어 문학 연구소 사전 연구실 편, 『조선말사전 1』(평양: 조선민주주의인민공화국 과학원출판사, 1962). 365쪽. "교양: 사람들을 사회 생활과 활동에 능동적으로 참가할 수 있도록 자질을 갖추게 하는 모든 과정. 교육과 대비하여 좁은 의미로 사용하는 경우에는 후대들의 도덕적 품성과 행동에 대한 준비를 말한다."조선민주주의인민공화국 과학원 언어 문학 연구소 사전 연구실 편, 『조선말사전 1』, 364쪽.

교육과 교양이 분리될 수 없는 유기적 관계에 있음을 잘 표현하고 있는 말이라고 할 수 있다. 결국 교육교양이라는 말의 탄생자체가 북한의 교육학의 특성을 잘 드러내는 말이라고 할 수 있다. 따라서 이 글이 다루는 범위는 주로 1960년대의 북한의 초중등 교육학이며, 다른 말로 하면 1960년대의 북한의 초중등학교의 교육교양이라고 할 수 있다.

왜 사라지지 않는 원형을 찾는 것이 중요할까? 첫째, 김일성-김정일주의의 원형인 주체확립과 혁명적 군중노선이 북한의 교육교양 내용과 방법에 준 변화와 그 경로를 알게 되면, 주체사상이 김일성주의, 김일성-김정일주의로 변화하면서 북한의 교육교양내용과 방법에 어떤 변화를 일으켰는지 알아낼 수 있기 때문이다. 즉, 북한의 이데올로기와 교육교양과의 관계를 알아내는 데 도움이 될 것이다. 왜냐하면 주체확립과 혁명적 군중노선은 김일성주의, 김일성-김정일주의의 원형이라고 할 수 있는 주체사상의 핵심적 내용이었기 때문이다.

둘째, 북한 사회주의교육의 원형을 연구한다는 것은 원형의 체계를 연구한다는 뜻과 같다. 이는 북한 사회주의교육의 이러저러한 특징적 요소를 나열하거나 김일성이나 북한 학자들이 만들어 놓은 교육학체계를 그대로 따르는 것이 아니라, 북한에서 만들어진 교육학체계를 대체할 수 있는 새로운 틀을 세워본다는 뜻이다. 북한의 교육학체계는 김일성자신에 의해서도 계속 바뀌었고, 북한의 교육학 교재에서도 지속적으로 변화했다. 이러한 교육학체계의 변화내용을 파악하기 위해서도 북한 사회주의교육의 원형에 대한 체계적 이해가 필요하다. 북한 교육의 요소별 변화에만 관심을 기울이게 되면 우리는 시기에 따라 북한교육에서 겉으로 쉽게 드러나 보이는 차이점과 공통점에 대해 일정한 요소의 유무를 통해서 볼 수밖에 없게 되고, 이렇게 시기별로 교육의 요소적 차이만을 비교하다 보면 쉽게 드러나는 신격화의 비중의 차이만 부각될 수밖에 없기 때문이다. 즉 북한 교육체계에서 각 요소가 차지하는 미세한 위치, 비중, 방향의 차이가 잘 드러나지 않는다는 것이다. 지도자에 대한 신격화가 북한 교육의 가장 중요한 특징이기 때문에 교육학체계속에서 크게 드러나는 요소만을 비교해도 북한 교육 양상을 알 수 있겠지만, 북한 교육의 미시적인 변화나 총체적인 변화를 파악하는 데는 한계가 있다. 그러므로 북한 사회주의교육교양의 원형을 연구한다는 것은 북한의 사회주의 교육학의 체계를 연구하는 것이고, 이를 통해서 천리마시대 이후 북한 교육교양의 부분적, 요소적 변화를 넘어선 체계상의 변화를 파악할 수 있는 토대를 만든다는 뜻도 되는 것이다.

셋째, 천리마시대의 교육교양을 연구한다는 것은 북한 교육교양의 원형을 연구하는 것일 뿐만 아니라 그러한 교육교양의 형성과정의 원형을 연구하는 것이기도 하다. 북한 사회주의교육교양의 원형은 교육교양을 중시하는 천리마작업반운동과 같은 군중운동을 통해서 형성되었다. 1956년 시작된 북한의 천리마운동은 1958년 천리마작업반운동으로 발전하면서 천리마운동의 목표는 공산주의적 인간개조와 경제건설이라는 두 마리 토끼를 잡는 것으로 되었다. 그에 따라 공산주의적 인간을 만들기 위한 인간개조사업, 즉 교육교양사업이 진행되었다. 사회건설과 북한 전체 주민에 대한 인간개조라는 두 마리 토끼를 쫓는 노선은 천리마시대에 형성되었던 것이다. 이 두 마리 토끼를 쫓기 위한 방법이 군중운동이었다. 따라서 천리마시대뿐만 아니라 천리마시대 이후의 북한 교육교양의 변화과정을 깊이 있게 이해하려면 북한 체제의 형성과정과 그 당시 등장했던 북한의 군중운동을 통해서 이해해야 한다는 것이 결정적인 중요성을 갖는다. 이것은 결국 북한체제의 원형이 어떻게 형성되었고 그 속에서 북한의 교육교양의 원형이 어떻게 형성되었는가를 연구하는 것을 포함하게 된다. 그러므로 천리마시대의 교육교양을 연구한다는 것은 천리마시대 이후의 북한의 군중운동과 교육교양과의 관계, 북한의 체제와 교육교양과의 관계를 밝히는 데 필요한 연구 모형을 제공하는 것이기도 하다.

넷째, 1960년대 북한 사회주의건설에 있어 대중들이 참여해야 하는 천리마운동과 천리마작업반운동의 중추를 담당할 간부들이 갖춰야 할 새로운 리더십인 청산리정신, 청산리방법은 새로운 경제관리제도인 대안의 사업체계와 삼위일체를 이루었다. 여기서 천리마작업반운동은 생산력발전을 위한 노력동원운동이나 기술혁명 이전에 사상혁명이고 교육교양의 혁명운동이었다. 따라서 천리마작업반운동을 통해서 교육교양과 정치경제의 상호관계를 파악할 수 있고, 이를 통해 북한체제에서 교육교양이 어떤 비중과 역할을 차지하는지 알 수도 있다. 그러므로 이 연구는 현재도 지속되고 있는 대안의 사업체계 등 북한 경제관리나 북한 간부들의 리더십을 이해하는 데도 기여할 수 있을 것이다.

다섯째, 천리마시대의 교육교양사업에 대한 치밀한 분석은 북한체제와 다른 사회주의국가들이 공통적으로 가지고 있는 보편성과 함께 북한체제의 특수성을 파악하는 데 기여할 수 있기 때문이다. 북한사회주의체제의 특수성은 정치, 경제적 측면보다는 교육교양의 측면에서 두드러져 보인다. 인간개조운동으로서의 천리마작업반운동은 북한의 교육적 인간상, 교육교양내용, 교육교양방법을 담고 있고 이것이야 말로 북한 사회주의체제의 특수성을 잘 반영하고 있는 것으로 보인다. 천리마시대에 형성된 북한 특유의 사회주의 교육교양의 원형은 그 이후 지속적으로 변형, 변용되면서도 북한체제의 특수성의 핵심을 구성하고 있다는 사실은 변함이 없기 때문이다.

여섯째, 천리마시대에 형성된 북한주민들의 인성의 핵심에는 북한 특유의 사회주의적 인성이 존재한다는 것을 밝힘으로써, 천리마시대의 교육교양에 의해 형성된 북한주민들의 인성이 1994년 고난의 행군 이후 본격적으로 시작된 북한 사회의 시장화과정에서 등장하는 북한주민들의 새로운 인성과 길항하게 되는 것을 깊이 있게 이해하는 데도 필요하다.

제3절 천리마시대 교육교양에 대한 새로운 연구의 필요성

천리마시대의 교육교양을 연구함에 있어 필자가 관심을 갖고 본 선행 연구물들은 해방 후 북한 교육, 산업화시기의 노동과 기술교육연구, 북한의 인성이나 인성교육연구, 북한의 리더십연구다. 이와 같은 선행연구물들의 특성을 검토한 결과는 다음과 같다.

북한 교육 연구자들은 해방 이후부터 한국전쟁 이전까지의 북한교육을 기술함에 있어 1945년을 기점으로 삼는다. 이 시기를 김동규는 교육목표의 변천에 따라 공산주의 도입기(1945~1950)로, 한만길은 『통일시대 북한교육론』에서 사회주의교육도입시기로, 김형찬은 『북한의 주체교육사상』에서 마르크스주의 도입기(1945~1955)로 본다. 박혜숙은 "사회주의 체제 형성기 북한 교원의 충원과 관리"라는 글에서는 이 시기를 사회주의체제형성기(1945~1950)로 본다. 이향규의 논문 '국가건설시기 학교교육과정의 정치학'은 사회주의를 표제로 삼지 않았지만 본문에서는 '사회주의국가건설'이라고 표현했고, 신효숙은 『소련군정기 북한의 교육』에서 소련군정기(1945~1948)라 표제를 삼았지만 그 시대의 교육을 분석한 뒤에는 소련식 사회주의교육이라고 평가했다.[17]

---

17) 김동규, 「북한 교육학의 성립 근거와 학교 교육의 전개 과정」, 김형찬 편, 『북한의 교육』(서울: 을유문화사, 1990), 15~31쪽; 한만길, 『통일시대 북한교육론』(서울: 교육과학사, 1997); 박혜숙, 「사회주의체제 형성기 북한 교원의 충원과 관리」, 『현대북한연구』 제15권 3호, 2012, 203~248쪽; 신효숙, 『소련군정기 북한의 교육』(서울: 교육과학사, 2003).

이와 같은 연구들은 표제나 1940년대 후반의 북한 교육에 대한 평가에서 보듯이 1945년 이후 도입된 북한의 교육을 대개 사회주의라는 전제하에 소련의 영향이나 북한정권의 교육정책에 관심을 기울였다. 이 중에서 해방 이후의 북한교육에 대해 소련의 스탈린주의 교육을 연원으로 소개한 신효숙의 연구는 러시아어로 된 자료를 방대하게 활용한 장점을 가지고 있어서 소련의 영향을 선명하고 구체적으로 보여준다. 이는 80년대에 이루어진 국내학자들이 우리나라에 대한 미국의 영향력을 중심으로 미군정교육을 연구한 것과 짝을 이룬다. 남북한 교육이 소련과 미국의 교육에 의해서 분단되는 것을 보여줬다고 할 수 있다. 북한에 사회주의체제가 아니지만 사회주의교육은 들어와 있다는 것이다. 신효숙은 북한 교육의 특징인 정치와 교육의 일치, 반제반봉건민주주의 혁명이라고 할 수 있는 '진보적민주주의'가 실은 소련을 모델로 한 사회주의 교육이었으며, 결국에는 분단교육이었음을 밝혔다. 주된 내용은 변증법적 유물론과 사적 유물론인데 이런 내용이 당연히 마르크스-레닌주의인 만큼 북한의 사회주의교육의 기반을 형성한 것으로 보고 있는 것이다. 이향규, 박혜숙의 연구는 교원정책을 세부에 이르기까지 분석하고 정리하였다. 여기서 교원의 사회주의화와 관료적 검열에 대해 자세히 소개하고 분석하였다.

이와 같은 연구의 공통된 전제는 북한이 집단화로 인해 사회주의사회가 되었을 때 해방 후에 소련으로부터 들어와 북한에 정착되었던 소련식 교육이 북한 교육의 토대가 되었거나 계승되었다는 주장이다. 물론 45년 해방 이후부터 주체를 주장한 1955년 이전까지 10년간의 영향을 무시할 수 없고, 북한사회주의교육의 일부였음은 분명하다. 이런 연구들은 소련식 사회주의교육이 그만큼 강하게 긴 세월동안 북한 교육에 뿌리를 내리고 있었다는 것을 다시금 생각하게 한다. 또한 북한이 천리마운동이나 주체사상 등을 통해 소련식 교육, 스탈린주의, 마르크스-레닌주의에서 벗어나는 것이 쉽지 않았을 것이라고 상상하고 추측하는 데 많은 도움이 된다. 또한 생산관계가 사회주의적으로 개조되지 않은 상태에서 마르크스-레닌주의에 입각해서 교육하고 소련식 교육을 도입한다는 것이 얼마나 어색한 상태인가를 상기하게 하고, 그 교육이 얼마나 형식적이었을까를 추측하게 만든다. 한마디로 말해서 이 시기의 북한교육이 부분적으로는 사회주의교육이라고 해도 전반적으로는 비사회주의적인 측면이 많았다고 할 수 있으며 전체적으로 보았을 때는 사회주의교육이라고 볼 수 없었다. 당시의 마르크스-레닌주의교육은 비사회주의적인 정치체제와 같은 상부구조와도 일치되지 않았고, 하부토대인 경제체제와도 어울릴 수 없었기 때문에 주입식 교육일 수밖에 없었을 것이라고 추측할 수 있다. 교육내용에서도 일부 사회주의적 내용이 있었겠지만 교과과정이나 비교과과정에 있어서는 사회주의교육이라고 말할 수 없을 것이다. 물론 이 글은 북한교육의 영향사를 추적하는 것은 아니다. 김일성이 사회주의적으로 개조된 하부토대와 상부구조로서의 사회주의교육을 일치시키려고 했던 천리마시대의 북한교육을 실제로 북한 특유의 사회주의교육의 원형이 만들어진 시기로 보고 그 형성과정과 본질을 밝혀 본 것이다.

김동규는 1990년에 발행한 『북한의 교육학』에서 북한의 교육원리를 이데올로기교육 우선의 원리, 평등주의의 원리, 집단주의, 조기교육과 계속교육(반복학습)의 강화원리, 이론과 실천의 결합원리, 증오사상 주입의 원리, 긍정적 감화의 원리, 교육의 혁명수단화 원리, 혁명전통교육의 원리, 인간개조론으로 나열하였으며 이데올로기 교육우선의 원리, 평등주의의 원리, 조기교육과 계속교육(반복학습)의 강화원리, 이론과 실천의 결합원리, 증오사상 주입의 원리, 긍정적 감화의 원리, 교육의 혁명수단화 원리의 원천과 관련해서는 마르크스-레닌주의와 소비에트 교육의 연관성이 있다고 주장하였다. 다만, 혁명전통교육의 원리, 인간

개조의 원리는 마르크스-레닌주의나 소비에트교육에서 원천을 찾는 노력은 보여주지 않는다.[18]

최영표와 박찬석은 『북한의 교육학 체계연구』에서 북한 교육의 사상적 토대를 몇 가지 요소로 분해한다. 그들은 요소들에게 각각 유산, 잔재, 경험, 수용이라는 용어를 부여하면서 차별화하기도 했다. 그들은 유교교육의 '유산'으로는 교육을 중시하는 것, 유교적 가치를 강조하는 것이라 했다. 식민지교육의 '잔재'는 지도자에 대한 절대적 충성을 강조하는 것, 학생들에 대한 다양한 통제와 검열제도라고 했다. 항일무장투쟁교육의 '경험'은 북한 주체교육의 기원이며 정치사상교양방법, 항일유격대식 학습방법이라고 주장했다. 사회주의교육의 '수용'은 북한 교육학의 이념적 틀을 제공했고, 노동교육 및 집단주의교육을 중시하는 것이라고 했다. 그들은 여기에 대해 더 이상 적절한 분석과정을 보여주지 않았지만, 이런 요소들이 북한사회주의교육의 교육목표, 교육내용, 교육방법의 토대가 되었다고 주장한다. 그러나 이런 체계 속에서 요소들 간의 유기적 연관성을 알 수 없고, 무엇이 주된 것이고 무엇이 부차적인 요소인지도 밝히지 않았다.[19]

비교사회주의 방법론을 활용하는 학자들이나 정치학자나 경제학자들은 북한체제를 모택동(毛澤東)의 중국체제의 요소와 스탈린의 소련체제의 요소로 충분히 설명할 수 있다고 생각한다. 이렇게 분석하게 되면 북한고유의 것은 존재하지 않게 된다. 학자들의 주류는 북한체제를 스탈린체제로 본다. 이것을 가장 예리하고 치밀하게 논하고 있는 학자는 박

---

18) 김동규, 『북한의 교육학』(서울: 문맥사, 1990). 김동규는 별 근거 없이 "이러한 소비에트 교육학이 북한의 학교교육의 모델로 1972년까지 계속되다가 그 이후부터는 이른바 주체사상이 구체화되면서 각종의 학교에 관한 법령이 제정공포되었다."고 주장한다. 김동규, 『북한의 교육학』, 99쪽.

19) 최영표 · 박찬석, 『북한의 교육학 체계연구』(서울: 집문당, 2010).

형중이다. 정성장은 모택동과 스탈린을 대립되는 지점에 놓고 북한이 스탈린체제이지만 모택동의 영향을 받은 것이 북한체제라고 설명한다. 양호민은 북한체제에 대한 모택동의 영향을 강조한다. 정영철은 모택동과 스탈린의 절충이지만 소련형도 아니고 중국형도 아니라고 본다. 이종석은 이러한 결론을 보류한 채 모택동사상과 북한의 주체사상을 비교하면서 공통점과 차별점을 부각시킬 뿐이다. 이런 방법이 옳거나 그르거나를 떠나 북한 교육에 대한 연구자들은 이러한 비교사회주의 방법과 틀을 적극적으로 활용하는 것 같지 않다. 그렇기 때문에 북한 교육의 연구에서는 국제정치경제적 배경, 사회주의의 논쟁이 교육에 어떤 영향을 주었는지에 대한 비교교육학적 연구가 나오지 않는다. 단, 이중은 모택동의 영향을 강조해서 북한 교육의 특성을 밝히는 데 적용하고 있다. 유격대의 경험, 군중노선, 사상개조선행주의, 정치사업선행주의, 자립적 경제발전노선, 인민에 대한 강조 등이 모택동에게서 찾아볼 수 있기 때문이라는 것이다. 그러나 이것을 각각 깊이 있게 탐구하지는 않았다.[20)]

천리마시대교육에 대한 연구로는 기술의무교육제의 실태와 변화를 다룬 논문들이 있다. 김지수는 기술의무교육의 초기모습에서 완성된 모습까지의 변화과정과 그 변화과정의 원인을 북한의 산업화, 북한의 물리적 조건에 연구의 초점을 맞춘다. 투입과 산출에 따른 통계적, 기능주의적 접근을 주로 하였기 때문에 교양에 대한 연구는 부족하다. 강호제

---

20) 박형중, 『북한적현상의 연구』(서울: 연구사, 1994); 양호민, 「3대혁명의 원류와 전개」, 양호민 외, 『북한사회의 재인식 1』(서울: 한울, 1987), 143~187쪽; 정성장, 「북한체제와 스탈린체제의비교」, 오일환 · 유호열 · 이종국 · 정성장 · 최대석, 『현대북한체제론』(서울: 을유문화사, 2000), 83~142쪽; 정영철, 「1970년대 대중운동과 북한 사회」, 『현대북한연구』 6권1호, 2003, 129쪽; 이종석, 『새로 쓴 현대북한의 이해 』(서울: 역사비평사, 2000), 171~187; 이중, 「집단주의적 교육체제: 그 규범과 운용」, 고현욱 · 김영주 · 김용기 · 도흥렬 외, 『북한사회의 구조와 변화』(서울: 경남대학교극동문제연구소, 1987), 281~285쪽.

는 과학기술운동에 대해 연구했다. 그는 과학기술(기술혁신)과 천리마작업반운동을 다루면서 다른 사회주의국가의 기술교육과 다른 북한의 특수성을 드러내고자 노력한다. 여기서 기술혁신을 집단적으로 추구하면서 그 속에 공산주의교양을 담은 것으로 파악하고, 천리마작업반운동을 전면에 내세우지만 그의 주된 관심은 기술혁명에 있기 때문에 교육교양을 전반적으로 다루지 못했다.[21]

천리마시대에 대한 다른 명칭이라고 할 수 있는 산업화시대, 즉 북한의 사회주의공업화에 대한 연구가 있다. 조정아는 박사학위논문에서 소련의 산업화에 있어 공장단위의 모델은 소비에트라는 체제에 미국산업화 특징인 테일러리즘을 결합한 것이고, 북한의 산업화에 따르는 일련의 사회현상을 소비에트 테일러리즘의 도입이라는 규정을 통해서 고찰하고 있다.[22] 이는 논문이 모든 사회의 생존에 필수적인 노동력의 재생산에 초점을 맞추고 있기 때문인 것으로 보인다. 그래서 조정아의 박사학위 논문 제목도 "산업화 시기 북한의 노동교육"이다. 즉 산업화에 맞는 인력을 양성하는 것이 이 시대의 교육현상의 본질과 특성을 밝히는 첩경이라고 생각하고 있는 것 같다. 이 논문은 이를 입증하기 위해 교육과정이나 학제개편, 실습 등의 교육방법도 세밀하게 연구함으로써 이를 뒷받침하고 있다.

그동안 천리마시대 교육교양에 대한 연구물들은 이 시대의 성격을 강하게 규정했던 북한 특유의 상부구조 즉 사회주의건설노선이나 북한의 주체확립과 혁명적 군중노선에 관심을 기울이지 않았고, 천리마작업반은

---

21) 김지수, 「기술의무교육제실시: 급진적 사회주의 교육개혁의 좌절과 변형」, 이향규 · 조정아 · 김지수 · 김기석, 『북한교육 60년: 형성과 발전, 전망』(파주: 교육과학사, 2010), 139~172쪽; 강호제, 『북한 과학기술 형성사 1』(서울: 선인, 2008).

22) 조정아, 「산업화 시기 북한의 노동교육」, 서울대학교 대학원 교육학박사학위논문, 2003;

주로 노력동원으로 평가되었기 때문에 천리마작업반운동과 청산리정신, 청산리방법에 내포된 일꾼들의 리더십개선에 관심을 기울이지 않았다고 할 수 있다. 따라서 노동교육이나 기술교육이라는 단순 개념을 넘어 역사적 맥락에 따른 교육과 교양에 대한 포괄적인 연구는 부족하기 때문에 이 시기의 북한 주민의 교육교양을 총체적으로 이해하기에는 부족함이 많다고 할 수 있다. 그러나 조정아의 박사논문은 노동력의 재생산의 과정 즉 북한에서 '노동계급화'라고 말하는 것의 한 측면을 고찰한 것이고, 강호제의 책은 북한교육교양의 기술혁명 즉 '산지식인'의 측면에서 고찰한 것이기 때문에 이 시대의 교육교양을 연구하는 사람들에게는 반드시 검토해야 할 관점과 자료를 제공했으며 그들의 연구에 힘입어 천리마시대의 북한교육의 다른 측면도 연구할 수 있는 길을 열어준 것이라 생각된다.

북한의 인성교육 또는 덕성교육에 대한 연구로는 민성길, 서재진과 같이 북한주민들의 사회적 성격에 대한 연구자들이 있다. 이와 같은 연구자들은 북한의 인간형성 과정을 지나치게 단순화시키는 경향이 있다. 이것은 북한의 정치, 경제체제와 함께 정치사상적으로 표현된 북한주민들과 북한이탈주민들의 대조적인 인격을 보면서 남한사람들과 북한 사람들을 양극화시킨다. 이와 같은 연구자들은 북한이탈주민들만이 어느 정도 세뇌에서 벗어난 자유민의 성격으로 규정하고 북한의 대다수의 주민들을 세뇌된 억압된 성격 소유자이자 정체성이 소실된 존재로 본다. 따라서 북한 주민의 부정적 측면을 드러낼 때는 적극적인 반면, 긍정적인 측면을 드러낼 때는 매우 소극적이게 된다. 한만길은 『통일시대 북한교육론』에서 북한청소년들의 발달상의 문제점으로 신체발달 부진, 지적 발달 부진, 사회성 발달 부진을 지적하고, 성격과 태도의 특징으로 기초적 생활규범은 습득, 김일성에 대한 충실성은 확실, 배타적이고 맹종적인 집단의식, 수동성과 타율성, 단순성과 순박성, 인정과 의리라고

나열했다.[23)]

그 반면 북한주민들의 사회적 성격을 인류학적으로 또는 문화적으로 접근하는 연구자들이 있는데 이들 중에서 이온죽은 북한주민들의 장점과 단점을 균형 있게 보려고 노력하는 모습을 보이고 경우에 따라서는 북한주민들의 긍정적인 점을 적극적으로 드러내기까지 한다. 그러나 북한주민의 인성이 형성되는 과정이라고 할 수 있는 북한의 교육교양을 주의 깊게, 치밀하게 고찰하고 있는 것은 아니다. 남북한의 교육제도, 인성교육, 사상교육을 종합적으로 공동으로 연구한 학자들도 있다. 이것은 북한의 교육과 교양을 객관적으로 총체적으로 보고자 한 시도로서 의미가 있지만 남북한의 교육제도, 인성교육, 사상교육의 차이점이 발생하게 되는 과정을 자세히 보여주고 있는 것은 아니다.[24)]

---

23) "사회적 성격이란 무엇인가? 이 개념은 개인적 성격이 같은 문화에 속하는 사람들 사이에서도 서로 다른 것과는 반대로, 같은 문화에 속하는 대부분의 사람들이 나누어 갖고 있는 성격 구조의 핵(核)을 의미한다. 사회적 성격의 개념은 일정한 문화에 속하는 대부분의 사람들에게서 볼 수 있는 성격 특징을 단지 합계(合計)한다는 의미에서의 통계적 개념이 아니다. 이것은 다음에 말하려는 사회적 성격의 기능과 관련시켜야만 비로소 이해할 수 있다. 각 사회는 일련의 객관적 조건에 필요한 방식으로 구성되어 운영되고 있다. 그 조건이란 사회가 갖는 원료나 공업 기술, 기후, 인구, 정치 및 지리적 요소, 문화적 영향에 의한 생산 방법까지도 포함한 것이다. 보편적인 '사회'라는 것은 없고, 각기 다르고 측정할 수 있는 존재 방식을 갖는 특유한 사회 구조가 있을 뿐이다. 이 사회 구조는 역사 발전의 과정에서 변화하지만 일정한 역사적 시점에 있어서는 비교적 고정되어 있다. 그리고 어떤 사회나 특유한 구조 속에서 운영되어야만 비로소 생존할 수 있는 것이다. 그 사회의 성원이나 그 속에 있는 계급이나 지위에 있는 사람들은 사회 체계가 기능을 다할 수 있도록 행동하지 않으면 안 된다. 사회 구성원의 행동이 사회적 패턴을 따르는지의 여부를 의식적으로 결단해서가 아니라, 하지 않으면 안 되는 행동을 기꺼이 행하고, 또 문화의 요청에 따라 행동하는 일에 만족을 느끼도록 그 사람들의 에너지를 형성하는 것이 그 사회적 성격의 기능이다. 바꾸어 말하면 일정한 사회 속에서의 인간의 에너지를 그 사회의 기능을 계속시킬 목적을 위해 만들어 내고 인도하는 것이 사회적 성격의 기능이라고 할 수 있다." 에리히 프롬, 『마르크스냐 프로이드냐』(서울: 문학세계사, 1985), 109쪽.

24) 민성길, 『통일과 남북청소년』(서울: 연세대학교출판부, 2000); 서재진, 『또 하나의

북한의 독특한 리더십의 형성과 연관시켜 연구한 이태섭, 정영철, 박후건은 북한이 어떻게 스탈린체제를 넘어선 유일체제를 만들게 되었는지, 북한의 독특한 리더십이 등장하게 된 배경이나 본질을 밝히는 것은 어느 정도 해냈으나, 그것을 북한의 독특한 교육교양체계와 결부시키지 못하였다. 이태섭은 생산력발전을 위한 전략으로서의 통일단결을 밝혀냈지만 공산주의 인간개조와 연관시키지는 못했다. 정영철은 김일성과 김정일의 카리스마가 제도화되는 과정의 차이점을 밝히고 있는데, 김일성의 인격적 리더십이 천리마운동을 통해 강화되고 상부 숙청을 통해서 제도화된 리더십으로 굳어간 것과 그에 비해 제도적 리더십에서 인격적 리더십으로 옮아가는 형태가 된 김정일의 리더십을 잘 비교하고 있다. 그러나 김일성보다는 김정일의 리더십에 초점을 맞췄기 때문에 김일성의 인격적 리더십이 어떻게 제도적 리더십으로 정착하게 되었는지에 대한 고찰이 부족하다. 박후건은 김정일의 유일체제 리더십을 이건희, 웰치의 유일체제 리더십과 비교하면서 김일성의 유일체제 리더십이 확립되는 과정상의 동일한 원리를 보여주기도 하고, 이건희, 웰치와는 다른 북한의 유일체제 리더십의 성립과정의 특수성을 서술하고 있지만 그것을 본격적으로 내용적으로 깊이 있게 다루지는 못했다. 필자는 박후건

북한 사회』(서울: 나남, 1995); 한만길, 『통일시대 북한교육론』(서울: 교육과학사, 1997), 255~265쪽; 이온죽, 『북한 사회의 체제와 생활』(서울: 법문사, 1993). 한승조 · 도흥렬 · 한만길 · 이우영 · 박성희, 『남북한의 인성 · 사상교육』(서울: 집문당, 1998). 민성길은 『통일과 남북청소년』에서 북한형 사람과 남한형 사람의 장단점을 비교한 뒤 통일세대에는 남한 사람도 아니고 북조선 사람도 아닌 진정한 "고려인(코리언)"이 나와야 한다고 제안(258쪽)하는데, 본서 『북조선인의 탄생』은 민성길의 제안에 기여하고자 쓰여진 것이라고 볼 수 있고, 그의 작업이 미진한 점을 고치고 잘못된 점을 수정하기 위한 작업이라고 할 수 있다. 민성길은 남과 북의 장점을 결합해서 새로운 인간이 탄생해야만 한다고 주장했지만, 그의 인격통합론은 남한의 인격적 장점이 북한의 인격적 장점을 압도하는 인격통합론이고 흡수통일론의 변종에 지나지 않기 때문이다.

이 멈춘 그 지점에서 더 나아갈 수 있는 길을 모색하고자 하였다.[25)]

북한 사회주의 교육의 원형을 체계화에 대해서는, 기존 연구물들은 몇 개 안 되고 그 연구물들도 북한 교육을 체계화하거나 북한 교육학의 체계를 비판적으로 고찰하기보다는 북한 교육학의 체계를 통해 북한 교육을 있는 그대로 소개하는 수준에 머물렀다. 최영표 · 박찬석은 『북한의 교육학 체계연구』에서 원리, 교육내용, 교수방법뿐만 아니라 학제나 교원정책도 모두 '체계'에 넣었다. 이 책은 1985년 김형직사범대학에서 나온 『사회주의 교육학(공통과용)』, 『사회주의 교육학』, 1986년 교육도서출판사에서 나온 『사회주의 교육학: 사범대학용』, 1991년의 교육도서출판사에서 나온 『사회주의교육학: 사범대학용』을 활용하여 정리한 것이다.[26)]

북한 교육체계에 대한 국내의 연구물들은 북한 교육의 특징을 일목요연하게 정리한 것이라고 할 것이다. 일종의 북한 교육 개론서로서 이러한 개론서만으로는 북한 교육의 특징들이 북한의 교육학체계 전체와 어떻게 긴밀히 연관되어 있는지 그 연관성을 파악하기가 어렵다. 더욱이 이러한 연구물에서는 북한교육의 방대한 체계가 어떤 경로를 통해 어떻게 형성되었는지에 대한 정치경제적 맥락, 역사적 고찰, 교육학적 고찰이 결여되어 있어서 북한 사회주의교육학체계의 특수성이나 보편성을 드러내는 데는 역부족인 것 같다.

북한교육체계를 거의 그대로 소개한 이러한 남한 자료들의 문제점은 원천적으로는 북한의 자료들이 지닌 문제점으로부터 유래한다고 볼 수 있다. 북한 자료들은 불변하는 고정된 체계를 가지고 있다고 하기보다

25) 이태섭, 『북한의 경제위기와 체제변화』(서울: 도서출판 선인, 2009); 정영철, 『김정일 리더십 연구』(서울: 도서출판선인, 2005), 427~458쪽; 박후건, 『유일체제 리더십 -잭 웰치, 이건희, 김정일 리더십』(서울: 선인, 2008).

26) 최영표 · 박찬석, 『북한의 교육학 체계연구』(서울: 집문당, 2010).

는 그 자료의 용도, 작성 시기에 따라 변화하는 체계를 가지고 있다. 그리고 유일사상체계확립이라는 목적으로 만들어지고 선전에 지나치게 치중되어 있다 보니 김일성의 교시를 적절히 나열적, 기계적, 도식적으로 늘어놓은 느낌을 받게 된다. 그러다 보니 북한의 교육학교재에서는 북한의 대중적인 교육교양운동이었던 천리마작업반운동이 부각되지도 않고 교육학체계의 극히 일부인 교육교양방법의 하나로서만 소개될 뿐이고, 공산주의적 인간상으로서의 천리마기수의 중요성도 강조되지 않는다. 또한 김일성은 교육보다 교양을 중시했음에도 불구하고 교육학체계에서는 교육이 먼저 나오고, 교육방법이 앞에 배치되고 교양방법이 뒤에 배치되는 것도 적절한 것 같지 않다.

그렇기 때문에 북한의 교육학교재만을 보게 되면 북한의 교사들이 만들고자 했던 학생들의 모습이 유기적, 구체적인 인간상으로 그려지지 않고, 북한의 교육교양과 군중운동과의 연관성도 파악하기가 쉽지 않다. 이러한 교육학체계는 북한 사람들에게는 익숙하고 자연스러운 모습이라고 할 수 있을지 모르지만 북한체제에 익숙하지 않은 외부인, 타자가 이해하기에는 부족한 점이 많은 것이다. 북한의 예비교사용 교재인 『교육학』, 『사회주의 교육학』은 북한 사람들을 위한 책이므로 남한의 교육자들이 북한의 교육자들과 만날 때 참고해야 할 교육학체계는 『교육학』, 『사회주의 교육학』에 담겨진 북한의 교육학체계와는 달라야 한다.

남북교육교류를 위해서는 북한의 『교육학』, 『사회주의 교육학』을 훼손하지 않는 범위에서 남한 사람들이 대상화되지 않도록 하는 새로운 교육학체계를 만들어 내지 않으면 안 된다. 남과 북이 서로 교류하고 대화하기 위해서는 북한 자체 내에서 만들어진 교육학 체계는 타자들도 이해될 수 있는 새로운 체계로 바뀌어야만 할 것이다. 남북의 교육자들이 상호주체가 되어 교육교류나 남북 교육협력을 하지 않는다면 통일교육은 요원하기 때문이다. 그런데 천리마시대의 북한 교육을 재체계화할 때는 천리마시대의 교육과 그 이전의 교육과 이후의 교육을 비교해서 같은 점과 다른 점을 잘 드러낼 수 있도록 재체계화 하면 좋을 것 같다. 그리고 이렇게 재체계화 된 북한 교육학의 체계는 북한 사회주의역사나 북한체제와 유기적으로 잘 연관을 맺을 수 있어야 그 타당성과 실용성이 입증될 수 있을 것이다.

필자는 북한의 교육적 인간상이 구체화된 것이라 할 수 있는 천리마기수를 머리에 놓고 이를 뒷받침 해주는 천리마작업반운동의 교육교양사업에서 드러나는 북한의 교육교양내용과 방법을 몸통으로 삼고, 북한사회의 주체형성의 마지막 과정이라고 할 수 있는 자기에의 배려, 즉 자체학습과 자체수양을 다리로 삼음으로써 북한의 교육교양의 체계를 유기적으로 재구성할 수 있다고 생각하였다. 이렇게 재구성, 재체계화해야 북한이 바라는 새로운 공산주의적 인간의 모습이 구체적으로 잘 드러나고, 교육교양이 북한 사회와 관계된 맥락, 북한사회의 총노선인 천리마운동과의 연관성도 더 잘 드러날 수 있을 것이다. 이렇게 해야 북한 사람들의 눈이나 타자의 눈에는 잘 드러나지 않았던 북한의 『교육학』, 『사회주의 교육학』의 진면모가 더 잘 드러날 수도 있고, 북한의 교육교양의 한계와 오류도 더 잘 드러날 수 있을 것이라 생각한다.

제4절 북한을 총체적으로 알기 위한 방법론적 다원주의

사회주의 혁명 이후, 북한 교육교양의 변화과정에서 새로운 교육교양은 전 시기의 것과 단절되기보다는 전 시기의 것 중에서 핵심적인 내용은 보존하면서 그 위에 새로운 것을 덧칠하는 식으로 진행된 것으로 보인다. 이러한 것은 북한 대부분의 분야에서도 볼 수 있는 현상이다. 즉 북한에서는 후속되는 시기의 변화가 전시기의 성과를 부정하는 것이 아니라, 그것을 토대로 변화를 모색하는 것이라고 볼 수 있다. 북한의 사회주의 역사는 처음의 그림 위에 덧칠하게 됨으로써 과거의 흔적이 없어져 사라지고 보이지 않게 되는 그림이 아니라, 덧칠하면서 원래의 것을 토대로 해서 새로운 그림이 그려지는 것이기 때문에 북한 사람들은 전시대의 것과 후시대의 것이 분명히 계승되고 있음을 느낄 것이다. 북한은 유독 혁명의 계승성을 강조하고 있기 때문에 다른 사회주의국가보다 이런 현상이 더욱 심한 것으로 보인다.[27]

---

27) "이와 같이 디자인은 그때그때 바뀌고 있다. 국가 위에 걸쳐진 간판을 바꿔가면서 사람들이 식상하지 않게 대처하고 있는 것이다. 디자인이 바뀐다고 해도 그 변화란 오래된 간판을 부정하고 거두어들이는 것이 아니라, 원래 있던 간판을 옆으로 옮기면서 새로운 간판이 오래된 것 위에 덧씌워지는 것으로 이해할 수 있다. 기본적인 구조는 절충적인 것이며 내걸린 간판은 정기적으로 바뀌고 있다. 그렇다면 이 시스템은 변한다고 보아야 할까, 변하기 어렵다고 보아야 할까? 이 점에 대해 필자는 시스템을 이루는 요소들의 결합 방식이 원리적이며 일원적인 것이 아니라 실용적이며 절충적인 것이라는 점은 이 시스템이 변할 수 있는 것임을 보여준다고 생각한다." 와다 하루키, 『북조선: 유격대국가에서 정규군국가로』(서울: 돌베개, 2006), 151~152쪽.

따라서 이 글에서 사용된 원형이라는 용어는 다음과 같은 다양한 의미를 갖는다고 볼 수 있다. 첫째, 변용되기 전의 형태다. 둘째, 변용되면서도 사라지지 않고 남아 있는 형태 또는 잔영이다. 셋째, 부분적으로는 변용이 되더라도 변용되지 않는 큰 틀, 즉 일종의 프레임이나 패러다임이라고 할 수 있을 것이다. 그리고 여기서 원형이란 실제 구현된 모습보다는 원형으로 구상된 것을 말한다. 따라서 원형이란 일종의 디자인이라고 봐도 될 것이고 변용이란 원래의 디자인을 토대로 해서 새로운 디자인을 한다는 뜻으로 봐도 될 것이다. 이 연구가 주로 다루고자 하는 것은 디자인이기 때문에 그 디자인에 의해서 창조되거나 구성된 것이 원래의 디자이너의 의도대로 구현되었는지의 여부는 이 연구에서는 부차적인 관심사라고 할 수 있다. 또한 원형은 일시에 확립되는 것이 아니라 일정한 형성과정을 거친 다음에 확립되기에 이른다고 볼 수 있을 것이다.[28)]

북한 공산주의 교육교양의 원형을 찾아내기 위해서는 우선 원형위에 덧칠한 것을 걷어내고 가장 밑에 있었던 처음의 그림을 찾아내야 한다. 그런데 덧칠하는 것이 자주 오랫동안 반복되었다면 어디서 어디까지가 전시대의 것인지, 어디서 어디까지가 새롭게 덧칠해진 것인지 구분하는 것이 쉽지 않다. 이것은 북한 역사, 북한 교육사에 대한 시대구분을 하는 데서도 일어나는 난제라고 할 수 있다. 북한은 5, 60년대에 이미 일찍부터 현재와 같은 1인 통치체제를 갖춘 것처럼 보이기도 하고, 반대로 갑작스럽게 '당의 유일사상체계확립'이라는 형태로 1인 통치체제가 7, 80

---

28) 와다 하루키는 제1의 디자인은 유격대국가이며 제2의 디자인이 가족국가론이며 제3의 디자인이 전통국가론이며 제4의 디자인을 정규군국가로 간주한 것으로 보인다. 그러나 정규군국가로 바뀌었지만 유격대국가적 핵심적 요소는 그대로 남아 있다는 것이 그의 논지 중의 하나다. 와다 하루키, 『북조선: 유격대국가에서 정규군국가로』(서울: 돌베개, 2006).

년대에 나타난 것처럼 보이기도 한다.

이 딜레마를 벗어나면서 북한 사회를 연구하는 방법은 현재와 과거의 끊임없는 대화라는 역사연구방법론에 의거해서 현재와 과거를 관계 속에서 보기도 하면서 동시에 현재와 과거를 분리해서 보기도 하는 연구방법이 가장 올바른 방법이라고 할 것이다. 과거의 사실 중 현재와 관련이 깊은 것만을 비중 있게 다루면서 그것을 현재의 맥락 속에서의 의미와 과거의 맥락 속에서의 의미를 비교하기도 하고 현재에 의해 오염되지 않은 과거의 모습만을 추출해내는 방법도 과거와 현재의 대화라는 역사방법론의 하나라고 할 수 있다.[29)]

현재와 과거의 끊임없는 대화를 하기 위해서 필자가 택한 우선적인 방법은 주로 북한의 다양한 원자료들을 끊임없이 반복해서 읽고 분석하고 해석하는 것이었다. 필자는 북한의 원자료들 중에서는 천리마시대의 예비교사들의 교재로 쓰인 『교육학: 사범대학용』(1969), 『교육학: 사범전문학교용』(1961)과 교사들의 교양서적으로 쓰인 『약수 중학교 교육경험』(1964), 교사용 교양 월간잡지인 『인민교육』을 주된 분석대상으로 삼았다. 공산주의 도덕교양의 참고서적으로는, 윤복진의 『김 일성 원수님의 어린 시절 이야기』을 분석하였고, 북한의 주체확립과 혁명적 군중노선과 관련되어서는 1979~1998년까지 발행된 『김일성저작집』등을 주로 활용하였다. 북한의 교육심리학과 관련하여서는 2000년대 발행된 리새순의 『심리학개론』, 최청의의 『교육심리』를 활용하였다. 소년단에 대한 자료로는 사범대학사로청지도원학과용으로 발행된 『소년단건설 1, 2』

29) 이 방법은 『새로쓴 현대북한의 이해』에서 이종석이 제안한 내재적비판적 접근, 역사상황적 접근과 유사한 점이 많다 하겠다. 이종석, 『새로쓴 현대북한의 이해』(서울: 역사비평사, 2000). 그리고 천리마시대의 교육을 천리마시대 전후의 북한 교육사라는 통사를 통해서 고찰해 봐야만 되는데, 이에 대해서는 이향규 · 조정아 · 김지수 · 김기석 공저, 『북한교육 60년: 형성과 발전, 전망』(파주: 교육과학사, 2010)가 큰 도움이 되었다.

(1986)를 활용하였다. 천리마시대 이후의 북한 자료를 활용할 때는 천리마시대 이후 변형된 것은 제외하고 공통된 부분만 추출하였다.

북한의 원전을 편집해서 남한에서 발행한 자료 중에서는 『주체사상의 형성과정 1』, 『북한의 혁명적 군중노선』, 『조선로동당략사: 1979년판』(1, 2)을 활용하였다. 강호제의 『북한 과학기술 형성사 1』, 조정아의 「산업화 시기 북한의 노동교육」은 천리마시대의 북한 원전을 담고 있어서 부분적으로 활용하였다. 이 시대를 직접 증언할만한 사람을 찾기 힘들기 때문에 김석형이 구술하고 이향규가 녹취, 정리한 『나는 조선노동당원이오!』를 참고하였으며, 그 밖에 천리마시대의 문학작품들도 참고하였다.[30]

이러한 자료들을 분석하고 해석함에 있어 필자는 소위 해석학적 순환을 활용할 수밖에 없었다. 필자가 생각하는 해석학적 순환은 첫째, 텍스트 전체의 의미에 대한 이해는 텍스트의 부분들에 대한 해석에 의해 이끌리고, 역으로 부분들에 대한 해석은 텍스트 전체의 의미에 대한 예측으로부터 인도된다는 것, 즉 텍스트의 전체와 부분의 상호 규정을 가리킨다. 즉 전체와 부분 간의 끊임없는 비교와 대화를 뜻한다. 둘째, 텍스트의 분석을 통한 '문법적 해석'과 텍스트로부터 저자의 의도를 이해하는 '심리적 해석' 간의 끊임없는 비교와 대화라고 할 수 있다. 셋째, 북한언어와 우리언어로 번역하기, 통역하기 즉 현지 언어와 우리 언어와의 끊임없는 비교와 대화를 행하는 것이었다. 넷째, 현재와 과거와의 끊임없는 비교와 대화라고 할 것이다.

---

30) 『주체사상의 형성과정 1』(서울: 도서출판 백두, 1988); 『북한의 혁명적 군중노선』(서울: 도서출판 백두, 1989); 『조선로동당략사: 1979년판』 1 · 2(서울: 돌베개, 1989); 강호제, 『북한 과학기술 형성사 1』(서울: 선인, 2008); 조정아, 「산업화 시기 북한의 노동교육」, 서울대학교 대학원 교육학박사학위논문, 2003; 김석형 구술 · 이향규 녹취, 정리, 『나는 조선노동당원이오!』(서울: 선인, 2001).

필자가 택한 '과거와 현재의 대화'란 필자가 과거의 북한 사람들과 현재의 우리나라 사람들의 공통점과 차이점을 염두에 두면서 과거의 자료 또는 과거에 대한 연구 자료를 대하는 것이다. 대화는 현재라는 삶의 현실에서 떠날 수 없는 필자의 머릿속에서 반복되었던 나와 나, 나와 타자(북한 사람)사이의 질의 응답, 재질의 재응답으로 이루어지는 것이다. 현재의 우리의 삶은 우리 모두가 공유한 과거의 산물이기도 하지만 현재의 우리의 삶은 과거를 밝힐 수 있는 유일한 입구이기도 하기 때문이다.

북한교육의 과거와 현재를 비교하면서 북한 사회주의교육의 원형을 찾기 위해서는 과거와 현재의 북한 교육의 공통된 부분을 추출하되 그것의 의미를 새롭게 해석하기 위해서는 분석틀을 새롭게 만들어야 한다. 새로운 분석틀을 만들기 위해서 필자는 북한의 학자들이 과거에 활용했던 범주, 체계, 개념과 현재 활용하고 있는 범주, 체계, 개념을 참고하되 그것을 벗어난 새로운 범주, 체계, 개념이 필요했다. 이러한 범주, 체계, 개념은 필자의 목차와 글 속의 작은 항목 속에 고스란히 들어 있다. 필자가 가장 심혈을 기울여 연구한 결과물이 바로 목차라고 해도 과언이 아니다. 이런 목차가 천리마시대의 북한 교육을 이해하는 데 과학적인 분석틀이 될 수 있다면 이후에 전개된 북한 교육학도 이러한 분석틀을 기본으로 해서 변화된 것을 추적하면 북한교육에 대한 통시적이며 공시적인 이해가 가능해지리라 생각한다. 따라서 이 글은 북한 주민들이 스스로 설명하고 해석한 것을 참고삼아 필자가 분석하고 재해석하여 새로운 의미를 덧붙인 것이라고 할 수 있다. 물론 이 글이 활용한 분석틀이 모두 새로운 분석틀이라고 할 수는 없다. 북한의 공식적인 분석틀을 선별해서 참조하였고, 국내학자로서는 이태섭의 조직사회주의론, 박후건의 리더십이론, 이종석의 유일체제이론이 많은 도움이 되었다.

이러한 해석학적 순환은 북한 사회체제의 특수성을 제대로 볼 수 있는 효과적인 작업이기도 하고 궁극적으로는 북한 사람들의 내면을 들여다보기 위한 작업이기도 하다. 미셸 푸코(Michel Foucault)가 말년에 자신의 연구가 지나치게 지배와 권력의 테크놀로지에 역점을 두어왔고, 관심을 바꾸게 되었다고 실토하였다고 하는데, 이 글의 목표는 북한주민의 자기의 테크놀로지에 대해 전반적으로 연구하는 것이라고 할 수 있고, 좁은 의미에서 보면 자기의 테크놀로지의 최종적인 심화단계라고 할 수 있는 자체수양을 통해 북한 사회의 주체가 형성되는 과정을 설명한 것이라고 할 수 있다. 요즈음 북한학연구학회에서 북한사회에 대한 미시적 연구의 필요성이 강조되고 있는데, 미시적 연구는 자기의 테크놀로지에 대한 연구와 결합될 때만 연구의 의미가 극대화될 수 있을 것이다. 그리고 자기의 테크놀로지는 교육교양을 단순히 생체권력이나 규율권력으로만 보지 않을 때에만 그 모습이 잘 드러날 수 있을 것이다.[31)]

또 한 가지 방법은 비교사회주의 방법이라고 할 수 있다. 그 중에서도 북한을 사회주의의 한 사례로 보고 다른 사회주의국가들의 사례와 비교하는 것이다. 북한을 연구하기 위해서 북한이 사회주의국가라는 점을 부정해서는 안 된다. 북한은 남한과 같은 자본주의국가와 대비되는 사회체제며, 다른 사회주의국가와 비교될 수 있는 사회체제다. 자본주의국가와 대비되면서도 사회주의와 공통된 가장 중요한 특징은 무엇일까? 그것은 코르나이에 따르면 공산당의 불가분의 권력, 생산수단의 국유화, 관료적 조정 메커니즘이라고 할 수 있다. 이는 다른 말로 표현하면 사적 소유의 철폐와 계획경제, 당-국가의 유일지배체제라고 할 수 있다. 북한은 이런 특징을 가지고 있기 때문에 사회주의국가라고 할 수 있고 따라

---

31) "어쩌면 나는 지배와 권력의 테크놀로지에 지나치게 역점을 두어 왔는지도 모른다. 요즘 나의 관심은 점차 자기 자신과 타자와의 상호작용, 그리고 개인이 행사하는 지배의 테크놀로지에서 얼마나 개인이 자기 자신에게 작용하는가에 대한 역사, 즉 자기의 테크놀로지로 기울어졌다." 미셸 푸코, 「자기의 테크놀로지」, 미셸 푸코 외, 『자기의 테크놀로지』(서울: 동문선, 1997), 37쪽.

서 비교사회주의 방법이 북한을 연구하는 적절한 방법이 될 수 있는 것이다.[32)]

문제는 소련, 중국 등 사회주의국가들에 대한 자료를 북한의 자료와 비교할 수 있을 만큼 풍부하게 구하기가 어렵고 그런 자료가 있다고 할지라도 그 자료들을 제대로 분석할 수 있는 필자의 능력이 부족하다는 사실이다. 따라서 비교사회주의 방법을 전면적으로 활용하기보다는 부분적으로 활용할 수밖에 없었다. 그것도 주로 북한연구에 비교사회주의 방법을 활용한 국내 학자들의 연구서로만 한정할 수밖에 없었다. 이 글에서는 김연철의 『북한의 산업화와 경제정책』(2001), 이태섭의 『북한의 경제위기와 체제변화』(2009)를 많이 참고하였다.

이런 연구물들이 북한교육학을 둘러싼 사회적, 역사적 맥락을 이해하는 데는 큰 도움이 되지만, 사회주의국가들의 교육학과 북한의 교육학을 비교하기에는 부족함이 많다 하겠다. 또한 사회주의교육에 대한 국내의 자료나 연구를 찾기는 참으로 어렵다. 이를 보충하기 위해서 소련의 교육에 대해서는 1950, 60년대에 소련의 교육을 소개한 북한의 출판물인 『교수 교양 사업 경험』(1956)을 활용하였다. 중국교육에 대해서는 중국조선족교육사편찬위가 편찬하고 동북조선민족교육출판사가가 1991년에 발행한 『중국조선족교육사』를 참고하였고 북한과 더불어 현존하는 유일한 사회주의국가인 쿠바교육에 대해서는 요시다 다로의 『교육천국, 쿠바를 가다』(2012)를 참고하였다.[33)]

이상에서 보듯이 이 글은 북한교육교양의 원형을 찾아내기 위한 방법

32) 구갑우, 「북한연구와 비교사회주의 방법론」, 경남대학교 북한대학원 엮음, 『북한연구방법론』(서울: 한울아카데미, 2004), 295~296쪽.

33) 『교수 교양 사업 경험』(평양: 교육도서출판사, 1956); 중국조선족교육사편찬위, 『중국조선족교육사』(연변: 동북조선민족교육출판사, 1991, 서울: 한국문화사 영인, 1994); 요시다 다로, 『교육천국, 쿠바를 가다』(서울: 파피에, 2012).

으로서 방법론적 다원주의를 택한 셈이 되었고, 방법론적 다원주의는 퍼즐 맞추기에 가까운 북한연구에서 퍼즐을 맞추기 위한 가장 적합한 방법이라고 할 수 있겠다. 이 방법론은 북한교육교양에 대해 다양한 각도와 필자가 인위적으로 만든 일정한 체계 속에서 북한의 교육교양을 거듭 고찰하면서 그 체계에 따라 나름대로 치밀하면서도 두터운 묘사를 해보는 시도를 하고, 다시 더 적합한 체계를 찾아, 끊임없이 체계를 수정하기도 하고, 다시 새로운 묘사를 시도하는 과정이었다고 할 수 있다. 이러한 방법론적 다원주의는 북한사회에서 참여관찰을 할 수 없는 상황에서 인류학자들의 두터운 묘사나 신문화사 학자들이 보여주는 바와 같이 한 인물에 대한 치밀한 묘사와 비교할 만큼의 미시적 연구는 할 수 없었기에 이를 대신하는 방법이 될 수도 있고 방법론적 개인주의로 비판받는 미시적 연구의 문제점을 피할 수 있는 방법이라고 할 수도 있다.[34]

북한연구에 있어 방법론적 다원주의를 택한 필자의 자세와 태도의 밑바닥에는 필자 자신과 독자들에 대한 다음과 몇 가지 반문(되새김)이 존재한다고 할 수 있다. 이우영은 우리가 북한문화를 대할 때 가져야 할 자세로 '1. 북한을 얼마나 아느냐? 2. 우리가 너희인가? 3. 북한 사람은 무식하다? 4. 북한은 사회주의 사회이다. 5. 북한은 한국 문화를 갖고 있다.'라고 되새김할 것을 요구했다. 필자의 글은 그러한 자세와 태도를 가지고 작성된 것이다.[35]

마지막으로 이 글을 작성하는 데 활용한 북한체제와 북조선인의 탄생과의 관계를 도식화 하면 〈표 1-1〉과 같고, 천리마시대의 주체사상의 원형을 도식화 하면 〈표 1-2〉와 같다.

---

34) 구갑우, 「북한연구와 비교사회주의 방법론」, 305쪽.

35) 이우영, 「북한영화 길라잡이」, 조한혜정 · 이우영 엮음, 『탈분단시대를 열며: 남과북, 문화공존을 위한 모색』(서울: 삼인, 2000), 226~254쪽.

〈표 1-1〉 천리마시대 북한체제의 모형

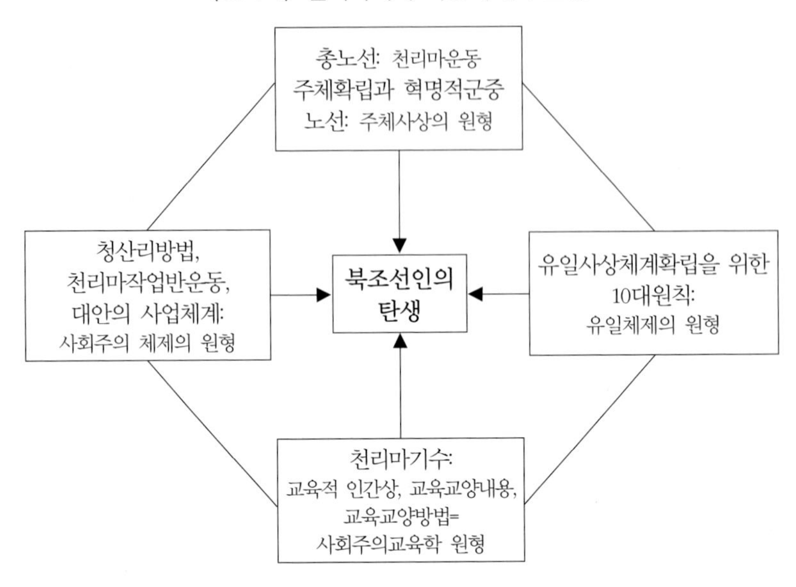

〈표 1-2〉 천리마시대 주체사상의 체계

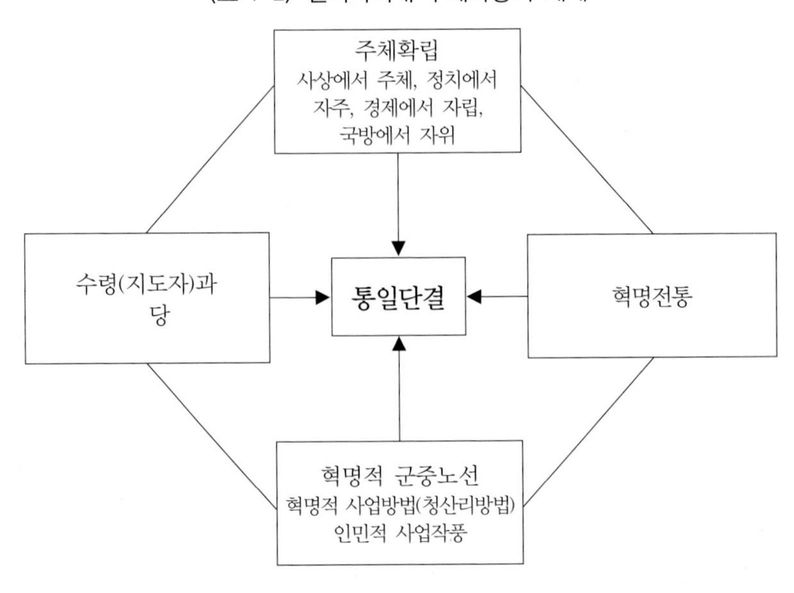

제5절 이 글의 한계와 과제

이렇게 이 글은 북한연구자들이 무심코 지나치는 북한적 현상을 치밀하게 분석, 해석함으로써 북한을 새롭게 볼 수 있는 새 프레임을 제공했다고 볼 수 있지만, 다음과 같은 한계도 지니고 있다.

첫째, 북한 사회주의교육의 요소들 중에는 필자가 편의상 어떤 것은 교육교양내용에 넣고, 어떤 것은 교육교양방법으로 분류한 것이 있는데 이후에는 좀 더 적합한 교육학체계를 만들어야 할 것 같다.

둘째, 단선제라고 할 수 있는 북한의 유일교육체제와 일하면서 배우는 학교인 공장학교, 농장학교로 이루어진 북한의 학제에 대한 비교교육학적 고찰이 부족하여 북한교육의 특수성을 밝혀내는 데 한계가 있었다.

셋째, 천리마작업반운동, 청산리방법과 3위일체를 이룬다고 할 수 있는 대안의 사업체계가 학교교육에서는 어떤 식으로 연관되었는가를 밝혀내지 못했기 때문에 특히 북한의 교육교양의 물질적 토대를 파악할 수 없었다는 점에 있다. 중공업우선주의, 경제와 국방의 병진노선, 균형보다 속도를 중시한 노선, 자력갱생론이 북한 교육교양에 끼친 영향을 제대로 구체적으로 탐구하지 못했다. 즉 북한의 경제와 교육과의 관계를 충분히 고찰하지 못했다.

넷째, 북한의 교육교양이 긍정적 감화를 주로 했다고 하지만 일탈행위에 대해서는 강력한 형벌과 계급적 독재 없이는 불가능했을 것이라고 생각하는데 이 부분에 대한 전모가 밝혀져야 북한의 교육교양의 허실이 드러날 수 있을 것이다. 즉 천리마시대의 북한의 형법과 민법 등에 대한 고찰을 통해 북한의 교육교양의 법적 토대를 파악하지 못했기 때문에 북한의 학교교육이 지나치게 마치 권력으로부터의 감시와 처벌이 없는 완전히 자율적인 교육체계인양 완벽한 것으로 비춰질 수 있다는 점에 있다.

다섯째, 김일성에 대한 충실성의 징표가 일상생활 속에서 구체적으로 제시됨에 따라 북한주민들은 상호감시가 가능해졌다. 천리마작업반운동이 확산됨에 따라 비판과 자기비판이 활성화되었고 이것은 자기검열과 상호감시를 활성화했다고 볼 수 있다. 이러한 자기검열과 상호감시가 북한 주민들의 성격 형성에 어떤 영향을 주었는지를 제대로 고찰하지 못했다.

여섯째, 사회주의국가들에서는 후계자문제가 초미의 관심사였고 그것이 북한 사회에서도 예외는 아니었으며 이러한 권력승계문제가 교육과 사회전반에 걸쳐 큰 영향을 주었을 것인데 그것을 제대로 반영할 수 없었다. 또한 이 글은 전체적으로 보았을 때 역사적 고찰은 북한의 교육교양을 이해하는 데 도움이 될 배경지식 정도로만 활용하였다. 따라서 국제정세, 분단상황, 남북관계, 안보문제가 북한의 교육교양에 큰 영향을 주었을 것인데 이것을 제대로 반영할 수 없었다.

그래도 이 글을 통해서 범주화, 체계화된 북한 교육의 내용과 방법의 변화과정에 의거해서 북한 교육사의 시기를 과학적으로, 단계적으로 구분할 수 있는 결정적 요소와 근거를 찾아낼 수 있다면, 그것을 토대로 해서 우리는 정치경제뿐만 아니라 북한 사회와 북한주민들의 사상과 생활이 어떤 식으로 단계적으로 결정적으로 어느 정도 변화하게 되었는지도 명확하게 알 수 있을 것이다.

북한의 교육, 사회, 주민들의 변화 시기와 그 누적단계를 안다는 것은 북한 사람들의 의식구조를 안다는 것과 같다. 이는 지질학에서 지층을 구분하고 분석하는 것과 같다. 우리는 북한의 교육교양의 지층, 즉 의식의 지층을 아는 것만으로도 현재의 북한의 교육, 사회, 주민이 어떤 지점에 와 있는지, 한계와 오류가 무엇인지, 계층이나 세대 간에 어떤 차이가 있는지, 그 차이로 인해 북한 교육이 어떻게 변화하게 될 지를 그려볼 수 있을 것이다.

그러기 위해서는 천리마시대 북한의 교육적 인간상과 교육교양내용 및 방법, 그리고 그 1차 변용이라고 할 수 있는 3대혁명붉은기쟁취운동시기 북한의 교육적 인간상, 교육교양 내용과 방법을 비교분석하는 것이 첫 번째 연구과제가 될 것이다. 두 번째 연구과제는 2차 변용이라고 예측되는 김일성 사후 소위 '고난의 행군 시기'에 변용된 북한의 교육적 인간상, 교육교양내용과 방법을 비교분석하는 것이다. 이 시기에 어떻게 해서 김일성신격화가 완성될 수 있었는지가 핵심적 연구과제가 될 것이다. 세 번째 연구과제는 3차 변용이라고 할 수 있는 김정일 사후 김정은 통치시대의 교육적 인간상, 교육내용과 방법을 비교분석하는 것이다. 이를 통해서 최종적으로는 '북조선인'이 한민족으로부터 분리되어 '김일성민족'으로 분화되어가는 현상을 체계적으로 단계적으로 깊이 있게 파악할 수 있을 것이고, 이것이 우리의 통일에 어떤 의미와 과제를 남기고 있는지를 알아내야 할 것이다. 그리고 이 글에서 피력했듯이 '김일성민족'의 원형인 천리마시대의 '북조선인'에 동아시아적 윤리와 사상이 토대를 이루고 있다면 사회주의 문제, 북한문제뿐만 아니라 통일문제에도 동아시아적 윤리와 종교, 사상에 기반 한 문명사적 접근의 가능성을 타진해 보는 것도 연구과제가 될 수 있을 것이다. 네 번째 연구과제는 남한에서 '한국인'의 형성과 변용과정의 단계를 밝히고 '한국인'의 인성을 분석하여 '북조선인'과 '한국인'이 교류하고 협력할 수 있는 통일의 길을 찾는 것이다.

제 2 장

북한 사회주의체제 원형의 형성

1958년에 사회주의개조가 완수되고 난 다음부터 김일성은 북한의 모든 분야에서 사회주의체제를 구축하기 시작하였다. 즉 사회주의 건설이 시작된 것이다. 김일성은 사회주의건설에서 북한주민들이 견지해야 할 대원칙으로서 주체확립과 혁명적 군중노선을 제시하였다. 주체확립과 혁명적 군중노선으로 인해 북한은 소련 사회주의체제와 다른 북한 나름의 특수성이 드러나는 새로운 사회주의체제를 만들어갔다.

혁명적 군중노선은 주체확립이라는 노선과 불가분의 관계가 있었다. 주체를 확립하려면 혁명적 군중노선에 의거해야 하고, 혁명적 군중노선은 주체를 확립하지 않으면 이룰 수 없는 것이었다. 그리고 이 두 가지가 잘 결합되어야만 통일단결을 이룰 수 있었다. 주체를 확립하고 혁명적 군중노선을 내면화한 공산주의적 혁명가들이 있어야 전 인민들이 통일단결을 할 수 있고, 또한 공산주의적 집단주의원리를 극대화하여 작업반, 기업소, 지역을 뛰어 넘어 전 인민의 통일단결이 가능한 사회체제를 만들어가는 과정에서 공산주의적 혁명가가 만들어질 수 있기 때문이다. 주체확립과 군중노선으로부터 북한적 현상이라고 할 고도의 통일단결이라는 현상이 유래한다고 볼 수 있기 때문에, 북한의 특수성을 원리적으로 이해하려면 주체확립과 군중노선으로부터 시작하는 것도 올바른 접근방법 중의 하나라고 볼 수 있을 것이다.

김일성은 사회주의농업국가를 사회주의산업국가로 만들기 위한 생산력발전은 '공산주의적 새인간'으로 개조되고 양성된 공산주의적 혁명가와 북한주민들이 지도자인 자신을 중심으로 단결하는 데 있다고 생각하였다. 김일성은 이와 같은 자신의 생각을 구현하기 위해 주체확립과 혁명적 군중노선에 입각한 천리마작업반운동을 일으켰다. 김일성은 사회주의개조가 완수되기 전에 일어났던 천리마운동을 사회주의체제에 맞는 집단주의 경쟁운동인 천리마작업반운동으로 개조하였다.

천리마작업반운동은 리더십개선운동의 측면에서 볼 수 있다. 김일성은 일꾼들의 리더십을 개조하여 천리마작업반운동을 지원하고 전사회적으로 확산시키기 위해서 청산리방법과 공산주의적 사업작풍이라는 공산주의적 리더십을 만들어 냈다. 청산리방법은 정치사업을 앞세우는 것이며 교육교양과 조직사업을 중시하는 것이었다. 그리고 청산리방법을 공장관리제도에 적용한 대안의 사업체계가 만들어졌다. 이로써 북한 사회주의체제의 원형의 근간을 이루는 천리마작업반운동, 청산리방법, 대안의 사업체계가 확립되었다.

김일성은 자신의 교시와 시범을 통해서 만들어 놓은 천리마작업반운동, 청산리방법, 대안의 사업체계의 시원으로서 항일빨치산의 혁명전통을 내세웠다. 김일성과 항일빨치산참가자들에 의해 미화되고 전형화된 항일빨치산의 혁명전통은 주체확립과 혁명적 군중노선의 유일한 모델로서 제시되었고 교육교양과 조직사업, 청산리방법과 천리마작업반운동의 모델이 되었다. 혁명적 군중노선은 당성, 노동계급성, 인민성으로 해석되었고 이는 공산주의적 사업작풍의 원천으로 선전되었다. 당성, 노동계급성, 인민성은 각각 당성=수령에 대한 충실성, 혁명가적 기풍, 인민적 사업작풍에 해당된다고 볼 수 있을 것이다.

천리마작업반운동은 세 가지 혁명의 측면에서 보았을 때는 사상혁명을 앞세운 사상혁명, 기술혁명, 문화혁명이라고 할 수 있다. 그런데 사상혁명의 핵심은 수령에 대한 충성이며, 사상교양의 핵심은 수령에 대한 충실성교양이었다. 김일성은 자신을 구심점으로 북한 주민들이 통일단결하고, 공산주의적 새인간이 되면 사회주의를 건설할 수 있고 나아가 공산주의 사회도 만들어 낼 수 있다고 생각한 것이다.

그런데 이러한 지도자에 대한 숭배는 공산주의국가들에게 나타나는 일반적인 현상이었다. 따라서 이러한 수령론만을 가지고 북한적 현상이라고 보는 것은 무리가 있고, 천리마작업반운동을 통해서 수령제가 정착되었다고 보는 것이 옳은 것이다. 따라서 1967년이 북한 사회의 변곡점이 아니라 마르크스-레닌주의와 단절을 하고, 김일성주의에 입각해서 1974년에 김정일이 만들어 낸 '당의 유일사상체계확립을 위한 10대원칙'이 등장한 시기가 북한 사회의 변곡점이라고 봐야 한다. 이때를 기점으로 하여 천리마시대에 만들어진 북한 사회주의체제의 원형은 전반적으로 1차 변용을 하게 된다.

제1절 주체확립과 혁명적 군중노선

1. 신스탈린주의냐 탈스탈린주의냐

1956년 조선노동당은 생산수단의 국유화와 협동적 소유화를 통한 사회주의혁명을 본격적으로 추진하는 동시에 스탈린식 중공업우선정책, 계획경제, 노력동원운동, 관리체제를 북한에 이식시켰다. 그러나 1958년 사회주의개조가 완수되자 김일성은 천리마작업반운동을 시작으로 해서 스탈린주의에서 벗어나기 시작했다.[1)]

스탈린주의가 지도자숭배, 농업을 희생으로 한 중공업우선정책, 중앙집권적 계획경제, 지배인유일관리제, 생산력주의, 관료주의, 물질적 자극의 중시, 반대세력에 대한 무자비한 폭력과 살인을 동반한 계급투쟁 등을 주요내용이라고 한다면 김일성의 정책은 그런 방향에 수정을 가한 신스탈린주의라고 할 수 있으며, 다르게는 스탈린에 대한 숭배를 따르지 않는, 즉 스탈린 없는 스탈린주의로서 신스탈린주의 또는 북한식 스

1) 우노 시게아키에 따르면 각국의 공산주의자들이 탈스탈린주의를 시작할 수 있었던 결정적 계기는 1943년 5월 15일의 코민테른 해산 결정이었다. 각국의 공산당에서는 탈스탈린주의의 과정에서 자국 공산당 지도자에 대한 숭배사상이 스탈린 숭배를 대체했다. 모택동에 의한 중국공산당의 탈소련, 탈스탈린주의란 대약진운동 때부터 시작된 것이 아니라 연안시대에 이미 시작되었고, 연안시대부터 모택동 숭배가 중국인민들에게 뿌리를 내리기 시작한 것이다. 우노 시게아키, 『中國共産黨史』(서울: 일월서각, 1984), 142~146쪽; 고뢰정은 콤뮨을 지향하는 아시아형 사회주의가 소련·동구형의 사회주의와 두드러지게 다른 점이라고 지적하고 있다. 그렇다면, 아시아형 사회주의는 집단화과정 자체에서부터 스탈린주의와 달랐다고 할 수 있을 것이다. 고뢰정, 『북한경제입문』(서울: 청년사, 1988), 168~170쪽.

탈린주의라고도 할 수도 있다.[2)]

그러나 당시에 김일성의 신스탈린주의 노선에 반대했던 북한 지도부 내의 소련파의 신스탈린주의 노선은 흐루시초프노선, 즉 수정주의적인 신스탈린주의를 추진하려 하였으며, 이러한 흐루시초프노선이 수정주의적인 탈스탈린주의 노선이라면 김일성도 마르크스-레닌주의를 고수한다는 주장을 하면서 나름대로의 탈스탈린주의의 노선을 추진하였다고 볼 수 있다.[3)]

---

2) 레온하르트는 『공산주의 이념의 변질』(김광수 역, 서울: 종로서적, 1983), 50쪽에서 "완전한 중앙 체제하의 국가 경제, 독재적이고 계급적인 정치 구조, 모든 과정을 상부로부터 세세히 규정하는 제도, 노동자계급과 노동 조합에 대한 권리의 박탈, 강제적인 노동 조건, 당의 지배, 모든 마르크스적인 이념을 스탈린식의 이념으로 변화시키는 것, 정당을 무조건 승복하는 자들의 기계적인 조직으로 격하시키는 것, 이 모든 것은 스탈린주의의 특징이지 결코 사회주의 사회의 특징은 아니다."로 스탈린주의의 특징을 요약했다; 정성장은 '유일사상체계의 확립, 민족의 복권, 개인권력, 과두제의 폐지, 수령중심의 당-국가체제, 테러의 정치문화 등 많은 현상들'을 스탈린체제의 영향이라고 못 박았다. 정성장, 「스탈린체제와 북한체제의 비교」, 142쪽; 양호민에 따르면 김일성이 제시했던 유토피아로서의 공산주의사회상은 스탈린이 정식화했던 공산주의사회와 같았다. "즉, ① 도시와 농촌간의 차이, 노동계급과 농민간의 차이가 소멸되고, ② 협동적 소유형태가 모두 단일적인 전인민의 소유형태로 바뀐 사회가 공산주의사회다. 이와 더불어 ③ 정신노동과 육체노동의 차이가 없어져 노동하는 것이 "고통스러운 것이 아니라 즐겁고 유쾌한 것으로 되며 생활상의 요구"로 되는 사회이다. 그리고 ④ "물건이 많기 때문에 사람들은 자기의 능력에 따라 일하고 수요에 따라 분배를 받게 되는" 사회, 다시 말하면 "사람들은 자기에게 요구되는 대로 얼마든지 분배를 받을 수 있으며 생활상 수요를 완전히 충족시킬 수 있는" 사회라고 한다. 양호민 외, 「'자본주의로부터 사회주의에로의 과도기'론」, 『북한사회의 재인식 1』(서울: 도서출판 한울, 1987), 122쪽.

3) 일반적으로는 흐루시초프 노선인 수정주의를 탈스탈린주의라고 한다. 그러나 이 용어는 사회주의의 체제전환과정에서 자본주의적 요소, 자유민주주의적 요소가 도입되어야만 탈스탈린주의라고 한다는 데에 문제점이 있는 것이다. 왜냐하면 모택동사상도 탈스탈린주의라고 할 수 있기 때문에 탈스탈린주의가 오직 수정주의 방향만 존재한다고 생각하는 것은 비합리적이다. 엘렌 브룬 · 재퀴스 허쉬는 탈스탈린주의에 두 방향이 있음을 지적했다. 엘렌 브룬 · 재퀴스 허쉬, 『사회주의북한: 북한 경제발전 연구』(서울: 도서출판 지평, 1988), 277쪽; 북한연구에 대한 주류를 형성하고 있는 전체주의적 접근방법에서 이 시기의 북한을 스탈린주의라고 하면서 스탈린주

그런데 60년대의 김일성에게 중요한 것은 스탈린주의냐 스탈린주의가 아니냐의 문제가 아니었다. 김일성이 탈스탈린주의적인 경제노선, 사회발전전략을 수립했다고 하더라도 그것을 현실적으로 집행하고 관철할 수 없다면 김일성이 택한 노선, 전략은 실패를 면할 수 없는 처지였다. 1958년 사회주의개조가 끝나자 북한은 새로운 문제에 봉착했다. 사회주의적 개조와 공업화가 급속도로 진행됨에 따라 경제의 규모가 커지고 복잡해졌지만 그에 따라 요구되는 수준 높은 협동생산은 이루어지지 않았고, 기업소를 포함한 각 단위들에서는 중앙집권적 계획경제가 제대로 작동하지 않았다. 더욱이 전후복구사업에서 중요한 역할을 했던 대외원조의 급감으로 인한 투자자본의 부족, 전쟁과 산업화로 인한 노동력 부족, 그리고 높은 노동유동성에 따른 노동력의 부족, 경제전문관

의와 유사한 것만을 지적하고 있는데, 필자는 북한의 특수성을 규명하기 위해서는 탈스탈린주의나 신스탈린주의라는 용어를 사용할 필요가 있다고 본다. 이렇게 볼 때 60년대 북한은 스탈린주의와 유사한 것도 있고 다른 점도 있다고 할 것이다. 만약 같은 점을 더욱 부각시키려면 신스탈린주의라는 용어가 맞을 것이고 다른 점을 더욱 부각시키려면 탈스탈린주의라는 용어가 더 적합할 것이다. 수정주의와 반대되는 방향의 탈스탈린주의는 수정주의와 달리 스탈린을 부정한다는 뜻은 아니다. 이종석이 주장하듯이 당시 스탈린에 대한 북한의 지지는 각별하다. 그리고 북한이 스탈린에 대한 지지를 완전히 철회한 것은 유일사상체계가 확립된 70년대부터다. 이종석, 『새로 쓴 현대북한의 이해』(서울: 역사비평사, 2000), 155쪽; 만약 60년대 북한을 스탈린주의라고 한다면 유일사상체계확립과 함께 사상과 조직을 절대시하는 주체사상이나 김일성주의도 스탈린주의라고 규정하게 되고 그러면 체제전환을 하지 않는 한 북한은 스탈린주의체제가 되고 전혀 변화와 발전이 없는 나라가 되어 버릴 것이다. 북한이 유일사상체계 확립 후 초스탈린주의체제가 되었다고 본다면 60년대는 초스탈린주의체제로 전환하기 위한 이행기로서 이 시기를 탈스탈린주의라고 보아야 자연스러울 것이다. 그렇게 하지 않으면 북한에서 공산주의체제 중의 가장 이질적인 유일사상체계가 전조 증상 없이 갑자기 등장하게 되기 때문이다. 그래서 필자는 신스탈린주의보다는 탈스탈린주의라는 용어를 택하는 것이 낫다고 생각한다. 이태섭은 『북한의 경제위기와 체제변화』(서울: 선인, 2009), 118쪽에서 "1959년 이후 북한은 소련으로부터 이탈하였을 뿐만 아니라 스탈린식 모델로부터도 이탈하고 있었다는 것"이라고 주장하였고 이 책에서 60년대의 북한과 스탈린주의의 다른 점을 지속적으로 언급하면서도 탈스탈린주의라는 말을 쓰지 않았다.

료의 부족 및 합리적 경제계산능력의 부재로 인한 생산파동 등으로 인해 스탈린주의적 계획경제체제에 내재되어 있던 문제들을 악화시켰다. 계획수립도 어려웠고, 계획을 세워보았자 계획대로 생산이 이루어지지 못했다. 제품의 질 향상도 더 이상 기대하기 어려워졌다. 이러한 모든 난관들은 기존의 스탈린주의적 계획경제체제의 한 요소인 지배인유일관리제를 무력하게 만들었고 나아가 경제성장을 가로막았다. 지배인유일관리제는 1945년 이후 북한이 채택했던 경제관리체제로서 원래는 자본주의 사회의 제도였다.[4)]

이러한 지배인유일관리제하에서는 스탈린주의 노력경쟁운동인 스타하노프식 대중운동도, 관리자들의 관료적 리더십도 북한 사회주의에 적절하지 않음이 밝혀졌다. 또한, 1956년 8월종파사건으로 인해 북한지도부 내의 소련계가 몰락함으로써 소련식 사회주의건설에서 벗어날 수 있는 여지가 생겨났으며, 조선로동당의 지도부가 자의반타의반으로 선택한 독자노선으로 인해 대외원조가 급감했는데 이 기회를 활용하여 원조에 의존하던 자립경제건설노선에서 벗어나 주체확립에 걸맞은 자립적인 경제계획을 심화시킬 수 있었다. 결국 1958년 북한이 사회주의개조를 완료한 이후 소련의 원조가 급감함으로 인해 소련의 영향력에서 더욱 벗어날 수 있었고, 이로써 북한 사회주의의 특수성이 본격적으로 나타날 수 있었다고 볼 수 있다.[5)]

---

4) "이러한 지배인유일관리제가 채택된 이유는 당시에 존재했었던 소규모 사영업이나 사유농업관리방법과 병존하고 있었던 상황에서 소유만 국유화하고 기업운영은 사기업과 마찬가지로 하도록 한 과도기적 형태였다. 따라서 생산수단이 완전히 사회화된 후인 1962년에 김일성은 기존의 지배인유일관리제를 '자본주의적'이었다고 지적하였다." 권오윤, 「해방후 노동조합으로서 북한 직업동맹의 성격변화(1945-1950)」, 『북한연구학회보』 제8권 제1호, 2004여름, 14쪽.

5) "김일성대학의 철학교수인 김재필씨가 주체사상에 대한 강의를 해 주더군요. 천리마운동이 경제, 생산의 증대 및 발전의 정신이라 한다면 김일성 주석이 주창한 주체사상은 그 이념적, 철학적 지표라는 군요. 주체사상을 전개한 정치적 동기는 6·25

이런 과정을 거쳐 천리마시대에 수립된 북한의 체제의 특수성을 주체확립과 혁명적 군중노선으로부터 도출할 수 있을 것이다. 북한이 스스로 주체확립과 군중노선을 천리마시기의 경제발전전략이며 사회발전전략으로 제시하고 천리마운동이 사회주의 건설의 총노선이라고 한 것을 근거로 해서 이 시기 북한의 특수성도 주체확립과 군중노선에서 찾아보는 것, 그리고 다양한 북한현상을 주체확립과 군중노선에 의거해서 규명해 보는 것도 올바른 접근방법이라고 볼 수 있을 것이다.[6]

물론 주체확립의 핵심적인 사항이라고 할 수 있는 자력갱생이나 혁명적 군중노선의 한 측면이라고 할 수 있는 군중동원은 1917년의 러시아 혁명이 1920, 30년대에 세계혁명으로 발전하지 못하고 소련이 고립무원의 상태에서 스탈린이 일국사회주의론을 제창하면서 소련을 공산화할 때부터 제기되었던 전략에서도 찾아볼 수 있다. 그러나 주체확립과 군중노선이라는 전략이 모든 사회주의국가들이 발전전략으로서 공유하고 있는 보편적 특징이고, 주체확립과 군중노선이라는 전략을 관철하는 과정에서의 세부 정책에서만 사회주의국가 간에 차이에 있다고 한다면,

---

당시 소련만을 믿고 전쟁에 임했으나 소련이 공군지원을 거부하여 미공군의 집중공격을 막을 길이 없었으며 전후 경제, 기술 원조를 요구했으나 판매하겠다고 하여 결국 소련에 속았다는 생각을 하게 되니 믿을 건 아무도 없었답니다.(후략)" 양은식 외, 『분단을 뛰어넘어』(서울: 중원문화, 1988), 334쪽. 주체확립과 군중노선은 이 시기의 특징이기도 하지만, 이후에도 반복되어 강조되었고, 북한의 정책노선에 지나지 않던 주체확립과 군중노선의 골자가 급기야 주체사상이나 김일성주의라는 이름으로 승격됨으로써 북한 사회 전반을 규정하는 항구적인 특징이 되었다. 김정일이 사상, 이론, 방법으로 정식화한 주체사상(김일성주의)에 따르면 주체사상의 뿌리는 바로 주체확립과 혁명적 군중노선에 있음을 알 수 있다. 특히 방법론은 혁명적 군중노선을 그대로 체계화하고 이론화하는 과정을 통해서 확립된 것이다.

6) "혁명과 건설사업에 대한 우리 당의 령도에서 주체를 세우는것과 함께 군중로선을 관철하는 것은 가장 중요한 문제의 하나였다." 김일성, 「조선민주주의인민공화국에서의 사회주의건설과 남조선혁명에 대하여(1965. 4. 14)」, 『김일성저작집 19』(평양: 조선로동당출판사, 1982), 311쪽.

북한의 '특수성'을 구성한다고 볼 수 있는 주체확립과 군중노선의 세부 정책의 배경과 그 내용을 알아볼 필요도 있는 것이다.[7)]

우선 주체확립과 혁명적 군중노선이 등장한 배경과 과정을 살펴보자. 전쟁기간 동안 전시체제강화과정에서 김일성에게 더욱 집중되었던 권력은 1953년 7월 정전협정이 조인된 후 전후복구사업이라는 과제를 놓고 다시금 김일성에게 한층 더 집중되었다. 그러나 당시 조선로동당은 제도적으로는 김일성의 단일지배체제는 아니었다. 김일성과 더불어 김두봉, 박정애, 김일, 박창옥 등 5명이 당 중앙위원회 정치위원회를 구성했던 것에서 보듯이 제도적으로는 집단지도체제였다. 김두봉은 연안파였고 박창옥은 소련파였기 때문에 실제로도 김일성 단일지도체계는 아니었다. 김일성을 정점으로 하는 집단지도체제인 조선로동당은 1953년 8월 제6차 당 중앙위원회 전원회의에서 전후 복구 방향을 결정하였다.

그 시기 소련은 한국전쟁이 끝나고 핵실험에 성공하자, 군수산업과 중공업우선의 스탈린주의적 경제건설노선에서 벗어나기 시작하였다. 그에 반해 김일성은 전쟁준비를 최우선 가치로 내세웠고, 주체확립이라는 이름하에 중공업을 중시했다. 그러나 경공업과 농업에 대한 수탈과 희생을 통해 중공업위주 산업화에 성공한 소련의 경험을 예로 들면서,

---

7) "고축적에 의한 급속한 공업화, 중공업 우선발전, 중앙집권적 계획경제와 같은 북한의 경제개발전략의 기본골격은 구소련의 스탈린 전략과 거의 비슷하다. 하지만 북한의 경제개발전략 가운데 자력갱생론과 정신적 자극 우선 · 대중노선 · 대중운동은 스탈린 전략에서는 찾아보기 힘든 것들이다. 이런 것들은 북한 사회주의 경제의 특수성을 구성하는 요소로 볼 수 있다. 물론 자력갱생론과 정신적 자극 우선 · 대중노선이 북한 독자적인 것이라고 하기는 힘들다. 이것들은 중국의 모택동 전략의 그것에 가깝다고 할 수 있다. 다만 북한의 경제개발전략에서 어느 정도의 특수성이 있다고 인정한다고 해도 북한의 전략이 스탈린 전략에 꽤 가깝다는 것을 뒤집을 정도는 아니다. 전략보다 한 차원 낮은 구체적인 정책의 차원에서 북한의 독자적인 것이 있는 것은 분명하다. 이러한 것들을 '특수성'이라 불러도 좋을 것이다." 양문수, 『북한경제의 구조』, 417~418쪽.

중공업 위주로 경공업과 농업을 동시에 발전시킨다는 김일성의 노선에 대해서도 반대가 있었다. 소비품 위주로 원조를 받자는 자들도 있었으며 소련의 반대도 있었다.[8)]

사회주의자들로 이루어진 조선로동당의 간부들 사이에 북한을 공산화, 특히 농업을 집단화하는 것에 대한 당위성에 대해서는 이견은 없었다. 이견은 시기와 방법에서 나타났다. 시기에 대한 이견에 있어서는 남북통일 이전에 해서는 안 된다는 '시기상조론'이 제일 컸다. 방법에 있어서는 사회주의개조보다는 공업화와 농업기계화가 우선되어야 한다는 주장도 있었다.[9)]

1954년 11월 당중앙위원회 전원회의는 속도조절을 요구하는 반대의 목소리도 있었지만 농업협동화운동에 속도를 내 강력히 추진하기로 결정했다. 김일성은 당 중앙위원회의 결정이라는 것을 내세워 자기의 뜻

---

8) 이종석, 『조선로동당연구』(서울: 역사비평사, 2003), 264쪽 참조. "소련은 기술 고문과 원료 등 많은 것을 지원했으나, 북한의 야망이 늘 소련의 지침을 따른 것은 아니었다. 전쟁 기간까지 북한은 대체로 소련에 대한 농산물 공급지로 기능했으나, 전후에 북한의 경제 계획자들은 소비에트 블록 밖으로의 수출품을 포함해 제조품에 초점을 맞추려 했는데, 이는 소련 고문단이 비현실적이라고 생각한 것이었다. 1954~1956년 계획은 소련의 조언과는 반대되는 또 다른 정책으로서 DPRK가 의류와 섬유 부문에서 자급자족할 수 있도록 분단 이전에 남한에 압도적으로 집중되었던 분야인 섬유 생산에 큰 관심을 기울였다. 전후 부흥 계획의 창끝은 소련이 주도하는 국제분업에 편입되는 것이 아니라 명백히 자급자족을 겨누고 있었다." 찰스 암스트롱, 「북한의 욕망의 교육—전체주의, 일상생활, 탈식민 주체의 형성」, 임지현 · 김용우 엮음, 『대중독재3』(서울: 책세상, 2007), 260쪽. 이에 반해 소련식 개발모형으로부터 탈피하고자 모택동이 내세운 3면 홍기 즉 총노선(군중노선), 인민공사, 대약진운동으로 알려진 중국의 정책은 "농업과 공업의 동시개발"이었다. 농촌의 과잉노동을 대규모로 동원하여 노동집약적 관개, 개간 및 치수 사업으로 농산물 생산을 증가시키는 방법이다. 이정철, 「사회주의 북한의경제동학과 정치체제—현물동학과 가격동학의 긴장이 정치체제에 미치는 영향을 중심으로」, 서울대학교 대학원 정치학 박사학위논문, 2002, 226쪽 참조.

9) 이종석, 『조선로동당연구』, 265쪽 참조. 이렇게 사회주의 개조를 공업화와 농업기계화에 앞서서 진행한 점은 모택동과 김일성이 같았다.

을 관철시켰고, 노력동원을 인민에게 요구하고 강요하였다. 이것이 천리마운동이었고 북한은 천리마운동의 힘을 빌려 2년 만에 농업협동화도 완료하였다. 김일성은 주체확립과 혁명적 군중노선에 어긋나는 것을 교조주의, 수정주의로 일축하였다. 1965년의 연설인 "사회주의건설과 남조선혁명에 대하여"에서 김일성은 전쟁 직후 또는 공산화된 이후부터 주체를 확립하는 것이 북한의 가장 중요한 과업이었고 1955년이 '전환점'이었다고 말했지만, 이 당시에 거론된 주체확립에는 근본적인 한계가 있었다고 할 수 있다. 김일성마저도 주체확립을 이야기할 때 스탈린의 권위를 활용하였고, 마르크스-레닌주의 고수를 주장했기 때문이다. 노선투쟁에 있어서도 마르크스-레닌주의 교양을 앞세울 수밖에 없었다.[10]

또한, 55년 4월 1일 당중앙위원회 전원회의에서 김일성은 "당원들속에서 계급교양사업을 더욱 강화할 데 대하여"라는 연설을 통해서 주체확립 뿐만 아니라 종파주의와의 사상투쟁, 계급투쟁을 제시하였다. 이것은 김성보의 주장처럼 사회주의혁명과정에서 발생한 기존의 적대세력에 더해 남로당의 박헌영계 등을 새로운 반대세력, 소외계층으로 만들어 가는 과정이기도 했다.

> 1955년에는 당 지도부 내의 갈등뿐 아니라 전 사회적 차원에서 사상투쟁이 진행되고 있었다. 4월 전원회의 결정에 따라 국가 및 경제 기관들과 일군들, 전체 당원들, 그리고 관련된 기업가와 상인들까지

---

10) 이미 당시에는 조선로동당에는 소련의 변화에 따라 이를 추종하는 수정주의자가 나타났는데 대표적인 간부는 당조직부장이었던 박영빈이다. 김일성은 이러한 수정주의에 대항하기 위해서도 마르크스-레닌주의에 호소할 수밖에 없었다. 김일성은 레닌 탄생 85돐에 즈음하여 발표한 논설(1955년 4월 15일)에서 '레닌의 학설은 우리의 지침이다'고 분명히 하였다. 김일성, 『김일성저작집 9』(평양, 조선로동당출판사, 1980), 316~328쪽; 이종석에 따르면 북한에서 마르크스-레닌주의 관련 저작에 대한 학습이 급격히 줄어든 것은 1967년부터고 1960년대 말부터는 대중에 대한 마르크스-레닌주의 학습교양이 거의 중지되었다고 한다. 이종석, 『조선로동당연구』, 291쪽, 주17 참조.

> 사안의 경중에 관계없이 '자백운동'에 망라되었다. 이런 자백운동과 지방 간부들 사이에서는 중앙의 지도부에 대한 불신이 자라나게 되었다.[11)]

북한의 노선에 대해 불만이었던 소련은 북한 내에서 급성장하게 된 불만세력들과 연계해서 김일성 주도의 지도부를 교체하고 싶어 했다. 1956년 2월 소련공산당 제20차 대회에서 스탈린이 흐루시초프에 의해 개인숭배라는 이름으로 비판되자 이에 힘을 얻은 소위 소련파(박창옥 등)와 연안파(최창익 등)가 연합하여 그동안 숭배의 대상이었던 김일성의 권위와 정책에 도전한 것이 1956년 4월 조선로동당 3차 대회였다. 이들은 8월 전원회의에서 김일성을 직위에서 끌어내리려 했다.[12)]

그러나 오히려 이들이 김일성계와 국내파에 의해 종파주의라는 죄명을 쓰고서 모두 숙청되거나 출당되었다. 이 사건 이후 북한에서 종파주의는 가장 큰 죄목이 되었고 내부의 가장 큰 적대세력이며 대중적인 사상투쟁의 일차대상이 되었다. 김일성계로 일색이 된 당중앙위원회 전원회의(1956년 12월)에서는 "사회주의건설에서 혁명적대고조를 일으키기 위하여"를 채택하였으며 곧 이어서 당중앙위원들은 모두 노동현장으로 내려가서 군중을 선전선동하였다. 이렇게 해서 중간간부들 마저도 어쩔 수 없이 사회주의건설이라는 목표를 달성하기 위한 들뜬 분위기에 끌려가는 신세가 되었다.[13)]

---

11) 김성보, 『북한의 역사 1』(서울: 역사비평사, 2011), 197쪽.

12) 1956년 2월에 있었던 소련공산당 20차 대회에서 흐루시초프는 전쟁가피론에 기초한 평화공존을 주장하였고 스탈린의 개인숭배도 비판하였으며, 스탈린의 모든 정책과 계급투쟁을 비난하였다. 이것은 전 세계 공산당원들을 혼란에 빠트렸다. 전쟁불가피론과 사회주의건설과 전쟁의 영웅인 스탈린을 믿고 따르던 공산주의자들에게는 사상적 핵폭탄을 맞은 셈이었다고 할 수 있다. 서구공산주의 이외의 대부분의 나라의 공산당 지도부는 흐루시초프의 비난의 대상이 되었다고 할 수 있다. 이런 배경하에서 김일성노선에 반대하는 흐름이 가시화될 수 있었다.

노력동원의 또 다른 의도는 김일성의 중공업위주의 경제정책을 성공으로 이끌어 그 결과를 보여줌으로써, 경공업우선을 내세우는 수정주의가 뿌리를 내릴 수 있는 물질적 조건을 없애고자 하였던 것이다. 김일성은 자신의 경제정책을 성공시키고 수정주의자나 반대파들을 고립시키기 위한 대중운동을 구상하였는데, 이 대중운동이 천리마운동이었다.[14]

이와 함께 김일성은 1957년 5월 31일에 당 중앙위원회 상무위원회의 결정으로 "반혁명분자들과의 투쟁을 강화할 데 대하여"를 채택하고 반종파투쟁을 더욱 강도 높게 진행시켰다. 김일성은 1958년 4월 29일, "우리 당 사법정책을 관철하기 위하여"라는 연설을 통하여 강압적인 방법으로 북한의 공산화과정을 반종파투쟁과 함께 밀고 나갔는데, 이 과정은 반혁명투쟁, 반종파투쟁, 프롤레타리아독재를 강화하고 반대파들을 숙청하는 길이었다.

> 김일성 지도부는 반대파의 뿌리를 뽑기 위해 1957년 1월 평양시 당 단체들을 시작으로 당 중앙위원회 집중 지도 방조 사업을 전개했다. 아울러 1956년 말부터 이듬해 초까지 숙청과 함께 당증 교환 사업을 실시했다.[15]

김일성은 이른바 종파주의, 사대주의, 수정주의자들과 싸우기 위해서 마르크스-레닌주의의 고수, 마르크스-레닌주의에 입각한 당국가 건설을 조선로동당의 확고한 지침으로 내세웠고, 주체확립을 위해서는 항일무

---

13) "선전: 선전이 선동과 다른 점은 일정한 진리를 주로 리론적으로 파악하게 하는데 있다. 따라서 선전은 선동에 비하여 알리려고 하는 내용의 리론적심도가 보다 깊고 론리적이며 체계적이다." 『정치용어사전』(평양: 사회과학출판사, 1970, 동경: 구월서방, 번각발행, 1971), 366쪽.

14) 이종석, 『조선로동당연구』, 283~286쪽 참조.

15) 김성보, 『북한의 역사 1』, 201쪽.

장투쟁을 중심으로 하는 혁명전통을 내세웠다. 이에 대해 많은 반대와 저항이 있었지만, 그들은 모두 숙청, 배제당하거나 교양대상이 되었다.

북한은 숙청, 배제 대상과 교양대상을 엄격하게 구별하기 위해 주민들의 계층을 세밀하게 구분했다. 북한은 세밀한 계층구분이라는 수단을 통해 가능하면 대다수의 군중들을 사회주의 건설과정에 참여시키고자 하였다고 하지만, 이는 또한 북한 사회가 엄격한 계층사회로 이행하는 계기가 되었다고도 할 수 있다.

> 악질분자에게는 엄격한 처벌을 가하는 한편, 죄과를 고백하고 뉘우치는 자들은 관대하게 처리하는 포용의 방식이었다. 이런 위로부터의 대중 동원 방식을 통해 당과 인민대중의 관계는 일상 속에 긴밀하게 결속되었다. 한편 이시기에는 주민 전체에 대한 계층 구분이 이루어진 것으로 알려져 있다. 북한 정부는 1958년 12월부터 1961년까지 주민들을 적대적 세력과 우호적 세력, 중립적 세력으로 구분해 통제하기 시작했으며, 이후 북한주민에 대한 계층 구분은 더욱 세밀화되었다.[16]

김일성은 1958년 3월 북한은 제1회 당 대표자회의를 소집해 조선로동당에서 종파가 완전히 청산되었음을 공식 선언하였다. 이로써 사회주의 혁명과정을 통해서는 프롤레타리아 독재국가가 되었고, 계층분류사업을 통해서는 새로운 계급사회가 된 것이다. 김일성은 수령의 지위를 가질 수 있게 되었고 김일성 중심의 단일지도체계가 확립되었다.[17]

---

16) 김성보, 『북한의 역사 1』, 204쪽; 북한연구소, 「북한의 계급정책」, 양호민 외, 『북한사회의 재인식 1』, 227~340쪽; 천리마작업반운동 이후의 북한의 계급정책은 제3절의 '5) 가족주의, 지방주의, 종파주의, 관문주의 : 조직사업방식의 문제'에서 다루었다.

17) 단일지도체계 이전의 지도체계는 박헌영계, 김일성계, 연안파, 소련파 등으로 구성되었기 때문에 권력연합적 성격이 강했다. 이것은 본래 1949년 남북로동당이 합당할 때 만들어진 지도체계로서 이종석에 의해 '1949년 6월 질서'라 명명되었다. 이종석, 『조선로동당연구』, 204~213쪽 참조.

이런 반종파투쟁과 결합된 천리마운동에 힘입어 북한의 사회주의적 개조는 1958년에 끝날 수 있었다. 김일성은 개인상공업의 협동화를 통한 개조에 대해서 시기상조론을 내세웠던 소련파의 반대를 물리치고, 상공업의 국유화도 완수했다. 사회주의 개조과정에서 농장, 공장, 기업소들의 규모도 커졌고, 공업화도 많이 진전되었으며, 8월종파의 주도자들은 숙청되거나 숙청을 피해 중국, 소련으로 달아났고 반김세력은 대중적 기반을 상실하였다.

무엇보다도 농업국가였던 북한에서 농업협동화 결과 일어난 농촌의 변모가 매우 컸다. 북한은 사회주의 농업공업사회가 된 것이다. 단일지도체계란 만약 기업으로 생각한다면 거의 모든 생산수단이 공유화된 사회에서 조선민주주의인민공화국의 유일한 호주이며 가장인 김일성이 최고 경영자가 된 것이다. 김일성은 사회주의농업공업국에서 사회주의 공업농업국으로 전환시키기 위해서 산업화과정에서 요구되는 군중운동을 치밀하게 정형화하여 천리마작업반운동을 완성하였다. 천리마작업반운동은 기존의 천리마운동에 비해 무엇보다도 한 차원 높은 사상투쟁과 사상교양을 대대적으로 벌여나갔다.[18)]

---

18) 사상투쟁과 사상교양의 차이점은 다음과 같다. "위대한 수령 김일성동지께서는 이와 함께 반당수정주의분자들의 사상적영향을 직접 받은 사람들의 문제를 처리하는데서 나서는 원칙들에 대하여 밝혀주시면서 혁명적세계관이 바로서지 못하여 옳고 그른 것을 가려보지 못하고 맹종맹동한 사람들은 당의 품에서 교양하도록 하며 사상적으로 동요하다가 그자들의 장단에 춤을 춘 사람들은 사상투쟁을 통하여 개조하도록 하시였다." 『위대한 수령 김일성동지의 불멸의 혁명업적 12: 온 사회의 일심단결의 실현』(평양: 조선로동당출판사, 1999), 247쪽. 주체확립을 위한 사상투쟁은 아직은 중국이나 소련과 날카롭게 대립되는 외교적인, 대외 지향적인 행위가 아닌 순수하게 대내적인, 북한 주민에 대한 작업이었다. 대외적 지향으로서의 주체확립은 중소대립으로 인해 국제공산주의운동이 중국 편과 소련 편으로 갈라지는 상황의 강요에 대한 반발로서 분명히 나타나게 된 것이다. 그 신호탄은 1966년 8월 12일 『로동신문』에 실린 "자주성을 옹호하자"라는 장문의 논설이었다. 10월 제2차 당대표자회에서 있었던 "현 정세와 우리당의 당면과제"라는 연설에서 김일성은 "우리는 마르크스 · 레닌주의 '편'이며, 혁명의 '편'이라고 대답할 것"이라고 주장하였다. 이종석,

천리마작업반운동은 노력동원, 생산력발전을 목표로 한 것이기도 했지만, 주로 작업반이라는 단위에서 이루어지는 사상혁명, 기술혁명, 문화혁명을 통한 '공산주의적 새 인간'을 만들기 위한 대중운동이었다. 따라서 천리마작업반은 인간개조의 장, 교육교양의 장이기도 했다. 천리마작업반운동의 집단주의적 성격은 단적으로 '하나는 전체를 위하여, 전체는 하나를 위하여' 라는 구호로 알 수 있다.[19]

2. 북한사회주의체제의 원형=주체사상, 유일체제, 청산리방법과 인민적 사업작풍, 대안의 사업체계

이러한 주체확립과 혁명적 군중노선은 북한의 현재의 공식적인 이데올로기인 김일성-김정일주의의 원형이라고 할 수 있는 주체사상의 핵심적 요소를 구성하고 있다. 넓은 의미의 주체사상은 사상, 이론, 방법으로 구성되어 있다고 할 수 있고, 좁은 의미의 주체사상은 넓은 의미의 주체사상인 사상, 이론, 방법 중 사상만을 지칭한다고 할 수 있다. 넓은 의미의 주체사상은 북한에서 김일성주의 또는 김일성동지의 혁명사상이라고 불려졌다. 여기서 넓은 의미의 주체사상을 체계화하는 작업 중 대표적인 것은 다음과 같다.[20]

첫째, 1965년 4월 4일 인도네시아의 알리 · 아르함 사회과학원에서의

『새로쓴 현대북한의 이해』, 157쪽 참조.

19) 북한의 설명에 따르면, "천리마작업반운동은 천리마운동의 심화 발전된 형태"로서, 기존의 천리마운동과는 달리 생산 과정에서 근로자들의 집단적 혁신운동을 공산주의적 인간개조 사업과 밀접히 결합시킨 것이었다. 이태섭, 『북한의 경제위기와 체제변화』(서울: 선인, 2009), 112쪽.

20) 김경욱, 「천리마시대(1956~1972)의 북한 교육교양에 대한 연구－북조선인의 탄생」, 『현대북한연구』 21권 1호, 2018, 13~14쪽.

김일성의 연설인 "조선민주주의인민공화국에서의 사회주의 건설과 남조선혁명에 대하여"에서 김일성은 혁명과 건설에서 주체확립과 혁명적 군중노선을 관철하는 것이 가장 중요한 문제의 하나였다는 것을 말하고 청산리방법과 천리마운동을 혁명적 군중노선의 발전 또는 구현이라고 주장하였다.

둘째, 1972년 4월 3일 '조선사회과학자대회'에서 조선노동당 중앙위원회 비서 양형섭은 보고에서 김일성동지의 혁명사상을 4가지로 정리하고 있다. 1. 우리 시대의 맑스-레닌주의인 김일성동지의 혁명사상은 주체사상에 기초하고 있다. 2. 우리 시대 인민들의 혁명투쟁에 관한 이론과 전략전술이다. 3. 사회주의, 공산주의건설에 관한 과학적 이론이다. 4. 혁명과 건설의 영도원칙과 혁명적 군중노선에 관한 창조적 사상이다.

셋째, 김정일이 1982년에 발표한 "주체사상에 대하여"를 토대로 해서 1985년에 발행된 주체사상총서(총 10권)는 넓은 의미의 주체사상을 좁은 의미의 주체사상(철학적 원리, 사회역사적 원리, 지도적 원칙)을 중심으로 해서 집대성한 것이다. 그 중 제3권인 『주체사상의 지도적원칙』에는 천리마시대에 공식화된 '사상에서 주체, 정치에서 자주, 경제에서 자립, 국방에서 자위'가 모두 반영되어 있다. 제9권인 『영도체계』에서는 제2절 영도원칙인 1. 수령의 유일적 영도의 실현 2. 주체확립 3. 혁명적 군중노선의 형태로 들어가 있다.[21]

넷째, 김일성이 고급당학교 창립 40돌 기념 강의록으로 작성하고 『근로자』, 1986년 6호에 실린 "조선로동당 건설의 역사적 경험"이다. 여기에서 김일성은 다음과 같이 주장하고 있다.

---

21) 사회과학출판사, 『영도체계』(서울: 지평, 1989); 주체사상의 지도원칙은 사상에서의 주체 (1955), 경제에서의 자립(1956), 정치에서 자주(1957), 국방에서의 자위(1962) 순으로 공식화되었다. 김갑철 · 고성준 『주체사상과 북한사회주의』(서울: 문우사, 1988), 84쪽.

"주체를 세우기 위한 우리 당의 투쟁은 혁명과 건설의 모든 분야에서 주체사상을 구현하기 위한 투쟁인 동시에 사대주의, 교조주의를 비롯한 온갖 잡사상들을 극복하고 전당을 우리 당의 혁명사상, 주체사상으로 일색화하기 위한 투쟁이었습니다."[22]

"당의 영도 예술을 바로 세우기 위한 투쟁은 일군들 속에 남아 있는 낡은 사상 잔재를 뿌리 빼고 우리 당의 주체사상과 혁명적 군중노선을 구현하기 위한 심각한 사상투쟁입니다."[23]

김일성은 이른바 종파주의, 사대주의, 수정주의들과 싸우기 위해서 마르크스-레닌주의의 고수, 마르크스-레닌주의를 창조적으로 적용한 새로운 당국가 건설을 조선로동당의 확고한 지침으로 내세웠으며, 주체확립을 위해서는 항일무장투쟁을 중심으로 하는 혁명전통을 내세웠다. 김일성은 주체확립과 혁명적 군중노선은 불가분의 관계에 있으며 김일성에 대한 충실성이 없다면 주체확립과 혁명적 군중노선은 불가능하고 '공산주의적 새 인간'도 탄생할 수 없다고 생각하였다.

천리마운동이 주체확립과 혁명적군중노선을 구현한 것이라면 그 내용은 어떤가? 그것은 1965년 발행된 『천리마 운동은 사회주의 건설에서의 우리 당의 총로선』에서 진술하였듯이 천리마운동은 사상혁명을 앞세운 세 가지 혁명 즉 '사상혁명, 기술혁명, 문화혁명'으로 요약될 수 있다.[24]

김일성은 그를 위하여 개인적 경쟁의 요소가 많았던 천리마운동을 사회주의체제에 맞는 집단주의 경쟁운동인 천리마작업반운동으로 개조하

22) 김일성, 「조선로동당 건설의 역사적 경험」, 편집부 엮음, 『주체사상연구』 (서울: 태백, 1989), 111쪽쪽.

23) 김일성, 「조선로동당 건설의 역사적 경험」, 151쪽.

24) 백재욱, 『천리마 운동은 사회주의 건설에서의 우리 당의 총로선』, 142~143쪽.

였다. 천리마작업반운동은 세 가지 혁명의 측면에서 보았을 때는 사상혁명 앞세운 사상혁명, 기술혁명, 문화혁명이라고 할 수 있다.[25)]

선진 사회주의국가인 소련의 도움이나 지지를 받을 수 없었던 김일성은 사회주의 건설을 위한 생산력발전의 관건은 사상혁명, 기술혁명, 문화혁명에 있고 이러한 세 가지 혁명을 통해서 '공산주의적 새 인간'으로 개조되고 양성된 북한주민들이 지도자인 자신(수령)을 중심으로 단결하는 데 있다고 생각하였다.

세 가지 혁명 중 사상혁명의 핵심은 수령에 대한 충실성이며, 사상교양의 핵심은 수령에 대한 충실성교양이었다. 북한 주민들이 수령에 대한 충실성으로 사상혁명을 이루어야 김일성을 구심점으로 삼아 북한 주민들이 통일 단결할 수 있고, 공산주의적 새 인간이 될 수 있으며, 사회주의를 건설할 수 있고, 나아가 공산주의 사회도 만들어 낼 수 있다는 식으로 설명되었다.[26)]

---

25) 주체사상총서 제5권인 『사회주의, 공산주의 건설 이론』(서울: 태백, 1989)에 반영되어 있다. 이는 1960년 8월 전국 천리마 작업반운동 선구자 대회에서 직업총동맹 중앙 위원회 위원장 리효순의 보고를 통해서도 확인할 수 있다. 단, 리효순의 보고에서는 기술혁명이 아닌 기술혁신이라는 용어를 사용했고 사상혁명 대신 사상교양이라는 용어를 사용했으며, 사상교양보다는 기술혁신을 앞세웠고, 기술혁신과 사상교양은 별도의 항목으로 다루었음에 비해 문화혁명과 관련하여서는 별도의 항목 없이 기술혁신에 넣어서 강조하였다. 이것은 사상혁명, 기술혁명, 문화혁명이라는 세 가지 혁명에 대해 아직 일목요연하게 정리되지 않았다는 것, 범주화가 정식화되어 있지 않다는 것을 보여주는 것이고, 천리마작업반운동의 성격에 대해 북한 내부에 다양한 입장이 있었음을 보여주는 것이다. 그럼에도 불구하고 천리마작업반운동을 사상, 기술, 문화혁명으로 범주화할 수 있을 것 같다. 리효순, 「인민 경제 모든 부문에서 기술 혁신운동을 전면적으로 전개하며 천리마 작업반 운동을 확대 발전시킬데 대하여」, 직업동맹출판사, 『천리마작업반운동』(평양: 직업동맹출판사, 1960), 18-48쪽; 이는 직업동맹출판사가 1963년에 발행한 『천리마기수독본』을 봐도 알 수 있다. 천리마작업반 칭호 쟁취운동을 결의한 작업반들의 '전망 결의문'에 포함되어야 할 내용들도 세 가지 범주로 나누어 볼 수 있기 때문이다. 「'전망 결의문'에 포함되어야 할 내용들」, 강호제, 『북한 과학기술 형성사 Ⅰ』(서울: 선인, 2008), 377-380쪽.

26) 천리마작업반운동이 반김일성계, 비김일성계를 청산하기 위한 아래로부터의 권력

수령을 중심으로 통일단결하자는 사상은 북한의 가장 핵심적 특징이고 이러한 사상은 67년이나 74년의 '당의 유일사상체계확립을 위한 10대 원칙'을 세우는 데 토대가 되었고, 2013년에 김정은에 의해 개정된 '당의 유일적 령도체계확립의 10대 원칙'으로 계승되었다.[27]

천리마작업반운동은 노력동원, 생산력발전을 목표로 한 것이기도 했지만, 주로 작업반이라는 단위에서 이루어지는 사상혁명, 기술혁명, 문화혁명을 통한 '공산주의적 새 인간'을 만들기 위한 대중운동이었다. 따라서 천리마작업반은 인간개조의 장, 교육교양의 장이기도 했다. 천리마작업반운동의 집단주의적 성격은 단적으로 '하나는 전체를 위하여, 전체는 하나를 위하여'라는 구호로 알 수 있다.[28]

투쟁, 사상투쟁이었음은 분명하다. 통일단결이 천리마작업반운동의 표면이라면 그 이면은 김일성을 수령으로 받아들이는 데 반대하거나 소극적인 반김일성계 또는 비김일성계를 몰아내기 위한 투쟁이었음은 분명하다. 그러나 이 논문은 김일성이 67년 갑산파를 숙청하고 나서야 수령이 되었고 단일지도체계가 유일체제로 바뀌었다는 식의 이종석의 논리에 별 구애를 받지 않고 쓰여진 글이다. 왜냐하면 8월종파사건 이후 북한의 당 중앙위원회는 김일성계가 장악하였고 그 이후로는 김일성의 교시는 당정책과 같은 의미를 가지게 되었기 때문이다. 조금 부족하더라도 이것을 유일체제와는 완전히 다른 단일지도체계로 보기보다는 수령제와 유사한 것으로 간주할 수 있다는 것이 필자의 견해다. 이종석, 『조선로동당연구』(서울: 역사비평사, 2003), 204~213쪽; 이태섭은 비공식화된 개인적 리더십, 인격적 리더십을 배격하고 공식화된 규범과 절차에 기초한 조직적 리더십, 제도적 리더십을 추구한 것이라고 표현하였다. 이태섭, 『김일성 리더십 연구』(서울: 들녘,2001), 26~27쪽; 필자의 논문은 이 시기의 차이점을 밝히거나 질적인 차이점에 근거해서 무언가를 주장하려는 데 있는 것이 아니라 두 시기의 공통점에 근거해서 천리마시대의 본질을 밝히고자 한 것이다. 이 글은 천리마시대의 북한의 수령제란 김연철의 주장처럼 사회주의국가들에서 두루두루 나타나는 정치지도자에 대한 숭배와 복종현상과 다를 바 없다는 관점에서 쓰여진 것이다. 김연철, 「북한의 산업화 과정과 공장관리의 정치(1953-70): '수령제' 정치체제의 사회경제적 기원」, 성균관대학교 대학원 박사학위논문, 1995. 3쪽.

27) 수령을 중심으로 영도체계를 세워 통일단결하자는 사상은 1974년의 주체사상총서 중 제9권에 해당하는 『영도체계』의 핵심적 내용이 되었다. 사회과학출판사, 『영도체계』(서울: 지평, 1989).

28) 북한의 설명에 따르면, "천리마작업반운동은 천리마운동의 심화 발전된 형태"로서, 기존의 천리마운동과는 달리 생산 과정에서 근로자들의 집단적 혁신운동을 공산주

이러한 집단주의 경쟁운동인 천리마작업반운동은 리더십개선운동이기도 했다. 김일성은 사회주의개조 이전의 일꾼들의 리더십은 관료주의, 형식주의, 소극주의, 가족주의, 지방주의, 본위주의에서 벗어나기 어렵기 때문에 사회주의사회에는 적합하지 않은 청산해야 할 반사회주의적인 리더십이라고 맹비난하였다. 김일성은 주체확립과 혁명적 군중노선에 맞게 청산리방법(=혁명적 사업방법)과 인민적 사업작풍을 핵심적 내용으로 하는 사회주의적 리더십을 새롭게 만들어 냈고, 이런 리더십을 갖춘 일꾼들이 천리마작업반운동을 지원하고 전사회적으로 확산시킬 수 있도록 하였다.

흔히 청산리방법의 기본은 상위기관이 하위기관을 도와주고, 윗사람이 아랫사람을 도와주며, 늘 현지에 내려가 실정을 깊이 알아보고 문제해결의 올바른 방도를 세우며 모든 사업에서 정치사업, 사람과의 사업을 앞세우고 대중의 자각적인 열성과 창발성을 동원하여 혁명과업을 수행하도록 하는 데 있다고 한다.[29]

김일성에 의해 혁명적 군중노선은 당성, 노동계급성, 인민성으로 해석되었고, 이는 인민적 사업작풍의 원천으로 선전되었다. 김일성은 당성, 노동계급성, 인민성으로부터 당성=수령에 대한 충실성, 혁명가적 기풍, 인민적 성품이 도출된 것이라 주장하였다.[30]

의적 인간개조 사업과 밀접히 결합시킨 것이었다. 이태섭, 『북한의 경제위기와 체제변화』(서울: 선인, 2009), 112쪽.

29) 집필위원회, 『교육학: 사범대학용』(평양: 교육도서출판사, 1969, 학우서방, 번각발행, 1971), 165쪽; 북한 학자들은 천리마시대이후 현재(선군시대)에 이르기 까지 현지지도를 북한체제의 특수성이나 수령제를 설명할 때 핵심적 요소로 취급하고 있다. 그런데 혁명적 군중노선이 김일성에 의해 구체적으로 드러난 대표적인 형태가 바로 김일성, 김정일, 김정은에 의한 현지지도다. 황재준, 「북한의 '현지지도'연구－특성과 기능을 중심으로－」, 서강대학교 공공정책대학원 박사학위논문, 1988; 김연철, 「북한의 산업화 과정과 공장관리의 정치(1953-70): '수령제'정치체제의 사회경제적 기원」, 1995, 214-237쪽.

그리고 청산리방법을 공장과 기업소의 관리에 적용한 대안의 사업체계가 만들어졌다. 대안의 사업체계에서는 자본주의 흔적이라고 할 수 있는 지배인유일관리제를 없애고 당위원회의 집체적 지도로 교체했다. 청산리방법은 당 사업체계를 교양과 조직 중심으로 개편하기를 요구했는데 대안의 사업체계를 통하여 새로운 당 사업체계가 제도화되었다. 대안의 사업체계는 북한의 각 단위에서 중앙집권적 계획경제와 독립채산제를 보장하고 구현하기 위한 제도이기는 했다. 대안의 사업체계가 도입된 이후로는 천리마 작업반 운동은 공장 내 개별적인 당조직, 개별적인 핵심들의 역할에만 의존하는 사업이 아니라 공장 전체의 사업이 되었다. 따라서 '새로운 사업 체계는 청산리 방법을 더욱 철저히 관철시키는 체계이며, 천리마 작업반 운동을 더욱 발전시키는 사업 체계이다.'고 말할 수 있겠다.[31]

이러한 대안의 사업체계는 집단적 소유제가 된 북한의 모든 기업소들과 공장들을 관리하는 공통적인 관리체계였다. 1985년에 북한에서 발행된 주체사상 총서(전 10권) 중의 하나인 『사회주의경제건설이론』에 따르면 대안의 사업체계의 지도관리원칙은 1. 정치사업과 경제조직사업의 밀접한 결합 2. 집체적 지도와 유일적 지휘의 옳은 배합 3. 독립채산제의 올바른 실시로 되어 있는데, 여기서 집체적 지도란 당위원회의 지도인 동시에 기업소와 공장의 구성원들이 모두 참여하는 대중적 통제를 뜻한다. 대안의 사업체계의 세부적인 내용은 끊임없이 바뀌었지만 이와

---

30) "인민적 사업작풍에 담겨진 수령의 의도와 당의 노선과 정책 관철에 대한 무조건성의 기풍, 혁명에 대한 주인다운 태도와 불요불굴의 투쟁정신, 혁명적 원칙성, 이신작칙의 기풍을 비롯한 모든 내용들은 바로 공산주의자들의 당성, 노동계급성, 인민성을 구현하고 있다. 인민적 사업작풍은 수령에 대한 충실성을 핵으로 하는 당성, 노동계급성, 인민성으로 일관된 것으로 하여 또한 인민대중을 존대하고 끝없이 사랑하는 품성으로 된다." 사회과학출판사, 『영도예술』(서울: 지평, 1989), 177쪽.

31) 윤현, 「대안 체계와 천리마 작업반 운동의 가일층의 발전」, 『근로자』, 1963, 4호, 3쪽.

같은 지도관리원칙이 바뀌지는 않았다. 그리고 농업지도체계를 새로운 농업지도체계라 하였지만 이것이 대안의 사업체계와 매우 다른 것은 아니다. 대안의 사업체계를 농업의 특성, 협동적소유에 맞춰 적용한 것이기 때문이다.[32)]

대안의 사업체계는 작업반이나 기업소, 농장들이 조직생활과 교육교양에 집중할 수 있는 여건을 마련해 주었으며, 자극제가 되었다. 천리마작업반운동과 청산리방법은 기존의 교육교양의 내용과 방법을 사회주의적 교육교양의 내용과 방법으로 바꾸기 위한 혁명과정이기도 했다. 천리마작업운동과 청산리방법이 북한사회의 여러분야로 확산됨에 따라 김일성이 평소에 요구하였던 사회주의적 교육교양의 내용과 방법이 관철되기 시작한 것 같다.[33)]

3. 혁명전통

천리마시대 북한의 특수성을 설명하는 데 있어 주체확립과 군중노선이라는 두 가지 측면 이외에도 김일성이 주장하는 혁명전통을 빠뜨릴

---

32) 사회과학출판사 편, 『사회주의경제건설이론』(서울: 태백, 1989); 북한의 경제관리의 핵심적 요소가 대안의 사업체계라는 것은 고승효, 김연철, 차문석, 김보근, 이정철의 글을 보면 알 수 있다. 고승효, 『현대북한경제입문』(서울: 대동, 1993); 김연철 『북한의 산업화와 경제정책』(서울: 역사비평사, 2001); 차문석, 『반노동의 유토피아』(서울: 박종철출판사, 2001); 김보근 "대안의 사업체계를 보는 두 개의 눈, 그리고 북한 변화를 진단하는 두 개의 눈" 『정치비평』, 2001년 하반기; 이정철, 「사회주의 북한의 경제동학과 정치체제: 현물동학과 가격동학의 긴장이 정치체제에 미치는 영향을 중심으로」(서울대학교 대학원 정치학 박사학위논문, 2002).

33) 이일경, 「김일성원수의 청산리교시와 교육부문에 주신 교시를 더욱 철저히 실천하기 위하여(1961. 4. 25.)」, 백두연구소 엮음, 『북한의 혁명적 군중노선』(서울: 도서출판 백두, 1989), 224~256쪽 참조.

수가 없다. 1955년 김일성이 제기한 사상에서의 주체확립이 민족주의적 요구였다면, 이 시기가 되면 민족적 전통을 넘어서서 확고하게 혁명전통을 앞세운다. 김일성의 주장에 따르면 북한의 주체확립과 혁명적 군중노선의 구체적 모델은 소련(즉 스탈린)이나 중국(즉 모택동)으로부터 빌려 온 것이 아니라 항일유격대의 경험에서 빌려 온 것이다. 1958년 2월 8일 조선인민군 창설 10주년을 맞이하여 조선인민군 제324군부대관하 장병들 앞에서 한 연설 "조선인민군은 항일무장투쟁의 계승자이다."에서부터 김일성은 작정한 듯이 항일유격대시기의 경험을 추켜세우게 되고, 그 이후로는 기회가 있을 때마다 의식적으로 이 경험을 지속적으로 내세운다. 김일성은 현지지도를 나갔을 때도 노동자들에게 자신이 항일무장투쟁시기 난관을 어떻게 해쳐나갔는가를 예를 들면서 설명하였다. 특히 1959년 2월 26일 생산기업소 당조직원 및 당위원장들, 도, 시 군 당위원장들의 강습회에서 행한 연설인 "당사업방법에 대하여"에서 항일유격대의 경험을 절대화하고 신화화한 사람은 바로 김일성 자신이었다.[34)]

---

34) 사회과학원 철학연구소, 『철학사전』(평양: 사회과학원 철학연구소, 1985), 146쪽 참조. 1961년 9월 조선로동당 4차당대회에서는 당 규약이 부분적으로 개정되었는데, 조선로동당은 "항일무장투쟁의 영광스러운 혁명전통의 직접적인 계승자"로 규정되었다. 공산주의적 새인간과 교육교양의 원형이 천리마시대에 만들어졌다면 북한 사회주의교육의 원천은 스탈린의 소련식교육도 모택동의 중국식 교육도 아니다. 일제 식민지교육이나 조선시대의 교육에서 찾을 일이 아니다. 김일성이 말하는 혁명전통 즉 항일 빨치산의 경험이라는 것은 김일성에 의해 재해석된 혁명전통이다. 그렇다면 어디서 그 확실한 원천을 찾을 것인가? 그것은 해방직후에 북한에서 벌어진 건국사상총동원운동이다. 건국사상총동원운동의 배경은 바로 새로운 나라의 건설에 있었다. 우선 반제반봉건 인민민주주의 혁명의 핵심사안이었던 토지개혁은 1946년 3월에 시작해 6개월이라는 짧은 기간 동안 완수되었다. 1946년 11월 당 중앙위원회 제3차 회의와 12월 상무위원회에서 건국사상총동원운동을 전개하기 위한 대책을 세웠고, 뒤이어 북조선 임시위원회는 건국사상총동원선전요강을 만들어 발표하였다. 건국사상총동원운동의 밑바탕에는 인민민주주의국가에는 그에 맞는 새로운 인간, 민주적인 인간이 있어야 한다는 생각이 있었다. 그리하여 1946년 12월부터 1948년 초반까지 건국사상총동원운동이 일어났다. 건국사상총동원운동은 국가경제관리에서부터 개인소비생활에 이르기까지 모든 분야에서 대중적 절약운동을 벌리며 모

김일성의 주장에 따르면 주체확립과 혁명적 군중노선의 모델이 항일유격대를 중심으로 한 혁명전통이었다. 김일성은 마르크스-레닌주의 교양, 당정책 교양을 강화하고 혁명전통교양을 강화하는 것은 수정주의 조류를 막는 길이며, 당원들과 인민들에게 혁명전통교양을 강화하는 것은 주체확립과 혁명적 군중노선의 절대적 요소라고 주장하였다. 김일성의 연설 "조선민주주의인민공화국의 사회주의건설과 남조선혁명에 대

두가 서로 도와주고 단결하여 다 같이 발전하자는 취지를 갖고 있었다. 이 운동을 통해서 기업소, 공장, 단체, 마을마다 개인이기주의, 향락주의, 게으르고 부화방탕한 현상, 관료주의, 무책임성이 비판되었다. 토지개혁에 대한 불평불만세력 적발하고, 부정부패, 사기, 협잡, 횡령 행위들이 적발 폭로되었다. 한마디로 하면 이기주의, 일제 식민주의잔재, 민족허무주의, 봉건주의, 퇴폐적인 생활습성, 개인향락주의, 게으름, 건달놀음과의 싸움이 이때부터 시작된 것이다. 이는 나보다는 우리를 개인의 이익보다는 국가와 사회의 이익을 먼저 생각하는 도덕운동이요 사상혁명이라고 할 수 있다. 한편 해방 전 수준의 경제회복을 위해 1947년부터는 북한 전역에서 「47년 인민경제계획」을 완수하기 위한 돌격운동이 벌어졌다. 일제가 파괴하거나 남기고 간 산업시설을 북한주민들의 힘으로 회복하는 것은 쉽지 않았다. 1947년 7월에 흥남비료공장 노동자들이 전국의 공장 기업소 노동자들에게 증산경쟁운동을 호소하면서 이 운동은 본격화되었다. 1946년 말 정주의 철도기관 노동자들은 자력갱생의 정신을 발휘하고 집체적 지혜를 모아 기술적 난관과 자재, 연료난을 자체의 힘으로 뚫고 나감으로써 애국적 증산투쟁의 모범을 보여주었다. 토지개혁으로 토지를 부여받은 농민들 사이에서도 자발적으로 증산운동이 일어났다. 농민들은 첫 수확물로 애국미헌납운동을 벌였는데 그 첫 주인공은 김제원농민이었다. 이것이 바로 북한에서 대중영웅들이 탄생한 첫 사건이었던 것이다. 1947년 9월에는 문화혁명이라고 할 수 있는 문맹퇴치운동이 활발하게 벌어졌는데, 문맹퇴치지도위원회를 조직하여 방방곡곡에 '한글'학교가 나왔다. 문맹퇴치사업에는 당의 지도아래 민청을 비롯한 근로단체들이 동원되었으며 각급 학교 교원들과 학생들이 수많이 참가하였다. 농촌의 각 부락 단위로 한글학교가 조직되었으며, 1947년 겨울부터 1948년 봄까지 4개월에 걸친 농한기에 집약적으로 진행되었다. 기업가, 상인들은 학교건설을 지원하기 위한 헌금운동을 벌였으며 헌납운동, 기금모집운동도 벌였다. 자발성에 의한 새로운 도덕의 수립, 자력갱생, 노력동원, 증산, 기부, 학교건설, 문맹퇴치운동인 건국사상총동원운동은 자력갱생에 의한 사상혁명, 기술혁명, 문화혁명, 새 나라를 건설한다는 애국심에서 나오는 각계각층이 하나가 되는 통일단결, 한 사람이 열사람을 변화시키고 다시 열 사람이 백 사람이 변화되는 인간개조의 과정이었다고 할 수 있기 때문에 건국사상총동원운동은 천리마작업반운동과 천리마시대 교육교양의 원천이 되기에 충분하다. 『조선전사 23』(평양: 사회과학원력사연구소, 1981) 참조.

하여"에 따르면 당 간부뿐만 아니라 전체당원과 전체인민은 우선 마르크스-레닌주의와 당정책을 우선 잘 알아야 했고 동시에 혁명전통과 민족적 전통도 잘 알아야 했다.[35]

김일성은 다양한 항일의 전통을 혁명전통으로 협소하게 해석하고, 나아가 혁명전통을 항일유격대의 전통으로 축소시키며, 항일유격대가 조선독립운동사에서 차지하는 비중을 절대화하였다.

> "물론 일제를 반대하는 군대들가운데는 《의병대》라든지, 《조선독립군》이라든지, 《의렬단》이라든지 하는것들이 있었지만 이것은 다 순전히 민족주의적인 군대였으며 자산계급의 리익을 옹호하는 군대였습니다. 그러나 조선인민이 이러한 군대가 아니라 맑스 - 레닌주의로 무장하고 근로인민의 리익을 옹호하며 제국주의를 견결히 반대하여 싸우는 군대를 가지게 된것은 오직 항일무장투쟁을 전개하던 그 당시부터입니다."[36]

그리고는 "항일유격대의 혁명전통을 계승한다는 것은 무엇을 의미합니까? 그것은 항일유격대의 사상체계를 계승하며 그 우수한 사업방법과 사업작풍을 계승한다는 것을 의미합니다."라고 주장하였다.[37]

---

35) "주체를 세우는 데서 무엇보다도 중요한것은 간부들과 당원들 속에서 맑스-레닌주의학습을 강화하는 것과 함께 그들을 자기 당의 사상으로, 자기 당의 노선과 정책으로 튼튼히 무장시키는 것이였다." 김일성, 「조선민주주의인민공화국에서의 사회주의건설과 남조선혁명에 대하여(1965. 4. 14)」, 308쪽. "이와 함께 우리는 모든 당원들과 근로자들 속에서 우리나라의 지난날과 오늘, 우리 인민의 혁명전통과 문화전통에 대한 학습을 결정적으로 강화하였다. 과학, 교육, 문학, 예술을 비롯한 사상전선의 모든 분야에서 자기나라의 것을 위주로 하여 민족적 전통을 살리고 우수한 민족유산을 계승발전시키며, 다른 나라들의 선진문화도 통째로가 아니라 우리의것으로 소화하여 받아들이도록 하였다." 김일성, 「조선민주주의인민공화국에서의 사회주의건설과 남조선혁명에 대하여(1965. 4. 14)」, 308쪽.

36) 김일성, 「조선인민군은 항일무장투쟁의 계승자이다(1958. 2. 8)」, 김일성, 『김일성저작집 12』(평양: 조선로동당출판사, 1981), 65쪽.

김일성은 항일유격대의 경험에는 사회주의건설을 위해서 필요한 모든 사상과 경험이 기본적으로 들어 있다고 생각한 것이다. 김일성은 항일유격대의 경험이 매우 모범적이었기 때문에 그것은 교육교양의 모델로서도 가장 적절하다고 주장하였다.

김일성은 이렇게 항일빨치산을 중심으로 해서 혁명전통을 규정한 다음에는 혁명전통의 핵심적 내용을 주체확립과 혁명적 군중노선으로 내세웠다. 다양하게 해석할 수 있는 혁명전통을 이렇게 단순하게 해석하는 것 자체가 이미 항일빨치산의 경험을 김일성이 자의적으로 재해석한 것이라고 할 수 있다. 김일성에 따르면 혁명적 군중노선은 항일빨치산 투쟁시기에 창조된 것이고, 항일빨치산 경험은 미래의 공산주의사회가 도달하여야 할 궁극적 이상을 미리 선취한 것으로 이상화되었다. 김일성에게 항일빨치산의 경험은 오래된 미래였던 것이다.[38)]

김일성은 사회주의국가에서 항일유격대의 집단주의를 철저히 구현함으로써, 주민들이나 간부들을 모두 당성, 노동계급성, 인민성으로 무장한 공산주의적 인간으로 개조해야 한다고 생각했다. 당성, 노동계급성, 인민성은 공산주의적 인간이 갖춰야 할 덕목이면서 또한 혁명적 군중노

---

37) 김일성, 「조선인민군은 항일무장투쟁의 계승자이다(1958. 2. 8)」, 65쪽.

38) "이미 취해진 조치들을 사후적으로 절대화시키기 위해 만들어진 공식사상은, 이제 거꾸로 취해진 조치들을 사전에 결정했던 것처럼 보여 진다. 그리하여 공식사상은 이제 크게는 인류역사의 시초로부터, 작게는 북한역사의 시원으로부터, 역사사회발전의 모든 행로를 규정해 왔던 것처럼 내세워지고 있다. 따라서 북한의 과거와 현재와 미래는 마치 '주체'라는 원칙에 따라 합법칙적으로 발전해온 것처럼 보인다. 김일성의 위대한 과거 행적이 그의 현재의 절대성을 논증해주고 있으며 따라서 김일성이 지도하는 '조선민주주의인민공화국'의 미래는 보장되어 있는 것처럼 보인다. 현실은 철학화되어 있고 철학은 현실화되어 있는 것처럼 보인다." 박형중, 『북한적 현상의 연구』(서울: 연구사, 1994), 27~28쪽. 박형중의 『북한적현상』은 우선적으로 주체철학과 현실의 괴리를 파헤치기 위해 쓴 글이지만 필자의 글은 우선 북한 주민들에게 어떻게 철학이 현실화되고 현실이 철학화된 것처럼 보이게 되었는지 그 과정을 철저히 밝히고 그 논리적 귀결로서 괴리가 자연스럽게 드러내려고 하였다.

선이 견지해야 할 원칙이기도 했다. 그러므로 김일성이 항일빨치산이 지녔던 덕목을 당성, 노동계급성, 인민성이라고 규정한 것도, 그것을 공산주의적 집단주의로 규정한 것도 혁명전통에 대한 김일성의 자의적인 해석이라고 할 수 있을 것이다.

4. 통일단결과 교육적 인간상

그러나 주체확립과 혁명적 군중노선자체만을 북한의 특수성이라 할 수는 없을 것이다. 우리는 이 시기 주체확립과 혁명적군중노선과 연관시켜 구체적인 정책적 목표의 특징 두 가지를 북한의 특수성에 추가할 수 있을 것이다.

첫째, 주체확립과 군중노선을 통해서 북한이 추구하고자 했던 사회체제에 대한 구상으로부터 특수성을 도출할 수 있다. 소련이나 중국도 나름대로 주체확립과 군중노선을 추구하였다고 할 때, 본질적인 차이가 아니라 정도의 차이라 할지라도, 북한의 주체확립과 군중노선의 구체적인 실상이나 논리가 소련이나 중국과는 달랐다고 봐야하기 때문이다. 그렇다면 이러한 차이를 낳은 주된 요인은 무엇일까? 그것은 북한이 주체확립과 군중노선을 통해서 이루고자 했던 사회적 목표가 중국이나 소련의 노선의 사회적 목표와는 달랐기 때문이었던 것으로 보인다. 북한의 주체확립과 군중노선의 최대 강령, 그리고 분명한 목적은 바로 북한 주민들의 통일단결이었기 때문이다. 북한에서는 주체확립과 불가분의 관계에 있는 것이 혁명적 군중노선이라고 할 수 있고, 주체확립도 혁명적 군중노선도 결국은 통일단결을 이룩하기 위한 것이었다고 할 수 있다. 혁명적 군중노선은 그 자체가 군중을 단결시키기 위한 노선이라면, 주체확립과 반대되는 사대주의나 교조주의는 군중을 분열시키게 되고,

분열이 되면 인민 내부의 역량을 최대한으로 끌어올릴 수 없다고 생각되었다. 김일성은 투쟁을 위해서도 통일단결을 내세웠고, 통일단결을 혁명투쟁과 사회주의 건설을 위한 최고의 수단으로 생각했다. 1985년 북한에서 『위대한 주체사상 총서』(전 10권)의 한 권으로 발행된 『인간개조론』에서는 "인간개조는 무엇보다 먼저 공산주의사회에 상응하는 높은 생산력 발전 수준을 이룩하기 위한 근본고리이다."[39] 그리고 사회주의, 공산주의건설시기에 인간개조가 전면으로 나서게 되는 것은 "사회주의 사회에서 인민대중의 정치사상적 통일이 사회발전의 기본동력으로 되는 것과 관련된다."고 주장한다.[40]

통일단결이 혹시 모든 공산주의국가들의 공통된 구호라고 할지라도 이론과 실제에 있어 통일단결사상은 북한의 특수성이라는 이태섭의 주장은 일리가 있다고 본다. 스탈린은 통일단결보다는 주로 대대적인 숙청작업과 관료적 통제를 강화를 통해 스탈린체제를 유지해나가고자 했다면, 모택동은 그의 부단혁명론에 의거하여 통일단결을 거부하고 분열과 분쟁 즉 격렬한 계급투쟁을 통해서 모택동체제를 유지하는 방법을 택했다고 할 수 있다. 모택동은 중국에서의 자본주의가 부활하고 있는 상황에서 이를 저지하기 위해 자신이 공들여 만든 당마저 분열과 분쟁의 대상으로 삼았다. 그것은 그의 부단혁명론 때문이기도 하지만 그의 당내 기반이 확고하지 못했기 때문이기도 했다. 그의 노선에 반대하는 유소기, 등소평의 당내 기반도 컸기 때문이다. 모택동은 이들을 수정주의자로 보았고, 이들이 소련과 손을 잡고 중국에서도 수정주의를 제도화하려고 한다고 우려했다. 김일성이 수정주의자를 종파주의로 몰아 모두 숙청하고 단일지도체계를 구축하는 데 성공했다면 모택동은 반대세

---

39) 사회과학출판사 편, 『인간개조이론』(서울: 도서출판 조국, 1989), 57쪽.
40) 위의 책, 94쪽.

력과 끊임없이 부딪치면서, 당을 배제하고 대중과 직접 소통하였다.[41]

군중운동에 기반한 사회주의교육운동을 통해 모택동은 인간개조를 목표로 삼았다면 유소기는 사회주의교육운동을 간부의 부정부패적발운동으로 축소시켰다. 대중은 모택동을 숭배하고 모택동 사상은 재천명되었지만, 대중운동은 위로부터 통제를 벗어난 경우가 많았고 대중들은 끊임없이 분열되었으며 극심한 파벌주의가 파생되었다.[42]

결국 문화대혁명시기에 모택동은 내부투쟁에 군대까지 동원하고 내란상태까지 끌고 간다. 이와같은 모택동 노선이 처음부터 끝까지 당이 주도해서 군중을 동원한 김일성의 혁명적군중노선과 닮은 점은 거의 없다고 봐야 한다.

주체확립과 혁명적 군중노선에 의해 추진된 통일단결이 북한만의 특수성이라고 할 수 있다는 주장은 북한의 사회주의적 개조과정에서의 특수성으로부터도 도출할 수 있다. 특히 농촌의 사회주의적 개조에 있어서 북한과 다른 공산주의국가들의 차별성이 두드러지는 데 이것은 북한이 사회주의건설에서 중공업을 중시하면서도 경공업과 농업의 동시 발전을 가능하게 한 구조적 특수성이라고 할 수 있다. 북한에서는 다른 사회주의국가들에 비해 노동자와 농민의 대립이 최소화되었다. 우선 눈에

---

41) "모택동과 유소기 간의 차이점은 통제가 가해지는 방향에 있었다. 모택동은 중농과 하층중농을 동원함으로써 아래로부터의 통제를 생각했고 유소기는 당기구를 이용함으로써 위로부터의 통제를 규정했다." 이대우, 「사회주의교육운동과 모택동-유소기갈등」, 『법학연구』(부산: 부산대학교 법학연구소, 1979), 340쪽.

42) 이홍구 편, 『마르크스주의와 오늘의 세계: 변용의 제형태』(서울: 법문사, 1984), 216~218쪽. 김연철은 북한의 군중노선과 중국의 군중노선의 차이점에 대해 『북한의 산업화와 경제정책』(서울: 역사비평사, 2002), 242쪽에서 "1956년 12월 이후 북한에서 추진된 천리마운동은 8월종파사건이 끝난 후 하부단위에서 지배체제 공고화에 그 목적이 있었다. 이에 비해 중국의 대약진운동이나 인민공사화운동은 합작사의 속도와 범위를 둘러싼 당내 일부 세력과 모택동의 대결양상을 띠었고, 문화대혁명 역시 4인방에 의한 권력장악 의도에 의해 더욱 격렬해졌다고 볼 수 있다."고 주장했다.

띄게 보이는 북한의 농업협동화의 특수성은 첫째, 농업협동화가 사회주의 공업화에 선행하여 이루어졌다. 이것은 중국과 유사하다. 둘째, 아주 단기간(4~5년)만에 농업협동화가 이루어졌다는 것이다. 중국은 4년만에 완성했다. 만약 북한이 속도를 내기 시작한 때부터 계산하면 2년만에 이루어진 것이다. 셋째, 격렬한 계급투쟁을 동반하지 않았고 자발적인 것에 의존한 경우가 많았다. 넷째, 농업협동화가 예외 없이 완전하게 이루어졌다.

그 이유는 무엇일까? 그것은 북한의 사회주의적 개조의 정책적 특수성에도 기인하지만 그보다는 다음과 같은 사회적 조건에 기인한다고 볼 수 있다. 첫째, 한국전쟁을 통하여 농업생산력이 크게 파괴되어 농민들의 개인적 노력으로는 복구와 발전이 불가능했기 때문이다. 둘째, 한국전쟁을 통해서 부농들이 월남했거나 전쟁기간 중 소위 친미 '반동세력'과 결합됨으로써 세력적 기초가 약화되었기 때문이다. 셋째, 북한에서의 토지개혁 후, 토지의 매매가 금지되었을 뿐만 아니라 소유자 자신이 경작 불가능한 토지는 정부가 직접 관리했다. 이러한 토지는 1953년 7월 현재 총 경지면적의 4분의 1에 달했다. 이는 농업협동화를 위한 유리한 조건이었다. 넷째, 토지소유의 영세성과 균등성이다. 토지개혁 후 경지면적이 제한되어 있고 가족 수에 따라서 균등하게 분배되었기 때문에 농가 1호당의 경지면적은 영세하였다. 대부분 2정보 미만이었다. 토지소유의 영세성은 농민을 협동화로 적극적으로 나아가게 하였으며, 또 그 균등성은 협동조합내부에서 토지에 대한 분배가 커다란 의의를 갖지 못하고 협동화운동의 초기부터 가장 높은 형태의 집단화로 진행될 수 있었다.[43]

---

43) 첫째와 둘째의 특수성은 장상환의 글 「토지개혁과 농업협동화 과정의 특질」, 경남대학교극동문제연구소 편, 『북한사회의 구조와 변화』(서울: 경남대학교출판부, 1987), 122쪽에 의거했다. 셋째와 넷째의 특수성은 현대조선문제강좌편집위원회가 편집한

둘째, 주체확립과 군중노선을 통해서 북한이 추구하고자 했던 구체적인 공산주의적 인간상으로부터 특수성을 도출할 수 있다. 북한의 주체확립과 혁명적군중노선은 결국 혁명가가 지향해야 할 방향이었기 때문에, 북한이 이 시기에 많이 거론하던 혁명화, 노동계급화를 구현하기 위한 운동노선으로 구체화한 것이라고 보면 될 것이다. 즉 주체를 확립하고 혁명적 군중노선으로서 당성, 노동계급성, 인민성을 구현한 것이 혁명화, 노동계급화라고 할 것이다. 그렇게 보았을 때, 이 시기 북한의 특수성이란 결국 공산주의 혁명가를 만들어 내는 혁명화 과정, 혁명가상의 특수성이라고 할 수 있을 것이다. 공산주의 인간상, 특히 도덕적 측면에서는 부르조아사상과 부르조아개인주의를 배격하고, 집단주의 도덕을 중시했다는 점에서는 다른 공산주의국가들과 크게 다를 바가 없을 것이다. 그러나 북한의 사회주의교육이 지향한 교육적 인간상은 소련이나 중국의 사회주의교육이 요구했던 교육적 인간상과 같은 보편성을 지니고 있으면서도 다른 점이 있었다. 북한이 주체확립과 혁명적군중노선을 구체화하는 과정에서 중국이나 소련과는 차원이 다르게 혁명전통이라는 자국의 모델에 대한 배타적 중시, 교육교양에 대한 압도적인 중시, 최고 지도자가 직접 만들어낸 실천적 모범의 창조가 있었다. 이런 차이는 곧 소련형 인간, 중국형 인간과는 다른 북한형 인간을 낳았을 것이며, 이러한 인간형성과정과 모델의 차이는 소련의 스탈린체제, 중국의 모택동체제, 북한의 김일성체제의 차이를 만들어 낸 요인 중의 하나라고 할 수 있을 것이다.[44]

『북한의 경제: 사회주의조선의 경제』(광주: 도서출판광주, 1988), 72쪽에 의거했다.

44) 이것은 '제3장 5절 공산주의적 인간유형'에서 자세히 다룬다.

5. 교육교양의 중시

주체확립과 혁명적 군중노선의 모델이 항일유격대를 중심으로 한 혁명전통이었다면, 김일성은 마르크스-레닌주의 교양, 당정책 교양을 강화하고 혁명전통교양을 강화하는 것은 수정주의 조류를 막는 길이며, 당원들과 인민들에게 혁명전통교양을 강화하는 것은 주체확립과 혁명적 군중노선의 절대적 요소라고 보았다. 김일성의 '조선민주주의인민공화국의 사회주의건설과 남조선혁명에 대하여'에 따르면 당 간부뿐만 아니라 전체당원과 전체인민은 우선 마르크스-레닌주의와 당정책을 우선 잘 알아야 했고, 동시에 혁명전통도 잘 알아야 했다.[45]

그런데 김일성이 절대적으로 중시한 것은 교양뿐만 아니라 교육이었다. 주체확립을 위해서는 자체에서 양성된 기술자와 지식인들이 필요했기 때문이다.

> 당은 민족 간부의 대렬을 빨리 늘이기 위하여 간부양성사업과 교육사업을 다른 모든 사업에 앞세우는 방침을 취하였다.(중략) 우리는 나라의 경제형편이 어려웠음에도 불구하고 뒤떨어진 처지에서 빨리 벗어나기 위해, 우리의 전진속도를 더욱더 빨리 하기 위하여 모든 난관과 애로를 무릅쓰고 간부양성사업과 교육사업에 이와 같이

---

45) "주체를 세우는 데서 무엇보다도 중요한것은 간부들과 당원들 속에서 맑스-레닌주의학습을 강화하는 것과 함께 그들을 자기 당의 사상으로, 자기 당의 노선과 정책으로 튼튼히 무장시키는것이였다." 김일성, '조선민주주의인민공화국에서의 사회주의건설과 남조선혁명에 대하여(1965. 4. 14)', 308쪽; "이와 함께 우리는 모든 당원들과 근로자들 속에서 우리나라의 지난날과 오늘, 우리 인민의 혁명전통과 문화전통에 대한 학습을 결정적으로 강화하였다. 과학, 교육, 문학, 예술을 비롯한 사상전선의 모든 분야에서 자기나라의 것을 위주로 하여 민족적 전통을 살리고 우수한 민족유산을 계승발전시키며, 다른 나라들의 선진문화도 통째로가 아니라 우리의것으로 소화하여 받아들이도록 하였다." 김일성, '조선민주주의인민공화국에서의 사회주의건설과 남조선혁명에 대하여(1965. 4. 14)', 308쪽.

> 커다란 힘을 돌렸다. 그 결과 우리는 비교적 짧은 기간에 자체의 민족간부대렬을 꾸릴 수 있었으며 새 간부들을 더욱 많이 길러낼 수 있게 되였다. 1964년 10월현재로 우리나라 인민경제 각 부문에서는 대규모의 현대적공장을 비롯하여 모든 공장, 기업소들이 전적으로 우리자체의 민족기술간부에 의해 관리운영되고 있다.[46]

이와 같이 주체확립과 혁명적군중노선을 위한 수단으로서 교육교양이 절대적으로 중시되었다는 것, 다른 말로 하면 인간개조를 사회주의 건설의 관건으로 삼은 것이야말로 북한적 현상의 두드러진 특징의 하나라고 할 수도 있다. 이것이야말로 북한이 스탈린주의와 다른 결정적 차이점이라고 이태섭은 주장한다.

> 여기서도 특히 주목되는 것은 천리마작업반운동이 경제 발전(기술적 목표) 그 자체보다 공산주의적 인간 개조(인간적 목표)에서 선차적인 중요성을 부여하고 있다는 점이다. 이것이야말로 북한 역사에서 가장 중요한 인식의 대전환, 노선의 대전환이었다.[31]

만약 이태섭이 지적한 특징이 북한식 스탈린주의의 탈스탈린주의적 특수성을 가장 확실히 드러내는 특징이라면, 이태섭과 같은 입장은 공산주의사회의 발전은 생산력 발전에 달렸다고 보는 생산력주의를 스탈린주의의 가장 결정적인 특징으로 보고 있는 것과 같다고 추론할 수 있다. 생산력주의의 이론적 근거는 스탈린의 사회주의 생산양식론으로부터 유래하는데 이것은 집단화에 성공한 사회주의국가의 경우 "사회주의는 혁명적 변혁을 위한 과도기나 이행기가 아니라 자본주의의 잔재가

46) 김일성, '조선민주주의인민공화국에서의 사회주의건설과 남조선혁명에 대하여(1965. 4. 14)', 303~304쪽.

31) 이태섭, 『북한의 경제위기와 체제변화』(서울: 선인, 2009), 116쪽.

남아 있지만 이미 확립된 사회주의 생산관계를 기초로 생산력을 향상시키면 공산주의로 이행할 수 있는 하나의 '단계'로 설정된다."[32]

그리고 이러한 생산력주의는 이행기 사회주의의 발전동력으로 계급투쟁과 생산력 가운데 후자를 선택한 꼴이 된다. 그에 비해 중국은 부단혁명론에 입각해서 교육교양보다는 계급투쟁을 선택했다고 볼 수 있다. 생산력, 생산관계, 계급투쟁, 교육교양이라는 4가지 함수의 관계로 보면 공산주의건설과정에서 모택동이 계급투쟁을 우선시하고 사회주의적 생산관계를 더욱 강화하는 것과 계급교양을 부수적인 방법으로 사용해서 생산력을 높이고자 했다면, 스탈린은 생산관계, 계급투쟁, 교육교양에 크게 의존하지 않고 생산력을 높일 수 있는 방법을 택했다고 볼 수 있다. 김일성은 생산력을 높이기 위해 계급교양을 우선시하고 계급투쟁과 사회주의적 생산관계를 강화시키는 방법을 택했다고 볼 수 있다.

그러나 이런 맥락에서 보면 생산력발전의 한계에 부딪쳐서 공산주의적 인간개조운동인 천리마작업반운동이 일어나게 된 것이라는 이태섭의 주장도 생산력을 중심에 둔 역사관으로 비쳐진다. 그러나 이러한 역사관은 주체사상의 역사관은 아닌 것 같다. 이태섭은 북한의 수령제, 유기체적 통일단결도 생산력과 관련지어 설명한다. 그러나 교육사적 관점에서 보면 북한의 천리마작업반운동은 생산력발전보다는 우선적으로 공산주의적 인간을 만들어 내기 위한 교육교양사업이며 인간개조사업이었고 천리마작업반운동은 생산력이나 생산관계를 규정하는 자연개조, 사회개조보다 인간개조사업으로 중시되었던 것이다.

북한이 스탈린식 생산력주의나 모택동식 계급투쟁론과는 다른 사회주의건설이론을 가지고 있다는 것은 『인간개조론』의 다음 주장을 보면

---

32) 구갑우, 「북한연구와 비교사회주의 방법론」, 경남대학교 북한대학원 엮음, 『북한연구방법론』(서울: 한울아카데미, 2004), 294쪽.

알 수 있다.

> 반제반봉건민주주의혁명시기나 사회주의 혁명시기에는 주로 적대적 모순을 해결하는 데 기본을 두고 투쟁이 벌어진다. 이 시기 전면에 나서는 주되는 혁명과업은 착취계급을 없애고 근로인민대중을 착취와 억압에서 해방하기 위한 사회경제적 변혁을 실현하는 것이었다.
> 반제반봉건민주주의혁명과 사회주의 혁명시기 인간개조사업은 제한된 범위에서 진행되며 어디까지나 사회경제적 변혁에 복종되어 그것을 더 잘 보장하는 방향에서 진행되게 된다.
> 그러나 사회주의 제도가 서고 사회주의, 공산주의 건설에 들어선 시기는 사정이 달라진다.
> 사회주의 혁명이 승리하고 사회주의 제도가 선 다음에는 새로운 사회역사적 조건에 기초하여 사람들을 교양개조하는 사업이 본격적으로 진행되며 가장 주되는 과업으로 전면에 나서게 된다.
> 사회주의, 공산주의건설시기에 인간개조가 전면에 나서게 되는 것은 무엇보다 먼저 사람들의 사상을 개조하는 것이 사회주의사회에서 계급투쟁의 기본형식으로 되기 때문이다. [33]

물론 인간개조사업과 자연개조, 사회개조사업은 불가분의 관계가 있다. 자연개조, 사회개조 없이 인간개조가 될 수 없고 인간개조 없이 자연개조나 사회개조가 될 수 없다. 그러나 주체사상에 따르면 공산주의 건설시기에서는 "인간개조는 자연과 사회를 개조하여 공산주의의 본질적 요구를 실현하는 데서 나서는 모든 문제해결의 기본고리이다."[34]

즉 생산력을 위해서 인간개조를 해야 하는 것이 주체사상의 입장은

---

33) 사회과학출판사 편, 『인간개조이론』, 93쪽.
34) 위의 책, 57쪽.

아닌 것 같다. 주체사상이 생산력발전이라는 목적을 위해 인간개조가 수단시한 것으로 보는 것은 주체사상을 전도시킬 우려가 있다. 주체사상의 입장은 인간개조가 되는 과정에서 생산력도 따라 오게 되어있다고 보는 입장이거나 인간개조를 하는 사업을 앞세우면서도 항상 생산력발전을 고려해야 한다는 정도가 아닐까 생각된다. 주체사상에 따르면 생산력발전은 인간을 개조하고 사회를 개조하기 위한 조건을 만드는 일이지 그것 자체가 궁극적인 행위의 목표라고 장담할 수는 없다. 주체사상은 인간개조를 통해서 생산력을 발전시킨다는 측면과 생산력을 발전시키기 위해서도 인간개조를 앞세운다는 측면이 동시에 존재한다. 그런데 이태섭의 논리를 따르다 보면 김일성이 생산력 때문에 의식적으로 유일체제를 만든 것처럼 보일 수 있다. 그러나 생산력 발전이 유일체제의 한 가지 이유 또는 촉매역할을 할 수는 있지만 그것이 결정적인 요인이라고 생각하는 것 또한 일종의 생산력주의가 아닐까 생각된다. 주체사상에 따르면 생산력은 일시적으로 포기할 수 있어도 인간개조는 절대 포기할 수 없을 것 같기 때문이다.

북한적 현상에서 교육, 국방, 정치, 경제, 문화는 상관관계를 가지고 있고, 이 현상 중 무엇이 가장 핵심적이고 중요한 현상이라고 확신을 가지고 말하는 것은 쉽지 않다. 북한에서 교육이 다른 사회현상 또는 중심적인 사회현상과 얼마나 잘 조응하고 있는지를 알기 위해서는 겉으로 보이는 북한의 교육제도의 변화만 살펴봐도 알 수 있다. 북한이 초등의무교육제를 실시한 1956년은 천리마운동의 제1시기에 해당하고 의무교육이 초급중학교까지 7년으로 확대되었던 1958년은 천리마운동의 제2시기인 천리마작업반운동의 시작에 해당하고 9년제 기술의무교육제를 실시한 1967년 직후인 1968년이 천리마운동의 제3시기의 시작에 해당되기 때문이다. 한마디로 말하면 북한의 교육의 변화과정은 북한의 군중운동의 변화과정과 아주 잘 조응하고, 크게 봐서는 북한의 교육은 북한의 총노선이라 할 수 있는 주체확립과 혁명적군중노선의 구현이라고 볼 수 있다. 따라서 북한의 사회변화의 핵심적 요소를 알아볼 수 있는 좌표계가 생산력에 있다기보다는 교육목표, 교육제도, 교육과정에 있다고 추론할 수 있다. 그래야 북한 당국이 생산력에 손실을 보는 한이 있더라도 사상교양, 인간개조에 절대적으로 많은 역량을 투입한다는 것을 제대로 이해할 수 있을 것이다.

이렇게 주체확립과 혁명적군중노선이 인간개조론 즉 교육교양에 적용됨으로써 다음과 같은 북한 교육교양의 특수성을 낳았다고도 할 수 있겠다.

첫째, 북한에서 인간개조사업은 본질에 있어서 사상개조다. 북한의 교육교양사업은 주민들의 사상개조를 위해 당정책교양, 혁명전통교양, 공산주의교양, 애국주의교양 등 각종 사상교양에 비중을 두고 치밀하게 추진되었다. 교육교양사업의 핵심은 사상교양사업이었다. 교양을 앞세우고 교육을 교양과 유기적으로 결합시키는 전통이 이때 세워졌다.[35]

둘째, 북한은 교육교양사업을 통해서 북한의 거의 모든 주민들이 조선로동당의 당 정책인 주체확립(사상에서의 주체, 정치에서 자주, 경제에서 자립, 국방에서의 자위)과 혁명적 군중노선 즉 혁명적 사업방법과(청산리정신, 청산리방법) 인민적 사업작풍을 잘 알도록 하였고, 이를 실천하기 위해 군중운동(천리마작업반운동: 주체적인 사상혁명, 기술혁명, 문화혁명)에 참여할 것을 요구했다. 이는 북한주민들에게 당성, 노동계급성, 인민성을 갖춘 공산주의적 인간이 될 것을 요구한 것과 같았다. 사상개조뿐만 아니라 성격개조를 요구한 것이다. 물론 이것은 주체사상이 요구하는 인간개조의 최고 강령이라고도 할 수 있기 때문에 일반 주민들보다는 주로 열성자들, 당원들, 간부들에게 요구한 것이라 할

35) 사회과학출판사편, 『인간개조이론』, 36쪽 참조.

수 있다.

셋째, 북한의 교육교양사업은 천리마작업반운동을 통해서 숙련된 노동자, 집단주의적 인간, 북한의 산업현실에서 요구되는 지적, 문화적 소양을 갖춘 대중과 '인테리'들을 양성하는 것이었다. 이런 지식인을 북한에서는 산지식인이라고 불렀다. 인테리에 대한 의미가 바뀌었고 사회주의사회에 적합한 붉은 인테리상이 제시되었다.

그리고 이후에도 주체확립과 혁명적 군중노선에 의해 규정된 사상개조, 성격개조, 붉은 지식인 양성이라는 세 가지 목표는 겉모습과 강조점을 달리하면서도 북한의 교육교양의 역사에서 변함없이 등장하고 있다. 이 세 가지 목표가 세부적인 사항에서 어떻게 변화하느냐에 따라 북한의 교육의 변화를 알 수 있다.

제2절 천리마작업반운동

1. 천리마작업반운동

1956년에 시작된 천리마운동이 철저한 사전계획이나 준비 없이 중앙위원들이 노동현장으로 내려가 중앙위원회의 결정사항을 군중에게 선전선동하면서 시작된 운동이었던 반면, 1958년에 시작된 천리마작업반운동은 기존의 천리마운동의 문제점을 분석하고 여러 번의 총화를 통해서 방향을 잡고 시작한 운동이다. 천리마작업반운동은 철저하게 준비된 조직적이고, 계획적인 운동이었다. 김일성은 먼저 1958년 9월 26일에 열린 당중앙위원회 상무위원회에서 당시까지 논의된 결과를 바탕으로 '전체 당원들과 근로자들에게 보내는 붉은 편지'를 작성하여 보냈다. 토의는 그해 11월까지 한 달 반 동안 진행되었다. 10월부터 각 사업장에서 결의대회를 가졌다. 붉은 편지의 주된 내용은 1차 5개년계획을 1년 반에 끝내고, 2차 5개년계획을 빨리 실행하자는 것이지만, 토의과정을 통해 2년 앞당겨 완료하는 것으로 수정되었다.

천리마작업반운동이 1956년에 시작된 천리마운동과 마찬가지로 1차적으로 생산력향상에 있었음은 천리마작업반운동을 최초로 발기한 진응원작업반의 결의문 7개항의 첫 번째 항이 "로동생산능률을 계통적으로 높이며 생산 계획을 일별, 월별, 분기별로 어김없이 초과완수하고 제품의 질을 결정적으로 높일 것"이고, 두 번째 항이 "창의 고안 및 합리화와 선진작업방법을 대담하게 도입하여 대중적인 절약투쟁을 강화하고 원가를 백방으로 저하시킬 것"으로 되어 있는 것을 보면 알 수 있다.[36]

1956년에 시작된 제1시기의 천리마운동은 개인의 능력, 기술, 노력을 최대한으로 발휘하게 하는 것으로서, 개인 간의 경쟁을 통한 공산주의 노력동원운동이라는 점에서 소련의 스타하노프운동과 크게 다를 것이 없었다. 소련에서의 스타하노프운동은 그 출발이야 어떻든 대중운동으로서의 스타하노프운동은 물질적 자극을 전제로 하는 개인 간의 경쟁운동이 되었다. 2차 세계대전 이후에 공산당이 집권한 나라들은 스타하노프운동과 유사한 노력경쟁운동을 벌여나갔지만, 물질적 자극위주라는 점, 개인 간 경쟁이라는 점, 구성원 간의 협력관계를 파괴했다는 점, 본위주의를 막아낼 수 없었다는 점은 공산주의적 집단주의와 모순되었고, 그것은 경제성장의 둔화로 나타났는데 이런 현상은 북한에서도 나타났다.[37]

이에 대해 소련을 비롯한 동유럽의 공산주의국가들은 자본주의적인 요소를 좀 더 도입함으로써 경제의 활성화를 꾀했다. 그러나 소련의 수정주의 노선에 반대한 북한을 비롯한 중국, 쿠바 등 후진국 공산주의국

---

36) 강호제, 『북한 과학기술 형성사 1』(서울: 선인, 2008), 254쪽; 진응원: 1924년생 강철용해공 조선인민군에서 제대후 강선제강소에서 용해공, 작업반장, 직장장으로 일했다. 김일성은 55년 12월 28일 강선제강소를 방문했다. 제1차 5개년계획을 성과적으로 수행하자면 강철과 강재가 매우 긴장된다고 했다. 그는 보수주의자들의 장애를 물리치고 5개년계획의 첫날 첫 출강에서 용해시간을 3시간 5분이나 더 단축하는 기록을 창조하였다. 5개년계획 첫해에는 6만 톤 이상은 생산할 수 없다던 분괴압연기에서 그 2배인 12만 톤의 강편을 뽑아냈다. '하나는 전체를 위하여, 전체는 하나를 위하여!'의 구호 밑에 천리마작업반운동의 첫 봉화를 들었다. 그 후 강철직장 직장장이 되었고, 1972년에 김일성훈장, 1960년에 노력영웅칭호를 받았다. 『조선대백과사전 20』(평양: 백과사전출판사, 2000), 179쪽 발췌;

37) "'스타하노프 운동'은 1947년 북한의 산업풍경 중 일부였다." 찰스 암스트롱, 『북조선 탄생』(서울: 서해문집, 2006), 253~258쪽 참조. 우리나라도 신자유주의가 들어와서 교사나 공무원들에게 개인적 경쟁(비효율적이고 비인간적인?)을 유발하는 것에 대해 교사나 공무원들이 균등분배로 맞서고 있는 것은 스타하노프운동에 대한 사회주의국가들의 반응을 이해하는 데 도움이 된다. '본위주의'는 남한에서는 보통 '집단이기주의'로 표출된다.

가들은 시행 시기의 차이는 있었지만, 오히려 집단주의원리를 강화함으로써 스타하노프운동식의 노력경쟁운동에서 탈피하고자 하였다. 공산주의 사회를 만들어 낼 수 있는 새로운 인간을 만들어내면서 동시에 경제도 발전시킬 수 있는 새로운 길을 모색하였다.[38]

북한이 천리마작업반운동의 특징을 설명할 때 우선적으로 거론하는 것은 집단주의다. 그리고 공산주의적 집단주의 정신은 한마디의 구호로 정리할 수 있었다. 천리마작업반운동 참가자들은 「천리마작업반 칭호 수여에 관한 규정(전문)」에 나와 있듯이 《하나는 전체를 위하여, 전체는 하나를 위하여》라는 구호 밑에 천리마작업반운동을 꾸려 나갔다.[39]

그리고 천리마운동이 주로 개인들의 자발성과 경쟁에 의존하는 노력동원운동, 기술혁신운동, 사상개조운동이었다면, 천리마작업반운동은 집단의 통제와 견제에 의존하는 운동이었다. 천리마운동이 개인주의나

38) "게바라는 「쿠바의 인간과 사회주의」라는 논문에서 "공산주의를 구축하려면 물적 기반과 동시에 새로운 인간이 창조되어야만 하며, 그것을 달성하려면 사회 전체가 거대한 학교가 되어야만 한다."라고 썼는데 이 '새로운 인간'의 육성이 1965년 이후의 교육정책이 도그마가 되었다." 요시다 다로, 『교육천국, 쿠바를 가다』, 128쪽. 쿠바에서는 인간개조를 통한 사회주의 경제건설을 책임진 정치지도자는 2인자였던 게바라였다. 사회주의혁명 후에 사회주의국가의 정치지도자들이 선택한 교육 정책이 이후의 그 나라 교육의 진로를 결정했고, 국가의 운명도 결정한 것으로 보인다.

39) "천리마작업반의 모든 성원들은 〈공산주의적으로 일하며 생활하자!〉, 〈하나는 전체를 위하여, 전체는 하나를 위하여!〉라는 구호를 로동과 일상생활에서 철저히 관철시키며 당과 혁명에 무한히 충실하며 사회주의 전취물을 철옹성 같이 수호하는 당의 붉은 전사가 되어야 한다." 강호제, 『북한 과학기술 형성사 1』(서울: 선인, 2008), 372쪽; 이러한 구호는 공산주의인간개조를 잘 표현하고 있다고 할 수 있지만 천리마작업반운동의 또 다른 측면인 주체확립과 혁명적 군중노선을 잘 표현했다고 볼 수는 없다. 그에 반해 "**김일성교시와 김일성 동지를 수반으로 하는 당 중앙위원회 주위에 철석같이 단결하여 계속 혁명의 맑스-레닌주의적 기치를 높이 들고 당이 가리키는 사회주의의 높은 봉우리를 향하여 천리마의 기세로 계속 힘차게 전진함으로써 더욱더 큰 혁신을 이룩하자!**"는 구호는 지도자를 중심으로 사상적으로는 마르크스-레닌주의로 통일단결하는 것을 요구함으로써 주체확립과 혁명적 군중노선을 잘 표현한 구호로 보인다. 조선로동당출판사, 『계속전진, 계속 혁신하는 것은 공산주의적 혁명 기풍이다』(평양: 조선로동당출판사, 1962), 51쪽.

본위주의에 빠질 수 있는 견제장치가 없는 운동이라면 천리마작업반운동은 본위주의를 적극적으로 배제하는 운동이었다.[40]

그에 따라 북한 인민들은 어떤 식으로든 집단으로 묶이도록 하였다. 그 최적단위가 생산현장에서는 작업반이었다. 여기서 최적단위라는 것은 작업반이 협동과 단결을 이룰 수 있는 적합하고 효율적인 단위라는 것만은 아니다. 작업반이라는 단위를 통해 통해서 그보다 큰 집단의 힘도 느낄 수 있도록 하는 것이며, 개인의 요구도 가장 잘 반영될 수 있다고 여겨졌던 것이다. 그렇지 않다면《하나는 전체를 위하여, 전체는 하나를 위하여》라는 공산주의적 집단주의의 이상을 실현할 수는 없기 때문이다. 공산주의적 집단주의는 그야말로 개인이 말살되는 전체주의에서도 벗어나야 했지만 자기 단위의 집단의 이익에 매몰되는 소위 집단이기주의를 벗어나야 했다. 북한에서는 집단이기주의를 본위주의라고 하는데, 소집단을 통해서 결국 사회전체라는 대집단의 힘도 느낄 수 있도록 하고, 소집단을 통해서 사회전체의 발전에 기여할 수 있도록 하는 가장 적합한 단위가 작업반이라고 보았던 것이다.

천리마작업반 반장은 조그마한 집단의 리더의 전형이 되었다. 작업반은 북한 사람들이 공산주의적 생활과 생산을 직접 느낄 수 있는 최소단위였다. 집단과 개인, 도덕적 자극과 물질적 자극이 공존하는 하부단위였다. 김일성은 작업반을 사회주의원리를 전면적으로 실현할 수 있는 최소단위로 보았다. 김일성은 농촌은 대부분이 협동적 소유에 머물러 전인민적소유를 달성하지 못한 단계였고, 모든 노동현장에서 능력에 따

---

40) "자기 작업반의 실적을 돋보이게 하기 위해서 다른 작업반에 도움을 주어야 할 경우에도 도움을 제공하지 않거나 심지어는 방해하는 경우도 나타났다.(중략) 그러나 이는 비단 개별 노동자나 작업반 단위에서만 일어난 것이 아니라 각 공장과 기관 차원에서도 일상적으로 일어났던 현상이었다." 조정아, 「산업화 시기 북한의 노동교육」, 서울대학교 대학원 교육학박사학위논문, 2003, 164쪽.

라 일하고 필요에 따라 분배할 수 있을 만큼 공산주의가 완전승리하지 못한 단계의 북한 사회에서는 협동생산이 근본적인 생산의 형태임에도 불구하고 경쟁이 보조적인 형태로 쓰일 수밖에 없다고 생각하였다.

이러한 과도기체제에서도 상급 단위로 올라 갈수록 상급 단위 상호간의 경쟁은 치열할 수 있었겠지만, 하급 단위로 내려올수록 경쟁은 약화되었을 것이며, 천리마작업반 내에서의 경쟁은 쉽지 않았을 것임은 분명하다. 이런 논리로 해서 구조적으로 개인 간 경쟁이 쉽지 않았음에도 불구하고, 천리마작업반의 '전망결의문'에서 보듯이, 천리마운동이 가지고 있던 경쟁적 요소는 천리마작업반의 내부채산제와 개인채산제로 안착이 되었다. 천리마작업반의 '전망결의문'에는 "작업반 내부 채산제와 개인 채산제를 적극 도입하여 원료, 자재, 로력, 자금 지출을 극력 절약하며, 선진적인 원 단위의 소비기준을 창조하여 원가를 계통적으로 저하시키며"가 들어 있는 것을 보면 알 수 있다.[41]

그러나 작업반 내부에서의 경쟁에 따르는 개인적인 물질적 보상의 차이는 크지 않을 것으로 보인다. 북한 사회의 소비수준을 보았을 때 작은 차이도 큰 차이라고 볼 수도 있지만, 북한 사회에서 주요소비품이 배급제로 공급되었고, 제품의 양과 질도 풍족하지 않았을 것이기 때문이다. 따라서 작업반내의 경쟁에서는 물질적 자극에 비해 도덕적 자극이 월등히 강했을 것이다. 만약 작업반내의 경쟁에서 물질적 자극이 강했다면 다시금 천리마운동으로 되돌아간 것과 다를 바 없었을 것이며, 작업반의 단결을 해치게 되었을 것이다.

북한에서는 집단적 소유와 사회주의적 개조가 천리마운동의 과정에서 완성되었다면, 천리마작업반운동이 진행되는 과정에서 사회주의는 하부로부터 집단주의에 의해 공고히 되었다. 그런 의미에서 천리마작업

41) 강호제, 『북한 과학기술 형성사 1』, 255쪽.

반운동은 하부로부터 사회주의를 공고히 하기 위한 대중운동이었다고 할 수 있다. 따라서 천리마작업반운동 전까지의 북한의 교육사를 사회주의 전사라고 한다면, 이 시기 이후부터는 사회주의 교육의 역사가 전개된다고 할 것이다.

북한의 집단주의는 집단의 논리를 중시하고 집단에 충성해야 된다는 도덕적인 의미의 집단주의에 그치는 것이 아니다. 김일성교시와 조선로동당과 당중앙위원회에 대한 복종, 마르크스-레닌주의, 당정책, 김일성의 교시에 대한 학습, 항일무장투쟁을 중심으로 한 혁명전통에 대한 교양을 담고 있는 집단주의라는 사실이다. 한마디로 말하면 공산주의 사회의 기본적 도덕을 넘어서 주체확립과 혁명적 군중노선에서 요구되는 인간개조를 통한 집단주의였다.

그리고 이 집단주의는 공산주의사회를 구성하는 핵심적인 원리로서 천리마작업반운동의 생산, 학습, 생활에도 적용되었고, 사상, 기술, 문화 분야의 천리마작업반운동에도 적용되었다. 천리마작업반운동은 집단적인 군중운동을 통해 사상, 기술, 문화 혁명을 추진하면서 동시에 이러한 세가지 혁명을 통해서 공산주의적으로 인간개조를 하려는 시도였다고 할 수 있다.[42)]

---

42) "천리마운동은 경제문화건설에서의 집단적혁신과 근로자들을 교양개조하는 사업을 유기적으로 결합시킨 대중적 운동이다. 천리마운동을 통하여 우리 인민의 모든 지혜와 열성과 창조력이 전면적으로 발양되고 있으며 경제와 문화, 사상과 도덕의 모든 분야에서 혁신이 일어나고있으며 우리 나라 사회주의건설은 비상히 촉진되고 있다." 김일성, 「조선민주주의인민공화국에서의 사회주의건설과 남조선혁명에 대하여(1965. 4. 14)」, 316쪽; 이는 또한 천리마작업반 칭호 쟁취운동을 결의한 작업반들의 '전망 결의문'에 포함되어야 할 내용들도 세 가지 범주로 나누어 볼 수 있기 때문에 가능한 해석이라고 할 수 있다. 이는 직업동맹출판사가 1963년에 발행한 『천리마기수독본』을 봐도 알 수 있다. 「'전망 결의문'에 포함되어야 할 내용들」, 강호제, 『북한 과학기술 형성사 Ⅰ』, 377~380쪽; 이는 1960년 8월 전국 천리마 작업반운동 선구자 대회에서 직업총동맹 중앙 위원회 위원장 리효순의 보고를 통해서도 확인할 수 있다. 단, 리효순의 보고에는 기술혁명, 문화혁명, 사상혁명이 골고루 나와 있지

2. 세 가지 혁명: 사상혁명, 기술혁명, 문화혁명

1) 사상혁명과 사상교양

천리마시대의 북한에서는 집단주의교양을 포함하여 공산주의 교양, 혁명전통교양, 사상혁명, 문화혁명의 문제들이 대두되었고, 천리마작업반운동이 집단적 혁명운동으로 전개되면서 노동계급화, 공산주의화하기 위한 사상투쟁과 사상교양이 무엇보다도 먼저 강조되었다. 천리마작업반운동이 사상혁명을 통한 대중적이고 집단적인 공산주의적 인간개조운동이었음을 알 수 있는 것은, 천리마작업반운동이 일어나기 전인 1958년 11월 20일 김일성의 연설인 "공산주의교양에 대하여"에서 나열된 공산주의교양에 대한 요구들이 천리마작업반의 결의내용 중에 대거 반영된 것을 보면 할 수 있다. 특히, 천리마작업반의 '전망결의문'에는 "공산주의교양에 대하여"의 내용이 많이 포함되었다.

그러나 천리마작업반운동은 이와 같은 일반적인 공산주의교양을 넘어서 더 심도 있는 사상혁명을 요구했는데, 그것은 교조주의와 수정주의를 반대한다는 것을 핵심적인 내용으로 한다. 이는 '전망결의문'에서 마르크스-레닌주의 원리교양을 강조하는 것과, 김일성, 당 중앙위원회와 혁명전통을 통한 통일단결에 대한 요구로 반영되었다. 공산주의사회라

만 기술혁명이 아닌 기술혁신이라는 용어를, 사상혁명 대신 사상교양이라는 용어를 사용했으며 사상교양보다는 기술혁신을 앞세웠고, 기술혁신과 사상교양은 별도의 항목으로 다루었음에 비해 문화혁명과 관련하여서는 별도의 항목 없이 기술혁신에 넣어서 강조하였다. 이것은 사상혁명, 기술혁명, 문화혁명이라는 세 가지 혁명에 대해 아직 일목요연하게 정리되지 않았다는 것, 범주화가 정식화되어 있지 않다는 것을 보여주는 것이고, 천리마작업반운동의 성격에 대해 북한 내부에 다양한 입장이 있었음을 보여주는 것이다. 그럼에도 불구하고 천리마작업반운동을 사상, 기술, 문화혁명으로 범주화할 수 있을 것 같다.

는 이상사회를 만들어 내기 위한 전단계로서 사회주의 건설에 있어 조직적으로는 김일성과 당중앙위원회를, 사상적으로는 항일혁명투쟁의 전통에 배타적 지위를 인정하고, 당중앙위원회와 혁명전통의 모범을 따를 것을 북한주민들에게 요구한 것이다. 모든 혁명전통 중에서도 항일빨치산의 전통에 각별한 의미를 부여하고 있었음을 할 수 있다. 당중앙위원회의 결정사항은 당정책교양이라는 이름으로 강조되었다. 그러나 천리마작업반운동의 '전망결의문'을 보면 당정책교양만큼 김일성의 노작과 교시가 별도로 중시되고 있으며, 마르크스-레닌주의에 대해서는 원리만 강조하는데 비해 김일성의 노작과 교시를 연구하고 체득할 것을 요구하고 있는 것이다. 김일성의 노작을 마르크스, 레닌, 스탈린의 노작 이상으로 중시하는 것이었다. 이로써 천리마작업반운동 자체가 이미 지도자인 김일성에게 중앙위원회와 같은 권위를 부여하고 있음을 알 수 있다. 사상혁명은 궁극적으로 지도자에 대한 충실성으로 이어져야 했던 것이다.

> "맑스-레닌주의 원리와 항일 빨치산의 혁명정신 교양으로 교양하는 사업을 계획적으로 진행하여 (중략) 당의 로선, 정책, 김일성 동지의 로작과 교시 연구를 항상 심오히 연구 체득하고 그를 사상적으로나 실천적으로나 무조건 옹호 관철하는 당적 사상체계를 더욱 철저히 확립함으로써 모두가 당중앙위원회와 같이 사고하고 같이 행동하며 어떠한 어려운 환경 속에서도 그와 운명을 같이하여 끝까지 투쟁하며"[43]

43) 「'전망 결의문'에 포함되어야 할 내용들」, 『천리마기수독본』(직업동맹출판사, 1963), 337~345쪽(강호제, 『북한 과학기술 형성사 1』, 378쪽 재인용). 『김일성선집』(초판)은 1953년과 1954년에 출판되었다. 이 선집은 매우 조야하고 대중적인 언어로 되어 있지 않다. 『김일성선집』(재판)은 1960년부터 1964년까지 6권이 나왔으나 3권은 공개되지 않았다. 이 선집은 초판의 문제점을 어느 정도 교정하고 대중적인 언어(문화

따라서 천리마작업반운동은 사상혁명이라는 인간개조의 관점에서 보면 두 가지 측면이 있었다고 보아야 한다. 당중앙위원회와 당정책, 그리고 김일성 교시와 항일빨치산의 혁명전통을 통해 주체를 확립하고 공산주의 교양을 통해서 집단주의적인 새 인간 즉 '공산주의적 새인간'을 만드는 것이었다. 이를 천리마작업반 칭호 수여에 관한 규정에서는 다음과 같이 요약하고 있다.

> 천리마작업반운동의 목적은 국가인민경제 계획을 완수 및 초과완수하며 현대적 과학기술과 선진 경험을 적극적으로 도입함으로써 생산과 건설에서 부단한 혁신을 일으키는데 있으며 당의 빛나는 혁명전통을 계승하며 당 정책과 김일성 동지의 교시를 끝까지 관철하기 위하여 적극 투쟁하며 당중앙위원회를 정치사상적으로 보위하며 일상생활에서 언제나 당의 원칙을 지키고 집단과 동지를 사랑하며 로동과 사회적 소유에 대한 태도에서와 사회생활에서 고상한 공산주의적 풍모를 소유하며 조국과 인민을 위하여 자기의 모든 것을 바칠 줄 아는 새형의 인간을 창조하는데 있다.[44]

그리고 사상혁명에서 핵심적인 역할을 한 혁명전통교양의 강조는 결국 북한의 새로운 계층분류사업과 맞물리면서 북한의 지배계층 내부의 권력투쟁을 마무리하는 작업이었다고 할 수 있었다. 항일빨치산과 직간접적으로 관련이 있는 사람들이 권력을 차지하게 되었고 독립운동이나 사회주의운동을 하였어도 항일빨치산과 관계가 없는 사람들은 권력에서 밀려났다.

어)로 수정되었다. 이와 같은 사상혁명의 방향성은 1965년의 「농업근로자 동맹규약」, 31항에도 요약되어 나와 있다. 최종고, 『북한법』(서울: 박영사, 1990), 176쪽.

44) 「천리마작업반 칭호 수여에 관한 규정(전문)」, 『천리마작업반 3』(평양: 직업동맹출판사, 1961), 347~353쪽(강호제, 『북한 과학기술 형성사 1』, 372쪽 재인용).

혁명전통교양은 정치사상적 교양일 뿐만 아니라 공산주의 도덕교양으로도 요구되었던 만큼 혁명전통의 주인공인 김일성이나 항일빨치산을 덕성교양의 모델로 삼기 위해서는 공산주의적인 덕성을 체계화하는 과정이 동반되어야 한다. 주체확립과 혁명적 군중노선이 체계화되고 천리마작업반운동으로 대중화되어 북한사회에 확고히 자리 잡았을 즈음 김일성이나 항일유격대원들의 덕성도 주체확립과 혁명적 군중노선에 맞춰져 체계화 되어야 했다. 김일성 전기작가들은 김일성의 덕성을 중심으로 김일성의 서사를 만들었고, 김일성의 서사를 만들어 가는 과정 중에 김일성의 덕성도 주체확립과 혁명적 군중노선에 맞춰 세분화되고 체계화되어 덕목화가 되었다. 마찬가지로 천리마기수들이 따라야 할 항일빨치산의 덕성이 체계화되었다.

김일성은 공산주의교양 또는 공산주의 도덕교양을 하기 위해 공산주의적 인간의 덕목을 체계화하였을 뿐만 아니라 공산주의 도덕교양을 하기 위한 교육과정상의 문제를 주도적으로 해결해 나갔다. 특히 청소년들을 공산주의자로 양성하고 개조하기 위해서는 교육학적으로 해결해야 할 문제가 많았다. 첫째, 도덕교육이 교과목화 되어야 하는가 하는 문제가 있다. 김일성은 사회주의적 개조를 마치고 나서 일반과목들에서 공산주의교양 내용을 포함하는 것과 함께 도덕교과서와 도덕교과를 독립시켰다. 둘째, 도덕교과의 위상을 정하는 일이다. 김일성은 북한사회에서 요구하는 이데올로기(세계관)을 체계적으로 교육교양하는 역할을 담당하게 했다. 그래서 도덕교과서의 위상이 매우 높았음을 알 수 있다. "공산주의도덕" 과목은 공산주의에 대한 지식과 신념뿐만 아니라 수령과 당에 대한 충실성, 혁명전통교양, 계급교양, 집단주의교양, 사회주의적 애국주의교양, 사회주의적 생활양식교양을 기본내용으로 하였다. 즉 공산주의적 인간개조를 위한 개론서라고 할 수 있다. 셋째, 공산주의적 인간상, 사회주의적 인간이 갖추어야 할 덕목을 규정해야만 "공산주의

도덕"과목의 내용이 구체화될 수 있다. 김일성은 그것을 항일빨치산의 덕목에서 찾았고, 항일빨치산이나 북한주민들은 그것을 김일성의 덕목에서 찾았다. 넷째, 누구의 글이나 작품, 어떤 구체적인 사례를 가지고 도덕교과서를 만들어 내야 하는가를 정해야 한다. 이것도 북한에서는 문제가 되지 않았다. 김일성의 글, 작품, 김일성 자신과 항일유격대원들의 풍부한 기록물들이 있었기 때문이다.[45]

따라서 북한에서 공산주의도덕교과서를 가르치고 배운다는 것은 김일성의 사상과 교시를 가르치고 배운다는 것과 마찬가지였다. 북한의 도덕교과서에서 열거된 덕목은 모두가 김일성의 공산주의교양과 관련된 연설문에서 추출한 것이고, 북한에서는 공산주의도덕교과서의 기본내용은 김일성의 연설과 교시를 바탕으로 만들어졌으며, 김일성이 지속적으로 직접 관여하고 감수해서 완성한 것이다. 한마디로 말해서 김일성이 저자인 셈이다.[46]

이와 같은 공산주의도덕과목 교수내용은 1969년에 교육도서출판사에서 나온 『교육학: 사범대학용』에 따르면 다음과 같이 구성되어 있다.

---

45) "1963년 8월 2일 보통교육성령 《〈공산주의도덕〉과목교수를 진행할데 대하여》가 채택되여 전국의 인민학교와 중학교들에서 《공산주의도덕》과목 교수를 진행하도록 하였다." 강근조, 『조선교육사 4』(서울: 교육과학사, 『북한교육사(조선교육사영인본)』, 2000), 534쪽.

46) "위대한 수령님께서는 《공산주의교양》과목을 새로 내오고 그에 따르는 교재를 만들어 학생들속에서 공산주의교양을 체계적으로 행하도록 대책을 세워주시였으며 다른 교과서들에서도 공산주의교양과 관련한 내용을 더 많이 취급하도록 하시였다. 강근조, 『조선교육사 4』, 372~373쪽. "위대한 수령 김일성동지께서는 《공산주의도덕》교과서 집필과 편찬사업에도 깊은 관심을 돌리시고 구체적으로 지도하여 주시였다. 위대한 수령님께서는 1967년 9월 19일 당중앙위원회 비서국회의에서 《공산주의도덕》교과서는 공산주의교양에 대한 원리를 통속적으로 풀어서 알기 쉽게 써야 한다고 하시면서 교과서집필방향을 명확히 밝혀주시였으며 교과서의 집필요목까지 친히 보아주시였다." 강근조, 『조선교육사 4』, 534~535쪽; 한만길, 『통일시대의 북한교육』(서울: 교육과학사, 1997), 193~210쪽.

① 수령님에 대한 무한한 충실성과 우리 당의 주체사상교양
  ㄱ) 수령님에 대한 충실성교양
  ㄴ) 김일성동지의 혁명사상과 그의 구현인 당정책교양
  ㄷ) 김일성동지의 령도의 현명성과 덕성교양
  ㄹ) 혁명전통교양
② 사회주의제도를 열렬히 사랑하며 그것을 견결히 수호하는 사상교양
  ㄱ) 우리 나라 사회주의제도의 우월성과 민족적자부심, 혁명에 대한 자부심교양
  ㄴ) 사회주의제도를 수호하고 그의 륭성발전을 위해 헌신하며 나라의 살림살이에 대한 주인다운 태도를 가지도록 하기 위한 교양
③ 제국주의와 지주, 자본가계급과 착취제도를 증오하고 그를 반대하여 투쟁하는 사상교양
  ㄱ) 미일제국주의를 반대하는 사상교양
  ㄴ) 지주, 자본가계급과 착취제도를 증오하는 사상교양
④ 남조선을 해방하며 조국을 통일하기 위하여 몸바쳐 싸울 사상적 각오를 가지도록 교양
⑤ 집단주의정신과 로동에 대한 공산주의적태도교양[47)]

김일성은 사회주의건설, 공산주의를 건설하기 위해서 북한의 주민들이 동일한 도덕, 동일한 가치관을 가진 균일한 도덕공동체로 조직하려고 했다. 막강한 힘과 영향력을 가진 최고 지도자인 김일성에 의해 선택되고 막강한 권력에 의해 위로부터 강요되지 않았으면 이와 같은 균일한 도덕공동체를 지향하기는 어려웠을 것이다. 왜냐하면 김일성의 요구에 대해 동의를 한 주민들도 있었겠지만 그것을 세뇌나 억압으로 느낀 사람들도 많았을 것이기 때문이다. 더욱이 도덕과 공산주의도덕에 대해

---

47) 집필위원회, 『교육학: 사범대학용』(평양: 교육도서출판사, 1969, 학우서방, 번각발행, 1971), 133쪽.

어떤 정해진 답, 권위 있는 정설이 있었던 것도 아니었기 때문에 북한주민들이 김일성의 도덕관, 공산주의도덕관에 동의하는 것은 쉽지 않았을 것이다. 그러나 사회주의 건설, 공산주의건설을 위해 북한주민들의 통일단결을 요구해야 했던 김일성은 북한의 모든 주민들을 동일한 덕목과 같은 가치관을 가진 균일한 도덕공동체로 조직화하려 하였다.[48]

2) 기술혁명

그런데 김일성이 절대적으로 중시한 것은 교양뿐만 아니라 교육이었다. 주체확립을 위해서는 자체에서 양성된 기술자와 지식인들이 필요했기 때문이다.

> 당은 민족 간부의 대렬을 빨리 늘이기 위하여 간부양성사업과 교육사업을 다른 모든 사업에 앞세우는 방침을 취하였다. (중략) 우리는 나라의 경제형편이 어려웠음에도 불구하고 뒤떨어진 처지에서 빨리 벗어나기 위해, 우리의 전진속도를 더욱더 빨리 하기 위하여 모든 난관과 애로를 무릅쓰고 간부양성사업과 교육사업에 이와 같이 커다란 힘을 돌렸다. 그 결과 우리는 비교적 짧은 기간에 자체의 민족간부대렬을 꾸릴 수 있었으며 새 간부들을 더욱 많이 길러낼 수 있게 되였다. 1964년 10월현재로 우리나라 인민경제 각 부문에서는 대규모의 현대적공장을 비롯하여 모든 공장, 기업소들이 전적으로 우리자체의 민족기술간부에 의해 관리운영되고 있다.[49]

---

48) 도덕혁명은 사상혁명이자 문화혁명이기도 했는데 이 글의 3) 문화혁명에서는 도덕혁명을 문화혁명의 측면에서 다루고 있다.

49) 김일성, 「조선민주주의인민공화국에서의 사회주의건설과 남조선혁명에 대하여(1965. 4. 14)」, 303~304쪽.

고급기능인을 양성하기 위한 소련의 스타하노프운동도 교육을 중시했다. 스타하노프 일꾼들은 이전까지는 기업 경영직과 전문 기술직 종사자만을 교육 대상으로 삼았던 모스크바 소재 스탈린 산업교육원에 입소해서 교육을 받았고, 여기서 전문가가 되기 위한 고등교육과정을 밟았다. 그러나 이것은 노동자들 중에 선발된 소수에게 주어진 특권이며, 인민대중을 집단적으로 교육교양하는 것을 중점 목표로 했던 천리마시대의 북한의 교육과는 다른 것이다.[50)]

산업계에서 천리마작업반운동이 있었듯이 교육계에는 천리마학급칭호쟁취운동이 있었다. 천리마학급칭호를 받은 학급의 소년단 분단장은 학생들이 따라야 할 모범학생이었고, 천리마학급칭호를 쟁취한 학급의 분단장은 사회에 나가서는 작업반장이 되어 천리마작업반 칭호를 쟁취한 천리마기수가 되어야 했고, 일반 학생들은 그런 분단장을 지도자로 인정했듯이 사회에 나갔을 때는 천리마기수의 지도와 관리를 받아들이는 데 익숙해질 수 있도록 준비되어가는 과정인 것으로 보이기도 했다. 결국 천리마작업반운동의 미래와 발전의 정도는 미래의 노동자가 될 청소년들의 교육교양에 달려 있었다고 볼 수 있고 천리마작업반운동의 성패에 따라 북한사회의 생산력과 생산관계의 사회주의적 개조의 수준이 결정될 수 있었다.

학교는 미래의 공산주의자들을 키우는 역할을 해야 할뿐만 아니라 지금-여기서 당장 사회주의를 건설하는 데 한 몫을 담당해야 했다. 지역사회의 학교의 교육교양혁명은 학교혁명으로 그치는 것이 아니라 지역사회의 사회주의건설을 선도하는 역할을 해야 했기 때문이다. 이것은 1959년 8월 8일 약수중학교에 대한 김일성의 현지교시 6개 항목을 보면

---

50) 이종훈, 「스타하노프 일꾼들의 술회 속에 나타난 일상」, 임지현 · 김용우 엮음, 『대중독재 3』(서울: 책세상, 2007), 180~182쪽 참조.

알 수 있다. "1.《학생들을 공산주의 사상으로 무장시켜야 합니다.》 2.《학생들을 실지 써 먹을 수 있는 지식으로 교육해야 합니다.》 3.《공동재산을 사랑하는 것은 학교에서부터 시작해야 합니다.》 4.《학생들에게 많은 것을 견학시켜야 합니다.》 5.《위생 문화 사업은 학교로부터 시작해야 합니다.》 5.《교원은 농촌 문화 혁명의 선두에 서야 합니다.》"[51]

특히 농촌혁명의 중심 단위를 군으로 설정했던 북한에서는 군을 혁명화하는 데 있어 학교의 역할은 지대했던 것으로 보인다. 김일성이 공산주의 교양의 모범사례로 추켜세운 약수중학교는 그 학교가 속한 창성군을 『황금산』으로 만드는 데 중요한 역할을 했기 때문이다.[52]

모든 사회주의국가들은 프롤레타리아가 부르주아로부터 권력을 탈취한 다음에는 사회주의사상을 소유했거나 사회주의교육을 받은 '인테리'들을 양성하는 것이 '인테리' 정책에 있어 가장 중요한 목표라고 할 수 있다. 이들을 '붉은 인테리'라고 했는데 '붉은 인테리'를 만들어 내지 못한다면 사회주의국가를 유지할 수도 없고 발전시킬 수도 없다고 생각했

---

51) 교육도서출판사, 『약수 중학교 교육 경험』(평양: 교육도서출판사, 1964), 16쪽.

52) 『황금산』은 1963년의 기록영화이다. "영화는 위대한 수령님께서 창성땅을 찾아 주시고 모든 산을 황금산으로 만들어 벌방 부럽지 않게 잘 살아 갈 휘황한 전망을 펼쳐 주시고 그 실현을 위한 방향과 방도를 밝혀주시는 감동적인 화면들을 펼쳐 보이고 있다. 이어 영화는 어버이수령님의 교시를 관철하기 위한 창성사람들의 투쟁과 그들이 이룩한 빛나는 성과를 보여 주고 있다. 영화에서는 계곡이 많고 비탈진 산세 맞게 조성해 놓은 방목지들을 따라 흐르는 양떼와 송아지떼, 강마다 가득한 오리와 토끼사마다에 욱실거리는 토끼들, 여러가지 천을 짜 내고 있는 직물공장등과 종이공장, 산과실로 질 좋은 식료품들을 생산하는 식료공장들과 함께 지방산업의 발전으로 언제나 흥성이는 군내 상점과 날로 꽃 피고 있는 군내 인민들의 생활모습들을 흐뭇하게 보여주고 있다. 계속하여 영화는 위대한 수령님의 사랑속에 훌륭히 꾸려진 약수중학교에서 씩씩하게 자라나는 학생들의 모습과 창성사람들의 오늘의 행복을 지난 날의 비참했던 처지를 보여주는 자료와 대비하여 실감 있게 보여주고 있다.(중략) 영화는 군의 역할을 높이며 산을 종합적으로 리용하여 지방공업과 농촌경리를 다같이 발전시키는데서 창성군이 이룩한 모범을 널리 일반화하는데 이바지하였다." 『조선대백과사전 25』(평양: 백과사전출판사, 2001), 315쪽.

다. 그리고 '붉은 인테리' 양성에서 '붉은'이 표현하는 프롤레타리아 출신이나 마르크스-레닌주의자로서, '인테리'가 표현하는 바와 같은 높은 지적, 기술적 능력을 겸비한 사회지도층을 만들어 내지 못한다면, '인테리'와 프롤레타리아는 서로 끊임없는 갈등을 일으키게 될 것이며, 이런 상황에서는 결과적으로 생산성이 오른다고 할지라도 사회주의는 수정 공산주의를 거쳐 자본주의로 되돌아 갈 수도 있고, 반대로 사회주의를 고수한다 할지라도 발전을 못한 사회주의는 멸망하고 말 것이기 때문이었다. 이것을 흔히 홍(紅)과 전(專)이라고 표현하는데 홍은 사상성을 뜻하고, 전이라고 하면 '인테리'적 특성을 표현한다고 할 수 있다. 사회주의 국가들은 홍과 전 사이에 끊임없는 긴장과 갈등을 겪었으며, 이것을 제대로 해결하지 못하면 사회주의는 후퇴할 수밖에 없었다.

해방 직후 창건된 북조선공산당이 주로 지식인들로 구성된 조선신민당과 합당해서 조선로동당을 창립하였고, 조선로동당 깃발에 아예 지식인을 상징하는 붓과 노동자를 상징하는 망치, 농민을 상징하는 낫을 그려놓은 공산당은 북한의 조선로동당밖에는 없다고 한다. 조선로동당은 혁명의 동력으로 노동자, 농민, 지식인을 규정했는데 이것은 당시 어느 나라의 공산당에도 없던 전략이라고 볼 수 있다. 여기서 김일성이 지식인을 혁명의 동력으로 규정한 것이 단지 상징적 제스처나 통일전선전술로만 볼 수 없다. 마르크스-레닌주의에서는 지식인을 동요하는 계층으로 본 데 반해 김일성은 적극적으로 지식인을 포섭했다고 볼 수 있다. 이것은 해방 직후 북한의 건국과정에서 요구되는 지식인들이 절대적으로 부족했기 때문이기도 했다.[53]

---

53) 브루스 커밍스, 『브루스 커밍스의 한국현대사』(서울: 창작과 비평사, 2002), 575쪽. 브루스 커밍스는 이렇게 모든 계급, 계층이 하나로 뭉쳐진 것을 '인민'이라고 하면서도, 이러한 '인민'을 그가 '조합주의국가'로 규정한 북한의 '조합주의'적인 성격과 직접 연관시키고 있지는 않다. 그가 말하는 '조합주의'는 북한의 실체보다는 이념에

그러므로 조선로동당의 '인테리' 중시 정책은 1958년 사회주의개조가 완료될 때까지는 불가피한 선택이었는지 모른다. 그러나 사회주의개조가 완료되고 사회주의건설을 주체적으로 해 나가야 할 상황이 되자, 구 '인테리'들은 적절하지 않았고 한계에 봉착했다고 볼 수 있다. 소위 '8월 종파'사건으로 확인된 김일성노선에 대해 반대하는 경향성을 가진 다수의 지식인들을 권력으로부터 배제하고 새로운 계층분류에 따른 새로운 계급사회, 프롤레타리아독재를 강화하고자 할 때 산지식인이라는 용어는 북한의 계급정책에 정당성을 부여하는 역할을 했다.

혁명전통교양의 강조가 북한의 지배계급의 교체, 사회이동을 초래했듯이 산지식인이라는 용어도 마찬가지였다. 혁명전통교양의 강조가 김일성과 직간접적인 관련이 없는 사람들을 권력으로부터 밀어냈다면, 산지식인의 강조로 인해 노동현장이나 기업소에서는 기존의 기술자들은 기술신비주의, 사대주의, 엘리트주의로 배척되어 그 지위가 박탈되었고 천리마기수처럼 김일성을 추종하는 사람들이 산지식인으로서 지위를 얻게 되었다. 계층이동, 사회이동이 대대적으로 일어나고 그에 따라 김일성의 지지기반은 대중적으로 확산되었던 것이다.[54]

중점을 두고 있는 것 같다. 그런데 만약 뭉쳐진 '인민'이 이태섭이 말하는 '통일단결'과 같은 개념이라면, 브루스 커밍스의 '조합주의'는 단순한 이념이 아니라 북한의 실체를 규명하는 데 도움이 되는 규정이라고 할 수 있겠다. 혁명의 주체세력을 노동자나 농민으로 한정시키지 않고 인민으로 설정하고 그 인민 속에 지식인도 포함된다면 지식인은 통일전선전술의 대상이 아니라 혁명의 동력이 될 수 있기 때문이다.

54) 이러한 산지식인이라는 용어는 혁명전통의 강조에 따라 권력과 지위를 갖게 된 항일빨치산 출신들을 비호하는 논리이기도 했다. 주로 무학자로 이루어진 항일 빨치산 출신, 항일 빨치산 가족들은 8월종파사건 이전에는 권력에서 배제되어 있었는데 이제 권력을 잡은 그들이 무학자이고 무식하다는 것은 권력을 유지하고 리더십을 발휘하는 데 많은 장해가 되기 때문이다. 혁명적 군중노선은 이런 문제점을 보완하기 위한 기제라고도 할 수 있다. 이때부터 항일빨치산 출신들은 혁명전통교양의 선전선동을 위해 전국을 돌아다니며 학생, 노동자들과 혁명전통에 대해 이야기를 나누고, 그들에게 김일성에 대한 숭배심을 심어줬다. 그들은 혁명전통의 산증인이 되

'인테리'들이 산지식인이 될 것을 요구받은 것처럼 노동자계급 역시 산지식인이 될 것을 요구받았다. 산지식인이 되기 위해서 천리마작업반 운동의 참가자들은 흥남 비료 공장 질안 직장 김 석태 2중 천리마 작업 반원들처럼 기술습득, 학습과 교양을 집단적으로 결의하고 강화해야 했다.

> 흥남 비료 공장 질안 직장 김 석태 2중 천리마 작업반원들은《한 등급 이상 기능 급수 높이기 운동》을 광범히 전개하여 천리마 작업 반 운동에 참가한 후 약 1년 남짓한 기간에 평균 기능 급수를 4.5 급으로부터 6.5 급으로 높였으며 작업반원 모두가 공장 대학, 통신 대학 등 각종 고등 교육 체계에 망라되여 최단 기간 내에 기사, 기수로 될 결의 밑에 이악하게 달라붙고 있다. 이것은 한두 개 작업반에 한한 문제가 아니라 례외 없이 모든 작업반에서 볼 수 있는 일반적인 현상이다.[55]

천리마작업반의 '전망결의문'을 보면 모든 노동자들은 보통지식(문화혁명)과 작업현장에서 필요로 하는 전문기술(기술혁명)을 요구받았고, 또한 사상혁명을 통해서 조선로동당의 정책까지 확고히 학습, 교양할 것을 요구받았음을 알 수 있다. 천리마작업반운동은 산지식인을 양성하기 위한 군중운동이며, '붉은 인테리'(대학수준의 '인테리'가 아니라 할지라도 노동자들의 학력보다 한 단계 높은 수준)들을 일거에 대규모로 양성하기 위한 운동이었던 것이다. 천리마작업반의 "'전망결의문'에 포함되어야 할 내용"에는 "작업반 전체 성원들이 한 가지 이상의 기술을 소

어 교육교양의 대상자에서 교육교양의 주체로 사회적 위상이 급격히 상승되었다. 어제의 피교육자가 오늘의 교육자가 되었고 어제의 교육자는 오늘의 피교육자가 된 것이다.

55) 백재욱, 『천리마운동은 사회주의 건설에서의 우리 당의 총로선』(평양: 조선로동당출판사, 1965), 116~117쪽.

유하고 가까운 기간에 기수, 기사가 되기 위해 노력하며"와 "일하면서 배우고 배우면서 일하라는 당의 구호를 철저히 관철함으로써 모든 사람들이 다방면적인 지식을 소유하고 중등 이상의 수준에 도달하며"가 있는 것을 보면 알 수 있다.[56)]

인민들은 '인테리'들에게 배울 것은 배우는 자세를 가져야 하고, 노동자계급이나 '인테리'들은 농민들도 포용할 수 있어야 했다. 지적인 측면 이외의 문화적 측면에서는 당원들이 '인테리' 문화보다는 인민의 문화에 더 친화력을 가져야 했다. 산지식인이 되려면 노동자계급의식에 투철해서 적대적인 사상과 사람들에 대해서 명백히 반대의 입장에 서 있으면서도 폭넓게 사람들을 포용해야 하는 것이다. 산지식인은 군중노선을 체현한 사람으로서 편협한 노동자계급사상, 교조주의를 부정하는 노선을 체현한 사람이라고 할 수 있다.

김일성은 '인테리'들을 **산**지식인이 되도록 하고, 노동자계급을 산**지식인**이 되도록 하고, 학생들은 학창시절부터 **산지식인**이 되기 위한 교육을 받아야 한다고 생각했다. 김일성은 학교수업에서도 이론과 실재를 결합하려고 하였다. 인문교육중심, 대학입시위주의 고급중학교는 비판받았다. 그에 따라 생산노동과 실습이 절대적으로 중시되었다. 다른 말로 하자면 학교를 졸업하고, 노동현장에 가면, 즉시 써 먹을 수 있는 지식과 기술을 학교에서 미리 습득할 것을 요구한 것이다. 그래서 대학은

---

56) 「'전망 결의문'에 포함되어야 할 내용들」, 『천리마기수독본』(직업동맹출판사, 1963), 337~345쪽(강호제, 『북한 과학기술 형성사 1』, 377~380쪽 재인용). 그에 비해 진응원 작업반의 결의문의 3항에는 "작업반 전체 생산공정에 정통하고 모두가 다기능을 소유하며 4~5년 내에 기사, 기수로 될 것"으로 되어있고 4항에는 "참가자들은 모두가 초, 고중 졸업 정도 이상으로 높일 것"으로 되어 있다. 강호제, 『북한 과학기술 형성사 1』, 254쪽. "《전체 근로자들은 기술을 배우며 새 기술을 창조하라!》 이것이 오늘 우리의 가장 중요한 구호의 하나입니다." 김일성, 「공산주의교양에 대하여(1958.11.20)」, 『김일성저작집 12』(평양: 조선로동당출판사, 1981), 600쪽. 집단적 기술혁신운동을 공론화 전면화한 계기는 1958년 9월 13일에 개최된 '전국 생산혁신자 대회'였다.

현실과 동떨어진 교재를 가지고 공부하고 있다고 비판당했다. 김일성은 요즈음 말로 하면 강력한 산학협동을 요구했다고 볼 수 있다.

산지식인이란 결국 이론과 실천을 고루 갖춘 사람을 지칭하며 이러한 산지식인을 양성하려면 학문위주, 이론위주, 선진국의 경험을 위주로 한 교육과정과 교재를 실생활과 실천에 필요한 것으로 바꿔야 했다. 김일성은 교재를 새로 만들기 위해서 현장의 작업반장과 대학교수가 함께 대학교재를 만들 것을 요구하기도 했다.

> 나는 요즘 인민경제대학에서 쓴 기업소 작업반장임무에 대한 규범초고를 보았습니다. 그것을 보면서 이러저러한 문제들에 대하여 상들에게도 물어보고 강선제강소에도 알아보고 여러 가지 내용들을 보태넣었지만 그것으로 만족할 수는 없습니다. 털어놓고말해서 그것을 쓴 사람들이나 실지 공장에서 작업반장을 하는 사람들이나 누구나 모든 것을 안다고 말할수 없습니다. 공장에서 작업반장을 하는 사람들은 반장을 직접 해보지 못하였기 때문에 실천할수 없는 주관주의적욕망을 내놓을수도 있습니다. 그러므로 협의회를 열고 그것을 쓴 사람들도 참가시키고 공장에서 일을 잘하는 여러 부문의 작업반장들도 참가시켜 널리 토론하여보려고 생각합니다.[57]

그렇지만 천리마시대의 북한 교과서 제작에 있어서 기술교재 만들기에 현장노동자를 참여시키는 것과 중국의 문화대혁명기에 수학, 과학 등 교과정에 현장노동자를 참여시켜 수학, 과학 등의 학문성을 인정하지 않은 실용교재로 만든 것과는 달랐다.

---

57) 김일성, 「학생들을 사회주의, 공산주의 건설의 참된 후비대로 교육교양하자(1968. 3. 14)」, 『김일성저작집 22』(평양: 조선로동당 출판사, 1983), 50쪽.

> 그 때 편찬된 교재에서는 매개 학과목의 지식체계와 기본지식이 무시되였으며 이른바《유용》한 지식만을 교재에 포괄시켰다. 중학교 물리교재에서는 뜨락또르, 디젤유발동기, 양수기 등이 주요한 내용으로 되였고, 화학에서는 농업화학, 토양개량이 주요한 내용으로 되였으며 수학에서는 쓸모있는 지식을 가르쳐야 한다는《방향》에 따라 부기와 측량론이 주요한 내용으로 되였고 조선어에서는 대비판문장, 소평론, 사상총화를 쓰는 것이 주요내용으로 되였다.[58]

북한의 교육과정은 교과중심교육과정과 생활중심의 교육과정이 결합되어 있는 형태라고 할 수 있는데 북한에서는 이것을 '일반교육과 기술교육의 결합'이라고 불렀다.[59]

이것은 스탈린, 모택동, 북한의 지도자들이 생각했던 농촌문제해결방법론이나 콤뮨의 차이점들을 통해서도 어느 정도 알 수 있다. 소련의 꼴호즈에 해당하는 중국의 인민공사에서는 소위 농공상학병을 결합하여 상공업을 경영하고 학교도 운영하며 나아가 행정과 권력의 기초단위를 구성하여 자기방위조직도 가지고 있기 때문에 소련의 꼴호즈보다는 높은 꼬뮨적 요소를 가지고 있었다. 인민공사에서는 소농 생산과 관계있는 것을 하루아침에 폐기하고 농촌 가정의 부엌도 공산주의 대식당으로 대체했다. 공사의 구성원들은 공업, 농업, 광업 등의 각종 부분으로 나뉘어져 생산에 참여하였다. 대부분의 공사들이 자신의 철강소를 가지고 있었으며 전문적인 과학 연구 기지를 건설했다. 생산수단은 세 개의 수준에 걸쳐 소유되어 공사－생산대대－생산대라는 구조를 가졌다. 생산대대는 약 300~400호의 농가로 구성되어 있었다.[60)]

---

58) 중국조선족교육사편찬위,『중국조선족교육사』, 417쪽.

59) 조정아,「산업화 시기 북한의 노동교육」, 85~90쪽.

60) 와다 하루끼는 인민공사화, 문화대혁명을 추진한 것은 세계전쟁에 대비하여 "국가를 연안근거지로 재편성하는" 인민전쟁체제를 실제로 구축한다는 주관적 의도도 있

스탈린은 꼴호즈라는 대집단농장을 통해 농촌을 도시화하려고 했다면 모택동은 도시민들을 하방해서 전국을 농촌화하려고 했다고 볼 수 있다. 그에 반해 북한은 도시와 농촌의 연결점인 군(郡)을 점진적으로 발전시켜서 농촌과 도시의 문화경제적 격차와 노동자, 농민의 계급적 차이를 줄이는 정책을 썼다고 할 수 있겠다.[61]

3) 문화혁명

공산주의와 집단주의는 정치지도자, 당, 혁명전통에 대한 정치사상교양으로 반영되어야 할 뿐만 아니라, 주민들의 도덕예절로서 나타나고 일상생활의 구체적인 지침이 되어야 한다. 북한 주민들을 공산주의적으로 개조하기 위해서도 공산주의 사회에 적합한 도덕예절이 구체적으로 제시되어야 한다.

그런데 이 도덕예절은 기존의 도덕예절과 얼마나 다른 것인가, 공산주의 도덕예절과 그러한 도덕예절이 함의하고 있는 품성, 성격은 새롭게 창조되어야 하는가, 전통적인 도덕예절은 사라져야 하는가, 부르주아사회의 도덕예절은 전혀 필요하지 않은가 등의 문제가 있었다. 이에 대해 어떤 것은 사회주의사회에서 계승해도 좋고 어떤 것은 계승해서는 안 된다고 판단하는 것이 쉽지 않고 그것을 판단할 판관을 찾는 것도 쉽지 않았다.

천리마작업운동은 이러한 문제에 대해서 김일성 교시에 의거해서 판단하고 전통윤리를 새롭게 해석하고 그것을 생활 속에 구현하는 것을

었다는 주장을 하고 있다. 와다 하루끼, 『역사로서의 사회주의』(서울: 창작과 비평사, 1994), 136쪽. L. 루이링거는 주된 동기가 농민을 농촌에 묶어 두려는 시도였다고 보고 있다. 『중국을 보는 제3의 눈』(서울: 소나무, 1995), 66~86쪽 참조.

61) 유작촌, 『정통과 계승－위대한 인간, 새로운 문명을 위하여』(대전: 현대사, 1992), 92쪽.

사회주의생활양식, 공산주의 도덕예절로 규정했다. 김일성은 개인적인 도덕예절의 문제도 천리마작업반운동과 같은 대중운동을 통해서 통제해야 한다고 보았다. 천리마작업반운동을 통해서 주민들이 일상적으로 살아가면서 드러나는 도덕예절문제를 집단적인 비판과 자기비판을 통해서 통제해 나간 것이다. 작업반원들은 가정생활, 가정위생, 가정교육, 가정경제, 건강문제도 천리마작업반 내의 구성원들과 공유하고 어려운 일이 있으면 서로 도와야 했던 것이다.[62]

천리마작업반 칭호 쟁취운동에 참여한 작업반들의 '전망결의문'에는 다음과 같이 아홉 가지의 문화혁명을 목표로 설정하여야 했다.

1. 전체 작업반 성원들이 공산주의 도덕의 원칙과 규범을 잘 알고 부단히 수양할 뿐만 아니라 실지 로동과 생활을 통하여 그를 구현하는데 솔선모범을 보이며
2. 일하면서 배우고 배우면서 일하라는 당의 구호를 철저히 관철함으로써 모든 사람들이 다방면적인 지식을 소유하고 중등 이상의 수준에 도달하며
3. 문학예술에 대한 소양을 부단히 높여 작업반 성원들이 다 노래를 부르고 춤을 출 줄 알며 악기를 다루고 시를 읊으며 소설도 짓고 군중 체육을 발전시켜 모든 사람들이 체력을 건강히 유지하며
4. 국가와 사회 재산을 자기 몸과 같이 아끼고 사랑하며 사회 질서와 공중도덕을 자각적으로 준수하는 고상한 품성을 발휘하며
5. 우리 인민의 고상한 례의 도덕을 모범적으로 지킬 뿐만 아니라 일체 낡은 사상 잔재와 생활 유습을 반대하는 투쟁의 선두에 서서 공산주의적 생활 기풍을 높이 발휘하며
6. 자기 부모, 처자를 사랑하고 가정생활을 언제나 화목하고 명랑하게 하며 자녀들에 대한 교양에서 모범을 보이며

---

62) 위의 글, 202쪽.

7. 개체 위생을 잘 지키고 가정과 직장을 문화 위생적으로 꾸리며 항상 몸차림을 단정히 하고 깨끗하게 하며
8. 가족들을 직장에 빠짐없이 진출시키거나 가내 작업반에 적극 망라시켜 생활을 자체로 더욱 유족하게 만들며
9. 항상 혁명적 경각성을 제고하여 원쑤들의 준동과 파괴 행동을 미연에 적발 분쇄하고 자기 향토와 공장, 기대를 목숨으로 지키며 교조주의, 수정주의 등 일체 부르조아 생활양식의 침습을 반대하여 견결히 투쟁하여야 한다.[63)]

사적인 개인의 문화적 취미나 의례에 대해서도 국가는 개입해야 하는가? '전망결의문'에서 보듯이 김일성은 이 문제에 대해서도 국가 즉 집단이 통제해야 하고 문화활동을 의무화할 것을 요구했다. 이를 위해 군중체육, 군중예술을 의무화하고 강제했다. 천리마작업반운동을 통해 북한 사람들은 자신들이 원하는 노래나 춤을 부를 수 없게 되었고, 봉건적 유습이라고 할 수 있는 의례는 배척되거나 위축될 수밖에 없었다.[64)]

김일성과 직간접적으로 관련이 있거나 김일성을 추종하는 사람들에게 지위와 권력을 주고 북한 사회가 그들을 지배계급으로 하는 새로운 계급사회로 만들어지는데 혁명전통교양이나 산지식인이라는 용어가 중요한

---

63) "문화혁명을 수행하기 위해서는 의무교육과 성인교육을 실행하는 동시에 체육, 문학, 예술소조, 기술소조 등 각종 소조를 광범히 조직하여야 합니다. 또한 공장과 농촌에 구락부를 잘 운영하고 당보와 사회단체신문 등 각종 신문을 잘 리용하며 공장신문, 벽신문 등 선전수단을 옳게 리용하는 것이 매우 중요합니다." 김일성, 「공산주의교양에 대하여(1958. 11. 20)」, 『김일성저작집 12』(평양: 조선로동당출판사, 1981), 600쪽. 진응원작업반 결의문 제7항에는 "생활을 문화 위생적으로 꾸리며 사회질서를 모범적으로 준수하며 각종 문화 휴식과 체육 스포츠 사업에 적극 참가할 것."으로 되어 있다. 강호제, 『북한 과학기술 형성사 1』, 254쪽.

64) 「'전망 결의문'에 포함되어야 할 내용들」, 강호제, 『북한 과학기술 형성사 1』, 380쪽. 천리마작업반운동만이 문화혁명에 기여한 것은 아니다. 특히 인민반, 여맹은 가정문제에 개입하는 데 큰 역할을 한 것 같다. 또한 5호 담당제도 마찬가지였다. 그러나 인민반, 여맹, 5호 담당제도 등도 천리마작업반운동으로 수렴되었다고 볼 수 있다.

역할을 했듯이 문화혁명도 새로운 계급사회를 만드는 데 큰 역할을 했다고 볼 수 있다. 문화혁명의 핵심적 내용 중의 하나라고 할 수 있는 군중음악, 군중문학, 군중체육에 있다면 많은 지식인들은 이러한 군중문화에 익숙하지 못하기 때문에 군중문화가 강조되면 될수록 지식인들은 자신의 실력을 발휘하기 어렵게 되고 그럴수록 대중으로부터 분리되거나 지지를 잃어버리게 될 것이기 때문이다. 한마디로 말해 문학, 예술, 체육 부문에서도 어제의 우등생이 오늘의 열등생이 될 수도 있는 것이다.[65)]

그러나 이것은 모택동 사후의 중국공산당에 의해 공식적으로 밝혀진 문화대혁명의 모습과는 다른 것이었다.

> 이 '혁명'은 '문화'라는 두 글자를 갖다붙이고 사상과 문화의 영역에서 출발하기는 하였으나 이내 '정권 탈취단계'로 들어가 문화·교육·과학의 발전에 대해서는 그 어떤 건설적인 강령도 내놓지 않았다. 다만 '비판'과 '파괴'만을 자행하여 대부분의 교수, 교원, 작가, 배우를 '소귀신 뱀귀신'(추악한 모습을 한 정체를 알 수 없는 악마)으로 몰아붙이고 업적을 낸 수많은 전문가와 과학자를 외양간에 가두거나 하방(下放)시켜 개조하였다.(중략)과거의 문맹이 사라지기도 전에 새로운 문맹이 양산된 것이다. 1982년 인구조사 통계에 의하면 전국의 문맹과 반(半)문맹이 2억 3천만 명에 이르렀다.[66)]

따라서 모택동이 구상한 중국의 문화대혁명은 문화를 건설하는 데 있

---

65) 이영미, 「1960년대 북한 문학교육의 일동향–아동문학교육교양장의 변동기적 위상을 중심으로–」, 『문학교육학 제31호』, 2014, 87~114쪽. 군중문화의 강화로 인해 기존의 문학예술인들이 열등한 위치에 놓이게 되는 것과 동시에 그 동안 북한의 문학예술계를 지배했던 문학예술인들이 자아비판하고 문화권력이 교체되었던 것이다.

66) 중국공산당 중앙문헌연구실, 「「건국 이래 당이 약간의 역사문제에 관한 결의」 주석」, 중국공산당 중앙문헌연구실 편, 『정통중국현대사: 중국공산당의 역사문제에 관한 결의』(서울: 사계절, 1990), 367쪽.

는 것이 아니라 문화를 파괴하는 데 있었다. 모택동은 중국의 오래된 전통을 파괴하는 데 주력했을 뿐 새로운 전통을 만들어 내는 데는 별로 관심을 기울이지 않았거나 그럴 마음도 여력도 없었다고 볼 수 있다. 어찌 보면 모택동은 중국 인민들을 의도적으로 문맹으로 몰아 간 것이라고 볼 수 있다. 그만큼 모택동은 문화와 지식에 대해 적대적이었다고 볼 수 있다.

4) 사상혁명을 앞세운 세 가지 혁명

천리마작업반운동이 빠른 시간 내에 각 분야로 전파되고 일반화되어 간 것은 중앙의 강력한 지도가 없이는 가능하지 않았을 것이다. 그 강력한 지도란 바로 청산리방법에 의거한 지도인 것이다. 다음 글에서 보듯이 노동계급에게만 머물던 천리마작업반운동이 전 분야로 확산된 것은 청산리 지도를 일반화하였기 때문이었다.

> 김 일성 동지의 청산리 지도가 있기 전에 주로 공장, 기업소 로동자들 속에서만 진행되고 있던 천리마작업반 운동은 청산리 지도 경험을 일반화하며 당 사업이 사람들과의 사업으로 전환되게 됨에 따라 농촌, 교육, 문화, 보건, 상업 류통부문과 가두 인민반에 이르기까지 우리 사회의 모든 분야를 포괄하여 전 군중적으로 전개되고 있으며 천리마 직장, 천리마공장 운동으로 심화 발전되고 있다.[67]

또한, 진응원작업반에서 천리마작업반운동을 발기했을 때는 집단주의와 노력동원, 기술혁신 등에 1차적인 목적이 있었고, 공산주의적 인간

---

67) 리새삼 편, 『청산리 정신, 청산리 방법 관철에서의 몇 가지 문제』(평양: 조선로동당출판사, 1965), 162쪽.

개조, 사상개조는 부차적이었다면, 김일성이 요구한 천리마작업반운동에서는 공산주의적 인간개조, 사상개조운동을 대중운동의 본질적인 요구로 확고히 돌려놓았다고 볼 수 있다.68)

김일성이 1958년 11월 20일의 연설인 "공산주의교양에 대하여"에서 사상교양, 기술혁명, 문화혁명을 강조하였고, 김일성이 1960년 2월 평안남도 강서군(지금의 남포 강서구역) 청산협동농장을 현지 지도하는 과정에서 창조된 청산리정신, 청산리방법을 일반화하는 과정에서 천리마작업반운동도 급속도로 집단적인 사상, 기술, 문화혁명으로 성격이 바뀌었다.

청산리방법이 천리마작업반운동과 결합되면서 천리마작업반운동은 사상교양과 공산주의인간양성이라는 목표를 분명히 하였다. 그것은 청산리방법이 제시된 이후에 작성된 것으로 보이는 "천리마작업반 칭호수여에 관한 규정" 중의 "천리마작업반 칭호 수여 평가기준"을 보면 알 수 있다. 여기서는 "천리마작업반의 모든 성원들은 〈공산주의적으로 일하며 생활하자!〉, 〈하나는 전체를 위하여!〉라는 구호를 로동과 일상생활에서 철저히 관철시키며 당과 혁명에 무한히 충실하며 사회주의 전취물을 철옹성 같이 수호하는 당의 붉은 전사가 되어야 한다."는 명제아래 다음과 같이 사상혁명을 앞세우고 있으며 문화혁명은 사상혁명의 부속물로서 진술되고 있다.

> ㄱ. 전체 작업반들은 김일성 동지를 선두로 한 공산주의자들이 이룩한 당의 혁명전통학습을 생활화함으로써 과거 항일 빨찌산들처럼 조국과 인민을 위하여서는 어떠한 애로와 난관 앞에서도 굴

---

68) 1958년 진응원이 천리마작업반운동을 처음으로 발기했을 때의 결의문을 보면 "하나는 전체를 위하여 전체는 하나를 위하여"라는 집단주의 구호에도 불구하고 구체적인 결의항목을 보면 기술혁명이 일차적인 목표였고 사상혁명, 문화혁명은 부차적인 목표였던 것으로 보인다. 강호제, 『북한 과학기술 형성사 1』, 232~239쪽 참조.

하지 않고 끝까지 싸워 이기는 불요불굴의 혁명정신으로, 공산주의 사상으로 튼튼히 무장하여야 한다.

ㄴ. 전체 작업반 성원들은 매 시기 제기되는 당의 정책과 김일성 동지의 교시를 철저히 연구 체득하며 비록 물과 불이라도 헤아리지 않고 그를 정확히 관철시키는 선구자가 되어야 한다.

ㄷ. 천리마 작업반 성원들은 〈…군중의 모범이 되어 진정으로 그를 도와줄 때 목석이 아닌 이상 모든 사람들을 감화시킬 수 있다〉는 구호 하에 동지적 우애와 공산주의적 호상 방조로써 뒤떨어진 동부들을 진정으로 도와주며 인내성 있는 해설과 설복으로 모든 사람들을 교양 개조하며 집단 내 한 사람의 락오자도 없도록 하여야 한다. 동시에 자기 주위에 있는 뒤떨어진 집단을 선진대렬에 끌어올리기 위하여 적극 노력하며 항상 계급적 원쑤들에 대한 혁명적 경각성을 높여야 한다.

ㄹ. 전체 작업반성원들은 개인 리기주의, 자유주의 등 일체 낡은 사상 잔재를 철저히 극복하고 로동과 국가 사회에 대한 공산주의적 태도를 확립하며 언제나 례절 밝고 공중도덕과 집단의 규률 준수에서 모범이 되며 혁명동지를 아끼고 사랑하며 어렵고 힘든 일에는 언제나 남보다 앞장에 서는 공산주의적 도덕 품성의 소유자가 되어야 한다.

ㅁ. 전체 작업반 성원들은 일반 지식 수준을 부단히 높이며 개체 위생을 잘 지키고 가정 생활을 검박하고 문화 위생적으로 잘 꾸리며 문화혁명 과업 수행에서 선봉적 역할을 수행하여야 한다.

ㅂ. 작업반 전체 성원들은 자기가 속한 모든 조직 생활에 충실해야 할 뿐만 아니라 휴식을 문화적으로 조직하며 문화 써클 및 군중체육과 체육기술수준을 높이기 위한 사업에 적극 참여하여야 하며 자녀교양에 모범이 되어야 한다.[69]

---

69) 「천리마작업반 칭호 수여에 관한 규정(전문)」, 강호제, 『북한 과학기술 형성사 1』, 372~373쪽.

그리고 사상혁명과 문화혁명의 다음으로 "천리마작업반은 집체적 지혜와 창발성을 발휘하여 당의 경제 정책을 끝까지 관철하며 전면적 기술혁신과 증산과 절약 투쟁의 선두에 서서 생산과 기술 발전에서 부단한 혁신을 이룩하여야 한다."는 명제아래 기술혁명을 나열하고 있다.[70)]

이로서 천리마작업반운동이 처음 제기되었을 때보다 교양이 더욱 강조되는 것도 알 수 있으며 교육보다 교양이 강조되고 기술보다 사상이 강조됨을 알 수 있다. 집단주의적 인간관계에 대한 교양과 조직생활에 대한 요구가 강조되었던 것이다.[71)]

천리마작업반운동에서는 사상혁명, 기술혁명, 문화혁명은 맞물려 있으며, 그 중심에는 사상혁명이 자리 잡고 있는 형태였다. 이것은 1965년의 '농업근로자 동맹규약' 31항 중에 "사상혁명을 선행시키면서 여기에 병행하여 기술혁명과 문화혁명을 강력히 추진시키며"라고 표현되어 있는 것으로도 알 수 있다.[72)]

이와 같은 사실은 다음과 같은 협동농장의 5일간의 작업반 선전실 운영계획서를 보면 어느 정도 파악할 수 있다. 해설 담화, 회상기 감상모임, 신문독보, 노래보급, 농악놀이, 조별 팔씨름 경기, 군중무용, 재담, 기동예술대공연, 5일째 되는 날은 총화와 농악놀이와 오락회 등 사상, 기술, 문화교양을 통한 사상혁명, 기술혁명, 문화혁명이 골고루 들어가 있는 것을 보면 알 수 있다.

---

70) 위의 글, 위의 책, 373쪽.

71) 위의 책, 254쪽.

72) 「농업근로자 동맹규약」, 최종고, 『북한법』, 176쪽.

〈표 2-1〉 문덕군 마산농업협동조합 제3작업반 포전선전실의 5일간 선전실 운영계획서

구분 / 날자	오전 휴식 시간	시간	집행자	점심 시간	시간	집행자	오후 휴식 시간	시간	집행자
4월 10일	해설 담화 〈황해남도 현지 지도에서 하신 수상 동지의 교시〉	25	안영세	1. 노래 보급 〈혁명 가요〉 2. 신문 독보	15 10	차종훈	기술 전습회 〈랭상모 파종 기술 지표에 대하여〉	20	농산기수
11일	회상기 감상모임 〈원쑤는 간악하다.〉	20	안영세	1. 재담 〈10만 론군〉 2. 신문 독보	15 10	최성찬 길봉희	1. 노래 보급 〈혁명 가요〉 2. 농악 놀이	15 10	차종훈
12일	회상기 감상모임 〈원쑤는 간악하다.〉	20	안영세	1. 기술 전습회 〈니꼬병 방지에 대하여〉 2. 팔씨름 경기 〈조별〉	20 10	농산기수 차종훈	1. 남조선 정세 (신문 독보) 2. 군중 무용 보급	15 10	안영세 윤옥희
13일	신문 독보 회상 실기	20	윤옥희	기동 예술대 공연 〈조별 경쟁에서 승리한 조를 위한 축하 공연〉	25	차종훈	1. 노래 보급 〈혁명 가요〉 2. 오락회	15 10	차종훈
14일	해설 담화 〈우리 리의 실정에 대하여〉	20	안영세	신문 독보 농촌에 관한 소식	15	윤옥희 안영세	1. 5일간 총화 2. 오락회 농악 놀이	20 10	안영세

출전: 총련중앙선전부, 「선동원들에게 주는 참고 자료」(동경: 선동원사, 1963), 38쪽.

제3절 낡은 리더십과 새로운 리더십

김일성은 북한에서 공산주의를 건설하는 과정에서 인테리들에게 산 지식인이 되기를 요구했듯이, 관리자들에게는 새로운 리더십을 갖추기를 요구하였다. 시장이 폐지되고 계획경제가 실시되는 데다가 사회주의 공업화가 급속도로 진행되었기 때문에 사회 모든 분야의 모든 일꾼들에게 새로운 리더십이 필요했다. 관리자들도 리더십을 본질적으로 바꾸어야 했다. 시장경제에 의존하고 감시통제를 강화해야 했던 때와 다른 관리자의 모습이 필요했다. 천리마작업반운동이 사회 전분야로 확대되고, 계속되고, 심화되는 과정에서 새로운 리더십이 더욱 요청되었다. 집단주의에 입각한 인간개조, 조직 개선과 강화를 위한 천리마작업이 성공적으로 전개되기 위해서는 그런 천리마작업을 이끌어 가는 천리마작업반장에게도 새로운 리더십이 요구되었고, 천리마작업반들을 지도해야 할 일꾼들에게도 새로운 리더십이 요구되었다. 특히 당일꾼들에게 새로운 리더십이 필요했다. 노동당은 적대계급과 싸우면서 반제반봉건민주주의혁명과 사회주의혁명을 이끌어가던 때의 당과도 달라져야 했다. 관리자나 기술자, 대중을 대하는 태도도 바뀌어야 했다. 김일성의 주장처럼 군중노선에 맞는 새로운 사업방법과 사업작풍, 즉 새로운 리더십이 필요했다.[73]

---

73) "맑스-레닌주의 당은 주권을 잡기전이나 잡은 다음에나 또한 혁명투쟁에서나 건설사업에서나, 언제나 군중로선을 관철하여야 합니다. 그런데 당이 정권을 잡게 되면 군중로선을 어길 위험성은 커지는것이다. 우리 당은 해방후 창건된 첫날부터 정권을 령도하게 되었으며 우리의 많은 일군들은 지난날에 혁명투쟁과 군중공작의 경험

1. 낡은 부르주아적 리더십

김일성이 노동당 간부들의 리더십의 문제점으로 지적한 것은 형식주의와 관료주의로 요약할 수 있겠지만, 김일성은 좀 더 많은 문제점들을 다양한 개념들을 활용하여 지적하고 있다. 당시에 북한당국이 부딪쳤던 장애가 무엇이었는지는 1958년 9월 16일의 『로동신문』 사설 '재차 보수주의와 소극성에 반대하여'와 1959년 3월 23일 조선로동당 함북도위원회 확대전원회의에서 한 김일성 연설인 '함북도 당단체들의 과업'을 보면 알 수 있다. 천리마작업반운동이 일어나고 얼마 후 김일성이 한 연설인 '함북도 당단체들의 과업'을 기점으로 해서 당사업에 일대 전환이 일어나게 되었다. 김일성이 지적한 당 사업의 문제는 크게 사업방식의 문제와 조직관리 방식의 문제로 나누어 볼 수 있다. 사업방식의 문제는 주관주의, 행정명령식 관료주의, 형식주의, 보수주의, 기술신비주의, 소극주의라 할 수 있다. 조직관리 방식의 문제는 가족주의, 지방주의, 종파주의, 관문주의라 할 수 있다.

1) 주관주의

관료주의와 형식주의의 뿌리는 주관주의라고 할 수 있다. 주관주의는 회의를 할 때 남의 말을 잘 듣지 않는 것으로 나타났다. 김일성이 아무리 집체적 지도를 요구하고 위가 아래를 도와 준다고 해도 당 위원장이 남의 말을 듣기만 하고 흘려보내거나 무시한다면 당위원장은 남의 이야

을 거의 가지고있지 못하였다. 그러므로 군중로선을 관철하기 위하여 일군들의 사업방법과 작풍을 개선하는것은 우리에게 있어서 특별히 중요한 문제였다." 김일성, 「조선민주주의인민공화국에서의 사회주의건설과 남조선혁명에 대하여(1965. 4. 14)」, 212쪽.

기를 들어줄 자세가 되어 있지 않고 자기 생각, 자기주관에만 빠져 있다고 볼 수 있기 때문이다.[74]

이렇게 되면 당은 대중을 자발적으로 동원할 수도 없고, 단결을 이루어낼 수도 없을 것이다. 주관주의가 더 심해지면 당정책을 소홀히 하거나 무시하는 경우도 생길 것이고 반대로 당정책이라는 것을 앞세워 무조건 명령하고 강요하는 사업방법을 택하기도 할 것이다.

2) 행정명령식, 관료주의

관료주의는 이미 김일성이 1955년 4월 1일 조선노동당 중앙위원회 전원회의에서 행한 보고 '관료주의를 퇴치하는데 대하여'에 잘 나와 있고 그 후 1985년에 출판된『철학사전』에 잘 정리되어 있다.『철학사전』에 따르면 주관주의는 관료주의가 겉으로 드러난 표현방법 중의 하나다.

> 주관주의는 아래에 내려가지 않고 사무실에 앉아 뭉개는데서 나타난다. 주관주의에 빠지면 인민대중의 의사와 요구를 알려고 하지 않으며 개인의 욕망에 따라 현실적요구에 맞지 않게 문제를 제멋대로 처리하게 된다. 주관주의는 또한 주관과 독단을 부리는데서 나타난다.(중략) 주관주의는 또한 관료주의를 범하게 하며 대중의 무궁무진한 힘과 창조적적극성을 마비시킴으로써 당정책관철에 커다란 장애를 조성한다.[75]

74) "만일 당 위원장이 자기의 주관적 판단만을 고집하면서 위원들의 의견을 신중하게 대하지 않는다면 회의를 소집하는 것 자체도 소용이 없게 될 것이다." 리새삼 편,『청산리 정신, 청산리 방법 관철에서의 몇 가지 문제』(평양: 조선 로동당 출판사, 1964), 174쪽.

75) 사회과학원 철학연구소,『철학사전』, 494쪽.

> 관료주의는 틀만 차리고 자기 사업을 세밀히 연구하지 않으며 되는대로 일하는데서, 동지들의 의견을 들어보거나 아래의 실정을 조사해보고 문제를 옳게 해결할 대책을 세우는것이 아니라 형식적으로 일을 해치우거나 주관적고집만 부리고 일을 망탕 처리하는데서, 공명주의와 지위욕에 눈이 어두워 상부에는 아첨하고 아래사람들을 억압하는데서, 명령과 호령으로 당사업을 대신하며 당세도를 쓰는데서, 당사업을 조직함에 있어서 특히 검열사업을 조직진행함에 있어서 당원들을 교양하고 그들의 사업을 실질적으로 도와주는것이 아니라 일종의 정탐식, 경찰식 방법으로 사업을 진행하는데서 나타난다.[76]

『철학사전』에 따르면, 천리마작업반이 일어나기 전에는 아직 사회주의혁명이 완수되지 않은 상태에서 당은 인민위원회를 통해 프롤레타리아 독재를 실시하며 당이 행정사업까지 맡고 있었던 것 같은데, 특히 농촌에서는 그런 현상이 심했다. 이것은 인민위원회를 통해 농촌을 지배하고 있던 당일꾼, 즉 노동자계급, 지식인들의 농민에 대한 계급적 차별의식과 불신에 따른 것이기도 했던 것으로 보인다. 그러나 농민들이 협동농장으로 집단화되기 전의 농촌지도와 협동농장이 된 다음의 농촌지도는 달라야 했다. 김일성이 주장하듯이 사회주의혁명 이후에도 여전히 유지되었던 일꾼들의 관료주의, 형식주의적 사업작풍은 결국 농민들에게 많은 고통을 주게 되었던 것으로 보인다.

> 낡은 사업방법에서 벗어나지 못하였기때문에 농촌지도에서 관료주의, 형식주의적 사업작풍이 아직 남아있습니다. 농민들이야 어떻게 되든 그저 주관적으로 생각한 계획을 내려먹이고있습니다. 팥을

76) 사회과학원 철학연구소, 『철학사전』, 134쪽.

> 심었다가 사료전으로 한다 하여 갈아엎고 강냉이를 심었으며 또 남새를 심는다고 하여 강냉이를 갈아엎다보니 결국 팥도 못먹고 강냉이도 못먹고 배추도 못 먹었습니다. 그뿐아니라 세 번씩이나 갈아엎었으니 얼마나 많은 로력과 종자를 랑비하였으며 농민들에게 얼마나 많은 고통을 주었겠습니까![77]

관료주의는 주관주의로 나타나기도 하지만 결국은 행정명령식, 행정적 사업방법으로 나타나 인민 위에 군림하고 인민들을 무시하고 인민들에게 제멋대로 계획을 '내리먹이고' 호령하는 모습으로 나타나게 된다.

> 당단체들은 행정식방법으로 사업하고있으며 인민위원회에는 관료주의가 많습니다. 인민위원회의의 관료주의를 뿌리채 뽑아버려야 한다.
>
> 내가 길주군 봉암농업협동조합에 가서 농민들과 담화하면서 군인민위원장이 와서 당신들과 같이 농산계획을 의논하고 짜본 적이 있는가고 물어보았습니다. 농민들은 군당위원장과 군인민위원장이 와 앉아있으니 대답을 못하고 군당위원장만 쳐다보고있었습다. 《안했지요?》하고 물으니 군인민위원장이 《안했습니다》하고 대답하였다.
>
> 한 군에 리가 한 20개밖에 안되는데 군인민위원장이 한 개 리에 가서 한이틀저녁씩만 자면서 농민들과 의논하여 농산계획을 세운다면 정월부터 하여 2월에 다 끝날 것이 아닌가. 무엇이 힘들어서 이것을 하지 않고 앉아서 호령만 하겠습니까.[78]

당일꾼들은 하부단위의 잘못을 검열하면서 설복과 교양을 통해서 설

77) 김일성, 「새 환경에 맞게 군당단체의 사업을 개선할 데 대하여(1960. 2. 18)」, 『김일성저작집 14』(평양: 조선로동당출판사, 1981), 98~99쪽.

78) 김일성, 「함경북도 당단체들의 과업(1959. 3. 23)」, 『김일성저작집 13』(평양: 조선로동당출판사, 1981), 224쪽.

득하는 것이 아니라 잘못을 따지고 파헤치는 것이 올바른 리더십이며 올바른 검열이라고 생각하는 경우가 많았다. 이것은 당세도에 지나지 않았다.[79]

당 세도는 단순한 주관주의를 넘어 일방적인 명령이며 독려가 아닌 독촉이며, 욕설까지 포함하는 협박에 가까웠다. 이렇게 되면 상하 일꾼들 간의 단결은 불가능해지고 허위보고, 아첨과 허풍을 낳게 된다.[80]

일부 일꾼들은 인민들과 회의하고 타협하기보다는 위에서 정한 사업을 강압적으로 내려먹여야만 모든 일을 효율적으로 이루어질 수 있다고 생각하지만, 김일성의 말처럼 결국 아무 일도 이루어질 수 없었다.

> 명령과 지시만 가지고는 군중을 움직일 수 없습니다. 제기된 혁명과업이 가지는 의의를충분히 해설해주지 않고 또 그것을 실행하기 위한 똑똑한 방도를 가르쳐주지 않고 행정적으로 내려먹이기만 하여서는 아무 일도 안됩니다.[81]

---

79) "당사업에 중요한 것은 행정식사업방법과 명령식사업방법을 없애는 것입니다. 내려먹이고 당세도를 쓰는 작풍을 없애야합니다. 당사업방법에서는 설복과 교양이 위주로 되어야 합니다. 따지고 캐는 것은 당사업이 아닙니다." 김일성, 「함경북도 당단체들의 과업(1959. 3. 23)」, 214쪽.

80) "당'적 검열은 단순한 《감독》이나《독촉》이 아니라 하급 당 조직들과 그 일'군들에 대한 지도와 방조를 기본으로 한다. 사업에 대한 분석도, 총화도 없이 《빨리하라》, 《잘하라》고 요구만 하며 도와 주지는 않으면서 일이 잘 안 되면 따지고 독촉하며 욕설하는 등 의 사업작풍은 당'적 검열과는 아무러한 인연도 없다. 이것은 순수 행정식 방법이며 십장식 독촉'군의 낡은 사업작풍으로서 상하 일'군들 간의 동지적 단결을 약화시키며 결함을 은폐하고 허위 보고를 조장시키며 아첨과 허풍을 낳게 한다. 이러한 낡은 사상, 낡은 사업 작풍은 이미 오래 전부터 당'적 투쟁 대상으로 되어 왔다. 청산리 정신, 청산리 방법은 이러한 낡은 행정적 사업 작풍을 결정적으로 퇴치하고 혁명적인 공산주의적 사업 기풍을 전 당에 확립케 하였다." 리새삼 편, 『청산리 정신, 청산리 방법 관철에서의 몇 가지 문제』, 181~182쪽.

81) 김일성, 「새 환경에 맞게 군당단체의 사업을 개선할 데 대하여(1960. 2. 18)」, 『김일성저작집 14』, 112쪽.

김일성은 결국 이런 당일꾼들 때문에 당이 행정대행을 하고 있었다는 말이 나오게 되었다고 주장하였다. 김일성이 당이 사람과의 사업을 해야 한다고 주장할 때도 그 말은 조직선전사업을 당 사업의 중심에 놓아야 한다는 것이다. 당이 해야 할 일의 핵심적 과업이 바로 조직선전인데 그런 역할을 하지 않고 있었던 것이다. 김일성은 당이 행정을 대행하고 당세도를 부리는 것은 결국 당이 권력기관이 되어 통치하고 다스린다는 것과 같다고 생각하였다. 김일성은 통치하고 다스리고 명령하는 것은 국가기관에서 해야 할 일이며 당 사업은 교양과 설복으로써 군중을 동원하는 것이어야 한다고 보았다.[82]

3) 형식주의

대중의 의견이나 현실을 무시하고 독단과 주관에 빠진다는 점에서는 관료주의와 형식주의는 동일하다. 그런데 관료주의가 행정명령식이라는 측면이 강하다면 형식주의는 창의성이 없이 남이 한 것을 그대로 본따서 일을 집행하는 것이라고 할 수 있다. 형식주의는 일꾼들이 위에서 내려온 것을 잘 파악하지 않고 별 생각 없이 무조건 그대로 하부에 전달하는 수준이라고 할 것이다. 만약 간부가 위에서 내려온 것을 자기 실정에 맞게 적용하지도 않고, 집행계획을 치밀하게 짜지 않은 채 일에 대한 자기 책임만 면하려고 한다면, 간부들이 해야 할 일을 지시전달만 하고

82) "원래 다스리는 방법은 당사업방법이 아닙니다. 행정적방법, 명령식방법, 다시말하여 다스리는 방법은 국가기관이나 쓸것이지 당사업과는 인연이 없습니다. 군대에서 싸움할 때에는 명령이 필요하지만 당사업에는 그것이 요구되지 않을 뿐 아니라 오히려 백해무익합니다. 당사업방법은 주로 교양과 설복으로써 당원들과 군중으로 하여금 자각적으로, 의식적으로 혁명에 동원되도록 하는 것입니다." 김일성, 「당사업방법에 대하여(1959)」(조선로동당 중앙위원회 당력사연구소, 『조선로동당략사: (1979년판)』 2, 서울: 돌베개, 1989, 116쪽 재인용).

근로자들의 의욕을 고취할 수 있는 사전작업을 제대로 안한다면 근로자들은 그런 일은 적당하게 대강해도 되겠다는 생각을 하게 될 것이다. 근로자들은 일을 하고 싶어도 그 일을 창의적으로 실현할 방도도 모르게 되고 조건이 안 되거나 조건에 맞지 않기 때문에 일을 할 수 없게 될 것이다. 따라서 지시전달에만 주력하는 형식주의는 일종의 무책임성이며 내실이 없는 것을 뜻한다. "모든 사업을 집행할 때에 진리를 탐구하지 않고 문제를 심중히 분석하여보지 않으며 사업을 치밀하게 조직하지 않고 기계적으로 조잡하게 처리하며 내용이 없고 겉치레만 하는 사업작풍을 가리켜 형식주의라고 한다.[83] 관료주의는 간부가 지도를 검열식으로 하고 하부로 내려가 대중에게 호통하고 군림한 것을 말하지만, 형식주의는 하부로 내려갈 필요도 못 느끼는 경향이라고 할 수 있다. 하부로 내려간다고 해도 건성으로 일을 보는 태도라고 할 수 있다. 관료주의란 간부가 상부에서 정해진 것을 실정을 고려하지 않고 위압적으로 '내리먹이는', 사업작풍이라면, 형식주의는 하부에게도 형식적으로 지시하기도 하지만, 상부의 지시에 대해서도 형식적으로 대하기 때문에 주관주의에 빠지기 쉽다.

이렇게 관료주의와 형식주의를 구별할 수 있겠지만, 관료주의자와 형식주의는 불가분의 관계가 있다. 형식주의를 하는 간부들은 때로는 관료주의, 주관주의에 빠지기도 하고, 때로는 사대주의, 교조주의에 빠지기도 하며, 결국은 보수주의, 소극주의에 빠지게 된다. 상부의 지시를 형식적으로 따르는 사람들은 교조주의가 되기도 하고 사대주의가 되기도 한다. 또한 보수주의자, 소극주의자가 될 것이다. 왜냐하면 형식주의자들은 대중들의 자발성과 창발성을 불러일으킬 수도 없고 알아낼 수도 없기 때문에 집단의 목표를 높게 잡을 수가 없다. 형식주의자들은 건성

83) 『김일성저작집』 3권, 410쪽(사회과학원 철학연구소, 『철학사전』, 624쪽 재인용).

으로 일을 처리하기 때문에 실적도 질을 생각하지 않고 양만 채우고자 할 것이다. 무엇이 중요하고 무엇이 부차적인 지를 모르게 된다. 즉 중심고리를 잡을 수가 없게 된다. 그래서 일을 하더라도 의미 있는 성과를 올릴 수가 없고 실적을 올리더라도 내실이 있을 수 없을 것이다. 형식주의자들은 주어진 일들을 방만하게 벌일 수 있겠지만 실속 있게 처리할 수 없게 된다. 무엇이 중요한지 무엇이 부차적인지도 알아낼 수 없고, 무엇이 가능한지 무엇이 불가능한지를 알아낼 수 없기 때문이다. 대중이 잠재력이나 요구를 모른다면 그럴 수밖에 없다.

천리마작업반운동이나 청산리방법이 확대되어간다고 해서 김일성에 의해 만들어진 모델이 제대로 노동 현장에서 구현되거나 관철되는 것은 아니다. 아무리 훌륭한 모델이라고 할지라도 그 모델이 모든 분야로 확대되고 대중화될수록 그 질이 떨어질 수 있고 미처 마음의 준비를 하지 못한 일꾼들에 의해 주어지게 되면 그 모델 자체가 사람들에 의해 형식화되고 관료화될 수 있었다.[84)]

---

84) "형식주의는 아래에 내려가지 않으며 대중의 요구와 힘을 무시하고 자기의 주관적 추측과 판단에 기초하여 모든 사업을 되는대로 처리하는데서 나타난다. 그러므로 형식주의는 주관주의, 관료주의와 밀접히 연관되있으며 사대주의, 교조주의와도 일맥상통한다. 형식주의는 또한 사업을 책임적으로 치밀하게 조직집행하지 않고 되는대로 해치우는데서 나타난다. 형식주의자들은 구체적인 조직사업은 하지 않고 우에서 받은 내용을 아래에 되받아 넘기거나 일을 벌여만 놓고 끝을 맺지 않으며 아래에 대한 장악통제사업을 잘하지 않고 일을 거칠게 되는대로 해치운다. 형식주의적 사고관점에 물젖으면 제기된 문제의 본질적측면, 내용을 갈라볼줄 모르고 사업에 대하여 깊이 연구하지 않으며 겉만 보고 즉흥적으로 문제를 처리하게 된다. 이렇게 되면 사업을 정확히 집행하기 위한 대책을 세울 수 없고 사업의 중심을 놓치고 부차적인 문제에 매달려 결국 일을 망치게 된다. 형식주의를 하면 당의 로선과 정책을 제대로 관철할수 없게 되고 당의 높은 권위를 훼손시키게 된다. 형식주의를 하면 부단히 발전하는 현실의 요구와 대중속에서 자라는 새싹을 무시하고 보수주의와 소극성에 매달리게 되며 사업의 진전을 방해하게 된다." 사회과학원 철학연구소, 『철학사전』, 624~625쪽.

4) 보수주의, 기술신비주의, 소극주의

김일성은 사회주의 건설과정에서 요구되는 혁명이란 낡은 것과 새것의 투쟁이라고 주장하곤 하였다. 『로동신문』 사설(1958. 9. 16)에 따르면 새로운 것을 거부하고 낡은 방식에 안주하고 있는 것이 보수주의라고 할 수 있다. 김일성의 생각에는 사회주의 건설에서 보수주의는 혁명을 반대하는 흐름이었다.

> 우리는 이미 사회주의건설의 촉진을 저해하는 보수주의에 대하여 엄중하게 비판한 적이 있다. 그러나 아직도 대중의 기세가 폭풍같이 낡은 것을 구축하는 시기에 사무실에서 낡은 방식 그대로 안일하게 행동하고, 매일같이 비약이 일어나고 있는 시기에 낡은 기준틀에서 맴돌고 헤매는 사람이 있는 것이다.[85]

보수적인 사람들은 새로운 문제가 나타날 때마다 새로운 시도를 하기보다는 전례가 없다는 핑계를 대면서 기존의 경험에 안주하게 되므로 소극적이 될 수밖에 없다.

> 보수적이고 소극적인 사람들은 어떠한 관점에 서 있는가? 그들은 남이 아직 하지 못한 것은 자신도 할 수 없다고 생각하며 남이 도달하지 못한 기준은 돌파할 수 없다고 생각한다. 이리하여 새로운 문제가 제기되면 그러한 것은 "다른 곳에서 한 예가 없다"고 후퇴한다.[86]

또한 김일성은 일꾼들이 보수주의자가 되는 이유는 선진과학과 기술

---

85) 「재차 보수주의와 소극성에 반대하여 (『로동신문』 1958. 9. 16)」, 백두연구소 엮음, 『북한의 혁명적 군중노선』(서울: 도서출판 백두, 1989), 23쪽.

86) 「재차 보수주의와 소극성에 반대하여 (『로동신문』 1958. 9. 16)」, 25쪽.

에 대한 신비주의 때문이라고 주장했다. 이것은 선진과학과 기술을 습득한 과학자들이 대중들 위에서 권위를 세우고 대중을 무시하면서 생겨난 것이기도 했다.

> 보통사람들은 알 수 없으며 자기만이 과학도 공업도 기술도 《귀신》처럼 안다는 것입니다. 과학원의 어떤 사람들은 과학이란 한두해에는 연구할 수 없으며 적어도 10-20년 걸려야 된다고 말하는데 그런 사람들은 10년이 지나가도 별로 자랑할 만한 일을 해놓은 것이 없습니다. 그들 자체가 신비성의 포로가 되고 말았습니다. 로동자와 기술자들은 철콕스를 생산하고 갈대와 강냉이대로 섬유를 생산하는데 성공하고 농민들은 벼랭상모와 목화영양단지가식법을 전면적으로 받아들여 혁신을 일으키고 있는데 과학원의 일부 《선생》들은 과학이 신비하고 기술이 신비하니 함부로 연구할 수 없다고 말합니다.[87)]

이렇게 선진과학기술에 익숙해진 '인테리'들은 저학력 수준의 인민들이 자체의 힘으로 힘겹게 만들어 놓은 것을 후진적이라고 평가절하하고 깔보는 경향이 있었다. 그리고 선진국의 경험을 예로 들면서 북한인민들의 노력을 무시하거나 마비시키려 했다.

> 그런데 어떤 사람들은 구라파 나라들의 것은 무조건 다 선진적이라고 생각하면서 그것을 덮어놓고 우상화하는 나머지 자신이 쌓은 선진적인 경험이나 커다란 성과들을 깔보는 경향이 있습니다. 물론 좋은 것은 배워야 하지만 자기의 좋은 것을 보지 못하고 남의 것만 다 좋고 자기의 것은 나쁘다고 생각하는 것은 그릇된 사상입니다.… 보수주의자들은 또한 남의 기준량을 내걸고 《앞선 나라의 기준량이 이러하니 우리가 어떻게 그것을 돌파할 수 있겠는가?》고 하면서 근

87) 강호제, 『북한 과학기술 형성사 1』, 224쪽 재인용.

로자들의 창발성을 마비시키려고 합니다.[88)]

김일성은 보수주의는 부르주아적인 '인테리'들이 사회주의 사회의 발전에 참여하기보다는 사회주의사회에서도 과거의 지배적 지위를 영원히 유지하려는 사상인 것이며, 결국은 다른 나라의 경험과 기술만을 절대화하는 사대주의, 교조주의로 귀결된다고 보았다.

> 낡고 뒤떨어진것에 매달려 새롭고 진보적인것을 받아들이지 않거나 방해하는 사상관점과 사업태도, 사회발전에 리해관계를 가지지 않고 저들의 지배적 지위를 영원히 유지하려는 착취계급의 사상으로서 계속혁신, 계속 전진하는 방법인 창조적립장에 근본적으로 어긋난다.(중략) 우선 과학과 기술을 신비화하면서 근로자들의 창발적 의견과 창조적적극성을 받아들이지 않거나 묵살하는 기술신비주의로, 또한 낡은 경험이나 공칭능력만을 고집하는 경험주의로 나타난다. 보수주의는 또한 다른 나라의 경험과 기술만을 절대화하는 사대주의, 교조주의로 나타난다.[89)]

선진과학기술문명에 대한 사대주의, 교조주의적 태도는 기존의 경험과 공칭능력을 신비화함으로써 공칭능력과 기존 경험을 넘어서 계속전진, 계속 혁신하려 하는 것을 비과학적인 것으로 간주하게 될 것이며, 결국 경험에 안주하고 공칭능력을 고수하게 됨으로써 결국은 보수주의자로 전락하게 된다는 것이다. 북한에서는 선진과학기술을 고수하는 것이 오히려 보수주의자라는 오명을 쓰게 되었다.

---

88) 강호제, 『북한 과학기술 형성사 1』, 225쪽.

89) 사회과학원 철학연구소, 『철학사전』, 277~278쪽.

5) 가족주의, 지방주의, 종파주의, 관문주의 : 조직사업방식의 문제

주관주의, 관료주의, 형식주의, 보수주의, 기술신비주의, 소극주의가 사업을 집행하는 과정에서 나타나는 사업방법상의 문제라면 가족주의, 지방주의, 종파주의, 관문주의는 조직사업상의 문제라고 할 수 있다. 가족주의에 대해서 『철학사전』에서는 "이기적인 목적을 위해 서로 싸고들면서 무원칙한 정실관계를 맺는 사상관점이나 행동"이라고 규정하였다. 가족주의, 지방주의는 특히 혈연, 지연, 그룹관계로 편을 짜서 서로 잘못을 감싸주는 것으로 나타나기도 하고 간부선발과정에서도 드러났다.[90]

이런 조직사업상의 문제는 특히 농촌지역에 만연했다. 김일성이 보기에는 공업부문에서는 노동계급의 각성이 높은 데다 중앙에서 직접지도하기 때문에 '양봉음위'하는 분자들이 견딜 수 없지만, 농촌지역에는 노동계급의 영향력도 약하고 지방분권으로 인해 중앙에서 직접 지도하지 않기 때문이었다.[91]

김일성이 비난한 소위 지방주의자들도 할 말은 많았다. 중앙에서 지방의 특성을 고려하지 않고 '내리 먹이는' 사업을 받아들일 수 없다는 것이다. 이에 대해 김일성은 지방의 특성 때문이 아니라 개인이기주의, 공

---

90) "**《가족주의는 주로 결함을 서로 싸고돌면서 투쟁하지 않으며 특히 간부사업에서 당적원칙을 떠나 친척, 친우 관계와 같은 정실, 안면 관계에 의하여 간부문제를 처리하는데서 나타나고 있습니다.》**가족주의는 본질에 있어서 종파주의다." 사회과학원 철학연구소, 『철학사전』, 13쪽.

91) "공업부문은 대부분 중앙에서 직접 지도하며 또 로동자들의 계급적각성이 높기때문에 양봉음위하는 분자가 앉아서 견디기 어렵습니다. 로동자들은 당에서 무엇을 하라고 하는가를 다 듣고 있는 까닭에 혹 어떤 분자가 당의 지시를 깔고앉아서 그 집행을 방해하려 한다 하여도 배겨낼수 없습니다. 그런데 농촌경리분야에서는 지방주의자들이 앉아서 성실하게 일하지 않았기때문에 오늘과 같은 현상을 나타난것입니다." 김일성, 「함경북도 당단체들의 과업(1959. 3. 23.)」, 197쪽.

명출세주의가 결합되어 지방주의가 발생한 것이며, 이것은 지연, 혈연, 분파의 이익을 노리고 편을 짜고 분열주의적으로 행동하는 것으로 알 수 있다고 맹비난을 하였다. 지방의 특성을 고려해서 중앙의 결정을 창의적으로 집행하는 것이 아니라 사실은 집행을 거부하는 것이라고 비난한 것이다.[92]

이러한 가족주의, 지방주의는 종파주의가 강했던 함경북도에서 특히 그 영향력이 컸다. 함경북도에는 종파주의의 상층이 숙청당했음에도 불구하고 종파적 경향은 그대로 남아 있어서 당 중앙위원회에서 결정한 당노선과 정책이 잘 집행되지 않고 있었다.[93]

김일성은 종파주의 때문에 가족주의, 지방주의가 있다기보다는 지방주의, 가족주의야말로 종파주의의 온상이라고 비판했다. 혁명의 배신자라고 할 수 있는 종파주의를 미연에 막기 위해서도 지방주의, 가족주의는 철저히 배격되어야 했다. 가족주의는 본질에 있어서도 종파주의라고 단정하였다.[94]

---

92) "**《지방주의란 별것이 아닙니다. 자기 지방의 특성을 운운하면서 중앙의 의도를 제때에 받아들지 않는 것이 바로 지방주의입니다.》**(중략) 강한 지방적관념에 개인리기주의, 공명출세주의 등이 결합되여 지방주의를 낳게 된다. 지방주의는 혁명의 이익은 생각하지도 않고 개인 또는 협소한 분파의 리익만을 노리면서 조직과 집단을 떠나 일정한 지방사람들끼리 서로 결탁하고 싸고돌며 분렬주의적행동을 하는데에서 나타난다. 또한 지방적관념에 기초하여 중앙의 통일적인 지도와 통제를 받으려고 하지 않으며 우의 지시, 결정을 잘 받아들이지 않고 그 집행을 로골적으로 태공하는데서 나타난다." 사회과학원 철학연구소, 『철학사전』, 527~528쪽.

93) "한 마디로 말하면 그전에 장순명을 비롯한 종파분자들이 차려놓은 지방주의, 가족주의, 관료주의의 틀을 없애지 않았기 때문에 장순명과 기타 종파분자들이 조동되고 지도적자리에서 쫓겨난 다음에도 그 종파여독이 남아있어 가지고 당의 로선과 정책이 잘 집행되지 않고있습니다." 김일성, '함경북도 당단체들의 과업(1959. 3. 23.)', 195쪽. "지난해에 있은 우리 당 대표자회는 우리 나라 로동운동에서 력사적으로 형성되였던 종파의 잔당들을 폭로분쇄하였습니다. 우리는 종파의 온상으로 되는 지방주의 가족주의를 조금도 허용하지 말아야 합니다." 김일성, 「함경북도 당단체들의 과업(1959. 3. 23.)」, 200쪽.

또한 당사업에서는 허가이식 관문주의가 여전히 다른 얼굴을 가지고 지속되었으며, 이는 특히 간부사업에서 두드러지게 나타났던 것으로 보인다. 김일성은 혁명적 군중노선에 의거 사회주의 건설과정에서 계층 분류를 다시 하고, 핵심계층을 늘리고, 당 간부들을 넓게 새롭게 충원하고자 하였으나, 관문주의자들은 해방 전의 이력을 내세워 당의 문호를 개방하지 않고 기득권을 유지하려고 했던 것으로 보인다.[95)]

이런 기득권을 인정하지 않겠다는 뜻으로 김일성은 소수에게만 사용되던 혁명가라는 칭호를 백만 노동당원 전체에게 붙여주기도 했다. 또한 김일성은 오히려 항일투쟁의 이력이 있다고 할지라도 그 이후의 혁명과 전쟁과정에서 혁명을 배신한 사람들보다는 항일투쟁의 이력이 없거나 일제 강점기 때 친일행위를 했던 사람도 그 후의 혁명과 전쟁과정에서 기여를 한 사람이 더 낫다고까지 주장했다.[96)]

---

94) "동무들이 다 아는 바와 같이 지방주의, 가족주의는 종파를 낳는 온상입니다. 이것은 종파의 첫시작이며 이것이 발전하면 종파가 됩니다. 그러므로 지방주의, 가족주의를 철저히 뿌리빼야 합니다." 김일성, 「함경북도 당단체들의 과업(1959. 3. 23)」', 199쪽.

95) "허가이는 1945년 8·15해방 후 소련군 민정부 요원으로 북한에 들어왔으며, 1946년 8월 북조선노동당 창립대회에서 정치위원으로 선출되었다. 소련파의 대표적인 인물로 북한 정권수립 이후 1948년 9월 당 중앙위원회 부위원장 및 신설된 검열위원회 위원장이 되었고, 1949년 6월 조선노동당이라는 당명이 채택된 북조선노동당과 남조선노동당의 연석회의에서 당의 제2부위원장으로 선출되었다. 1950년 조선노동당 제1서기, 1951년 11월 부수상을 지냈다. 그러나 6·25전쟁 중인 1953년 3월 '관문주의'와 '책벌주의' 행위에 대해 비판을 받고 숙청되었다. 북한의 설명에 따르면 그는 6·25전쟁중 불순, 비겁 당원들에 대한 책벌을 실시해 전체 당원 60만 명 중 75%인 45만 명의 당원을 책벌함으로써 당 조직을 마비시켰고, 당내에서 노동자 성분의 비율이 저하될까 두려워 광범위한 농민의 입당을 막는 관문주의적 정책을 실시했다고 한다."(『DAUM백과』) 본래 허가이는 소련공산당의 지방당 간부였기 때문에 북한의 노동당과 같은 대중정당보다는 볼셰비키당처럼 노동계급의 전위조직이 되어야 한다는 입장이었다고 한다.

96) "혁명간부에 대하여 말한다면 이제는 지난날 혁명사업을 하던 사람들만 혁명가라고 할 때가 아닙니다. 해방직후인 1946년이나 1947년, 1948년에는 그전에 혁명사업을 하던 사람들이라야 혁명가라고 할 수 있었습니다. 그러나 오늘은 우리 일군들이 다

김일성이 계층분류에 대한 새로운 기준을 내세운 것이다. 그리고 김일성은 이와 같은 새로운 기준에 대해 반대하거나 특히 인테리들의 입당에 대해 소극적인 자세를 종파주의라고 단죄하였다.[97]

2. 사회주의적인 새로운 리더십

위에서 나열한 문제점들은 사회주의혁명이전의 각국의 공산당내에도 있었던 문제였으며, 모든 사회주의국가에서 공산주의를 건설하는 과정에서도 나타나는 문제였다. 김일성은 사회주의에 맞지 않는 낡은 리더십을 반혁명적인 사상에서 비롯된 것으로 보았다. 이것은 한마디로 부

혁명가입니다. 왜 그런가 하면 우리는 해방후 벌써 거의 15년동안이나 혁명투쟁을 하였기 때문입니다. 무엇과 투쟁하였습니까? 우선 지주들과 투쟁을 하였습니다. 지주의 땅을 몰수하여 빈농민들에게 나누어 주는 토지개혁을 위한 투쟁은 간단한 투쟁이 아니였습니다. 지주들은 완강히 반항하였습니다. 친일파, 자본가들의 공장을 몰수하여 국유화한 것도 혁명이며 투쟁입니다. (중략) 조국해방전쟁시기에 싸운 사람들도 다 지난날의 혁명투사들과 같은 혁명가들입니다. (중략) 혁명가대렬이 그전에는 몇백명이나 몇천명이였지마는 지금은 100만명 이상으로 늘었습니다. 100만의 로동당원이 다 혁명가입니다." 김일성, 「함경북도 당단체들의 과업(1959. 3. 23)」, 203~204쪽.

97) "실례를 들어 말해 봅시다. 이 번에 김 책 제철소 용광로를 복구하는 데도 인테리들이 많은 공로를 세웠습니다. 그들의 일부분은 출신으로 보아 과거에 부유하게 살았고 또 그 중에서 후퇴시기에 적들의 강압에 못 이겨 미국 놈 통역도 한두 번 한 사람도 있습니다.(중략) 내 생각에는 그 전에 전향문을 쓰고도 감옥생활이나 좀 하였다고 높은 자리에 앉아서 호통만 하는 자들보다 이런 인테리가 훨씬 낫습니다. 동무들! 인테리에 대한 협애한 태도—이것은 종파주의적 경향입니다." 김일성, 「함경북도 당 단체들의 과업(1959.3.23)」, 『김일성선집 6』, 336쪽. 이것이 『김일성저작집』에는 다음과 같이 내용이 많이 생략되어 실려 있다. "그럼에도 불구하고 어떤 동무들은 일을 잘하는 사람을 가지고 성분이 이렇소 저렇소 하고 따지면서 잘 믿으려 하지 않습니다. 인테리에 대한 편협한 태도, 이것은 종파주의적 경향입니다. 지난날 종파분자들이 자기만 혁명을 한다고 하면서 다른 사람은 다 배척하였습니다. 김일성, 「함경북도 당단체들의 과업(1959. 3. 23)」, 210쪽.

르조아적인 사고방식이며 궁극적으로는 개인주의, 소영웅주의라고 할 수 있다. 공산주의 혁명이란 처음부터 끝까지 개인주의와의 싸움이라고 할 수 있는데, 개인주의와의 투쟁방법은 각 국의 공산당마다 달랐다. 북한사회주의의 모든 특수성은 개인주의와의 투쟁 과정에서 도출된 특성이라고도 해도 과언이 아니다. 특히 간부들이 가지고 있는 개인주의적 성향은 공산주의사회의 본질을 훼손할 수 있는 결정적인 장애물이었다. 아무리 사적 재산을 최소화하고 모든 생산수단을 집단적 소유로 할지라도 간부가 개인주의적 리더십을 가진다면, 대중은 결국 개인주의적인 인간성을 가질 수밖에 없고, 공산주의 건설은 불가능하기 때문이다. 김일성은 이와 같은 간부들의 리더십의 문제를 리더십개선, 사회주의적 리더십의 구축을 통해서 해결하고자 하였다.

1) 관리자들의 새로운 리더십의 필요성

김일성이 1960년 2월 8일 강서군 청산리당총회에서 한 연설인 "사회주의적 농촌경리의 정확한 운영을 위하여"를 보면 당시 일꾼들의 리더십에 어떤 문제가 있었는지 총체적으로 알 수 있다. 첫째, 노동자, 농민, 기술자, 지배인들이 사회주의혁명 이후 갑자기 확대된 경제규모와 발전속도를 따라가지 못한다는 것이었다. 방만한 경영도 문제였고, 조직 성원들은 자신이 해야 만 할 일(분공)을 정확히 알지 못하고 있었다. 관리자들은 상후하박 현상을 면치 못했고, 짧은 공업의 역사로 인해 현장 관리자가 갖고 있는 공업관리경험의 일천함, 공장관리자의 전문성 부족으로 인하여 적절한 생산관리가 이루어지지 못해 노동력이 부족함에도 불구하고 불합리하게 배치되어 인력이 낭비되었다. 자원도 낭비되고, 자재를 비효율적으로 비축하는 등의 문제가 일어났다. 둘째, 아무리 능력이 있다 하더라도 자본주의나 사회주의혁명기의 사업방법이나 사업작풍에 익숙해져있던 일꾼들의 사업방법과 사업작풍이 갑자기 바뀔 수는 없었다. 계급투쟁이 한창일 때는 불가피했던 명령식 사업방법, 비난과 호통위주의 검열방식도 쉽게 사라질 수 없었다. 사회주의사회에서는 인민 모두가 같은 처지며, 지위와 역할만 다를 뿐 모두가 사회와 공유재산의 주인이므로, 모든 인민들이 함께 논의하고 관리자들은 인민들의 의견을 청취해야 함에도 불구하고, 관리자들은 변화된 현실의 본질을 잘 이해하지 못했다. 집단적 소유에 따라 개인 소유가 없어졌지만 개인적 소유의식을 대신할 수 있는 집단주의적 의식은 형성되지 않았던 것이다. 관리자들은 대중 속에서 정치 사업을 잘 하고 로동 및 생산 조직을 개선하는 방법으로 생산성을 올리는 대신 사람들의 머리수를 늘리고 '내려 먹이는' 식의 지시, 명령이라는 낡은 사업 방법을 벗어나지 못하고 있었다. 특히 군이 리를 책임성 있게 도와주고 지도하는 문제가 매우 중요했음에도 불구하고 지방정권 일꾼들에게는 대중동원이 곧 지도였다. 자재공급, 노동력, 설비 등의 공장 현실을 고려하지 않은 상부의 계획과 하부 생산단위에서의 계획의 무정부성으로 인해 자재공급의 문제가 더욱 악화되었다. 셋째, 김일성이 소련의 수정주의 노선을 거부함에 따라 공산주의국가들의 원조가 끊기게 되고 인력과 자본, 기술 등 모든 것이 부족한 상태에서 자체의 힘으로 산업화를 이루어야 한다는 것은 북한 인민들에게는 당황스러운 일이었으며, 간부들마저 자신감을 잃을 수밖에 없었다. 전반적으로 물자가 부족하고 소비품의 질이 낮았기 때문에 노력에 대한 특별한 인센티브가 있을 수가 없었다. 이런 환경 속에서는 한 개인이 지속적으로 열성적으로 일을 한다는 것은 쉬운 일이 아니었다. 이런 산적한 문제를 해결하려면 관리자들에게 구태의연한 리더십이 아닌 혁명적인 새로운 리더십이 요구되었다.

2) 천리마작업반운동의 요구

천리마작업반운동은 천리마작업반의 기술들이 북한의 기업소나 작업반 등을 사회주의적 집단으로 이끌어갈 새로운 리더십의 수립을 위한 운동이었다. 천리마작업반운동이 대중적으로 전개되기 위해서도 먼저 대중운동의 핵심인력을 양성해야 했는데 그 핵심인력이 바로 천리마작업반 기수였다. 김일성은 천리마작업반기수에게 자본주의사회의 잔재인 개인주의적 요소를 완전히 탈피한 대중영웅이 될 것을 요구했다. 천리마작업반기수는 자기 혼자서만 훌륭해서는 안 되고 집단을 책임지고 이신작칙으로 희생적으로 봉사하는 모습을 보여줄 것을 요구했다.[98]

집단을 조직하고 이끌어가는 것은 혼자서 영웅이 되는 것과는 큰 차이가 있다. 사회주의의 혁명적 리더십이란 리더 자신을 내세우는 것도 아니며, 몇몇을 영웅으로 만드는 것도 아니라 집단자체를 영웅으로 만드는 데 헌신하는 것이다. 천리마작업반의 기수들은 이와 같은 대중영웅주의를 구현함으로써, 공산주의 새 인간의 모범이 되어야 했다. 그들은 작업반의 유능한 기술자 이전에 공산주의적인 조직선전 일꾼, 정치일꾼이 되어야 했다. 김일성은 천리마작업반운동을 통해 이러한 대중영웅을 집단의 핵심으로 키워나가는 것을 우선적으로 중시했다. 김일성의 발언에 따르면 천리마작업반기수들은 생산혁신자 일뿐만 아니라, 재능있는 관리일꾼들이며 능숙한 조직자들이며 세련된 정치일꾼들이었다.

---

98) "천리마기수들의 머리에는 자기 개인의 향락도 개인의 공명도 없으며 그들은 언제나 집단과 전체의 리익을 생각하며 그들의 생활을 지배하는것은 고상한 애국주의와 공산주의도덕입니다. 바로 이러한 사람들이 참다운 공산주의자들이며 진실한 인민의 충복입니다." 김일성, 「천리마기수들은 우리 시대의 영웅이며 당의 붉은 전사다(1960. 8. 22)」, 『김일성저작집 14』(평양: 조선로동당출판사, 1981), 259쪽.

> 천리마작업반에서는 관료주의도 형식주의도 허용되지 않으며 오직 설복과 교양의 방법으로 사람들을 개조하고 동지적우애와 공산주의적호상방조로써 모든 일을 훌륭히 하고 있습니다. 이 운동의 선구자들은 다만 생산혁신자들일뿐만 아니라 재능있는 관리일군들이며 능숙한 조직자들이며 훌륭한 교양자들입니다.[99]

천리마작업반운동으로 인해 1958~1959년에 큰 변화가 있었다. 인민경제의 기술적 수준도 급속히 제고되었을 뿐만 아니라 생산의 규모가 비상하게 확대되었으며, 대중의 정치적 열성도 높아졌다. 이와 같은 변화에 상응하는 지도를 요구하게 되었다. 그러나 천리마작업반의 기수든, 상급단위의 일꾼이든, 현장의 노동자든, 천리마작업반운동에 적응하는 것은 쉬운 일이 아니었다. 천리마작업반운동은 작업반 수준에서 새로운 리더십, 새로운 작업반장과 그런 작업반장을 도와 줄 수 있는 직장장이나 기업소장, 당 비서들을 요구했다. 노동현장에서 일어나는 천리마작업반운동이 일꾼들의 리더십 실험의 장이기도 하였고 리더십의 개선을 추동하는 힘이었다고도 볼 수 있다.

새로운 리더십은 이미 천리마기수라는 명예를 얻은 일꾼들에게도 요구되었다. 천리마기수들은 한번 천리마기수라는 명예를 얻은 것으로 만족해서는 안 되며, 자기가 소속한 단위에서 사회주의 개조가 달성되었다고 만족해서는 안 되었다. 천리마기수들이 계속 전진해야 하는 이유는 사회주의 개조를 더욱 강화하지 않는다면, 북한사회가 퇴보하거나 아니면 답보하게 된다면, 사람들은 공산주의에 대한 신념을 잃게 되고, 그에 따라 자본주의적 요소가 확대되어갈 수 있으며, 경제성장률도 떨어지게 되고, 수정주의가 나올 수 있기 때문이었다. 천리마기수들이나

99) 김일성, 「천리마기수들은 우리 시대의 영웅이며 당의 붉은 전사다(1960. 8. 22)」, 259쪽.

천리마작업반운동에 참여한 대중들도 일정한 성과에 만족하지 않고 계속 전진해야 했다. 계속 전진에 대한 지속적인 자극을 주기위해서 천리마작업반운동의 요구를 운동참여자들에게 영원히 내면화시켜야 했다. 이미 천리마작업반 칭호를 얻은 천리마작업반들은 2중 천리마작업반이 되어야 했다. 김일성은 천리마작업반운동의 기수들이 앞장서서 계속 전진, 계속 혁신하는 리더십을 발휘하기를 요구했다.[100]

천리마기수들은 영웅적인 개인적 투쟁을 통해서 혁명가가 된 것이 아니라, 작업반을 끊임없이 이끌어 가는 과정에서 혁명가, 공산주의자로 개조되었다고 할 수 있다.

3) 당사업의 전면적, 결정적, 질적 변화요구

천리마기수들은 계속 혁명, 계속 전진해야 하고, 관료들의 리더십을 개선하려면 먼저 당이 변화해야만 했다. 당중앙위원회는 기업소, 농장, 공장의 구성원들에게 사업상 과제를 당정책이나 사상문제와 연관 지어 주기를 요구하였지만, 이런 역할을 책임지고 집행해야 할 기업소, 농장, 공장의 당위원회들이 제 역할을 못하고 있었다. 각 단위의 당위원회가 자기 역할을 못하고 있다는 것은 당사업자체가 잘 안되고 있다고 볼 수 있었다.[101]

---

100) "천리마작업반운동의 선구자들인 동무들은 모든 근로자들과 함께 천리마의 고삐를 튼튼히 틀어잡고 더욱 높은 기세로 계속 전진하며 계속 혁신을 일으켜야 하겠습니다." 김일성, 「천리마기수들은 우리 시대의 영웅이며 당의 붉은 전사다(1960. 8. 22)」, 264쪽.

101) 당시 공장 당위원회는 "기업소의 생산 및 경제사업의 일체 자료들을 료해 연구할 수 있으며 경영관리 일꾼들에게서 보고를 청취하며 계획 완수를 저해하는 결함들을 퇴치할 것과 새로운 생산적 예비를 탐구 동원하며 생산에 도입할 것을 행정 측

당사업의 기본이라고 할 수 있는 조직과 사상교양사업이 잘 되지 않고 있었다. 각종 회의나 모임도 형식적으로 진행되고 있었다. 간부들은 사회주의 개조 이전 시기의 국가기관이나 군대에서 했던 방식과 별로 다를 바 없이 여전히 사람들 위에 군림하면서 감화, 설복, 교양 대신 명령이나 행정적 방법을 써서 지도를 하고 있었다.

당시의 김일성의 연설들을 분석해 보면 인민에게 요구했던 교육교양과 당원, 간부들에게 요구했던 교육교양이 크게 다르지 않다. 교육교양에 대한 본질적인 요구는 모든 계층에게 동일하였다. 그래도 일반 주민들에 비해 당원, 간부들의 교육교양에서 특별히 강조된 것이 있다. 당원이나 간부들에게는 조선노동당은 어떤 당이 되어야 하는가, 공산주의국가에서 당원이 된다는 것, 입당이란 어떤 의미를 갖는 것인가 등의 근본적인 문제에 대해 새로운 관점을 갖기를 요구했던 것으로 보인다.

사회주의 개조 이후 사회이동도 끝나고 혁명의 열기를 잃어버리게 되면 경쟁상대가 없는 독점적인 집권당인 현실에 안주하면서 노동당은 기득권을 지닌 존재로 타락할 수도 있었다. 앞에서 언급했듯이 김일성은 구관료들의 사업작풍의 문제점을 관료주의와 형식주의로 요약하였고, 관료주의는 흔히 행정명령식이며, 관료의 독단과 주관을 낳을 수밖에 없다고 주장했다. 김일성이 당사업에서 형식주의와 관료주의를 비판하는 것은, 권력은 당에게 있지만 당 간부나 당원들이 권력을 휘둘러서는 안 된다거나, 아니면 과거와는 다른 방식으로 권력행사를 할 것을 요구하는 것이라고 할 수 있다. 사회주의 개조가 끝난 상태에서는 특히 당이

에 요구할 수 있으며 생산사업을 부단히 개선하고 결함들을 제거하기 위한 대책을 취할 것을 지도 일꾼들에게 권고할 수 있는 권한이 부여되어 있다. 이것은 생산기업소 내에서 사업하는 당 단체들의 당적 통제의 중요한 기능들"을 가지고 있었다. 리일경, 「경제사업에서의 유일관리제와 당적 통제 강화를 위하여」, 『근로자』(1995년 9월 25일), 54쪽(권오윤, 「해방후 노동조합으로서 북한 직업동맹의 성격변화(1945~1950)」, 『북한연구학회보』 제8권 제1호(2004 여름), 14쪽 재인용).

강압적이어서는 안 되며, 당 세도도 없애야 했다. 왜냐하면 가시적으로 타도해야 할 적대세력은 이미 사라졌기 때문이다. 격렬한 계급투쟁의 과정에서는 당이 강압적이며 때로는 세도를 부리는 것이 필요하기도 하고 용인될 수도 있었을 것이지만, 이제는 그와 같은 권력이 체제유지에 도움이 될 수 없다는 것이다. 특히 농촌지역, 군과 도당의 사업의 변화가 요구되었다. 사회주의적 개조로 인해 행정단위인 리가 곧 생산단위인 협동조합은 하나가 되었고, 군당위원회가 협동조합의 초급당단체들을 직접 지도해야 하는 상황이 되었다. 군인민위원회도 리인민위원회를 통해서 지도하던 방식을 바꿔야 했다.

김일성은 일찍부터 도와 군을 자립적 단위로 육성하였다. 그러나 전에는 군의 아래에 리가 있고, 리 안에 읍이 있었기 때문에 군의 일꾼들이 지역의 생산 활동과 인민의 일상생활을 직접 관리하지 않는 것이 당연시 되었으며, 일꾼들에게 그런 것을 요구할 상황도 아니었다. 그 때는 하부를 통제, 검열, 지시하는 것이 일꾼들의 리더십이었다고 볼 수 있다. 그러나 사회주의 혁명이 일어나고 리가 협동조합이 되자, 군은 군안의 산업체와 교육문화, 보건복지 등을 모두 직접 담당해야 했고, 도는 그런 군을 직접 지도하고, 군의 생산과 군 인민들의 생활을 책임져야만 하는 단위가 되었다. 그렇지만 당시에 군과 군의 일꾼, 도와 도의 일꾼들은 그 일을 맡을 생각도 못했고 역량도 없었다.

김일성은 중앙이 도를 도와주고, 도가 군을 도와주며, 군이 리를 책임적으로 도와줌으로써 이 문제를 해결하고자 하였다. 이를 위해 김일성은 1959년 12월 확대전원회의에서 새로운 리더십과 사업체계를 개선하는 데 대한 과업을 제시하고, 1960년 2월에는 청산리와 강서군을 현지지도 했다. '강서군당사업지도에서 얻은 교훈에 대하여'라는 연설은 김일성이 청산리가 속해 있는 강서군과 청산리에 대한 15일간의 현지지도를 통해서 일반적인 사업방법론 뿐만 아니라, 특히 군, 당 사업의 문제점을 집중적으로 조명한 것이라고 할 수 있다. 청산리에서는 관리자들의 사업방법의 변화를 요구했지만, 같은 시기 리의 상급 단위인 강서 군당사업의 변화에 대한 요구를 열거하였다. 그것은 강서군당뿐만 아니라 회령군당도 당중앙의 정책과 결정을 무시하였고, 그에 따라 김일성은 함경북도의 많은 일꾼들이 당중앙의 정책과 결정을 알지 못한다는 것을 다음과 같이 비판하였다.

> 회령군당에서는 당중앙에서 내려오는 결정, 지시를 군당위원장이 제목만 보고 철궤에 넣어 둔다고 합니다. 그리하여 지도원들에게는 전달되지도 않아 지도원들은 지도도 잘못할 뿐만 아니라 강연도 잘 하지 못하고 있습니다.(중략) 이번에 함북도에 와보니 많은 당, 정권기관 일군들이 당정책과 당결정을 잘 모르고있습니다. 당중앙위원회 간부들이 연설을 하니까 그제야《아, 그런가!》하면서 마치 다른 나라 사람들이 우리 나라 사정을 처음 듣는것처럼 대하였습니다.[102]

함경북도에서는 당중앙의 정책과 결정을 무시할 뿐만 아니라, 일부 시, 군당간부들 중에는 도당위원장을 속이기까지 하였다. 도당을 무시하고 속이는 시, 군당 간부들도 문제지만 그렇게 만든 도당, 도당위원장도 리더십이 없었다고 볼 수 있다.[103]

이와 같은 현상은 위에서 열거한 주관주의, 관료주의, 형식주의, 소극주의, 기술신비주의, 사대주의, 교조주의, 지방주의, 가족주의 등과 같은 사업방법의 문제점을 넘어서서 당중앙위원회의 지도를 거부하는 수준에까지 이른 것임을 보여준다고 할 수 있을 것 같다. 김일성은 이와 같

102) 김일성, 「함경북도 당단체들의 과업(1959. 3. 23)」, 215쪽.

103) "함북도내 어떤 시, 군당간부들은 도당위원장의 지시를 마음대로 어기며 도당위원장을 속이는 것을 보통일로 여기고 있습니다." 김일성, 「함경북도 당단체들의 과업(1959.3.23)」, 217쪽.

은 반혁명적인 리더십을 일소할 것을 누누이 이야기해 왔지만 별로 성과가 없다고 생각했다.

김일성은 천리마작업반운동이 전반적으로 활성화되기 위해서는 새로운 리더십을 정식화, 구체화, 대중화해야 한다고 생각했던 것 같다. 그러면 어떻게 그것이 가능할 것인가? 이러한 물음에 대한 해결책으로서 김일성이 구상한 것을 다음과 같이 정리할 수 있을 것 같다. 첫째, 김일성은 자신이 먼저 이신작칙하여야 새로운 리더십의 모범을 보여야 한다고 생각했다. 둘째, 새로운 리더십에 대해서 김일성은 항일빨치산 활동시기에 빨치산 간부들의 경험을 되살려서 시대에 맞게 변형시켜야 한다고 생각을 했다. 셋째, 김일성은 간부들에게 반복해서 요구해왔던 당성, 노동계급성, 인민성을 이론적 기반으로 해서 새로운 리더십을 구체화하고자 하였다. 넷째, 김일성은 리더십을 사업방법과 사업작풍으로 구분하여 체계화하고 그것을 새롭게 정식화하고자 하였다.[104]

---

104) 첫째에 대해서는 김일성이 청산리에서 직접 보여준 것인데 이것은 제4절에서 설명한다. 둘째에 대해서는 청산리방법의 시원은 항일유격대식 사업방법이며 혁명전통교양을 통해서 정당화한다. 셋째에 대해서는 1964년 12월 당중앙위원회 제4기 제10차전원회의에서 한 연설인 "지도일군들의 당성, 계급성, 인민성을 높이며 인민경제의 관리운영사업을 개선할데 대하여"에서 잘 정리되어 있다. 특히 높은 위치에 있는 사람들에게는 당성, 계급성, 인민성이 더욱 요구되었다. 조선로동당 중앙위원회 당력사연구소, 『조선로동당략사: 1979년판』 2(서울: 돌베개, 1989), 187쪽 참조. 넷째에 대해서는 다음과 같은 글을 통해 알 수 있다. "일군들의 사업방법과 사업작풍은 그들의 당성, 로동계급성, 인민성을 직접적으로 표현하며 일군의 사업방법과 사업작풍이 옳게 서야 지도사업이 성과적으로 보장될수 있다." 조선로동당 중앙위원회 당력사연구소, 『조선로동당략사: 1979년판』 2, 188~189쪽.

제4절 청산리방법과 대안의 사업체계

1. 청산리정신, 청산리방법

김일성은 리더십이 사상문제라고 보았기 때문에 그에 대한 대안으로는 청산리정신을 제시하였고, 또한 사업방법의 문제였기 때문에 청산리방법이라는 새로운 사업방법을 대안으로 제시하였다. 그리고 간부들의 사상문제, 정신문제를 사업방법의 개선을 통해서 우회적으로 해결하고자 하였다. 즉 간부들이 행위로서의 사업방법을 고치게 되면, 그의 정신과 사상도 고치게 되는 것이라고 생각했던 것 같다. 추상적인 사상투쟁보다는 구체적인 사업방법의 개선을 통해서 사상교양을 하고자 하였고, 구체적인 사업방법을 개선하는 과정에서 간부들의 사상을 개조하고자 했던 것이다. 이를 위해 김일성은 간부들의 사상과 사업방법을 비판하면서도, 동시에 자신이 스스로 새로운 정신을 제시하고, 사업방법의 원칙을 세우고, 모범을 만들고, 긍정감화를 통해서 최고지도자로서의 리더십을 보여주고자 하였다. 그러한 정신과 방법을 김일성이 청산리를 현지지도하는 과정에서 만들어 냈다고 해서 청산리정신, 청산리방법이라고 한다.

일국의 수상인 김일성이 한 개 리에 대한 15일간의 세심한 지도로서 모범을 보인 모습은 당의 모든 분야의 사업을 근본적으로 전변시키는 계기가 되었다. 청산리정신과 청산리방법에 대해서는 김일성의 연설인 '새 환경에 맞게 군당단체의 사업을 개선할 데 대하여(1960. 2. 18)'와 '강서군당사업지도에서 얻은 교훈에 대하여(1960. 2. 23)'에 상세히 나와 있다.[105]

그런데 청산리방법을 창조했다면 쉽게 이해할 수 있지만 정신을 창조했다는 것은 쉽게 이해하기 어렵다. 그럼에도 불구하고 북한에서는 김일성이 청산리에서 방법을 창조하기 전에 정신을 창조했다고 한다. 청산리정신은 김일성의 사회주의국가관에서 유래되는 것이며, 사회주의관을 반영하고 있다고 할 수 있다. 사회주의사회는 집단화되어 있고 중앙집권화되어 있기 때문에 시장과 주민의 자율적 역량에 의한 해결에 맡길 수는 없고 국가가 모든 것을 책임져서 해야 한다는 것이다. 그러기 위해서는 간부들이 먼저 무한책임의식을 가져야 하고 인민들이 모두 주인의식을 가지고 통일단결해야 한다는 것, 그런 정신으로 지도하는 것이 바로 청산리 정신이다. 국가, 간부, 당에게 리더십에 대한 새로운 관점을 제시한 것이 청산리 정신이다. 『철학사전』에서 보듯이 청산리정신은 청산리방법 이전에 사회주의 정신 그 자체였다.

> 청산리정신의 기본요구는 우선 우리나라의 모든 살림살이와 인민들의 생활에 대하여 전적으로 책임지는 원칙에서 당적, 국가적 지도를 실현하는것이다. 이것은 당과 국가가 언제나 인민대중의 리익을 최고기준으로 하여 모든 로선과 정책을 세우고 관철해나간다는 것을 의미한다. 사회주의하에서는 모든 근로자들이 공동의 목적과 리상을 위하여 일하고 생활하게 된다. 그리고 당의 령도와 국가의 지도는 사회의 모든 분야와 나라의 모든 곳에 미치게 되고 인민들은 자기들의 운명을 전적으로 당과 국가에 맡기게 된다. 그러므로 당과 국가가 전체 인민의 운명과 장래, 그들의 살림살이에 대하여 완전히 책임지는것은 사회주의사회의 본질적요구로 되는 동시에 사회주의하

---

105) '새 환경에 맞게 군당단체의 사업을 개선할 데 대하여(1960. 2. 18)'에서는 정치사업을 앞세운다는 원칙이 강조되고 있다. '강서군당사업지도에서 얻은 교훈에 대하여(1960. 2. 23)'에서는 위가 아래를 도와 주고 현지에 내려가 실정에 맞게 대책을 세워주라는 원칙이 강조되고 있다.

> 에서의 당적, 국가적 지도의 중요한 원칙으로 된다. 청산리정신의 기본요구는 또한 사회의 모든 성원들을 교양개조하여 당의 두리에 묶어세우며 공산주의사회까지 이끌고나가는 원칙에서 당적, 국가적 지도를 실현하는것이다. 사회주의제도가 수립되면 착취계급은 청산되고 모든 근로자들은 다 사회주의적근로자로 되며 단일한 사회주의적 토대 우에서 인민대중의 정치사상적 통일이 이루어지게 된다. 이와 같은 조건에서 적대분자들을 제외한 모든 사회성원들을 교양개조하여 단결시키며 그들을 다같이 공산주의에로 이끌어나가야 할 과업이 필연적으로 나서게 된다. 청산리정신의 기본요구는 또한 혁명과 건설에 대한 지도에서 모든 사업을 인민대중자신의 사업으로 확고히 전환시키는 원칙을 견지하는것이다. 모든 사업을 인민대중 자신의 사업으로 전환시키는것은 로동계급의 당과 국가가 인민대중에 의거하여 혁명과 건설을 성과적으로 밀고나갈 수 있게 하는 확고한 담보이다.[106]

결국 사회주의사회의 당과 국가가 가져야 할 정신 자체를 김일성이 창조한 꼴이 되고 이를 구체화시킨 것이 청산리정신이고, 청산리정신을 김일성이 창조했듯이 청산리방법도 창조했다는 것이다. 사회주의 정신이 청산리정신으로 현상화 되었고 청산리정신은 청산리방법으로 구체화되었다는 것이다.

그런데 북한에서는 '청산리정신'과 '청산리방법'이라는 용어를 거의 항상 붙여서 사용하고 있는 것을 보면 결국 청산리정신=청산리방법이라는 뜻이 되는 것이다. 사상과 방법을 일치시킴으로써 행위가 곧 사상이라는 것을 강변한 것으로 보인다.[107]

---

106) 사회과학원 철학연구소, 『철학사전』, 559쪽.

107) "청산리정신은 청산리방법에 일관된 근본사상이며 청산리방법은 청산리정신을 구현하기 위한 방법이다." 사회과학원 철학연구소, 『철학사전』, 559쪽.

간부들은 청산리정신이 되었든 청산리방법이 되었든 이론도 중요하지만 무엇보다도 실천을 통해서 구체적으로 배우고 익혀야 하는 것이다. 이것을 김일성이 먼저 몸으로 보여주었고 보여줌으로써 창조한 셈이 되었다.

그렇다고 청산리정신, 청산리방법은 김일성이 무에서 갑자기 어느 날 창조한 것은 아닌 것 같다. 청산리정신, 청산리방법은 북한에서 오랫동안 간부들의 덕목으로 중시해왔던 당성, 노동계급성, 인민성에서 유래하는 것이다. 북한에서는 청산리방법이든 사업작풍이든 새로운 리더십에서 요구되는 모든 것은 당성, 노동계급성, 인민성을 구현해야 한다는 주장을 거듭하고 있었고 당성, 노동계급성, 인민성은 김일성의 창조물도 독점물도 아니기 때문이다.

북한에서는 김일성이 반제반봉건혁명시기에 항일유격대식사업방법을 창시하였고, 그것을 토대로 해서는 사회주의건설단계에서는 청산리정신, 청산리방법을 창조하였다고 주장한다. 이 논리에 따르면 청산리정신, 청산리방법은 항일유격대식사업방법에 의해 정당화되었고, 항일유격대식사업방법은 청산리방법으로 새롭게 계승되었으며, 구체화되었다고 할 수 있겠다. 청산리정신이 항일유격대식사업방법의 본질을 구현한 것이라고 볼 수 있는 것은 청산리정신이 바로 항일유격대식사업방법의 진수인 혁명적 군중노선을 구현하였기 때문이요, 청산리방법은 항일유격대식사업방법의 기본내용을 구체화하고 심화 발전시킨 것이라고 볼 수 있기 때문이다.[108]

---

108) "김일성동지는 항일혁명투쟁시기의 사업방법 그대로 청산리에 나가 조합원들의 가정을 친히 찾아주었으며 리내 초급간부들과 핵심당원들, 강서군당일꾼들과 여러 차례에 걸쳐 담화하고 당사업과 경제사업 전반에 대하여 세밀히 요해분석하였으며 리당 총회, 군당일꾼들과의 협의회, 군당전원회의를 현지에서 몸소 지도하면서 걸린 문제들을 하나하나 풀어주었다. 항일유격대식사업방법의 요구를 구현해 나가는 김일성동지의 청산리지도과정에 바로 청산리방법이 창조되었다." 사회과

주체사상총서로 나온『영도예술』에서는 혁명적 사업방법의 기본내용으로 1. 위가 아래를 도와주는 방법 2. 실정을 요해하고 대책을 세우는 방법 3. 정치사업을 앞세우는 방법 4. 중심고리를 찾고 거기에 힘을 집중하는 방법 5. 일반적 지도와 개별적 지도를 결합하는 방법 6. 모든 사업을 격식과 틀이 없이 창조적으로 하는 방법 7. 사업을 대담하고 통이 크게 벌이는 방법으로 정식화하고 항일유격대식사업방법과 청산리방법이 바로 그와 같은 혁명적 방법이라고 소개하고 있다.

이러한 청산리방법은 김일성의 청산리지도로부터 처음부터 완성된 형태로 등장한 것이 아니라 천리마작업반운동의 전면화와 발맞춰 청산리방법이 일반화되면서 좀 더 구체화되고 전형화되었다고 할 것이다. 청산리방법에는 김일성이 청산리에서 보여준 것, 자신의 청산리경험을 스스로 정리한 것, 청산리방법을 체계화한 것을 모두 포함되어 있으며 이 모든 것은 김일성의 연설이나 교시에 근거하고 있다.

그리고 청산리방법은 작업반장에게 요구되기도 하지만 작업반을 지도하는 일꾼들에게 요구되는 것이었다. 해당 사업이 어떤 사업이든 어떤 현장에서든 청산리방법이 제시하는 몇 가지 원칙을 지켜야 천리마작업반운동과 같은 군중운동을 일으킬 수 있고 일정한 성과를 낳을 수 있다는 것이다. 청산리방법이란 북한에서는 무슨 사업을 하든 어떤 현장에서든 간부가 지켜야 할 행동 원칙을 정한 것이라고 할 수 있다. 사회주의사회의 각 단위의 간부들은 성과적으로 사업을 진행하기 위해서는 정치사업도 해야 하고, 조직사업도 해야 하고, 교양사업도 해야 한다. 이 모든 사업들은 서로 물리고 물리는 관계에 있다. 즉 정치사업에는 조직사업, 교육교양사업이 들어 있기도 하고 조직사업은 또한 교양사업이나 정치사업을 그 구성요소로 할 수 있다. 그리고 청산리방법이 제시하

학출판사 편,『영도예술』(서울: 지평, 1987), 166쪽.

는 간부의 행동 원칙에는 분류상 조직사업이나 정치사업, 교양사업이라고 보기 어려운 것도 있고, 모든 분야에 적용되는 원칙도 있다.

1985년 조선로동당 창건 40돌을 기념하여 발행된 주체사상총서(전10권)의 제10권인 『영도예술』에 따르면 청산리방법의 기본적 측면에 세 가지가 있고, 기법적(내용적) 측면에도 세 가지가 있다.

> 청산리방법의 기본은 웃기관이 아래기관을 도와주고 웃사람이 아랫사람을 도와주며 늘 현지에 내려가 실정을 깊이 알아보고 문제해결의 올바른 방도를 세우며 모든 사업에서 정치사업, 사람과의 사업을 앞세우고 대중의 자각적인 열성과 창발성을 동원하여 혁명과업을 수행하는 것이다. 청산리방법의 내용에는 또한 김일성동지가 청산리와 강서군당에 대한 지도에서 산 모범을 보여준 사업의 선후차를 가리고 중심고리를 찾아내어 거기에 역량을 집중하는 방법, 한 점에서 모범을 창조하고 그것을 일반화하는 방법, 일반적 지도와 개별적 지도를 결합시키는 방법 등이 있다.109)

이에 대해 이 글에서는 김일성이 정식화한 청산리방법의 기본을 다음

109) 사회과학출판사 편, 『영도예술』, 167쪽. 위 인용구의 앞부분인 청산리방법의 기본은 김일성이 조선로동당창건 스무돐경축대회에서 한 보고인 “조선로동당창건 스무돐에 즈음하여”에 정식화되어 있다. 여기서 김일성은 곧 이어 “이 방법은 목전의 혁명과업을 성과적으로, 깊이있게 수행할 수 있는 힘있는 사업방법일뿐아니라 일군들의 사상정치수준과 실무수준을 높이며 군중을 혁명화하는 힘있는 교양방법이다.”고 덧붙이고 있다. 김일성, 「조선로동당창건스무돐에 즈음하여(1965년 10월 10일)」, 『김일성저작집19』(평양: 조선로동당출판사, 1982), 507쪽; 그리고 뒷 부분 청산리방법의 내용이라는 것은 1961년의 김일성의 한 보고에서 “당은 현지지도에서 반드시 중요한 한 고리를 뚫고 그 한점에서 모범을 창조하였으며 거기에서 얻은 구체적인 경험과 교훈을 전반적으로 일반화하는 사업을 체계적으로 실시하여 일반적지도와 개별적지도를 결합시켰으며 지도에서 주관주의와 형식주의를 성과적으로 극복하여왔습니다.” 는 발언으로 정식화되어 있다. 김일성, 「조선로동당 제4차대회에서 한 중앙위원회사업총화보고(1961년 9월 11일)」, 김일성, 『김일성저작집15』(평양:조선로동당출판사, 1961), 271쪽.

과 같이 4가지로 재범주화하여 설명할 것이다. 첫째는 '정치사업을 앞세우는 방법'이며, 둘째인 '윗 기관이 아래 기관을 도와주고 윗사람이 아랫사람을 도와주어야 한다'와 셋째인 '늘 현지에 내려가 실정을 깊이 알아보고 문제 해결의 올바른 방도를 세운다'는 '군중을 조직하고 동원할 때 요구되는 지도원칙'이라는 항목으로 바꿔서 설명할 것이다. 마지막으로 넷째, 김일성이 '사업의 선후차를 가리고 중심고리를 찾아내어 거기에 역량을 집중하는 방법, 한 점에서 모범을 창조하고 그것을 일반화하는 방법, 일반적 지도와 개별적 지도를 결합시키는 방법' 등으로 열거한 사항들은 '효율적 지도'라는 하나의 항목을 묶어서 설명할 것이다. 이는 간부들이 정치사업을 앞세우고 군중을 동원하기 위해서 조직사업을 잘 했다고 할지라도 '사업의 효율성을 극대화하기 위해서 요구되는 지도상의 지혜와 기법'이 필요하기 때문이다.

1) 정치사상사업을 앞세운다

김일성은 새로운 리더십인 청산리정신과 청산리방법을 정식화하기 위해서 우선 당 사업을 사람사업이라고 정식화하였다. 그리고 일꾼들이 사람사업을 잘 하기 위해서는 사업에서 항상 대중들의 앞장에 서야 하고 동시에 뒤쳐진 사람들까지도 챙기는 어머니와 같은 사람이 되어야 한다고 교시했다.[110]

---

110) 김일성, 「당 사업은 사람들과의 사업입니다.(조선로동당 중앙위원회 1959년 2월 전원회의에서 한 결론)」, 조선로동당 중앙위원회 당력사연구소, 『조선로동당략사: 1979년판』 2(서울: 돌베개, 1989), 109쪽; "당 일군은 사업에서는 대중의 선두에 서는 기수가 되어야 하며 사람들과의 관계에서는 어머니가 되어야 합니다." 김일성, 「당 사업은 사람들과의 사업입니다.(조선로동당 중앙위원회 1959년 2월 전원회의에서 한 결론(1959)」, 조선로동당 중앙위원회 당력사연구소, 『조선로동당략사: 1979년판』 2, 116쪽.

여기서 사람사업이란 본질적으로 실용주의적 인간관계를 뜻하는 것도 아니고, 휴머니즘적인 인간관계를 뜻하는 것도 아니며, 정치사업을 뜻한다. 그렇다면 이런 관료주의, 형식주의(사업작풍이기도 하고 사업방법이기도 하다)와 반대되는 당 사업의 본질이라고 할 수 있는 '정치사업'과 '사람사업'이라는 규정은 구체적으로 어떻게 표현되어야 하는가?

첫째, 정치를 앞세운다고 하는 것은 모든 일꾼들은 군중 교양 사업을 벌일 때 처음부터 끝까지 정치를 앞세우는 것이다. 김일성의 주장에 따르면 정치를 앞세운다는 것은 교양과 토론을 통해서 당 정책을 군중들에게 먼저 인식시키는 것으로 사업을 시작해야 한다는 뜻이다.[111]

당 간부뿐만 아니라 모든 간부들이 군중사업에서 정치사업을 앞세우는 것이다. 군중사업에서 기능주의적인 분업을 거부한 것이다. 기술자나 전문가들도 먼저 정치사상가가 되어야 한다. 우선 일꾼들은 지난 시기와 달리 전문가가나 기술자로서의 실무에 능하게 되기보다는 당 일꾼처럼 혁명가가 되어야 한다는 것이다.[112]

당 일꾼들은 밖으로 다니면서 선전홍보하러 다니는 형태로 할 것이 아니라 자기가 소속되어 사업하는 기관, 부서 일꾼들에 대한 교양사업부터 직접 책임지고 해야 하는 것이다.[113]

---

111) "한마디로 말하면 정치를 앞세운다는것은 모든 당원들과 군중에게 당정책을 철저히 인식시키며 그들이 혁명과업수행방도를 대중적으로 토론하며 높은 정치적각성을 가지고 혁명과업을 실천하기 위하여 적극적으로 동원되도록 하는것입니다." 김일성, 「새 환경에 맞게 군당단체의 사업을 개선할 데 대하여(1960. 2. 18)」, 111쪽.

112) "지난시기에는 흔히 행정, 경제기관 일'군들과 기술 일'군들 속에서 정치사업은 당 일'군들이나 하는 것으로 생각하고 그에 관심을 덜 돌리는 결함이 적지 않았다.(중략) 청산리 방법의 관철을 위한 투쟁은 일'군들로 하여금 정치 사업을 모든 사업에 앞세우는 것을 철칙으로 간주하게 하였다. 행정, 경제 일'군들과 기술 일'군들도 자신을 단순한 실무 일'군으로서가 아니라 행정, 경제 사업을 당'적으로 담당하고 있는 혁명가로서 철저히 자각하게 되었다." 리새삼 편, 『청산리 정신, 청산리 방법 관철에서의 몇 가지 문제』, 68쪽.

113) "당 조직들은 제강 작성, 원고집필, 정치 보고와 강연, 해설 담화 등의 당'적 위임을

둘째, 정치를 앞세운다고 하는 것은 작업의 주체인 사람부터 고려해야 한다는 것이다. 간부들은 과업을 대할 때 과업 실현에 요구되는 물적 조건을 우선적으로 살펴볼 것이 아니라 작업의 주체인 사람들의 정치사상과 역량부터 봐야한다고 교시하였다.[114]

셋째, 정치를 앞세운다고 하는 것은 간부들이 적대적인 사상에 대해서는 의식적으로 반대해야 하지만 대중을 혁명의 편에 서도록 일깨우고 잘못에 대해서도 포용하고 용서하며 인간적 헌신을 다하는 것이다. 간부들은 사상개조와 교양의 일인자가 되어야 한다는 것이다. 사람을 정치사상의 관점에서 보면서 적대적인 사상에 대해서는 철저히 투쟁해야 하지만 낙후된 사람들에 대해서는 사상투쟁과 함께 적극적인 사상교양을 통해 사상개조를 해야 하는 것이다. 김일성이 청산리에서 이러한 모범을 보인 이후부터 당원들은 주위사람들에 대해 의식적으로 적극적인 교양자로 나섰던 것으로 보인다.[115]

정치 학습과 잘 배합시킴으로써 학습과 생활이 더욱 밀접히 결부되게 하며 그것을 통하여 한 편으로는 그들 자신의 지식을 산 지식으로 공고히 하게하며 다른 편으로는 학습의 결과가 곧 은을 내게 하고 있다. 과거에는 정치 사업이라고 하면 제강을 들고 공장이나 농촌에 나가는 것만을 생각하고 자기가 직접 사업하는 기관, 부서 일'군들에 대한 교양 사업을 차요시하는 폐단이 있었다." 리새삼 편, 『청산리 정신, 청산리 방법 관철에서의 몇 가지 문제』, 71~72쪽.

114) "어떤 당원들은 문제를 정치적으로 분석하는 것이 어렵니다. 용해작업에서, 제강작업에서 잘못된 것을 다만 부속품이 나쁘다든가 무슨 기자재가 모자란다든가 하는 데만 끌어다붙이는 식으로 분석할것이 아니라 사람들의 일하는 본새, 그들의 사상동태, 사물에 대한 판단이 옳은가 옳지 않은가 하는 것을 분석할줄 알아야 합니다." 김일성, 「모든 문제에서 중심고리를 틀어잡고 역량을 집중하자」, 『김일성저작집 13』(평양: 조선로동당출판사, 1981), 382쪽.

115) "청산리에 대한 김일성 동지의 지도가 있은 이후 우리 농촌에는 훌륭한 공산주의 교양자인 수많은 김확실과 수많은 리신자가 나타났다. 이것은 우리 당이 달성한 가장 귀중한 성과이며 우리 당의 가장 고귀한 밑천인 것이다. 우리 당원들은 커다란 힘과 자신감을 가지고 어려운 사람을 도와주고 뒤떨어진 사람을 이끌어 올리며 모든 사람을 교양하여 개조하게 되었다." 리새삼 편, 『청산리 정신, 청산리 방법 관철에서의 몇 가지 문제』, 146쪽.

넷째, 정치를 앞세운다고 하는 것은 정치사업을 담당하는 부서나 단위가 정해져 있다고 할지라도 모든 부서나 단위에서 정치사업을 해야 한다는 뜻이며, 모든 일꾼들은 자기 자신을 정치일꾼으로 만들어야 할 뿐만 아니라 궁극적으로는 인민대중이 정치사업, 교양사업의 주인공이 될 수 있도록 만들어야 한다는 것이다.[116]

2) 군중을 조직하고 동원할 때 요구되는 지도원칙

군중을 조직하고 동원하기 위해서는 정치사업을 앞세워야 한다. 그러나 일꾼들의 정치사업은 정치교양이나 사상교양으로 그쳐서는 안 된다. 군중을 조직화하고 군중들이 적극적으로 혁명사업에 참여할 수 있도록 지도 관리해야 한다. 정치사상교양만으로 군중을 구체적인 사업에 동원할 수는 없다. 어떻게 해야 군중을 조직화하고 동원할 수 있는가?

첫째, 위가 아래를 도와줘야 한다. 이것은 행정명령식 사업방법과는 정반대되는 리더십이라고 할 수 있다. 상부기관은 하부기관에 대해 지시와 명령을 하는 기관이 되어서는 안 된다. 조직관리란 일을 시키거나 사람들을 부리기에 앞서 먼저 도와주는 것이다. 실무적으로도 정치적으

---

116) "청산리방법은 또한 대중의 혁명화를 다그칠 수 있게 하는 교양방법이다. 청산리방법은 일군들이 정치사업, 사람과의 사업을 모든 사업에 앞세우는 것을 철칙으로 삼게 함으로써 대중의 혁명화, 노동계급화를 다그칠 수 있게 한다.(중략) 청산리방법은 윗사람이나 아랫사람 할 것 없이 모든 사람 그리고 모든 단위들에서 정치사업을 하게 함으로써 혁명화, 노동계급화 사업이 대중 자신의 사업으로 전환되게 한다." 사회과학출판사 편, 『영도예술』, 170쪽; 이 시기 모든 일군들로 하여금 정치사업을 하고 교양자로 되도록 강제하고 모든 일군들이 인민대중을 직접 교양하기 위해 도입된 제도가 바로 5호담당제다. "1958년 김일성의 창성군 현지지도에서 비롯된, 이른바 해설담화와 지도자들이 5호 내외의 적은 세대들을 분담하고 직접 찾아가 해설하는 '5호담당제'역시 1960년대에 광범위하게 확대되었다." 함택영 · 김근식, '지방 당사업체계의 형성과 발전과정', 『북한 도시의 형성과 발전』(서울: 한울아카데미, 2004), 83쪽.

로도 사람들을 도와줘야 한다. 여기서 도움을 준다는 것은 일차적으로 일꾼이 아래로 직접 내려가 이신작칙하고 정치교양을 하는 것이다. 그 과정에서 아랫단위의 역량도 자라나고 자신도 역량이 강화될 수 있을 것이다.[117]

기관 내부의 일꾼들의 조직역량을 강화하기 위해서는 책임일꾼들이 사람들에게 분공을 줄 때 분공지시만 하지 말고 그 일에 대해 먼저 실천으로 보여줌으로써 사람들을 실질적으로 도와주고 자신감을 불어넣어줘야 한다는 것이다. 이를 설명하기 위해서 김일성은 글쓰기를 예로 들어 다음과 같이 설명하였다.

> 군당책임일군들은 또한 지도원들에게 사업방법을 잘 가르쳐주어야 합니다. 보고나 통보를 쓰라고 할 때에도 반드시 어떻게 쓰라는 방향을 주어야 합니다. 그래도 잘못 쓸 때에는 자기가 써보이면서 친절하게 가르쳐주어야 합니다. 그런데 어떤 부장은 자기는 한 번도 손을 대지 않고 지도원이 써온것을 열번이나 퇴짜를 놓았다고 하는데 이렇게 해서는 지도원들이 발전할수 없습니다.[118]

둘째, 늘 현지에 내려가 실정을 깊이 알아보고 문제해결의 올바른 방도를 세워야 한다. 이는 관료주의에 대한 대안이라 할 수 있을 것이다. 아래 단위에서 위 단위에게 도와달라고 요구하기 전에 먼저 위 단위에서 아래 단위로 내려가서 도와 줄 수 있는 것을 찾아야 한다. 도와주는 것도

117) "청산리방법은 일군들의 사상정치수준과 실무수준을 높일 수 있게 하는 교양방법이다. 청산리방법은 일군들이 아래에 내려가 도와줌으로써 아래 일군들의 수준을 빨리 높일 수 있게 한다. 청산리방법은 일군들이 군중 속에 깊이 들어가 그들과 의논하고 정치사업을 벌이는 과정에 그들 자신의 사상정치수준과 실무수준을 높일 수 있게 한다." 사회과학출판사 편, 『영도예술』, 169~170쪽.

118) 김일성, 「새 환경에 맞게 군당단체의 사업을 개선할 데 대하여(1960. 2. 18.)」, 118쪽.

일방적으로 주관적으로 위 단위에서 정할 것이 아니라 아래 단위에게 요구되는 것을 미리 찾아내서 그 실정에 맞게 도와줘야 한다. 아래 단위의 실정도 모르는 상태에서 당정책을 집행하게 되면 결국 행정명령식으로 '내리먹이기식'으로 사업을 하게 되는 것과 같다. 지도를 한다는 것은 지원을 해 주는 것이고, 제대로 지원해 주기 위해서는 일군들은 일상적으로 아래 단위로 내려가서 필요한 것이 무엇인지를 직접 알아내야 하고, 그들과 함께 문제를 풀 수 있는 길을 찾아내야 한다. 이것은 사무실에 틀어박혀서 문서만 가지고 놀음하는 관료주의에 대한 대안인 것이다.

셋째, 각종 회의를 내실 있게 진행해야 한다. 이것은 형식주의적인 사업방법에 대한 대안이라 할 수 있을 것이다. 리당위원회에서 리당위원장이 혼자 보고한 뒤 몇 사람이 연설을 하고는 별 토론이나 교양과정없이 결정서를 통과시키는 것은 형식적으로 일을 하는 것과 같은 것이다.[119)]

이렇게 되면 대중들은 무엇을 결정했는지도 잘 모르는 상황이 되기 때문에 결국은 대중들은 거수기로 전락하게 되고 이렇게 되면 군중을 당이 원하는 대로 적극 동원할 수 없게 될 것이다.[120)]

김일성은 회의도 중요한 혁명사업임을 역설한다. 회의가 요식행위가

---

119) "지금까지는 이곳에서도 많은 경우에 리당총회가 형식적으로 준비되고 진행되였습니다. 중앙에서부터 도당, 군당을 거쳐 내려오는 문제를 그저 기계적으로 내려먹이는 회의가 보통이였습니다. 아무런 사상동원도 없이 회의를 열어 리당위원장이 혼자 머리속에서 구상한 보고를 하고 준비된 몇사람이 연설이나 하고는 결정서를 거뜬히 통과시키면 그만입니다. 이런 회의는 아무리 여러번 하여도 얻는것이 없습니다." 김일성, 「강서군당사업지도에서 얻은 교훈에 대하여(1960. 2. 23)」, 『김일성저작집 14』(평양: 조선로동당출판사, 1981), 124쪽.

120) "지금까지 군당이나 리당에서 한것처럼 실지형편과 군중의 심정도 모르고 호령이나 하며 사람들이 모여와서 무슨 말인지 잘 알아도 못듣고 손이나 들었다 헤여지는 형식주의적인 회의만 자꾸 하여가지고는 이러한 성과를 도저히 거둘수 없습니다." 김일성, 「강서군당사업지도에서 얻은 교훈에 대하여(1960. 2. 23)」, 126쪽.

되어서는 안 되고 자기 지역과 실정에 맞춰 논쟁도 하고 방침도 정하는 실제적인 회의가 되어야 함을 분명히 했다.[121)]

분공에 대한 사업 총화뿐만 아니라 당 생활총화도 내실 있게 진행할 것을 거듭 강조하였다. 김일성의 교시와 당규약이 총화와 생활의 지침이 되어야 함이 강조되었다.[122)]

넷째, 사회주의의 일꾼들은 필히 각종 군중운동을 일으킬 수 있어야 하고, 천리마작업반운동을 조직하고 군중을 천리마운동으로 불러일으킬 수 있어야 한다. 일꾼이 캠페인식, 돌격대식, 인해전술식으로 일으키는 군중운동이 아니라, 지속적으로 유지될 수 있는 군중운동을 일으키는 것은 쉬운 일이 아니다. 형식주의, 관료주의, 행정명령식 사업방법을 청산하지 않으면, 사회주의 건설에 요구되는 군중운동을 일으킬 수 없다. 이미 앞에서 나열한 세 가지 사업방법, 즉 위가 아래를 도와주고, 현지에 내려가 실정을 깊이 있게 알아보고 문제해결방안을 마련하고, 회의를 내실 있게 진행해야 하는 이유는 바로 군중운동을 일으키기 위한

121) "우리가 지금 하는 사업이 다 혁명사업입니다. 당 정책을 자기 지방 실정에 맞게 집행한다는 것은 쉬운 일이 아닙니다. 만약 우리가 당 정책을 깊이 연구하고 자기 사업을 더 잘하기 위하여 노력한다면 거기에서 많은 의문이 나올것입니다. 우리는 반드시 이와 같은 의문을 론쟁을 통하여 풀어야 하며 집체적지혜를 동원하여 행동의 옳은 방침을 결정하도록 해야 합니다." 김일성, 「새 환경에 맞게 군당단체의 사업을 개선할 데 대하여(1960. 2. 18)」, 119쪽.

122) "김 일성 동지의 청산리 교시를 관철하는 과정에 당원들의 당'적 분공의 실행정 정형에 대한 총화에서도 커다란 성과를 달성하는 전환이 이루어졌다. 지금 당조직들에서는 당'적 분공의 실행 정형만을 총화하는 것이 아니라 당원들의 당 생활을 정상적으로 총화하는 제도가 수립되고 있다. 당 생활 총화란 당원들 자신이 자기의 일상 사업과 생활에서 당 규약상 의무를 어떻게 실천하여 왔는가를 총화하는것을 의미한다." 리새삼 편, 『청산리 정신, 청산리 방법 관철에서의 몇 가지 문제』, 133쪽; "당 생활 총화는 어떤 경우이거나를 막론하고 따지고 공박하거나 위협하여 불안을 느끼게 하지 말며 모든 당원들이 김일성 동지의 교시와 당 규약상 의무에 비추어 자기의 당 생활을 스스로 비판적으로 검토 총화하며 자기에 대하여 높은 요구를 제기할 줄 알도록 교양할 것을 요구하고 있다." 리새삼 편, 『청산리 정신, 청산리 방법 관철에서의 몇 가지 문제』, 135쪽.

것이다. 혁명사업을 대중자신의 사업으로 만들려면 당이 정치사업을 앞세우고, 대안의 사업체계에 따라 지배인, 기사장, 노동단체들의 대표들이 자기 역할을 할 수 있게 하며, 중요한 결정에 대중을 참여시켜야 한다.

3) 효율적 지도

김일성은 공산주의 리더십으로서 사회주의원리, 집단주의 원리만을 고집한 것은 아니었다. 일꾼들은 합리성과 효율성을 터득해야 했는데, 김일성이 제시한 주요한 효율적인 지도상의 지혜와 기법은 세 가지로 요약할 수 있다. 첫째, 사회주의 협동생산, 집단주의의 생산성과 효율성을 얻으려면 사업을 방만하게 벌이지 말고 중심고리를 잡아 집중해야 한다. 한마디로 선택과 집중인데 이것은 말로는 쉽지만 실제로 구현하기는 쉽지 않은 지혜라고 할 수 있을 것이다.[123]

둘째, 모범(=본보기)을 창출하고 군중노선에 입각해서 전파해야 한다. 이것은 긍정감화의 한 방법인 것이다. 모범을 창출해야 긍정감화를 할 수 있는 것인데 모범을 창출하는 데는 무엇보다도 창의성이 요구되었기에 일꾼들에게는 무엇보다도 어려운 일이었을 것이다. 모범을 창출하고 나서는 그 모범을 하나가 열, 열이 백을 교양하는 방법을 택해야만 군중노선에 맞는 것이다. 즉, 대중 스스로가 교양자가 될 수 있는 수준까지 가도록 해야 한다. 모든 사람이 교양의 대상자일 뿐만 아니라 당정책의

---

123) “동무들은 주관주의에 사로잡혀 자기의 력량을 정확히 타산하지 못하였으며 사업의 선후차를 가리지 못하고 30여 개의 대상을 벌려 놓음으로써 힘을 분산시켰습니다.” 김일성, 「모든 문제에서 중심고리를 틀어잡고 역량을 집중하자(1959. 9. 4)」, 『김일성 선집 6』(평양: 조선로동당출판사, 1960, 번각발행, 학우서방, 1963), 417쪽. 같은 문건에 해당하는 『김일성저작집 13권』(평양: 조선로동당출판사, 1981)의 「모든 문제 해결에서 중심고리를 튼튼히 틀어잡고 력량을 집중하자(1959. 9. 4.)」에는 이 구절이 안 나온다.

선전의 주체가 되어야 한다는 것이다. 배우는 것이 가르치는 것이라는 말이 있지만 그것을 구현하는 것은 쉬운 일이 아니다. 대개의 경우 배우는 사람은 배우기 급급하고 가르치는 것과 배우는 사람을 가르칠 수 있는 수준으로 키우는 것은 차원이 다른 과업이기 때문이다.

셋째, 일반적 지도와 개별적 지도를 결합해야 한다. 그렇게 하지 않으면 낙후 된 사람들을 끌어 올릴 수 없고 전체의 단합된 힘을 발휘할 수 없다. 혁명적 군중노선은 교양과 선전을 일반적 지도에만 맡기지 않는다. 집단주의에서는 개별적 지도를 배격할 것 같지만 역설적으로도 개별지도를 결합하지 않으면 집단주의는 효율성을 잃게 된다. 집단주의가 개별적 요구를 무시하게 되면 결과적으로 집단과 개인의 연계고리가 약화될 수 있기 때문이다. 이는 집단주의 구호인 '하나는 전체를 위해서 전체는 하나를 위해서'를 구체화한 것이라고도 할 수 있다. 김일성은 일반적지도와 개별적 지도를 결합할 수 있는 방법으로서 간부들의 현지지도를 장려하고 강제하였다. 김일성 자신이 청산리에서 현지지도의 모범을 보여주었다.

2. 김일성의 현지지도

그러나 김일성이 현지지도를 하는 과정에서 일반주민들에게 가장 강렬한 인상을 준 것에 초점을 맞춰본다면 혁명적 사업방법을 두 가지로 요약할 수 있을 것 같다. 첫째, 김일성이 청산리 현지지도에서 직접 보여준 교양사업인데 그것은 정치사상교양과 혁명전통교양이었다. 김일성이 청산리에서 보여준 정치사상교양과 혁명전통교양은 청산리방법이 제도화되는 과정에서는 핵심적 지위를 가지게 되었다. 둘째, 김일성이 청산리에서 직접 보여 준 행위 그 자체, 즉 현지지도에 있다. 청산리방법은 위가 아래를 내려가 도와주는 것이고 이것이 효율적으로 운영되려면 위가 중간을 도와주고 다시 중간은 그 아래를 도와줘야 하는데, 김일성이 청산리에서 수행한 것은 이런 일반적인 예상을 깬 행위라 할 수 있다. 대중에게 최고지도자가 직접 내려가는 것이기 때문이다. 천리마운동의 경우도 대중에게 최고지도자가 직접 내려가서 지도한 것이라고 볼 수 있지만 이때는 중앙위원회에서 결정한 것을 가지고 현장 대중에게 호소하러 간 것이라고 할 수 있다. 이런 행위는 조선로동당의 지도부인 중앙위원중의 한 사람이자 수령으로서 그만큼 중앙과 하부단위의 거리를 좁히고자 한 것이라 볼 수 있다. 다음 글에서 보듯이 김일성뿐만 아니라 중앙위원들은 모두가 대중이 있는 현장으로 내려갔다.

> "먼저 중앙위원회 지도그루빠성원들이 한달가량 지도사업을 하였으며 당중앙위원회 지도간부들이 직접 한 20일동안 도내 여러 공장, 기업소들과 농목장, 농업협동조합들을 돌아보았고 이틀동안 회의에 참가하여 토론과 담화를 통하여 전반적형편을 료해하였습니다."[124]

김일성의 현지지도의 형태도 처음에는 천리마운동처럼 당중앙위원회의 권위를 배경으로 해서 직접 대중에게 호소하고 대중을 독려하고 불러일으키기 위한 것이었다. 이때의 현지지도란 군중 속에 들어가서 그들을 교양하고 동원하는 것이며 직접 호소하는 것이다. 그렇기 때문에 1956년 천리마운동에서 당원이나 열성자들에게 보내는 김일성의 붉은 편지도 그와 같은 역할을 할 수 있었고 김일성뿐만 아니라 모든 중앙위원들도 현장에 나가서 김일성과 마찬가지로 직접 당원과 대중의 의견을

---

124) 김일성, 「함경북도 당단체들의 과업(1959. 3. 23)」, 192쪽.

듣기도 하고 대중을 동원하는 선동자역할을 했던 것이다. 그러나 이것은 일상적인 것이 아니라 일정한 시기 정세의 필요성에 의해 한 것이었다. 조선노동당의 중앙위원들은 관료주의와 형식주의를 타파하기 위한다는 명분으로 직접 현지지도를 갔던 것이다. 김일성은 관료주의와 형식주의가 여전히 개별적 현상으로는 여전히 남아 있지만 자신의 편지와 중앙위원들의 현지지도로 인해 허가이식 관료주의와 형식주의 사업작풍은 기본적으로 극복되었다고 생각하게 되었다.

특히 과거에는 지도검열을 할 때 허물을 들추어내는 데만 관심을 가졌다면 이제는 허물을 발견하여 그것을 시정해 주는 것이 상부의 역할이 되었다고 주장한다. 과거에는 지도검열 즉 지도는 곧 검열이었다. 김일성은 지도와 검열을 분리시키고자 하였다. 지도=검열이라고 생각하는 것은 행세식 공산주의자들의 행태며 이런 현상은 함경도에서 특히 심하다고 김일성은 역설했다. 김일성은 함경도를 집중적으로 현지지도하면서 검열이 아닌 지도의 모범사례를 보여주었다. 이로써 검열과 지도가 어느 정도 분리될 수 있었던 것으로 보인다. 그러나 이런 것은 일시적인 효과만 있을 뿐이었다.

일시적 효과에 만족하지 않은 김일성은 지도=검열이 아니라는 것을 보여주기 위해 현지지도를 계속해야만 했다. 김일성의 현지지도는 지도의 모범이었고 지도=검열이 아니라는 것을 최고지도자가 직접 보여주는 교육교양의 장이었다. 1956년에 시작된 천리마운동이 위기를 돌파하기 위해서 어떤 계기를 통해 대중들에게 직접 호소하기 위해 현지를 방문한 것이라면 청산리방법이 확립된 이후에는 김일성은 아예 작정한 듯이 전국을 훑으며 돌아다니게 되었다. 김일성의 현지지도는 청산리정신, 청산리방법에 의거해서 이루어질 수밖에 없게 되었으며, 특정한 시기에 특정한 목적을 가지고 이루어진 것이 아니라 일상적으로 이루어졌다.[125]

그렇다면 모든 현지지도가 갖는 의미는 같은 것인가? 천리마작업반운동 당시의 현지지도라는 라는 말을 중앙위원들 모두에게 적용하였다는 점과 이 이후에는 김일성에게만 적용하였다는 점만이 다른 것인가? 이 시기 김일성의 현지지도가 갖는 역사적 의의는 사회주의 건설을 위해 지도자가 끊임없이 대중 속으로 들어갔다는 것 이외에 다른 의미는 없을까?

천리마시대의 김일성의 현지지도는 무엇보다도 김일성이 스스로 실천적 모범을 창조하기 위한 지도를 포함하고 있었을 뿐만 아니라 자신의 행위를 통해서 지도란 무엇인지, 리더십이라는 것이 무엇인지를 보여주기 위한 것이었다. 그것은 청산리의 현지지도에서 시작된 것이다. 그러나 김일성에 의한 지도의 모범전파, 리더십의 모범 전파는 김일성이 청산리에서 한 번 보여줬다고 이루어질 수 있는 것은 아니었다. 김일성에 의한 끊임없는 현지지도를 통해서 이루어질 수 있는 일이었다. 김일성은 거의 모든 분야에서 이와 같은 실천적 모범을 만들어 내는 일에 엄청난 시간을 쏟았다.

모든 현지지도가 그와 같은 모범 창출을 위한 현지지도였을 것이라고 장담할 수는 없을 것이고 김일성의 지도력을 확보하기 위한 선전활동이며 의례행위일 수도 있고, 또한 시간이 흐를수록 의례적 측면이 강화되었겠지만 천리마시대의 김일성에 의한 현지지도의 핵심적 역할은 김일성이 직접 실천적 모범, 지도의 모범을 만들어 내고 보여주는 일이었다. 이 점이 다른 사회주의국가의 지도자들의 지도행위와 결정적으로 다른 점이라고 할 수 있다. 즉, 김일성에 의한 끊임없는 현지방문이 북한의

---

125) 김일성, 「함경북도 당단체들의 과업(1959. 3. 23)」, 192~250쪽. 함경북도 당단체에 대한 당중앙위원회 집중지도사업은 약 1개월여에 걸쳐 진행되었다. 당시까지는 김일성의 현지지도를 절대화하는 것(김일성이 현지지도 그 자체를 당중앙위원회의 결정처럼 받아들이는 것)이 일반적인 현상은 아니었던 것은 아닌 것 같다. 천리마작업반운동이 확대되면서 김일성의 현지지도는 수령의 교시처럼 절대시되었다고 할 수 있다.

특수성을 보여 준다기보다 김일성이 실천적 모범으로서 보여준 지도행위가 북한의 특수성을 보여준다고 할 수 있다. 이렇게 솔선수범하는 것을 북한의 리더십이론에서는 이신작칙(以身作則)이라고 했다.[126)]

김일성의 현지지도는 지도사업과 교육교양사업의 모범이 되었는데 이로써 김일성은 북한주민의 지도자이자 교사가 된 것이다. 한마디로 말하면 김일성의 현지지도는 지도에 대한 지도라고 할 수 있다. 즉, 김일성은 간부들을 가르치는 교육자요 교사들을 가르치는 교사였다. 이것은 김일성의 권위를 한층 높여줬다. 김일성은 본을 보이고 간부와 인민은 모두가 본을 받아야 했다. 이미 일국의 국부이자 수상이었던 김일성은 이를 통하여 일국의 스승이요 교육자가 된 것이다. 이로써 북한 주민들에게 김일성은 군사부일체의 화현이 된 셈이다.[127)]

---

126) "이신작칙: 자기가 솔선 실천하여 모범을 보임으로써 일반이 지켜야 할 준례나 법칙을 만듦" 조선민주주의인민공화국 과학원 언어 문학 연구소 사전 연구실 편, 『조선말사전 6』(평양: 조선민주주의인민공화국 과학원출판사, 1962), 444쪽.

127) "막스 베버(Max Weber)는 역사적 인물들의 카리스마적 특성을 마술사, 예언자 그리고 집단과 대군(大軍)의 지휘자 즉, 역사 속의 거대한 민중지도자와 의회정당(議會政黨) 지도자 등의 특징에서 찾고 있다. 그 중에서 하나의 특생을 베버는 의식적으로 빼고 있는데, 그것은 '교육자(Erzieher)'이다. 왜냐하면 그가 중국의 종교사회학을 연구하는 동안 공자를 알게 되었기 때문이다. 또 다른 질문은 우리들이 모택동을 제대로 이해한다면, '정치'가 그의 직업이 아니라 '교육'이 곧 그의 직업(Erziehung als Beruf)이었다고 말할 수 있지 않을까? 모택동은 1970년 에드가 스노우(Edgar Snow)에게 "사람들에게서 300년간 왕(Kaiser)에 대해 존경하던 관념을 없애기란 대단히 어려운 것이다."라고 하였다. "그리고 나에게 붙여진 이른바 네 가지의 위대한 호칭 즉, 위대한 선생, 위대한 지도자(指導者), 위대한 수령(首領)은 정말 내가 싫어하는 바이며, 또 언젠가는 모두 없어지겠지만, 다만 내가 계속 보존하고 싶은 호칭이 있다면 그것은 '선생(Lehrer)'−단순한 '학교 선생(Shullehrer)'이라는 칭호뿐입니다."라고 그의 심정을 토론한 것에 주의할 필요가 있다." 양재혁, 『東洋思想과 마르크시즘』(서울: 일월서각, 1987), 149~149쪽. 스탈린도 소련 인민의 스승의 역할을 했다. 그렇지만 세 스승의 교육자관, 교육철학, 교육방법, 교육내용이 달랐던 것이다. 김일성이 교육교양방법으로 강조한 이신작칙은 교사나 어른이 본을 보이고 인민이 본을 따라야 한다는 것으로서 이는 조선의 전통적인 교육교양법의 하나였다. 또한 김일성의 교육적 가르침이라고 할 수 있는 교시는 아주 작은

김일성은 자신이 보여준 사회주의교육교양과 지도방법의 원천은 혁명전통, 항일유격대에 있으며 자신이 이것을 사회주의사회에 맞게 적용했다고 주장하고 있지만, 북한의 사회주의 교육학의 실천적 전형은 천리마시대에 김일성 자신이 현지지도에서 보여준 것이라고 할 수 있다. 김일성이 현지지도를 하는 현장의 모든 간부들은 수령의 교시를 받아쓰는 학생의 모습을 연출하게 되었다. 김일성이 학교현장을 돌아다니면서 지도라는 이름으로 일일이 이것저것 지적하고 이것 하라, 저것 하라 하게 되면 주민들뿐만 아니라 모든 교육자들은 학생으로 전락하게 된다.[128]

더욱이 당 중앙위원회가 김일성계로 일색화된 단일지도체계 상황에서 이루어진 노동현장에 대한 현지지도의 결과는 당정책을 구체화한 매뉴얼처럼 되었다. 이 매뉴얼은 단일지도체계의 수령의 지도였기 때문에 당의 동의를 구할 필요가 없었다. 현지지도 자체가 당정책인 셈이었다. 결국 현지지도가 수령의 교시가 되고 수령의 교시는 현장의 당기구나 단체들이 집행해야 할 지시처럼 된 것은 수령이라는 권위가 없었다면 그리고 단일지도체계가 김일성의 위신을 뒷받침해주지 않았다면 이루어질 수 없었을 것이다. 따라서 현지지도는 하부인 노동현장으로부터 단일지도체계를 강화하기 위한 것이라고 볼 수 있으며, 현지지도를 하는 과정에서 하부로부터 자연스럽게 단일지도체계가 더욱 강화된 것이

부분까지 이를 정도로 매우 구체적이며 방대한 내용이었다는 것도 특징이었다.

128) "1965년 1월 황해제철소를 비롯한 여러공장, 기업소들을 현지지도하시면서 실천적 모범으로 아래에 대한 지도에서 지켜야 할 원칙과 방도, 지도방법을 가르쳐주시었다." 조선로동당 중앙위원회 당력사연구소, 『조선로동당략사: 1979년판』 2(서울: 돌베개, 1989), 190쪽. (천리마운동 때처럼 지도자가 현장을 누비고 다니면서 대중에게 직접 호소할 뿐만 아니라 대중들의 일정한 요구를 직접 청취하고 들어준다면 이는 스탈린식 독재체제를 수립하는 데는 도움이 되었겠지만) 청산리 방법은 주민들의 고충처리식의 선심성 행사나 조선시대의 임금님 행차와는 다른 것이다. 이러한 청산리방법이 수령제를 수립하는 데 결정적인 역할을 했다고 할지라도 그것은 의도하지 않은 결과일 것이다.

라고도 볼 수 있을 것이다.

3. 교육교양과 조직

청산리방법의 핵심적 요구는 정치사업이며 정치사업의 핵심적 내용은 사상교양과 조직사업이라고 한다면 당사업도 사상교양사업과 조직사업에 집중해야 했다. 청산리방법에 따르면 당은 사상교양사업과 조직사업에 집중함으로써 인민으로 하여금 혁명과업을 성과적으로 수행할 수 있도록 할 책임이 있었다.[129]

김일성은 당의 지위와 역할을 군림하고 지배하는 데 있는 것이 아니라 아니며 지도하고 도와주는 것으로 바꾸지 않으면 당일군들의 사업방법, 사업작풍이 바뀔 수 없으며 사상교양사업을 당의 중심사업으로 삼는 것이 쉽지 않을 것으로 보았다. 특히 조직부와 선전부의 무기력함과 비효율성은 김일성이 천리마작업반운동 이전부터 지적하던 문제였다.[130]

---

129) "사업방법은 원래 혁명과업을 성과적으로 수행할 목적으로 세운다. 그런데 혁명과업을 성과적으로 수행하려면 사람들을 적극 발동시켜야 하며 그러자면 그들을 혁명과업수행의 참다운 담당자로 키워야 한다. 결국 혁명과업수행과 특히 그 담당자인 사람들을 힘있는 존재로 키우는 데 어떻게 이바지하는가에 따라 사업방법의 가치가 결정되고 그 위력이 평가된다. 청산리방법은 혁명과업을 성과적으로 수행하는 문제와 혁명과업수행의 담당자인 사람들을 교양하는 문제를 다같이 옳게 해결해나갈 수 있게 하는 위력한 방법이다." 사회과학출판사 편, 『영도예술』, 168쪽.

130) "1956년 3차당대회 이후 반당종파분자들을 폭로분쇄하는 투쟁과정에서 당의 통일이 강화되었고 사람들이 적아를 가릴 줄도 알게 되었고 관료주의도 이전보다는 퍽 적어졌고 모두가 혁명전통도 계승하려 하고 간부대렬도 견실한 동무들로 꾸려졌는데 당사업은 제대로 전개되지 못하고 있다. 경제발전 물질변화 사회변화는 무척 빠르게 진척되었지만 그들에 대한 교양사업을 잘 못해서 맑스-레닌주의 원칙들과 당 정책에 대한 이해가 부족하고 다른 하나는 조직사업을 잘 못하고 있기 때문이다." 리새삼 편, 『청산리 정신, 청산리 방법 관철에서의 몇 가지 문제』, 131~133쪽 참조.

청산리정신, 청산리방법에 의거하여 당의 체질을 개선할 것에 대해서는 1962년 3월 당중앙위원회 제4기 제3차전원회의 한 결론 "당 조직사업과 사상사업을 개선강화할데 대하여"에서 김일성이 일목요연하게 정리하였다. 이에 따르면, 첫째, 김일성은 당세포와 당위원회의 역할을 높이고 당 내부의 조직사업과 선전선동부의 역할을 중시했다. 조선로동당에서는 "조직부와 선전선동부는 다같이 당내부사업을 보는 부서들이다. 조직부는 당원들의 당조직생활과 당조직들의 활동을 지도하는 부서로서 당대렬을 끊임없이 정비하고 공고히 하는 대렬부, 당생활을 강화하는 당생활지도부라고 말할 수 있다. 그리고 선전선동부는 당원들을 교양하며 군중들에게 선동사업을 진행하는 부서이다."[131]

청산리방법의 보급은 당의 조직부와 선전선동부를 강화시켰고, 당의 조직부와 선전선동부가 강화됨으로써 청산리방법은 더욱 잘 보급되었으며 결국 당의 영도적 역할도 높아졌음을 김일성의 다음 발언을 통해 알 수 있다.

> "청산리방법이 보급되어 당, 국가, 경제 기관들의 사업에서 전변이 일어났으며 그 일꾼들의 지도수준도 훨씬 높아졌습니다. 청산리방법이 군중에게 접수되어 근로자들을 교양개조하는 사업이 근로자들 자신의 사업으로 되었으며 그들의 대중적인 사상개조운동으로 발전하였습니다. 이리하여 군중노선의 관철, 청산리방법의 일반화는 당의 영도적 역할을 더욱 높이고 우리의 혁명대오를 빨리 확대강화하게 하였으며 사회주의 건설의 대고조와 천리마운동을 더욱더 힘있게 추동하였습니다."[132]

---

131) 조선로동당 중앙위원회 당력사연구소, 『조선로동당략사: 1979년판』 2(서울: 돌베개, 1989), 158쪽.

132) 김일성, 『김일성저작집19권』, 507쪽(사회과학출판사 편, 『영도예술』, 170~171쪽 재인용).

김일성은 당의 핵심적 역할은 조직사업과 교양사업임을 분명히 하였고 당의 역량배치도 조직부와 선전부에 집중하고 당내에서 조직부, 선전부의 위상을 높였다. 당생활과 당규약학습 등 당원들의 사상교양사업에 집중할 것을 요구했다.[133]

둘째, 청산리정신에 따르면 당이 인민위원회 위에 군림하며 독단적으로 행정지도하는 데에서 행정사업은 인민위원회에 맡기고 당의 주된 역할은 조직선전사업으로 바꾸는 것이다. 그러한 조직사업의 주 대상은 당단체가 되어야 했다. 모든 것이 집단화되고 사회주의적으로 개조되었고 그 안에 당원이 있기 때문이다. 그리고 당 경제부서들에서는 정치적 지도역할, 군중을 동원하는 역할을 강화할 것도 주문했다.[134]

4. 정치도덕적 자극과 물질적 자극: 사회주의 분배원칙

김일성은 당이 정치사업을 확고히 앞세워 군중들의 정치의식을 높이면서도 군중의 물질적 관심을 무시하지 않아야 한다는 것을 강조하고 있다. 청산리 방법에 의거해서 군중운동을 일으키려면 정신적 자극을 앞세우되 반드시 물질적 자극을 잘 배합하여야 성공하고, 통일단결을

133) "제4기 제3차 전원회의 확대회의후 당원들의 당조직생활을 강화하며 당사업에서 행정화를 반대하고 청산리정신, 청산리방법을 철저히 구현하기 위한 전당적인 투쟁을 벌리였다. 당은 당원들속에서 당규약학습을 조직진행하면서 당생활을 강화하며 당생활총화를 정상화해나가도록 하였다." 조선로동당 중앙위원회 당력사연구소, 『조선로동당략사: 1979년판』 2, 159쪽. 제4기 제3차 전원회의 확대회의는 1962년 3월 6~8일에 있었다.

134) "지금 군당에서는 군인민위원회가 해야 할 행정사업을 가로맡아하고 있으며 조직부와 선전부는 통계나 만들며 통보서나 만드는 문서실의 역할을 하고 있습니다." 김일성, 「새 환경에 맞게 군당단체의 사업을 개선할데 대하여(1960. 2. 18)」, 『김일성저작집 14』(평양: 조선로동당출판사, 1981), 110쪽.

유지하면서도 생산성을 높일 수가 있다는 것이다.[135]

공산주의가 완전히 승리한 사회에서는 능력에 따라 일하고 필요에 따라 분배를 받을 수 있으므로 사람들마다 자기가 한 일에 대한 물질적 대가에 대한 관심사를 무시할 수도 있겠지만, 과도기인 사회주의사회에서는 자기가 한 일에 대한 대가로서의 물질적 관심사를 고려해야 만 한다는 것을 인정해야만 한다는 것이다.[136]

만약 계급적 관점에만 보게 되면 물질적 자극을 중시하지 않을 것이며, 반대로 만약 군중적 관점에서만 보게 되면 정신적 자극을 무시할 수도 있을 것이다. 정치도덕적 자극과 물질적 자극을 잘 배합하는 것이 청산리 방법이 지향하는 혁명적 군중노선인데 잘 배합하고 균형을 맞추는 것이 쉽지는 않았다.[137]

---

135) "당의 령도적역할을 높이고 정치사업을 확고히 앞세우면서 이에 경제기술적인 사업을 옳게 결합시키며 근로자들의 정치적각성과 의식수준을 끊임없이 높이면서 여기에 물질적 관심을 옳게 배합하는 것, 이것이 사회주의건설에 군중을 동원하는 우리 당의 기본방법입니다." 김일성, 「조선민주주의인민공화국에서의 사회주의건설과 남조선혁명에 대하여(1965. 4. 14)」, 314쪽.

136) "사회주의사회에서는 사람들의 머리 속에 일하기 싫어하며 적게 일하고도 많이 받으려는 낡은 사상 잔재가 남아 있고 노동에서 본질적 차이가 남아있으며 수요에 따라 분배를 할 수 있을 정도로 생산력발전수준이 높지 못하다. 이와 같은 과도적 성격으로부터 사회주의사회에서는 사람들이 자기가 지출한 노동의 결과에 차례지는 보수에 대하여 관심을 가지게 되며 따라서 개인적인 물질적 관심도 있게 된다." 사회과학출판사 편, 『사회주의경제건설이론』(서울: 태백, 1989), 199쪽.

137) 물론 노동에 대한 가장 이상적인 공산주의적인 태도는 레닌의 다음 말처럼 어떤 자극도 없는 자각적이고 자발적인 노동이다. "공산주의 로동이라는 것은 그 말의 보다 좁고 보다 엄밀한 의미에 있어서는 사회를 위한 무상 로동이다. 즉 그것은 일정한 의무를 리행하기 위하여서나, 일정한 생산물을 받는 권리를 얻기 위하여서나, 또는 미리 제정되고 법적으로 규정된 어떤 기준량에 의하여 하는 로동인 것이 아니라 자원적인 로동, 기준량과는 관계 없는 로동이며, 보수를 타산하지 않는, 보수를 조건으로 하지 않는 로동이며, 공동 리익을 위해서 근로한다는 습관에 의하여, 또한 공동 리익을 위한 로동의 필요성에 대한 자각적(관습으로 된) 태도에 의한 로동이며, 건전한 육체의 요구로서의 로동이다. 강덕서, 『새인간형성과 천리마작업반 운동』(평양: 조선로동당출판사, 1961), 73쪽 재인용.

물질적 자극을 강화하다 보면 정치도덕적 관심을 떨어뜨리게 되어 이기주의를 조장할 수 있고, 반대로 정치도덕적 자극만을 지나치게 강화하다 보면 많은 불평불만 분자들을 낳게 된다. 물질적으로도 별로 발전하지 못하고 노력에 대한 적절한 보상이 주어지지 않는 분배구조는 결국 불공평이 되고 장기적으로 보았을 때는 생산성을 저하시키게 되고 단결에 균열을 일으키게 될 것이다.[138)]

김일성은 노동의 질과 양에 따라 사회주의 분배원칙을 철저히 관철시키고, 채산성을 유지해서 합리적인 경영의 결과가 물질적 대가로 주어져야 하며 이를 뒷받침하기 위해서는 양질의 상품과 서비스를 지속적으로 공급해야 한다는 것을 강조하였다. 즉 노동자들이 노동의 대가를 물질적으로도 느낄 수 있어야 한다는 것이다.[139)]

김일성이 지적하듯이 노동의 질과 양에 따른 사회주의 분배원칙을 관철시키는 것은 과도기적인 사회주의 사회에서 군중의 단결과 생산성 향상을 위해서는 반드시 지켜져야 할 가장 기본적인 원칙이었다.[140)]

---

138) "물질적 자극을 위주로 내세우는 것은 근로자들 속에서 이기주의를 조장하고 그들을 돈이나 물건에만 매어달리게 하며 결국 사회주의제도와 혁명의 전취물을 부식시킬 수 있게 하는 위험하고 유해한 편향이다. 반대로 물질적 자극을 무시하게 되면 근로자들의 생산의욕을 충분히 높이지 못하고 나중에는 생산을 늘리기 위해 애써 일하지 않는 엄중한 결과를 빚어낼 수 있다. 그러므로 사회주의사회에서 물질적 자극은 어디까지나 근로자들의 정치도덕적 관심을 떨어뜨리지 않고 정치도덕적 자극의 작용을 약화시키지 않는 범위에서 그것과 적절히 배합해 주어야 한다." 사회과학원 철학연구소, 『철학사전』, 609쪽.

139) "물질적 자극의 규모를 알맞게 일하도록 정하고 노동의 질과 양에 의한 사회주의 분배원칙을 철저히 관철하는 것이 중요하다. 이와 함께 가격, 원가, 이윤과 같은 가치적 공간을 합리적으로 이용하여야 한다. 근로자들에 대한 물질적 자극의 실효성을 높이기 위한 기본방조는 주민들에게 대한 상품공급과 편의봉사사업을 끊임없이 개선하는 것이다." 사회과학원 철학연구소, 『철학사전』, 609쪽.

140) "닭이나 치는것보다는 밭갈이하는 것이 더 힘들것이고 탄광밖에서 일하는것보다는 탄광굴 속에 들어가 일하는것이 더 힘들것입니다. 집안에서 사무나 보는것보다는 육체로동을 하는것이 더 힘든것도 사실입니다. 그리고 로동의 숙련정도에서도

'정치도덕적 자극과 물질적 관심의 합리적 결합'이라는 원칙은 청산리교시, 청산리방법에서 정치사업을 앞세운다는 것과 균형을 이루는 원칙이라고 할 수 있을 것 같다. 이 원칙은 김일성이 청산리에서 강조했을 뿐 아니라 기회가 있을 때마다 되풀이해서 강조하였고 1962년 김일성종합대학 경제학부 교원일동이 저자로 되어 있는 『청산리 교시와 사회주의 경제 건설』이라는 책에는 '청산리 교시에서 제시된 사회주의 경리 운영의 기본원칙' 중의 하나로 당당히 들어있었으며 그 이후로 청산리방법과는 별도로 존재하는 사회주의경제에 대한 지도원칙의 하나로 들어가게 된 것이다.[141]

이에 대해 북한의 선전물에서는 구체적으로 다음과 같은 예를 들고 있다.

> 착암공 김 만식 동무는 금년 1월에 196원 82전의 현금을 받았다. 이 많은 돈을 어떻게 받게 되었는가?
>
> 그는 종합 브리가다에서 일하고 있다. 이 작업반은 1월에 자기의 책임량을 199.5%로 초과 수행하였고 총 1,393원 27전을 수득하였다.
>
> 이 작업을 하는데 26명의 작업반원들이 들인 총 로력 점수는 5,226

차이가 큽니다. 어떤 사람은 기술을 가지고 있기때문에 한 시간동안에 어떤 물건을 100개 생산하는데 어떤 사람은 10개밖에 생산하지 못합니다.
이런 차이들이 있는데도 불구하고 다 같이 평균적으로 나누어준다면 누가 힘든 일을 하려 하며 누가 기술을 배우고 창발성을 발휘하며 제품을 더 많이 만들려고 애쓰겠습니까? 로동에 차이가 있는것만큼 분배에서도 차이가 있어야 생산이 빨리 발전할수 있습니다." 김일성, 「사회주의적 농촌경리의 정확한 운영을 위하여(1960. 2. 8.)」, 『김일성저작집 14』(평양: 조선로동당출판사, 1981), 67쪽.

141) 김일성 종합대학 경제학부 교원일동, 『청산리 교시와 사회주의 경제 건설』(평양: 조선로동당출판사, 1962); 주체사상총서 제7권인 『사회주의경제건설이론』에서는 사회주의경제에 대한 지도관리원칙(1. 정치사업과 경제조직사업의 밀접한 결합 2. 집체적 지도와 유일적 지휘의 옳은 배합 3. 계획의 일원화와 세부화의 철저한 실현) 중에서 정치도덕적 자극과 물질적 관심의 합리적 결합은 1. 정치사업과 경제조직사업의 밀접한 결합이라는 원칙의 일부로서 열거되고 있다.

> 점이였다. 그러므로 한 점수당 26전 66리(1,393.27÷5,226)가 된다.
>
> 그런데 김 만식 동무가 번 로력 점수는 310 점이다. 그러므로 그의 도급 임금은 82원 62전(26.66×310)이 된다.
>
> 여기에 또 루진 도급 임금이 더 붙는다. 우리 나라에서는 자기의 책임량을 110%까지 초과하였을 때는 70%, 111~120%를 초과할 때는 100%, 121% 이상 초과하면 150%를 더 가산하여 주는 루진 도급 제도가 있다. 김 만식 동무의 작업반에서는 책임량을 199.5%로 초과하였으므로 150%의 루진 도급 단가가 적용되여 61원 82전의 루진 도급 임금을 받았다.
>
> 이 외에 야간수당, 벽지수당을 받았고, 또 전 광산적으로 생산 계획을 초과 수행함으로써 43원 50전의 상금을 탔다.
>
> 이것을 합하니 196원 82전이 되었다. 이와 같이 우리나라에서는 일을 많이 하면 할수록 차례지는 몫이 많으며 매 사람이 일한만큼 분배 받는다.[142]

이 사례에서 보듯이 노동에 따라 사회주의 분배원칙을 정확한 수치로 정하는 것은 매우 정밀한 계산과 작업을 요구하는 문제이며 직종이나 노동자 간에 갈등과 불평불만을 일으킬 수 있기 때문에 난이도가 높은 문제였다. 이에 대한 해결책으로 김일성은 노동정량을 정할 때 군중노선에 입각해서 당총회에서 토론하고 조합원총회에서 결정할 것을 교시하였다.[143]

그런데 북한에서 노동과 학습의 동기를 물질적 자극과 정치도덕적 자

---

142) 조선로동당출판사, 『누구나 일하며 다 잘 사는 세상』(평양: 조선로동당출판사, 1960), 83~84쪽.

143) "군인민위원회와 관리위원회에서 로동정량에 대하여 심중히 토의하고 표준정량표를 만들어야 합니다. 이것은 어느 한 사람이 책상머리에 앉아서 결정하여서는 안 됩니다. 당총회에서 토론하고 조합원총회에서 결정해야 합니다. 작업반장들은 이것을 기준으로 해가지고 조합원들의 로동을 정확하게 평가하여주어야 하겠습니다." 김일성, 「사회주의적 농촌경리의 정확한 운영을 위하여(1960. 2. 8.)」, 69쪽.

극이라고 이분법으로 분류하는 데는 문제가 있어 보이고, 북한 체제를 이해하는 데 오해를 낳을 수 있을 것 같다. 물질적 자극이나 정치도덕적 자극이라는 말로는 정확하게 표현될 수 없는 것에 사회적 자극이라는 명칭을 부여하는 것이 옳을 것 같다. 사회적 자극은 사회적 인정이라고 할 수 있고 북한식 이분법에 따르면 사회적 인정은 물질적 자극이 아닌 정치도덕적 자극의 일부라고도 할 수 있다. 반복적으로 사회적 인정을 받는 것은 그것이 직접적으로 물질적인, 경제적 지위를 동반하지 않는다고 해도 궁극적으로는 입당이나 계급, 성분상의 변화를 초래할 수 있기 때문에 정치도덕적 자극이라고도 할 수 있을 것이다. 그러나 엄밀하게 말한다면 사회적 자극은 정치사상적 자극과 물질적 자극을 연결해주는 고리로 보인다. 이것은 사회주의국가가 대중에 대한 억압기제뿐만 아니라 동의기제를 가지고 있다고 했을 때 항상 관찰되는 현상이기도 하다.

이것을 『천리마기수독본』에서는 사회적 평가라고 하였고 사회적 평가에는 선전과 깃발수여라는 두 가지 형태가 있으며 선전이란 속보, 벽신문, 공장신문 등을 통해 공장주책지구에서 선전하거나 강연회, 보고회, 학습회 등 군중집회를 이용하여 대중 앞에서 찬양하는 것을 말하고, 깃발은 승리의 깃발(작업반)과 순회우승기(직장)을 수여했으며, 개인들은 '영예의 책'에 기록해주는 것이라 설명하고 있다.[144)]

사회적 인정도 물질적 자극과 마찬가지로 중층적인 집단들 속에서 중층적으로 이루어졌고, 북한 인민들은 물질적 성과물뿐만 아니라 정신적 성과에 대해 이중삼중의 평가체계에 살게 된다. 왜냐하면 개인이 소속한 집단이 이중삼중으로 많이 있기 때문이다. 작업반에서는 작업반대

---

144) 『천리마기수독본』, 384쪽. 1960년에 나온 『교육학 : 사범전문학교용』 책에서는 이것을 사회적 여론이라 일컬었다.

로, 기업소에서는 기업소대로, 근로자단체는 근로자단체대로 각각 평가를 하고 표창을 하기 때문이다.

피치자나 피교육자의 태도를 형성하는 데 있어 칭찬은 매우 중요하다. 훈장을 받고 신문이나 선전물에 이름이 오르내리게 하고 연단에 서게 하여 집단적인 축하를 받는 이런 것은 노력과 성취동기를 불러일으키는 데도 도움이 된다. 1960년에 발간된 『교육학: 사범전문학교용』에서는 찬성, 칭찬, 포상, 게시 등을 모두 하나로 묶어서 표창이라고 하고 이에 대해 자세히 규정하고 있는데, 이런 사회적 인정형태는 성인들에게도 거의 똑같이 적용되었다고 볼 수 있다.

ㄱ. 찬성 및 칭찬

찬성은 학생들이 한 행동의 정당성에 대한 교원의 확인인바 《옳습니다》, 《좋습니다》와 같은 말로써 그들의 행동에 동의를 표시하는 방도로써 진행되며, 칭찬은 학생들이 한 행동에 대하여 교원이 큰 만족감으로써 그들의 모범적인 행동에 대하여 구두로 긍정적으로 평가하는 방도로 진행된다. 칭찬의 형태는 여러 가지가 있다. 즉 교원의 개별적 칭찬, 학급 앞에서 학급 담임 교원의 칭찬 또는 전체 학생들 앞에서 학교장, 교무 주임, 소년단 지도원 및 기타 교원이 학생들의 모범적 행동에 대하여 개별적 학생 혹은 학생 집단을 칭찬할 수 있다. 그 외에도 벽보에서 찬양하며, 학부형들에게 통보하는 등 여러 가지 방도가 있다.

ㄴ. 포상. 이는 우수한 성적과 모범적인 행동에 대하여 상장을 주며 표창한다. 포상으로는 교육 문화상, 각도, 시 군(구역) 인민 위원회 위원장 및 학교장의 상장 및 상품을 준다.

ㄷ. 《학생 영예 게시판》에 모범적인 사실을 기록 게시하는 것. 이것은 중학교 이상의 학교에서 적용된다. 교육 문화상 및 도 인민 위원회 위원장 상장 또는 국가 표창을 받은 학생에 한하여 학교에 설치되어 있는 《학생 영예 게시판》에 그의 업적을 기록 게시한다.[145]

또한『교육학: 사범전문학교용』에서는 표창의 교양적 효과를 높이기 위해서 지켜야 할 유의사항도 잘 규정되어 있는데 이것 역시 성인들의 경우도 마찬가지였을 것으로 보인다.

> 표창이 가지는 교양적 영향력을 제고하기 위해서는 다음과 같은 제조건이 구비되여야 한다. 즉 ㄱ) 표창이 표창하는 업적에 적합할 것, ㄴ) 표창하는 사실이 학생의 일정한 긴장된 노력의 표현일 것, ㄷ) 표창이 남을 깎아 내리고 표창 대상자만을 추켜세우는 것이 되지 않고 정당할 것, ㄹ) 표창 받는 학생에게 자중심과 자기 집단의 영예를 제고하려는 의욕을 일으킬 것, ㅁ) 표창은 일반적으로 람용되지 말며, 특수적으로 동일한 사람에게 지나치게 자주 적용되지 말 것 등이다.[146]

이런 찬성, 칭찬, 표창을 최종적으로 누가 기록하여 비치하는 것이《붉은 등록장》이다.《붉은 등록장》에는 학습과 실습, 조직생활, 사회적 노동에서 발휘되고 있는 집단적 혁신자료와 개별적 학생들의 모범적 자료들을 등록하고 학업성적이 특별히 우수한 학생들의 학습방법 같은 것도 구체적으로 기록되었다. 이러한 모범적 자료들은 학기말이나 중요한 사업들을 총화한 다음에 등록하는 사업을 하였다. 학습과 생활에서 모범적이며 생산과업을 초과수행한 노동자들에게 '영예의 붉은 별'을 수여

---

145) 교육학분과집필위원회,『교육학: 사범전문학교용』(평양: 교육도서출판사, 1960, 학우서방, 번각발행, 1961), 295쪽. 이 책에서는 "해설, 담화, 명령, 권고, 훈계, 요청 등 다양한 방법으로 교양을 해야 한다."고 주장하고 있다. 즉 표창은 교양의 한 방편인 셈이다. 물론 표창받은 자는 겸손해야 한다. 표창을 축하하는 것도 중요하다. 표창은 단지 공적 기구로부터 받는 것으로 그쳐서는 안 된다. 집단적으로 축하행사와 도열축하, 벽보 등을 통해 축하하는 것으로 그쳐서는 안 된다. 개별적인 인간관계에서도 그것은 살아 있어야 한다. 즉, 개별적으로 축하해야 한다.

146) 교육학분과집필위원회,『교육학: 사범전문학교용』, 296쪽.

했고, 붉은 별 열 개를 받으면 《붉은 등록장》에 게시하였다.[147)]

《붉은 등록장》은 학생들의 인정욕망을 채워주었고 천리마학급칭호쟁취운동의 일상적으로 뒷받침해 주었다. 이론상으로는 사회주의사회에서는 노동자들은 노동의 대가가 물질적으로 돌아오지 않더라도 정신적인 가치를 추구해야 한다. 공산주의 승리라는 미래를 전망하는 사람들은 대가 없는 노동을 희생과 봉사라고 생각해서도 안 되며, 당연히 해야 할 일이라고 생각해야 한다. 희생과 봉사는 정언명령이 되어야 하고 사람들은 도덕률이 되어야 한다. 이것이 김일성이 가졌던 주된 생각이었을 것임에도 불구하고, 김일성은 그보다 더 강하게 사회적 인정의 필요성을 강조하였다. 사회주의 인간개조는 희생과 봉사의 도덕률에 대한 교양만으로는 안 된다. 사회적 인정을 반복해서 확인하는 과정이 필요했던 것은 당사자의 인정욕망을 충족시키기 위한 것도 있지만 그것을 통해서 타자들의 인정욕망을 부추기고 그들이 당사자처럼 희생과 봉사를 하도록 추동하려는 의도였다 볼 수 있다.[148)]

그러나 북한은 이와 같은 사회적인 외부적 자극을 정확히 정치도덕적 자극의 핵심으로서 말한 것은 아니다. 이러한 사회적 인정이 대부분의 공산주의국가들에서와 마찬가지로 북한에서도 주효했음에도 불구하고 북한이 명명한 정치도덕적 자극이라는 말이 사회적 인정이라는 말보다 행위자들의 자발적이고 능동적 역할을 내포했기 때문으로 생각된다. 북한 주민들이 외적 자극이나 평판, 여론을 넘어서서 자각적인 노동과 학습, 사회주의사회 건설을 위해 자신의 모든 것을 스스로 바칠 수 있도록 사상교양하고 사상을 주입시켜야만 정치도덕적 자극은 작동할 수 있다.

---

147) 조정아, 「산업화 시기 북한의 노동교육」, 188~189쪽.

148) 인간의 동기는 물질적 이익보다 타자로부터의 인정이라는 것을 가장 잘 설명하고 있는 철학자는 악셀 호네트다. 악셀 호네트, 『인정투쟁』(서울: 동녘, 1996) 참조.

개인보다 집단을 위하고 물질적 이익보다는 집단의 목표에 충실한 사람이 되어야 정치도덕적 자극이 작동할 수 있을 것이다. 정치도덕적 자극에 적극적으로 반응하는 사람들을 양성하기 위해서 김일성은 교육과 교양을 강화한 것이다. 제도적으로 또는 사회적 인정을 통해서 개인의 물질적 이익보다 집단의 명예를 생각하도록 만들어야 하지만, 명예 이전에 먼저 도덕적 요구로서 행위자의 내면에서 우러나오도록 해야 한다는 것이다. 정치도덕적 자극이라고 해서 그 모든 자극이 집단주의적인 속성을 지닌 것은 아니기 때문이다. 물질적 자극만큼 쉽게 드러나지는 않지만, 정치도덕적 자극도 이기주의적 속성을 가질 수 있다. 이것을 북한에서는 공명주의라고 했다. 공명주의는 정치도덕적 자극으로 위장된 사회적 인정의 추구라고 할 수 있을 것이다.

그러나 사회주의가 완전히 승리하지 못한 과도기적 사회에서 최종적으로 입당이나 사회적 인정과 지위를 얻는 식으로 귀결이 될 수 없다면, 단지 도덕적인 이유로 모든 불이익을 감수할 수 있는 사람은 별로 없을 것같다. 그리고 북한에서는 이런 사회적 지위향상을 통해 좀더 나은 물질적 대가를 얻을 수 있었기에 정치도덕적 자극은 물질적 자극과 완전히 다른 것일 수가 없었다.

사회적 인정은 생산성을 올리는 데서 결정적 역할을 하고, 북한 체제에 대한 북한주민들의 동의기제, 옹호기제로서의 역할을 하였고, 북한 체제의 계급적 기반을 구축하는 데 매우 중요한 역할을 했음은 분명한 것 같다. 이것은 조선 노동당의 대중정당화, 군중노선과도 일맥상통하는 것이다. 그리고 김일성이 통일시대를 대비해서 노동당원 수를 늘려나간 것도 이와 같은 노선과 통한다고 할 수 있다. 이런 군중노선에 대해 기존의 당 일군이나 기득권자들은 자신의 사회적 지위나 인정이 상대적으로 하락하는 것에 질투하여 반대해 나섰고, 관문주의자들은 성분중시와 엘리트주의를 내세워 반대를 했지만, 김일성은 당의 대중정당화노선을 밀고 나갔다. 따라서 조선노동당을 대중정당으로 만드는 것 자체가 김일성의 혁명적 군중노선의 가장 핵심적 요소였다고 할 수 있을 것 같다. 많은 인민들이 사회적 인정을 받을 수 있는 기회를 더 많이 가질 수 있도록 조선노동당을 개방함으로써 사람들로 하여금 인정경쟁에 뛰어들게 만드는 것이 바로 혁명적군중노선의 핵심적인 요소였던 것으로 보인다.[149]

김일성은 사회주의건설을 위한 조직적 필요와 군중노선이라는 정책만을 이유로 당원의 확대방침을 내세운 것은 아니다. 김일성은 조선공산주의자들에게 분단상황임을 상기시키고 남조선의 공산당의 조직확대가 불가능하다는 것, 그리고 통일을 대비해서 남조선에서 공산주의를 심으려면 많은 노동당원이 미리 양성되어야 한다는 것을 이유로 내세움으로써 당원을 대중적으로 확대해야 한다고 설득했다. 그러나 김일성은 이를 통해서 북한주민들의 인정욕망을 부추기고 지위투쟁에 나서게 할 수 있었던 것이다.

> 지금 우리 당원의 비률을 보면 인구 1,000만에 당원이 100만이니 인구의 10%에 달합니다. 이것은 물론 적은 비율은 아닙니다. 그러나 전 조선인구 3,000만에 비하면 100만이라는 숫자는 결코 많은 숫자가 아닙니다.
>
> 남조선에서는 극히 곤란한 환경에서 지하운동이 전개되고 있는것

149) "또 요즘 천리마기수가 너무 많아지지 않는가고 하면서 걱정하는 사람들이 있는데 천리마기수가 많으면 많을수록 좋은 일이지 조금도 나쁠것이 없습니다. 우리당의 방침은 모든 사람들을 다 교양개조하여 한사람도 뒤떨어진 사람이 없게 만들고 모든 사람이 다 선진분자로, 혁신자로 되게 하자는것입니다. 문학예술인들속에서도 서로 시기하며 질투하는 현상을 철저히 없애고 서로 돕고 이끄는 공산주의적기풍을 확립하도록 하여야 하겠습니다." 김일성, 「문학예술총동맹의 임무에 대하여(조선문학예술 총동맹 중앙위원회 집행위원들앞에서 한 연설: 1961월 3월 4일)」, 『김일성저작집15』(평양: 조선로동당출판사, 1981), 45쪽.

> 만큼 당력량의 발전이심히 제한되지 않을수 없습니다.
> 통일이 되면 남조선에서도 당원수가 장성하겠지만 그때에 적은 수의 당원을 가지고 사업하자면 곤란할 것입니다. 지금부터 우리가 북반부에서 많은 당원을 길러두었다가 통일된 후에 남북에서 고루 활동하게 하면 무엇이 나쁠것이 있겠습니까? 그런데 허가이는 당중앙위원회 제4차 전원회의 당시 당원이 60만이 넘지 않았는데 당의 문을 닫자고 주장하였습니다. 그때에 당은 허가이의 의견을 비판하고 계속 당대렬을 확대하는 방향으로 나아갔습니다.[150]

북한에서는 사회적 인정 중에서도 정치적 지위를 얻기 위한 방편이야말로 정치적 자극이라고 할 수 있을 것이다. 여기에는 조선로동당원이 되는 것, 즉 입당이 가장 일반적인 형태이지만 '공화국영웅', '노력영웅' 등의 정치적인 명예로서의 칭호를 받는 방법, 최고인민회의 대의원의 지위를 얻는 방법이 있었다. 그에 반해 사회적 인정이 박탈되거나 손상되는 불명예와 수치심을 주는 경우도 있었다. 이런 불명예와 수치심을 주는 방법에는 일반적인 여론과 도덕적 평가도 있었고 제도화된 교육벌과 행정처벌이 있었다. 이러한 처벌은 표창과 마찬가지로 공개적이었고 사회적 공론화의 대상이 되었다.

한국과 같은 자유주의사회에서도 좌천이나 행정적 처벌이 개인에게

---

150) 김일성, 「사상사업에서 교조주의와 형식주의를 퇴치하고 주체를 확립할데 대하여(1955. 12. 28)」, 『김일성저작집 9』(평양: 조선로동당, 1980), 485~486쪽. 당원도 1956년에는 인구대비 10%(1,164,945명)이었음에 비해, 1961년(1,311,563명) 인구대비 12.2%로 늘어났다. 이것이 천리마작업반운동과 연동되어 있다는 것을 알 수 있다. 그런데 이렇게 사회적 인정을 대중적으로 확산하다보면 어느 단계에서는 정체되기 마련이다. 인원수를 더 늘리거나 입당과는 다른 사회적, 정치도덕적 자극이 필요할 것이다. 그런데 인원수를 더 늘리게 되면 사회적인정의 희소성이 떨어지고 입당이 주는 자극의 유인효과가 떨어지게 될 것이다. 천리마작업반운동이 초기에 대중동원력이 있었지만 후기에 가서 그 힘이 소진되기 시작한 것은 입당하는 인원수가 정체되었기 때문이라고도 볼 수 있을 것 같다.

주는 충격이 매우 크고 그것 때문에 그것이 두려워 행위자들도 일정한 행위를 하기도 하고 안하기도 한다고 할 수 있다. 그러나 자유주의사회와 달리 북한에서 무엇보다도 두려운 것은 비판과 처벌의 명백한 공개성이며 집단성이다. 그리고 출단이나 출맹이 된 북한 주민은 자신이 소속될 새로운 단체를 찾아 자신이 거주하던 지역을 떠나야 하는 상황이 된다. 북한 주민들은 매우 촘촘한 인간관계를 맺고 있기 때문에 개인에 대한 평판이나 여론은 지역사회에 쉽게 공유되는 것 같다. 따라서 과오를 범한 북한 주민이 혹시 다른 곳으로 떠난다고 해도 대중의 비판과 과오를 벗어날 수는 없다. 북한에서는 개인의 이력이 공적으로 기록이 되고 관리가 된다. 그것은 학교, 소년단, 사로청에서도 마찬가지였으며 집단주의가 제도화되고 조직생활과 수령에 대한 충실성교양이 한층 강화되면서 이런 책벌의 누적적 기록과 기록의 계승은 더욱 강화된 것으로 보인다.

집단의 논리를 따르지 않는 북한 주민들은 동료와 이웃으로부터 비판과 질책을 받아야 하기 때문에 사회적 존재로서 버텨나가기 힘들었을 것 같다. 북한 사회가 집단주의를 유지한 힘은 강력한 법적 처벌을 통해서 유지되었다기보다는 일상적으로 제도화된 사회적 인정의 강력한 영향력에 의한 것이라고 봐야 한다. 북한에서는 누군가가 사회적 인정을 받지 못함에도 불구하고 도덕적으로 살 수 있다는 등식은 성립될 수 없을 것 같다. 북한사회주의산업화 초기에는 사회적 인정=도덕적인 삶=정치적 삶이라는 등식이 쉽게 이루어졌다고 할 수 있다.

5. 대안의 사업체계

천리마작업반운동과 청산리정신, 청산리방법과 3위 일체를 이루었던 대안의 사업체계는 북한에서는 '당위원회의 집체적 지도, 지배인의 유일적 지휘'라고 표현한다. 청산리정신, 청산리방법을 공장관리에 적용해서 제도화한 것으로 알려진 대안의 사업체계는 김일성이 1961년 11월 27일부터 12월 1일까지의 기간에 진행된 당중앙위원회 제4기 제2차 전원회의 확대회의에서 제시한 후에 김일성이 1961년 12월에 10일간 대안전기공장에 대한 현지지도를 통해서 만들어낸 새로운 사회주의경제관리체계라 한다.

당위원회의 집체적 지도란 기술자가 부족한 후진국 사회주의국가들이 탈스탈린노선의 한 방편으로 택한 관리제도이기도 했다. 중국에는 1952년부터 일인지도제(일장제: 一長制)가 중소경제원조협정에 따라 소련의 산업설비와 기술이 이전되면서 함께 들어왔다고 한다. 그러나 중국에서도 북한과 마찬가지로 낮은 교육수준, 전문적 능력의 부족으로 인해 일인지도제의 운영이 어렵게 되자, 1956년 9월부터 '당위원회 영도하의 공장장책임제'를 두는 변형된 운영제도가 실시되었으며, 이에 따라 생산계획과 중요한 인사정책의 결정은 공장당위원회가 담당하게 되었다고 한다.[151]

대안의 사업체계는 스탈린주의 유산이라고 할 수 있는 지배인 유일관리제를 당위원회의 집체적 지도에 맡긴 것이다. 기업소의 지배구조가 유일관리제에서 집단지도체제로 바뀐 것을 대안의 사업체계에 담았다. 북한자료에 따르면 "대안의 사업체계에서는 당위원회의 집체적 지도 밑에 공장, 기업소를 관리운영하는 원칙이 새롭게 세워지고 생산에 대한 기술적 지도를 강화하고 생산을 종합적으로 지도하는 생산지도체계가 확립되었다. 또한 자재를 위에서 아래로 공급하여 주는 자재공급체계와 새로운 후방공급체계가 세워졌다. 대안의 사업체계가 확립됨으로써 낡

---

151) 송두율, 『소련과 중국: 사회주의 사회에서의 노동자 · 농민 · 지식인』(서울: 한길사, 1990), 25~26쪽. 북한에서는 당위원회가 키를 잡고 지배인은 노를 젓는 것으로 당위원회와 지배인의 역할을 나누어 비유적으로 설명하고 있다.

은 기업관리방법인 지배인유일관리제가 없어지고 당위원회가 각각의 경제단위의 최고지도기관으로 되었으며 기업관리에서 당위원회의 집체적 지도체계가 나왔다. 그리하여 기업관리에서 개인주의 주관과 독단을 없애고 집체적 지혜를 동원하여 규모가 큰 현대적인 사회주의경리를 훌륭히 관리운영할 수 있게 되었다."고 했다.[152]

그리고 "대안의 사업체계에서는 당위원회에서 집체적으로 토의결정한 방향과 방도에 따라 지배인이 계획화사업, 기술지도, 생산보장, 재정관리를 통일적으로 틀어쥐고 지휘하며 당위원회가 행정지휘관의 지휘를 당적으로 안받침함으로써 직장과 직장, 작업반들 사이, 생산공정들 사이의 연계가 정확히 맞물려 조화롭게 이루어지게 되며 수많은 사람들의 각이한 생산활동이 경제법칙의 요구를 관철하기 위한 하나의 목적에 복종되어 일치성을 보장할 수 있게 된다."고 했다.[153]

이런 식으로 해서 자본주의적인 기업경영방식인 지배인유일관리제는 해체되었고, 당, 지배인, 직맹, 기사장이 역할이 재조정되었다. 북한에서 이렇게 유기적이며 집체적인 지도를 택하게 된 이유는 주체확립과 혁명적 군중노선에 따른 통일단결의 요구, 공산주의적인 인간으로의 개조의 요구, 기존 지식인들에 대한 불신 때문이기도 했지만 천리마시대의 북한에서도 일인관리제를 배격한 중국과 유사하게 사회주의공업화를 하기에는 기술자, 인테리, 전문가가 절대적으로 부족했기 때문이기도 했다. 지금은 대안의 사업체계가 사회주의건설의 필수불가결한 제도로 선전되고 있지만 원래는 북한에서 집단화와 급격한 공업화로 인해 규모도 커지고 복잡해진 기업소를 운영하기에는 각 기업소별로 놓아둔다면 기업소나 지배인들은 본위주의에서 벗어날 수 없고 그렇게 되면 기업소별

---

152) 사회과학원역사연구소, 『현대조선역사』(도서출판 일송정, 1988), 381쪽.
153) 사회과학출판사 편, 『경제건설이론』(서울: 태백, 1989), 243쪽.

본위주의는 결국 노동자들에게 개인주의를 불러 일으키게 될 것이기 때문에 시도된 한시적인 조치이기도 했다. 기업소를 사회주의적으로 관리할 준비된 능력과 지혜가 절대적으로 부족했기 때문에 이 난관을 군중의 힘, 자력갱생과 통일단결의 힘으로 해결하고자 했던 한시적인 조치이기도 했다.

뒤이어 김일성은 평안남도 숙천군을 현지지도 하였는데 이 과정에서 군인민위원회를 통하여 농촌경리를 행정적 방법으로 지도하던 그전의 체계와는 다른 새로운 농업지도체계를 세울 데 대한 방침을 내놓았다. 농촌경리를 군인민위원회에 떼어내서 군협동농장경영위원회가 공업처럼 기업적으로 지도할 수 있게 되었다. 이것은 농촌의 협동적 소유를 '전인민적소유'로 전환하기 위한 점진적인 수단으로 선전되었다. 이로서 천리마작업반운동이 청산리정신, 청산리방법, 대안의 사업체계, 새로운 농업지도체계가 유기적인 관계를 형성한 시기라고 할 수 있다. 물론 천리마작업반운동, 청산리방법, 대안의 사업체계는 당정책이자 김일성의 교시로서 대중에게 제시되었고 이는 김일성의 위상을 높이는 역할을 하게 되었다.

제5절 인민적 사업작풍

김일성이 청산리지도에서 보여준 것은 혁명적 사업방법뿐만 아니라 사업작풍이나 혁명적 교양교육방법도 있었다. 청산리방법이 성공하기 위해서는 위가 아래를 도와주고, 현실을 '요해'하고, 정치사업을 앞세우고, 혁명적인 교양교육방법으로 군중을 동원해야 한다. 또한, 사업작풍이 바뀌어야 했다. 간부자신들의 인간개조의 측면에서 보면 리더십 개조의 핵심은 사업작풍의 개조에 있었다. 새로운 리더십을 구축하는 데 있어 김일성은 간부들의 사업작풍을 사업방법만큼이나 중요시했다. 북한에서는 청산리정신과 청산리방법은 김일성이 항일유격대식 사업방법을 토대로 창조한 것이지만, 청산리에서 보여준 김일성의 사업작풍은 새로 창조했다기보다는 항일유격대 시절부터 있어왔던 사업작풍을 그대로 보여준 것이라고 주장하고 있다. 청산리에서 김일성이 보여준 사업작풍에다 평소에 이야기한 것들을 덧붙이고 모아놓은 것이 혁명적 사업작풍이다. 청산리방법이 항일빨치산의 경험을 새롭게 적용한 것이라고 했듯이 사업작풍 역시 항일빨치산의 경험을 새롭게 적용한 것으로 하였고 이 둘은 서로 의존적이었다. 사업방법이든 사업작풍이든 현재는 과거를 정당화하였고 과거는 현재를 정당화하였다.

일꾼들의 사업방법은 기능적으로 접근하면 겉모습으로 평가할 수도 있고 알아낼 수도 있으며 배울 수도 있고 흉내 낼 수도 있다. 그러나 사업작풍은 흉내 내기도 어려운 것이다. 김일성이 보기에 관료주의와 형식주의는 사업작풍과 사업방법의 문제점이기도 하고 사업작풍과 사업방법을 넘어 사상의 문제이기도 했다. 특히 사업작풍은 간부의 사상의 내적인 측면이 드러나는 영역이라고 할 수 있다. 사업작풍은 간부들 각자가 가지고 있는 개성이나 성격과는 다른 인격적 측면이며, 사상의 측면으로 간주되었다. 그리고 간부들이 갖춰야 할 이와 같은 인격적, 사상적 측면은 당성, 노동계급성, 인민성으로 요약되었다.

김일성은 혁명적 군중노선의 원천을 당성, 노동계급성, 인민성으로 해석하고 그에 따라 혁명적 군중노선을 구체화하였다. 당성은 충성, 복종 뜻한다면 노동계급성은 적개심(증오, 혐오), 배타성를 뜻한다. 이에 반해 인민성은 포용력을 뜻하는데 또 다른 의미에서는 인민에 대한 지배계층의 복종을 뜻한다. 당성, 노동계급성, 인민성은 상호의존관계에 있으며 부족한 점을 서로 채워주고 있다.

그 결과야 어떻든 사회주의혁명과 건설과정에서 김일성에 비해 농민을 불신했던 스탈린은 당성과 노동계급성만을 강조하였다면 당을 불신했던 모택동은 당성을 배제하고 노동계급성과 인민성만을 강조한 것이라고 볼 수 있다. 결국 김일성이 혁명적 군중노선을 당성, 노동계급성, 인민성으로 규정하는 것 자체가 이미 새로운 군중노선을 창조하기 위한 사전작업이었다고 할 것이다. 김일성은 1964년 12월 당중앙위원회 제4기 제10차 전원회의에서의 결론 "지도일군들의 당성, 계급성, 인민성을 높이며 인민경제의 관리운영사업을 개선할데 대하여"에서 이를 분명히 하고 있다.

> "인민경제관리운영사업에서 결함을 나타낸 가장 주요한 원인은 성, 관리국 간부들, 도급기관간부들에게 당성, 계급성, 인민성이 적은데 있습니다.
>
> 일군들이 자기에게 맡겨진 임무를 훌륭히 수행하는가 못하는가 하는 것은 결국 그들의 당성과 계급성, 인민성에 달려있습니다."[154]

김일성은 이 결론에서 지도일군들의 당성, 노동계급성, 인민성은 일군들의 사업방법과 사업작풍에서 관건이 된다는 것을 주장하였고, 후일에 양협섭은 인민성을 사업작풍과 관련지어 설명하고 있다. 당성, 노동계급성, 인민성을 직접적으로 구현한 것은 사업작풍이라고 할 수 있으며 간부들의 당성, 노동계급성, 인민성은 쉽게 사업작풍으로 드러날 수 있다는 뜻이기도 하다.[155]

당성, 노동계급성, 인민성은 청산리정신, 청산리방법과 무관한 것이 아니었다. 그렇지만 북한에서는 이를 청산리식 사업작풍이라고 하지 않는다. 왜냐하면 김일성이 청산리에서 15일간 보여주려고 했던 것은 주로 청산리정신과 청산리방법이었기 때문이다. 또한 사업작풍의 창조는 청산리에서 15일만에 만들어진 것이 아니라 그 이후 김일성의 줄기찬 현지지도과정에서 다듬어지고 체계화되었기 때문이다. 그리고 청산리방법의 원천으로서 청산리정신이 있듯이 당성, 노동계급성, 인민성이

---

154) 김일성, 「지도일군들의 당성, 계급성, 인민성을 높이며 인민경제의 관리운영사업을 개선할 데 대하여(1964. 12. 19)」, 『김일성저작집 18』(평양: 조선로동당출판사, 1982), 497쪽.

155) 양형섭은 이것을 이신작칙, 겸손, 소박, 너그러움, 서로 위하고 도와줌으로 나열하고 있다. "김일성동지께서는 혁명적 군중노선을 철저히 관철하기 위한 열쇠를 공산주의적 사업방법과 함께 인민적 사업작풍을 철저히 확립하는 데서 찾으시고 인민적 사업작풍의 가장 훌륭한 전형을 창조하시었습니다. 수령님께서 천명하신 인민적 사업작풍은 당성, 노동계급성, 인민성으로 일관된 사업작풍이며 당정책을 철저히 옹호하고 불굴의 투지로 그것을 끝까지 관철해 나가는 혁명적 기풍과 군중의 앞장에 서서 이신작칙하며 겸손하고 소박하고 너그러운 인민적인 품성을 내용으로 하고 있는 사업작풍입니다." 양형섭, 「위대한 수령 김일성동지의 혁명사상을 철저히 옹호하고 널리 해석 선전하기 위한 사회과학의 임무에 대하여」, 백두연구소 엮음, 『주체사상의 형성과정1』(서울: 도서출판 백두, 1988), 249쪽. "경애하는 수령 김일성동지께서는 혁명가들이 가져야 할 사업작풍에 대하여 다음과 같이 교시하시였습니다. "사업에서는 인민의 앞장에 서서 희생적으로 일하는 혁명투사의 모범을 보여야 하며 생활에서는 검박하고 겸손하고 서로 위하고 도와주는 참된 인간의 모범을 보여야 합니다." 양형섭, 「위대한 수령 김일성동지의 혁명사상을 철저히 옹호하고 널리 해석 선전하기 위한 사회과학의 임무에 대하여」, 249~250쪽.

공산주의적 사업작풍의 원천이라고 볼 수 있다.[156)]

1974년 이후 주체사상이 김일성주의화 되면서 공산주의적 사업작풍(혁명적 사업작풍)은 하위항목으로 혁명적 사업기풍과 인민적 품성을 갖게 되었다. 그러나 이 시기의 김일성의 발언이나 북한 문헌들에서는 이렇게 구분하지 않고 그냥 뭉뚱그려 당성, 노동계급성, 인민성이 공산주의적 사업작풍에 반영되었다고만 할 뿐이다. 이 글에서는 사업작풍을 1974년 이후의 김일성주의의 체계에 따라 혁명적 기풍과 인민적 품성으로 나누어서 보되, 천리마시대의 체계에 맞게 혁명적 기풍 중에 당성만은 별도로 분리해서 설명하고자 한다. 즉 김일성이 일군들에게 요구한 공산주의적 사업작풍을 당성=수령에 대한 충실성, 혁명가적 기풍, 인민적 품성으로 나누어서 설명하고자 한다. 그런데 당성은 당성=수령에 대한 충실성에 대응하고, 노동계급성은 혁명가적 기풍에 대응하고, 인민성은 인민적 품성과 대응하는 관계에 있다고 볼 수 있다.[157)]

---

156) 천리마작업반운동에 "공산주의교양에 대하여(1958. 11. 20)"가 반영되었듯이 사업작풍과 관련하여서는 "당사업방법에 대하여(1959. 2. 26)"가 반영되었다. 김일성, 「당사업방법에 대하여(1959. 2. 26), 『김일성저작집 13』(평양: 조선로동당출판사, 1981), 108~147쪽; 당성 또는 당에 대한 충실성과 관련하여서는 1959년 3월 23일 조선로동당 함북도위원회 확대전원회의에서 한 연설인 "함경북도 당단체들의 과업"에서도 규정되었다.

157) 이와 같은 당일꾼들이 갖춰야 하는 당성, 혁명가적 기풍, 인민적 품성은 74년에 만들어진 '당의 유일사상체계확립을 위한 10대원칙'에 그리고 최종적으로 80년에 개정된 조선로동당 규약에 모두 반영된다. "당원은 당성을 부단히 단련하기 위한 높은 조직의식을 가지고 당생활에 자발적으로 참가하여 자신을 혁명화, 로동계급화하여야 한다."(「조선로동당 규약(1980. 10. 13)」, 최종고, 『북한법』, 93쪽) "당원은 고상한 공산주의적 도덕품성을 소유하고 조직과 집단을 사랑하며 조직과 집단의 리익을 위하여 개인의 리익을 희생할 각오가 되어 있어야 한다. 당원은 높은 혁명적 자립정신을 발휘하고 모든 애로에 대하여 과감히 투쟁해야 한다. 당원은 항상 소박, 솔직, 겸손하여야 하며 사리와 공명을 탐내지 말고 당과 함께 솔직하며, 인간성이 풍부하고 문화적이어야 하며 국법과 사회정서 및 공중도덕 준수에 모범이 되어야 한다."(같은 글, 94쪽) 인민적 사업작풍이 85년의 『철학사전』에서는 혁명가적 기풍과 인민적 품성으로 나누어져 있다. 천리마운동 시기에는 노동계급화와 혁명

1. 당성=수령에 대한 충실성

김일성은 공산주의교양과 문화, 기술교양이 모두 당에 대한 충실성교양과 결부되어야 한다고 주장한다. 그리고 근로자들을 당에 대한 충실성의 정신으로 교양한다는 것은 그들의 당성을 제고하는 말과 같다고 한다. 당에 대한 충실성은 당 생활의 충실성을 뜻한다. 당원에게 당 생활은 정치적 생명이다.[158)]

특히 청산리방법에서 정치사업 즉 당정책을 앞세운다는 것과 당성은 같은 이야기이지만 사업작풍으로서 당성이란 주로 간부 자신이 갖춰야 할 덕목이었다. 당성은 결국 간부의 정치적 입장이 드러나는 태도라고 할 수 있다. 그렇다면 당에 대한 충실성, 당 생활의 충실성이란 무엇인가? "공산주의 교양에 대하여"에서는 "당성이란 당의 정책과 결정을 관철하기 위해서는 물불을 가리지 않고 자기의 모든 힘, 필요하다면 생명까지 바쳐 싸우려는, 당과 인민에 대하여 무한히 충성스러운 그러한 전투정신을 가리켜 말하는것입니다."로 간결하게 요약하고 있다.[159)]

화가 74년의 유일사상체계에서보다는 미분화 상태였다. 북한에서는 공산주의적 인간개조의 목표로서 혁명화, 노동계급화를 내세우는 데 넓은 의미의 혁명화라는 것은 당성, 노동계급성, 인민성을 갖추는 것을 뜻한다고 볼 수 있다. 김일성은 혁명화, 노동계급화를 분리해서 생각하지 않았지만 이시기 노력동원을 위해 노동계급화가 무엇보다도 강조되었고 북한 주민들은 노동계급화에 더해 당성, 계급성, 인민성을 가짐으로써 혁명화가 될 수 있었다. 노동계급성이 노동계급화로 표현된다면, 혁명화는 노동계급성을 포함한 당성, 노동계급성, 인민성에서 나온 것이라고 할 수 있다. 어쨌든 김일성이 혁명화, 노동계급화를 함께 붙여 쓰는 것을 거의 원칙으로 삼았던 것으로 보면 혁명화와 노동계급화는 분리될 수도 있지만, 서로 대체될 수도 있다는 뜻으로 보인다. 마르크스-레닌주의에서는 노동계급이야 말로 유일한 혁명적 계급이기 때문이다. 노동계급화와 혁명화에 대한 자세한 설명은 제4장 '교육교양내용'에서 다룰 것이다.

158) 김일성, 「모든 문제해결에서 중심고리를 튼튼히 틀어잡고 거기에 력량을 집중하자(1959. 9. 4)」, 『김일성저작집 13』(평양: 조선로동당출판사, 1981), 381쪽.

159) 김일성, 「공산주의교양에 대하여(1958. 11. 20)」, 602쪽.

그러나 당성을 좀 더 분석적으로 보면 다음과 같다고 할 수 있다. 첫째, 당성은 당의 통일과 단결을 보위하기 위해 항상 투쟁하는 것이다. 당원은 당의 통일과 단결을 보위하기 위해서 항상 투쟁해야 하는데 그것도 구체적으로 당중앙위원회를 구심으로 통일 단결해야 한다는 것이다. 구체적으로 당중앙위원회를 중심으로 단결하지 않는 모든 지방주의, 가족주의, 종파주의와 단호하게 투쟁해야 한다는 것이다.[160)]

당중앙위원회를 구심으로 통일 단결해야 하는 이유는 바로 민주집중제의 원리에 따른 것이다. 당중앙위원회가 제시하는 정책은 민주적인 절차를 밟아서 만들어 진 것이기 때문에 당정책은 당중앙위원회의 정책과 같기 때문이다. 그러나 1957년 단일지도체계가 성립된 다음에 당중앙위원회를 내세우는 김일성의 발언은 왠지 석연치 않게 보인다. 이미 당중앙위원회는 조선로동당원의 당중앙위원회가 아니라 수령의 당중앙위원회였기 때문이다. 지방당간부나 기층당원들 중에는 수령의 간부나 수령의 당원이 아닌 자도 있었겠지만, 당중앙위원회만은 김일성계가 독점하고 있었기 때문이다. 이들에게 당중앙위원회나 당이라는 말은 곧 김일성 개인의 말이고 당정책은 김일성의 정책이라고 생각할 수밖에 없는 상황이었다. 그러나 1967년 이후에는 당성의 핵심적 요소는 수령에 대한 충실성이 된다. 당의 유일사상은 수령의 사상이고 수령의 사상인 주체사상은 사상에서 주체, 정치에서 자주, 경제에서 자립, 국방에서 자위의 원칙으로 일관된 사상이다. 당은 수령에 의해 영도되고 당정책은 수령의 정책이기 때문이다. 수령을 중심으로 통일단결 해야만 되고, 혁

---

160) "당에 대한 충실성, 다시말하여 당성은 무엇보다도먼저 당의 철석같은 통일과 단결을 보위하기 위하여 늘 투쟁하는 데서 표현되여야 합니다.(중략) 그러므로 전체 당원들은 당중앙위원회를 보위하며 그 주위에 더욱 굳게 뭉쳐 당의 통일과 단결을 방해하는 지방주의, 가족주의, 종파주의의 사소한 표현도 묵과하지 말고 그것을 때려부수기 위하여 단호히 투쟁해야 합니다." 김일성, 「공산주의교양에 대하여(1958. 11. 20)」, 602~603쪽.

명과 건설에서 승리를 쟁취할 수 있기 때문이다.

둘째, 당정책에 대한 학습과 당조직생활에 충실해야 한다. 당정책을 잘 알고 당생활을 철저히 하면서 모든 것을 당정책에 의거해서 판단하고 생활하는 것을 말한다. 마르크스-레닌주의와 당정책 학습이며 당조직생활이 요구하는 것에 충실한 것이다. 마르크스-레닌주의의 일반원리를 학습하고 당정책을 잘 연구해야 한다. 학습자체가 당조직생활의 주요 부분이기도 했다. 『조선로동당략사: 1979년판』에 따르면 김일성은 당고위직 일군들에게도 학습과 당조직생활에서 예외를 인정하지 않았다.

> 특히 성, 관리국간부들, 도급기관간부들에게 그것을 요구했고 그들이 당조직생활(당세포회의와 당학습)에 성실히 참가하도록 했고, 당회의들에서 밑으로부터의 비판을 더욱 강화하고 직위가 높은 당원일수록 스스로 당의 통제를 받기 위하여 노력하도록 지도하였다.[161]

셋째, 정치를 앞세우면서 조직과 선전사업을 잘 해야 한다. 당원들이 당정책을 학습하고 잘 알아야 하는 이유는 자신의 정치의식, 당성을 강화하는 데도 있지만, 궁극적으로는 당정책을 인민들에게 전달하고 인민들을 혁명과정에 동원하기 위한 것이었다. 우선 부단히 학습하여 자체의 수준을 높이며 당성을 단련하는 것이요, 다음으로 당정책관철을 위해 인민의 동원에 앞장서는 것이다. 일꾼들이 스스로 교육교양자가 되는 것은 바로 자신이 학습을 충실하게 하는 방법 중의 하나이기도 했다. 만약 조직 선전사업을 제대로 못해서 적극적으로 대중을 동원하지 못한다면, 그것 자체가 당에 대해 충실하지 못하다는 것을 입증하는 것이었다.[162]

---

161) 조선로동당 중앙위원회 당력사연구소, 『조선로동당략사: 1979년판』 2, 190쪽.
162) "동무들이 당 정책을 해설하고 군중을 혁명과업수행에로 동원할 자기의 임무를

2. 혁명가적 기풍: 자각성, 이신작칙, 자력갱생, 수령에 대한 충실성

북한에서는 혁명가적 기풍도 혁명적 사업방법과 마찬가지로 일제강점기에 민족해방운동을 하면서 창시한 것이라고 했으며 당시 김일성의 사상적 수령은 마르크스-레닌이었겠지만, 누구보다도 김일성이 혁명가적 기풍에 관한 한 가장 이상적인 형태로 구현했다고 주장한다. 북한에서 유일사상체계확립에 의거 당성의 요구가 더욱 강화되고 내용이 풍부해질수록 혁명가적 기풍, 인민적 품성도 더욱 풍부해졌는데, 이것은 당성, 혁명가적 기풍, 인민적 품성이 분리된 것이 아니기 때문이었다. 혁명가적 기풍이 당성을 전제로 하고 있음은 1970년판 『철학사전』을 보면 알 수 있다.

> 혁명가적기풍이란 김일성동지의 혁명사상과 그 구현인 당정책을 옹호하고 그것을 끝까지 관철하기 위하여 투쟁하며 군중속에 들어가 모든 일에서 앞장에 서며 어떤 난관에도 굴하지 않고 계속 투쟁하며 자기사업을 늘 검토하고 제때에 총화하는 공산주의자들의 사업작품을 말한다.[163]

그러나 1980년 10월 13일에 개정된 조선로동당규약에 따르면 당성만으로는 공산주의적 집단주의의 리더가 될 수 없다. 자발적 의지적인 측면이 필요하다. 어떤 상황에서도 리더는 자력갱생해야 한다. 조건이나 남 탓을 하지 말아야 한다. 의지는 낙관적이어야 한다. 공산주의 신

잘 수행하려면 동무들자신이 누구보다도 당 정책을 더 잘 알아야 합니다." 김일성, 「공산주의교양에 대하여(1958. 11. 20)」, 603쪽.

163) 사회과학원 철학연구소, 『철학사전』(평양: 사회과학출판사, 1970, 번각 발행: 동경, 학우서방, 1971), 693쪽.

념을 가진 사람은 혁명가적 기풍을 가질 수밖에 없다. 당성이 수령과 당 중앙위원회의 권위를 내세우는 것이라면 혁명가적 기풍은 자각적으로 나서는 것을 뜻한다.

1967년 수령제가 확립된 다음에는 리더십의 가장 중요한 요소로서 수령에 대한 충성심을 요구하게 된다. 그러나 아직 수령관이 확립되지 않은 자라면 혁명가적 기풍 중에서 결정적으로 중요한 것을 하나 고르면 그것은 이신작칙이라고 할 것이다. 이신작칙은 모든 간부들뿐만 아니라 모든 단위의 책임자들이 해야 할 기본적인 기풍이었다. 북한은 사회주의, 집단주의 사회이며 여기서는 집단을 책임진 자들은 모두가 혁명가가 되어야 하기 때문이다. 공산주의 사회의 리더는 누구건 당성을 가진 당원이어야 할 뿐만 아니라, 혁명가가 되어야 한다.

교육계도 예외가 될 수 없었다. 이신작칙은 실지행동으로 모범을 보이는 것으로서 교원, 학생들이 공감을 불러일으킬 뿐만 아니라 사업의 수행방도까지 생동하게 가르쳐줌으로써 커다란 생활력을 갖는다. 그러므로 학교책임일꾼들은 남에게 하라고 명령만 하는 사람으로 될 것이 아니라 자신의 모범으로 이끌어가는 인민적인 지도일꾼이 되어야 했다.[164)]

이신작칙은 간부들이 혁명과업이나 일상사업이나 모든 혁명사업에서 앞장서는 것이다. 앞장서는 것은 과업을 시작할 때뿐만 아니라 끝마칠 때까지 요구되는 것이다. 혁명가는 자신을 혁명화하는 것이며 어떤 상황에서도 당의 뜻에 따라 누가 알아주건 말건 자기 자신을 성찰하면서 최선을 다해야 하는 것이다. 혁명가의 자세는 자체학습(비판과 자기비판), 가정혁명화에도 이신작칙하는 것으로 드러나야 한다. 천리마작업반운동은 간부들이 이신작칙할 수 있는 기회를 준 것이라고 할 수 있다.

---

164) 교육도서출판사, 『사회주의 학교관리학: 사범대학용』(평양: 교육도서출판사, 1976), 41쪽.

자기가 앞장서서 할뿐만 아니라 남을 돕거나 뒤떨어진 동지들을 돕는데 앞장서야 했다. 봉사하고 자신을 희생하는 데도 당 정책을 관철하는 데도 앞장서야 하고 결국 무슨 일이든 앞장서야 하는데 이것은 매우 어려운 요구였다고 볼 수 있다. 천리마작업반운동은 이와 같은 사업작풍을 만들어가는 운동이었다는 것도 분명하다. 이것은 분명히 천리마작업반운동의 성패의 기준이 되었던 것이다. 이러한 사업작풍이 전제되지 않는다면 천리마작업반운동의 성공 가능성은 희박했다.[165]

또한 간부들은 자력갱생에서 이신작칙해야 했다. 정해진 노동시간 이상의 자발적인 노동과 기술혁신을 연구해야 하는 자세를 가져야 했다. 다른 노동자들에게 근무시간을 지킬 것을 요구하면서도 자신은 보수도 없어도, 누가 알아주지 않아도 근무시간을 넘은 연장근무에 불철주야 과업달성에 온힘을 써야 했다. 그러다 보면 때로는 규율과 규칙에 얽매이지 않고 규율과 규칙을 깨고 수령의 요구와 당의 요구를 실현해야 했다. 이것은 오직 혁명적 양심에 의해서만 가능한 행위였다. 나중에는 이것이 인정받을 수 있겠지만, 성공하지 못한다면 지탄의 대상이 되고 비판받아 매장될 수도 있었다. 자력갱생의 절대 명령은 천리마작업반이나 천리마기수에게 보수주의, 기술신비주의, 보신주의. 관료주의를 깰 것을 요구했고, 이것은 개인에게나 집단에게는 일종의 모험이기도 했다. 가정에서의 책임과 의무를 포기해야 할 때도 있고 사람과 사람이 관계에 긴장을 일으킬 수도 있고, 방해, 견제, 질투, 관망하는 자들도 생겨날 수 있다. 그에 따른 회의, 비관, 자신감 상실 같은 것이 있을 수밖에 없다. 자력갱생에 대해 수령과 당의 지원과 지지가 있겠지만, 항상 자력갱

---

165) “이신작칙에서 중요한 것은 일군들이 언제나 어렵고 힘든 일, 위험한 일에 남먼저 뛰여드는것이며 혁명과업수행과 조직사상생활, 집단로동 등 모든 면에서 모범이 되는 것이다.” 『위대한 수령 김일성동지의 로작 용어사전』(평양: 과학,백과사전출판사, 1982), 552쪽.

생해야 하고 자력갱생에서도 선봉에 서서 이신작칙하는 모습을 보여주는 것은 정신적, 육체적, 감정적으로 인내할 수 있는 한계를 넘어서는 경우가 많았을 것이다.

그러나 다시 계속 전진 계속 혁신해야 하는데 그것은 수령의 명령이고, 혁명의 길이고, 자신은 혁명가가 되어야 하고 수령이 세워준 나라를 발전시킬 의무가 있는 수령의 제자, 수령의 자식, 혁명전통의 계승자이기 때문이다. 이런 식으로 해서 이신작칙은 다시 수령에 대한 충성심으로 수렴되는데, 수령에 대한 충성심이 없는 자는 이신작칙을 하지 않을 것이기 때문이다. 그래서 수령에 대한 충성심은 다시 혁명가적 기풍의 가장 중요한 요소가 되는 것이다.

3. 인민적 품성

일꾼들은 당에 충실하고 혁명가적 기풍을 가져야 할뿐만 아니라 인민적 품성을 지녀야 하는데 그것은 혁명과업을 완수하고 군중노선을 관철하기 위한 필수적인 요구였다. 계급노선과 군중노선이 결합되면서 특히 군중노선에 의해 요구된 것이 인민적 품성이라고 할 수 있다. 한편으로는 증오심을 통해 철저한 계급교양이 이루어지지만 다른 한편으로 북한은 사회주의혁명이 끝나고 사회주의 건설시기에 이르자 투쟁의 성격을 낡은 것과 새것의 투쟁이라는 것으로 변모시켰다. 김일성은 구시대의 유물들을 모두 적대적인 부르주아의 것으로 증오심을 요구한 것이기보다는 좀 더 부드러운 개념을 활용한 것이다. 모택동식으로 말하자면 주요모순은 적대모순이 아니었고 비적대적 모순이었기 때문이다. 여기에 더해 김일성은 혁명가적 기풍과 인민적 품성이라는 것을 통해서 인민들의 증오심을 억제하도록 하였다. 통일단결을 위해서는 증오심을 건설의 의지로 바꿔 놓아야 했다. 당성, 혁명가적 기풍, 인민적 품성은 당성을 중심으로 유기적으로 결합되어 있지만 그것은 이론상으로 그런 것이고 당성은 흔히 혁명가적 기풍, 인민적 성품과 다르고 인민적 성품은 당성이나 혁명가적 기풍의 한계나 오류를 견제하기 위한 장치라고 할 수 있다.

그 이후 주체사상이 더욱 체계화되고 유기적으로 될수록 당성, 혁명가적 기풍, 인민적 품성은 불가분의 관계에 놓이게 되었지만, 그 이전에는 당성, 혁명가적 기풍, 인민적 품성은 분명히 분리된 것으로 제시되었다. 마르크스에 의해 미화된 노동계급처럼 김일성에 의해 미화된 '인민', '인민적 품성'이라는 것은 실체가 없는 것이다. 세상에 존재하지 않는 것이지만 김일성은 만들어 내어야 했다. 인민이 어떻든 간부는 인민성을 가져야만 했다. 위에서 언급했듯이 '인민적 품성'은 혁명적 군중노선에 의거해서 계급노선이나 당성, 혁명가적 기풍만으로는 일꾼들이 인민들로부터 분리될 수 있기 때문에 이를 보완하기 위한 장치라고도 할 수 있다. '당성', '혁명가적 기풍'처럼 '인민적 품성'도 김일성에 의해 새로운 의미를 부여 받게 되고 인위적으로 만들어진 성격이며 공산주의 혁명과 건설에서 요구되는 덕목이라고 할 수 있다.

공산주의 건설을 위해서 일꾼들은 자신이 당정책에 충실할 뿐만 아니라 당원들과 군중들을 당정책에 맞게 적극적으로 동원할 수 있는 능력을 지녀야 한다. 혁명가의 과업은 군중 속에 깊이 들어가서 그들을 교양하고 동원해야 한다. 그러기 위해서는 행세식 사업작풍을 버려야 하며 궁극적으로는 인민적 품성을 갖춰야 하고 인민적 사업작풍을 구사해야 한다.[166)]

---

166) "군중 속에 들어가서 그들과 밀접한 련계를 맺기 위해서는 군중과 같이 일하며 군중과 같이 숨쉬여야 합니다." 김일성, 「공산주의교양에 대하여(1958. 11. 20)」, 604쪽. "동무들이 해야 할 과업은 결국 두가지에 귀착됩니다. 첫째과업은 부단히 학습하여 자체의 수준을 높이며 당성을 단련하는 것이요, 둘째과업은 군중속에 깊이

인민적 사업작풍은 인민적 품성에서 나온다. 인민적 품성이라는 것은 일꾼들이 대중으로부터 호감을 얻을 수 있는 도덕적 인간이 되는 것을 뜻한다. 인민적 품성의 세부내용을 보면 인민적 품성은 모든 시대, 모든 사회에서도 문제시 되지 않고 경우에 따라서는 찬양을 받을 수 있고, 무난히 통용될 수 있는 덕목이라고 할 수 있고 일종의 도덕적 인간이 되어야 한다는 뜻이다. 인민적 품성은 공산주의자들, 일꾼들이 인민대중과의 관계에서 가지는 고상한 정신도덕적 품성이다. 인민적 품성에는 혁명적 동지애와 공산주의적 의리, 어머니다운 품성, 겸손성과 소박성, 풍부한 인간성과 문화성 등이 포괄되어 있다.[167)]

『철학사전』에서는 성격을 긍정적 요소와 부정적 요소로 2분법적으로 묘사하고 나서 공산주의적인 성격은 부정적 요소를 일소하고 긍정적 요소만을 갖춘 사람이라고 단정하기 때문에 결국 공산주의적인 성격은 인격자라고 볼 수밖에 없다.

> 성격의 특징에는 우선 사람에 대한 태도를 보여주는 특징 즉 인자성, 부드러움, 동지우애심, 자기희생성, 정중성, 군중성과 같은 긍정적특징과 거만성, 조포성, 랭정과 몰인정 등과 같은 부정적특징이 있다. 성격의 특성에는 또한 자기 자신에 대한 태도를 보여주는 특징인 겸손성, 자존심, 긍지심과 같은 긍정적인 특징과 자고자대, 고집

들어가서 그들을 교양하고 동원하는것입니다." 김일성, 「공산주의교양에 대하여(1958. 11. 20)」, 606쪽.

167) 사회과학원 철학연구소, 『철학사전』, 699쪽. 북한의 품성론에서 인민적 품성은 단순한 인간관계가 아니라 인민대중과의 관계로 한정되어 있고, 동지애가 아니라 혁명적 동지애로, 의리가 아니라 공산주의적 의리라고 되어 있기 때문에 계급적 관점이 내포되어 있어서 구체적인 상황이나 부분에서는 보편적인 인격자와 차이점이 있겠지만, 그 품성이 내포하고 있는 핵심적 요소에서는 공통점이 많을 것이다. 많은 성인이나 인격자들의 공통된 핵심적인 덕목도 구체적으로 살펴보면 많은 차이가 있기 때문이다.

> 불통과 같은 부정적인 특징이 있다. 성격의 특징에는 또한 로동과 그 산물인 사회공동소유에 대한 태도를 표현하는 근면성, 창조성, 성실성, 정밀성과 같은 긍정적인 특징과 건달기, 태만, 조잡성과 같은 부정적인 특징이 있다. 이밖에 성격을 특징짓는것에는 행동방식을 나타내는 용감성, 인내성, 완강성 등 긍정적인 특징과 나약성, 비굴성과 같은 부정적 특징이 있다.[168]

북한은 성격과 성미를 구별한다. 성격은 도덕적인 측면을 포함한 것이라면 성미는 기질적인 측면을 의미한다. 덕목을 지닌 도덕적 인간이 되기 위해서는 성격자체가 바뀌어야 하는데 성미까지 바꾸는 것을 뜻하는 것은 아니었다. 성격도 처음에는 도덕적인 측면과 관련이 없는 것으로 보았지만 주체사상이 확립되어 갈수록 사상이나 도덕과 분리될 수 없는 것으로 『철학사전』에서 보듯이 도덕적인 인격이 되었다.[169]

따라서 북한에서는 간부들이 동일한 도덕적 기준을 지닌 도덕적인 인간이 되기를 원했지만 성미나 개성마저 동일한 모습으로 만들어야 한다고 생각한 것도 아니고 그런 것들을 부정한 것도 아니었다는 것을 알 수 있다. 그럼에도 불구하고 일꾼들에게 인민성은 위로부터 강요된 성격이고 이런 인민성이 북한 사람들의 성격을 규정했다고 볼 수 있다. 인민적 품성은 일꾼들에게 현지지도를 요구함에 따라 강력하게 요구된 것이기

---

168) 사회과학원 철학연구소, 『철학사전』, 365쪽.

169) 위의 책. 성격을 측정하고 분류하는 심리학을 성격심리학이라고 한다. 성격을 측정하는 데 가장 많이 알려진 이론은 성격을 5가지 요소로 측정하는 Big Five(5대 성격이론)라고 한다. 이것은 외향성, 원만성, 성실성, 신경증, 개방성의 정도를 가지고 측정하는 것이다. 5대 성격이론은 도덕적인 요소가 크게 부각되지 않는다. 그러나 이것은 결함이 있는 이론이라고 비판하면서 『H 팩터의 심리학』의 저자들인 이기범 · 마이클 애쉬튼은 5대 성격요소에 도덕적 요소인 정직 · 겸손성 요소를 더해서 6대 성격요소이론을 제시하였으며 이것을 HEXACO 모델이라고 명명하였다. 이기범 · 마이클 애쉬튼, 『H 팩터의 심리학』(서울; 문예출판사, 2014) 참조.

도 했고, 청산리방법과 함께 김일성의 현지지도와 일꾼들의 현장지도가 강화되고 현장지도에서 보여주는 일꾼들의 태도가 대중들에게 주시의 대상이 되고 평가됨으로써 강제되었다고도 할 수 있다.[170)]

물론 이런 인민성은 당성과 혁명가적 기풍이 없다면 무용지물이 될 것이다. 김일성은 당성, 혁명가적 기풍 다음의 위치에 인민적 품성을 놓았다. 인민적 품성에는 타인을 나와 동등한 인격체로서 대하라는 뜻이 있고, 그것을 넘어 나를 비우고 인민을 받아들여야 한다는 것이다. 즉, 모든 단위에서 간부들은 인민들 앞에 설수록 더욱 인민적 성품을 보여줘야 했다. 공산주의 사회의 간부는 일차적으로 당원이 되어야 한다는 것이었고 그 다음으로는 혁명가가 되어야 한다고 해놓고 즉, 한참 인민들과 차이를 만들어 놓고서는 이번에는 그 차이를 줄이기 위해 인민성을 제안한다.

김일성은 간부들에게 당성과 혁명가적 기풍을 통해서 인민과의 차이를 보여줘야 한다고 해놓고는 이제는 그런 인민과 하나가 되어야 한다는 주장을 하는 것이다. 즉 일꾼들은 인민을 지도하되 인민처럼 되어야 하는 것이다. 그런데 여기서 인민성은 단순히 인민적 수준으로 낮추는 것만을 뜻하지 않는다. 일꾼들에게 요구된 인민성은 북한에서 매우 미화된 '인민관'에 의거한 것이라고도 할 수 있고, 인민들의 교육교양자가 되어야 하기 때문에 요구되는 것이라고도 할 수 있는데, 인민성은 일꾼들이 북한 주민들보다 더욱 풍부하고 높은 문화성을 가져야 가능한 것이다.

문학예술교육도 섬세한 정서를 조성하기 위한 것이 아니라 북한주민들의 인민적 정서를 교양하기 위한 교육이었으며 북한주민들의 사상, 성격, 육체를 인민적으로 만드는 데 기여했던 것으로 보인다. 예술적 소

---

170) "농촌에 나가서는 농민들과 같은 옷을 입고 마당질하는 데 가서는 마당질도 같이 하고 쉬는 시간에는 한자리에 앉아 담화도 하고 이렇게 일하면서 선전사업을 조직할 줄 알아야 합니다." 김일성, 「공산주의교양에 대하여(1958. 11. 20)」, 605쪽.

양은 우선적으로는 그러한 정서를 교양하는 매개체였다. 북한사회가 요구하는 사랑, 미움, 정열, 낙천성 같은 정서적 특징을 교양하기 위한 것이었다. 즉, 인민성이라는 것은 도덕적 덕목일 뿐만 아니라 정서적 측면을 드러내는 말이기도 했다. 이것을 북한에서는 흔히 '풍부한 인간성'이나 '높은 문화성'이라고도 표현했다.[171)]

인민성이라는 말이 '풍부한 인간성'이나 '높은 문화성'이라는 것은 당사업이 정치사업이면서 사람사업이라는 김일성의 주장으로부터 나온다고 할 수 있다. 이것은 정치사업이 곧 사람사업이고 사람사업이 곧 정치사업이라는 뜻이겠지만 정치사업과 사람사업을 분리해서 볼 수도 있겠다. 정치사업이라는 측면은 정치사상을 절대적으로, 우선적으로, 항상적으로 중시한다는 것이고, 사람사업이라는 측면은 정치사업을 앞세우면서도 사람사업의 대상인 타인이나 인민의 모든 일상적, 생활적, 문화적 측면의 기대, 요구, 처지를 동시에 중시한다는 뜻이라고 볼 수도 있을 것 같다.[172)]

---

171) "또한 학교책임일군들과 교원들은 사업과 생활에서 언제나 검박하고 겸손하며 소탈한 품성을 가져야 한다.(중략) 학교책임일군들은 교직원, 학생들을 늘 부드럽고 아량있게 대하면서도 원칙적으로 교양할줄 아는 품성을 가져야 한다.(중략) 학교책임일군들은 풍부한 인간성과 높은 문화성도 소유하여야 한다." 교육도서출판사, 『사회주의 학교관리학 : 사범대학용』, 41쪽.

172) "공산주의자들의 당성은 인간성, 문화성과 불가분적으로 통일되여 있다. 이른바 《당성은 강한데 군중성이 없는》일'군이란 결국 인간성과 문화성이 부족한 데로부터 사업 작풍상 엄중한 결함으로 발로시키는 사람이며 따라서 그런 일'군들의 당성에는 적지 않은 약점이 있다는 것을 간혹 보게 된다. (중략) 명랑하고 따뜻한 맛이 없이 별치 않은 일에도 흥분하여 화를 내는 것, 불쾌한 인상으로 사람들을 대하는 것, 까다롭고 딱딱한 것, 쌀쌀하고 랭담한 것, 자기의 의사는 상대방에 무원칙하게 강요하면서도 동지들의 의견은 끝까지 주의 깊게 듣지도 않는 것, 동지들이 말하는 것을 중도에 꺾어 버리는 것, 동지들에게 허심하지 못하고 겸손치 않는 것 등의 모든 현상들은 다 그 어떤 《성격》상의 문제가 아니라 사상 단련과 도덕 문화적 수양이 부족한 데 기인한다." 리새삼 편, 『청산리 정신, 청산리 방법 관철에서의 몇 가지 문제』, 89~90쪽.

또한 당원은 천리마기수가 되고 어머니 같아야 한다고도 주장하고 있다. '기수'가 주로 사업작풍의 혁명적 기풍을 말한다면 '어머니'같다는 것은 인민적 성품을 뜻한다고 볼 수 있다. 한마디로 자기를 낮추고 남을 포용해야 하기 때문에 수양이 요구되었다. 어머니처럼 군림하지 않으면서 사람들의 존경을 받아야 하는 것이다. 어머니처럼 군림하지 않으면서 군림해야 한다. 일국의 수상인 김일성이 자신을 낮추는데 다른 사람들은 오죽하겠는가? 이런 것도 김일성이 현지지도를 하는 과정에서 보여준 것으로 선전되었고 북한주민들에게는 그럴듯하게 받아들여졌다. 일반적인 연설이나 교시와는 달리 현지지도는 김일성의 인민적 사업작풍을 인민의 눈에 확연히 보이도록 연출된 것이라고 할 수 있다. 김일성은 이런 식으로 자신이 원하는 대로 당 중앙위원회이름으로 교시, 현지지도라는 이름으로 북한의 인민과 사회를 개조해 나갔다. 김일성의 단일지도체계아래에서 간부, 당원, 당 중앙위원회의 위상이 격하되었다. 그럴수록 오직 단 한 사람 즉 김일성의 위상만 올라갔다.[173]

만약 리더십이 지도자와 지도받는 사람과의 상호교류를 중시하는 것이고 권력은 일방적인 것이라면, 청산리정신, 청산리방법, 혁명적 사업작풍은 간부들에게 권력자에서 리더로 바뀌기를 요구한 것이라고 할 수 있다. 이온죽의 다음과 같은 말처럼 권력과 리더십이 다른 것이라면 간부들에게 혁명적 사업방법과 공산주의적 사업작풍이라는 리더십을 요구한 것은 결국 간부들에게 권력을 내놓고 리더가 되라는 뜻으로 해석할 수 있다. 그리고 여론지도자, 관료와 같은 집단지도자, 정당 · 입법 · 행정지도자와 같은 형태의 리더십과는 다른 혁명적 리더십을 요구한 것이라고 할 수 있겠다.

---

173) 어머니같은 포용력과 긍정성이 바로 인민적 품성의 필수요소라고 할 수 있는데 김일성이 현지지도에서 그와 같은 모습을 보여줬다는 것이다.

> 여기서는 다만, 우리의 관심사인 북한의 통치체제를 이해하는 데에 유용하리라고 보는 기본관점들을 간추려 볼 것이다. 무엇보다도 우선, 권력과 리더십이라는 두 개념 사이의 관련성의 검토가 필요하다. 리더십이란 일종의 권력관계와 그것이 작용하는 과정으로 볼 수 있고, 권력의 두 가지 기본요건은 동기와 자원이다. 권력이란 일정한 목표나 목적을 달성하려는 동기에 의하여 동원할 수 있는 자원들(경제적, 군사적, 제도적, 기능적 등)을 이용하여 상대방을 동기지움으로써 그의 행동을 좌우하는 능력을 일컫는다.
>
> 따라서, 리더십은 일정한 목적과 동기를 가진 사람이, 다른 사람과의 경쟁 내지 갈등 속에서, 자기가 활용할 수 있는 제도적, 정치적, 경제적, 심리적, 또는 기타 자원을 동원하여 추종자들의 동기를 자극하고 충족시키려 할 때 행사되는 것으로 이해할 수 있다. 여기에서는 추종자들 또는 잠재적 추종자들의 동기, 목표, 소망, 욕구, 가치, 열망, 기대 같은 것들이 지도자의 그것들과 마찬가지로 중요하다. 이런 뜻에서 리더십은 관계적이며, 집합적이고, 목적적이라 한다.
>
> 이와 같은 상호작용 과정에서 지도자는 추종자들과 기본적으로 두 가지 관계를 맺을 수 있다. 하나는 서로가 소중히 여기는 가치들을 교환하는 관계를 지도자가 시작하는 유형이고, 다른 하나는 지도자가 추종자들을 자극하여 상호간에 동기지움의 수준을 높여 주고, 결과적으로는 서로의 도덕적 향상을 꾀하는 유형이다. 전자에는 여론지도자, 관료와 같은 집단지도자, 정당 · 입법 · 행정지도자 등의 보기가 있고, 후자에는 지적(知的)지도자, 개혁형 지도자, 혁명적 지도자, 혹은 영웅과 사상가 같은 사례들이 이에 속한다.[174]

이 시기 김일성이 권력과 리더사이의 차이와 복잡한 관계를 의식했는지 모르겠지만, 교육교양을 통해 북한 간부들의 리더십을 개선하면서, 동시에 모든 북한 주민들을 공산주의적으로 인간개조를 할 수 있다면

---

174) 이온죽, 『북한 사회의 체제와 생활』(서울: 법문사, 1993), 25~26쪽.

북한이 사회주의건설, 사회주의 공업화를 할 수 있다고 생각한 것 같다.

그러나 이것으로는 북한체제의 원형을 설명하기에 부족하다. 김일성이 내세운 주체확립과 혁명적군중노선에 따르면, 공산주의적 새인간은 필히 수령을 중심으로 통일단결해야만 공산주의를 건설할 수 있기 때문이다. 북한주민들은 수령을 중심으로 통일단결해야만 집단주의를 실현할 수 있고 그래야만 공산주의적 새인간이 될 수 있기 때문이다.

제6절 수령제: 공산주의와 지도자숭배

북한이 자화자찬하듯이 천리마시대에 사회주의 대가정을 이루었다는 것은 북한 사회가 김일성을 중심으로 하는 사회주의 대가정을 실현했다는 뜻이었다. 현실 사회주의국가의 집단주의는 지도자에 대한 충실성을 요구한다. 지도자에 대한 충실성은 지도자에 대한 칭송과 찬양을 낳았다. 어떻게 보면 지도자에 대한 충실성도 지도자의 존재도 그 사회의 필요의 산물이지, 지도자나 지도자에 대한 믿음에서 지도자의 충실성이 나온 것은 아니었던 것으로 보인다. 이론상으로는 집단주의가 성립하기 위해서 반드시 구심점으로 지도자를 요구하는 것은 아니었음에도 불구하고 많은 후진 사회주의국가들은 지도자라는 존재의 필요성과 그 지도자에 대한 충실성이 집단주의의 필수불가결한 요소라고 생각하였다. 이러한 최고 지도자에 대한 충성과 의리를 중시하는 것은 사회주의국가들의 일반적인 현상이었고 그것을 처음으로 강력하게 최고의 수준에서 보여준 것은 소련이고 스탈린이었다. 그리고 그것을 정당화한 논리 중의 하나가 소비에트애국주의(북한에서는 '사회주의적 애국주의'라고 했다) 논리였다.

스탈린 자신이 가사가 좋다고 인정한 소련 국가(國歌)에는 공산당에 대해서는 한마디의 언급도 없이 "스탈린이 우리를 길러주셨네. 국민에 대한 충성심으로, 노동으로 그리고 영웅적 행동으로 나아가도록 우리를 복돋워주셨네."로 되어 있다. 따라서 북한에서 수령제가 나올 수 있는 기본적인 토대는 이미 스탈린주의에 내재되어 있었고 내용적으로도 갖춰져 있었다고 볼 수 있다.[175]

그러나 스탈린의 개인적 욕망 때문에 스탈린 숭배가 생겨났다고 주장하는 것은 틀린 생각인 것 같다. 소련의 혁명과 사회주의 건설이 봉착했던 어려운 상황이 사람들로 하여금 스탈린이라는 구심점을 필요로 했고, 또한 스탈린의 개인숭배는 1930년대에 소련의 성공을 배경으로 해서 생겨났다고 할 수 있다. 소련은 빠른 기간 내에 생산력발전과 후진성의 일소, 새로운 사회의 기초확립이라는 어마어마한 도약을 이룩했기 때문이다. 이런 과정에서 스탈린은 엄청난 권위를 획득하게 되었던 것이다.[176]

한국전쟁이 끝난 직후의 시기에서 보면 모택동의 중국에서의 지위가 북한에서의 김일성의 지위보다 상대적으로 더 확고했다. 왜냐하면 모택동은 사상적으로나 전략과 조직기술면에서나 중국공산당 내에서 확고한 평가를 받고 있었기 때문이다. 유소기는 1942~1943년에 실시했던 정풍운동에서 모택동사상을 중국공산당의 행동지침으로 추대했으며, 1945년의 제7차 전당대회에서는 모택동사상은 마르크스 · 레닌주의와 중국

---

175) "1929년 12월「스탈린 탄생 50주년」에 제하여는 소련의 모든 신문이「위대한」,「비범한」,「천재적인」 지도자, 또는「스승 스탈린」이라는 예찬을 게재하였으며 (중략) 1931년 1월에 소집된 당중앙위원회에서는 모로토프와 카가노비치를 필두로 하는 정치국원이 스탈린에 대한 최고의 찬사를 늘어놓았으며 이 때부터 스탈린에 대한 숭배가 공식적인 당정치방침으로 되어버렸다. 이를 계기로 스탈린과 정적관계에 있는 지노비에프, 카메네프, 부하린 등도 그에 대한 찬사를 공식으로 표명하고 기술하게 되었으며「전세계 근로자의 위대한 수령」이란 논문이 출현하였다. 1934년 제17차 당대회는 16차 대회(1930년)와는 판이하게 처음부터 끝까지 스탈린 찬미로 일관하였고 모든 토론자는 한결같이『제1차 5개년계획의 승리에 대하여 소련의 모든 인민과 우리 당은 자기의 열의와 기쁨을 위대한 수령 스탈린 동지에게 바친다』고 하였다." 양호민 · 강인덕,『공산주의비판』(서울: 극동문제연구소, 1986), 193~194쪽. "스탈린은 1939년의 제18차 당대회를 계기로 1인 독재 체제를 완성했다. 당과 국가의 융합 현상이 나타났으며, 당의 위치가 상대적으로 저하되어 당의 정책 결정권은 독재자 1인의 결정권에 종속되게 되었다." 이영형,「스탈린 정책의 사상적 의미」,『시민정치학회보』 제5권, 2002년, 161쪽.

176) F.V. 콘스탄티노프,『사적유물론』(서울: 새길, 1988), 238~239쪽 참조.

혁명의 실천을 통일시킨 것이라고 선언함과 동시에 이것을 당헌에다가 명시했을 정도로 모택동의 지위는 확고했던 것이다.[177]

흐루시초프는 1956년 스탈린격하 연설 "개인숭배와 그 결과들에 대하여"에서 다음과 같이 말했다. "1948년에 나온 스탈린의 《간략한 전기》에서는 '스탈린 그는 오늘날의 레닌이다.' 이런 구절은 스탈린에게는 분명히 불충분한 것으로 보였을 것이며, 그래서 스탈린은 자필로 이것을 다음과 같이 고쳤습니다. '스탈린은 레닌이 하던 사업의 정당한 계승자거나, 혹은 당에서 이야기되듯 스탈린, 그는 오늘날의 레닌이다.' 바로 이렇게 강력하게 말하고 있지만, 그것은 국민이 아니라 스탈린 자신이 한 말이었습니다."[178]

마르크스, 레닌이 실제로 수령이 아니었다는 것을 내세우면서, 마르크스와 레닌에 대한 숭배현상과 현실사회주의국가의 지도자들의 수령화를 분리해서 보는 것은 편의적 사고일 뿐이다. 이런 생각의 문제점은 마르크스나 레인에 의해 공산주의화가 된 국가에서라면 마르크스, 레닌에 대한 숭배가 어떠했을까라고 상상해 보면 드러날 수 있다. 과학적 공산

---

177) 이홍구 편, 『마르크스주의와 오늘의 세계: 변용의 제형태』(서울: 법문사, 1984), 211쪽. 연안에서의 정풍운동(1941~1942) 이후 모택동이 활동하던 변구를 중심으로는 모택동 숭배가 이미 뿌리를 내렸다. 그때 불렀던 노래는 "붉은 태양은 동쪽에서 솟았고 중국에는 모택동이 있네, 생산하는 일을 만들어주어, 모동지는 우리를 구한다. 언덕은 드높고 강은 푸르니, 변구는 살기 좋은 곳, 올해는 더 많은 양식을 생산하자. 모동지가 난민을 부르니, 난민은 달려왔다. 그들도 풍요로와지리라. 팔로가 적과 싸우고 있는 동안에도 이곳은 평화로운 생활이네. 우리에게 팔로가 있는 까닭에."였다(갠서 스타인, 「연안(1962)」, 우노 시게아키, 『中國共産黨史』, 143~145쪽). 그러나 스탈린격하, 평화공존, 평화이행이 천명한 1956년의 소련공산당 제20회 대회 이후 같은 해 9월에 열린 8전대회에서는 '모택동사상'이란 용어가 당규약에서 삭제되는 수모를 당했고, 대약진운동과 인민공사의 실패로 인해 모택동은 1959년 4월 전국인민대표회의에서 수정주의자인 유소기(劉少奇)에게 국가주석직을 내놓을 수밖에 없었다.

178) 니키타 세르게에비티 흐루시초프, 『개인숭배와 그 결과들에 대하여』(서울: 책세상, 2006), 95쪽.

주의 앞에서는 답은 하나고 법칙은 있고 인간은 그에 따라야 하는 것이고 나머지는 용납될 수 없는 것이다. 소련에서의 레닌에 대한 숭배와 찬양은 레닌시대의 소련의 대표적 시인인 마야꼬프스끼(1893~1930)의 〈내가 아는 한 노동자〉(1924), 〈블리지미르 일리치 레닌〉(1924)을 읽어 보면 알 수 있을 것 같다.

> 당과 레닌은
> 쌍둥이이며,
> 역사라는 어머니가 낳은 두 아들:
> 천재들.[179]
>
> 그런데 어느 한 사람이 살고 있었지
> –우리와 다른
> 정신과 육체가
> 숭고한 통일을 이루고 있는 사람이.
> 그는 우리에게 〈왕〉처럼
> 〈신적인 현상〉
> 처럼 보이네. [180]

따라서 스탈린이 집단화과정에서 보여준 모습이 소련의 마르크스-레닌이라고 생각한다고 해서 이상할 것은 없다. '프롤레타리아=인민=당=중앙위원회=지도자'라는 등식은 레닌으로부터 유래한다고도 볼 수 있다.[181]

---

179) 블라지미르 마야꼬프스끼, 「내가 아는 한 노동자」, 『내가 아는 한 노동자』(서울: 열린책들, 1989), 35쪽.

180) 블라지미르 마야꼬프스끼, 「블라지미르 일리치 레닌」, 위의 책, 87쪽.

181) 신일철, 『북한주체철학연구』(서울: 나남, 1993), 167쪽 참조. 그리고 필자의 상상에는 마르크스-레닌주의자 중에서 집단화자체를 비판할 사람은 없었을 것 같은 생각

스탈린을 개인숭배라고 폭로 비판한 흐루시초프의 의도는 흐루시초프 자신이 스탈린 이후의 '오늘날의 레닌'이 되기 위한 전술이었다고 할 수 있다. 흐루시초프가 새로운 수령이 되려면 스탈린을 격하할 수밖에 없었기 때문에 흐루시초프의 사상은 스탈린 없는 스탈린주의라고 할 수 있는 것이다. 그러나 흐루시초프는 스탈린만큼 숭배도 받지 못하고 결국 나중에는 권좌에서 밀려나고 말았다.

북한에서도 지도자보다는 당 중앙위원회가 구심이 될 수 있었겠지만, 당원과 인민들에게 충성과 의리를 요구하려면 당 중앙위원회만으로는 부족했기 때문에 공산주의자들은 지도자 김일성을 내세우게 되었고 그에 대한 충실성이 집단주의의 필수적인 요구라고 주장하였다. 당이 대중의 충성을 받기 위해서, 대중으로부터 인정을 받기 위해서 김일성이란 인물이 필요했다. 그리고 김일성이 대중의 지지를 받기 위해서 당이 필요했다. 김일성은 북한 주민의 구체적인 충성의 대상으로서 이상화된 조국과 조국의 지도자라는 가시적 대상이 되어야만 했다.[182]

그러나 사상적 측면에서 본다면 북한사회의 공식적인 철학인 변증법적 유물론에 김일성이 기여한 바는 없다. 스탈린이 레닌주의의 유일한 해석자로 이름을 날린 것에 비해 김일성은 철학사상가나 이론가로서 이름을 낸 것도 아니었기 때문에 북한사회의 주요부문을 포함해서 모든 분야에 걸쳐 속속들이 김일성이 사상적으로 지배할 수는 없었다. 또한

이 든다. 그리고 집단화의 방법에 대해 다른 대안이 없다면 스탈린식의 집단화를 전면 부정할 수 있는 마르크스-레닌주의자는 없을 것 같다는 상상은 필자만의 상상은 아닐 것 같다.

182) "우리는 우리의 자라나는 후대들을 고상한 공산주의 사상의 소유자로, 김일성 원수를 수반으로 하는 우리 당 중앙 위원회의 주위에 철석 같이 단결하여 그의 로선과 정책을 끝까지 관철시키는 붉은 전사로, 조국과 인민의 복리를 위한 모든 사업에서 물 불을 가리지 않고 복무하는 인재로, 근면하고 문명하고 단정한 품성의 소유자로 교양하여야 한다." 교육학분과집필위원회, 『교육학: 사범전문학교용』(평양: 교육도서출판사, 1960, 학우서방, 번인발행, 1961), 97쪽.

소련군이 북한에 진주한 이후부터 김일성보다는 당중앙위원회 또는 당이 우선이고 소련의 영향력이 막강했기 때문이었다. 또한 한국전쟁참전으로 인해 중국의 영향력도 컸다. 따라서 김일성은 수령이 될 수 있는 조건이 마련되어 있지 못했다. 북한이라는 대가정의 대타자로서의 어버이인 김일성은 스탈린, 모택동이 소련과 중국에서 집단주의의 정치지도자로서 요구 받았던 정치적 구심 이상의 의미는 없었다고 볼 수 있다. 따라서 정치외교적으로, 경제적으로, 군사적으로, 사상적으로 김일성은 큰 나라의 어버이들인 스탈린, 모택동에 비해 한 사회의 당당한 지도자 믿음직한 어버이로서의 지위를 가질 수는 없었다고 할 수 있다.

그렇다면 김일성의 권위는 단지 공산주의자들에게 구심점이 필요해서 지지받은 것이고, 다른 사회주의국가들의 공산주의자들을 모방해서 이식된 것이라고 볼 수 없을 것 같다. 북한사회에서 요구되고 확립된 김일성에 대한 충실성은 지배계층의 지배를 위한 합의의 소산이거나 필요에 의해서 만들어진 것만이 아니라 북한 대중에게는 엄연한 실체이기도 했던 것이다. 이온죽은 그 이유를 다음과 같이 주장하고 있다.

> 소련의 진주와 북한의 소비에트화 과정에서도 그렇지만, 특히 전쟁 전후해서는 북한에서 탈출, 도피, 피난하여 남한으로 이주한 인구가 65만명 내지 100만명에 이르는데, 그들은 대다수가 과거의 지주나, 자본가, 부농, 상공업자, 우파 지식인, 전문직 종사자, 성직자 등과 그들의 가족들이었다. 이들의 자의, 타의에 의한 소개(疏開)로 남은 인구의 주축을 이루는 사람들의 대부분은 이전에 소위 지배계급의 지배와 착취의 대상이었던 층의 사람들이었기 때문에 초기의 토지개혁과 같은 민주개혁이나 후의 농업협동화 같은 사회주의 개혁을 상대적으로 환영할 처지에 있었던 층이다. 김일성은 이들의 환심을 살 수 있는 여러 조치들을 신속하고 효과적으로 취함으로써 권력 장악과 유지에 유리한 고지를 차지하였다. 그뿐 아니라, 그는 소위 군

> 중노선이라는 전략으로 일반 대중들이 갖가지 집단적 활동에서 결정 행사에 참여하도록 장려함으로써 대중의 지지를 유지할 수 있게 하고 있다.[183)]

무엇보다도 한국전쟁이라는 특별한 상황은 중국군이 주둔하고 있음에도 불구하고 전시의 최고지도자였던 김일성에게 더욱 확고한 지도자적 지위를 강화시켰다. 김일성의 수령화는 김일성이 40세가 되던 1952년에 어느 정도 정착되었다고 한다. 1952년 4월 10일 『노동신문』에서 박정애는 '진정한 공산주의운동은 조선인민의 영웅 김일성 동지'가 출현하면서 시작되었다고 했다. 김일성의 사진과 공식일정 및 주요 연설원고 등은 모든 언론매체의 지면에서 첫 자리를 차지했다. 또한 김일성을 한국근대사의 핵심인물로 부각시키기 위해서 역사가 재구성되었다. 그의 출생지와 '그가 일제와 싸우던 주요 전적지'에 기념관들이 건립되기 시작했던 것이다.[184)]

이를 단적으로 보여주는 자료가 월미도 전투를 그린 단편 소설 「불타는 섬」이기도 하다. 이 소설에서는 김일성이 자신들을 바라보고 있을 것이며 그렇기 때문에 한 개인의 죽음도 의미가 있다는 것이다. 조국이 바라보고 있는 것이 아니라 장군님이 바라보고 있다는 것이 중요하다는 것이다. 이 소설의 말미에서 최후의 순간을 맞이하면서 중대장 리대훈은 무전수 김명희와의 대화에서 장군님이 자신들과 월미도를 반드시 지켜보고 있으리라고 말한다. "장군은 지금 지도 앞에서 월미도를 꼭 보고 계실 겁니다.……원쑤들이 더러운 발을 쳐드는 조국 땅 어디에나 자기의 사랑하는 아들딸들이 그 중에도 믿어운 당원들이 총칼을 들고 서 있을

---

183) 이온죽, 『북한 사회의 체제와 생활』, 50~51쪽.

184) 박형중, 『북한적현상의 연구』, 249쪽.

것을 사람들은 모든 정을 기울여 눈앞에 지키고 있을 겁니다."고 말한다.[185]

따라서 스탈린은 사회주의 혁명 이후에야 확고한 지위를 차지했다면, 김일성은 확고한 지위를 차지한 상태에서 사회주의혁명을 시작한 것이라고 볼 수 있다. 스탈린은 사회주의 혁명 이후에도 끊임없이 반대파와 투쟁을 지속하였고 스탈린이 절대적으로 최고의 지위를 차지한 것도 2차 세계 대전 전후라고 할 수 있다. 모택동은 유소기에게 최고의 지위를 내주기도 했고, 반대세력과 끝없는 투쟁을 벌여야만 했다.[186]

그러나 결과적으로는 북한과 소련이 다른 점은 북한의 공산주의자들은 정치지도자에 대한 충성과 의리를 제도화하여 유일체제로 나아간 반면 소련에서는 스탈린에 대한 숭배와 찬양이 레닌에 대한 숭배와 찬양을 넘어섰고 조장되었지만 스탈린이나 소련의 공산주의자들은 그 이상 나아갈 생각을 하지는 않았거나 생각했다고 해도 그것을 실행할 수는 없었다. 그렇다면 사회주의국가의 수령들의 권력의 수준은 어디에서 차이가 나는가? 그것은 결국 권력기반이 얼마나 탄탄한가 아닌가의 차이에서 오는 것이고 집단지도체제나 집단갈등은 그것을 반영한 것에 지나지 않는다. 다른 말로 하면 사회주의국가들이 모두 유사 수령제임에도 불구하고 김일성만이 그것을 제도적으로 완벽하게 해 낼만큼 김일성의 권력기반, 통치기반이 확고했다는 뜻이다. 이것은 주체확립과 혁명적 군중노선에 따라 일어난 천리마작업반운동이 진행되면 될수록 북한사회에는 이미 김일성의 사상과 김일성의 유일지도체제가 뿌리를 내렸다

---

185) 신형기, 『민족이야기를 넘어서』(서울: 삼인, 2003), 65쪽, 주 22.

186) 이종석은 전쟁 직후인 1953년 3월 중앙위원회 제6차전원회의 명단을 놓고 김일성계가 다른 파벌보다 월등히 많은 인원수를 차지하고 있는 것을 보고 1949년 6월 남북로동당 합당시기의 김일성의 권력을 이미지로서 '공고해 보이는 권력'이라면 1953년부터는 제도로서 '공고화된 권력'이라고 명명했다. 이종석, 『조선로동당연구』, 257~259쪽 참조.

는 것을 의미한다.[187)]

스탈린이나 모택동에 비해 사회주의지도자가 갖춰야 할 권력과 권위에 있어 열등한 위치에 있던 김일성은 1956년 8월종파사건으로 인한 간부들의 숙청과 천리마운동으로 인해 누구도 넘볼 수 없는 절대권력과 절대권위를 가지게 되었다.

이 차이는 1961년의 『교육학: 사범전문학교용』과 1969년의 『교육학: 사범대학용』을 비교해 보면 알 수 있다. 1969년의 『교육학: 사범대학용』에는 천리마작업반운동이 시작된 초기에 해당하는 1961년 『교육학: 사범대학용』이 천리마작업반운동의 요구를 미처 담지 못했던 것을 채워놓았을 뿐만 아니라 결정적인 변화가 있었는데 그것은 당에 대한 충실성이 북한의 정치적 지도자인 수령에 대한 충실성으로 대체되었다는 것이다. 이는 1961년의 『교육학: 사범전문학교용』과는 달리 1969년의 『교육학: 사범대학용』이 수령에 대한 충실성교양이라 할 수 있는 당의 유일사상체계확립의 원칙을 하나의 항목으로 별도로 가장 앞에 내세우고 있는 것으로도 알 수 있고 교재에 김일성의 각종 교시가 잘 반영된 것을 보면 알 수 있다.[188)]

『교육학』 교재의 내용이 바뀌었을 뿐만 아니라 북한 교육교양의 거점인 '조선로동당력사연구실'이 '김일성원수혁명활동연구실'로 바뀌었다.

---

187) 류세희, 「유일사상체계와 유신체제의 대립」, 양호민 외, 『"평화통일"을 위한 남북대결－1965년에서 1980년까지의 내외적 상황－』(서울: 소화, 1996), 117쪽. 김일성의 유례없는 권력기반은 사회주의건설의 초기조건을 형성하는 분단이라는 상황, 인구도 적고 국토도 좁은 나라라는 것, 단일민족이라 사실, 대다수 주민들이 고등교육을 받지 못한 무지한 인민이라는 조건 등도 중요한 역할을 했을 것이다.

188) 이외에도 교육학체계가 전체적으로 바뀌었고, 1961년의 『교육학: 사범전문학교용』에는 마카렌코에 대한 언급이 있는데, 1969년의 『교육학: 사범대학용』에는 그에 대한 언급이 다 사라졌고, 1961년의 『교육학: 사범전문학교용』에는 외래어와 번역투가 많은데 비해 1969년의 『교육학: 사범대학용』에는 모든 언어가 '북조선 언어'라고 할 수 있는 문화어로 교체되었다.

교양방법으로서 '김일성원수혁명활동' 과목에 의거한 실천활동과 조직생활을 노동교양보다 우선시 되었다. 1969년에는 인민학교와 중학교에서 '김일성원수혁명활동' 과목을 가르쳤으며, 고등학교와 고등기술학교에서 '김일성동지의 로작' 과목을 가르쳤다. '김일성원수혁명활동' 과목에서는 김일성의 혁명사상과 영도의 현명성, 공산주의덕성을 기본으로 하여 수령에 대한 충직성을 함양하는 내용을 가르쳤으며, '공산주의도덕' 과목에서는 수령에 대한 충실성교양, 당정책교양, 혁명전통교양, 계급교양을 기본내용으로 하였다는 사실을 보아서도 알 수 있다.[189]

따라서 1961년의 『교육학: 사범전문학교용』에서 1969년의 『교육학: 사범대학용』으로 갑자기 교육학체계가 전반적으로 바뀐 것으로 착시, 굴절현상을 일으킬 수 있다. 이런 착시, 굴절 현상으로 인해 1961년의 『교육학: 사범전문학교용』이 북한의 사회주의교육학체계의 원형으로 생각할 수도 있을 것이다. 그러나 이것은 청산리교시와 함께 천리마작업반운동이 사회전분야로 확대되고, 심화되는 속에서 충분히 예상될 수 있는 변화였다고 할 수 있다. 특히 교육부문에서의 천리마작업반운동의 확산은 청산리교시에 의해 이루어졌기 때문이다. 이것은 천리마작업반운동이 공업부문보다 늦었던 농업분야에도 해당되는 것이다. 그래서 이일경의, 「김일성원수의 청산리교시와 교육부문에 주신 교시를 더욱 철저히 실천하기 위하여(1961. 4. 25)」에서 보듯이 천리마작업반운동이 김일성의 청산리 교시로 불렸던 것이다. 김일성의 교시를 중심으로 해서 생각해 본다면 청산리정신, 청산리방법이 제대로 전면적으로 반영된 것을 북한 사회주의교육학의 원형이라고 할 수 있을 것이다.[190]

---

189) 조정아, 「김정일시대의 교육」, 김기석 · 김지수 · 이향규 · 조정아, 『북한 교육 60년: 형성과 발전, 전망』, 224쪽. 1968년까지는 "김일성원수혁명활동"은 독립과목으로 설정되지 못하였다. 그래서 교과서도 없었고 "조선력사" 과목에 내용이 부분적으로 서술되어 있었다. 강근조, 『조선교육사 4』, 530쪽.

1961년의 『교육학: 사범전문학교용』은 아직 김일성의 청산리교시와 교육부문의 천리마작업반운동이 반영되지 않은 교육학체계로서 소련의 교육학의 영향이 매우 강하게 남아 있는 교육학이라고 할 수 있다. 즉 북한주민들을 모두 공산주의자로 개조하고 양성하기 위한 주체확립과 혁명적 군중노선이 아직 반영되지 못한 교육학인 셈이다. 따라서 이 교육학체계를 북한 사회주의교육학의 원형이라고 할 수는 없을 것이다. 이와 같은 논리로 청산리교시가 반영되기 전의 어떤 농장보다도 청산리 협동농장이 북한 사회주의 협동농장의 원형이며, 대안의 사업체계가 도입된 대안전기공장이 북한 사회주의 공장의 원형이라고 할 수 있을 것이다.

따라서 북한의 사회주의교육학 체계의 원형이 1959년에 시작된 천리마작업반운동으로부터 시작해서 1960년 2월의 청산리방법, 1961년 12월의 대안의 사업체계를 거치면서 순차적으로 형성되었다고 보거나 북한 사회주의체제에서 교육·농업·공업분야 어느 쪽이든 원형의 형성이 천리마작업반운동, 대안의 사업체계, 청산리방법이라는 세 가지 요소를 모두 통일적으로, 전적으로 반영함으로써 이루어졌다고 보는 주장은 논리적 적합성이 있는 것이다. 그리고 이 세 가지 요소를 충족시키다 보면 김일성에 대한 교시와 지도자에 대한 충실성이 강화되는 것은 예견된 현상이었다고 할 수 있으며 수령에 대한 충실성과 북한 사회주의체제의 원형형성은 불가분의 관계에 있음을 알 수 있다.

천리마작업반운동이 지향했던 새로운 인간상에서는 '수령에 대한 충실성은 곧 당에 대한 충실성이다'라는 명제가 당연시 되었고 범김일성계에 속했던 갑산파(박금철 등)이 숙청당한 1967년에는 그것이 명시적

190) 이일경, 「김일성원수의 청산리교시와 교육부문에 주신 교시를 더욱 철저히 실천하기 위하여(1961. 4. 25)」, 백두연구소 엮음, 『북한의 혁명적 군중노선』(서울: 도서출판 백두, 1989), 224~256쪽 참조.

으로 표명되었으며 그 중요성이 더 한층 강화되었다고 볼 수 있다. 김일성이 1956년 8월종파사건 이후 중앙위원회나 당정책을 빌어서 말하기도 했지만, 단일지도체계 이후에는 거의 수령과 같은 지위를 가지고 있었고, 중앙위원회에서의 당정책을 결정하는 과정은 형식적이었고 시간이 지날수록 그것이 강화되었다고 할 수 있겠다.

혁명전통이 강조되고 항일빨치산의 회상기가 대유행함에 따라 조선로동당의 역사도 김일성 중심으로 읽혀질 수밖에 없었고, 천리마작업반운동이 애초부터 김일성의 교시에 의해 구상된 실천, 조직, 노동을 통한 인간개조운동이었기 때문이다. 따라서 수령제란 천리마작업반운동 초기에 형성되었던 흐름을 공식화하고 좀 더 확실하게 한 것뿐이라고 볼 수도 있다. 이것은 김일성의 현지교시가 곧 당정책이었고 단일지도체계가 수령제와 근본적으로 차이점이 없었기 때문이다.

김일성에 대한 충실성을 전면에 노골적으로 내걸면 수령제고 우회적으로 드러내면 수령제가 아니라는 생각은 단일지도체계와 수령제를 지나치게 분절적으로 보는 시각인 것 같다. 천리마작업반운동에서부터는 수령이 만들어 놓은 모델은 절대적인 위상을 가지고 있었기 때문이다. 천리마작업반운동이 시작할 때부터 김일성은 인민의 교사요 스승이었고 유일한 정치적 지도자였으며 사회주의 대가정의 아버지였던 것이다. 이것은 군사부일체라는 유교적 전통과 잘 맞아 떨어졌고 당, 간부, 인민은 김일성의 교시를 군사부일체의 말씀으로 받아들이고 김일성을 이미 군사부일체로서 대하였기 때문이다. 따라서 김일성이 사회주의교육혁명의 모델로 제시한 약수중학교는 김일성 교시의 작품이자 김일성교시의 현현이었다고 할 수 있다. 『약수 중학교 교육 경험』이라는 책의 구구절절한 다음 표현을 보면 알 수 있다.

> 김 일성 동지의 끊임 없는 배려와 직접적인 지도 그리고 김 일성 동지의 현지 교시 관철을 위한 교원 학생들의 헌신적인 노력에 의하여 오늘 약수 중학교는 학생들을 다방면적으로 발전된 사회주의, 고안주의 건설자로 육성하는 데 있어서 전국의 모범 학교로 되고 있다. 각급 학교들에서는 김 일성 동지의 현지 교시와 김 일성 동지께서 친히 창조하신 약수 중학교의 경험을 구체적으로 연구하고 그의 모범을 적극 본 받아 학생 교육 교양 사업에 철저히 구현하여야 한다.[191]

1945년 해방 직후부터 조성되었던 김일성에 대한 숭배사상은 사회주의개조과정에서의 권력집중과 천리마작업반운동에 의해 더욱 심화되었던 것이다. 1959년부터 1967년까지는 형식적으로는 단일지도체계라고 볼 수 있겠지만 실제적으로는 수령제와 크게 다름이 없었다. 그러나 북한 정권이 수령론이라는 정당화 논리를 가지고 수령제를 만들어 낸 것은 1967년이고 이것이 유일사상확립을 위한 10대원칙으로 나왔고, 이것을 국가적 차원에서 제도화한 것이 1972년 헌법이고 주석제다. 이처럼 단일지도체계에서 수령제에 이르기까지 북한의 지도체제는 하나로 이어지면서 점차 강화된 것으로 보아야 한다. 제도상으로는 1967년의 수령제가 천리마시대의 끝이 아니라 주석제가 천리마시대의 끝인 셈이다.

정영철의 주장처럼 제도적으로 보았을 때는 주석제의 본질은 "국가기관에 대한 주석의 지도에만 그치지 않는다. 보다 중요한 것은 이 주석이 당 총비서를 겸한다는 데 있다. 물론 북한과 같은 사회주의 정권의 경우 당의 정치적 우위가 보장되기 때문에 총비서직을 겸하지 않는 국가 주석이란 사실 그 의미가 적을 수도 있다. 논리적으로는 두 직책의 분리는 가능하지만, 한 번도 분리된 적이 없다는 현실이 그를 반증한다.

---

191) 교육도서출판사, 『약수 중학교 교육 경험』(평양: 교육도서출판사, 1964), 26쪽.

이러한 현실을 반영하는 것이 '수령론'이었다."[192]

그래서 정영철에 따르면 "수령체계는 김일성의 '지도'를 '영도'로 치환하고, 그의 호칭도 '수령'으로 격상시키며, 그의 혁명전통이 절대화되고 제도적으로 확립됨을 의미한다. 곧 수령의 영도를 제도적으로 보장하는 것으로서, 기존의 김일성의 지도를 현지교시, 말씀, 지도 등의 인격적 지도의 단계에서, 강제와 의무의 단계로 격상시키는 것을 의미한다."고 볼 수 있다.[193]

이런 식으로 단일지도체계와 수령제는 제도상으로는 차이가 있겠고 이론상으로는 큰 차이가 있겠지만, 북한의 인민 대중이 받아들일 때 큰 차이는 없었으리라 생각한다. 북한의 '인테리'들은 그 차이를 민감하게 받아들였다고도 볼 수 있겠지만, 주체확립과 혁명적 군중노선을 내세운 천리마운동으로 인해 대중들은 자기도 모르는 사이에 이미 김일성을 북한의 유일지도자이며 영도자인 수령으로 생각하는 사고방식에 젖어들었고 그런 사고방식을 받아들일 준비가 되어 있었다고 할 수 있다. 이미 1958년의 종파투쟁과 1967년의 갑산파 숙청으로 김일성에 맞설 수 있는 정적은 다 사라졌기 때문이기도 하지만, 북한주민들이 김일성을 북한의 유일한 지도자에서 수령으로 보게 되는 관점전환은 이미 천리마작업반운동에 내재해 있었다고 할 수 있다. 이런 식으로 생각해 보면 수령제가 확립된 1967년 이후 1972년 주석제라는 수령제의 완성까지는 하나로 이어지는 흐름이라고 볼 수 있다.[194]

---

192) 류세희, 「유일사상체계와 유신체제의 대립」, 116쪽.

193) 정영철, 『김정일리더십연구』(서울: 선인, 2008), 437쪽. 이 때 김일성의 어머니인 강반석도 조선의 어머니로 격상된다. 하지만, 대다수의 인민들은 이로부터 어떤 큰 변화를 느끼지는 않았을 것이다.

194) 결국 수령제는 상호모순된 요인들로 인해 성립되었을 것이다. 제2시기의 천리마작업반운동이 공산주의적 인간개조, 통일단결, 생산력발전에 어느 정도의 성과를 올리지 못했다면 수령제는 성립되지 못했을 것이다. 반대로 제2시기의 천리마작업반

김정일은 이러한 명백한 사실을 근거로 해서 마르크스-레닌주의 역사는 수령의 역사라고 노골적으로 표명한 것이다. 그러나 김정일의 이러한 관점전환이 김일성의 유일지도체제의 강화에는 도움이 되었겠지만 김정일의 요구와 이론에 의거해서 수령제가 수립될 수는 없는 것이다. 그것은 김일성계로 이루어진 단일지도체계에서 회의석상이나 토론에서는 겉으로는 그 누구도 드러내놓고 김일성에 반대할 간부들이 없어진 상태에서 이루어진 것이기 때문이기도 하였고 이미 천리마작업반운동과 김일성의 현지교시의 일상화로 인해 김일성의 교시=당정책=인민의 요구라는 등식이 성립된 지 오랜 시간이 지났기 때문이기도 했다.

따라서 김정일에 대한 공식 전기의 하나인 『주체혁명위업의 위대한 령도자 김정일동지1: 위대한 사상리론가』에서는 김정일이 1966년부터 1969년까지 노동계급의 혁명이론 발전의 100년사를 총화하면서 "노동계급의 수령은 개인이 아니다", "노동계급의 수령은 혁명투쟁에서 결정적 역할을 한다"는 명제를 발견했다고 주장하고 있지만, 공산주의운동사에서의 대중과 지도의 관계에 대한 등식의 발견, 대중이 있기 때문에 지도자가 있는 것이 아니라 지도자가 있기 때문에 대중이 있다는 식의 이러한 관점전환의 계기는 이론적 탐구의 결과라기보다 이미 벌어지고 있던 북한의 현실, 북한적 현상을 김정일이 반영한 것에 지나지 않는다.[195]

운동이 만족할 만큼 인간개조, 통일단결, 생산력발전의 성과를 올렸다면 수령제가 성립될 필요가 없었을 것이다. 그러나 여기서 중요한 것은 단일지도체계가 1967년에 수령제로 바뀐 것이 아니라 천리마운동의 심화, 확대과정이 곧 수령제의 전국화로 가는 길이었다는 사실이다. 김일성의 현지지도와 현지교시가 늘어날수록 당=수령이 되었던 것이다. 그리고 같은 논리를 수령제에서 주석제에 이르는 과정에 적용할 수 있을 것이다. 제3시기 천리마작업반운동이 심화, 확대되면서 수령제가 더욱 강화, 심화되었고 그것이 곧 수령제를 제도적으로 완성하는 과정이며 주석제를 만들어 가는 과정이었다는 뜻이다.

195) 『주체혁명위업의 위대한 령도자 김정일동지1: 위대한 사상리론가』(평양: 조선로동당출판사, 2001), 151~158 쪽; 권정웅, 『전환』(평양: 문학예술종합출판사, 1999). 김

만약 북한 지식인들이 몇몇이 모여 마르크스주의 100년사의 총화의 결과라고 하면서 토론회에서 발표했다면 그 명제가 어떻게 쉽게 모든 대중과 당원들에게 받아들여질 수 있었겠는가? 그리고 만약 북한체제의 변용이 수령제나 주석제에 그쳤다면 북한체제의 특성을 수령제사회주의라고 일컬을 수 있을 것이다. 그렇다면 북한 사회주의 교육의 원형은 수령제가 들어온 1967년 이전으로 설정해도 무리가 없을 것이다. 그러나 1967년 이전의 단일지도체계와 1967년 이후의 유일체제를 지나치게 단절시키지 않는 한 이런 논리는 성립될 수 없다. 오히려 급격한 단절 즉 관점전환의 지점을 찾으려면 1967년 공식화되어 1972년의 헌법으로 완성된 수령제=유일체제를 김정일이 공식적인 후계자가 된 뒤에 만들어서 1974년부터 구축되기 시작한 유일적 영도체계, 유일지도체제와 비교하는 것이 더 중요하다.

정일이 수령관을 발견했을 때도 사람들이 수령의 사상을 우리시대의 마르크스-레닌주의라고 부르고 있는 것에 대해 불만을 표시하고 있었다고 한다. 그 때부터 이미 김일성주의를 마르크스-레닌주의로부터 단절한 것으로 인식하고 있었다고 하는데 그것은 확인하기 어렵다. 황장엽은 이 시기를 김영주의 모택동주의, 김정일의 수령중심주의, 자신의 인간중심철학의 대립으로 보면서 결국 김정일의 수령중심주의가 노선투쟁에서 승리했다고 하면서 자신의 인간중심철학이 우월하는 것을 내세우고 있다. 선우현, 『우리 시대의 북한철학』(서울: 책세상, 2000), 73~80쪽. 이러한 황장엽의 설명도 74년의 김일성주의의 성립보다 67년의 수령제의 성립을 더 중요시 여기도록 하는 데 일익을 담당한 것으로 보인다.

제 3 장

북한 사회주의교육교양의 원형형성과 변용

북한 사회주의교육교양의 원형을 알기 위해서는 첫째, 그 원형이 추구했던 교육적 인간상을 알아내야 한다. 교육적 인간상이란 교육에 의해서 형성하고자 하는 이상적인 인간의 특성으로서, 이상적인 조건에 의해서 완벽한 교육이 이루어졌을 때 예상 혹은 기대되는 인간의 특징이라고 볼 수 있을 것이다. 조선시대에는 이러한 교육적 인간상을 선비라고 했으며 르네상스 시대에는 전인이라고 했다. 교육적 인간상은 포괄적이면서도 구체적 형상으로 제시되었을 그 사회의 교육의 본질과 내용을 구성하는 데 적절한 방향을 제시해 줄 수 있을 것이다.

가장 높은 추상적 수준에서의 자유주의와 공산주의의 교육적 인간상을 비교한다면 차이를 알아내기가 힘들지만, 중간수준의 추상화 수준에서는 교육적 인간상을 자유민주주의 사회에서는 주로 민주시민이라고 하듯이 사회주의국가에서는 혁명가라고 한 것으로 알 수 있다. 그런데 이러한 추상화 수준으로는 사회주의국가들 간의 교육적 인간상의 차이를 알아내기 어렵다. 따라서 더 한층 내려가 구체화된 인간상을 비교해 봐야 함으로써 알아낼 수 있다. 그렇게 보았을 때 교육적 인간상이란 소련에서는 스타하노프형 인간, 중국에서는 뇌봉형 인간, 북한에서는 천리마기수형 인간이라는 것을 알 수 있다. 천리마기수형 인간상은 북한의 교육교양내용과 원리를 규정했다고 볼 수 있다. 즉 천리마작업반운동으로부터 북한의 교육적 인간상이 도출된 것이다.

다음으로 북한 사회주의교육교양의 원형을 알기 위해서는 그 당시에 만들어진 교육교양방법의 원형을 알아내야 한다. 이것은 천리마기수들이 갖춰야 하는 사업방법인 청산리방법임을 알 수 있다. 왜냐하면 천리마작업반운동이든 청산리방법이든 교육교양사업을 앞세웠고, 청산리방법자체가 교육교양방법이기도 했기 때문이다. 청산리방법을 학교교육에 적용하게 되면 교육학, 교육철학의 쟁점이라고 할 수 있는 교육과 교양, 교수와 교양, 교사와 학생과의 관계를 해결할 수 있는 것처럼 보였다. 청산리방법을 통해서 학생은 교육의 대상이냐 교육의 주체냐의 문제도 해결할 수 있는 것처럼 보였다. 학생들의 자각성을 일깨우는 청산리방법은 주입식교수법의 대안처럼 여겨졌다. 학급은 작업반과 유사하게 되었고, 교사들은 작업반의 천리마기수와 유사한 역할을 하면서 학급을 이끌어가야 했다. 학급운영과 교과지도, 교과외 활동과 학교운영에 대한 경영론도 청산리방법을 적용하게 되었다.

따라서 김일성이 사회주의건설의 총방향으로 제시한 주체확립과 혁명적 군중노선은 천리마작업반운동, 천리마기수, 청산리방법을 매개로 해서 학교교육에 반영되어 북한 사회주의교육의 원형 즉 교육적 인간상과 교육교양내용, 교육교양방법을 형성했다고 볼 수 있다. 천리마시대에는 북한식 사회주의체제의 원형이 형성되었듯이 그에 맞춰서 사회주의교육의 원형이 형성된 것이다. 이러한 원형은 1974년부터 변용되기 시작하는데(1차변용), 이는 1967년에 만들어진 '당의 유일사상체계확립을 위한 10대원칙'과 1974년에 김정일이 만든 '당의 유일사상체계확립을 위한 10대원칙'을 비교하면 알 수 있다. 이러한 비교를 통해서도 천리마시대의 체제가 북한체제의 원형이고 천리마시대의 교육교양이 북한의 교육교양이 원형임을 확인할 수 있었다.

그러나 이러한 북한의 교육교양의 원형이 가지고 있는 전모를 제대로 보여줄 수 있는 북한의 교육학체계는 발견하기 어렵다. 김일성의 연설을 통해서도 그렇고 북한의 교육학교재에서도 교육학체계에 일관성이 없다. 김일성이 체계 구성에 대한 구체적인 교시를 내려주거나 수령이 이신작칙해서 모델을 만들어서 제공해 주지 않는 한 고정된 체계를 갖추기는 어려웠을 것이고 따라서 교육학체계들은 다양한 모습을 보이고 있다. 이것은 북한의 사회주의교육학 즉 인간개조에 대한 이론을 정립하기가 그만큼 어려웠다는 것을 보여주는 것이기도 하다. 김일성이 이러한 사회주의 교육학을 체계화해서 1977년 “사회주의교육에 관한 테제”를 만든 다음부터는 북한의 교육학교재들은 이 테제를 중심으로 교육학을 체계화했다고 볼 수 있다. 그러나 북한의 교육학자들이 만들어 놓은 교육학체계나 김일성이 만들었다고 하는 교육학체계는 남한 사람들이나 타자가 보기에는 부족한 점이 많다고 하겠다. 그러므로 남과 북이 북한의 교육교양을 함께 공유하고 이해하려면 새로운 교육학체계가 나올 필요가 있다.

제1절 교육적 인간상과 천리마기수

1. 사회주의국가에서의 교육적 인간상

사회주의가 요구하는 교육적 인간상 즉 사회적 성격은 스탈린시대에 소련교육에서 먼저 구체화, 체계화되었다. 소련 공산당이 주민들에게 요구하는 사회적 성격은 스탈린을 격하한 흐루시초프시대에도 본질적으로 바뀌지는 않았다. 공산주의에서 권장하는 도덕의 내용을 소련 공산당 제22차 대회(1960)에서 채택된 새로운 강령에 다음과 같이 열거한 '공산주의 건설자의 윤리강령'에서 볼 수 있다. 이 강령에서 공산주의가 요구하는 덕성이 집단주의를 넘어서 매우 폭넓게 제시되어 있는 것을 알 수 있다.

> 1. 공산주의 과업에 대한 충실성, 사회주의 조국과 사회주의 제국에 대한 사랑.
> 1. 사회복지를 위한 양심적 노동 : 일하지 않는 자는 먹지도 말아야 한다.
> 1. 사회적 부의 보존과 증대를 위한 각자의 배려.
> 1. 사회적 이익과 상충하는 경우의 높은 사회적 의무의식, 준엄성.
> 1. 단체정신과 동지적 협조 : 한 사람은 모든 사람을 위해서, 모든 사람은 한 사람을 위해서.
> 1. 인간적 행위와 인간상호 간의 존경, 즉 인간은 인간의 벗, 동지 그리고 형제이다.
> 1. 정직성과 진리애, 도덕적 순결성, 솔직성 그리고 사회적 생활 및

사적 생활에 있어서의 겸손.
1. 가족간의 상호존경, 자녀교육을 위한 배려.
1. 불의, 기생근절, 부정적, 공명심 그리고 탐욕 대한 비타협성
1. 모든 소련 인민의 우애와 형제애, 민족적 이간과 인종족 불화에 대한 준엄성
1. 공산주의와 평화와 민족적 자유의 적에 대한 비타협성
1. 모든 국가의 근로자, 모든 인민과의 형제적 유대.[1)]

쿠바의 체 게바라가 묘사하는 '새로운 인간'도 흐루시초프시대의 새인간과 크게 다를 바 없다.

새로운 인간

진정한 혁명은 인간 내부에 있다
이웃에게 탐욕을 부리는 늑대 같은 인간은
혁명가가 될 수 없다
진정한 혁명가는
사랑이라는 위대한 감정을 존중하고
그에 따라 살아 움직이는 사랑을
구체적인 행동으로 보여주는 사람이다

이제는
'새로운 인간'의 시대다
도덕적인 동기에서 일을 시작하고
끊임없는 실천으로 모범을 보여야 한다
그리고 전세계적인 차원에서

---

1) 양호민 · 강인덕, 『공산주의비판』(서울: 극동문제연구소, 1986), 271~272쪽.

새로운 공동체가 만들어질 때까지
자신의 목숨마저도 바칠 수 있어야 한다
그것이 새로운 인간이다.[2)]

『교육학: 사범전문학교용』에서 보듯이 북한에서는 공산주의적 덕목과 성격을 합쳐서 공산주의 도덕교양이라 칭한 것으로 보인다.

1) 청소년들은 사회주의적 애국주의와 프로레타리 국제주의 정신으로 교양
2) 개인주의와 리기주의를 반대하여 투쟁하는 정신으로 교양. 집단주의, 우정과 동지애를 배양
3) 매개 근로자들의 인격에 대한 존경, 대중에 대한 존경, 그들의 거대한 역할과 의의 및 그들의 창조력에 대한 무한한 신뢰를 의미하는 사회주의적 인도주의를 교양
4) 로동과 사회적 소유에 대한 공산주의적 태도를 교양
5) 자각적 규률과 문화적인 행동 관습을 교양
6) 혁명적 낙관주의, 인내성, 완강성, 용감성, 사업에 대한 대담성과 혁명적 원칙성, 정직성, 솔직성, 정의감 등도 교양[3)]

이렇게 추상적 수준에서 본다면 북한이 공산주의 도덕교양으로 나열한 것은 소련의 것과 큰 차이는 없어 보인다. 북한의 새로운 인간상도 쿠바나 소련의 인간상과 차이점을 찾기 어렵다.

북한의 『교육심리』에서는 '사상정신적 풍모'라는 이름으로 '사상정신적 풍모'를 판단할 수 있는 덕목과 그 덕목의 수준을 일상생활에서 판단

---

2) 이산하 엮음, 『체 게바라 시집: 먼 저편』(서울: 문화산책, 2003), 63쪽.
3) 교육학분과집필위원회, 『교육학: 사범전문학교용』(평양: 교육도서출판사, 1960, 학우서방, 번인발행, 1961), 58쪽. 발췌.

할 수 있는 징표로서 1. 책임성과 헌신성 2. 조직성과 규율성 3. 근면성 4. 정직성과 성실성 5. 강의성, 완강성, 인내성으로 나열하고 있다.[4)]

북한의 '정신사상적풍모'라는 것은 우리나라에서는 품행이나 행동발달이라고 말하는 것과 비슷한 것으로 그 징표도 우리나라에서의 덕의 징표와 크게 다를 바 없는 것 같다. 이것을 북한의 천리마시대와 대응하는 박정희 시대의 '교육적 인간상'과 비교해 보면 알 수 있다. 우리나라는 '교육적 인간상' 즉 '새로운 국민상'을 담은 '국민교육헌장'이 1968년 12월 5일을 공포되었다. '국민교육헌장'에서 요구하는 '새로운 국민상'을 크게 '기대되는 태도', '정신 자세', '실천덕목'으로 나누어 볼 수 있는데 추상적인 분석수준에서 보면 '국민교육헌장'에는 '반공(승공통일)'이 들어 있고, 북한의 '교육적 인간상'에는 '공산주의'가 들었다는 것만 다를 뿐 분열과 대립이 심한 남과 북마저 추상적 수준에서의 '교육적 인간상'은 크게 대립될 것이 없다.[5)]

자유주의교육이나 사회주의교육에서 학생들의 지덕체를 모두 키우도록 해야 한다고 주장하는 점에서는 동일하다. 겉으로 보기에는 자유주의 사회에서는 '전인'이라는 말을 고수한 데 비해 사회주의에서는 지덕체가 고루 발달된 인간을 '전면적으로 발달된 인간'이라고 불렀다는 점이 다를 뿐이다. 여기서 덕육에 대해서는 자유민주주의교육이 권장하는 덕목과 사회주의에서 권장하는 덕목을 비교해 볼 필요가 있다. 결론부터 이야기한다면 자유민주주의교육에서 권장하는 덕목과 사회주의교육에서 권장하는 덕목은 높은 추상화의 단계에서 본다면 크게 다른 점을 찾기 어렵고 그 점에서는 두 이데올로기가 대립된 것으로 보이지 않는다.

결국 자유주의사회의 전인교육과 사회주의사회의 전면적 발달을 성

4) 최청의, 『교육심리』(평양: 교원신문사, 2001, 번각발행, 학우서방, 2002), 103~114쪽.
5) 전국철학교육자연대회의, 『한국「도덕 · 윤리」 교육백서』(서울: 한울, 2001), 325쪽.

격이나 덕목의 측면에서 추상적으로 보거나 덕목의 공통점을 중심으로 해서 본다면 자유민주주의나 사회주의사회가 요구하는 인간상은 큰 차이가 없다고 생각해도 과언이 아니다. 그렇다면 차이는 어디에서 찾아야 할까? 여기서 당장 사회주의국가들 간의 교육적 인간상을 비교하고 그 차이점을 밝혀내는 것이 쉽지 않지만 북한이 추구하는 '전면적으로 발달된 인간'의 특징 중 한 가지는 집단주의, 군중노선을 통해 알 수 있다. 이것은 덕성교양의 토대가 집단주의이고, 정서교양에서 군중예술, 체육교양에서는 군중체육이 중심에 있었다는 것을 통해 알 수 있다.[6]

또한 북한에서는 경제발전전략이 중공업 우선에 농업, 경공업 동시발전이었듯이 인간개조에 있어서는 사상과 덕을 우선으로 하되 지, 체의 동시발전 전략을 택했다고 볼 수 있을 것 같다.

> 전면적으로 발전된 공산주의적 인간, 자주적이며 창조적인 인간을 키우기 위한 사회주의교육에서는 사상교육을 위주로 하면서 지식교육과 체육교육을 통일적 과정으로 다같이 진행하여야 한다.[7]

즉 김일성이 요구했던 '전면적으로 발달된 인간'이 자유주의의 전인과 다른 점은 집단주의와 사상교육을 위주로 개조된 인간이라는 것을 알 수 있다. 이러한 인간개조의 방향은 북한에서 생산수단의 공유제에 기

6) 공산주의 사회의 인간은《전면적으로 발달되고 전면적으로 준비된 인간 즉 모든 것을 다 할 줄 아는 그러한 인간》이라는 레닌의 말을 당시의 북한의 출판물에서 인용하고 있다. 강덕서, 『새인간형성과 천리마작업반 운동』(평양: 조선로동당출판사, 1961), 20쪽 참조. 공산주의 사회에서 말하는 전면적 발달과 르네상스 이후로 교육학에서 많이 회자된 전인교육이 근본적으로 다른 것은 르네상스의 전인교육이 자유주의적이며 개인주의적이라면 공산주의의 전면적 발달은 공산주의적이며 집단주의라는 점이다. 자유주의 교육론은 르네상스의 교육론을 계승한 것이라고 할 수 있다.

7) 김일성, 「사회주의교육에 관한 테제(1977. 9. 5)」, 『김일성전집 64』(평양: 조선로동당출판, 2006), 278쪽.

초한 사회개조가 완성된 이후에, 이러한 사회주의 사회에서 살아갈 수 있는 적합한 공산주의적 인간을 만들어 내야 할 시기가 왔을 때, 북한의 사회주의건설의 총노선인 천리마운동 즉 주체확립과 혁명적 군중노선에 의해 규정되었다고 할 수 있다.

공산주의 새인간형의 덕성을 이루는 토대가 되는 핵심적 사상은 집단과 개체를 동일시하는 것이다. 자유주의에서는 허용되거나 존중받고, 최고의 평가를 받을 수 있는 행위가 공산주의에서는 이기주의로 비난받을 수 있다. 공산주의에서는 개인주의를 자유주의, 이기주의로 보고 자유주의에서는 집단주의를 개인말살로, 전체주의로 본다. 따라서 개인주의에 근거를 둔 덕목이냐 집단주의에 근거를 둔 덕목이냐에 따라 추상적으로 동일한 덕성이라도 궁극적으로는 다른 덕목을 지칭하는 것이라고 볼 수도 있는 것이다. 추상적 수준에서는 동일한 덕목일지라도 그 덕목이 제시되는 사회체제에 따라 다른 것을 지칭하는 것이다. 이러한 덕목에 대해 더 자세히 알아내려면 인류가 가야만 하며 갈 수 있는 궁극적인 이상적인 사회로서 개인주의에 토대를 둔 자유주의사회 또는 자아실현을 달성한 사람과 집단주의에 근거한 공산주의사회, 공산주의적인 새인간의 모습이 구체적으로 어떻게 다른가를 알아봐야 할 것이다.

사회주의국가들 간의 교육적 인간상의 차이점도 추상적인 덕목이나 품행, 품행의 징표를 가지고는 판단하기 어렵다. 그것은 사회주의국가들이 제시하는 구체적인 '교육적 인간상'과 그에 따른 '교육교양내용', '교육교양방법'을 비교해 보아야 알 수 있을 것이다.

2. 교육적 인간상으로서의 천리마기수

소련이 사회주의혁명과 집단화를 시작으로 공산주의를 건설하는 과정에 들어섰을 때, 소련의 공산주의자들 사이에서는 완전한 공산주의가 무엇인가, 그러한 완전한 공산주의사회에서 요구되는 공산주의적 인간상은 무엇인가, 그러한 공산주의적 인간을 육성하기 위한 인간개조방법은 무엇인가에 대해 합의도 없었고 이론도 정책도 미리 준비된 것이 없었다. 여기서 공산주의적 인간상과 인간 개조방법 초점을 맞춰 고찰한다면 스탈린주의에서 제시한 공산주의적 인간상(엄밀히 말하자면 사회주의에서 공산주의로 이행시기의 사회주의 인간상)이란 스타하노프형 인간이라고 할 수 있고, 인간개조방법은 스타하노프운동이라고 할 수 있다.

스타하노프 일꾼들의 이야기 중에서 특징적인 측면은 구체적인 수치를 제시하며 '급료'로 얼마를 받았다 또는 '성과급' 또는 '상여금'으로 얼마를 받았다고 강조하는 일이다. 아울러 공식석상에서도 자신의 소득이나 상금으로 구입하게 된 소비재, 생활용품들을 자랑스럽게 열거하곤 한다. 1935년 11월 17일 '제1차 전국 스타하노프 일꾼 대회'에서 스탈린은 "동무들! 삶은 더 나아졌습니다. 삶은 더 즐거워졌습니다!"고 했는데 이 당시 널리 선전되어 유행하던 경구가 되었다. 1936년 스탈린 헌법에 따라 최고소비에트 대의원으로 대거 진출하게 된 스타하노프 일꾼들의 사진을 도안으로 제작한 대형 포스터 〈누가 사회주의국가에서 유명인사인가〉 중앙에는 다음과 같은 발언이 자리 잡고 있다. "재산이나 출신 민족이나 남녀 성별이나 근무 환경이 아니라, 각 시민의 개인적(강조는 인용자) 능력과 노동이 자신의 사회적 위치를 규정합니다." 스탈린은 사회주의 생산양식에서는 '능력에 따라 일하고 업적에 따라 분배받아야 한다'는 것을 분명히 했는데, 분배받아야 하는 것은 사회적 지위까지 포

함하는 것이었다. 집단적 혁명적 열기 대신에 개인적 업적에 의한 사회이동이 시작된 것이다.[8)]

스타하노프운동이 물질적 자극에 입각한 노력경쟁운동에 있었던 만큼 트로츠키가 『배반당한 혁명』에서 기술했듯이 이것은 자본주의 생산방식에 가장 적합한 제도인 도급제라고 할 수 있다. 스타하노프운동원들은 분명 다른 노동자들보다 좀 더 많이 일했고 생산성도 높았고 물질적 혜택을 받았지만, 새로운 봉급체제에 따라 다른 노동자들은 상대적으로 물질적 혜택이 줄어들었다고 볼 수 있다.[9)]

> 소위 "비노동시간"에 스타하노프 운동원들은 작업장의 의지와 도구를 정리하고 원자재를 분류하였다. 그리고 조장들은 조원들에게 교육을 실시했다. 이런 일들이 진행되면서 7시간 노동일은 말뿐이고 실제 노동시간은 현재 훨씬 길어졌다.(중략) 그러나 노동자의 대부분은 새로운 임금체계를 봉급의 차원에서 평가한다. 그런데 새로운 임금체계로 인해 월급 봉투가 점점 얇아지고 있다고 느끼지 않을 수 없다.[10)]

그렇다면 공산주의적 인간개조에 대한 모택동의 생각은 어떠했을까? 대약진운동은 자력갱생과 집단주의운동으로서, 중국이 사회주의적 개조를 끝낸 직후인 1958년 5월의 중국공산당 8전대회로부터 본격화되는데, 농촌지역에서는 전농민의 참여로 "농업은 대채(大寨)를 따라 배우고

---

8) 이종훈, 「스타하노프 일꾼들의 술회 속에 나타난 일상」, 임지현 · 김용우 엮음, 『대중독재 3』(서울: 책세상, 2007), 157~158쪽 참조.

9) 트로츠키, 『배반당한 혁명』(서울: 갈무리, 1995), 110쪽. 트로츠키가 도급제라고 한 것은 지금에 와서 보면 성과급제라고 봄이 타당한 것 같다. 성과급제가 신자유주의와 함께 전세계에 풍미하고 있는데 이것은 이미 스탈린이 도입한 것이고, 북한을 포함한 많은 사회주의국가에서 유사하게 먼저 실시되었던 임금제도와 유사하다.

10) 트로츠키, 『배반당한 혁명』, 110쪽.

공업은 대경(大慶)을 따라 배우자"는 구호 아래 대대적인 수리사업이 진행되었고 전 주민이 총동원되어 대규모 건설사업이 벌어졌다. 대채 생산대원이었던 진영귀(1913~1986)는 대채의 척박한 자갈밭을 오로지 인격과 고된 노동에만 의지하여 생산적인 경작지로 탈바꿈시켰다는 것이다.[11)]

1950년대 말에서 60년대 초두 중국이 소련의 도움을 받지 않고 개발한 대경유전은 중국인민의 자력갱생과 집단주의의 모델이었다. 대경 유전에 개발에 임하는 노동자들에게는 대경 '10불'(十不)이 있었는데 "'10불'이란 ① 고통을 두려워하지 않는다 ② 피곤을 두려워하지 않는다 ③ 죽음을 두려워하지 않는다 ④ 조건을 문제 삼지 않는다 ⑤ 노동시간을 생각하지 않는다 ⑥ 보수를 생각지 않는다 ⑦ 일에 차별을 두지 않는다 ⑧ 자타의 차별을 하지 않는다 ⑨ 직무의 고 · 저를 두지 않는다 ⑩ 남녀노소를 차별하지 않는다는 것이다."[12)]

대경유전을 개발한 생산대는 똘똘 뭉쳐 이와 같은 초인적 계율을 지

11) 대약진운동이 실패한 다음에 난관에 부딪쳤던 모택동에게 대채 인민공사를 소개한 것은 주은래라고 한다. 주은래는 대채 생산 대대는 대기근에 시달린 해에도 생산이 줄어들지 않았고 농민들은 의욕적이었으며, 오히려 먹을 것과 입을 것이 남았다고 했다. 대채 마을의 주민들은 척박한 산악 지역에서 어깨에 돌을 운반하여 견고한 돌 둑을 쌓았다. 또 제방 속에 흙을 메워서 해면 모양으로 생긴 포토층의 '작은 평원'을 만들었다. 가문 산악 지역에 이러한 인위적인 공사를 하여 자연 재해를 이겨냈으며, 새로 일군 토지에서 많은 농작물을 생산해냈다는 것이다. 주은래가 단지 모범적인 사례로 소개한 대채 생산 대대이야기에서 모택동은 실패한 대약진운동의 막다른 골목에서 '근본적인 출로'를 발견했다고 생각했다. 모택동은 전중국의 북부와 중부와 가뭄 지구에 이와 같은 공사를 한다면 수천 년 동안 중국의 농민들을 괴롭혔던 가뭄과 수토유실(水土流失)을 해결할 수 있다고 생각했다. 전국의 몇 억 농민들과 천만여 생산대가 대채와 같다면 중국은 공산주의낙원을 건설할 수 있겠다는 생각에서 모택동은 학대채(學大寨)운동을 일으켰다. L. 루이링거, 『중국을 보는 제3의 눈』(서울: 소나무, 1995), 71쪽.

12) 고뢰정, 「사회주의의 새로운 문명모델에로의 모색－중국 · 북한사회주의에서의 사회경제 발전모델의 실험」, 최성편, 『현대사회주의비교연구』(서울: 학민사, 1990), 233쪽.

켰다. 집단주의의 화신이라고 볼 수 있겠다. 이로서 모택동의 대약진운동이 스타하노프운동식 노력경쟁운동과 어떤 차이가 있는지도 알 수 있다. 이러한 노력영웅으로 또 한 사람 가장 많이 알려진 주인공이 있다. 그는 뇌봉이라고 할 수 있다. 뇌봉은 고급소학교출신으로 공청단에 가입하였고 여러 차례 '노동모범', '선진생산일꾼'으로 뽑혔고 1960년에는 군에 입대했다. 그는 스스로를 '혁명의 나사못'으로 여기고 "추호도 이기적이 아니고 오로지 남을 위하는 것"을 최대의 행복과 기쁨으로 여겼다고 한다. 무순시 인민대표자대회 대표로 선출되었고 입당하였다. 그러나 공무를 집행하던 중 불의의 사로를 당해 1962년 22살의 젊은 나이에 요절하고 말았다. 1963년 3월 모택동은 뇌봉을 공산주의적 인간개조의 상징적 인물로 내세웠고, 중국에서 "뇌봉을 따라 배우자"는 운동이 대대적으로 전개되었고 여러 편의 뇌봉전기가 출판되었다. 뇌봉전기를 보면 주어진 임무와 규칙에 충실하고 모택동과 당정책의 학습에 충실하고 오직 모든 것을 바쳐 집단과 인민을 위해 초인적으로 인내하고 노력하는 인물로 군인스러운 노동자로 나온다.[13]

인민해방군인 뇌봉은 스타하노프와 같은 물질적 이익에 충실하고 대접도 받는 인물이 아니지만 집단의 관리자나 지도자의 모습은 아니다. 그렇다면 같은 시기 북한은 어떤 유형의 인간을 어떻게 육성하려고 했는가? 그것은 천리마작업반운동을 보면 알 수 있다. 천리마작업반운동은 공산주의적 인간개조운동이며 이러한 인간개조운동은 공산주의적인 집단주의라는 원리하에 사상혁명을 우선으로 기술혁명, 문화혁명 동시발전이라는 방향을 택했고, 집단주의는 군중노선과 조직생활강화(조직사회주의)로 구체화되었고 이것을 이끌어갈 수 있는 리더십개선운동이

13) 최성만 · 박태순 편역, 『뇌봉』(서울: 실천문학사, 1993). 뇌봉은 학습에도 열심이었는데 그것은 모택동사상의 학습이지 지식이나 기술에 대한 학습은 아니었다.

라는 것이다. 북한에서는 이런 리더십을 갖춘 인간을 천리마기수라고 했다. 따라서 천리마기수는 북한이 제시한 공산주의 인간유형이고 천리마작업반운동은 그러한 공산주의 인간유형을 육성하기 위한 방법이라고 할 수 있다. 인간유형을 좀 더 구체화할 필요가 있다면 처음으로 천리마작업반운동을 일으킨 진응원의 이름을 빌려 진응원형 인간이라고 할 수 있고, 천리마시대의 영웅을 형상화한 최초의 영화인 『정방공』(1963)의 실제 주인공인 정춘실 유형, 또는 길확실형 인간이라고도 할 수 있을 것이다.[14)]

이와 같은 인간유형은 스타하노프와 같은 인간유형과도 다르지만 뇌봉유형과도 다르다. 북한이 육성하고자 했던 공산주의적 인간의 모델은 리더 또는 관리자였다. 또는 리더나 관리자가 될 수 있도록 노력하는 자였다. 결국 북한에서 바라는 공산주의적 인간이란 소련의 스타하노프와 같은 자기 분야에 유능한 노동자, 중국의 뇌봉과 같이 자기일과 집단과 타인에 헌신적인 노동자만이 아니었다. 천리마기수는 작업반을 이끌 만큼 지적능력, 관리능력, 기술능력, 문화적 소양이 있고 집단의 과업을

---

14) 『정방공』에서 주인공 옥림은 다기대운동과 천리마작업반운동을 벌여 은실을 비롯한 일부 뒤떨어진 사람들을 교양 개조하여 작업반을 공산주의적 집단으로 꾸리며 많은 기능공을 양성해낸다. 그리고 노력영웅, 최고인민회의 대의원, 공장지배인으로 성장한다. 예술 영화 '정방공'은 천리마기수의 전형, 노동계급의 전형 창조에서 거둔 성과작이다. 『조선대백과사전 17』(평양: 백과사전출판사, 2000), 347쪽 발췌. "옥림은 천리마의 정신, 자력생생의 혁명정신을 가슴깊이 세기고 고속다추운동의 선구자로, 로력영웅으로, 공장의 지배인으로, 최고인민회의 대의원으로 성장하게 된다." 박종원 · 류만, 『조선문학개관2』(서울: 인동, 1988), 261쪽.
길확실은 1954년에 중학교를 졸업하고 협동농장원으로, 1955년부터 평양제사공장에서 노동자, 작업반장을 일하였다. 김일성은 천리마작업반, 천리마직장, 천리마공장으로 만드는 데서 선구자적 역할을 하라는 신임을 받아 안고 자기 작업반을 천리마작업반으로 만들고 여러 차례나 뒤떨어진 작업반으로 옮겨가면서 천리마작업반운동을 심화시켜 하나는 전체를 위하여, 전체는 하나를 위하여 일하는 공산주의집단으로 꾸리는 데 기여했다. 노력영웅(1980), 김일성훈장(1987)을 받았다. 『조선대백과사전 4』(평양: 백과사전출판사, 1996), 137쪽에서 발췌.

이룰 수 있는 관리자, 조직자, 교사가 되어야 했다. 마치 김일성이 조선민주주의인민공화국의 관리자, 조직자, 교사였던 것처럼 천리마기수들은 자신의 노동현장의 관리자, 조직자, 교사였던 것이다.

> 천리마작업반운동은 천리마운동이 심화발전된것으로서 인민경제발전의 강한 추동력으로, 근로자들의 대중적경제관리의 훌륭한 방법으로 되었을뿐만아니라 모든 사람들을 새로운 공산주의적인간으로 개조하는 훌륭한 대중적교양의 방법으로 되었습니다. 우리의 천리마기수들은 다만 생산혁신자들일뿐아니라 재능있는 관리일군들이며 능숙한 조직자들이며 참다운 공산주의교양자들입니다.[15]

천리마시대에 작업반장은 천리마기수며 다른 사람들의 역할모델이 되어야 했던 것이다. 모든 노동자는 천리마기수를 본받아 언젠가는 천리마 작업반장이 되거나 될 수 있는 능력을 가지도록 요구받았다. 즉 김일성은 모든 사람을 천리마기수같은 공산주의적 인간으로 만든다는 거창한 계획을 세운 것이다. 그래서 모든 노동자들로 하여금 일정한 관리권한을 부여받는 직일관(당직사령)을 돌아가면서 했고, 내부 채산제에 따라 계획을 세우거나 분배를 할 때도 함께 계산하고 함께 논의를 함으로써 상호 간의 책임감과 능력을 향상시켰다. 이는 작업반의 효율성을 최고도로 올리기 위한 수단이기도 했고, 개인이 혼자 할 수 있는 일보다 집단적으로 해야 할 일들의 범위가 넓어졌다는 뜻도 되지만, 계획적으로, 조직적으로 노동자들이 공장의 주인공이 되고 관리자가 될 수 있는 역량을 키울 것을 요구한 것이라고도 볼 수 있다.[16]

---

15) 김일성, 「조선로동당 제4차대회에서 한 중앙위원회사업총화보고(1961. 9 .11)」, 『김일성저작집 15』(평양: 조선로동당출판사, 1981), 202~203쪽.

16) "직일 작업반장제는 작업반장의 유일적인 지도를 강화하면서 모든 성원들이 순차적으로 작업반장을 대리하여 그 임무를 수행하는 방법으로 그들 모두가 기업 관리에

사회주의체제 간의 차이가 그 체제를 이루고 있는 사람들의 차이를 낳았다고 할 수 있지만, 교육적 인간상에 대한 사회주의국가 간의 차이는 분명히 사회주의국가 간의 교육교양에 차이를 낳았으며, 이러한 인간상의 차이는 사회주의 체제상의 차이를 낳았다고 할 수 있다. 북한의 경제발전전략이 있고 그 전략에 따라 천리마작업반운동이 일어났으며 천리마작업반운동은 진응원, 정춘실, 길확실과 같은 인간유형을 요구했다고도 볼 수 있지만, 역으로 생각해 보면 공산주의적 인간의 유형이나 공산주의로 가는 과도기라 할 수 있는 사회주의 사회의 인간상에 대한 스탈린, 모택동, 김일성의 견해에는 차이가 있었고 이 차이가 소련, 중국, 북한 체제의 차이를 낳았다고 할 수 있다. 사회주의국가들에서 스탈린주의와 탈스탈린주의 또는 신스탈린주의의 다양한 변용에 따른 체제의 차이점은 무엇보다도 대중운동과 대중운동을 통해 요구되었던 인간

직접적으로 참가하는 제도이다.(중략) 직일 작업반장제는 모든 사람들로 하여금 자기가 담당한 공정은 물론이고 린접 공정, 더 나아가서 작업반의 전체 생산공정을 료해하고 능히 감당할 수 있는 다기능공으로 되도록 자극하며 또 실천과 경험을 통하여 실지 다기능을 소유하게 한다. 평범한 보통 작업반 성원으로서가 아니라 그가 작업반장으로서 반내 전체 사업을 옳게 지도하자면 작업반 내의 생산 공정을 료해하고 있어야 하며 그 공정들에 대한 일정한 기능을 소유하고 있어야 한다. 그러한 지식과 기능을 가지지 못하고는 작업반을 지도할 수 없으며 생산 과정에서 제기되는 문제들을 제때에 해결해 줄 수도 없다. 이러한 현실적 요구는 작업반 내 모든 성원들로 하여금 자체의 기술 문화 수준을 높이고 관리 운영 지식을 소유해야 하겠다는 강한 충동을 받게 하며 그들의 학습 열의를 더욱 자극한다. 그리하여 그것은 결국 한 가지 작업과 기능에만 매달리지 않을 수 없었던 낡은 분업의 잔재를 급속히 제거하고 전면적으로 발전된 새 형의 인간으로 육성하는 과정을 촉진시킨다." 백재욱, 『천리마운동은 사회주의 건설에서의 우리 당의 총로선』(평양: 조선로동당출판사, 1965), 127쪽.

"작업반 내부 채산제의 도입은 로동자들로 하여금 자체로 직접 자기 작업반의 로동 및 물자의 지출과 그 결과를 계산 통제하고 생산 동태를 장악케 함으로써 모든 성원들의 책임성과 창발성을 일층 높이며 내부 예비와 원천을 탐구하기 위한 투쟁에 전체 작업반원들을 더욱 적극적으로 인입할 수 있게 한다." 백재욱, 『천리마운동은 사회주의 건설에서의 우리 당의 총로선』, 121~122쪽.

상의 차이점을 보면 더 명확해 질 수 있는 것 같다.[17]

---

17) 북한의 교육적 인간상의 모델과 함께 모델학교를 비교사회주의 방법으로 비교할 수 있어야 더 명확한 차이가 드러날 것이다. 그러기 위해서는 소련의 도시와 스탈린학교, 중국의 인민공사와 학교, 북한의 창성군과 약수중학교를 비교해야 하고 이것은 소련의 스타하노프운동, 중국의 대약진운동, 북한의 천리마작업반운동 속에서 비교될 수 있어야 한다. 그런데 일부 학자들은 천리마작업반운동이 스타하노프운동과 유사하다는 것을 이야기하려하고 일부 학자들은 대약진운동의 영향을 받았다는 것을 강조하는 경향이 있다. 이런 주장에 대해 류길재는 반박을 하면서 기존의 사회주의적 경쟁운동과의 차이점으로서 천리마운동의 특성을 4가지로 요약했는데 천리마운동이 공산주의적 인간형으로 개조하기 위한 사상교양을 중시했다는 점, 공업부문은 물론이고 모든 사회단위에서 전개되었다는 점, 작업반 단위의 혁신운동이었다는 점, 사회주의건설의 전 기간에 걸쳐 진행되는 지속적인 대중운동이라는 점이라고 했다. 류길재, 「「천리마운동」과 사회주의경제건설: 「스타하노프운동」 및 「대약진운동」과의 비교를 중심으로」, 경남대학교극동문제연구소, 『북한 사회주의건설의 정치경제』(마산: 경남대학교출판부, 1993), 70~71쪽.

제2절 교육교양방법과 청산리방법

1. 사회와 교육

천리마시대에 김일성은 북한에서 공산주의사회를 건설하겠다는 궁극적 목표를 분명히 하였다. 공산주의교육관에서 분명히 하고 있는 사회개조를 위한 인간개조라는 교육관은 공산주의에서 요구하는 교육적 인간교육과정에 규정하였다. 북한에서는 혁명의 단계마다 시기별 인간개조의 목표가 설정된다. 김일성의 입장에서는 북한의 인간개조의 목표나 교육과정이 혁명단계에 맞게 사회적 요구에 따라야 한다는 것은 분명하다. 『인간개조론』에 의하면 북한은 혁명의 단계를 세 가지로 나누었고 그에 따른 인간개조의 목표도 세 단계로 되어 있다. 그것은 1. 반제반봉건 인민민주주의혁명시기의 인간개조 2. 사회주의혁명시기의 인간개조 3. 사회주의, 공산주의 건설의 인간개조로 되어 있다.[18]

이런 세 가지 단계에 맞춰 그 단계가 요구하는 것에 따라 각각 다른 교육교양내용, 교육과정과 학제가 요구된다. 즉 학생과 사회와의 관계가 교육과정을 규정한다고 할 수 있으며 엄밀히 말하면 학생은 사회적 요구에 부응해야 한다. 학생과 사회의 관계 중에서 사회적 요구가 주도해야 한다는 것이며 사회적 요구에 따라 교육은 새롭게 규정되어야 한다는 것이다. 따라서 학생중심의 교육과정운영이 될 수도 없고 학문중심의 교육과정이 운영될 수도 없다. 북한 교육은 사회주의사회에 적합

---

18) 강운빈, 『인간개조론』(서울: 도서출판 조국, 1989), 75~103쪽.

한, 적응하는 인간으로 키워야 하고 동시에 사회개조, 자연개조를 이끌 사람을 키워야 하는 것이다. 인간은 개조의 대상이면서 개조의 주체이지만 일차적으로 인간은 개조의 대상이다. 먼저 인간이 개조가 되어야만 사회와 자연개조를 할 수 있다. 인간은 사회에 적응하면서 또한 사회를 개조해야 한다. 사회개조가 더 우선적이든 사회적응이 더 우선적이 되었든 이는 교육에 대한 사회적 요구를 중시한다는 점에서는 마찬가지라고 할 수 있다.

사회주의사회에서는 인간개조의 현실적 조건도 중시하지만, 사회적 요구를 앞장세우기 때문에 권리보다는 의무를 강조하게 된다. 사회개조라는 객관적 목표가 있고 그 사회에 맞는 집단주의적 인간개조를 앞세우기 때문이다. 즉 사회주의사회에서는 학생들이 개조의 대상의 측면에서도 주체의 측면에서도 학생들의 권리보다는 의무가 절대적으로 우선시되는 사회라고 볼 수 있다. 책임과 의무, 실천을 강요하는 북한의 교육학에서는 교사들은 항상 학생들에 대한 선전선동을 해야 할 입장이 되고, 학생들에게 의무와 책임을 요구하는 것은 교사의 의무와 책임이 된다. 사회개조라는 목표는 북한사회를 권리보다 의무를 앞세우고 의무를 절대시하는 사회로 만들었다. 인간개조라는 목표로 인해 교사와 학생 모두에게 권리보다 의무를 앞세우는 교육을 만들었다.[19]

북한에서는 사회적응을 위해서든 사회개조를 위해서든 학생의 현재 욕망은 학생의 미래를 위해 억제되고 통제될 수밖에 없었다. 학창시절은 그 자체로써 가치가 있기보다는 오직 성인을 위한 준비기간으로서 교육받고 교양 받아야 하는 시기인 것이다. 사회와의 관계 속에서 학생을 어떤 존재로 봐야 하는지는 교육과정을 어떻게 구성할 것을 결정하는 데 있어 관건이 되는 물음이라고 할 수 있다.

---

19) 남한의 '국민교육헌장'도 책임과 의무를 앞세운다.

존 듀이의 교육학은 그 진보성으로 인해 초기 사회주의국가를 포함한 많은 나라의 교육자들에게 일정한 영향을 끼치고 있었다. 존 듀이의 교육학은 분명 교육의 '사회연관성'을 중시하면서도 '아동중심'의 교육과정을 제안했다는 점에서 사회주의교육학과 차별성을 가지게 된다. 존 듀이의 '아동중심'의 교육과정은 유아에게도 예외가 될 수 없었다. 그러나 '아동중심'교육과정은 교사의 적극적 개입을 부정함으로써 학생들을 방치하는 결과를 낳을 수 있고, 극히 제한된 상류계층에게만 유의미한 결과를 낳을 수 있음은 분명하다.[20]

북한의 교육계에는 천리마시대에도 아동중심의 교육학이 여전히 일정한 영향력을 가지고 있었던 것으로 보인다. 더욱이 사회주의학교에서 학생은 교육교양에서의 주체가 되어야 한다는 북한 교육계의 요구 때문에, 주입식교육과 형식주의적 교육을 반대한다는 입장 때문에, 그 대안으로 이 시기 북한의 교사들은 학생에 대한 태도나 수업방법에서 교사들의 적극적인 역할을 주지 않고 존 듀이식으로 아동중심으로 기울어지는 경향이 존재했던 것으로 보인다. 이런 현상은 저학년일수록 심했고 유아교육에 있어서는 그런 경향이 심했다고 할 수 있다.

> 지금 일부 동무들은 지난날의 낡은 오가잡탕의 리론들을 가져다가 우리의 교육학을 만들려고 하는데 그것은 옳지 않습니다. 무슨 빨간것이니 파란것이니 하면서 아동심리학에 대하여 말하는것도 잘못입니다.

---

20) "도쿄대의 가리야 다케히코 교수는 가장 중요한 것은 기초교육이고 그것이 탄탄하게 다져진다면 거기서 더 나아가려고 과욕을 부리지 않는 것이 좋으며, 학생이 주인공인 교실이나 아이의 자주성 등의 발상은 그럴듯하게 들리지만 사실은 위험하다고 경고하고 있다. 그리고 아이들 중심주의 교육사상은 미국의 교육학자인 존 듀이가 유복한 가정 출신의 학습의욕이 높은 아이를 대상으로 실시한 실험에 뿌리를 두고 있으며, 자발적으로 배우려 들지 않는 아이는 내팽개쳐버린다고 염려하고 있다." 요시다 다로, 『교육천국, 쿠바를 가다』(서울; 파피에, 2012), 231쪽.

> 물론 어린이들의 심리에 맞게 가르치는것이 필요합니다. 그러나 어린이들의 심리에 맞게 교육한다는 구실밑에 아무렇게나 교육하여서는 안 됩니다. 우리는 후대들을 어디까지나 참다운 인민의 복무자로 길러야 합니다.[21]

이것은 학생들의 정치교양과 생산노동을 중시하는 김일성의 요구가 제대로 관철되지 못한 이유이기도 했다. 이것은 사회주의교육의 원리와 방법에 대한 합의가 쉽지 않다는 뜻도 되고 김일성의 사회주의교육관이 더 구체화되지 않았고 명확하게 테제화 되어 있지 않았기 때문이기도 하고 김일성계가 교육과 문화계의 '인테리'들을 장악하지 못했기 때문이기도 했다. 그러나 점차로 김일성을 추종하는 교육자, 학자들이 자유주의적이거나 존 듀이식의 학생중심적인 사고방식을 지닌 교육자, 학자들의 교육사상을 통제하고 그들을 대체해 갔던 것으로 보인다.

2. 교육과 교양의 결합: 천리마작업반운동

어떤 체제에서든지 학교의 역할 중의 하나는 학생들에게 암묵적으로 학생들이 알아야 할 것과 알아서는 안 되는 것 또는 몰라도 되는 것을 구분해서 가르치는 것이라고 할 수 있다. 아이즈너는 영(null)의 교육과정이라고 불렀다.[22]

---

21) 김일성, 「학생들을 사회주의, 공산주의 건설의 참된 후비대로 교육교양하자(1968. 3. 14)」, 『김일성저작집 22』(평양: 조선로동당 출판사, 1983), 45쪽.

22) 엘리어트 아이즈너, 『교육적 상상력』(서울: 단국대학교출판부, 1999), 140쪽 참조. "법률이나, 인류학, 미술, 코뮤니케이션, 그리고 경제학은 영의 교육과정을 형성하고 있는 몇몇 분야에 불과하다. 나는 여기서 이러한 특별한 분야나 과목에 대한 증설을 요청하는 것은 아니고, 사실상 내가 생각하기에는 교육과정이 실천되는 환경

또한 학생들은 교수과정과 수업분위기를 통해서 학생들은 교과서 내용에서는 명시되지 않은 행위규칙이나 교수방법=학습방법을 터득하게 된다. 학급분위기나 학급에서 이루어지는 질서가 곧 학생들을 일정한 인격을 형성하는 데 영향을 끼치게 된다. 교사가 교단에서 보여주는 본보기로서의 인격, 사상, 열정 등은 그대로 학생들의 학습동기에 영향을 주게 된다. 이와 같이 교사의 태도나 학생들의 수업 분위기나 교실의 규칙들이 학생들에게 주는 정신적, 인격적, 교육적 영향력을 교육사회학자들은 잠재적 교육과정이라고 했다.

결국 모든 사회의 교육과정은 명시적인 교육과정과 영의 교육과정으로 이루어지며 그것은 교육권력이나 지배계급에 의해 규정된다고 할 수 있다. 학생들은 배우는 것에 의해서만 아니라 배우지 못한 것에 의해서도 지식과 인격이 형성된다고 볼 수 있다.[23)]

교과과정에서는 영의 교육과정이 교육과정의 일부이듯이 교수과정에서는 교과서에 나와 있지 않은 교수과정, 수업활동이 잠재적 교육과정을 구성한다. 교수과정에서 교사와 학생들은 많은 활동을 하게 되고 이

이나 교육과정이 대상으로 삼는 학생들에 대한 고려가 없는 적절한 교육과정 내용에 대한 개념이 성립될수 없는 것이다. 내가 이러한 특별한 분야나 과목을 꼬집어 낸 것은 예를 들기 위한 것이고 또한 학교에서 젊은이들에게 가르치는 과목이 대체로 전통에 얽매여 있다는 사실을 밝히려고 한 것이었다." 엘리어트 아이즈너, 『교육적 상상력』, 127쪽.

23) "지금까지 내가 이야기해온 가장 중요한 점은 학교는 학교가 가르치는 것에 의하여서 뿐 아니라 학교가 가르쳐야 할 것을 소홀히 한 것에 의해서도 어떤 영향을 미친다는 것이다. 학생들이 고려할 수 없는 사실들이며, 학생들이 알지 못하는 사실, 또는 그들이 활용할 수 없는 방법 등은 그들이 영위하는 삶에 영향을 준다." 엘리어트 아이즈너, 『교육적 상상력』, 134쪽. 그런데 북한은 가르치지 않는 것으로 만족한 것이 아니라 그것을 사회주의애국주의교양, 사회주의 생활양식 교양이라는 이름하에 방법상으로는 대비교양이라는 이름으로 증오와 미움을 가르쳤고, 북한 주민들이 스스로 자신의 심리나 생각, 행위 속에서도 자기비판하도록 만들었다. 우리나라에서 이승만 정권, 박정희 정권 때 이뤄졌던 반공교육과 비교해 보면 적절할 것이다.

활동과정은 어떤 규율과 규칙을 가지게 된다. 교수과정은 또한 어떤 일정한 흐름을 가지게 된다. 교수과정과 흐름과 수업분위기를 통해서 학생들은 교과서 내용으로는 알 수 없는 행위규칙이나 교수방법=학습방법을 터득하게 된다. 학급분위기나 학급에서 이루어지는 질서가 곧 학생들을 일정한 인격을 형성하는 데 영향을 끼치게 된다. 또한, 교수란 교육자와 피교육자의 관계로 이루어진다고 할 때 교육자인 교사 자신이 교단에서 보여주는 본보기로서의 인격, 사상, 열정 등은 그대로 아이들의 학습동기에 영향을 주고 아이들의 교양에도 교재내용이나 교수내용보다 더 영향을 주는 것이다. 학생들의 수업 분위기나 질서, 학교는 학생들의 생활의 장이니만큼 이런 생활과 수업분위기가 학생들에게 주는 정신적, 인격적, 교육적 영향력을 교육사회학자들은 잠재적 교육과정이라고 했다. 잠재적 교육과정에 대한 중요성에 관심을 보이는 것은 체제와는 무관한 것이기에 북한 교육학자들도 당연히 관심을 기울였다고 볼 수 있다. 북한에서는 명시적 교육과정만큼이나 이와 같은 잠재적 교육과정을 중시하였고, 그것을 정교하고 치밀하게 통제하고 발전시켜왔다.[24]

학생들은 교과서와 교과내용을 배울 뿐만 아니라 교수자의 행위와 언어를 통해서 배운다고 할 수 있다. 즉 교사는 인격의 모범인 것이다. 그래서 교양과 교수는 분리될 수가 없는 것이다. 북한에서는 무엇을 하든 교사가 먼저 모범이 될 것을 요구하였다.

---

24) "공산주의 교양에서 수업이 가지는 이와 같은 교양적 힘은 우선 수업에서 주어지는 교수 내용과 관련된다. 왜냐하면 공산주의 사상과 도덕적 개념과 품성은 자연과 사회에 대한 과학적 지식에 기초하여 이루어지기 때문이다. 수업의 교양적 힘은 또한 학생들의 학교 생활에서 수업이 차지하는 비중과 관련되는 바 학교 생활의 대부분이 수업을 통하여 진행된다. 끝으로 수업의 교양적 힘은 교원의 공산주의적 인격과 품성이 아동들에게 커다란 영향을 주는 데도 있다." 교육도서출판사, 『약수 중학교 교육 경험』, 72쪽.

> 교수의 교양적 효과를 결정하는 가장 중요한 요인은 교원자신이며 교수의 내용, 방법 및 조직은 교원을 통하여 구체화된다.
>
> 교원은 교수 과정의 모든 단계와 고리에서 학생들의 학습을 조직하고 그들의 학습 내용을 결정하고 지도한다. 그 뿐 아니라 교원은 자기의 지도 사업을 성과적으로 수행하기 위하여 교양적 영향을 주는 모든 수단을 사용한다. 즉 교수를 통하여 또 자기 자신의 행동으로써 모범을 보여 줌으로써 또 학생 집단과 부모들에 의거하면서 학생들을 지도한다.
>
> 교원의 지도적 역할은 학생들의 자립성 및 적극성과 대립되지 않을 뿐 아니라 도리어 그것이 크면 클수록 학생들의 자립성과 적극성은 제고된다. 왜냐하면 자격 있는 교원의 지도는 학생들의 자립성과 적극성을 더욱 고무 추동하기 때문이다.[25]

결국 영의 교육과정이나 잠재적 교육과정을 고려해서 본다면. 공산주의 교육은 부르조아사회에 요구되는 지식이나 성격형성은 부정하고 가르치지 않아야 하고, 공산주의사회에 요구되는 지식이나 성격형성에 도움이 되는 것만 교육과정으로 구성해야 한다고 볼 수 있다. 그런 의미에서 피교육자에게 어떤 선택의 여지는 없는 것이다. 교육과정도 그런 요구에 맞춰 편성되어야 하고 그 사회의 지식인의 모습도 규정되는 것이다. 특히 학교가 모두 집단적 소유로 되어 있고 모든 교직원들이 공무원이고 모든 학생에게 무상의무교육이 이루어지고 있는 북한에서는 피교육자인 학생이나 학부모가 원하는 교육을 학교 측에 요구할 수 없다.[26]

그러나 이것이 학교, 교육을 단순히 계급이나 생산력을 위한 재생산

---

25) 집필위원회, 『교육학: 사범대학용』(평양: 교육도서출판사, 1969, 학우서방 번각발행, 1971), 98~99쪽.

26) 그러나 학교가 학부모나 학생들의 압력이나 여론의 압력을 받는 면을 부정해서는 안 될 것이다. 교사와 학생관계보다는 성분과 계층이 중요하기 때문이다.

기구라고 보는 관점으로 해석되어서는 안 되겠다. 교육은 경제로부터 상대적 자율성을 가지고 있는 것이기 때문이다. 또한 학교는 일방적인 이데올로기적 국가장치라고만 볼 수 없다. 교육은 계급투쟁이 벌어지는 장이고 학교는 이데올로기가 부딪치는 장이기 때문이다. 마이클 애플의 말처럼 학교는 재생산기구이기도 하지만 생산기구이기도 하다.

> 학교는 자신이 해결하기 매우 어려운 여러 가지 모순으로 가득 차 있다. 이데올로기는 논리정연한 신념체계가 아니다. 이데올로기를 유일한 신념체계라고 믿는 것도 잘못이다. 오히려 이데올로기는 내적 일관성이 없는 사회적 관계이며, 삶에서 우러나온 의미체계요 실천체계이다. 이데올로기는 사회의 불평등한 이해관계의 핵심을 들여다볼 수 있는 요소들을 자체 안에 가지고 있고, 이와 동시에 지배계급의 헤게모니를 유지시키는 이데올로기적 관계들과 의미체계를 재생산하려는 성향도 가지고 있다. 이러한 이유로 여러 이데올로기는 서로 경쟁관계에 있으며 계속적으로 투쟁하게 된다. 이데올로기는 좋은 측면과 나쁜 측면을 다 가지고 있기 때문에 각 이데올로기를 가진 사람들은 서로 상대방을 이기려 한다. 사회의 제제도는 이런 투쟁이 일어나고 지배적 이데올로기가 만들어지기도 하는 장(sites)이 된다. 학교는 이러한 장의 하나로 중요한 역할을 한다.[27]

학교는 이데올로기적 국가장치이기도 하지만 상대적 자율성이 있는 공간이다. 더욱이 북한의 군중운동은 중국, 소련이나 여타 다른 공산주의국가들의 군중운동과 달리 모든 주민들에 대한 교육교양을 경제나 계급투쟁의 종속변수가 아니라 우선시했기 때문에 북한의 사회를 이해하려면 교육교양혁명을 별도로 살펴볼 필요가 있는 것이다. 북한의 교육

---

27) 마이클 애플, 『교육과 권력』(서울: 한길사, 1989), 33~34쪽.

학자들은 천리마시대에 북한의 교육계에서 진행된 교육교양의 새로운 내용과 방법을 아예 청산리방법이라고도 했었다. 산업분야의 천리마작업운동이나 청산리정신, 청산리방법이 교육분야의 천리마작업반운동이나 청산리정신, 청산리방법에 영향을 준 이유는 천리마작업반은 학교교육과 교육계의 사회주의적 모델이기도 했기 때문이다. 북한의 교육관련 신문이나 잡지에 따르면 북한 교육의 모델은 한마디로 노동자 계급의 천리마작업반과 그 천리마작업반에서 이루어진 교육이었다고 할 수 있다.[28]

천리마작업반, 대안의 사업체계, 청산리방법을 이어주는 공통점은 주체확립과 혁명적 군중노선에 따른 교양교육의 강조라고 할 수 있다. 천리마작업반운동은 애초부터 교양과 교육을 중시했으며, 그것을 뒷받침해 주는 것이 청산리방법 등 새로운 리더십이었다고 할 수 있다. 새로운 리더십의 핵심은 간부의 교육교양내용, 능력, 열의, 방법에 있다고도 할 수 있다. 그리고 대안의 사업체계는 작업반이나 기업소, 농장들이 조직생활과 교육교양에 집중할 수 있는 여건을 마련해 주었으며 자극제가 되었다고 할 수 있다. 천리마작업반운동과 청산리정신, 청산리방법은 공산주의교육교양의 내용과 방법에 대한 혁명과정이기도 했다. 천리마작업운동과 청산리정신, 청산리방법이 북한사회의 여러분야로 확산됨에 따라 김일성이 평소에 요구하였던 공산주의교육교양의 내용과 방법이 관철되기 시작하였다고 할 것이다.[29]

천리마작업반운동이 학교로까지 전개된 것은 사회주의혁명 이후의 사회주의 건설과정에서 학교마저 이데올로기투쟁, 헤게모니투쟁의 장

---

28) “학생 교양 사업에서의 가장 중요한 조건은 학생 집단을 천리마 작업반같은 공산주의적 집단으로 육성하는 데 있다고 생각합니다.”『인민교육』, 1960년 11월호, 11쪽.

29) 이일경, 「김일성원수의 청산리교시와 교육부문에 주신 교시를 더욱 철저히 실천하기 위하여(1961. 4. 25)」, 백두연구소 엮음, 『북한의 혁명적 군중노선』(서울: 도서출판 백두, 1989), 224~256쪽 참조.

으로 만든 것이라고 할 수 있다. 이는 공산주의자들이 미래의 주인공인 학생들의 인간개조를 전적으로 책임지고 있는 교육과 학교에서 이데올로기투쟁, 헤게모니투쟁에서 승리해야만 정치경제적으로도 승리할 수 있기 때문이다. 학교에서의 이데올로기투쟁, 헤게모니투쟁의 중심에는 공산주의의 이상적 인간상과 북한 사회주의 현실에서 요구되는 인간상에 대한 즉 교육적 인간상에 대한 교사, 교수, 학자, 학부모, 학생들의 다양한 의식적 편차와 갈등이 존재했고, 서로 다른 욕망과 지향이 충돌했다. 학교마다 천리마기수들이 있는 것도 아니고 학교마다 주체확립과 혁명적 군중노선이 관철된 것도 아니었지만 전체적으로 공산주의사회를 만들기 위한 공산주의적 인간개조사업은 천리마시대의 모든 학교, 모든 학생, 모든 학부모, 모든 교사들의 화두였음은 확실하다. 이 화두는 물론 수령이 북한의 모든 주민에게 내려준 화두였다.

북한의 교육학에 따르면 교육은 교원과 학생이 함께 일정한 내용(과학지식, 기술, 기능)을 숙지하고 숙련시키는 과정이라고 할 수 있다. 교양은 교원이 학생들과 함께 일정한 가치관을 형성하고 그런 가치관에 따르는 인격을 키우는 과정이라고 할 수 있다. 북한의 교육학에서는 이 둘의 관계는 불가분의 관계가 있다고 생각한다. 우선, 공산주의교육에서는 공산주의이데올로기 자체가 과학이며 과학적 지식 자체가 공산주의 철학인 유물변증법과 불가분의 관계에 있다고 보았기 때문에 지식교육과 공산주의사상교양이 또한 불가분의 관계에 있다고 본 것이다.

아이즈너의 교육과정론의 용어를 사용해서 설명해 보면 북한 교육에서 교양 없는 교수는 일종의 영의 교육과정으로 규정한다고 할 수 있다. 흔히 자유주의 교육학에서는 교수와 교양을 노골적으로 연결시키는 것을 교육의 순수성을 훼손하는 것이라고 보는 데 비해 북한에서는 노골적인 교양과 연결된 교수만이 올바른 교육과정이라고 본다. 그래서 북한의 교과서에는 교수와 함께 그 교과서의 내용에 정치사상적 의미를 부여하는 내용이 들어가거나 교과서에는 교양적 내용이 부족할 때는 교사가 수업시간이나 교수과정에서 교양적 내용을 반드시 부여하도록 요구했다.

교양과 교수의 결합을 위한 시도는 처음에는 그 결합이 비교적 쉬운 사회도덕과목에 집중되었고 그 이후 점차적으로 여러 과목으로 확대되어 갔다. 북한은 특히 고등기술학교와 기술학교 실습 때는 더욱 교양과 교육이 분리되지 않는 형태를 보였지만 그 이외의 교육과정에서는 명시적으로는 교육과 교양은 분리되어 있거나 기계적으로 형식적으로 결합되어 있었다. 그러다가 교육내용과 밀접한 관련이 있는 당정책교양이나 김일성교시를 숙고하고 선별해서 모든 교과서의 모든 단원에 직접 인용함으로써 점차적으로 모든 교육과 교양은 명시적으로 유기적으로 하나가 되어 갔다.[30)]

교원의 사상과 능력에 따라 교수의 효율성은 다를 수 있지만 1991년에 발행된 『사회주의교육학: 사범대학용』의 주장처럼 모든 교원은 원하건 원하지 않건 교수를 통해서 교양과 교육을 통일시키는 역할을 수행할 수밖에 없었다.

> 교수의 교양적목적과 교육적목적을 옳게 설정하는것은 교수에서 교육과 교양을 통일시키기 위한 출발적인 요구이다. 교수는 그 본질로 하여 교육과 교양의 두가지 과업을 가진다. 그렇다고 하여 교수에서 교육과 교양의 통일이 저절로 이루어지는것은 아니다. 교수에

---

30) 강근조, 『조선교육사4』(서울: 교육과학사, 『북한교육사(조선교육사영인본)』, 2000), 581쪽. "학교들에서는 1967년에 과정안, 교수요강을 전면적으로 검토하고 교육내용에서 당정책을 첫 자리에 놓고 학습하게 하였다. 동시에 교수교양에서 주체를 확립하고 당성, 로동계급성의 원칙을 관철하기 위하여 과정안에 위대한 수령님의 로작과 혁명전통교수시간을 많이 늘이고 《공산주의도덕》과목교수의 내용과 개선하기 위한 일련의 대책도 취하였다." 강근조, 『조선교육사4』, 583~584쪽.

> 서 주도적역할을 하는 교원이 교육적 목적과 교양적목적을 바로 설정하고 교수과정에서 그것을 통일적과정속에서 의식적으로 실현하여야만 교육과 교양의 통일이 이루어질수 있다.(중략) 교수의 교양적목적은 해당 교수에서 실현하여야 할 정치사상교양의 기본내용을 밝히는 방법으로 확정한다. 교수의 교양적목적은 교수내용과 분리될수 없다. (중략) 교수에서 교육과 교양을 통일시키기 위하여서는 다음으로 교수의 정치사상성과 과학성을 밀접한 련관속에서 통일적으로 보장하여야 한다.(중략) 교수에서 정치사상성과 과학성을 통일적으로 보장하기 위하여서는 교수에서 주체를 세우고 교수를 당정책화하여야 하며 교수의 과학리론 수준을 끊임없이 높여야 한다. 다음으로 교수에서 교육과 교양을 통일시키기 위해서는 학생들에게 과학지식과 기술을 가르치는 리치와 그들에게 사상도덕적 견해와 관점, 품성을 형성시켜주는 리치가 서로 잘 맞아떨어져야 한다.
>
> 이것은 교수에서 교육과 교양이 기계적으로, 피상적으로 련결됨으로써 교육적과업과 교양적과업을 다같이 원만히 실현할수 없게 하는 것을 극복하게 하며 교육과 교양의 일원화를 본질적으로 실속있게 담보하여준다.[31]

북한 교육학자들은 이에 더해 교양과 교육을 결합시키는 것이 학습의욕을 고취시키는 효과가 있다고 주장한다. 즉 항상 배움의 목표는 집단이며, 조국이고, 당에 대한 충성이라는 뜻으로 의미 부여를 했다는 것이다. 그래야 학습과 교수는 존재의 의미를 가지게 된다는 뜻이다. 무엇을 위해서 공부하는가? 무엇을 위해서 가르쳐야 하는가? 그것은 조국통일과 사회주의조국을 건설하고 산업화하여 빨리 선진국수준에 도달해야 하는 것이다. 이런 거창한 교양적 의미를 매 단원 매 주제마다 부여해주는 것이다. 북한의 교육학자들은 학생들로 하여금 매시간의 학습목표를

31) 남진우 외, 『사회주의교육학: 사범대학용』(평양: 교육도서출판사, 1991), 140~141쪽.

달성토록 하기 위해서도 교양과 교육이 결합되어야 한다고 생각했을 뿐만 아니라 학생 개개인이 공부를 해야만 하는 이유를 분명히 할 때 학습 목적의 인식제고를 통해서 교수효과가 일어난다고 보았다. 흔히 자유주의 사회에서 교사들은 자아실현, 행복, 출세, 입시를 공부의 목적으로 제시하는 데 반해 북한에서는 학습의 목적을 집단에 대한 봉사나 혁명을 내세움으로써 학습의욕을 고취할 수 있다고 보았다.

> 작년 3~4월에 우리는 학생들의 학습에 대한 책임성을 높이기 위하여《학습은 혁명하는 사람들의 첫째 가는 임무》라는 제목을 가지고 학교적인 웅변 대회를 조직하여 학습에 대한 정확한 관점과 태도를 확립하는 데 도움을주는 한편 매 초급 단체적으로는《배움의 첫걸음》을 비롯한 학습과 관련한 항일빨찌산 참가자들의 회상기를 가지고 토론회를 진행케 함으로써 학습에서 혁명 선렬들의 모범을 받도록 교양하였다.[32]

그러나 교수와 교양의 불가분의 결합관계는 교양과 교육이 결합된 교과서를 만들고 이러한 교수방법을 일상적으로 교사들에게 요구한다고 해서 제대로 집행된다는 보장이 없다. 그것은 다음과 같은 김일성의 발언을 통해서도 알 수 있다.

> 지금 학생들과의 사업은 그들의 나이와 심리적특성에 알맞게 진행되지 못하고있습니다. 밤낮 회의요, 비판이요, 로력동원이요 하며 그렇지 않으면 학교에서 매일과 같이 시험을 치기 때문에 학생들이 시험공부에만 매달리고있습니다. 이것은 학생들의 심리를 잘 알지 못하고있다는 것을 말하는것이며 이렇게 해서는 학생들이 좋아하지않

---

32) 조선사회주의로동청년동맹,『지덕체 과업 실천을 위한 사로청 조직들의 사업 경험』(평양: 조선사회주의로동청년동맹출판사, 1964), 114쪽.

> 습니다. 학생들에게 로력동원을 제정된 기간보다 더 시키지 말아야 하며 기술학교 학생들의 로력동원은 줄이고 그 시간을 리용하여 교양을 더 잘 하여야 합니다.[33]

결국 교양과 교육의 결합은 천리마학급, 모범분단 칭호 쟁취운동을 통해서 그리고 김일성의 현지지도로 만들어진 약수중학교라는 모델을 모든 학교에 강요함으로써 군중적으로 실질적으로 추진되었다고 할 수 있다. 노동현장에서의 천리마작업반운동이 노동과 교양을 강력하게 결합시키듯이 학교에서는 천리마작업반운동은 교육과 교양, 학습과 교양을 불가분으로 강력하게 결합시켰다고 할 수 있다.

> 약수 중학교에서는 공산주의 교양을 강화할 데 대한 김 일성 동지의 현지 교시를 관철하면서 특히는《천리마 학급》,《모범 분단》칭호 쟁취 운동을 강력히 추진시키면서 교수의 교양적 성격을 철저히 보장하고 수업에서의 공산주의 교양을 강화하기 위하여 꾸준하게 투쟁하여 왔다.[34]

특히 자유주의사회와 마찬가지로 인문계 학교에 대한 선호도가 강하지만, 직업선택을 개인이나 시장에 의거할 수 없이 중앙정부나 지자체가 통제해야 하는 북한 사회에서는 학생들이 자신의 정해진 운명이라고 할 수 있는 진로를 사명으로 받아들이게끔 하기 위해서는 자유주의사회에서보다 진로교양, 진로교육을 강화할 수밖에 없었다. 이를 위해 학생들이 앞으로 취업해 나가야 할 현장의 천리마기수 등의 공로가 있는 노

---

33) 김일성, 「출판사업과 학생교양사업을 강화할데 대하여(1962. 5. 3)」, 『김일성저작집 29』(평양: 조선로동당출판사, 1982), 189쪽.
34) 교육도서출판사, 『약수 중학교 교육 경험』, 72쪽.

동자들이 직접 학교에 와서 진로교양을 했다.[35]

수용능력이 일정한 대학에 대한 선호도를 낮추기 위해서는 노동현장에 진출한 선배들이 대학진학보다 생산 현장에 진출해서 통신대학생이 되는 것이 더 낫다는 편지를 후배들에게 조직적으로 보내기도 했다.[36]

어느 사회체제에서나 학생들의 진학진로에 따라 공부에 대한 열의는 달라진다. 북한뿐 아니라 사회주의국가들에서는 우등 학생들이 나서서 다른 학생들을 고취하는 경우가 많이 있다. 특히 학습하는 방법을 우등 학생과 공유하는 것, 즉 학습하는 것을 학습하는 것도 교양이라고 할 수 있다.

> 지난 해에 진행된 최우등생들의 경험 발표회에서 규산과 4학년 초급 단체 위원장 백 성철 동무의 《나의 학습 경험》, 김 길웅 동무의 《자만－이것은 전진을 방해한다》, 일용과 4학년 1반 초급 단체 위원인 문 혜자 동무의 《가슴 아팠던 일》, 홍 종호 동무의 《나는 그 때 무엇을 생각하였는가》등은 학생들에게 깊은 감명을 주었다. 백 성철 동무의 《나의 학습 경험》은 열성자 자신이 학습을 잘 하지 않고서는

---

35) "일부 학생들이 식료 부문을 경시하며 그 부문 학업 성적이 낮은 것과 관련하여 직업에 대한 교양을 체계적으로 진행하였다. 우리는 공로가 있는 료리사를 초청하여 상봉 모임을 조직하고 사회주의 사회에서는 어떠한 일이든지 다 영예로운 일이며 직업에는 《천한 일》이 없다는 것을 가르쳐 주었다." 조선사회주의로동청년동맹, 『지덕체 과업 실천을 위한 사로청 조직들의 사업 경험』, 116쪽.

36) "개성 고중에서는 생산 직장 및 농촌에 진출한 졸업생들과의 편지를 조직하여 졸업반 학생들의 사회 진출 지도에 적지 않은 방조를 주고 있다. 동교 민청 위원장이였던 김 정운 학생은 희천 기계 공장에 진출하여 생산 로동에서 성과를 올리고 있으며 통신 대학생으로서 실험 실습과 학습에서 산 지식을 얻고 있으며 벌써 영예로운 조선 로동당에 입당하였다고 전해 왔고 김 경식 학생은 김 책 공대에서 공부하면서 생산 현장에 진출한 동창생들의 생산 활동 경험을 통한 산 학습에 대하여 말하고 자기는 도저히 이에 따라 가지 못하며 너무 조급하게 대학 진학을 서둘렀다고 후회까지 하는 편지를 보내왔다." 김석준, 「초, 고중 졸업생들의 사회 진출 지도에 계속 시선을 돌리자」, 『인민교육』, 1958년 4월, 24~25쪽.

> 사업에서 권위가 설 수 없고 특히는 적극성을 발휘하지 못 한다는 것을 자체 경험에 비추어 발표한 것인데 이것은 열성자들로 하여금 학습에서 모범이 되게 하는데 큰 도움이 되었다.[37]

이것은 집단적인 자력갱생으로서, 주체확립과 혁명적 군중노선에도 적합한 방법으로 여겨졌다.

3. 자발성과 자각성: 청산리방법

마르크스는 미래의 공산주의 사회에서는 모든 행위는 사람들이 자발적으로 의무나 강제에서 벗어난 자발적 행위일 것을 예견하였다. 그 중 가장 핵심적인 것은 자발적 노동이었다. 공산주의사회에서의 자발적 노동에 대한 마르크스의 개념은 레닌에게 계승되어 '집단을 위한 자원적(자발적) 노동'이라고 구체화되었다. 노동에 대한 가장 이상적인 공산주의적인 태도는 레닌의 다음 말처럼 어떤 자극도 없는 자발적이고 자각적인 노동이다.

> 공산주의 로동이라는 것은 그 말의 보다 좁고 보다 엄밀한 의미에 있어서는 사회를 위한 무상 로동이다. 즉 그것은 일정한 의무를 리행하기 위하여서나, 일정한 생산물을 받는 권리를 얻기 위하여서나, 또는 미리 제정되고 법적으로 규정된 어떤 기준량에 의하여 하는 로동인 것이 아니라 **자원적인** 로동, 기준량과는 관계 없는 로동이며, 보수를 타산하지 않는, 보수를 조건으로 하지 않는 로동이며, 공동

---

37) 조선사회주의로동청년동맹, 『지덕체 과업 실천을 위한 사로청 조직들의 사업 경험』, 115쪽.

> 리익을 위해서 근로한다는 습관에 의하여, 또한 공동 리익을 위한 로동의 필요성에 대한 **자각적**(관습으로 된) 태도에 의한 로동이며, 건전한 육체의 요구로서의 로동이다.(강조는 필자)[38]

이러한 레닌의 말을 북한에서 번역할 때 자각과 자원(자발)이 미묘하게 뒤섞여 있다. 만약 자발성이 보수나 이익이 없이 행해지는 노동이라면 자각적 노동은 강제가 아닌 필요에 따른 노동이라고 할 수 있다. 혁명기나 전시에는 자발적인 노동이 정당성을 부여받을 수 있지만, 혁명기가 지나거나 전시상태가 해제되면 자발적 노동은 불가능하고 사회발전을 지속적으로 자발적 노동에 의존한다는 것은 무계획적이며 유토피아적인 이상에 지나지 않는다.

자발적 노동은 흔히 공산주의적인 노동, 평균주의적이고 무조건적인 노동을 의미한다. 이것은 민중을 미화하면서도 민중을 동원의 대상으로 만들기 위한 수단일 수도 있지만, 자발성에 의존하는 사회는 한계와 모순에 빠질 수밖에 없다. 그래서 스탈린은 스타하노프운동가들에게 물질적 이익을 제공했고, 이것을 자발적인 것으로 미화했다. 그에 반해 천리마작업반운동은 자각적인 자발적 노동을 찬양했고, 궁극적으로는 그것을 지향했지만 자각적 노동에 치중했다. 천리마작업반운동은 평균주의를 누누이 반대하고 보수와 사회주의적 분배를 강조했다.[39)]

---

38) 강덕서, 『새인간형성과 천리마작업반 운동』, 73쪽 재인용.

39) "우리는 사회주의적 애국주의의 자각성은 사회주의적 분배 원칙, 로동에 대한 물질적 관심의 원칙에서 잘 표현되고 있다. 사람들은 사회에 더 많은 것을 주면 줄수록 사회로부터 더 많은 것을 받게 된다는 것을 알기 때문에 그들은 더욱 더 부지런히 일하며 더욱 완강하게 기술을 배우며 로동 방법을 개선하게 된다. 만일 사람들이 아무리 일을 잘 하고 물자와 자금을 절약한다 할지라도 그가 열성도 없이 일한 사람보다 더 많이 받지 못한다는 것을 알게 된다면 그들에게는 로동에 대한 관심이 없어질 것이다. 이것은 결국 로동 생산 능률의 저하를 가져 온다." 『사회주의적 애국주의에 대하여』(평양: 조선로동당 출판사, 1958), 50~51쪽.

스타하노프운동은 사회주의혁명의 열기가 끝나고 퇴조기에 들어선 소련사회에서 스탈린이 찾은 소련식 사회주의 노동관이라고 할 수 있다. 스탈린에 따르면 사회주의는 공산주의가 아니므로 자발적 노동을 통해 발전할 수 없고 개인의 욕망과 이익, 보수를 통해서 노동의욕을 불러일으키는 것이 당연했다. 또는 스탈린은 개인의 욕망과 이익, 보수가 노동의 동인이 되는 것은 강제노동이 아니기 때문에 자발적인 노동이라고 생각했을지 모른다.

사회주의혁명 이후의 노동의 형태는 무엇이 되어야 하는가? 자발성이란 무엇인가? 욕망에 따르는 것이 자발성인가? 의지를 따르는 것이 자발성인가? 이런 물음에 대해 어떠한 공산주의자들도 쉽게 답하기는 어려울 것이다. 공산주의자들에게는 이런 물음에 대한 답은 그가 가지고 있는 공산주의의 이상, 공산주의적인 인간상을 무엇으로 생각하느냐에 달렸을 것으로 보인다.

스탈린주의적인 사회주의적 노동을 자본주의적 노동과 다를 바 없다고 생각한 모택동은 대약진운동시기에 중국인민들에게 자발적 노동을 요구했다고 볼 수 있다. 모택동이 중국인민들에게 요구한 노동은 개별적 보수나 이익이 없는 노동이거나 집단의 구성원 모두를 위한 노동이었기 때문에 이런 노동은 곧 평균주의나 다를 바 없었다. 체 게바라도 쿠바의 사회주의건설을 위한 주된 노력동원으로서 주민들의 자발적 노동에 호소하고자 했다. 스탈린주의에 반대해 모택동이 자발적 노동과 격렬한 계급투쟁을 결부시켰다면 체 게바라는 계급투쟁에 대한 선동보다는 호소로서 자발적 노동을 고취하고자 했다.[40]

---

40) 헬렌 야페, 『체 게바라, 혁명의 경제학』(서울: 실천문학, 2012). “소비재는 바로 삶의 법칙이자 궁극적으로는 의식의 주된 요소이기도 하다. 다른 체제의 옹호론자들에게는 말이다. 그러나 우리가 볼 때 물질적 자극의 의식은 서로 화해할 수 없는 용어처럼 보인다.” 장 코르미에, 『체 게바라 평전』(서울: 실천문학사, 2001), 489쪽 재인용.

사회주의국가에서 자발적 노동은 개인보다는 집단의 형태로 토요노동, 농촌지원, 돌격대와 같은 이름으로 나타났다. 개인은 토요노동, 농촌지원, 돌격대에 자원해서 참여하는 것인데 이것은 법적 의무노동은 아니지만 스스로 자기의 의무로 받아들인 노동이라고 볼 수 있다.

김일성은 수령에 대한 충실성, 생산노동, 교육과 학습, 자력갱생에서의 자발성의 원형을 항일빨치산들의 자발성에 찾았지만 대중들이 기억하는 자발성의 원형은 1946년부터 벌어진 건국증산경쟁운동, 증산돌격운동과 함께 일어난 건국사상총동원운동이었다. 건국사상총동원운동은 교육교양운동이었는데 이 중에서도 문해교육의 경험은 대중들의 기억 속에서 사라질 수 없는 경험이었다. 지식이 있는 자는 무지자를 가르쳤고, 무지자가 남의 자발적 도움을 받아 지식을 갖게 되면 자발적으로 무지한 이웃을 가르쳤다. 대중들은 누가 시키지 않아도 서로 가르치고 배우려고 했다. 가르치는 동기도 배우려는 열의도 충분했다. 지식이 있는 자는 지식으로 돈이 있는 자는 돈으로 힘이 있는 자는 힘으로 통일단결함으로써 짧은 기간 안에 모든 북한 주민들은 일자무식에서 해방된 것으로 알려져 있다. 그 다음으로 북한주민들이 기억하는 자발성이란 휴전직후 벌어진 전후복구사업의 경험이었다. 노동자, 농민, 인민군, 사무원, 학생, 남녀노소할 것 없이 모두가 복구사업에 뛰어들었다. 자신들이 살아야 할 집과 학교, 거리를 복구하는 데는 특별한 명령이 필요한 것은 아니기 때문이었다.

이렇게 집단적이고 자발적인 경험은 사람들의 뇌리에 오래 남게 되어 있다. 그리고 그와 같은 자발성의 경험은 누군가 지시하고 명령하지 않아도 대중은 움직일 수 있고, 이러한 인간의 잠재력을 통해서 항구적인 공산주의적 집단, 공산주의적 인간개조가 가능하다는 생각을 하게 만든다. 그러나 누가 시키지 않아도 자연스럽게 떠오를 수 있는 집단주의, 자발성에 대한 대중의 기억은 공산주의사회 건설이라는 보이지 않는 이상에 따라 움직이는 공산주의자들의 꿈을 따라야 하는 집단주의, 강요된 자발성 사이에 쉽게 충돌이 일어날 수 있다. 왜냐하면 공산주의자들이 꾸는 꿈은 누구나 쉽게 꿀 수 있는 꿈이 아니기 때문이다. 같은 행위를 강요할 수 있고 같은 말과 글을 쓰도록 강요할 수 있지만 같은 꿈을 꾸도록 강요할 수는 없기 때문이다. 어찌되었든 북한의 선전에 따르면 천리마기수와 천리마작업반은 자발적인 돌격대를 연상시키는 경우가 많았다.[41]

그러나 엄밀하게 말한다면 천리마작업반운동은 자각적이며 자발적인 주체를 요구했다고 볼 수 있다. 1958년에 발행된 『사회주의적 애국주의에 대하여』에서 주장에 따르면 생산계획을 수립하는 데 자발적으로 참여하고 자신의 노력과 생산품이 국가에 어떻게 기여하는지 알게 되면 자본주의 사회의 분업화로 야기되는 소외된 노동에서 벗어날 수 있다고 본 것이다.[42]

---

41) "이들은 '돌격대 방식'으로 작업량을 돌파하며 마치 전쟁에서 싸우는 전사와 같이 일했다. 규율을 어겨가면서까지 무리한 밤 작업을 감행하여 준공 날짜를 앞당기고 새로운 기술 개발에 힘썼다. 결국 그들의 순수한 믿음과 끊임없는 노력은 공산주의의 이상과 그것의 실현을 위한 투쟁이었던 것이다." 김진아, 「석윤기 소설 연구–천리마시기 『조선문학』 수록 작품을 중심으로」, 『통일문제연구–제25~26집(2003~2004)』, 2004, 214쪽.

42) "우리 당 중앙 위원회 1956년 12월 전원 회의가 호소한 최대한의 증산과 절약의 투쟁 구호에 따라 로동자 농민들은 제 1차 5개년 계획 통제 수'자 예비안 토의에 한사람 같이 참가하여 추가 투자 없이 기존 설비의 리용률과 로동 생산 능률의 제고에 의하여, 원료, 기자재들의 소비 절약에 의하여 중요 생산품들을 증가시키고 제품 원가를 저하시켰다. 이와 같은 근로자들의 창발성과 적극성은 실로 방대한 내부적 예비를 탐구하게 하였으며 또한 그것은 근로자들을 조국의 평화적 통일과 공화국 북반부에서의 사회주의 건설을 위한 투쟁에로 더욱 힘차게 불러 일으켰다." 『사회주의적 애국주의에 대하여』, 44~45쪽.

"오늘 조선 인민은 한사람 같이 《나의 공장》, 《나의 탄광》, 《나의 협동 조합》의 사업이 국가의 성과에 대하여 직접적인 관계를 가지고 있으며, 따라서 자신이 참가한 사업에서 얻은 성과는 전 인민 경제 계획의 성과와 결부되어 있다는 의식으로써 충만되여 있다. 이렇게 국가 계획을 수행하기 위한 투쟁에서 사회적 리익과 개인적

선동과 호소에 의해 쉽게 호응해서 동참하는 자발적 노동과 달리, 자각적 노동은 교육교양에 의한 반복된 학습이 있어야 가능한 형태라고 볼 수 있다. 자각적 주체는 반복된 교육교양, 습관을 통해서 구성되는 것이다. 그러므로 가능하다면 치밀한 교육교양과 선전선동을 통해서 자각적 과정을 통해 자발성을 지닌 주체를 만들어야 했다. 43)

김일성이 교육교양을 강조했다면 모택동은 끊임없는 계급투쟁을 선동할 수밖에 없었던 것으로 보인다. 자본주의사회에서의 유행현상처럼 선동에 의한 계급투쟁에 대한 참여도 행위자가 느끼기에는 자발적인 것처럼 느껴질 수 있다. 행위자는 선전과 선동에 따라 어떤 욕망이나 증오심이 일어난다면 그것도 자신의 자발적인 욕망이고 감정인 것으로 느낄 수 있다. 이렇게 되면 학생에 대한 교사의 지적, 도덕적, 정서적 지도가

리익이 합치되며 공장, 기업소, 협동조합들에서의 근로자들의 자각적이며 헌신적인 로동이 사회주의적 애국주의 감정을 불러 일으킨다.” 조선로동당출판사, 『사회주의적 애국주의에 대하여』, 49쪽.

43) 이런 문제의식은 체 게바라의 다음과 같은 발언에서도 확인할 수 있다. “현재 중요한 것은 자발적 노동이 대중적 현상으로 자리잡아야 한다는 것이다. 그 일은 자발적으로 노동에 참여한 자가 낙담하지 않도록 조직화의 진전을 아울러 요구한다. 지난 일요일, 나는 어느 때처럼 사탕수수 베기에 참여했다. 그리고 이 일은 아무런 의미도 주지 못했다. 나는 어서 빨리 끝나기만을 기다리며 25분마다 손목시계를 확인하고 있는 내 자신에 놀랐다. 그것은 내가 내 노동으로부터 아무런 의미도 얻지 못하고 있다는 이야기였다. 이 경험은 다음과 같은 교훈을 주었다. 즉 노동에 참여한 사람을 위해서라도 작업이 조직화되어야 한다는 필요성이다.” 장 코르미에, 『체 게바라 평전』(서울: 실천문학사, 2001), 408쪽 재인용. 즉 체 게바라도 무차별적인 자발성이 아니라 조직화된 자발성이 필요하다는 것을 알게 되었다는 뜻인데, 이것을 자각성이라고 해도 좋을 것 같다; 북한의 자각, 자발에 대한 논리를 남한의 ‘국민교육헌장’을 만드는 데 참여한 박종홍의 다음의 발언과 유사하다고 할 수 있다. “국가의식이라고나 할까 국민정신에 관해서 이것은 근대국가 우리로서 그 근대국가건설에 있어서 국민정신을 크게 발전시키기 위해서 ‘스스로’라는 말을 거기에 특별히 집어넣은 것입니다. ‘스스로’는 자각해가지고 자발적으로 자진해서 참여 봉사하자는 것이올시다. 이것으로써 민주적인 우리의 민주국가로서의 정신을 거기에서 발했다고 할 수 있습니다.” 전국철학교육자연대회의, 『한국 「도덕 · 윤리」 교육백서』, 330쪽 재인용.

필요 없어지게 된다. 선동이 교육교양을 대체하게 되면 학생이 교사노릇을 할 수도 있게 된다. 이런 상황에서 교사가 교육교양의 지도적 권위를 내세우게 되면 교사는 학생들로부터 권위주의자, 봉건주의자, 수정주의자로 몰리게 된다. 그것이 『중국조선족교육사』가 보여주는 문화대혁명기의 중국의 모습이었다.

> 그자들은 지식인의 《세계관은 기본상 자산계급세계관》이므로 《로동자, 농민, 병사》를 골간으로 하는 교원대오를 형성하여야 한다고 하면서 로동자, 농민, 병사를 억지로 교단에 올려세워 수업을 하도록 하였다. 이리하여 로동자, 농민, 병사 심지어 학생마저 교단에 올라가 강의하는 현상이 나타났는데 그 시기에는 이를 《신생사물》이라고까지 하였다.
>
> 체계적인 지식의 전수가 부정되고 수업과 교원의 주도적 역할이 부정되고 교수사업에서 학생본신의 단순한 실천만이 강조되어 교수질이 전례없이 낮아졌으며 학생들의 지력발전 수준도 한심한 정도로 낮아졌다.44)

선동과 호소에 의해 쉽게 호응해서 동참하는 자발적 노동과 달리, 자각적 노동은 교육교양에 의한 반복된 학습이 있어야 가능한 형태라고 볼 수 있다. 자각적 주체는 반복된 교육교양, 습관을 통해서 구성되는 것이다. 그러므로 가능하다면 치밀한 교육교양과 선전선동을 통해서 자각적 과정을 통해 자발성을 지닌 주체를 만들어야 했다. 자발성이란 자기의 결단과 자기의 의지가 있어야 한다. 자각적이라는 말이 자발성을 대신했다고도 할 수 있겠다. 자각을 통한 자발이라고 봄이 적절할 것이다. 그리고 이러한 자각성을 불러일으키기 위한 지도방법으로 김일성이

---

44) 중국조선족교육사편찬위, 『중국조선족교육사』, 419쪽.

제시한 것이 청산리방법이었다.

북한에서 자각적이라는 말은 깨닫는 것을 전제로 한다. 먼저 깨달은 사람 즉 선각자의 역할이 중요하게 된다. 자각적 인간은 깨달은 인간이고 깨달은 인간은 누가 시키지 않아도 자기가 맡은 일을 할 것이고 자각에 의한 자발성은 끝까지 자신이 책임을 지는 사람이 될 것이다. 북한의 교육적 인간상은 자각적이고 자발적인 인간이라면 이러한 주체적인 인간에 대해 동양에서는 옛날부터 득도한 사람 또는 '깨달은 사람'이라 불러왔다. 그렇다면 북한 사회에서 득도한 사람은 누구인가 즉 최초의 스승은 누구인가, 그것은 김일성 수령이었고 김일성이었다.

김일성 자신에 의해 재해석 된 혁명전통에 따르면 김일성은 조선인 중에서 최초로 마르크스-레닌주의를 깨달은 사람이었다. 마르크스, 레닌도 몰랐던 것까지도 깨달은 사람이었다. 김일성전기에 따르면 김일성에게는 이렇다 할 큰 스승이 없었고, 역할 모델도 없었다. 주로 스스로의 학습과 혁명활동을 통해서 깨달은 것이다. 김일성은 태어날 때부터 남달랐고 어려서부터 성인이고 혁명가였다. 이는 석가모니의 어린 시절과도 유사하고 싯달타가 득도 후에 자신을 부처(깨달은 사람)이라고 스스로 불렀던 것과도 같다. 자신은 인민들을 무명에서 깨우쳐줘야 할 현자였던 것이다. 불교의 불법승 삼보에 비유한다면 수령이 부처라면 승단은 당이고, 수령이 깨달은 것은 법 즉 마르크스-레닌주의의 진리이며, 인민은 중생인 셈이다. 따라서 수령, 당이 없다면 극락세계(공산주의사회)에 이를 수가 없다. 유교로 비유하면 김일성은 공자라고 할 수 있고, 당원들은 선비들이고, 공산주의사회는 대동사회인 것이다. 공산주의가 무릉도원이라면 김일성은 노자고 당원들은 도인들이 되는 셈이다. 김일성의 교시는 경전이 되는 것이다. 이것을 북한에서는 다음과 같이 표현할 수 있었다.

> 《수령이 없는 당은 지휘관이 없는 군대와 같습니다. 현명한 수령이 없는 당은 진정으로 로동계급의 선봉대로서의 역할을 할수 없으며 또한 당의 옳은 정치적령도를 떠나서는 로동계급은 인민대중을 자기 주위에 묶어세울수 없으며 그들을 사회주의, 공산주의에로 이끌수 없습니다.》[45]

여기에서 학생 즉 대중에 대한 모택동과 김일성의 시각차이가 나타난다. 청산리방법에는 지도와 대중에 대한 김일성의 독특한 관점이 들어있는 것으로 보인다. 정치지도자나 공산당이 지도와 대중의 관계를 어떻게 설정하느냐에 따라 당과 대중의 관계, 지도자와 대중의 관계가 규정되었고 사회주의국가들의 군중노선의 차이점이 드러나게 된다. 그런데 지도와 대중의 관계에 대한 다른 관점들은 그 근저에 인식론에 대한 다른 관점들이 놓여있다.

모택동의 인식론에 따르면 대중이 1차적으로 경험하고 스스로 인식하고 판단해서 나온 의견이 중요하다. 그 다음으로 지식인들이 그것을 체계화시켜 2차적인 이성적 인식과 판단이 나오게 된다. 지식인들은 그것을 가지고 다시 대중에게 들어가서 자신의 2차적 인식이 맞는지를 검증받아야 한다는 것이다. 그리고 이런 과정은 무한하게 반복되어야 한다는 것이다. 결국 진리는 대중에게 있고 지식인은 대중의 뜻이 무엇인가를 끊임없이 물어보고 반추해야 할 입장인 것이다. 따라서 수령이나 지식인들이 대중보다 먼저 깨달은 존재라는 생각을 해서는 안 되는 것이다. 인민은 그 자체가 이미 깨달은 존재인 것이다. '깨달아야 한다', '깨닫게 해야 한다'는 생각자체가 지식인의 아편이고 죄를 쌓는 길이 되는 것이다.[46]

---

45) 집필위원회, 『교육학: 사범대학용』, 69쪽 재인용.

46) 모택동, 「지도방법의 몇 가지 문제에 대해」, 모택동, 『모택동선집 3』(서울: 범우사,

이러한 인식론은 모택동이 자신의 혁명활동에서 추출해낸 것이고 이러한 인식론은 모택동식의 군중노선의 바탕이 되었다고 할 수 있다. 그러나 북한에서는 대중이 '깨달은 사람'이 되고 자각적인 노동이나 행위를 하려면 치밀한 교육교양과정 속에 들어가서 수련을 거쳐야 한다. 사람을 변화시키려면 선전선동이 필요하기도 하지만 장기간의 치밀하고 체계적인 교육교양이 있어야 자각적 노동, 자각적 행위가 가능해지는 것이다.

북한 교육계는 천리마시대의 교육방법의 본질과 특성이 무엇인가에 대해서 논쟁을 벌였다. 북한 교육계는 『인민교육』을 통해서 지상토론을 벌였다. 이 당시 북한의 주체적인 교수법에 대한 명칭을 제대로 부여하지 못한 상태에서 계발식 교수법이라는 말을 많이 사용했다.[47]

천리마시대에는 계발식 교수법은 주입식교수법의 반대이자 대안으로 알려져 있었다. 전통적인 교수법인 주입식교수법이란 암기식 교수법으로 교사는 외우는 요령을 가르치고 학생들은 교사의 명령에 복종하고 암기만 잘하면 모범생이 되는 것이다. 교재를 교사가 주입하고 학생은 암기하는 전통적인 교수법에 대한 대안으로 나타난 것이 계발식 교수법이다. 계발식 교수법은 학생들을 수동적 위치에서 적극적 위치로 올려놓는 교수법이며 교사활동 중심이 아니라 학생들의 활동중심 교육과정이라 할 수 있다. 계발식 교수법은 19세기를 풍미했고, 20세기에도 여러 나라에서 계발식 교수법은 주입식교수법의 대안으로 여겨졌다. 계발식 교수법의 특징으로는 첫째, 교사와 학생 사이의 문답에 의하여 교재의

2007), 135~137쪽. 이러한 모택동의 인식론은 선종 특히 육조 혜능의 불교사상과 매우 유사하다. 모택동은 평소에 『육조단경』을 즐겨 읽었다고 한다. 이은윤, 『육조 혜능평전』(서울: 동아시아, 2004), 213~232쪽.

47) 계발식 교수법은 소련의 교수법의 영향이 있었던 것으로 보인다. 중국도 계발식 교수법을 소련으로부터 받아들였다. 중국조선족교육사편찬위, 『중국조선족교육사』, 347쪽.

내용을 전개하는 문답식이 있다. 둘째, 제출된 문제를 학생이 스스로 풀어가는 과제식이 있다. 셋째, 문답식, 과제식 교수법에서 활용되는 교재나 문제는 외부의 권위나 교사가 인위적으로 만들어 내는 것이 아니라, 학생의 처지를 고려해서 만든다는 것이다.[48)]

김일성은 교조주의적인 마르크스-레닌주의에서 벗어나고, '글뒤주'를 만드는 암기위주의 교육에서 탈피하기 위해서는, 또한 주체확립과 혁명적 군중노선을 위해서도 주입식교육에서 탈피해야 한다고 여러 번 설파하였다.[49)]

그러면서 주입식교육의 대안으로 김일성도 계발식 교수법을 언급하곤 했다. 한 때 북한에서는 교수방법의 교조주의, 형식주의를 퇴치하고 주체를 확립하기 위한 대안적인 교수법을 계발식교수법이라고 했고 그것은 청산리방법의 구현이라고 주장했다.

『인민교육』은 계발식 교수법 즉 교수에서의 청산리방법이 성공하려면 교사의 역할이 강화되어야 할 것이라고 주장하면서 이 방법이 성공하기 위한 전제조건으로 다음을 주문한다.

> "1. 교수에서 학생들을 계발시키기 위해서는 학생들을 구체적으로 료해하여야 한다. 어떤 과목을 좋아하며 싫어하는 과목은 무엇인가? 수학성적이 락후하다면 그 원인은 무엇인가? 태만인가 혹은 이미 배운 공식이나 정리를 불충분하게 소유하고 있기 때문인가? 등 학습정형과 성적 뿐만 아니라 공산주의적 품성, 건강, 성격과 취미들을

---

48) 최근식, 『교육학개론』(서울: 정음사, 1953), 219~223쪽.

49) 그러나 김일성이 암송자체를 반대한 것은 아니었다. 김일성의 말은 암송여부가 중요한 것이 아니라 암송한 것을 실생활에 적용하는 것이 중요하다는 것이 주요 취지였고 마르크스-레닌주의도 독경식이 아니라 창조적으로 연구해야 한다는 뜻이었다. 김일성, 「사회주의혁명의 현단계에 있어서 당 및 국가 사업의 몇가지 문제들에 대하여(1955. 4. 4)」, 『김일성저작집 9』(평양: 조선로동당출판사, 1980), 290~291쪽.

상세히 연구하여야 한다. 이러한 료해는 일상적 수업 과정과 과외 생활 지도 과정에서 목적 의식적이며 계획적으로 진행되어야 한다. 그리고 료해한 자료들은 학급부나 학생료해를 위한 수첩에 정확히 기록하고 분석하여 하며 필요한 결론을 지어야 한다. 료해 자체가 그 목적은 아니며 그것은 성과적인 교육을 위한 전제 조건일 따름이다. 그러므로 료해한 결과를 분석하고 걸리고 있는 문제가 무엇인가를 밝혀야 하며 그것을 풀기 위하여 제기되는 중심 고리를 찾아 내야 한다. 2. 교수에서 학생들을 계발시키기 위한 중요한 전제는 교수자가 교재의 중심 고리를 포착하는 것이다. 3. 계발식교수를 관철시키 위해서는 교수안 작성에 있어서 계획화 수준을 높여야 한다. 교수안에서는 교수 내용의 중심 문제들과 함께 그것을 론증하는 자료들, 학생들을 계발시키면서 교재를 습득시키기 위한 방법과 수법, 시간 배당 등이 정확히 짜져야 한다. 또한 교수안 작성에서는 해당 수업시간에 있을 수 있는 모든 경우와 문제들이 타산되어야 한다. 례하면 어떤 학생이 개괄하여 결론 지은 질문에 대한 답변을 하지 못하는 경우에 제2, 제3의 유도 질문을 할 것을 미리 예견하여야 한다. 4. 해당 학습과 관련한 목적을 명확히 주는 것이 중요하다. 5. 계발식 교수를 관철하기 위해서는 교수 방법을 개선하여 한다. 교원의 설화(이야기)교수법, 자문자답법, 발견식 문답법이 중요한 교수법이다. 여섯째로, 계발식 교수를 관철하기 위해서는 학생들의 학습 태도도 결정적으로 개변시켜야 한다."[50]

그러나 원래 계발교수법이라는 명칭은 주입식교육에 반대하는 자유주의 사회의 교수방법 특히 아동중심의 비체계적인 교육방법을 지칭하는 것이었다. 김일성은 사회주의교육교양방법이 주입식교육과도 달라야 되지만 그렇다고 해서 자유주의 교수방법과 같은 것이 되어서는 안

50) 권대경, 「계발식 교수－이는 교수에서 청산리 방법의 구현이다」, 『인민교육』, 1961. 7, 45~46쪽. 발췌 정리.

된다고 강조하였기 때문에 계발교수법이라는 명칭이 사라진 것으로 보인다.[51)]

이렇게 자각적인 인간, '깨달은 사람'을 만들어내는 김일성의 주체적인 교수방법에 대한 고유 명칭은 결국 '깨우쳐주는 교수법'이라는 이름으로 낙착된다. 사회주의 교육은 먼저 '깨달은 사람'이 온갖 방법을 써서 다른 사람들도 '깨달은 사람'으로 만들어 내는 것이며, '깨우쳐주는 교수법'은 그 방법인 것이다.

그런데 '깨우쳐준다'는 말의 의미를 정확히 파악하기는 쉽지 않다. 그 어원을 통해서 생각해 볼 수밖에 없다. '깨운다'는 말은 '깨닫게 하다' 즉 '각성시키다', '잠자는 사람을 깨운다'의 의미가 있을 것이다. '깨우치다'는 '깨달아서 알게 하다'라는 뜻도 되지만 '깨달아서 알게 되다'의 의미도 있다. '깨달아서 알게 하다'라는 의미로 생각하면 '깨운다'+'가르친다'의 의미로 생각할 수 있다. '준다'는 것은 남에게 '자기의 것을 준다' 또는 '도와 준다'의 의미가 있을 것이다. 이런 식으로 어원을 생각해 보면 '깨우쳐준다'는 것은 '깨운다'+'가르친다'+'도와 준다'로 된 말임을 알 수 있다. 이는 교사의 적극적 역할을 통해서만 학생이 깨어날 수 있고, 깨달을 수 있다는 뜻이다. 이 말은 인민이 몽매하기 때문에 깨워줘야 한다는 뜻도 되지만, 인민은 모두 깨달을 수 있는 능력이 있다는 적극적인 의미도 가지고 있는 말이다. 교사의 적극적 역할과 학생들의 가능성이 만나게 될 때 학생들은 자각적인 인간이 될 수 있는데, 교사의 주도면밀한 계획과 헌신적인 노력 그리고 일정한 단계를 밟아야 비로소 도달할 수 있는 경지인 셈이다.[52)]

51) 권대경, 「계발식 교수—이는 교수에서 청산리 방법의 구현이다」, 『인민교육』, 1961. 7, 45-46쪽; 조선로동당출판사, 『미제강점하의 남조선(교육편)』(평양: 조선로동당출판사, 1963), 82-109쪽; 김수진, 『주체의 교육론』(도쿄: 학우서방, 1992), 212-213쪽.

52) 청산리방법의 효시가 되었다는 김일성의 연설인 "강서군당사업지도에서 얻은 교훈

1969년 『교육학: 사범대학용』에서는 '깨우쳐주는 교수법'은 김일성이 1930년 항일무장투쟁시기에 이룩하고 창발적으로 적용한 것으로서 '강의를 하고 토론과 론쟁을 하는 방법, 개별적으로 담당하여 가르쳐주고 일깨워주는 방법, 글을 씌워서 배운 것을 굳건히 하는 방법, 우등불가에서 이야기를 주고받으며 리해하는 방법'이라고 했다. 깨우쳐주는 교수법은 청산리정신, 청산리방법을 학교교육사업에 관철하는 과정에서 더욱 선진적이고 우월한 교육방법으로 더욱 발전하게 되었다고 주장하고 있다.[53]

『교육학: 사범대학용』은 《청산리방법의 기본은 상위기관이 하위기관을 도와주고 윗사람이 아랫사람을 도와주며 늘 현지에 내려가 실정을 깊이 알아보고 문제해결의 올바른 방도를 세우며 모든 사업에서 정치사업, 사람과의 사업을 앞세우고 대중의 자각적인 열성과 창발성을 동원하여 혁명과업을 수행하도록 하는데 있습니다.》(《김일성저작선집》, 제4권, 298~299쪽)를 인용하면서 청산리정신, 청산리방법이 교수사업에 관철됨으로써 교원들이 학생들 속에 깊이 들어가 그들의 실정을 전면적으로 파악하고 학생들을 어버이 심정으로 도와주고 지도하는 혁명적 기풍이 더욱 철저하게 확립되어갔고, 교수사업에서는 사상정치교양이 강화

에 대하여(1960.2.23.)"에는 깨우쳐 준다는 말과 그 구체적인 교양방법이 언급되고 있다. "당사업에서 기본은 이런 다스리는 방법이 아니라 설복과 교양입니다. 알든 모르든 덮어놓고 하라고 하여서는 안됩니다. 일이 복잡하고 어려울수록 반드시 사람들을 깨우쳐주고 그들에게 옳은길을 가리켜주어야만 모두가 확신성있게 그 길로 나아가게 될 것입니다. 당은 이와 같이 꾸준히 당원들을 교양하여야 하며 군중을 깨우쳐주어야합니다." 김일성, 「강서군당사업지도에서 얻은 교훈에 대하여(1960. 2. 23)」, 백두연구소 엮음, 『북한의 혁명적 군중노선』(서울: 백두, 1989), 138쪽.

53) 집필위원회, 『교육학: 사범대학용』, 165쪽. 김일성이 항일무장투쟁시기에 즐겨 썼다는 '깨우쳐주는 교수법'은 좁은 의미의 '깨우쳐주는 교수법'이라고 한다면 청산리방법을 적용해서 더 풍부해진 천리마시대의 교수법은 넓은 의미의 '깨우쳐주는 교수법'이라고 할 수 있을 것이다.

되었고 학생들과의 사업이 심화되었고, 교수에서 중심고리를 포착하고 거기에 역량을 집중하는 사업기풍이 확립되어가며, 교수과정에서 학생들에 대한 일반적지도와 개별적지도가 옳게 결합되어가고 있다고 평가하고 있다. 그러면서 깨우쳐주는 교수법에 대해서 높은 당성과 계급성, 공산주의적 목적지향성으로 일관할 것, 교원과 학생의 높은 정치사상적 열의에 기초한 자각성, 교재서술의 엄밀한 체계성과 순차성, 교수의 직관성을 일반적인 요구사항으로 나열하였다.[54)]

청산리방법은 윗사람이 아래 사람을 책임지고 도와줘서 아래 사람들의 자각성과 적극성을 발휘하도록 하는 것이라고 요약할 수 있다. 이것을 교육에 적용하면 교사는 윗사람이 되고 학생은 아래 사람이라 할 수 있고, 청산리방법을 교수교양방법에 적용하게 되면 이는 윗사람인 교사가 학생들에게 맞춰 순차적으로 체계적인 지도를 통해 아래 사람인 학생들의 자각성을 책임지고 적극성을 불러일으키는 방법이라는 뜻이 된다. 이로써 김일성은 교육교양방법에 있어 교사의 적극적인 역할과 함께 학생들의 자각성과 적극성을 동시에 만족시키는 교육교양방법을 요구한 것이라고 볼 수 있다.

또한 청산리방법은 천리마시대의 교육교양방법에 영향을 준 것뿐만 아니라 학급관리를 책임진 교사들의 리더십개선이나 학교관리를 책임진 교장이나 행정관리들의 지도방법에 영향을 줌으로써 간접적으로 교사들의 교육교양방법에도 영향을 주었다. 단위학교 내에 교사들로 이루어진 분과가 천리마작업반이라는 호칭을 받으려면 리더십으로서의 청산리방법을 구현해야 할 뿐만 아니라 깨우쳐주는 교수법, 깨우쳐주는 교양을 실천해야 했던 것이다. 교사는 학급과 수업활동의 최고 리더인 셈이기 때문에 학급을 관리하고 학생들을 교육교양하는 데 있어 청산리방법과

---

54) 집필위원회, 『교육학: 사범대학용』, 165~169쪽.

인민적사업작풍이 요구되었던 것이다. 이런 논리를 근거로 청산리방법이 교육교양방법에 영향을 준 인과관계를 '김일성에 의한 리더십개선으로서의 청산리방법의 제시 → 청산리에서 구체적으로 김일성이 보여준 여러 가지 교육교양방법의 모범 → 교육성의 관료들이 산하의 학교들을 관리하면서 보여준 교육교양방법 → 교장, 교감이 교사들에게 보여준 교육교양방법 → 교사들이 학생들에게 보여준 교육교양방법 → 천리마 학급의 학생리더들의 교육교양방법'으로 도식화할 수 있을 것이다.[55)]

1969년 발행된 『교육학: 사범대학용』에서는 구체적인 교수방법으로는 1. 언어적 교수방법(이야기, 해설과 담화 방법/토론과 논쟁의 방법/독서방법(책을 이용하는 방법) 2. 직관 및 실물교육방법(연시방법/관찰방법) 3. 실험실습방법 4. 연습방법을 나열하고 있다. 교양방법으로는 1. 교양방법의 기본(해설과 설복의 방법, 긍정적 모범에 의한 감화교양방법, 실천활동을 통한 교양방법) 2. 교양사업의 조직과 지도(《김일성원수혁명활동연구실》을 통한 교양, 교수 및 과외생활을 통한 교양, 조직생활을 통한 교양, 사회정치활동을 통한 교양, 《모범분단》 및 《천리마학급》 운동을 통한 교양을 나열하였다.

이와 같은 깨우쳐주는 교수교양법은 교육교양에 있어서의 교조주의, 형식주의를 타파하는 구체적인 방법으로 평가되었기에 북한 사회에 뿌리를 내렸던 것으로 보이고, 김일성이 작성한 사회주의교육에 관한 테제(1977. 9. 5)에 사회주의교육교양방법으로 제시된 4가지 방법(1. 깨우쳐주는 교수교양 2. 이론교육과 실천교육, 교육과 생산노동의 결합 3. 조직생활, 사회정치활동의 강화 4. 학교교육과 사회교육의 결합)의 하나로서 지위를 차지하고 있고, 지금도 여전히 북한의 교육교양방법의 핵

55) 김경욱, 「천리마시대(1956~1972)의 북한 교육교양에 대한 연구–북조선인의 탄생」, 『현대북한연구』 21권 1호, 2018, 41쪽.

심적 지위를 차지하고 있는 것이다.

천리마작업반운동은 북한주민들을 자각적인 행위자가 되기를 요구했는데 이러한 행위는 노동뿐만 아니라 학습, 조직활동, 가정생활, 여가활동 등 모든 영역에서 요구되었다. 북한의 교양교육은 주입과 강제를 반대하면서 설복과 교양에 의한 자각을 불러일으킬 것을 요구한다. 규율, 노동, 학습, 조직에의 헌신, 의무와 분공 같은 것을 모두 자각적으로 받아들이고 스스로 나서게끔 해야 한다고 말하면서도 다른 한편에서는 김일성의 교시(가르침이자 지시로서 명령에 가까움), 당 정책에 충실할 것을 요구한다. 아마 북한의 인간개조이론과 방법에 있어 가장 큰 모순이 되는 문제는 자각적인 방법이라 하는 것이 다른 관점에서 보면 행위자에게 선택의 여지를 주지 않는 강제라는 것이다.

북한 주민들이 하고자 하는 모든 연구와 토론, 설복과 교양, 담화는 이미 김일성과 당에 의해서 정해진 프레임에 갇혀 있다. 북한 주민들은 당과 수령이 정해놓은 틀 안에서 사고하고 움직여야 한다. 연구, 토론, 설복, 교양, 담화는 이미 정해진 것을 바꾸기보다는 당의 정책과 수령의 교시를 이해를 더욱 심화하고 실천과 집행을 더욱 강화하기 위한 것이다. 자기가 사고하고 있다고 생각하지만 사고하는 것이 아니라 사고를 당하고 있다고 할 수 있다.

게다가 전미영의 주장처럼 김일성의 언어혁명, 언어교양정책은 수령에 대해 북한주민들이 자발적으로 동조하는 느낌을 갖도록 했던 것으로 볼 수도 있겠다. "이러한 언어조작은 이성에 호소하는 설득보다 강도 높은 무비판적 감정의 일체화를 이끌어내며, 실질적으로 합의에 의한 지배가 아니라 동조에 의한 지배가 실시된다.(중략) 따라서 진부한 구절, 동어반복, 신화성을 특징으로 하는 김일성의 언어는 대중의 비판의식을 마비시키고 맹목적인 동조를 불러일으키는 효과를 유발함으로써 지배자와 피지배자 간의 심리적 동의구조를 형성하는 데 기여했다고 보인다. 그리고 이러한 김일성의 언어가 북한 사회에서 절대적 진리로 권위를 행사하는 과정에서 김일성 개인에 대한 우상화가 자연스럽게 수용되는 사회심리가 북한 사회에 형성된 것이다."[56]

이러한 김일성의 언어정책에 북한이 의도적으로 만든 통일단결의 정치, 통일단결을 통한 인간개조가 더해지면 북한 주민들은 강제를 하지 않더라도 수령에게 호응하고 동의할 수 있게 된다. 그러나 이러한 언어정책 이전에 북한 주민들은 김일성과 항일빨치산의 이야기를 공유하는 서사공동체로서 집단정체성을 이루게 되었다는 사실을 무시해서는 안 된다. 북한주민들이 이러한 집단서사에 준해서 개인서사가 만들어지고 개인서사가 개인정체성을 이루게 되었다는 사실과 통일단결의 조직사회주의로 인해 강고해진 북한사회의 응집력과 그 응집력에서 쉽게 이탈할 수 없는 북한 주민들의 현실을 무시해서도 안 된다. 집단정체성이 개인정체성의 일부가 되어 있고, 관계를 맺고 있는 타자들이 동일한 집단정체성에 의거해서 '나'를 바로 보고 있을 때 일탈은 할 수 있지만 배신하거나 북한 사회를 전체적으로 부정할 수 있는 '나'는 거의 있을 수 없다.

그것은 자신의 정체성을 부정하는 일과 같기 때문이다. 북한의 교육은 개인성을 집단성 속에서 해체하는 교육을 반복한다. 개인정체성을 집단정체성에 융합시키길 요구한다. 개인의 영역을 부정하지 않지만 최소화시킨다. 사회심리나 군중심리의 측면에서 보면 개인은 집단 속으로 자신이 소실되는 것을 항상 반대하는 것은 아니다. 오히려 집단 속으로 융해되는 것을 더 원하는 경우도 많다. 이런 현상은 메리엄의 말을 인용해서 전미영이 다음처럼 주장한 것과 같은 이치다.

일찍이 정치학자 메리엄Charles E. Merriam이 인간은 원래 고독에

---

56) 전미영, 『김일성의 말, 그 대중설득의 전략』(서울: 책세상, 2005), 78~79쪽.

> 대한 공포를 느끼고 다른 사람들과 정서적인 공감의 유대를 추구하는 감상적인 존재이며 한편으로는 혼돈에서 벗어나서 어떤 질서에 귀속하려는 경향을 띤 존재라고 했다.[57]

고유한 개인정체성을 바라는 것은 행위자의 욕망이기도 하지만 이러한 바램도 확고한 욕망이 아니라 흔들리기 쉬운 욕망에 지나지 않는다. 모든 것을 성찰하고 비판해서, 선전선동에 넘어가지 않고 자기 스스로 이러한 절대적인 주체는 과연 세상에 얼마나 될까? 더욱이 "'인민대중은 소득수준과 소비수준, 나아가 무엇을 어떻게 소비해야 하는 문제까지 '인민에 봉사한다'는 국가의 결정에 완전히 의존하고 있다. 과거 헝가리의 이단자들은 이러한 상황을 '욕구에 대한 독재'라 표현했다. '욕구에 대한 독재'가 이제 '인민대중의 생활을 책임진 호주'로서의 '인민정권'의 기능이라 포장된다. 국가와 인민대중간의 관계에서 후자의 정치적 권리는 무시되고 그 대신 국가가 재분배하는 사회적 생산물에 대한 참여권을 통해서 양자는 도덕적으로 연계된다. 인민대중은 마치 가족내의 어린애들처럼 통치자가 친권적 권위를 통해서 적절하게 베푸는 은혜의 황공한 수혜자가 된다."[58]

그러나 반대로 누구에게도 욕구가 조절되지 않고 이성적으로 살아가는 절대적 주체로 구성된 사회를 꿈꾸는 것도 현재로서는 공산주의를 꿈꾸는 것과 같이 유토피아나 디스토피아에 지나지 않는다. 절대적 주체로 구성된 사회를 꿈꾸는 것도 신화라면 북한주민들의 집단정체성을 형성하는 역할을 한 것도 신화라고 할 수도 있고, 이것을 집단서사, 김일성의 언어, 이념, 이데올로기라고도 할 수 있다. 이데올로기로 본다면

---

57) 전미영, 『김일성의 말, 그 대중설득의 전략』, 73쪽.

58) 박형중, 『북한적현상의 연구』(서울: 연구사, 1994), 224쪽.

자발적이든 자각적이든 강제동원이든 이런 동원을 가능하게 하고 정당화한 것이 천리마시대에는 주체사상이고 천리마시대 이후로는 김일성주의라고 할 수 있겠다. 북한에서는 이러한 이념이 동원의 동의기제도 되었을 것이고 강제의 기제도 되었을 것이다. 이념은 모든 것을 정당화하고 합리화해 주기 때문이다. 북한의 이데올로기를 단지 허구로만 보는 견해도 있지만, 그것이 이데올로기로서의 역할을 충분히 하고 있다면 그것을 허구로 볼 수는 없는 것이다.[59]

우리는 주체사상을 주민들의 생각이나 삶과는 무관한 광고나 홍보전시물처럼 보지 않아야만 북한 사회나 북한의 교육교양을 정확히 이해할 수 있을 것 같다. 그런 의미에서 북한사회의 수령을 권력다툼의 결과로서만 볼 것이 아니라 북한을 수령제를 포함한 용어인 '유일체제'라 명명하고 그 체제의 심층적요소로 최종심급을 주체사상으로 본 이종석의 견해가 더 과학적인 견해라 하겠다.

자원적 열광과 동의, 동원이 체제운용의 표층준거가 되며 감시, 테러

59) "이러한 대중동원과 실천이데올로기로서의 주체사상과는 어떠한 함수관계가 있는가. 김일성이 자립경제라는 목표를 설정하고 자원과 기술이 부족한 현실 상황을 극복하기 위하여 주창한 구호가 바로 '자력갱생'과 '적극적 혁명정신'이었다. 이와 같은 '자력갱생'과 '적극적 혁명정신'을 강조하는 사상자극적인 방법에는 정신적인 구심점이 반드시 필요한 것이며, 그 역할을 어느 개인이 담당하는 것이 사회의 특성에 따라서는 훨씬 효과적인 법이다. 여기에서 김일성에 대한 개인숭배를 합리화해주는 주체사상은 사상자극적인 방법에 의한 노력동원과 생산성 제고에로의 구심점을 찾게 해주는 기능을 발휘하였던 것이다. 이렇게 볼 때 북한과 같은 전체주의사회가 그 체제 자체를 유지하기 위해서는 계속 동태적인 대규모의 대중동원과 교화과정이 필요한데, 바로 주체사상이 이과 같은 대중동원 및 교화를 위한 규범적, 심리적 요소로 기능하였음을 알 수 있다." 김갑철 · 고성준, 『主體思想과 北韓社會主義』(서울: 문우사, 1988), 208쪽. 저자들은 이 책 205~217쪽에서 주체사상의 이데올로기적 기능을 1. 정통성 확보와 체제유지 2. 혁명과 건설을 위한 대중동원 3. 대남혁명과 통일노선의 합리화 4. 제3세계외교의 논리 5. 김일성체제 정당성 구축 6. 권력승계의 정통화 7. 내 · 외적 도전에의 자기방어 등으로 나열하고 있다.

> 등으로 나타나는 물리력이 심층준거, 즉 최종심급이 되는 유일체제론을 제안한 것이다. 필자는 이 체제를 커밍스가 말하는 국가와 사회간에 내재적 순응성이 기본주조를 이루지도 않지만 그렇다고 매코맥이 말하듯 국가가 사회를 일방적으로 결박하고 있는 것도 아니라고 보았다. 그리고 이 체제는 체제운용에서 평상시 가급적 대중의 동의적 요소들을 강조하며 물리력은 항상 장막뒤에 대기 상태로 있다고 보았다. 따라서 이 사회체제에서는 대중으로부터 동의를 확보해내기 위한 일련의 기제들이 매우 중요한 의미를 가지고 있는 것으로 보았다.[60]

따라서 북한 사회의 교육교양을 주체사상의 틀을 통해서 볼 필요가 있고, 북한이 사회주의교육학이라고 체계화한 것도 분석하고 체계적으로 검토하는 것이 필요하다. 단, 결론적으로 말하면 이러한 이데올로기는 북한의 교육교양을 통해서 북한 주민들을 자발적이거나 자각적인 주체로 만들어 준 것이 아니라 일종의 자동인으로 만들어 주었다고 보는 것이 옳을 것이다.

---

60) 이종석, 『새로쓴 현대북한의 이해』, 121~122쪽. 이종석의 말에 의거해서 이 글의 한계를 밝힌다면 '최종심급'인 물리력에 대한 연구가 결여되어 있다는 점이다.

제3절 북한 사회주의교육교양의 변용

1. 당의 유일사상체계확립을 위한 10대원칙

김정일이 후계자로 추대된 1974년 2월 19일 전국 당 선전일군들 강습회에서 한 연설(2.19선언이라 한다)인 "온 사회를 김일성주의화하기 위한 당 사상사업의 당면한 몇 가지 과업에 대하여"에서 기존의 '김일성동지의 혁명사상'이나 '주체사상'이라는 용어대신 '김일성주의화'라는 말을 씀으로써 마르크스-레닌주의와 단절을 공표했다. 그리고 이를 위해서 1974년 4월 14일 "전당과 전 사회에 유일사상체계를 더욱 튼튼히 세우자"라는 연설에서 '당의 유일사상체계확립 10대원칙'을 덧붙였다고 하는데 여기에는 천리마시대의 인간상과는 다른 새로운 교육적 인간상이 담겨져 있다.[61]

1. **위대한** 수령 **김일성**동지의 혁명사상으로 온 사회를 일색화하기 위하여 몸 바쳐 투쟁해야 한다.
2. **위대한** 수령 **김일성**동지를 충성으로 높이 우러러 모셔야 한다.
3. **위대한** 수령 **김일성**동지의 권위를 절대화하여야 한다.

---

61) 김정일, 「전당과 온 사회에 유일사상체계를 더욱 튼튼히 세우자」(1974. 4. 14), 김정일, 『주체혁명위업의 완성을 위하여 3(1974~1977)』(평양: 조선로동당출판사, 1987), 107~117쪽; 북한에서 김일성이 주석이 되던 해(1972년)에 남한에는 박정희의 유신체제가 들어선다. 이 때 남한은 3차 교육과정(1974~1982)을 겪는데 '도덕'과 '국민윤리' 교과서에서는 반공과 유신이 최고의 도덕적, 윤리적 원칙으로 된다. 전국철학교육자연대회의, 『한국「도덕 · 윤리」 교육백서』, 356~377쪽 참조.

4. **위대한** 수령 **김일성**동지의 혁명사상을 신념으로 삼고 수령님의 교시를 신조화하여야 한다.
5. **위대한** 수령 **김일성**동지의 교시 집행에서 무조건성의 원칙을 철저히 지켜야 한다.
6. **위대한** 수령 **김일성**동지를 중심으로 하는 전당의 사상의지적통일과 혁명적단결을 강화하여야 한다.
7. **위대한** 수령 **김일성**동지를 따라 배워 공산주의적풍모와 혁명적사업방법, 인민적사업작품을 가져야 한다.
8. **위대한** 수령 **김일성**동지께서 안겨준 정치적생명을 귀중히 간직하며 수령의 크나큰 정치적 신임과 배려에 높은 정치적자각과 기술로써 충성으로 보답하여야 한다.
9. **위대한** 수령 **김일성**동지의 유일적령도밑에 전당·전국·전군이 한결같이 움직이는 강한 조직규률을 세워야 한다.
10. **위대한** 수령 **김일성**동지께서 개척하신 혁명위업을 대를 이어 끝까지 계승하며 완성하여나가야 한다.

여기서 김정일이 만들고자 했던 유일사상체계란 김일성에 의한 유일적 영도체계와 김정일에 의한 유일지도체제를 말하는 것이다. 이러한 유일사상체계와 이전의 수령제와의 차이점은 1967년에 김일성의 유일지도체제를 만들기 위한 당원들이 가져야 할 원칙으로서 1967년 6월 당중앙위원회 제4기 16차 전원회의에서 김일성의 동생이자 당시 조직부장이었던 김영주가 발의해서 만들었다고 알려져 있는 당의 유일사상체계확립을 위한 10대원칙(이하 '1967년 당의 유일사상체계확립을 위한 10대원칙'이라 칭함)을 비교분석해 보면 확연히 알 수 있다. '1967년 당의 유일사상체계확립을 위한 10대원칙'은 현재로서는 6개항만 확인이 가능하므로 6개항만 가지고 비교할 수밖에 없음에도 불구하고, 그 때의 주장이 무엇인지를 알아내는 데는 6개항만으로도 충분하다.[62]

우선 ‘1967년 당의 유일사상체계확립을 위한 10대원칙’이 나오기까지의 과정을 살펴보면 다음과 같다. 북한의 주장에 따르면 김일성은 1967년 3월 17~24일간 있었던 도,시,군및공장당책임비서협의회에서는 ‘당의 유일사상체계를 철저히 세울데 대하여’를 강조하였다. 그리고 1967년 5월에 열린 당중앙위원회 제4기 제15차 전원회의에서는 갑산파를 반당수정주의분자로 몰아내어 통일단결을 이루었다고 주장하였다. 조선로동당 제5차대회에서 한 중앙위원회사업총화보고에서는 김일성은 당의 유일사상체계에 대해 “우리 당의 혁명사상, 당의 유일사상의 진수를 이루는 것은 맑스-레닌주의적인 주체사상이며 우리 당의 유일사상체계는 주체의 사상체계입니다.”고 선언하였다.[63]

이어서 김일성은 1967년 5월 25일 당중앙위원회 제4기 제15차전원회의에서 5.25교시라 불리는 “당면한 당선전사업방향에 대하여”를 발표하였다고 하는데 국내에서는 5.25교시를 실체로서 확인할 수 있는 증거자료는 발견할 수 없다. 『로동신문』(2007. 5. 25)에만 일부 발췌해서 나온 것을 확인할 수 있을 뿐, 1972년에 나온 『김일성동지의 로작 색인』(1972),

62) 비슷한 시기에 남한의 경우는 어떠했을까? 그것은 다음과 같은 글을 보면 알 수 있다. “1968년 12월 5일 엄숙한 의식을 통해 박정희 대통령이 친히 「국민교육헌장」을 공포하자 당시 시행 중이었던 제2차 교육과정은 이에 즉각적인 영향을 받았다. 헌장의 선포는 우선 “국민교육의 지표가 명시된” 것으로 받아들여져(중략) 문교부는 각급 학교 교육과정에 검토를 가하고 연차적으로 개편하였으며(중략)「국민교육헌장」은 교과활동, 생활지도, 반공도덕 및 학교행사를 통해서 구현하도록 되어 있다.” 전국철학교육자연대회의, 『한국 「도덕 · 윤리」 교육백서』, 338쪽. 따라서 박정희 시대의 ‘국민교육헌장’의 제정, 공포는 1967년의 당의 유일사상체계확립을 위한 10대원칙’과 시기적으로도 내용적으로도 조응하는 관계에 있다. 『한국「도덕 · 윤리」교육백서』의 310~356쪽에서는‘국민교육헌장’의 제정과정, 공포과정, 주요내용, 시대적 배경을 잘 분석하고 있다. 이것은 천리마시대의 ‘교육적인간상’과 ‘교육교양내용’을 분석한 필자의 글과 조응하는 것 같다.

63) 김일성, 「당사업을 개선하며 당대표자회 결정을 관철할데 대하여」, 『김일성저작집 21』(평양: 조선로동당출판사, 1983), 135~257쪽 중 136~143쪽.

2012년에 출판된 『김일성전집 목록(1926－1994.7)』(2012)에서도 이 문건은 제목도 나와 있지 않다.[64]

그러나 『조선교육사 4』에는 그 내용이 "위대한 수령님께서는 연설에서 반당반혁명종파분자들의 사상여독은 주로 부르죠아사상, 수정주의사상, 사대주의사상, 공자와 맹자의 봉건유교사상이라고 하시면서 당사상교양사업의 방향을 뚜렷이 밝혀주시였다. 당의 유일사상체계를 세우며 혁명전통교양과 공산주의교양 특히 사회주의적애국주의교양을 강화하는 것이 중요하다고 하시면서 가장 중요한 것은 당의 유일사상체계를 확립하는것이라고 교시하시였다. 당의 유일사상체계를 세우는데서 무엇보다 중요한 것은 당정책학습을 강화하는것이라고 하시면서 당학교나 다른 교육기관이나 할것없이 또 선전부문 일군이나 모든 당원들이나 할것없이 우리 당 정책학습을 첫째가는 과업으로 내세워야 한다고 교시하시였다."고 요약되어 있다.[65]

즉, 당정책교양, 혁명전통교양, 사회주의적 애국주의교양이 당의 유

---

64) 사회과학출판사, 『김일성동지의 로작 색인』(평양: 사회과학출판사, 1972); 조선로동당출판사, 『김일성전집 목록(1926－1994.7)』(평양: 조선로동당출판사, 2012); 『로동신문』에서는 5.25교시를 암시하거나 5.25교시를 밝힌 글들이 몇 번 게재되었는데 유일사상체계확립과 연관지어 소개되었다. 대표적인 것을 소개하면 다음과 같다.
－「조선인민혁명군안에서의 유일사상체계를 세우기 위한 투쟁」, 『로동신문』, 1971. 5. 25.
－「당의 유일사상체계를 세우는 사업을 당사업의 총적과업으로 틀어쥐고」, 『로동신문』 1973. 5. 25.
－"위대한 수령님의 5.25 교시의 기본정신은 전당에 유일사상체계를 철저히 세워 전체 당원들을 우리 당의 혁명사상으로 튼튼히 무장시키며 하나의 사상, 주체사상에 기초한 당과 혁명대오의 일심단결의 위력으로 사회주의위업을 끝까지 완성하려는 것이다. 당의 유일사상체계를 세우는 것은 로동계급의 당건설의 합법칙적요구이며 당대렬을 조직사상적으로 공고히하기 위한 결정적담보이다. 로작에는 당의 유일사상과 어긋나는 온갖 잡사상들을 철저히 배격하고 당원들과 근로자들속에서 당정책교양, 혁명전통교양, 사회주의애국주의교양을 강화하기 위한 원칙적문제들이 뚜렷이 밝혀졌다." 『로동신문』, 2007. 5. 25.

65) 강근조, 『조선교육사 4』, 525쪽.

일사상체계확립을 위한 사상교양의 중심내용이었음을 확인할 수 있다. 여기서 당의 구심, 혁명전통의 구심, 사회주의 애국의 구심은 하나같이 공통분자로서 김일성을 향하고 있는 만큼 이것이 수령제의 토대가 되는 교시가 되었다는 것을 알 수 있다.

그리고 같은 날 김일성은 "자본주의로부터 사회주의에로의 과도기와 프로레타리아독재 문제에 대하여"라는 연설에서 북한의 프로레타리독재가 거의 반영구적으로 존속할 수밖에 없음을 주장하였으며 '인테리'의 개조에 대해서는 노동을 통해 개조하려던 시도를 비판적으로 평가한 후, 조직생활 강화를 '인테리' 혁명화의 가장 중요한 방법으로 제시했다. 그런데 같은 날 이루어진 소위 5. 25교시와 이 연설을 연계해서 해석한다면 결국 수령인 김일성이 살아 있는 한 통일단결의 구심인 김일성을 중심으로 하는 조직사회주의를 강화하겠다는 것이고 수령의 통치가 사회적 변화와 관계없이 지속되어야 한다는 것을 표명한 것과 다를 바 없는 것이다.[66]

김일성이 '당의 유일사상체계 확립'을 요구한 것은 결국 사회주의건설에 있어 다시금 조직과 선전을 강조한 것이라 할 수 있겠다. 이러한 김일성의 5.25교시와 "자본주의로부터 사회주의에로의 과도기와 프로레타리아독재 문제에 대하여"를 토대로 해서 1967년 6월 당중앙위원회 제4기 16차 전원회의에서 다음과 같은 내용들로 채워진 '당의 유일사상체

66) "물론 인테리를 로동자들에게 접근시켜서 로동자들의 조직성, 강의성 그리고 그들이 육체로동으로 인민을 위하여 복무하는 헌신성을 배우도록 하는 것은 좋습니다. 그러나 그것으로써 인테리혁명화문제를 다 해결할수 있는가 하면 그런것은 아닙니다. 우리 작가들이 공장에 적게 나간 것이 아닙니다. 그렇지만 어떤 작가들은 공장에 가서 로동을 하고도 그리 큰 발전을 보지 못했습니다. 그렇기 때문에 공장에 보내서 로동을 시키는것만으로는 인테리를 혁명화할수 없습니다. 중요한 것은 그들이 당생활을 비롯한 여러 가지 조직생활을 강화하도록 하는것입니다." 김일성, 「자본주의로부터 사회주의에로의 과도기와 프로레타리아독재 문제에 대하여」, 『김일성 저작집 21』(평양: 조선로동당출판사, 1988), 274쪽.

계확립을 위한 10대원칙'이 만들어진 것으로 보인다.

1. 수령의 혁명사상, 당의 유일사상으로 교양사업을 강화할 것: 그 내용은 당정책교양과 혁명전통교양을 강화하는 것이다.
2. 수령의 교시와 당정책을 관철하기 위한 실천투쟁을 강화할 것: 즉 수령의 교시와 당정책을 무조건 접수하는 혁명적 기풍을 확립하며, 온갖 애로와 난관을 용감하게 극복하고 그것을 끝까지 관철하고 온갖 반당적·반동적 사상을 반대하여 견결히 투쟁하면서 철저히 옹호하는 것이다.
3. 수령의 사상과 어긋나는 온갖 반당적·반동적 사상을 반대해 견결히 투쟁할 것: 이것이 갖는 중요성은 유일사상체계는 적대적 사상조류와 불건전한 사상요소들을 반대하는 투쟁을 통해서만 공고화되고 발전할 수 있기 때문이다.
4. 전당, 전국가가 수령의 령도에 철저히 의거하고 수령의 령도 밑에서 이탈하는 현상과 강하게 투쟁을 벌려야 한다. 또는 수령의 교시와 당 및 국가의 결정을 제때에 정확히 전달·침투시켜야 하며 그것을 철저히 관철하도록 해야 한다.
5. 수령을 튼튼히 보위하기 위한 투쟁을 강화할 것: 수령을 사상이론적으로 목숨을 보위하기 위한 그의 영향력과 위신을 백방으로 강화하며, 수령의 권위와 위신을 헐뜯으려는 사소한 경향에 대해서도 제때에 비타협적인 투쟁을 벌려야 한다. 또한 수령의 교시와 개별적 간부들의 지시를 혼동하지 말고 개별적 간부들에게 환상을 가지거나 아부·아첨하지 말고 수령의 교시대로만 사고하고 행동해야 한다.
6. 이 사업을 끊임없이 심화, 발전시키며 대를 이어 가면서 당의 유일사상체계를 확고히 세우도록 할 것.[67]

---

67) 『정치학사전』(평양: 사회과학출판사, 1973), 209~271쪽(이찬행, 『김정일』, 389~390쪽 재인용). 이찬행은 6개항을 1973년 사회과학출판에서 발행한 『정치학사전』에서 인

용했다고 하지만 필자로서는 그 문건을 확인할 수 없어서, 당의 유일사상체계확립과 관련하여 『정치학사전』의 내용과 유사한 것을 찾아서 그것으로 1967년의'당의 유일사상체계확립 10대원칙'에 대한 설명에 활용하고자 한다. 그것은 1970년 로동자신문사에서 발행한 『천리마작업반운동의 심화발전을 위하여』다 ; 유사한 것은 다음과 같이 『정치용어사전』에서도 확인할 수 있다. "우리당에 있어서 유일사상체계를 세운다는 것은 전당과 전체인민을 김일성동지의 위대한 학명사상으로 튼튼히 무장시키고 그이의 두리에 굳게 묶어세우며 그이의 유일적령도밑에 혁명과 건설을 해나가도록 하는것을 말한다. 다시 말하면 우리 당의 유일사상체계란 전당과 4천만 조선인민의 경애하는 수령 김일성동지의 혁명사상으로 튼튼히 무장하고 김일성동지를 철저히 옹호하며 김일성동지의 교시를 무조건 접수하고 그를 철저히 관철하며 김일성동지이외에는 그누구도 모르며 오직 수령과 같이 숨쉬고 행동하며 수령과 생사고락을 같이하는 것을 말한다. (중략) 당의 유일사상체계를 튼튼히 세우기 위하여서는 무엇보다도먼저 모든 당원들과 근로자들이 김일성동지의 교시와 우리당 정책을 깊이 연구하고 그것을 자기의 뼈와 살로 만들어 당의 유일사상—김일성동지의 위대한 혁명사상으로 튼튼히 무장하여야 한다. 또한 김일성동지의 교시와 그이의 혁명사상의 구현인 당의 로선과 정책에 대한 온갖 그릇된 경향들을 반대하여 견결히 투쟁하면서 김일성동지의 교시와 당정책을 무조건 접수하고 철저히 옹호관철하는 혁명가적기풍을 세워야 한다. 당의 유일사상체계를 세우기위하여서는 또한 김일성동지에 의하여 항일무장투쟁시기에 이룩된 우리 당의 빛나는 혁명전통을 깊이 연구하며 그것을 철저히 옹호하여야 한다. 또한 기회주의와 원쑤들의 온갖 공격과 비난으로부터 수령을 튼튼히 보위하며 김일성동지의 높은 권위와 위신을 백방으로 옹호하여야 하며 김일성동지의 위대한 혁명사상과 어긋나는 온갖 반동적이며 반당적인 사상을 반대하여 견결히 투쟁하여야 한다. 당의 유일사상체계를 세우기 위하여서는 또한 김일성동지의 교시와 개별적간부들의 지시를 혼동하지 말며 항상 김일성동지의 교시대로만 사고하고 행동하여야 하며 개별적간부들에 대한 환상, 우상화, 아부아첨을 철저히 없애고 모든 사람들을 김일성동지에 대한 충실성을 척도로 하여 원칙성있게 대하여야 한다. 당의 유일사상체계를 세우기 위하여서는 또한 전당, 전국가가 김일성동지의 유일적인 령도밑에 움직이는 강한 조직규률을 세워야 한다. 또한 당의 유일사상체계를 세우기 위한 사업정형을 체계적으로 지도검열하고 끊임없이 심화시키며 대를 이어가면서 당의 유일사상체계를 확고히 세우도록 하여야 한다. 사회과학출판사, 『정치용어사전』 (동경: 구월서방, 번각발행, 1971), 156쪽; 그리고 '당의 유일사상체계 수립을 위한 10대원칙'이라는 용어를 사용하고 있지만 10대원칙이 있었다는 사실은 다음과 같은 김정일의 발언을 통해서도 확인할 수 있었다. " 당중앙은 지금 당의 유일사상체계를 세우기 위한 투쟁이 당중앙위원회 제4기 제15차전원회의 직후에 비하여 점차 식어져간다는 인상을 받고있습니다. 최근에는 당의 유일사상체계 수립을 위한 10대원칙이라는 말도 점점 자취를 감추게 되고 또 해마다 진행되고있는 5.25교시집행총화도 형식적으로 하고있습니다." 김정일, 「온 사회를 김일성주의화하기 위한 당사상사업의 당면한 몇가지 과업에 대하여(1974. 2. 19)」,

우선 가시적으로는 1967년의 '당의 유일사상체계확립을 위한 10대원칙'에서는 매 항이 '수령'으로 되어 있지만, 김정일의 '당의 유일사상체계확립을 위한 10대원칙'에서는 매항이 '위대한 수령'으로 되어 있는 것으로 차이점이 드러난다. 다음으로는 수령과 당의 병기여부의 차이다. 예를 들어 1967년의 '당의 유일사상체계확립을 위한 10대원칙'의 1항은 '수령의 혁명사상, 당의 유일사상으로 교양사업을 강화할 것: 그 내용은 당정책교양과 혁명전통교양을 강화하는 것이다' 로 되어 있다. 이것은 이미 천리마작업반운동을 통해서 수령의 교시=수령의 사상=당정책이었던 만큼 강조점이 당정책에서 수령의 교시와 사상으로 옮겨간 것이라고 할 수 있다.

그에 반해 김정일의 '당의 유일사상체계확립을 위한 10대원칙'에는 매 항마다 '위대한 수령'이 아무런 제한 없이 홀로 존재한다. 뿐만 아니라 모든 조항들에서 '김일성'은 다른 개념에 의해 한정되지 않는다. 따라서 김정일이 세운 '당의 유일사상체계확립을 위한 10대 원칙'에서는 수령의 사상은 일단 당정책교양, 혁명교양과 전혀 연관을 맺지 않은 채 분리되어 존재한다. 즉 당은 더 이상 수령과 병기될 수 있는 존재가 아닌 것이다. 당, 혁명전통, 수령이 하나로 융합되어 있으면서도 수령은 당, 혁명전통 위에 존재한다.[68]

김정일, 『주체혁명위업의 완성을 위하여3(1974-1977)』(평양: 조선로동당출판사, 1987), 13쪽.

68) **"당의 유일사상체계를 세우기 위해서는 경애하는 수령 김일성동지의 위대한 혁명사상과 그의 구현인 당의 로선과 정책으로 튼튼히 무장하여야 한다."** 근로자신문사, 『천리마작업반운동의 심화발전을 위하여』(평양: 근로자신문사, 1970), 90쪽; 이찬행, 『김정일』, 391쪽 참조. **"당의 유일사상체계를 세우는데서 또한 중요한 것은 경애하는 수령 김일성동지께서 이룩하신 우리 당의 빛나는 혁명전통으로 튼튼히 무장함으로써 그것을 철저히 옹호하며 계승발전시키도록 하는 것이다."** 『천리마작업반운동의 심화발전을 위하여』(평양: 로동자신문사, 1970), 98쪽.

다음으로는 제1항의 차이다. 김정일이 세운 '당의 유일사상체계확립을 위한 10대원칙'에서는 "**위대한** 수령 **김일성** 동지의 혁명사상으로 온 사회를 일색화하기 위하여 몸 바쳐 투쟁해야 한다."는 것인데 이로써 북한의 최고 강령이 마련된 것이다. 김일성은 조선의 위인이 아니고 세계의 위인이며 김일성의 사상은 마르크스-레닌주의를 넘어 선 것이다. 그에 비해 1967년의 '당의 유일사상체계확립을 위한 10대원칙'이 반영되었다고 할 수 있는 1970년 발행된 『천리마작업반운동의 심화발전을 위하여』에서는 **"당의 유일사상체계를 세우기 위하여서는 무엇보다도 먼저 당의 유일사상체계를 세울데 대한 경애하는 수령 김일성동지의 새롭고 독창적인 사상과 리론으로 튼튼히 무장하며 우리 당과 4천만 조선인민의 위대한 수령 김일성동지께 무한히 충실하도록 끊임없이 노력하여야 한다.**"고 말하고 있다.[69]

다음으로는 김일성에 대한 충실성교양과 관련된 항목의 차이다. 1967년의 '당의 유일사상체계확립을 위한 10대원칙'에는 충실성교양은 1~5항에 분산되어 있음에 반해 김정일의 '당의 유일사상체계확립을 위한 10대원칙'에서는 2~5항에 분산되어 있으면서도 제2항인 "위대한 수령 김일성 동지를 충성으로 높이 우러러 모셔야 한다."로 독자적인 영역을 차지하고 있다. 이는 김일성에 대한 신격화를 의미하는 것이다.

이와 같은 1967년의 '당의 유일사상체계확립을 위한 10대원칙'과 김정일의 '당의 유일사상체계확립을 위한 10대원칙'의 차이점이 북한의 교육교양에 구체적으로 어떤 형태로 반영되었는지 살펴보자. 이 차이점은 『교육학: 사범대학용』(1969)과 1975년 교육도서출판사에서 발행한 『사회주의 교육학』을 비교하면 알 수 있다. '당의 유일사상체계확립을 위한 10대원칙'과 그에 해당하는 구절을 찾아보면 다음과 같다.

---

69) 근로자신문사, 『천리마작업반운동의 심화발전을 위하여』, 88쪽.

『교육학: 사범대학용』(1969)에서는 충실성은 다음과 같이 기술되어 있다.

> 당의 유일사상체계확립의 원칙은 그 본질에 있어서 교육 전과정이 당과 수령님께 무한히 충실한 혁명가를 육성하는 과정으로 되게 하는데 있다.
>
> 그러므로 교육과정의 모든 사업은 학생들을 수령님의 참된 전사로 육성한다는 근본관점과 립장으로부터 출발하여야 하며 이 목적달성에 철저히 복종되여야 한다.(중략)
>
> 수령께 무한히 충실하기 위해서는 수령의 혁명사상, 당의 유일사상으로 자신을 튼튼히 무장하여야 한다.
>
> 그러므로 계급교양, 공산주의교양, 사회주의적애국주의교양 등 모든 교양사업은 반드시 당정책교양, 혁명전통교양을 내용으로 하는 당의 유일사상교양을 기본으로, 그 핵으로 하여야 한다.
>
> 수령에 대한 충실성의 정신으로 교양하는 것이 학생교양사업의 기본으로 그 핵으로 되는 근거의 다른 하나는 수령의 혁명사상이 혁명가들, 공산주의자들이 소유하여야 할 세계관의 진수를 이룬다는데 있다. 즉 공산주의사상, 계급의식의 정수를 이루는 것이 수령의 혁명사상이며 수령님께서 체험하신 높은 덕성은 공산주의자가 소유하여야 할 품성의 전형이다.[70]

즉 수령에 대한 충실성은 수령의 사상과 품성(덕성)에 근거하고 있고, 수령의 사상은 곧 당의 유일사상이고 당의 유일사상교양은 당정책교양, 혁명전통교양의 기본을 이루고 있으며 당의 유일사상교양은 계급교양, 공산주의교양, 사회주의적 애국주의교양 등 모든 교양사업의 기본적인 내용이며 핵을 이루어야 하기 때문인 것이다. 그에 비해 1975년 교육도

70) 집필위원회, 『교육학: 사범대학용』, 72~73쪽.

서출판사에서 발행한 『사회주의 교육학』에서는 김일성에 대한 충실성 교양을 표현한 "위대한 수령 김일성 동지를 충성으로 높이 우러러 모셔야 한다."는 조항이 등장하는 이유는 수령의 사상, 수령의 덕성, 수령의 업적으로 인해 김일성이 조선의 위인임을 주장하는 것도 아니며, 수령의 탁월성이라 할 사상, 덕성, 업적과 같은 한두 가지 말로는 설명할 수 없는 존재로서 인류역사상 최고의 위인이자 초월적 존재이기 때문이다. 이에 대해 구체적으로 다음과 같이 기술되어 있다.

> 여기에서 무엇보다 중요한 것은 학생들로 하여금 인류가 낳은 혁명의 영재이시며 민족의 태양이시며 전설적영웅이신 위대한 **김일성** 동지를 수령님으로 모시고 있는 드높은 자부심과 긍지, 어버이수령님의 따사로운 품속에서 자라나는 크나큰 행복과 영예를 깊이 간직하고 수령님을 끝없이 흠모하고 존경하도록 교양하는 것이다.[71]

1967년 '당의 유일사상체계확립을 위한 10대원칙'의 2항을 『교육학: 사범대학용』(1969)에서 보면 다음과 같이 서술되어 있다. 이에 따르면 북한 주민들은 수령이 제기하는 교시와 당정책을 무조건 접수하고 끝까지 관철하는 완강한 투쟁을 벌려야 했다.

> 당의 유일사상체계확립의 원칙은 또한 김일성동지께서 매 시기 제기하시는 교시와 당정책을 유일한 지침으로 사업하며 그것을 끝까지 정확하게 관철할것을 요구한다.(중략) 당과 수령의 교시를 무조건접수하고 그것을 자기의 뼈와 살로 만들며 학생교육교양사업에 관철하기 위한 방도를 세우며 사업을 짜고들어 그를 끝까지 관철하는 완강한 투쟁을 벌려야 한다.[72]

71) 집필위원회, 『사회주의 교육학』(평양: 교육도서출판사, 1975), 85~86쪽.

이것은 김정일의 '당의 유일사상체계확립을 위한 10대원칙' 5항에 해당하는 것으로 보이고 이에 대해 1975년 교육도서출판사에서 발행한『사회주의 교육학』에서는 다음과 같이 서술하고 있다. 무조건 접수하고 자신을 희생해서라도 무조건 관철해야 했다.

> 경애하는 수령님의 교시집행에서 무조건성의 원칙을 지킨다는 것은 수령님의 교시를 곧 법으로, 지상의 명령으로 여기고 수령님의 교시를 관철하기전에는 죽을 권리도 없다는 강의한 의지를 가지고 사소한 리유와 구실, 조건타발도 없이 무한한 희생성과 헌신성을 발휘하여 그것을 끝까지 철저히 관철하는 것을 의미한다.[73]

1967년의 '당의 유일사상체계확립을 위한 10대원칙'의 3항에서는 수령의 사상과 어긋나는 반당적·반동적 사상이나 이탈하는 현상과 강하게 투쟁을 벌려야 한다고 되어 있고,『교육학: 사범대학용』(평양: 교육도서출판사, 1969)은 이에 대해서 다음과 같이 해설하고 있다.

> 당의 유일사상체계확립의 원칙은 또한 당의 유일사상, 김일성동지의 혁명사상과 어긋나는 온갖 반당적이며 반동적인 사상을 반대하여 견결히 투쟁할것을 요구한다.(중략) 그러므로 후대교육교양사업에서 당의 유일사상체계확립을 위한 사업은 수정주의, 좌경기회주의, 사대주의, 교조주의, 종파주의, 가족주의, 지방주의, 부르죠아사상, 봉건유교사상 등 온갖 반동사상과 비타협적인 투쟁과 밀접히 결합되여야 한다.[74]

---

72) 집필위원회,『교육학: 사범대학용』, 74쪽.
73) 집필위원회,『사회주의 교육학』, 90쪽.
74) 집필위원회,『교육학: 사범대학용』, 75쪽.

그에 비해 김정일이 세운 '당의 유일사상체계확립을 위한 10대원칙' 4항을 교육학에 반영한 『사회주의 교육학』(1975)에는 다음과 같이 나와 있다. 이에 따르면 북한 주민들은 김일성의 교시를 모든 사업가 생활의 확고한 지침으로 삼고 수령님의 사상의지대로만 사고하고 행동하는 김일성에 대한 열렬한 신봉자, 철저한 옹호자가 되어야 했다.

> 그러므로 학교들에서는 자라나는 새세대들을 위대한 수령 **김일성**동지의 혁명사상으로 튼튼히 무장시켜 그들이 수령님의 혁명사상의 열렬한 신봉자로 자라나도록 교육교양하는데 모든 힘을 다하지 않으면 안된다.
>
> 여기에서 중요한것은 청소년학생들로 하여금 위대한 수령 **김일성**동지의 혁명사상, 주체사상밖에는 그 어떤 다른 사상도 모른다는 확고한 립장과 관점을 가지고 그것을 자기의 뼈와 살로 만들며 수령님의 교시를 모든 사업과 생활의 확고한 지침으로 삼으며 수령님의 교시를 무조건 접수하고 그것을 자로 하여 모든것을 재여보며 수령님의 사상의지대로만 사고하고 행동하도록 교양하는 것이다.
>
> 이를 위하여서는 청소년학생들속에 위대한 수령 **김일성**동지의 로작들과 교시들, 수령님의 영광찬란한 혁명력사를 전면적으로, 체계적으로 깊이 연구하는 혁명적기풍을 세워야 하며 모든 학생들이 수령님의 혁명사상을 배우는 집체학습에 성실히 참가하고 수령님의 혁명사상을 깊이 체득하기 위하여 전심전력하도록 실속있게 교양하여야 한다. 이와 함께 경애하는 수령님의 혁명사상과 교시, 당정책과 조금이라도 어긋나는 사상경향에 대하여서는 제때에 강한 투쟁을 벌리도록 교양함으로써 모든 학생들이 수령님의 혁명사상의 철저한 옹호자로 자라나도록 하여야 한다.[75]

75) 집필위원회, 『사회주의 교육학』, 89쪽.

1967년의 '당의 유일사상체계확립을 위한 10대원칙'의 4항은 『교육학: 사범대학용』(1969)에서 보면 다음과 같이 서술되어 있다. 이에 따르면 북한 주민들은 수령의 교시에 대해 일사불란하게 집행해야 한다.

> 이와 함께 수령님의 교시를 접수하고 그를 학교사업에 정확히 관철하여 나가는 혁명적 규률과 질서를 세우며 어떤 역경속에서도 수령의 유일적인 령도에 의하여 한결같이 움직이는 혁명적기풍을 세워야 한다.(중략) 수령께서는 혁명발전의 매 시기 매 단계에서 후대교육의 구체적인 방향과 과업을 제시하며 그 관철의 구체적인 지도를 주신다. 바로 당과 국가의 제반 시책들과 조치들은 수령의 교시를 수행하기 위한 실무적인 대책들로 된다.(중략) 교원들은 수령의 교시 및 당정책에 대한 접수와 그 집행에서 사소한 형식주의와 자유주의적인 표현도 허용하지 말며 사업을 짜고들어 그 어떤 역경속에서도 수령의 교시와 당정책을 끝까지 관철하여야 한다.[76]

이에 해당하는 김정일의 '당의 유일사상체계확립을 위한 10대원칙' 5항은 1975년의 『사회주의 교육학』에는 다음과 같이 서술되어 있다. 수령의 교시는 지상의 명령이 되었을 뿐만 아니라 교시를 집행을 하는 것은 신성한 의무로서 수령님에게 기쁨과 만족을 드리는 일이 되었다.

> 학교들에서는 모든 청소년학생들이 수령님의 교시를 곧 법으로, 지상의 명령으로 여기고 사소한 리유와 구실도 없이 무한한 희생성과 헌신성을 발휘하여 무조건 철저히 관철하며 수령님의 심려를 덜어드리고 수령님께 더 큰 기쁨과 만족을 드리는 것을 더없는 영예로, 가장 신성한 의무로 간주하고 모든 것을 다 바쳐 투쟁하는 수령님의 참된혁명전사로 자라나도록 그들을 잘 교양하여야 한다. 또한 그들

---

76) 집필위원회, 『사회주의 교육학』, 75쪽.

> 이 수령님의 교시를 자그마한 드팀도 없이 정확히 집행하며 교시관철을 위하여 아득빠득 애쓰며 혁명의 주인다운 태도를 가지고 자력갱생의 혁명정신을 높이 발양하여 부닥치는 난관을 자체의 힘으로 뚫고나가면서 교시를 중도반단함이 없이 끝까지 관철하며 수령님의 교시집행에서의 온갖 불건전한 학생들을 반대하여 적극 투쟁하는 견결한 공산주의혁명가로 자라나도록 학생들을 구체적으로 지도하고 옳게 교육교양하여야 한다.77)

1967년의 '당의 유일사상체계확립을 위한 10대원칙'의 5항은 『교육학: 사범대학용』에 다음과 같이 반영되어 있다. 즉, 북한주민들은 수령의 권위와 위신에 대한 훼손에 대해서는 비타협적으로 투쟁해야 했다.

> 수령의 교시와 당정책을 외곡하고 비속화하며 수령의 권위와 위신을 훼손하는 등 온갖 불건전한 사소한 표현과도 타협없이 투쟁하며 오직 수령만을 믿고 수령의 교시대로 사업하고 행동함으로써 유일사상체계에 기초한 원칙적인 단결을 철저히 보장하여야 한다.78)

김정일의 '당의 유일사상체계확립을 위한 10대원칙'의 3항은 『사회주의 교육학』에 다음과 같이 반영되어 있다. 즉, 북한 주민들은 김일성의 권위와 위신을 훼손하는 자와는 지위고하를 막론하고 투쟁해야 했다. 이것은 아마 가족 간, 친구 간에도 요구되는 것으로서 예외가 있을 수 없었던 것 같다.

> 학교들에서는 학생들에게 위대한 수령 **김일성**동지께서 지니신 절대적 권위와 위신을 깊이 인식시키며 수령님의 권위와 위신을 절대

---

77) 집필위원회, 『사회주의 교육학』, 91쪽.

78) 집필위원회, 『교육학: 사범대학용』, 75쪽.

> 화하여야 혁명투쟁에서 승리를 이룩할수 있다는 것을 절대화하여야 혁명투쟁에서 승리를 이룩할수 있다는 것을 깨우쳐줌으로써 그들로 하여금 수령님밖에는 그 누구도 모른다는 확고한 립장과 관점을 가지도록 교양하여야 한다.
>
> 이와 함께 개별적사람들에 대한 환상과 우상화를 철저히 반대하며 수령님께 불충실하고 수령님의 사상과 교시에 어긋나게 행동하는 사람에 대해서는 그 누구를 막론하고 날카로운 투쟁을 벌리도록 학생들을 교양하는 것이 중요하다.
>
> 또한 학생들을 어떤 역경속에서도 수령님을 정치사상적으로, 목숨으로 견결히 옹호보위하며 수령님의 권위와 위신을 훼손시키는 자그마한 요소도 비상사건화하여 그와 비타협적으로 투쟁하도록 교양하여야 한다.
>
> 경애하는 수령 **김일성**동지의 초상화, 석고상, 동상, 초상휘장, 수령님의 초상화를 모신 출판물, 수령님을 형상한 미술작품, 수령님의 현지교시판과 당의 기본구호들을 정중히 모시고 다루며 철저히 보위하도록 하는 것은 자라나는 새세대들로하여금 수령님에 대한 경모의 정을 두터이 하게 하고 수령님을 모시고 사는 행복과 수령님의 혁명전사로서의 높은 긍지와 자부심을 심장깊이 간직하게 하는데서 매우 중요한 작용을 한다.[79]

김정일의 '당의 유일사상체계확립을 위한 10대원칙'을 구현하기 위한 설명인 수령에 대한 '충실성의 4대원칙'에서는 '신격화', '절대성화', '신조화 · 신념화 · 도덕화', '무조건성'이 등장하고 있다. 이것은 각각 김정일이 세운 '당의 유일사상체계확립을 위한 10대원칙'의 2항, 3항, 4항, 5항에 해당한다고 볼 수 있다.[80]

---

79) 집필위원회, 『사회주의 교육학』, 87~88쪽.

80) "당중앙에서 가르친바와 같이 위대한 수령 김일성동지를 충성으로 높이 우러러모시며 수령님의 권위를 절대화하며 수령님의 혁명사상을 신념화하고 수령님의 교시를

이상의 분석을 종합해 보면 1967년의 '당의 유일사상체계확립을 위한 10대원칙'이 김일성의 교시집행을 위주로 한 행위만을 규정하고 있다면 김정일의 '당의 유일사상확립을 위한 10대원칙'에서는 북한 주민들이 김일성에게 충실하다는 것을 수령의 상징물에 대한 태도 등 구체적인 행위를 통해서 보여줘야 할뿐 아니라 마음과 영혼을 바쳐 김일성에게 충실할 것을 요구하고 있음을 알 수 있다. 이것은 김일성의 다음과 같은 요구를 반영한 것이라고도 할 수 있을 것이다.

> 동상을 세우고 가정들에 초상화를 건다고 하여 당의 유일사상체계가 다 서는것이 아닙니다. 물론 동상을 세우고 초상화를 거는것은 당의 유일사상체계를 세우는데서 필요한 일입니다. 그러나 그런것만

신조화하며 수령님의 교시집행에서 무조건성의 원칙을 철저히 지키는 것은 수령님에 대한 충실성의 기본요구, 기본척도이다."『사회주의 교육학』, 85쪽. "수령님을 높이 우러러모신다는 것은 우리 인민이 자기 력사에서 처음으로 맞이한 위대한 수령님을 모시고있는 것을 최고의 영예, 최대의 행복으로 여기며 우리 인민의 운명을 이끌어주시고 그 찬란한 미래를 마련해주시는 유일한분이신 수령님께 자기의 모든 운명을 전적으로 의탁하며 수령님께서 계시는 한 이 세상에서 못해낼 일이 없다는 철석같은 신념을 가지고 수령님을 위해 목숨도 초개와 같이 바쳐싸워나가는것입니다. 수령님의 권위를 절대화한다는것은 대를 이어 영원히 위대한 수령님을 높이 모시며 수령님밖에는 그 누구도 모른다는 확고한 립장과 관점을 가지며 어떠한 역경속에서도 수령님을 정치사상적으로, 목숨으로 견결히 옹호보위하며 수령님의 권위와 위신을 높이기 위하여 모든 것을 다하고 수령님의 권위와 존엄과 관련된 문제에서는 추호도 양보하지 않는것입니다. 수령님의 사상과 교시를 신조화한다는것은 수령님의 사상과 교시를 가장 정당한것으로 받아들이고 사업과 생활에서 유일한 지침으로 삼으며 그 어떤 불건전한 사상경향으로부터도 수령님의 사상을 견결히 옹호하며 오직 수령님의 사상과 교시를 받들고 그대로 숨쉬고 사고하고 행동하는것입니다. 수령님의 교시 집행에서 무조건성의 원칙을 지킨다는 것은 수령님의 교시를 곧 법으로, 지상의 명령으로 여기며 수령님의 교시를 관철하기전에는 죽을 권리도 없다는 강의한 의지를 가지고 사소한 리유와 구실, 조건타발도 없이 무한한 희생성과 헌신성을 발휘하여 그것을 끝까지 철저히 집행하는것입니다." 김정일, 「온 사회를 김일성주의화하기 위한 당사상사업의 당면한 몇가지 과업에 대하여(1974. 2. 19)」, 조선로동당출판사, 『주체혁명위업의 완성을 위하여3(1974-1977)』(평양: 조선로동당출판사, 1987), 16~17쪽.

> 하여가지고서는 당의 유일사상체계를 철저히 세울수 없습니다. 당의 유일사상체계를 철저히 세우기 위하여서는 동상을 세우고 초상화를 거는데 그치지 말고 당원들과 근로자들에게 당의 로선과 정책을 똑똑히 알려주어 그들이 그것을 자기의 뼈와 살로 만들도록 하여야 합니다.[81)]

마지막으로 후계자에 대한 것이다. 1967년의 '당의 유일사상체계확립을 위한 10대원칙' 6항이 '대를 이어 당의 유일사상체계를 확고히 세우도록 할 것'으로 되어 있는 데 반해 김정일이 세운 10항은 '김일성의 혁명위업을 대를 이어 끝까지 계승하며 완성해나가야 한다.'로 되어 있다. 북한 주민들은 대를 이어 당의 유일사상을 계승해야 할뿐만 아니라 혁명위업까지 계승해야 했다. 그러기 위해서는 혁명위업의 계승자인 수령의 후계자에게도 충실해야 했던 것이다. 김정일은 제10항의 설명에서 첫째로 "수령님의 령도밑에 당중앙의 유일적지도체제를 확고히 세워야 한다." 둘째로 "혁명전통을 헐뜯거나 말살하려는 반당적행동에 대해서는 그 자그마한 표현도 반대하여 견결히 투쟁하여야 한다." 셋째로, "당중앙의 유일적지도체제와 어긋나는 사소한 현상과 요소에 대해서도 묵과하지 말고 비타협적으로 투쟁하여야 한다." 넷째로 "당중앙의 유일적지도에 끝없이 충실하도록 하여야 한다." 다섯째로 "당중앙의 권위를 백방으로 보장하며 당중앙을 몸으로 사수하여야 한다."고 강조하였다. 따라서 10항은 단지 김정일이 후계자가 되었음을 강조한 것이라기보다는

81) 김일성, 「올해사업총화와 다음해사업방향에 대하여(1973. 12. 31)」, 『김일성저작집 28』(평양: 조선로동당출판사, 1984), 641쪽. 이와 유사한 표현은 『천리마작업반운동의 심화발전을 위하여』에서 보듯이 1973년에 비로소 나온 것은 아니다. "**경애하는 수령 김일성동지께서는 다음과 같이 교시하시였다. 《당과 수령에게 진정으로 충실하려면 당과 수령이 내놓은 정책들을 심장으로 받들고 그것을 자기의 뼈와 살로 만들어 자기 사업의 지침으로 삼으며 조선혁명의 완성을 위하여 완강하게 투쟁하여야 합니다.》**" 근로자신문사, 『천리마작업반운동의 심화발전을 위하여』, 114쪽.

김정일을 당중앙으로 해서 유일지도체제를 수립하겠다는 뜻이다. 10대 원칙을 관철시키는 것 그것 자체가 유일지도체제였다.[82)]

이상과 같은 분석과 비교를 통해서 1967년의 '당의 유일사상체계확립을 위한 10대원칙'과 김정일의 '당의 유일사상체계확립을 위한 10대원칙'의 차이점을 크게 두 가지로 정리할 수 있을 것 같다.

첫째, 북한의 수령 김일성은 그 동안에 있었던 마르크스, 레닌, 스탈린, 모택동과는 다른 초월적 존재, 신앙적 대상이 된 것이다. 북한 주민들이 수령에 대해 지녀할 충실성은 정치지도자에 대한 충실성을 뛰어넘어서 김일성에 충실한 신자가 되는 것이 이 당시의 교육적 인간상이었다고 할 수 있겠다.

이로써 북한 사회는 전체적으로 성(聖)과 속(俗)으로 나뉘게 되었다. 김일성과 관련된 것은 그것이 김일성의 사진이든 그림이든 조형물이든 모두 성이고 나머지는 모두가 속이 되었다. 마찬가지로 김일성이 있는 평양은 성지 중의 성지이며 김일성의 언어는 성스러운 언어가 되었다. 김일성의 문체와 억양도 성스러운 문체요 억양이 되었다. 김일성의 자취도 그림자도 성스러웠다. 신은 아니지만 신격화되었고 신은 아니지만 신앙의 대상이 되었다. 이것을 이상우는 다음과 같이 적절하게 지적하고 있다.

> 이제 북한은 김일성을 신격화하였고 김일성주의 경전을 갖추었고 로동당이라고 하는 사제단(司祭團)을 가진 완전한 종교단체로 되었다. 북한은 단순한 전체주의 사회가 아니다. 공산주의 국가도 아니다. 이제 김일성교라는 특이한 유일신(唯一神)을 가진 종교국가로 되었다. 북한 사회의 이러한 종교 국가적 특성을 이해하지 않으면

---

82) 김정일, 「전당과 온 사회에 유일사상체계를 더욱 튼튼히 세우자」(1974. 4. 14), 김정일, 『주체혁명위업의 완성을 위하여 3(1974~1977)』(평양: 조선로동당출판사, 1987), 117쪽.

> 오늘의 북한 사회를 이해하기 어렵다. 북한의 정치도 사회도 문화도, 그리고 북한의 대외관계도 북한의 종교 국가적 특색을 전제하지 않고는 쉽게 이해할 수 없다.[83]

둘째, 1967년의 '당의 유일사상체계확립을 위한 10대원칙'에서는 충실성의 기능적인 측면을 차지했던 조항들의 일부는 지도자동지인 김정일 차지가 되었다고 할 수 있다. 이로써 김일성주의 신자들은 후계자인 김정일에 대해서도 충성을 보여야 했다. 이미 오랫동안 북한주민들에게 실체로서, 지존의 존재였던 김일성을 온몸과 온 마음, 온 정성으로 받아들여야 했고, 아직 잘 모르는 미지의 존재인 김정일에 대해서는 그가 요구하는 대로 따름으로써 몸으로 충성을 표현해야 했다. 후계자는 김일성의 핏줄이고 김일성의 핏줄은 성스러운 핏줄이고 나머지 핏줄은 속된 핏줄이 된 것이다. 이러한 사실을 북한 주민들에게 심어주는 것이 김정일의 뜻이었다.[84]

그런데, 유일후계자이자 2인자인 김정일은 김일성의 혁명위업을 계승 발전시키면서도 자신의 독자적인 영역을 확보하기 위해서 항일유격대의 경험을 더욱 강조하고 구체화하는 길을 택했다. 그럼으로써 김정일은 김일성에 대한 계승성과 후계자의 독창성사이에서 균형을 유지하려고 했다. 김정일의 '당의 유일사상체계확립을 위한 10대원칙'은 천리마시대의 수령제를 부정하는 것이 아니라 천리마시대와 수령제를 계승하

83) 이상우, 「제1편 서론: 김일성 체제의 특질」, 이상우 외, 『북한 40년: '朝鮮民主主義人民共和國'의 특성과 변천 과정』(서울: 을유문화사, 1988), 26쪽.

84) "조선조(朝鮮朝)는 유교교리(儒敎 敎理)라는 절대적 가치체계가 정당화해 주는 절대왕권에 의해서 통치되었으며, 그 권위의 행사자는 왕의 세습 자손으로 충당되었었다. 그런 뜻에서 북한은 김일성 왕조를 이룩했다고 보면 된다." 이상우, 「제1편 서론: 김일성 체제의 특질」, 이상우 외 『북한 40년: '朝鮮民主主義人民共和國'의 특성과 변천 과정』(서울: 을유문화사, 1988), 27쪽.

는 것이었다. 그렇다면 이러한 계승성을 보장하면서도 어떻게 새로운 것을 보여줄 수 있는가? 계승성을 고수하다 보면 새로울 수 없고 새로운 것을 찾다보면 혁명전통에서 벗어나게 되는 딜레마에 빠질 수 있기 때문이다. 이 때 김정일이 택한 길 중의 하나는 북한 주민들에게 자신이 천리마시대보다 더 근본으로 돌아갈 것임을 천명하는 것이었다. 그래서 천리마시대에 김일성이 내걸었던 구호인 '전체는 하나를 위하여 하나는 전체를 위하여'는 김정일이 내건 구호인 '생산도 학습도 생활도 항일유격대식으로!'로 바뀐 것이다.

해방 직후부터 북한에서는 학생과 주민들에게 마르크스-레닌주의를 가르치고 변증법과 유물론을 가르쳤다고 해서 그것을 북한 사회주의의 원형이라고 할 수는 없다. 천리마작업반운동 때부터 목적의식적으로 인간개조를 위한 사회주의교육을 한만큼 이 시기 이전의 북한 교육은 사회주의교육의 전사로 보아야 하고 천리마시대의 교육을 사회주의교육의 시작으로 보아야 할 것이다. 이 원형은 천리마운동이 시작된 1957년부터 1973년 사이에 완성된 것이고 1967년은 천리마작업반운동이 심화확대됨에 따라 수령에 대한 충실성교양이 제일 중요하다는 것을 명시적으로 드러내고 제도화한 시기로서 의미를 갖는다고 할 것이다.

수령론에 의거해서 단행된 마르크스-레닌주의나 스탈린주의로부터의 부분적 단절을 뛰어넘는 근본적인 단절은 1974년 '당의 유일사상체계확립을 위한 10대원칙'을 세운 김정일에 의해 단행되었다. 1957년부터 이루어진 수령제나 1967년에 제도화된 수령제는 김정일에 의해 만들어진 유일체제는 근본적으로 다르고, 그렇기 때문에 북한의 교육교양은 이 시기에 근본적인 변화가 일어난다. 따라서 3대혁명붉은기쟁취운동과 유일체제에 의해 덧칠해진 그림의 바탕이 되는 원래 그림 즉 북한 사회주의 교육의 원형은 천리마시대의 교육교양인 셈이다.

이것은 67년의 '당의 유일사상체계확립을 위한 10대원칙'과 74년에 김정일이 만든 '당의 유일사상체계 확립을 위한 10대원칙'을 비교해 보면 알 수 있다. 73년까지는 김일성도 지속적으로 자신의 교시나 정책을 정당화할 때 마르크스-레닌주의를 인용하였지만 74년부터는 주체사상은 마르크스-레닌주의와 단절하였고, 김일성은 마르크스-레닌주의의 수령의 자리를 버렸기 때문이다. 그에 따라 북한의 교육은 급격한 변화를 겪게 되는데 이것은 천리마시대에 형성된 북한 사회주의교육의 원형에 대한 본격적인 수정이며 전반적이고 근본적인 수정이기 때문에 이것을 북한 사회주의교육의 1차 변용이라고 할 수 있는 것이다.

이에 따라 북한의 교육적 인간상이 변화하였고 북한의 교육내용과 교수방법도 획기적으로 바뀌었다. 왜냐하면 김일성주의의 신자를 교육하는 것은 마르크스-레닌주의 혁명가를 교육하는 것과 달라야 하기 때문이다. 그 때부터 북한에서는 마르크스-레닌주의는 당원이나 대중의 학습내용이 될 수 없게 되었다. 마르크스-레닌주의는 일부 전문가들의 연구대상으로 한정되었다. 김일성의 '깨우쳐주는 교수법'은 여전히 건재하지만 김정일의 '항일유격대식 학습방법'이 '깨우쳐주는 교수법'을 압도하게 된다.

비유하자면 마르크스-레닌주의가 선진유학(先秦儒學)이라면 김일성주의는 주자학이며, 마르크스-레닌주의가 소승경전이라면 김일성주의는 대승경전이고, 마르크스-레닌주의는 구약성경이라면 김일성주의는 신약성경이 된 것이다. 그렇다면 사서삼경과 주자의 성리학의 관계를 설정하는 것, 소승경전과 대승경전의 관계를 설정하는 것, 구약성경과 신약성경과의 관계를 설정하는 것만큼 어려운 문제가 남게 된다. 종교사상의 역사가 보여주듯이 이것을 해결하는 것은 쉬운 일이 아니고 수많은 갈등과 다툼이 일어나기도 하기 때문에 단시일 내에 이루어질 수도 없는 것이다. 그 이후로 북한은 예측 불가능한 불투명한 미래로의 여행을 시작한 것과 같게 되었다.

이러한 것이 어떻게 가능하겠는가? 기존의 마르크스-레닌주의를 고수한다면 불가능한 일이다. 김정일은 당중앙이자 후계자라는 지위를 활용해서 마르크스-레닌주의로부터 주체사상의 단절을 단행했다. 김정일은 '당의 유일사상체계확립을 위한 10대원칙'을 발표하기 전에 소위 2.19선언을 통해서 단절을 공표했다고 하는데 이에 대해 북한의 『주체혁명위업의 위대한 령도자 김정일동지1: 위대한 사상리론가』에서는 "라틴아메리카의 어느 한 정치조직은《100여년전 맑스와 엥겔스가 공동으로 집필한 〈공산당선언〉이 당시 로동계급의 당의 강령이였다면 김정일동지께서 발표하신 2월의 선언은 〈20세기의 공산당선언〉이라고 말할 수 있다.》고 격찬하였다."고 그 의미를 우회적으로 표현하고 있다.[85)]

〈20세기의 공산당선언〉이 새롭게 나왔으므로 마르크스-엥겔스의 〈공산당선언〉은 19세기에서만 의미를 갖는 이미 때가 지난 것으로 그 의미가 축소된 것이다. 김정일이 2.19선언을 할 수 있었던 것은 무엇보다도 마르크스-레닌주의 철학 즉 변증법적 유물론, 사적 유물론과는 다른 철학적 원리를 제기했기 때문이라고 할 수 있다. 과학적 공산주의라고 일컬어지는 마르크스-레닌주의의 모든 이론의 토대가 되는 철학을 부정해 버린 것이다. 이는 마르크스-레닌주의에서 벗어나지 않았던 모택동이나 스탈린은 결코 생각할 수 없었던 일이다.[86)]

1967년에만 해도 주체사상은 조선에서만 가장 적합한 마르크스-레닌주의로 평가되었지만, 2.19선언과 온사회의 주체사상화라는 기치를 내

85) 『주체혁명위업의 위대한 령도자 김정일동지1: 위대한 사상리론가』(평양: 조선로동당출판사, 2001), 180 쪽.

86) "주체철학에 관심을 기울여야 한다. ① '김일성 동지의 혁명사상'을 '김일성주의'로 부르기 시작한 최초의 시기는 1970년부터였으나, 마르크스-레닌주의를 새로운 역사적 조건에서 전면적으로 발전시킨 사상이라는 수준에 여전히 머물고 있었다. 그러나 주체철학이 대두하는 1973년부터 '김일성주의'란 표현이 갖는 함의는 전혀 다른 것으로 변모해 버린다. 이때부터 김일성주의는 단순히 현시대의 마르크스-레닌주의를 대체하는 의미를 갖게 된다.(후략)" 이병수, 「주체사상의 보편화 및 체계화 과정에 대한 분석」, 한국철학사상연구회, 『시대와 철학』 제9호(서울: 동녘, 1994), 148~149쪽.

걸 때, 주체사상은 '현시기 가장 올바른 혁명 사상'으로 격상되었고 김일성은 한 나라의 수령이 아니라 전 세계 혁명의 수령으로 격상되었다.[87]

마르크스-레닌주의와의 단절, 김일성주의의 신앙화, 체계화, 일반화와 김정일에 의한 유일지도체제의 확립이라는 조건들이 하나로 결합되어 북한 특유의 유일체제를 확립한 것이다. 이 중에서 어느 것 하나가 빠져도 유일체제가 될 수 없다. 따라서 1967년의 수령제의 수령과 유일체제의 수령은 근본적으로 다른 존재다.[88]

2. 북한 교육사의 시기구분의 문제

이와 같은 관점으로 본다면 북한 교육사에 대한 기존의 시기구분에

---

87) 이종석, 『새로쓴 현대북한의 이해』(서울: 역사비평사, 2000), 158~170쪽 참조.

88) 정영철, 『김정일 리더쉽 연구』(서울: 도서출판선인, 2005), 81~85쪽 참조. 여기서 정영철은 수령제의 수령과 유일체제의 수령이 근본적으로 다르다는 것을 잘 비교해 보이고 있다; "북한이 단순한 1인 전체 정치 체제에서 김일성 신정 체제로 전환된 시기를 정확히 포착하기는 어렵다. 그러나 김일성 주체 사상을 '김일성 주의'로 정식화(定式化)한 때와 같이 보는 것이 옳을 것이다. 김일성주의의 정식화는 대체로 1970년대 초부터 시작하여 1974년 2월 19일, 김정일이 "온 사회를 김일성주의화하기 위한 당 사상 사업의 당면한 몇 가지 과업에 대하여"라는 연설을 한 때쯤에 완성된 것으로 볼 수 있을 것 같다." 이상우, 「제1편 서론: 김일성 체제의 특질」, 25쪽; 김광수는 주체사상발전사를 1. 제1단계(1955~1973): '실천이데올로기'로서의 주체사상 제2단계(1974_~1981): 주체사상의 '순수이데올로기'화 3단계(1982~1994)로 나누었다. 김광수, 『사상강국: 북한의 선군사상』(서울: 선인, 2012), 84~93쪽; 쿤과 라카토스의 용어를 사용해서 설명한다면, 1967년의 수령론이란 중핵(연구요목)인 마르크스-레닌주의를 위한 보조가설이라고 할 수 있으며, 1974년의 수령론은 김일성주의의 보조가설이 아니라 중핵이라고 할 수 있으며, 1974년에 패러다임이 전환되었다고 할 수 있다. 그런데 1967년의 수령론을 부각시키는 사람들은 수령론이야 말로 패러다임의 전환이고 그 다음에 이어지는 김일성주의의 체계화는 수령론의 보호대로 존재하는 보조가설이라고 주장하는 것으로 보면 될 것 같다. 노먼 블래키, 『사회이론과 방법론에 다가서기』(서울: 한울아카데미, 2000), 170쪽 참조.

대해 문제제기도 할 수 있겠고 북한 교육사에 대해 새롭게 시기구분을 할 수 있을 것 같다. 예를 들어 한만길은 교육제도의 변천과정을 놓고 북한의 교육사를 사회주의 교육도입시기(1945~1950.6), 기술교육강조시기(1959.10~ 1966.12), 유일사상확립시기(1966.12~1972.7), 전반적 11년 의무교육시기(1972~1985), 고등교육의 대중화시기(1985년 이후)로 나누었다. 이것은 북한의 사회주의체제수립후의 교육사를 크게 기술교육과 유일사상확립시기로 나누어 버린 것이다. 이것은 천리마시대의 교육의 사회주의적 성격을 무시한 것이고 1959년부터 1967년까지의 단일지도체제가 사실은 제도화되지 않았다고 해도 김일성이 실제로는 수령역할을 할 수 있었고 북한의 체제는 사실상 수령제였다는 것을 고려하지 않은 것이다.[89)]

김동규는 북한 교육사를 교육정책과 제도의 변천과정에서 보았을 때는 1) 해방후 교육정책정립기(1945~50) 2) 조국해방전쟁기(1950~53) 3) 전후 재건기(1953~59) 4) 7년제 의무교육시기(1961~67) 5) 9년제 기술의무교육시기(1967~74), 6) 11년제 의무교육시기(1975년 현재)로 해야 된다고 보았는데 이것은 하나의 시대라고 볼 수 있는 천리마시대를 교육정책과 제도라는 이름으로 3등분해 버리는 것이다.[90)]

북한 역사에 대한 시기 구분은 김정일시대의 북한 학자들에게도 어려움을 주었는데 이 어려움은 북한에서 6권으로 발행된 『조선교육사』에서도 나타난다. 여기서는 전후인민경제복구발전과 사회주의기초건설시기 교육(1953~1960), 사회주의전면적건설시기교육(1961~1970), 1970년대, 1980년대로 나누는데 1970년대와 1980년대는 명칭을 부여하지 않았다.

---

89) 한만길, 『통일시대 북한교육론』(서울: 교육과학사, 1997), 41~51쪽.

90) 김동규, 『북한의 교육학』(서울: 문맥사, 1990), 99~103쪽. 김동규의 시기구분이 필자의 시기구분과 부분적으로 일치할지라도 천리마운동의 질적 변화에 따른 3시기 구분이 아니라 학제에 의해 3시기를 구분하는 것은 본질적으로 차이가 있는 것이다.

교육사를 시대구분함에 있어 그 내용과는 무관하게 10년 주기로 잘라낸 것처럼 무성의하게 보이기도 하고 형식적으로 10년 주기로 시대구분을 해놓고 시대의 내용을 거기에 맞춘 것 같은 느낌을 준다.[91)]

『조선교육사』가 북한 교육사의 시기구분에 이러한 애매한 태도를 보이는 것은 북한에서도 수령제를 어떻게 보느냐에 대한 고민이 서려있기 때문인 것으로 보인다. 이러한 문제는 1967년 이전에도 이미 수령제와 다를 바 없었다는 것을 받아들이면 쉽게 해결될 수 있다. 우리나라 학자나 북한의 학자나 1967년의 수령제수립을 지나치게 높게 평가하다 보니 이런 식의 단절이 일어난 것 같다. 그로 인해 우리나라의 학자들은 수령제 이전의 역사를 순수한 민족적 사회주의단계로 설정하고, 그 이후의 역사는 김정일의 입김이 들어간 것이며 순수하지 못한 역사로 보는 것이다. 또한 일부 북한 학자들에 의해서는 그 시기를 '전환'으로 경상시키는 역사관이 수립되었고, 남한의 일부 학자들에 의해서는 '굴절'된 것으로 보는 역사관이 수립된 것이다. 이렇게 되면 북한의 사회주의체제나 교육의 원형은 1967년 이전으로 돌아가게 된다. 이런 식으로 남과 북의 학자들은 협력해서 1967년에 북한에 수립된 수령제를 격상시킨 것이다.[92)]

1967년의 수령제는 지도자숭배에 관한한 스탈린주의의 완성이며 사회주의 건설의 노선과 관련하여서는 스탈린주의와의 단절이라고 할 수 있다. 이렇게 천리마시대의 북한은 스탈린주의가 강화되는 모습도 보이고 있으며 탈스탈린주의가 강화되는 모습도 보이고 있는 것이다. 그리고 1974년부터는 마르크스-레닌주의와 단절한 것이라고 할 수 있다. 이

---

91) 강근조, 『조선교육사 4』, 519쪽. 연대기상으로는 필자의 시대구분과 맞지 않는 측면이 있지만, 『조선교육사 4』가 '사회주의전면적건설시기교육(1961~1970)'라고 하면서 김일성에 의한 사회주의교육학의 창시와 당의 유일사상체계확립을 위한 투쟁을 이 시기의 특징으로 내세운 것은 필자가 천리마시대에 북한 사회주의 교육학의 원형이 형성되었다고 주장하는 것과 크게 다를 바는 없는 것이라고 할 수 있겠다.

92) 이종석, 『북한의 역사 2』(서울: 역사비평사, 2013), 64~67쪽, 102~107쪽.

러한 현상을 '굴절'이라는 말로 표현한다는 것은 수령제 이전의 천리마 시대가 북한의 본래의 모습이고 1967년 이후의 북한은 본래의 모습을 잃어버린 것이라는 의미가 짙다.93)

그러나 단절은 마르크스 자신의 사상의 변천과정에서도 나타나는 것이다. 이러한 단절은 개인도 그렇고 집단도 생성에서 사멸까지 한 번 일어나는 것이 아니라 여러 번 일어난다. 단절 중에는 굴절도 있겠지만, 단절과 굴절을 판단하는 것은 쉬운 일이 아니다. 단절은 가치중립적인 말임에 비해 굴절은 가치비하적인 의미가 들어있다.94)

1967년에 수립된 북한의 수령제에서 내세운 주체사상은 '오늘날의 마르크스-레닌주의'인 이상 마르크스-레닌주의, 변증법적 유물론과 사적유물론의 이름으로 수령의 교시는 다르게 해석될 수도 있고, 수령의 교시와 다른 주장을 할 수도 있었다. 김일성이 스스로 자신의 연설에서 마르크스-레닌주의를 반복적으로 언급하고 있기 때문이다. 김일성이 마르크스-레닌주의의 유일한 해석자라고 해도 김일성이 마르크스-레닌주의에 대한 개론서나 해석서를 낸 것도 아니고 마르크스-레닌의 사상을 일일이 주석을 달지도 않았다면 주체사상은 마르크스-레닌주의를 대신할 수 없었다. 김일성의 교시가 마르크스-레닌이 언급한 것을 반복하면서 마르크스-레닌이 다루지 않은 모든 분야에 대해 자세히 언급하지 않는 한 주체사상은 마르크스-레닌주의를 대체할 수 없는 것이다. 따라서 1967

---

93) 신일철은 북한의 주장과는 달리 주체사상이 레닌주의에 지나지 않는다고 주장한다. "북한에서 새로운 철학 교조, '주체철학'을 구성하는 사상적 원천 중에서 가장 중요한 이데올로기적 테제는 거의 대부분 레닌주의이며, 특히 스탈린의 '레닌주의의 제문제'에서 차용해온 것은 거의 의심할 여지가 없다." 신일철, 『북한주체철학연구』(서울: 나남, 1993), 155쪽.

94) 가라타니 고진, 『트랜스크리틱』(서울: 도서출판b, 2013), 9~50쪽. 가라타니 고진은 이 책에서 마르크스의 인식론적 단절이 여러 번 있었음을 강조하면서 그 중에서 가장 중요한 단절이 무엇인가를 추적한다.

년부터 제도화된 수령제란 1974년 이후 수립된 더 높은 수령제의 수준에서 본다면 수령제가 아니었다는 뜻도 된다. 그래서 1974년 이후에는 수령 앞에 혁명적이라는 수식어를 붙여 '혁명적 수령관'이라는 말도 나오게 된 것으로 보인다.

이것은 북한의 교육학에서도 마찬가지 사정이었다. 1945년부터 북한에 정착된 스탈린주의교육, 마르크스-레닌주의교육, 소련식 교육의 영향은 여전히 남아 있었던 것이다. 따라서 천리마시대의 북한의 교육은 기존의 민족교육, 일제식민지교육, 자유주의교육 위에 소련식 교육을 얹어 놓은 꼴이기도 했다. 김일성은 1955년에 주체확립을 요구하였고 그 이후에도 북한의 교육이 사대주의, 교조주의, 수정주의, 형식주의, 부르조아적 교육에서 벗어나지 못하고 있다고 끊임없이 비판하면서 이러한 요소들을 천리마작업반운동을 통해서 일소해야 한다고 주문하였던 것이다. 물론 이는 수령의 권위와 단일지도체계라는 권력의 힘, 그리고 거기에 호응하는 천리마기수들이 있었기 때문에 가능한 일이었다. 그러나 주체사상이 마르크스-레닌주의를 공식적으로 채택하고 있는 이상 1955년 이전에 이미 깊게 뿌리를 내렸던 사상과 교육적 영향들이 쉽게 없어질 수는 없었다.[95)]

95) 이러한 주장은 내생적인 우리나라의 민족 교육, 사회주의교육의 전통이 영향을 주고 북한에 어떠한 형태로든 정착한 측면이 있었다는 것을 부정하는 뜻은 아니다. 내생적인 교육 중 가장 대표적인 것은 앞에서 언급한 '건국사상총동원운동'이었다.

제 4 장

교육교양내용

교육교양내용은 공산주의적 새인간을 북한식으로 구체화시킨 교육적 인간상으로서의 천리마기수가 갖춰야 할 역량, 품성, 태도를 범주화한 것이라고 볼 수 있다. 이렇게 설정된 범주는 일종의 이념형으로서 실제의 천리마기수와 다를 수 있다. 그렇지만 이러한 이념형은 일종의 북한 주민들에 대한 교육교양과정에 있어 내용구성의 규제적 원칙으로 작용하였고, 북한의 교육원리와 교육교양방법에도 일정하게 영향을 준 것으로 인정해야 할 것이다.

교육교양내용은 공산주의사회의 주체확립과 혁명적 군중노선을 앞장서서 구현해야 할 책임과 의무가 있는 천리마기수들이 갖춰야 할 리더십의 특성을 나열한 것이라고 볼 수 있다. 그것은 다음과 같다. 첫째, 혁명가가 되어야 한다. 둘째, 계급으로서의 노동자가 되어야 한다. 셋째, 산지식인이 되어야 한다. 넷째, 집단과 조직을 절대시하는 집단주의자가 되어야 한다. 다섯째, 국가 정체성이 확고한 애국자가 되어야 한다. 여섯째, 일상생활에서 도덕적인 인간이 되어야 한다.

김일성은 혁명화해야 한다는 말을 많이 썼다. 혁명화란 혁명가가 되어야 한다는 뜻이다. 모든 사람들이 일하는 세상은 상상할 수 있겠지만 모든 사람들이 혁명가가 된다는 것 그것도 공산주의 혁명가가 된다는 것은 상상하기 힘들다. 혁명가란 공산주의역사에서 혁명가는 가장 높은 경지를 구현한 사람들이라고 할 수 있다. 혁명가로 나서기도 쉽지 않은데 김일성은 혁명화를 통해 모든 사람들을 혁명가로 만들 수 있다고 보았다. 공산주의사회에서 주체적 인간, 혁명가란 공산주의사회의 주인이라는 주인의식을 가지고 공산주의사회 건설에 앞장서서 나아갈 수 있는 사람을 말한다. 또한 북한의 혁명적 군중노선에 의거해서 모든 인민이 그와 같은 주체적인 인간이 되어야 한다는 것이다.[1)]

김일성은 노동계급화해야 한다는 말을 많이 썼다. 이것은 북한 주민들에게 자본주의, 부르조아에 대한 적개심을 불어넣어서 노동계급의식을 갖게 하고 노동자들을 한 개인이 아니라 계급으로 구성해야 한다는 뜻이다. 이것은 프롤레타리아독재의 한 표현으로서 노동계급화란 북한 주민들이나 북한 사회문화를 노동자계급의 원하는 데로 자기들의 입맛에 맞게 변화시켜야 한다는 뜻이기도 하다. 이를 위해서는 북한주민들은 누구나 혁명가가 되어야 할 뿐만 아니라 누구나 일상적으로 일을 해야 했다. 즉 일하면서 혁명하고 혁명하면서 일을 해야 했다. 북한주민들을 모두 노동계급화하기 위한 전제조건은 1. 노동적령 인구는 모두가 노동자, 농민, '근로인테리' 중의 하나를 선택해서 직업을 가져야만 한다. 2. 특히 농민을 노동계급화하기 위해서는 농촌을 산업화하여 농민의 노동의 성격을 공업노동과 유사하게 만들어야 한다. 3. 생산직 노동자나 농민이 아닌 '근로 인테리'들, 학생들, 모든 인민들은 예외 없이 생산노동에 참여해야 한다. 4. 모든 인민들은 노동계급의 문화를 창조하고 소비하는 주체가 되어야 한다. 5. 모든 인민들은 계급교양을 받아야 한다.[2)]

셋째, 김일성이 산지식인화라는 말은 하지 않았지만, 천리마시대에 산지식인이라는 말을 써서 북한의 교육교양의 방향을 제시한 적이 많이 있다. 교육교양의 목표와 내용에 대해서 천리마시대에는 '혁명화, 로동계급화, 산지식인화'라고 표현할 수 있다면 1980년대 이후로는 '혁명화, 로동계급화, 인테리화'라고 표현할 수 있을 것이다. 즉 산지식인화가 인

---

1) 북한에서는 과오에 대한 처벌, 숙청당한 자들에 대한 징벌적 의미를 포함한 혁명화의 특별한 방법으로 하방을 택하기도 한다. 이것은 일종의 노동교화라 할 수 있을 것이다. 여기에서의 혁명화란 특수한 집단에 대한 혁명화방법을 소개하는 것이 아니고 일반적인 혁명화방법을 소개하는 것이다.

2) 여기서는 학교가 직접 담당해야 할 교양사업으로 3,4,5만 다룬다.

테리화로 바뀐 것인데 '인테리화'란 산지식인보다는 '인테리'적 성격을 더 강조한 것이라고 할 수 있을 것이다.[3)]

넷째, 북한 주민들은 집단주의 교양을 통해서 집단과 조직을 절대시하는 집단주의자가 되어야 한다. 집단주의자는 천리마작업반운동의 사상교양의 핵심적인 내용이자 북한 체제의 특수성을 잘 드러내는 것이라고 할 수 있기 때문에 하나의 특성으로서 독립시켜서 설정해야만 할 것 같다. 공산주의자가 곧 조직사회주의자, 집단주의자가 되어야하는 것은 아니기 때문이다.

다섯째, 천리마기수들은 국가 정체성이 확고한 애국자가 되어야 한다는 것이다. 사회주의 애국자의 특징이 민족주의적 애국자, 국가주의적 애국자와 다른 점은 혁명전통, 사회주의제도와 체제에 대한 충성뿐만 아니라 무엇보다도 정치지도자에 대한 충성을 중시하는 것이라 할 것이다. 이것은 궁극적으로는 남한에 대한 북한이 적화통일노선의 정당성까지 부여하는 논리를 배우는 것을 뜻한다. 이것은 통일조국의 유일한 지도자 김일성이 되어야 한다는 논리를 받아들이고 이것을 신념으로 갖는 사람을 양성한다는 뜻이 된다. 이것은 일종의 국가정체성을 심어주는 교육의 내용을 규정하는 것이라고 할 수 있다.

여섯째, 천리마기수들은 일상생활에서 도덕적인 인간이 되어야 한다. 이것을 김일성은 사회주의 생활양식교양이라고 했다. 사회주의 생활양식교양이란 사회주의에 어울리는 예절과 도덕을 갖춘 사람을 만든다는 뜻이다.

이와 같은 여섯 가지 교육교양의 내용은 1969년의 『교육학: 사범대학

---

3) "조선로동당은 온 사회의 혁명화, 로동계급화, 인테리화를 촉진하고 사회주의의 물질, 기술, 기술적 토대를 견고히 하며 나아가서 사회주의제도를 강화하고 사회주의의 완전한 승리를 촉진시키기 위한 투쟁에서 사상, 기술, 문화혁명을 활발히 진행한다」, 「조선로동당규약(1980. 10 .13)" 최종고, 『북한법』(서울: 박영사, 1990), 91쪽.

용』으로부터 추출해 낼 수 있다. 이 책에서는 교육교양의 일반적 원칙으로 1. 당의 유일사상체계확립의 원칙 2. 당성, 노동계급성의 원칙 3. 주체확립의 원칙 4. 이론과 실천의 통일의 원칙 5. 혁명화, 노동계급화의 원칙을 나열하였다. 그리고 교양내용으로 1. 수령에 대한 충실성교양 2. 혁명전통교양 3. 공산주의교양(계급교양, 집단주의교양, 사회주의적 애국주의교양, 노동에 대한 공산주의적 태도의 교양)으로 되어 있다. 여기서 이론과 실천의 통일의 원칙은 김일성이 강력하게 요구했던 산지식인을 만들기 위한 교육교양의 원칙이라고 할 수 있을 것이다. 그래서 이 글에서는 '산지식인이 되어야 한다'는 좀 더 포괄적인 제목으로 표기하면서 이를 교육교양의 내용으로 삼고, 이론과 실천의 통일의 원칙은 그 하위 항목으로 삼았다. 공산주의교양은 너무 포괄적이기 때문에 공산주의교양에 소항목으로 들어 있는 집단주의교양('집단주의자가 되어야 한다')과 사회주의적 애국주의교양('애국자가 되어야 한다')로 나누었으며 노동에 대한 공산주의적 태도의 교양, 계급교양은 노동계급성의 원칙, 노동계급화의 원칙과 하나로 만들어서 노동계급화('계급으로서의 노동자가 되어야 한다')에 넣었다. 혁명화는 노동계급화와 분리시키고 당의 유일사상체계확립의 원칙, 당성의 원칙, 주체확립의 원칙, 수령에 대한 충실성교양과 통합해서 혁명화('혁명가가 되어야 한다')의 의미를 넓혔다. 그리고 마지막으로 사회주의생활양식교양('도덕적 인간이 되어야 한다')은 이 책에는 나오지 않지만 천리마작업반운동에서 강조되었던 것이고 1991년의 『사회주의교육학: 사범대학용』에는 '공산주의도덕과 사회주의생활양식교양'으로 자리 잡게 되는 교육교양의 내용이라고 할 수 있다.

결과적으로 북한의 교육학체계에는 원칙과 교양내용으로 분리되어 있는 것을 교육교양의 내용으로 통합하였다. 그럼으로써 북한의 사회주의교육학이 목표로 하고 있는 추상적인 '교육적 인간상'으로서의 '공산주의적 새인간'과 그 구체적인 구현체인 천리마기수가 갖춰야 할 교육교양의 내용이 좀 더 유기적으로 통합된 형태로 드러나게 되었다고 생각된다.

제1절 혁명가가 되어야 한다: 혁명화

1. 지도자(수령)에 대한 충실성

북한 주민들은 사상에서 교조주의나 사대주의에 빠지지 말고 주체적이어야 하는데 그러기 위해서는 자기 나라의 수령인 김일성에 대한 충실성이 요구되었다. 수령의 교시에게 충실해야 하고, 수령이 개척한 혁명전통=수령의 혁명전통에 충실해야 하고 수령의 정책=당정책, 당정책=수령의 교시에 충실해야 한다. 수령은 군사부일체로서 수령에 대해 주민이나 학생들의 도리는 언제나 몸과 마음으로 표현해야 하는 것이다.[4)]

그런데 북한에서는 1968년 이후에 이루어진 충실성교양을 위한 여러가지 업적을 다음과 같이 김정일에게 돌리고 있다.

> ○경애하는 장군님께서는 당의 유일사상교양의 거점들을 잘 꾸리고 그를 통한 교양사업을 실속있게 벌리도록 하시였다.
> 경애하는 장군님께서는
> －《조선로동당력사연구실》을 《김일성동지혁명력사연구실》로 개편하도록 하시고 《김일성동지혁명력사도록》(전 65판)을 새로 편찬하여 연구실에 게시하도록 하시였다.
> －위대한 수령님의 현지지도를 받은 중요단위들에 현지교시판과 혁명사적관을 잘 꾸리고 그를 통한 교양사업을 강화하도록 하시였다.

---

4) 충실성교양은 '당의 유일사상체계확립 10대원칙'에 대한 설명으로 대신하고 여기서는 더 이상 상술하지 않도록 하겠다.

－혁명전적지와 혁명사적지를 잘 꾸리고 그를 통한 교양사업을 강화하는데서 나서는 구체적인 문제들을 일일이 가르쳐주시였다.[5]

－경애하는 **김정일**동지께서는 어버이수령님의 위대성과 불멸의 혁명업적을 대를 이어 길이 전하며 빛내이기 위한 사업에 선차적인 힘을 넣으시였다.

○경애하는 장군님께서는 위대한 수령님의 동상을 모시며 조선혁명박물관을 새로 꾸리도록 하시였다.

○경애하는 장군님께서는 전국의 혁명전적지와 혁명사적지들을 잘 꾸리고 각도들에서 《**김일성**동지혁명사적관》을 새로 개관하게 하시였다.

○경애하는 장군님께서는 위대한 수령님의 영상과 존함을 모신 명예칭호와 표창, 상을 제정하도록 하시였다.

경애하는 장군님께서는

· 위대한 수령님의 존귀하신 영상과 존함을 모신 《**김일성**훈장》과 《**김일성**상》, 《**김일성**청년영예상》, 《**김일성**소년영예상》을 제정하게 하시였다.

· 위대한 수령님의 친필존함이 모셔진 선물시계표장제를 발기하시고 수령님의 탄생 60돐행사에 참가한 대표들에게 선물시계를 수여하도록 하시였다.

· 위대한 수령님의 존귀하신 영상이 모셔진 초상휘장을 모든 당원들과 근로자들에게 수여하도록 하시였다.

○경애하는 장군님께서는 충성의 송가 《수령님의 만수무강 축원합니다》를 창작 보급하도록 하시였다.

○경애하는 장군님께서는 세계 여러 나라들에서 위대한 수령님께 올린 선물들을 나라의 귀중한 국보로 잘 보존하고 길이 전하기 위

---

5) 『위대한 령도자 김정일동지혁명력사교재』(평양: 김일성종합대학출판사, 2004), 55쪽.

한 선물진렬판을 훌륭히 꾸리도록 하시였다.[6)]

만약 위와 같은 업적들이 북한의 주장처럼 김정일의 업적이라고 한다면 1967년의 '당의 유일사상체계확립 10대원칙'을 제정하는 것을 누가 주도했건 간에 미래의 후계자인 김정일이 일찍이 충실성교양, 혁명전통교양에 큰 관심을 기울였다는 사실을 보여주고 있는 셈이다.

2. 혁명전통교양: 정통성교육

홉스봄에 의하면 근대국가에서 오래된 것으로 보이고 실제로 오래 된 것이라고 주장되는 '전통들'은 실상 그 기원을 따져보면 극히 최근의 것일 따름이며 종종 발명된 것이라고 한다. 홉스봄에 따르면 사회가 급속히 변형됨으로써 '낡은' 전통이 기반하고 있는 사회적 패턴들이 약화되거나 파괴되어 그 결과 낡은 전통과 충돌하면서 새로운 전통이 만들어질 때나 아니면 낡은 전통과 그것을 제도적으로 매개하고 보급하는 수단이 더 이상 융통성 있게 적응할 수 없는 것으로 판명 나거나 아예 사라져버렸을 때도 있지만, 새로운 목적을 겨냥한 새로운 유형의 만들어진 전통들을 구성하는 데 낡은 재료들을 이용하는 경우도 있다고 주장했다. 이러한 주장은 북한이 새로운 체제를 건설하면서 새로운 전통들을 창조할 수밖에 없었던 이유를 어느 정도는 설명해 주는 것 같다.[7)]

북한은 전통에 대해서 사회주의애국주의, 민족적 형식과 사회주의 내

---

6) 『위대한 령도자 김정일동지혁명력사교재』, 66~67쪽.

7) 에릭 홉스봄, 「전통을 만들어진 전통」, 에릭 홉스봄 외, 『만들어진 전통』(서울: 휴머니스트, 2005), 26~27쪽. 조은희 "북한의 김일성시대 문화상징으로서의 공간: '혁명전통'관련 공간을 중심으로」, 『한민족문화연구』 제27집, 2008, 139쪽.

용이라는 문예이론에 입각해서 전통을 새롭게 해석하고 창조한 것을 숨기지는 않는다. 그러나 북한이 전통을 새롭게 만들고 해석해 간 과정은 일반적으로 근대국가의 형성과정에서 요구되었던 만들어진 전통과 다른 점이 있다. 민족적 전통과는 다른 전통으로서 혁명역사를 전통의 일부로 만들어 낸 것이다.

여기서 북한에서 혁명전통이라고 하는 것은 우리나라에서는 정통성이라고 일컫는 것과 유사하다. 정통성은 정권의 정당성과 국가정체성을 형성하는 데 결정적인 역할을 한다. 정통성 논쟁은 각기 자기가 정통성이 있다고 주장하는 세력들에 의해 분열되어 있을 때 일어난다. 역사를 서술할 때도 어떤 정치세력에 정통성을 부여하느냐에 따라 이데올로기 논쟁이 일어난다. 정통성 논쟁에는 이데올로기, 권력투쟁, 노선에 대한 역사의 심판이 개입되어 있는 것이다. 정통성 논쟁에는 일정한 역사적 배경 속에서 누가, 어떤 세력이 가장 올바른 노선, 정책을 가지고 대중들을 올바르게 이끌었는가에 대한 평가가 개입되어 있는 것이다.

북한에서 혁명전통교양은 일제시대부터 1967년의 갑산파를 숙청할 때까지의 김일성과 대립되었던 모든 세력을 망라해서 보여주면서, 김일성이 어떤 상황에서 어떤 식으로 가장 올바른 노선을 택하고 그것을 어떻게 가장 올바른 방법으로 관철했는가를 보여주는 교육이라고 할 수 있다. 이 때 잘 못된 노선을 택한 사람들의 언행과 노선을 비교 소개해 줌으로써 현재와 미래에 벌어질 노선 투쟁의 귀감, 선악 판단에서의 지혜를 터득하도록 하는 것이다. 따라서 혁명전통교양은 김일성을 중심으로, 김일성의 시각으로 혁명사, 정치사를 보는 것을 훈련하는 것이라고 할 수 있다.

그런데 우리나라의 정통성교육이 정치사에 한정되어 있다면, 북한의 혁명전통교양은 김일성의 사상, 정책, 조직노선, 교양교육방법, 사업방법, 사업작풍, 전략 전술, 항일유격대원들과 김일성의 관계에서 보여준 김일성에 대한 충실성, 김일성과 인민의 관계에서 보여준 김일성의 덕성, 항일유격대가 창조한 문학예술 등 모든 것을 포괄하고 있다는 점이 다르다. 북한주민들은 혁명전통의 모든 것을 배우고 그것을 정치, 사상, 교육교양, 노동, 예술활동, 항일빨치산이 보여주었던 품성을 따라 배우고 계승하는 방법을 연구하고 토론해야 했다. 이와 같은 혁명전통교양은 1969년에 등장하는 "김일성원수혁명활동"과목으로 계승되었는데 "김일성원수혁명활동"과목에서는 김일성의 혁명사상과 영도의 현명성, 공산주의덕성을 기본으로 하여 수령에 대한 충직성을 함양하는 내용을 가르쳤다.8)

이것은 홉스봄이 제시한 세 가지 유형의 만들어진 전통들을 통해서 이해가 가능할 것 같다. 홉스봄에 따르면 만들어진 전통에는 세 가지 유형이 있는데, "첫째, 특정한 집단들, 실재하는 것이든 인위적인 것이든 공동체들의 사회 통합이나 소속감을 구축하거나 상징화하는 것들이다. 둘째, 제도, 지위, 권위관계를 구축하거나 정당화하는 것들이다. 셋째, 그 주요 목표가 사회화나 혹은 신념, 가치체계, 행위규범을 주입하는 데 있는 것이다." 따라서 북한의 혁명전통은 세 가지 유형이 하나로 종합 통일된 것이라고 할 수 있을 것이다.9)

---

8) "혁명전통을 계승발전시키는데 있어서 무엇보다도 중요한 것은 항일유격대의 사상체계를 계승하는 것이다." 집필위원회, 『교육학: 사범대학용』(평양: 교육도서출판사, 1969, 학우서방, 번각발행, 1971), 276쪽. "항일유격대의 사상체계를 계승하도록 하기 위해서는 무엇보다먼저 김일성동지의 혁명력사를 깊이 인식시켜야 한다." 집필위원회, 『교육학: 사범대학용』, 276쪽. "김일성동지의 혁명력사를 깊이 인식시키기 위해서는 김일성동지의 혁명적가정, 김일성동지의 초기혁명활동, 항일무장투쟁을 령도하신 김일성동지의 혁명력사를 전일체로서 깊이 인식시켜야 한다." 집필위원회, 『교육학: 사범대학용』, 277쪽. "항일유격대의 사상체계를 계승하도록 후대들을 교양하는데 있어서 또한 중요한 것은 수령님에 대한 항일유격대의 충실성을 본받도록 교양하는 것이다." 집필위원회, 『교육학: 사범대학용』, 278쪽.

북한에서 혁명전통교양이 전일적으로 일률적인 형태로 실시되지는 못했다. 사회주의적 애국주의, 마르크스-레닌주의, 사회주의 강국인 중-소의 경험존중으로 인해 혼란이 있었기 때문이다. 또한, 혁명 전통 교양이 학생들의 실생활에 구현되지 못 하고 모임이 형식적으로 진행되는 것은 무엇보다도 교원 자신이 이신작칙 하지 않았기 때문이다. 교원의 혁명전통학습이 학생들의 모임을 지도하기 위해 필요한 듯이 형식화 하는 경향이 있었던 것이다. 자기 자신들이 먼저 혁명전통으로 무장하는 것을 생각하지 않았다. 당은 이 문제를 해결하기 위해 당이 직접 지도하에 교원들의 혁명전통학습을 통제하고 매주 한 번씩 연구모임을 갖도록 하였고, 이런 집체적 노력의 결과물을 가지고 공통의 수업지도안을 만들어 학생들의 혁명전통교양을 지도하도록 하였다.[10]

그런데 혁명전통교양에 대한 반발하거나 혁명전통교양에 소극적인 교사들이 있으리라는 것은 충분히 예상할 수 있다. 혁명전통교양은 결국 항일빨치산과 직간접적으로 관련이 있는 사람만이 옳고 나머지 사람들은 옳지 않다는 것을 강변하는 것이고, 교사나 학생들의 가족들을 포함한 많은 북한 주민들은 옳지 못한 나머지에 속하기 때문이다. 혁명전통교양은 일차적으로는 북한정권과 김일성에 대한 정통성교육이며 국가정체성을 심어주기 위한 교육이라고 할 수 있고, 김일성의 입장에서서서 선과 악을 판단할 수 있는 관점과 능력을 키워주는 교육이라고 할 수 있지만, 또한 새로운 계급사회인 북한체제를 정당화하는 교육이기도 했기 때문이다. 혁명전통교양 시간은 김일성에게 숙청당하거나 배제된

9) 에릭 홉스봄, 「전통들을 발명해내기」, 에릭 홉스봄 외, 『만들어진 전통』, 33쪽.

10) "당 세포에서는 교원들의 혁명 전통학습을 통제하는 한편 매 주 한 번씩 집체적인 연구 모임을 가지도록 하였다.(중략) 한편 당 세포는 교원들의 이러한 학습에 기초하여 학생들의 연구모임에 대한 지도안을 작성하도록 제도화하였다." 교육도서출판사, 『약수 중학교 교육 경험』(평양: 교육도서출판사, 1964), 53쪽.

주민들과 그 가족들에게는 고통스러운 시간이었고, 그들이 북한 사회에서 하층을 형성하게 되는 것을 정당화시켜주는 논리를 배우는 시간이기도 했다. 반대로 김일성과 직간접적으로 관련이 있던 사람들의 계층상승을 정당화하는 시간이기도 했다.

항일빨치산들의 회상기 속의 일부 장면이나 항일빨치산들의 일상적으로 벌였던 여러 가지 활동들을 혁명전통에 포함시켜 혁명전통교양의 교재로 삼았다. 혁명전통교양은 공산주의 도덕교양, 집단주의교양이 겹치는 부분이 있지만 혁명전통교양이 별도의 영역으로 강조되었다. 예를 들어 공산주의도덕 과목에는 "1학기말 경부터 《빨찌산과 아동단원》, 《두 아동단원 형님》, 《백두산》 등의 교재를 통하여 아동단원들의 투쟁 모습을 본받도록 하며 혁명 전통이 깃든 백두산에 대한 자랑과 긍지감을 갖도록 한다."는 식으로 반영되었다. 그리고 공산주의도덕이나 집단주의와 무관한 것은 아니겠지만 혁명전통교양에서는 혁명전통을 다룬 영화, 연극이 중시되었다. 그래서 "기동선동대는 혁명전통을 주제로하여 촌극, 재담, 시랑송, 노래, 무용 등 다양한 형식과 방법으로 운영하였다."[11)]

즉, 혁명전통은 민족적 전통처럼 보존하고 계승해야 할 것으로 여겨졌다. 혁명전통이 보존되고 계승되어야 할 장소는 혁명전통의 교양 장소가 되어야 했고, 항일빨치산들이 평소에 부르던 노래, 춤과 의례도 후대들에게 철저히 계승되어야 했던 것이다. 혁명전통교양물들을 대중에

---

11) "정춘실로력영웅은 (중략) 작업반적으로 영화, 연극을 감상하는 것을 그는 작업반원들의 문화휴식을 위한 중요한 일과로 삼았다. 《애국자》, 《불사조》, 《미래를 사랑하라!》, 《한 부녀회원의 이야기》등 혁명전통을 주제로 한 작품은 빼놓지 않고 보게하였고 감상모임을 따라 세웠다." 조선인련합회 중앙상임위원회 선전부, 『혁명전통교양지도를 위한 참고자료』(도쿄: 조선인련합회 중앙상임위원회 선전부, 1966), 23쪽. "오늘 인민들속에서 즐겨 불리고있는《유격대행진곡》, 《총동원가》, 《결사전가》, 《공청가》, 《불평등가》, 《의회주권가》, 《민족해방가》, 《십진가》 등 수많은 혁명가요들은 항일무장투쟁시기에 유격대내에서 직접 창작되여 불리운 혁명적노래들이다." 조선인련합회 중앙상임위원회 선전부, 『혁명전통교양지도를 위한 참고자료』, 26쪽.

게 선전할 때는, 회상기를 대중이 감상할 때와 마찬가지로 감상하면서 받아들여야 할 사상, 의미, 실천적 지침을 미리 알려 주고 규정해 주었다. 즉 교양대상자들은 감상하기 전에 감상의 자유는 미리 제한되었고 한 가지 의미로만 받아들여야 했던 것이다.[12)]

이와 같은 다양한 방법을 통해서 김일성을 포함한 항일빨치산의 일화들은 사람들의 뇌리 속에 각인 되었다. 공산주의 교양의 핵심은 회상기였지만 회상기의 서사는 혁명전통과 관련되어 더욱 강화되었다. 회상기의 서사는 사라진 과거의 이야기가 아니라 주민들이 어려운 문제에 봉착했을 때 그 문제를 풀어주는 실천적 지혜로서 지금-여기에 다시 살아났다. 이로써 항일빨치산의 이야기는 혁명전통교양을 통해서 역사적 실체로서 대중들에게 각인되었다.

3. 당정책교양

주체사상에서의 주체란 주로 사대주의로부터의 해방되는 것을 의미하는 것이라면, 주체확립이란 또한 대중으로 하여금 그 사회의 주인이라는 의식을 가지도록 하는 것이며 이는 결국 혁명적 군중노선과 다르

---

12) "혁명가요를 보급함에 있어서는 곡과 동시에 가사의 내용, 사상을 대중들에게 해설해주는 것이 필요하다." 조선인련합회 중앙상임위원회 선전부, 『혁명전통교양지도를 위한 참고자료』, 27쪽. "다음으로 이 학교에서 하고 있는 흥미 있는 모임 형식의 하나는《혁명 가요 모임》이다. 모임은 혁명 가요의 합창으로 시작된다. 합창이 끝난 후 교원 혹은 준비 학생이 이 가요가 어떤 환경 속에서 창작되였으며 그것을 부르면서 혁명 선배들이 어떻게 싸웠고 노래에서 힘을 얻었는가에 대하여 이야기 했다. 모임 참가자들은 가요의 내용을 자기 생활과 결부해서 토론하며 결의를 다지기도 하며 가사를 암송하며 랑송하기도 한다. 이처럼 가사의 내용을 철저히 리해한데 기초하여 다시 합창을 하면서 모임을 끝 마친다." 교육도서출판사, 『약수 중학교 교육 경험』, 55쪽.

지 않다. 북한에서 군중노선이라는 말은 첫째, 지도와 대중의 결합 관계를 표현하는 말이며, 둘째, 편협한 계급노선을 넘어서는 계급포용노선이며, 셋째, 집단주의를 표현하는 말이다. 우선 군중노선은 지도와 대중의 문제에 대한 북한식 응답이라고 할 수 있다. 이는 인민대중이 역사발전의 담당자, 추동력으로 보는 것이다. 이런 주인의식은 주체의식과 관련이 깊고 자력갱생의 태도와도 관련이 깊다. 만약 인민들이 공장이나 농장을 자기 공장, 자기 농장이라고 여긴다면 인민들은 어떠한 상황에서도 누가 시키지 않아도 스스로 그것을 살리고 발전시키기 위해서 노력할 것이다. 인민들은 낭비도 안할 것이고 청결도 알아서 신경을 쓸 것이다. 이러한 군중노선은 대중이 하부에서 중간간부들을 견인하도록 할 것이다. 이것은 간부들의 지도의 성격도 규정하게 되는데, 인민에게 명령하고 군림하는 것이 아니라 인민을 추동하고 그들이 나아가도록 도와주는 역할이 지도인 것이다. 김일성은 항상 중간간부는 비난하지만 인민은 비난하지 않는다. 군중노선은 군중이 참여해야 하는 것이다. 참여를 보장하지 않으면 주인이 될 수 없다. 참여를 적극적으로 유도하려면 몇 가지 쟁점에 대해 명확한 답이 있어야 한다.

우선 인민대중이란 연령적으로 몇 살부터 인가의 문제가 발생한다. 북한에서는 인민대중의 범위를 넓히기 위해 인민대중에 포함될 연령을 최대한으로 낮췄다. 이것은 가시적으로는 선거권문제로 나타났다. 북한은 선거권 연령을 일찌감치 낮췄다. 의무교육기간 동안에는 인민을 정치적 주체로 키우기 위한다는 명분으로 정치사상교육을 강화하였다.

다음으로는 학교에서는 어느 정도의 비중으로 정치교육을 하느냐 그리고 언제부터 교육을 하느냐 하는 문제가 발생한다. 북한은 유치원에서부터 정치교육을 시작하였는데, 이는 유치원생들이 정치적 주체라서가 아니라 그 때부터 정치의식을 심어 줘야 더 효율적이라고 생각했기 때문이다. 미래의 정치적 주체가 되어야 하기 때문에 정치교육의 실시

시기는 어릴수록 좋다고 생각한 것이다.[13]

북한에서는 아이들이 언어습득과 타인에 대해 인식할 때 즈음에 정치사상교육이 시작되었다. 북한에서 이런 기조는 계속되었고 유치원교육과정에서 확고하고 체계적인 정치교육을 실시하게 된 것은 학교전의무교육방침 학교입학나이가 한 살 앞당겨진 조건에서 학교 전 준비교육을 줘야 했던, 1972년 7월 결정 이후인 것으로 보인다.[14]

그러나 북한은 이런 일반적인 고려를 넘어섰다. 고등중학교를 졸업하고 성인이 되어서도 일정한 조직을 통해서 정치교육은 계속 진행되어야 한다고 보았다. 한마디로 말해서 북한에서는 인간은 정치적 동물이고 말을 알아듣고 말을 사용할 수 있는 한 언어습득이 가능한 연령으로부터 죽는 날까지 정치교육교양은 최우선적으로 실시되어야 한다고 본 것이다.

다음으로 정치적 주체는 정치에 대해서 알아야 할뿐만 아니라 여러 가지 정치활동에 참여해야 한다고 보았다. 정치에 대한 지식은 정치활동을 통해서 공고히 되고 정치활동은 정치지식을 통해 더욱 심화될 수 있기 때문이다. 물론 이들이 말하는 정치활동은 김일성의 통치활동에 종속되는 것이며 독자적으로 진행되는 시민운동은 배제되는 것이다. 즉 정치활동과 동원이 큰 차이가 없는 것이다. 김일성은 사상과 정치를 중

---

13) "유치원은 인민교육체계에서 첫 계단입니다. 어린 시기부터 아동들을 다방면적으로 발전시키며 당과 수령, 조국과 인민에 대한 사랑과 충성심으로 교양하는 것은 중요합니다." 이일경, 「김일성원수의 청산리교시와 교육부문에 주신 교시를 더욱 철저히 실천하기 위하여(1961. 4. 25)」, 백두연구소 엮음, 『북한의 혁명적 군중노선』, 239쪽.

14) "결정서에서는 1년간의 학교전 의무교육을 주는 유치원 높은반 과정안에 《김일성원수님의 어린시절 이야기》, 《공산주의도덕》, 《우리말》, 《셈세기》, 《노래》, 《그리기와 만들기》 《체육》을 비롯한 교육을 준다는것과 《견학관찰》, 《위생》, 《놀이》는 지도서에 의해 과외로 조직한다는것을 밝히였다. 위대한 수령님의 현명한 령도와 세심한 보살피심에 의하여 우리 나라에서의 1학년학령전 의무교육은 1975년에 이르러 5살의 모든 어린이들에게 완전히 실시되게 되었다." 리영환 『조선교육사 5』(서울: 교육과학사, 『북한교육사(조선교육사영인본)』, 2000), 812~813쪽.

시하게 되었는데, 북한은 단지 정치사상교양을 중시한 것이 아니라 정치사상교양을 앞세웠다고 할 수 있다. 이러한 정치사상교양은 공산주의 신념화를 위해서도 요구되는 것이었지만, 김일성은 일반적인 공산주의 정치교양, 이데올로기교육에 만족하지 않았다.

정치활동에 참여하기 위해서는 인민들이 정치에 대해 얼마나 알아야 하는가의 문제가 남는다. 김일성은 북한주민들은 당과 국가의 정책(정치뿐만 아니라 경제, 문화, 교육정책 등) 까지 전반적으로도 알아야 할 뿐만 아니라 각자 자신이 소속된 부문별 정책에 대해서도 잘 알아야 한다고 생각했다. 공산주의에 대한 일반적인 신념화만으로는 부족하고 그것이 실천과 연계되기 되기 위해서는 북한주민들에 대한 정치교양은 정책교양까지 확대되어야 했다.

김일성은 인민이 당정책을 잘 알아야만 군중노선이 관철될 수 있다고 본 것이다. 인민이 당정책을 잘 알도록 하는 군중노선은 또한 당이 교조주의화, 관료주의화 되는 것을 군중의 힘으로 막을 수 있는 방도이기도 했다.[15]

일반당원도 당원이지만 아예 교육기관에서 당정책교양을 교수하도록 강제했다. 당정책교양을 어떤 시기에 어떤 식으로 해야 하는가라는 문제가 있었지만 여기에는 다양한 방법을 활용하였다. 특히 중요한 김일성의 연설이나 보고는 필요할 때마다 정규수업시간과는 무관하게 시간을 할애하여 수업을 진행하였다.

그러나 김일성의 언어는 정치 사상적 언어로 가득 차 있으니만큼 북한 주민들은 일상생활에서 정치 사상적 용어를 자주 구사하였던 것으로 보인다. 평소에도 당정책과 김일성교시에 따라 토론하고 대화를 해야

---

15) "우리는 당 정책과 김 일성 원수의 교시 연구 사업을 모든 사업에서 결정적으로 선행시켜야 한다. 당 정책을 확고하게 리해하고 있을 때 모든 교조주의는 산산히 부셔지고 말 것이다." 『인민교육』, 1960년 12월호, 28쪽.

했기에 더욱 그랬을 것이다. 이런 점은 자유주의사회의 일상생활이나 직장 생활과 매우 다른 모습이다. 이러한 언어구사와 대화가 북한의 소설에서 자주 나오는 것을 보면 알 수 있다.

> 처녀들은 저마다 벅작 고아대면서 오늘은 뜨락또르의 무엇이 완성되였다느니, 누가 어떻게 했기 때문에 실패했다느니, 누가 뜨락또르 생산을 방해하는 보수주의자라느니, 누가 그와 맞서서 혁명적으로 싸우고있다느니…[16]

북한주민들이 김일성의 언어 구사의 용례를 그대로 따르기 때문에 수령의 입장에서는 북한주민들이 누구나 동일하게 수령의 정책이나 당정책을 따라할 수 있다고 생각할 수도 있겠지만, 반대로 정치사상으로 점철되어 있는 언어구사는 수령이나 당정책에 대해 정치사상적으로 생각할 수 있는 능력도 키워준다고 할 수 있다. 만약 현실이 그 언어와 일치한다면 그 언어는 현실을 정당화해주는 역할을 할 수 있지만, 현실이 그 언어와 일치하지 않는다면 어떤 계기가 주어지면 그 언어는 그대로 간부뿐만 아니라 수령까지도 비판할 수 있는 역할 즉 현실을 비판하는 무기로서의 역할로 바뀔 수도 있는 것이다. 그러나 수령에 대한 숭배 때문에 수령의 언어는 수령을 향한 무기로 쓰이기는 쉽지 않았다.

4. 공산주의에 대한 신념과 전망

호루시초프가 스탈린을 격하하기 이전에는, 공산주의자들은 공산주

16) 김철, 「견습공의 기쁨」, 리명호 편, 『김철작품집 (상)』(평양: 문학예술출판사, 2005), 346쪽.

의 세계관은 마르크스-레닌주의이며 마르크스-레닌주의는 스탈린에 의해 정리되고 더욱 풍부하게 된 것으로 믿고 있었다. 그러나 스탈린 사후 소련에서부터 탈스탈린주의라는 이름하에 개혁이 일어나자, 아직 공산화를 시도 하지 못한 후진국들인 북한, 중국, 쿠바는 딜레마에 빠질 수 밖에 없었다. 이들 일부 국가들은 이와 같은 탈스탈린주의를 공산주의로부터 후퇴로 규정하고, 자신들이 공산화일정을 밀고 나갔다. 이런 상황이었기 때문에 인민들 특히 '인테리'들은 공산주의에 대한 신념이나 전망을 갖기 어렵게 되었다. 이때 김일성은 마르크스-레닌주의라는 이름으로 공산주의의 신념을 고수할 것을 요구했다.

> 다음으로 당원들에게 혁명에 대한 신심과 락관주의를 길러주는것이 중요합니다. 어떠한 환경에서도 우리 위업의 최후의 승리를 확신하여 혁명의 전도를 락관하는 정신 없다면 혁명투쟁과정에서 불가피하게 부닥치게 될 곤난을 이겨낼수 없습니다.
>
> 우리 당원들이 항상 혁명의 전도를 락관하는 불굴의 투사로 되게 하기 위하여서는 맑스-레닌주의교양사업을 강화해야 합니다. 사회발전의 법칙과 사회주의와 공산주의승리의 필연성을 명백히 인식하지 않고서는 승리에 대한 신심이 나올수 없으며 어떠한 난관앞에서도 굴하지 않는 고상한 정신과 투지가 나올 수 없습니다.[17]

그리고 김일성은 공산주의의 신념을 고수하는 것이 얼마나 중요한가를 설명하기 위해서 항일유격대의 혁명전통을 사례로 들었다. 그것은 단순한 신념고수가 아니라 낙관적 전망에 의거한 신념이었다.

---

17) 김일성, 「사상사업에서 교조주의와 형식주의를 퇴치하고 주체를 확립할 데 대하여(1955. 12. 28)」, 『김일성저작집 9』(평양: 조선로동당출판사, 1980), 490쪽. 공산주의의 신념은 정서적으로는 혁명적 낙관주의 정서교양과 통한다.

> 일제시기에 많은 사람들은 일본놈이 언제 망하고 조선이 언제 독립하는가를 아주 막연하게 생각하였습니다. 맑스-레닌주의로 정세를 분석할 줄 모르는 사람에게는 일제의 멸망이 내다보이지 않았으며 승리에 대한 신념이 있을수 없었습니다.
>
> 그러나 맑스·레닌주의를 아는 사람들에게는 마치 높은 봉우리에 올라서서 밑을 내다보듯이 일제의 멸망과 우리 인민의 승리의 앞날이 환하게 보였습니다. 앞을 내다보지 못하고 동요한 사람들은 타락하였으며 반대로 맑스-레닌주의의 진리를 믿고 앞을 내다보면서 계속 투쟁한 사람들은 승리하였습니다.[18]

공산주의에 대한 신념과 전망이 확고한 사람들은 계급적 적대의식이 확고하게 된다. 계급적 적대의식은 남한의 국사 교과교육에 해당하는 조선역사 교과교육을 통해서 구체적으로 주입되었고, 학교에서는 이런 적대의식을 체계적인 이데올로기 교육을 통해 주입하였다. 공산주의의 이데올로기교육은 부르조아의 자본주의 이데올로기와 달리 과학이라는 이름으로 주입되었다. 그것은 당시에는 마르크스-레닌주의와 스탈린주의라고 할 수 있었다. 소련이나 동유럽이 스탈린격하 운동을 할수록 오히려 북한에서는 스탈린을 옹호하고 영웅시하였다. 특히, 일제식민지경험과 한국전쟁의 경험은 공산주의신념에 대한 감정적 기반이 되었다. 감정 없이 신념은 존재할 수 없다. 특히 북한은 감정을 무척 중시하였다. 그러나 천리마운동의 초기에는 이런 적대감정을 강요하고 심화하는 과정 자체 즉 대비교양이 하나의 독립된 교육적 과정으로 중시되지는 않았다. 그보다는 사회주의자체와 미래와 통일에 대한 의지가 강조되었다. 이것은 아마 북한 주민들에게 적대감정을 특별히 강조하지 않아도

18) 김일성, 「사회주의적농촌경리의 정확한 운영을 위하여(1960. 2. 8)」, 『김일성저작집 14』(평양: 조선로동당출판사, 1981), 91쪽.

한국전쟁의 경험, 일제의 식민지 유산, 그리고 4.19와 같은 것의 기억을 불러일으키고 끊임없이 회상을 하게 함으로써 자연스럽게 형성될 수 있다고 생각했기 때문일 것이다.[19]

그런데 코르나이에 따르면 이런 신념과 전망에 대한 강조는 고전적공산주의국가의 공통된 특징이다. 조선로동당도 북한 주민들에게 공산주의의 미래에 대한 엄청난 희망을 불어넣었다. 그러나 이것이 한 세대에게는 통할지 모르지만 세대가 바뀌어도 새로운 세상이 열리지 않고 여전히 답보상태라면 희망과 전망, 신념이라는 용어는 대중적 신뢰를 줄 수 없다. 그렇기 때문에 김일성은 항상 새로운 희망, 전망, 신념을 발명해야 했다.[20]

신념이 강한 공산주의자를 양성하는 것은 북한 교육의 시작이기도 하지만 종착역이기도 하다. 공산주의교양이란 공산주의에 대한 신념을 심어주는 것이 시작이고 신념을 가지고 실천하도록 하는 것이 끝인 셈이

---

19) 이온죽, 『북한 사회의 체제와 생활』(서울: 법문사, 1993), 51쪽 참조. 북한이 대비교양을 강화하고 하나의 원리로 승격한 것은 제3시기 천리마운동이 본격적으로 벌어진 1968년 이후로 보인다. 남과 북이 완전히 단절되고 북한이 공산화되면서 더욱 심화된 것이다. 남한은 자본주의국가의 대명사였다. 북한이 우월하다고 생각할 때는 적개심고취를 굳이 강화할 필요가 없었을 것 같다. 그러나 남북이 체제경쟁을 하고 남한이 더 우월하게 되면 될수록, 북한이 체제 위협을 느낄수록 대비교양은 더욱 강화되었고 증오심을 부추기는 교육이 더욱 중시되었다. 또한 김일성은 착취를 알지 못하는 사회주의사회에서 자라난 새세대들이 자본주의에 대한 환상을 가질 수 있기 때문에라도 대비교양을 강화해야 한다고 주장하고 있다. 그러므로 증오심에는 여러 종류가 있으며 증오심에는 두려움이 숨어 있다고도 볼 수 있다.

20) 소련에서는 이미 1934년 이후부터 스탈린체제의 혁명의 물결이 퇴조되어가기 시작하였다. 점증하는 독일의 히틀러와 일본의 시베리아에 대한 침략은 스탈린체제를 더욱 생산력 위주로 만들었다. 그리고 바로 이런 시기에 시작된 스타하노프운동 자체가 공산주의 운동으로서는 문제가 많았다고 할 수 있다. 스타하노프는 공산주의적 인간으로 이상화되었다. 공산주의도덕 교육에서 추상적으로 이야기되던 공산주의적 인간은 구체적으로 스타하노프로 구체화된 것이다. 그러나 그 스타하노프마저도 과장된 것일 뿐만 아니라 대중적으로 확대되면서 좀 더 물질적이고 비공산주의적인 것으로 변질되고 말았다.

다. 실천도 결국은 공산주의에 대한 신념을 더욱 공고하게 할 때만 의미가 있었다. 이러한 자기 신념이 없다면 주체적인 인간이 되기는 어려울 것이다. 이 신념은 역사에 대한 신념이다. 낙관적 신념과 함께 적에 대한 증오, 혐오를 항상 간직해야 하고 그리고 자신의 지도자와 당에 대한 무한한 충실성이 요구되었다. 공산주의자들은 항일 빨치산들의 조국과 인민에 대한 열렬한 사랑과 '원쑤'에 대한 불타는 증오, 공산주의는 반드시 승리하고 제국주의는 반드시 멸망한다는 혁명 승리에 대한 확고부동한 신념, 혁명 위업에 대한 무한한 충실성 등에 대해 토론하였다.

이와 같은 요구는 1965년의 "농업근로자 동맹규약" 제1장 3항 동맹원의 의무의 6호에 "동맹원은 개인 리기주의와 소유자적 근성을 청산하고 집단주의 사상으로 무장하기 위하여 적극 로력하며 로동을 사랑하고 공동재산을 애호하며, 소극성과 보수주의를 반대하고 새 것에 민감하며, 승리에 대한 신심을 가지고 미래를 사랑하며 계속 혁신하고 계속 전진하는 혁명적 락관주의 정신으로 무장하여야 한다."로 표현되어 있다.[21)]

토론의 장은 서로가 자신의 신념과 전망을 대중에게 선전, 선동하는 장이었다고 할 수 있다. 옳고 그름에 대한 토론이 아니라 실행을 위해 무엇을 할 것인가 결의하는 장이었다. 이는 1965년의 "농업근로자 동맹규약" 제1장 3항 동맹원의 의무 중 2호는 "동맹원은 당에 무한히 충실하며 당의 로선과 정책을 무조건 지지하고 그것을 정확히 관철하여야 한다."로 되어 있는 것을 보면 알 수 있다.[22)]

신념이 없어도 증오, 충실성이 요구되었겠지만 신념 없이 증오, 충실성만 가지고 있다면 그것은 혁명가라고 할 수 없었다. 그러나 신념, 증오, 충실성 같은 용어들이 병렬적으로 나열되어 있었고 어떤 체계를 이

---

21) "농업근로자 동맹규약」, 최종고, 『북한법』(서울: 박영사, 1990), 170쪽.
22) "농업근로자 동맹규약」, 최종고, 『북한법』, 169쪽.

루고 있던 것은 아니다. 이것이 체계화되기 위해서는 사회주의 심리학, 발달심리학에 의해 정식화되지 않으면 안 되었다.[23)]

5. 사상에서의 주체

'주체적인 인간', '사상에서의 주체'는 당시 사회주의국가들에서 탈스탈린주의가 일종의 유행처럼 번져나가고 있는 상황이었기 때문에 북한에서도 쉽게 거론될 수 있었다. 2차 세계대전 이후 신생 독립국가들이 속속 등장하면서 자주성과 독립을 요구하는 반둥회의(1955년 4월 18일)도 있었고 이것이 발전하여 1961년 비동맹회의가 결성된 것을 보면 신생국 건설의 요구로서 주체적 인간의 양성이라는 과제는 북한 고유의 것만은 아니다. 이 당시 많은 나라들이 주체성을 강조했기 때문에 각 나라들이 주장했던 주체성의 내용이나 구체적인 방법에서 차이가 날 뿐이었다.

마르크스-레닌주의를 고수하고 신념을 가진다는 것만으로는 주체적인 공산주의자가 될 수 없다. 주체적인 공산주의자가 되려면 순수 이데올로기로서의 마르크스-레닌주의를 토대로 자기 나라의 실정과 상황에 맞게 실천적 이데올로기로 무장해야만 한다. 신념과 전망을 이야기한

---

23) 김정일이 마르크스-레닌주의와 단절하고 주체사상을 체계화하는 과정에서 심리학이나 교육학도 체계화되었는데, 이것은 쉽지 않은 과정이었고 체계화되기 이전의 시기는 북한 사상사에서는 큰 공백이었다. 이것은 북한의 모든 '인테리'와 서적들이 김일성 교시만 반복했던 것은 온 사회의 주체사상화라는 요구 때문이기도 했지만, 김일성주의가 김정일에 의해 독립을 선언한 후 마르크스-레닌주의, 부르조아사상을 포함한 모든 것을 북한의 이데올로기로부터 제외하고 나니까 남는 게 별로 없었으며 김일성주의 안에 당장 풍부하게 새로운 내용을 채워넣는다거나 창조하기가 어려웠기 때문이기도 한 것 같다.

것이 마르크스-레닌주의 순수성을 고수하는 측면이라면 실천적 이데올로기란 창조의 측면이다. 신생사회주의국가들이 마르크스-레닌주의의 순수성을 고수하되 자기 실정에 맞게 마르크스-레닌주의를 발전시키기 위해서는 사회주의 선진국의 경험을 배우는 것도 들어가야 하는데 스탈린주의도 사회주의 선진국의 실천적 사례의 주요한 부분이었다. 북한에서도 스탈린주의는 배격된 것이 아니라 배워야 할 선진국의 경험 중의 하나가 되었다고 할 수 있다. 이점이 당시 스탈린주의를 전적으로 부정한 소련이나 동유럽의 공산주의국가와 다른 점이었다. 소련이라는 사회주의 종주국의 수정주의 모델을 따르자는 주장으로 정당성을 확보한 소련파에 대항하여 김일성은 '우리식'을 만들어 내자고 주장하게 된다. 1955년 12월 28일의 김일성의 연설 "사상사업에서 교조주의와 형식주의를 퇴치하고 주체를 확립할데 대하여"는 소련파의 소련에 대한 사대주의적 경향 특히 소련이 내세운 미국과의 긴장완화정책을 직접 비판하고 있다.[24]

김일성은 국제적인 수정주의의 조류에 직면해서 마르크스-레닌주의 고수만을 주장한 것은 아니다. 그러나 이론적으로 마르크스-레닌주의로부터 독립할 것을 요구한 것은 아니며 어디까지나 방법적인 독자성과 자력갱생을 요구한 것이라고 볼 수 있다. 김일성이 사용했던 1955년의 '주체'라는 용어는 주로 마르크스-레닌주의의 적용과 실천의 문제였다. 김일성의 연설 "사회주의 건설과 남조선혁명에 대하여"에서 보듯이 '주체'란 주로 혁명가의 자세로서 요구되는 것이었다.

---

24) "박영빈동부는 쏘련에 갔다와서 하는 말이 쏘련에서는 국제긴장상태를 완화하는 방향이니 우리도 미제국주의를 반대하는 구호를 집어치워야 하겠다고 하였습니다." 김일성, 「사상사업에서 교조주의와 형식주의를 퇴치하고 주체를 확립할 데 대하여(1955. 12. 28)」, 475쪽.

> 주체를 세운다는 것은 혁명과 건설의 모든 문제를 독자적으로, 자기 나라의 실정에 맞게 그리고 주로 자체의 힘으로 풀어나가는 원칙을 견지한다는것을 의미한다. 이것은 교조주의를 반대하고 맑스-레닌주의의 일반적 진리와 국제혁명운동의 경험을 자기 나라의 력사적조건과 민족적특성에 맞게 적용하여 나아가는 현실적이고 창조적인 립장이다. 이것은 남에 대한 의존심을 버리고 자력갱생의 정신을 발양하며 자기의 문제는 어디까지나 자신이 책임지고 풀어나아가는 자주적인 립장이다.[25)]

마르크스-레닌주의에 대한 교조주의적 자세는 사대주의와 결합되어 있었다. 이러한 주체성의 부족은 우선 역사와 외국어, 조선어교육, 기타 다양한 교양활동 등의 교육내용과 교육과정편성 중에 노골적으로 드러났다.[26)]

---

25) 김일성, 「조선민주주의인민공화국에서의 사회주의건설과 남조선혁명에 대하여(1965. 4. 14)」, 『김일성저작집 19』(평양: 조선로동당출판사, 1982), 304~305쪽.

26) "자기 나라의 것을 잘 모르고 있으니 부득불 남의 것이라도 리용할 수 밖에 없다는 것이 교조주의의 중요한 근원으로 된다." 『인민교육』, 1960년 12월호, 28쪽. "학교에서도 조선력사의 강의를 소홀히 하는 경향이 있습니다. 전쟁때 중앙당학교과정 안에서 세계사는 1년에 160시간이나 되여있었으나 조선사는 극히 적은 시간밖에 배당되여있지 않았습니다. 당학교에서 이와 같이 사업하니 우리 일군들이 자기나라의 역사를 모를수밖에 없습니다." 김일성, 「사상사업에서 교조주의와 형식주의를 퇴치하고 주체를 확립할 데 대하여(1955. 12. 28)」, 471쪽. "금년 여름 어느날 지방의 한 민주선전실에 가보니 거기에 쏘련의 5개년계획에 대한 도표는 있는데 우리나라의 3개년계획에 대한 도표는 한장도 없었습니다. 또한 다른 나라 공장들의 웅장한 사진은 있으나 우리가 복구건설하는 공장들의 사진은 한장도 없었습니다. 우리나라 역사의 연구는 고사하고 경제건설에 관한 도표와 사진을 붙이는 일까지도 하지 않고있습니다." 김일성, 「사상사업에서 교조주의와 형식주의를 퇴치하고 주체를 확립할 데 대하여(1955. 12. 28)」, 472쪽. "인민학교에 가보니 사진을 걸었는데 마야꼽쓰기, 뿌슈낀 등 전부 외국사람들뿐이고 조선사람이란 한사람도 없었습니다. 이렇게 아이들을 교양해서야 어떻게 민족적자부심이 생기겠습니까.(중략) 교과서를 편찬하는 데 있어서도 우리나라 문학작품에서 자료를 취하는 것이 아니라 남의 것을 따다 넣습니다. 이것이 다 주체가 없는 탓입니다." 김일성, 「사상사업에서 교조주의와 형식주의를 퇴치하고 주체를 확립할 데 대하여(1955. 12. 28)」, 472쪽.

김일성이 요구한 사상에서의 주체란 사상교양 측면에서만 요구한 것이 아니었다. 주체를 세운다는 것은 일상적인 삶에서 확인되어야 하는 것이고 사상에서 주체를 세우기 위한 교양사업은 교육사업에서 주체를 세우는 문제와 분리되어서는 안 되었다.

> 교과서 집필자들이 우리 나라 사회주의 건설의 구체적 실정을 정확히 파악하여야 하며 실천에서 이룩된 성과를 과학적으로 분석하고 일반화하여 교과서에 반영하도록 하여야 한다.
>
> 교조주의적 현상을 극복함에 있어서 이와 같은 문제와 함께 보다 중요한 것은 교과서에 우리 나라 사회주의 건설에서 절실히 필요되는 문제를 제기하고 해결하는 문제이다. 다시 말하면 우리 나라의 자연 부원, 원료 원천을 합리적으로 리용하여 국내 자원에 립각하여 우리의 인민 경제를 더 빨리 발전시키는데 필요한 지식과 기술을 주는 문제이다.[27]

그리하여 김일성의 교시나 당정책이 학교교육에 반영되었다. 이것은 지식과 기능위주로 전문화되고 분업화되어 정치사상교양이 등한시되는 소련식교육에 대한 김일성의 우려를 해소하는 길이기도 했다.

> 우리는 기술과목에만 치중하고 다방면적인 지식을 습득하는 것을 소홀히 하며 특히 우리 나라의 력사, 지리에 대하여 잘 알지 못 하는 현상에 대하여 자극을 주기 위하여 《동무는 자기 나라에 대해서 얼

27) 송정우, 「교과서의 질을 높이기 위하여」, 『근로자』, 1962년 9호, 40쪽. "우리와는 인연이 먼 것을 장황하게 서술했대야 그것은 학생들의 관심을 끌 수도 없다. 그것은 도리여 학생들의 창발성과 사고력을 무디게 하며 제 것을 적극 찾아 내여 리용하려는 자력 갱생의 정신을 희박하게 할 따름이다." 송정우, 「교과서의 질을 높이기 위하여」, 『근로자』, 1962년 9호, 41쪽. 교육의 주체성 문제도 결국은 혁명실천에서의 효율성, 자력 갱생과 관련이 있었다.

> 마나 아는가?》라는 제목으로 우리 인민의 찬란한 민족 문화와 애국적 혁명전통으로 빛나는 우리 조국에 대하여 특집한 벽보들도 발간하였다. 이 벽보는 학생들속에서 큰 반영을 일으켰다. 벽보를 통하여 학생들 속에서는《자기 나라를 잘 모르는 것은 학생으로서 수치다》,《우리는 조국에 대하여 배워야 할 것이 많다》등의 반향이 일어났다.
> 우리는 지체 없이 벽보를 보고 느낀 점을 토론하는 모임을 가지고 기술 학교 학생일수록 더욱 다방면적인 지식을 습득하기 위하여 꾸준히 노력해야 하며 특히 자기 조국에 대하여 잘 알도록 공부를 열심히 할 결의를 다지게 하였다.[28)]

그러나 김일성이 보기에는 그것은 한계가 많았다. 교육과정이나 교육내용이 김일성의 교시나 당정책과 유기적으로 융합되지 못하고 기계적으로 결합되었다고 보았다. 김일성의 교시나 당정책이 학교에서 배우는 교육과정이나 교육내용과 분리되어 형식화되는 경우도 있었다고 할 것이다. 주체성에 대한 김일성과 간부들의 체감도가 틀린 이유는 무엇일까? 1955년 현재에서는 아직 사회주의국가들의 도움을 받아 경제건설을 하고 사회주의국가들과의 교류가 많았고, 소련유학파들이 주도하고 있었기 때문에 '인테리'들도 자력갱생이나 국방에서의 자위의 필요성을 느끼기 힘들었고 인민들이 쉽게 느낄 수는 없었다. 이 당시의 김일성의 주체확립의 요구는 당위일뿐 인민들이나 '인테리'들에게 피부로 다가올 수 있을 만큼 내적 요구나 필요에 의한 것은 아니었다. 이것은 북한에 교육, 문화부문에 소련의 영향력이 실질적으로 강하게 남아 있었기 때문이기도 했다. 사적유물론과 변증법적 유물론으로 대변되는 마르크스 레

---

28) 조선사회주의로동청년동맹, 『지덕체 과업 실천을 위한 사로청 조직들의 사업 경험』, (평양: 조선사회주의로동청년동맹출판사, 1964), 114~115쪽.

닌주의와 스탈린에 의한 사회주의건설과정과 소련문학은 여전히 교과서적 위치에 있었다.[29]

따라서 이 당시 사상교양의 원천은 김일성저작을 포함해서 마르크스-레닌주의, 스탈린주의의 저작을 포함되는 양상을 띨 수밖에 없었다. 당중앙이 사상교양의 모델로서 김일성계의 혁명전통만을 강조했다고 할지라도 당의 하부단위나 사회단체에서는 김일성계의 혁명전통뿐만 아

29) "특히 위대한 쏘련 인민은 1954년 중에만 하여도 우리 교원 학생들의 실험 실습과 과학 연구 사업에 요구되는 160 종의 실험 기구, 12,685 점과 귀중한 69종의 약품 3,600kg을 보내 왔으며 885 종이 도서 18,430 권을 보내왔으며 이와 아울러 수천 부의 각급 학교 과정안과 교수 요강 및 교과서 참고도서를 보내 주었다. 이것은 쏘련의 선진과학이 달성한 성과와 인민 교육 문화 발전에서의 고귀한 경험을 섭취하게 함으로써 우리 인민 교육 사업을 개선하며 인민 교육의 리론적 실천적 전진을 가져오는 데 거대한 도움을 주었다. 전후에 있어서도 우수한 쏘련 학자들은 계속 래조하여 우리 대학들에서 직접 교편을 들고 있으며 교수 교양 사업과 과학 연구 사업에 거대한 방조를 주고 있다. 우수한 쏘련 학자들의 이와 같은 헌신적 방조는 선진 과학 기술로 무장된 우수한 각 분야의 과학 기술 간부를 양성하는 데 있어서 유력한 담보로 되고 있다." 『해방후10년간의 공화국인민교육의 발전』(평양: 교육도서출판사, 1955), 244쪽.

"정전 이후 많은 맑스-레닌주의 고전을 비롯한 정치 리론 서적들과 문예 서적들이 출판되였으며 수다한 연극 영화들이 상연 또는 상영되였다. 레닌 쓰딸린의 고전적 로작들인 《레닌 선집》 및 《유물론과 경험 비판론》, 《레닌 쓰딸린－당 건설》, 《레닌 쓰딸린－사회주의 경제 건설》이 국내에서 각각 수만 부씩 출판되였으며, 《쓰딸린 선집》, 《쏘련 공산당(볼쉐위크)력사》를 비롯한 많은 고전적 로작들이 수입 보급되였다. 또한 《모 택동 선집》도 각각 수만 부씩 출판되였다. 이는 우리 교원 학생들로 하여금 맑스-레닌주의를 심오하게 연구하게 하였으며 위대한 쏘련 공산당의 투쟁 경험과 중국 혁명의 경험을 섭취하는 데 커다란 도움을 주고 있다. 또한 쏘련 작가들의 작품인 《참된 사람의 이야기》, 《새 언덕으로》, 《행복》, 《생명》과 《똘스또이 단편집》, 《체호브 선집》, 《마야꼽쓰끼의 시집》, 《쏘련 시 선집》등과 중국 작가 정 령의 《태양은 쌍깐 하 우에 비친다》, 인민 민주주의 국가의 작가 작품들인 《두 아들》, 시집 《세계는 조선을 노래한다》등 각 문예 작품들은 수만 부씩 보급된바, 이는 우리 학생들을 애국주의와 국제주의로 무장된 새 형태의 인간으로 교양하며 높은 예술적 정서로 교양하는 데 거대한 역할을 놀았다. 세계의 최고봉을 자랑하는 쏘련의 선진 영화 예술의 수다한 작품들과 중국 및 인민 민주주의 제 국가들의 작품들도 역시 우리 학생들의 사상 교양과 예술교양에 거대한 감명과 심각한 영향을 주었다." 『해방후10년간의 공화국인민교육의 발전』, 교육도서출판사, 245쪽.

니라 일제하, 분단하의 마르크스-레닌주의적 운동도 모두 사상교양사업의 내용으로 포함될 수밖에 없었다. 그리고 여전히 많은 조선의 공산주의자들에게 사회주의 선진국인 소련의 스탈린 시대의 경험은 모든 신생 사회주의국가의 모범이었다. 그것은 김일성의 주장이기도 했다. 김일성은 교조주의, 사대주의편향과 민족주의적 편향을 모두 비판하고 있지만 이런 몇 마디 말로 해결될 일은 아니었고, 현장에서는 혼란과 갈등이 상존할 수밖에 없었다. 그러나 어디서 얼마만큼을 받아들이고 어디서 얼마만큼을 우리식으로 창조해야 할지를 판단하는 것은 쉽지 않았다.30)

그리고 주체성을 강조하면서 북한의 사회주의가 민족주의적 색채를 강하게 띠게 되니까 일제 강점기에 존재했던 다양한 부류의 민족주의 운동도 좋은 평가를 받게 되었고 이런 경향은 사회주의애국주의에 대한 강조로 인해 복고주의적 경향마저도 보이고 있었다고 볼 수 있다. 즉 당시만 해도 민족적 전통의 재해석과 선별기준이 모호했다고 할 수 있다.

당시에서 사회주의국가들의 주체성의 표식은 마르크스-레닌주의 그

---

30) “주체를 세우는 데서 무엇보다도 중요한 것은 간부들과 당원들 속에서 맑스-레닌주의 학습을 강화하는것과 함께 그들을 자기 당의 사상으로, 자기당의 로선과 정책으로 튼튼히 무장시키는것이였다.” 김일성, 「조선민주주의인민공화국에서의 사회주의건설과 남조선혁명에 대하여(1965. 4. 14)」, 308쪽.
“전체 당원은 맑스-레닌주의리론으로 더욱 튼튼히 무장하며 우리 당의 력사와 당의 결정들을 체계적으로 연구하며 소련공산당을 비롯하여 형제나라 공산당, 및 로동당들의 사회주의건설경험을 진지하게 연구섭취하여야 할것이며 경제건설에 대한 리론과 과학기술지식을 꾸준히 습득하며 자기의 실무적 및 문화적 수준을 높여야 할 것이다.” 김일성, 「모든 힘을 조국의 통일독립과 공화국북반부에서의 사회주의건설을 위하여(1955. 4)」, 『김일성저작집 9』(평양: 조선로동당출판사, 1980), 243쪽.
“이 문제에서 우리에게는 일정한 편향이 존재하고 있다. 일부 사람들은 교과서 서술에서 교조주의를 반대할 데 대한 문제를 정확하게 인식하지 못한 데로부터 외국의 선진 경험을 연구하고 소개하는 것을 주저하는 현상까지 발로시키고 있다.(중략) 특히 우리 나라 인민 경제의 모든 부문들에서 기계화, 자동화, 화학화를 촉진시키는 것과 관련하여 교과서에 우리의 실정에 맞는 각종 기계 설비들과 생산 공정들을 합리적으로 도입 리용할 방도들을 연구하여 소개해야 한다.” 송정우, 「교과서의 질을 높이기 위하여」, 41쪽.

자체와 더불어 그 나라의 모든 혁명전통이고 사회주의애국주의였으며 자기 나라의 지도자에 대한 충실성이었다. 혁명전통은 확고하게 김일성을 부각시켰지만 절대화하지 않았고 사회주의애국주의는 봉건시대 유물을 포함한 모든 민족적 전통과 결합되어 있었다. 아직 민족적 전통 중에 계승할 것과 부정할 것 사이에 선명하게 선을 그었던 것도 아니었다. 그것은 김일성의 다음과 같은 발언에서도 분명히 드러난다.

> 이번에 박창옥 등이 범한 과오도 그들이 조선문학운동의 력사를 부인한데 있습니다. 그들의 안중에는《카프》즉《조선프로레타리아예술동맹》에 참가한 우수한 작가들의 투쟁도 없고 우리나라의 선진적 학자, 작가들의 우수한 작품도 없습니다.[31]

그럼에도 불구하고 일단 천리마작업반운동에 참여한 집단에서는 김일성의 교시와 김일성이 주인공 역할을 하는 혁명전통에만 치중하여 교양했다. 따라서 천리마작업반운동이 교육계까지 확산되면서 학교교육에서도 이러한 모호한 상황이 줄어들었을 것으로 보인다. 기술학교, 기술교육에도 사상교양, 인문교양이 점차 큰 비중을 차지하게 되었으며 이러한 사상교양, 인문교양은 어차피 혁명전통교양, 당정책교양, 충실성교양에 집중했기 때문이다. 이에 따라 김일성의 관점에서 본다면 북한 주민들의 사상에서의 주체확립이 가능해진 것이다.

---

31) 김일성, 「사상사업에서 교조주의와 형식주의를 퇴치하고 주체를 확립할 데 대하여(1955. 12. 28)」, 469쪽. 그러나 같은 제목의 문건이 『김일성선집 3』(평양: 조선로동당출판사, 1963), 105쪽에서는 '우리나라의 박연암, 정다산 기타 선진적 학자, 작가들의 우수한 작품도 없습니다'고 구체적으로 박연암과 정다산을 거론하고 있다.

제2절 계급으로서의 노동자가 되어야 한다: 노동계급화

1. 계급교양

계급교양은 노동자계급의 계급적 지상과제인 사회주의, 공산주의 건설에 반대하거나 사회주의, 공산주의를 가로막는 모든 것을 증오하고 미워하는 마음을 갖도록 교양하는 것이다. 이것은 노동자들이 적개심을 가짐으로써 자신의 내부의 반사회주의적인 사상이나 욕망에 대한 경계심을 키우기 위해서도 필요한 것이다. 그렇다면 천리마시대에 북한 주민들이 그러한 적대감을 투사하고 투쟁의 대상으로 삼아야 할 구체적 대상은 무엇이었을까?

북한의 계급교양론에 따르면 증오의 대상은 첫째, 제국주의 특히 미제국주의와 일본제국주의다. 둘째, 지주, 자본가계급과 지주, 자본가계급의 착취제도다. 그리고 미워하는 만큼 반대로 사랑해야 할 대상은 무엇인가? 사랑의 대상은 자기편이다. 즉 자기계급(즉 노동자계급)과 노동자계급의 당인 노동당이고 자기계급의 나라와 그 나라의 인민이다. 그러기 위해서는 첫째, 자기편과 적을 갈라볼 줄 아는 능력을 키워줘야 한다. 둘째, 사회발전법칙과 계급투쟁의 전략전술 및 그 역사적 경험으로 튼튼히 무장시켜야 한다. 셋째, 수정주의를 반대하는 정신으로 교양해야 한다. 수령의 영도를 거부하는 것은 수정주의다.[32)]

---

32) 집필위원회, 『교육학: 사범대학용』, 289~302쪽.

사회주의나라들에서는 근로자들이 착취와 압박을 모르고 살고 있고 사회주의 혁명이후에 자라난 새세대들은 계급투쟁을 겪어보지 못했기 때문에 계급교양을 하지 않으면 안 된다. 계급투쟁의 시련을 겪어본 사람도 옛날의 자신의 처지를 잊어버릴 수 있으며 새세대들은 제국주의에 대한 경계심을 가지지 않게 되고 그렇게 되면 결국 혁명은 후퇴하고 혁명이 일어나기 전의 원래 상태로 돌아갈 수 있기 때문이라는 것이다. 따라서 미국과 일본에 대한 강한 적개심 교육을 해야 한다는 것이다. 지주, 자본가, 제국주의자들은 끊임없이 사회주의국가를 무너뜨리려고 하기 때문에 항상 경계해야 하며 수령의 영도를 거부하는 것은 수정주의라는 것을 주민들에게 심어줘야 한다는 것이다.

혁명의 편과 반혁명의 편을 언제 어디서나 나누어 볼 수 있어야 하고, 수정주의는 지주, 자본가, 제국주의편이라는 것과 만약 지주, 자본가, 제국주의의 세상이 되면 학생들이나 근로자들은 결국은 토지와 공장을 빼앗기고 착취의 대상이 될 것이라는 것을 심어주는 것이 계급교양이다. 즉 계급교양은 학생들에게 수정주의나 제국주의에 대한 두려움을 심어주기도 하고 적개심도 심어주는 것이다. 이는 누구라도 수정주의나 미국, 일본, 남한 등에 대해 우호적인 발언을 하게 되면 주위사람들로부터 의심과 적개심을 받을 수 있는 상황을 만든 것이라고 할 수 있다. 그러나 이것은 북한 주민들의 자유로운 사고와 상상력을 가로 막는 길이기도 하고 자체검열하게 만드는 것이기도 했다.

2. 노동교양: 교양으로서의 노동

엥겔스에 따르면 유인원으로부터 인간으로 진화하는 데 결정적 역할을 한 것은 노동이었다. 엥겔스는 "사실상 노동은 자연과 함께 부의 원천이다. 자연은 노동에 재료를 제공하고 노동은 이것을 부로 전환시킨다. 그러나 노동은 또 그보다 무한히 더 큰 의의를 가진다. 노동이야말로 전체 인간생활의 첫째가는 기본 조건이며 그것도 우리가 어떤 의미에서는 노동이 인간 자체를 창조하였다고 말하지 않으면 안 될 정도이다."고 말했다.[33]

소련헌법에서는 노동은 사회주의 사회의 구성원의 삶의 존재조건으로서 생존의 수단이며 정신적 발달을 위한 필수사항이었다.[34]

학생들에게도 노동은 교양적 의미가 컸고, 노동계급화를 위해서는 학생시절부터 노동에 힘쓸 수밖에 없었다. 그러기 위해서는 학생들의 노동관 즉 노동의 교양적 가치에 대한 인식부터 주입시켜야 했다. 공산주의적 인간들은 노동을 신성시하는 태도를 확고히 해야 하기 때문이었다.[35]

사회주의사회에서는 노동을 거부하는 것 자체가 사회주의사상에 어긋나는 것이며 사상적으로 불순한 것이다. 김일성의 연설에 따르면 사회주의자들은 노동을 거부하는 자들과는 사상투쟁을 벌여야 하며 노동

---

33) 엥겔스, 「원숭이가 인간으로 전화하는 과정에서 노동이 한 역할」, 황장엽, 『인류사회는 어떻게 발생하였으며 발전해왔는가』(서울 나라사랑, 1989), 127쪽. 국내에서 발행된 이 책은 원래 1955년 '조선로동당출판'에서 출간한 『정치학습: 인류사회는 어떻게 발생하였으며 발전해 왔는가』를 편집한 것이다.

34) "우리나라 헌법에는 "노동하지 않는 자는 먹지 말라"고 명시되어 있다. "각자로부터 그의 능력에 따라서, 각자에게는 그의 노동에 따라"라고 명시되어 있다. 조화로운 노동에 의해서 생기는 정신적인 발달은 계급사회의 시민과 계급이 없는 사회의 시민을 구별하는 인간의 특수성을 형성한다." 안톤 세묘노비치 마카렌코, 『아동교육 강연』(서울: 지만지, 2009), 77쪽.

35) "로동을 천시하는 사상을 반대하고 로동은 신성하고 영예로운것이라는 것을 인식시켜야 한다. 로동에서 자각적인 열성과 헌신성을 발휘하며 로동규율을 자각적으로 지키도록 교양해야 한다. 어려서부터 로동을 잘하는 습관을 길러주어야 한다." 사회과학원, 『주체사상에 기초한 사회주의 교육리론』(평양: 사회과학출판사, 1975), 162~163쪽.

을 강제해야 한다는 생각을 가져야 한다.

> 공산주의교양에서 또 한가지 중요한것은 사람에게 로동을 사랑하는 정신을 길러주는 문제입니다.
>
> 노동은 인간사회의 부를 창조하며 인류의 모든 행복의 원천입니다. 지난날 착취제도하에서는 놀고먹는것이 마치도 잘난 일로 되여왔지만 일하지 않는 자는 먹지 말라는것이 원칙으로 되여있는 우리 사회주의하에서는 놀고먹는것은 가장 수치스러운 일로 되고있습니다. 착취사회에서 로동은 천하고 무거운 고역으로 되여왔으나 사회주의사회에서는 가장 영예롭고 즐거운 일로 되고있습니다.
>
> 일 안하고 놀고 먹는 자는 남의 덕으로 사는 기생충입니다. 지금 온 나라를 들끓게 하고 있는 천리마의 진군을 더욱 재촉하기 위하여 우리 대렬내에서 일할 능력이 있으면서 놀고먹는 자들, 건달부리는 자들을 반대하는 사상투쟁을 하여야 합니다.[36]

사회주의적 노동관이란 노동의 신성함을 넘어서 노동의 정치적 의미를 알고 노동에 자발적으로 성실하게 참가하는 것이다. 북한에서는 이러한 노동관을 공산주의적 태도라 했고 이러한 노동을 자각적 노동이라고 했다.[37]

김일성은 이것을 '로동에 대한 공산주의적 태도의 교양'이라고도 했는데 교양의 내용은 첫째, 학생들에게 노동에 대한 옳은 견해와 관점을 길

36) 김일성, 「공산주의교양에 대하여(1958. 11. 20)」, 『김일성저작집 12』(평양: 조선로동당출판사, 1981), 598쪽.

37) "로동에 대한 공산주의적 태도－이것은 로동에 대한 존경과 사랑, 조국의 평화적 통일 독립과 사회주의 건설에서의 그의 의의와 필요성에 대한 리해, 로동에 대한 자각적이며 창조적인 태도, 옳은 로동 관습과 조국과 인민을 위하여 헌신한다는 각오와 지향에서 나타난다." 교육학분과집필위원회, 『교육학: 사범전문학교용』(평양: 교육도서출판사, 1960, 학우서방, 번인발행, 1961), 273~274쪽.

러주고 노동습관을 길러주어야 한다. 사람들의 생활과 사회발전을 위하여 필요한 모든 것들은 노동에 나왔으며 노동이 없이는 사회가 한 순간도 존재할 수 없다는 것을 인식시켜야 한다. 사회주의사회에서의 노동은 노동하는 사람에게 행복을 가져다주고 나라의 번영과 전체인민들의 행복을 위한 영예로운 일로 생각하도록 교양해야 한다. 어려서부터 노동을 잘 하는 습관을 길러주며 배우면서 일하고 일하면서 배우는 태도를 길러 주어야 한다. 둘째, 실천적 노동 속에서 공산주의적, 혁명가적 기풍과 열의를 발휘하도록 해야 한다. 그러기 위해서는 우선 학생들에게 언제나 어렵고 힘든 일에 앞장서고 자력갱생할 수 있도록 교양해야 한다.

사회주의국가들은 육체노동 그 자체가 교화적 성격이 있다고 보았다. 노동을 하다보면 사람들은 개인주의에서 벗어나게 되고 겸손해질 수 있다고 보았다. 공산주의자들의 생각에 따르면 노동을 기피하는 자들은 곧 타락한 존재가 된다. 정신적 발달 중에서도 성격적 결함, 의지의 결함(경솔, 고집, 태만, 교활)의 퇴치를 위해 노동이 중요시 되었다.[38]

북한은 이러한 노동의 역할과 효용성이 사회주의혁명이나 건설과정에서만 통용되는 것은 아니라고 보았다. 노동이 가지고 있는 교양적 의미에 대해서는 혁명의 모든 단계에서 중시되었다. 북한의 1960년판 『교육학: 사범전문학교용』에 따르면 북한에서는 이미 해방 직후 인민민주주의 혁명단계로부터 인민을 동원해왔고 사회주의혁명과정에서도 중시

---

38) "로동을 싫어하고 게으르며 개인의 리익만을 높이 내세우면서 부화하고 거만한 녀성은 그가 아무리 화려한 옷차림을 하고 지식이 있고 말재주가 좋다하더라도 우리 사회에서는 시대에 뒤떨어진 인간으로 되지 않을 수 없다." 리 홍종, 『녀성들의 공산주의 품성』(평양: 조선녀성사, 1960), 2쪽. "성격교양은 육체적으로 강한 사람, 의지의 결함 퇴치(경솔, 고집, 태만, 교활)하고 목적지향성, 자립성, 결단성, 완강성, 인내성과 자제력, 규율성, 대담성과 용감성을 얻는데 있어 노동이 중요하다는 것이다." 교육학분과집필위원회, 『교육학: 사범전문학교용』, 340~342쪽 참조.

했고 이제 공산주의 건설과정에서는 노동교양을 전면화 제도화하였다.[39]

그런데 노동 중에서도 교양, 교화적 의미를 지닌 것은 실제 작업, 생산노동, 집단노동이라고 할 수 있다. 이는 사람들은 함께 노동하고 몸으로 부딪치고 땀을 흘리고 함께 노동의 보람을 느끼다 보면 의식이 변한다는 뜻이다. 소련의 교육학자 마카렌코는 노동의 교양적 의미를 거의 절대화했다. 북한의 교육학자들이 노동교양을 중시할 때 그 논리적, 교육학적 근거로서는 마카렌코를 자주 인용하였다.[40]

김일성은 1961년 9월 조선로동당 제4차 대회에서 "집단적 노동은 인간 교양의 가장 훌륭한 학교이며 인간의 의식을 개변하는 사상 사업은 바로 자연과 사회를 개조하는 실천적 투쟁을 통해서만 성과적으로 실현될 수 있다."고 했다. 그러나 곧 "모든 노동은 예외 없이 같은 정도로 교양적 의미가 있는가? 학교에서는 특히 어떤 노동을 요구할 것인가?" 라는 물음이 나올 수 있다. 북한은 이런 물음에 대해 1960년판 『교육학: 사범전문학교용』에서는 무엇보다도 노동의 형태는 생산 실습과 생산 노동이어야 한다고 주장한다.[41]

---

39) "우리 당은 해방 직후부터 대학생들을 위시한 각급 학교 학생들을 향토 건설에 참가하게 하였으며 특히 조선 로동당 제 3 차 대회 결정에 의하여 보통 교육 부문에서 기본 생산 기술 교육을 강화하고 기술 교육망을 확장하는 동시에 재학 시기부터 힘에 알맞게 사회주의 건설에 참가시키는 것을 제도화하였다." 교육학분과집필위원회, 『교육학: 사범전문학교용』, 87쪽.

40) "인간은 집단적인 노동에 참가할 때 비로소 타인에 대한 올바른 도덕적 관계−노동을 하는 사람들 모두에 대한 애정과 우정, 게으른 사람, 즉 노동을 기피하는 인간에 대한 분개와 비난−를 만들어낼 수 있다." 안톤 세묘노비치 마카렌코, 『아동교육 강연』, 76~77쪽. "아 · 에쓰 마까렌꼬의 교육학 체계에서 로동의 성격교양의 기본 방도의 하나로 간주되여 있다. 따라서 실습지 작업, 각종 크루쇼크 사업, 교편물 작성 사업, 농업 협동 조합의 영농 사업 협조, 가정에서의 로동 체계−이 모든 것은 성격교양의 훌륭한 수단으로 된다." 교육학분과집필위원회, 『교육학: 사범전문학교용』, 339쪽. 더 자세한 것은 성격의 의지적 특성 나열한 것인데 235쪽에 있다. '크루쇼크'는 러시아어로서 '소조'를 뜻한다.

41) "기본 생산 기술 교육의 다른 중요한 측면은 로동 숙련의 체계의 습득을 보장하는

생산적 노동이란 물질적 생산에 직접적인 도움을 주는 노동이거나 물질적 생산에 동원되는 노동이라고 할 수 있다. 그리고 천리마시대에 생산적 노동이란 결국 육체노동을 뜻한다고 할 수 있다. 천리마시대에는 누구나 노동을 해야 한다는 것이다. 김일성은 모든 인민들에게 생산적 노동에 참여할 것을 요구하였다. 생산적 노동은 인민을 노동계급화하기 위한 가장 좋은 수단이기도 했다. 북한주민들에게 일차적으로 요구된 노동은 생산적 노동이었지만 생산적 노동이 아니더라도 누구나 직업을 갖도록 해야 했다. 이것은 북한이 노력동원을 하지 않으면 안 되는 절박한 상황 때문에 더욱 절실한 요구였다.[42]

그리고 천리마작업반운동이 그렇듯이 공산주의적 노동은 집단주의 노동이다. 공산주의적 노동이 우선시하는 것은 개인적으로 홀로 하는 노동이 아니라 협동과 조직, 규율을 바탕으로 한 집단적 노동을 뜻한다. 또한 집단주의 노동이란 노동을 함에 있어 집단의 이익을 위하여 개인의 이익을 포기할 수 있는 노동의 자세를 말한다.

따라서 천리마시대의 북한의 노동교양이 요구하는 것은 자각성과 집단주의라고 요약할 수 있다. 북한에서는 보상 체계가 미발달 상황에서 요구되는 자각적이고 집단주의적인 노동으로 인해 산업화시기의 자본주의 사회에 못지않게 노동강도가 높았다고 볼 수 있다. 이로써 북한 주민들은 형식적으로는 사회주의 사회의 노동의 주체가 될 수 있었다고도 볼 수 있지만 실질적으로는 사회주의 공업화를 위해 자본주의 노동자들보다 더 많은 수탈을 당했다고 볼 수도 있을 것 같다.[43]

학생들의 실재 작업이다. 이러한 두 측면은 밀접히 호상 작용한다. 기본 생산 기술교육의 과업을 해결함에 있어서 커다란 역할을 노는 것은 공작실과 학교 실습지에서의 실제 작업, 학교 공장에서의 제품 생산 로동, 기업소와 농촌 경리에서의 사회적 생산 로동이다." 교육학분과집필위원회, 『교육학: 사범전문학교용』, 57쪽.

42) 그런데 이런 난제들은 쉽게 해결될 것은 아니었다. 북한에서는 이 난제에 대해 지속적으로 이야기되고 해결 방법도 변화를 거듭했다고 볼 수 있다.

3. 문화의 노동계급화

사회주의 사회에서 인민이 문화적 주체가 도니다는 것은 인민의 교육수준을 전반적으로 향상시켜야 한다는 뜻이기도 하지만, '인테리'문화가 인민의 취향에 맞춰야 한다는 뜻도 된다. 이는 결국 기존의 '인테리'문화를 비판하고 문화의 이상적 표준을 인민들의 문화에서 찾는 것이다. 이는 북한이 표방한 주체확립과 혁명적 군중노선, 인민적 사업작풍의 요구로부터 오는 것이기도 하고, 사회주의 문화건설을 위해서는 부르주아 문화와 봉건문화를 일소하고 대중문화를 노동계급의 문화로 바꿔야만 하기 때문이기도 했다. 특히 북한은 문화의 노동계급화를 다른 사회주의국가들보다 강력하게 추진했던 것으로 보인다. 그러나 여기에는 다음과 같은 딜레마가 있다. 그것은 기존의 문화가 '인테리'의 문화, 부르주아의 문화, 지배계급의 문화라 할 수 있는 주류문화와 인민적 문화, 프롤레타리아문화, 피지배계급의 문화라 할 수 있는 비주류문화가 혼재되어 있다면 이 둘의 관계를 어떻게 설정하느냐의 문제다. 이 딜레마를 다른 식으로 표현한다면 유래가 없는 공산주의 문화는 어떻게 새롭게 창조되어야 하는가의 문제라고도 할 수 있다.

인민대중이 문화에서 주체가 되려면 '인테리'의 도움을 받아야 하지만, '인테리'문화를 인민대중이 무조건 따라야 한다면 인민대중은 사회역사의 주체가 될 수 없을 것이다. 반대로 인민대중의 문화를 '인테리'가 무조건 따라야 한다면 문화적 지체현상을 막을 수가 없고 다양한 계층의 욕구도 만족시켜주지 못할 것이다. 이것은 공산주의혁명이 일어난 국가들이 부딪치는 공통된 딜레마라고 할 수 있다.

---

43) 조정아, 「학교 규율과 '사회주의적 노동자' 만들기」, 이향규 · 조정아 · 김지수 · 김기석 공저, 『북한교육 60년: 형성과 발전, 전망』(파주: 교육과학사, 2010), 181~185 쪽 참조.

1) 언어교양과 '북조선어'의 탄생

문화 분야에서 주민들이 일상적으로 접하게 되는 분야, 가장 예민하고 문화의 성격이 쉽게 드러나는 분야가 바로 언어문화다. 사회주의국가들은 오래된 계급사회의 언어, 계층화된 언어들 중에서 어떤 기준을 세워 노동계급의 언어를 새롭게 만들어 낼 것인가의 문제에 봉착했다. 북한은 여기서 그 기준을 어떻게 찾았을까? 이 과정에서 모국어와 외래어의 관계도 자연스럽게 규정될 것이다. 국가가 모국어 중 어떤 계층의 언어를 선택하느냐 하는 문제는 곧 바로 언론과 학교에서 활용하는 언어를 무엇으로 선택하느냐의 문제인 것이다. 북한에서는 국가의 모국어의 기준이 정해지면 그 언어는 학교, 언론뿐만 아니라 정치, 사회 모든 분야에서 동일하게 사용될 것을 요구하는 강제성을 지닌다. 그럼으로써 언어로 인한 계층화를 최소화하려는 것이 북한의 언어정책이라고 할 것이다. 북한에서 교육언어는 언어정책에 의해 규정되며 교육언어와 사회언어의 차이가 없다. 교육에서 중시하는 계층의 언어는 교과서의 언어, 교사의 언어, 학생의 언어를 규정하였다.

북한은 언어순화가 주민들의 사상과 문화를 순화시키는 데 결정적 역할을 할 것으로 본 것 같다. 북한은 공산주의 건설과정에서 민중언어도 '인테리'들의 언어도 공산주의화되고 순화해야 된다고 보았다. 이와 같은 교양교육적 언어정책의 일환으로 언어 규범과 국어사전은 '인테리'들의 언어 활용의 한계를 만들었고, 모든 계층의 언어가 규범화 평준화되는 결과를 낳았다. 북한 주민들이 산지식인화 되어야 한다는 것은 모국어의 기준을 인민의 언어로 할 수 있다는 뜻도 되지만 어떤 측면에서는 인민들이 '인테리'들의 언어를 따라야 한다는 뜻이기도 하다. 노동자, 농민들은 '**산지식인**'이 되어야 하기 때문이다.[44]

천리마시대의 언어순화에서는 계급성과 주체성이 강조되었다. 노동자,

농민계급이 알아들을 수 있는 노동자, 농민자신의 말들을 순화의 기준으로 삼았다. '인테리'들은 혁명화, 노동계급화의 대상일 뿐만 아니라 외래어와 한자어에 익숙했던 '인테리'들의 언어도 순화의 대상이 되었다.

> 우리는 이 분야에서도《로동자, 농민이 알아 들을 수 있는, 그들 자신의 쉬운 말》(김일성,《공산주의 교양에 대하여》)로 하기 위한 적극적인 투쟁에 의하여 큰 성과를 거두었다. 그리하여 우리 인민의 언어 생활에 적지 않았던《이앙, 우사, 모돈,》등과 같은 한'자어들은《모내기, 외양'간,어미돼지,》로,《레쓰뜨란, 도매바자》와 같은 외래어들은《식당,도매소》로 고쳐졌으며《우와기,에리》와 같은 일본말 찌끼들이 자취를 감추게 되었다.[45]

특히 김일성은 마르크스-레닌주의 용어를 그대로 사용하는 '인테리'와 공산주의자들에게 행세식 마르크스주의라고 맹비난을 하였다.[46]

언어의 대중화와 민주화라는 혁명의 요구에 따라 서사어를 절대적으로 중시하는 '인테리'들의 문체는 비판받았고 글쓰기나 선전선동에서도 구두어의 비중이 높아졌다. 기존의 서사어는 구두어로 대체되기도 했고, 혁명 건설과정에서 등장한 이념적인 서사어들이 당당하게 구두어 속에 자리 잡도록 했다. 한마디로 기존의 '인테리'들이 글쓰기와 말하기에서 배제했던 구두어의 위상이 올라갔고 혁명 건설과정에서 새롭게 등

---

44) "지난 시기 언어의 규범화를 위한 사업에서《규범 문법》,《철자법 사전》,《외래어 표기법》등을 비롯한 많은 문법저서들이 크게 기여하였다. 특히 최근에 6권으로 편찬 발간되고 있는《조선말 사전》은 그 의의가 크다." "인민적 문풍 확립에서 제기되는 몇 가지 문제」, 『근로자』, 1962년, 14호, 41쪽.

45) "인민적 문풍 확립에서 제기되는 몇 가지 문제」, 41쪽.

46) "여기에는 과거 행세거리로《혁명》을 한 멋쟁이들만 앉아있고《혁명》을 했다는 간판만 팔아먹으면서 당정책을 성실하게 집행하지 않고 있기때문입니다." 김일성, 「함경북도 당단체들의 과업(1959. 3. 23)」, 『김일성저작집 13권』, 198쪽.

장한 서사어들은 대중들의 구두어 속에 단단히 자리 잡았다. 여기서 당 정책교양의 절대적 자료로 쓰였던 『김일성선집』 제2판이 큰 역할을 하였다.

> 다음으로 강조하고 싶은 것은 구두어와 서사어의 호상관계에 대한 옳은 관점을 가지는 문제이다. 물론 서사어와 구두어는 일정한 차이를 가지고 있다. 그러나 그 어떤 절대적인 한계를 나누면서 서사어는《격식》과《정중성》이 있어야 하는 듯이 간주하거나 과학 저술문체의 특성을 말하는 것은 언어의 민주화, 대중화에서 해로운 경향이 아닐수 없다.
>
> 특히 이 측면에서《김 일성 선집》의 언어의 모범은 그 의의가 매우 크다.《…그 다음에 새 직장의 건설, 새 용광로의 건설에 본격적으로 달라 붙어야 합니다…》(《김 일성 선집》 제 6권, 421페지).《…그 다음에 새 직장의 건설, 새 용광로의 건설에 본격적으로 달라 붙어야 합니다…》(《김 일성 선집》 제6권, 421페지).《…이렇게 하여야만 경제 건설에 대한 당의 정책을 틀어 쥐고 나아갈 수 있습니다》(《김 일성 선집》 제5권, 77페지).
>
> …또 설사 놈들이 달려 든다 하더라도 우리는 그들을 때려 눕힐 수 있습니다 》(《김 일성 선집》 제5권, 342페지).
>
> 여기서 볼 수 있는《달라 붙다》,《틀어 쥐다》,《달려 들다》,《때려 눕히다》등 어휘들은 구두어적인 것이였으나 서사어에 쓰임으로써 그 의미를 풍부하고 생동하게 만들고 있다.《김일성 선집》의 이런 영향을 받아 우리의 출판물들에는《가로 차다》,《매달리다》,《걸리다》(걸린 문제의),《이악하다》,《받아 물다》등 구두어적 단어들이 널리 쓰이게 되었다.
>
> 이 반면에 이전에는 서사어에만 쓰이던《민감하다, 포섭하다, 설복하다, 공급하다》와 같은 단어들과 과학 술어로만 쓰이던《수익성, 균형, 변증법, 전형, 형상, 생산력》등과 같은 단어들이 구두어로서 활발

> 히 리용되고 있다. 이렇듯 우리의 서사어, 구두어는 더욱 접근되여 가고 있다.[47]

『김일성선집』(1945~59) 제2판은 1960~1964년에 발간되었는데, 이 책에는 주체확립과 군중노선에 입각한 언어정책에 의거해서 이 책에는 꽤 순화된 언어들이 활용되고 있다. 그리고 북한에서 가장 많이 읽혔던 『항일빨찌산 참가자들의 회상기』, '당정책문서', '교시'들은 모두가 순화된 언어로 기술되었다. 이 문건들은 북한 주민과 학생들의 말하기, 쓰기의 교본이었다고도 볼 수 있다. 이와 같은 교본에 의해 북한의 언어는 정형화되었다.

게다가 김일성은 문화어란 이름으로 평양을 민족어의 거점으로 삼는 언어정책을 펼쳤는데 이런 언어거점 전술은 어디에도 찾아보기 어려운 언어정책이었다. 김일성은 평양이 혁명의 수도이고 혁명의 참모부가 있는 곳이기 때문이라는 근거를 대면서 굳이 문화어의 평양 중심론에 대한 정당성을 주장하였다. 뿐만 아니라 문화어를 남쪽의 서울말과 비교하면서 남조선의 말은 "한자말과 일본말, 영어를 빼버리면 토만 남는"다고 하면서 문화어의 정당성을 부각시켰다.[48]

이로써 다른 지방의 방언보다 평안도의 방언이 더 우월한 지위에 서게 되었고, 언어적 측면에서는 김일성이 친숙한 평안도방언이 문화어로 될 가능성이 많아졌다. 평양어는 김일성언어였고 이로써 다른 지역의

---

47) 「인민적 문풍 확립에서 제기되는 몇 가지 문제」, 42쪽.

48) 김석향, 『북한이탈주민의 언어생활에 나타나는 북한언어정책의 영향』(서울: 통일부 통일교육원 연구개발과, 2003), 116~129쪽. 이상섭의 주장에 따르면 "일본식의 직역주의 번역투가 우리나라에 정착된 것은 아마 1950년대 후반에 당시의 대형 출판사들이 거의 동시에 전20권, 전30권 등 일본의 전집류를 흉내내어 '세계문학전집''세계사상전집' 등을 낼 때였을 것이다." 이상섭, 『역사에 대한 불만과 문학』(서울: 문학동네, 2002), 156쪽.

언어들은 김일성의 언어에 반하는 언어가 되었다. 김일성은 정치적으로도 지방주의를 단죄하였듯이 언어적으로도 지방주의는 단죄가 되었다. 엄밀하게 말하면 김일성언어가 곧 평양어가 되었다고 보는 것이 옳을 것이다. 북한의 언어정책은 김일성 언어가 북한주민들에게 가장 친숙한 언어일 뿐만 아니라 김일성 언어가 가장 숭고한 언어, 혁명적 언어, 가장 주체적인 언어로 받아들이게 했다.[49]

천리마시대에는 김일성의 언어는 문화어가 되었고 김일성은 이것을 조선어라고 주장했지만 사실은 '북조선의 언어'가 새롭게 탄생한 것이라고 볼 수 있을 것이다. 이리하여 김일성의 언어만을 모범으로 삼는 언어교육은 천리마시대에 북한에서 수령제를 만드는 밑거름이 되었다고 할 수 있다. 모든 북한 주민들 특히 교사와 학생은 수령이 사용하는 언어의 모든 것을 모방해야 했기 때문이다. '인테리'들을 포함한 모든 북한 주민들은 문화어를 새롭게 배워야 했는데, 모두가 새로운 언어를 배우는 학생이 되었고, 김일성은 그러한 언어교양의 최고 권위자요 교육자가 되었다. 그리고 남쪽의 서울말이 민족어의 성격을 잃어가고 있는 데 비해 김일성은 그러한 민족어를 고수하고 발전시킨 민족의 지도자로 보이기도 했다. 결국 김일성의 언어정책은 김일성의 지도력을 강화하는 데 큰 역할을 했다고 볼 수 있다.

천리마시대에 요구되었던 언어교양의 방향을 결정적으로 규정한 것

49) "앞에서 이야기된바와 같이 우리 말 문화어의 억양은 오랜 력사적과정에 조선인민의 생활감정을 표현하면서 발전하여온 조선민족어의 억양을 더욱 발전시킨것으로서 혁명의 붉은 수도 평양에서 혁명하는 인민들, 공산주의자들의 사상과 감정정서를 나타내는 혁명적이고 전투적이며 진실하고 소박한 특성을 지닌 세련된 억양이다. 문화어억양의 이와 같은 특성은 우리 말 문화어의 모든 문장에 공통적으로 나타나는 특성으로서 되며 썩어빠진 부르죠아생활양식이 지배하는 남조선의 반동통치배들이 쓰는 서울말의 높고 낮음과 근본적으로 구별되는 특성이다." 사회과학원언어학연구소, 『문화어학습참고서』, 사회과학출판사, 1973, 409쪽.

은 1964년 1월 3일의 "조선어를 발전시키기 위한 몇가지 문제"와 1966년 5월 14일의 "조선어의 민족적 특성을 옳게 살려 나갈 데 대하여"라는 김일성의 교시였다.[50]

만약 누군가 언어를 통해서 자기가 원하는 대로 세상을 바꾸거나 지배하고 싶다면 그러한 언어교양을 학교에서부터 시작할 것이다. 언어교양을 체계적으로 반복적으로 강제적으로 완벽하게 실행할 수 있는 기관은 오직 학교이기 때문이다. 그러나 김일성은 천리마작업반운동시기에 통일단결, 주체확립과 혁명적 군중노선에 의거한 언어교육, 언어교양을 매우 중요시했기 때문에, 우선적으로 언어교양을 신문이나 잡지 등을 통해 대중적인 운동으로 벌여나갔다. 특히 로동신문의 '우리말 다듬기 지상토론'이 핵심적인 역할을 했던 것으로 보인다. 1966년 7월 9일에 제1회 '우리말 다듬기 지상토론'이 로동신문에 게재되었고 1973년 10월 28일 제554회를 게재할 때까지 로동신문은 대체로 2~3일 간격을 두고 꾸준히 '우리말 다듬기 지상토론'을 실었다.[51]

이러한 언어혁명이 대중을 인식과 사상의 주체가 아니라 대상으로 만들었다는 비판도 있을 수 있다. 그러나 이 시기 이러한 언어혁명은 대다수의 대중들을 인식과 사상의 주체로 만드는 데 기여했을 것이라고 생각하는 것이 옳을 것 같다. 그리고 북한이 사회주의사회의 발전의 원동력으로 삼고 있는 인민의 통일단결은 언어의 통일로 인해 통해 한층 강화되었음은 분명한 것 같다. 언어를 통일시키는 것은 의사소통을 원활하게 하고 평등의식을 고취할 것이기 때문이다. 자국어를 중시한 것은

---

50) 김일성, 「조선어를 발전시키기 위한 몇가지 문제(1964. 1. 3)」, 『김일성저작집 20』(평양: 조선로동당출판사, 1982), 335~352쪽. 김일성, 「조선어의 민족적 특성을 옳게 살려 나갈 데 대하여(1966. 5. 14)」, 『김일성저작집 20』(평양: 조선로동당출판사, 1982), 14~27쪽.

51) 김석향, 『북한이탈주민의 언어생활에 나타나는 북한언어정책의 영향』, 140쪽.

북한주민들에게 자부심을 주었고 북한주민들이 자신들의 언어로 말을 함에 있어 부끄러움이 없었을 것이다.

더욱이 혁명적 군중노선에 따라 북한 주민들은 누구나 교양을 하거나 선전선동의 주체가 되어야만 했고, 먼저 배운 사람에게는 다른 사람들에게 가르쳐야 할 의무와 책임이 주어졌기 때문에, 습득하거나 전달하기 어려운 언어는 배격될 수밖에 없었다. 어려운 용어가 쓰이게 되면 전달하는 과정에서 번역과 통역이라는 문제가 발생하고 그렇게 되면 의미전달이 잘 못될 수 있기 때문이다. 또한 북한은 선전선동에 강한 영향을 받는 언어정책을 썼기 때문에 어려운 언어는 배제되었다. 이것은 언어에서의 주체확립과 군중노선이라고 할 수 있을 것 같다. 물론 일부 지식인들의 자유롭고 심오한 인식과 사상의 발전, 개성의 자유에는 장애가 되었을 것도 분명하다.[52]

김일성의 언어에 대해서 전미영은 구어적 사고의 특성이라 규정하고, 그 문제점에 대해서 "첫째, 문자의 사고에 비해 복잡한 문법을 필요로 하지 않는다. 이야기는 분석적이고 논증적인 종속문들에 의해 전개되기보다는 나열적이고 평가적으로 전개된다. 둘째, 분석적이기보다는 취합적이다. 언어는 다량의 장식용 형용사들과 항상 붙어 다니는 다량의 동어반복적 문구들을 포함하고 있다. 형용사들과 문구들은 사고를 안정화하는 데 이바지한다. 구어적 언어의 이러한 취합적인 성격의 완고성과 동어반복의 지루함을 거부할 때만 분석적 사고가 가능하다. 셋째, 동어반복적이고 모방적이다. 이미 말한 것을 거의 동일한 표현을 계속 반복함으로써 듣는 사람에게 말을 의도적으로 환기시킨다."고 요약 비판하였다. 그리고 이것이 서구 사회주의와는 다른 동아시아 사회주의의 혁명 전략상의 특성으로 볼 수 있으며 군중을 동원하기 위한 군중노선의

52) 박형중, 『북한적현상의 연구』(서울: 연구사, 1994), 289쪽 참조.

결과이며 이것은 모택동의 언어구사 전략과 닮았다고 주장하였다.[53)]

2) 문학예술의 노동계급화와 군중예술

주체확립의 요구에도 불구하고 당시의 미적교양의 내용은 특별히 사회주의혁명 이후에 생산된 것에만 집중한 것도 아니었고 외국에서 수입된 것도 많았던 것으로 보인다. 혁명전통이나 공산주의 예술이 아니더라도 해도 전통예술이 사회주의애국주의라는 이름으로 미적교양, 정서교양에 들어 올 수 있었고, 사회주의국가들의 문학예술도 선진국의 경험이라는 이름으로 들어왔다.

러시아혁명 초기 소련에서는 기존의 부르조아문화나 '인테리'문화와는 완전히 다른 프롤레타리아 문화를 창조하려는 시도가 있었지만 그것은 곧 좌절되었고, 부르조아문화는 별 여과 없이 프롤레타리아 문화의 일부로 편입되었다. 공산주의혁명, 즉 집단화과정에서 공산주의 문학예술이 교조적인 형태로 굳어지는가 했지만 얼마 안 가서 혁명전의 모습으로 돌아왔다. 사회주의애국주의라는 이름으로 러시아 민족주의를 고취하는 역사책이 다시 써졌고, 집단화과정에서 해고되었던 부르조아적 역사학자들도 붉은 '인테리'로 개조되지 않은 상태에서 복직되었다. 스탈린은 생산성 향상을 위해 러시아민족주의에 호소했다. 스탈린에 의해 민족주

53) 전미영, 『김일성의 말, 그 대중설득의 전략』(서울: 책세상, 2005), 56~59쪽. 「당팔고에 반대하자」, 『모택동선집 3』(서울: 범우사, 2007), 57~76쪽. 여기서 모택동은 '인테리'들의 언어생활과 교조주의 사업작풍 대신 쉬운 언어를 사용하고 실천부터 할 것을 주문하고 있다. 그러나 전미영은 위에 인용한 "인민적 문풍 확립에서 제기되는 몇 가지 문제"의 필자가 주장하듯이 북한의 교재들이 실용적 언어로 되어 있는 모택동 시대의 중국의 학교교재와 달리, 과학적, 학문적 언어를 다량 포함하고 있다는 것은 외면하였다. 또한, 북한 언어가 내부 성원들 사이에서는 소련의 펠레톤이나 중국의 대자보에서 쓰이는 것과 같은 투쟁적 언사를 쓰지 못하도록 한 것은 감안하지 않은 것 같다.

의 형식에 사회주의 내용이라고 정식화되었던 사회주의 문학예술은 사회주의 형식에 민족적인 내용으로 채워졌다고 봄이 적절할 정도였다.[54) 청소년에 대한 교육도 어느 정도 혁명기 이전의 모습을 되찾았다.[55)

소련의 공산주의혁명은 사회이동이 끝나고 짜르시대의 계급질서 대신 새로운 계급질서가 수립된 다음부터 퇴조하기 시작하였다. 스탈린체제 내에서의 변화가 시작된 것이고 문화적 측면에서 보면 프롤레타리아문화가 부르주아문화와 타협을 하기 시작한 것이다. 이것은 사회주의애국주의라는 이름으로 정당화되었다. 스타하노프 일꾼들은 산업교육원의 교육을 받는 동안 교양인으로 태어나야 했는데, 여기에서 제공하는 교양이란 노동계급의 문화와 직접 관련이 없는 소련문학과 예술이었다. 스타하노프 일꾼들은 '인테리'들이나 부르주아가 만들어 놓은 문학예술을 이해하거나 소비하기 급급했을 뿐 아니라 그것이 계층상승의 표식인 양 즐겼다. 문학과 음악계에서 손꼽히는 교수들이나 명사들의 강의를 들었다. 주제는 푸시킨, 레르몬토프, 고골, 투르게네프, 네크라소프 같은 작가들, 그리고 글린카, 다르고미스키, 차이콥스키같은 유명 작곡가들에 관한 것이었다. 볼쇼이 극장 공연도 즐겼다. 한마디로 옛 귀족, 부르조아, '인테리'들이 누리던 문화생활 그것이었다.[56)

스타하노프운동 시기 소련의 교육교양정책을 주도한 사람이 쥬다노프다. 쥬다노프에 의해 소련은 근대적인 학력사회로 이동하게 되었고 무료 고등교육제도는 폐지되었다. 학력이 높은 사람들이 당에 가입할

---

54) 제임스 빌링턴, 「러시아역사의 유산」, 로버트 대니얼스 외, 『스탈린혁명』(서울: 신서원, 1997), 229쪽. 슬라브주의라고도 하는 이런 자민족중심주의적 경향으로 인해 소련에서 부르조아문화가 프롤레타리아문화를 압도하게 하였지만 2차 세계대전 중에는 전시체제로 인해 그 문제점이 쉽게 드러나지 않았던 것으로 보인다.

55) 양호민 · 강인덕, 『공산주의비판』(서울: 극동문제연구소, 1986), 179쪽.

56) 이종훈, 「스타하노프 일꾼들의 술회 속에 나타난 일상」, 임지현 · 김용우 엮음, 『대중독재3』(서울: 책세상, 2007), 185~191쪽 참조.

수 있는 쉬운 길이 열린 것이다.

> 공산당지도부 내에서 고등교육을 받은 사람 중의 한 사람인 쥬다노프는 이미 1934~1938년에 소비에트문화정책에 상당한 영향력을 행사하였고, 「소비에트애국주의」를 위한 문화혁명에도 가담한바 있었다. 그가 발의한 정책 중에는 1939년 「인테리겐차의 당가입에 대한 제한철폐)」, 1940년 「고등학교상급반의 수업료면제의 철폐」, 그리고 1944년 「졸업시험의 재실시」 등이 있다.[57]

게다가 2차 대전 중 소련과 미국이 연합군을 형성함으로써 미국의 문화가 자연스럽게 소련에 들어왔다. 소련의 문화부문의 권력자인 쥬다노프가 다시금 내부 단속에 나섰지만 소련에서 미국문화 즉 부르조아문화가 전파되는 것을 효과적으로 막아낼 수 없었던 것으로 보인다. 그것은 모든 사회주의국가들에서 일어난 현상이었다. 그리고 란코프의 주장처럼 1953년 3월 스탈린의 사망하고 1956년 2월 소련공산당 제20차 대회에서 흐루시초프에 의한 스탈린격하 이후에는 서구문화는 급속도로 공산권으로 퍼져나갔다.

> 스탈린 사후, 외국의 방송을 듣는 것은 합법적인 행위였다. 그 방송의 내용이 체제전복적이라고 할지라도 말이다. 소련에서 외국 방송은 자주 전파 교란을 받았지만 이는 주요 도시의 바깥에서는 별로 통하지 않았다. 그리고 고급의 단파 라디오는 상점에서 쉽게 구입이 가능했다.[58]

이에 대응하여 북한이 서구문화의 유입에 대해 강력하게 통제한 것만을

57) 양호민 · 강인덕, 『공산주의비판』, 182~183쪽.
58) 안드레이 란코프, 『리얼노스코리아』(서울: 개마고원, 2014), 77쪽.

본다면 북한의 문화정책의 일면만 본 것이다. 통제와 함께 북한이 강화한 것은 바로 문화의 인민성이라고 할 수 있고 노동계급화라고 할 수 있다.[59]

사실주의 이외의 예술과 문학을 계승할 것을 거부하고 프롤레타리아 문학과 예술을 창조하는 것이 북한의 문화혁명의 한 방향이었다. 자연주의, 예술지상주의, 형식주의는 모두가 부르주아사상으로 단죄되었다.[60]

김일성은 문학예술의 형식도 내용도 인민들의 정서에 맞아야 하고 혁명적이어야 인민의 교양에 복무할 수 있다고 주장하였다.

> 문학예술이 인민들의 교양에 적극 이바지하며 그들에게 철저히 복무라는 참다운 혁명적이며 인민적인 문학예술로 되려면 그 내용이 혁명적이며 인민적인 것으로 되어야 할 뿐 아니라 그 형식이 또한 인민들의 비위와 생활감정에 맞으며 인민들이 쉽게 알 수 있고 좋아하는 민족적이며 통속적인 인민적 형식으로 되어야 한다.[61]

예술과 문학의 사상적 토대를 증명하기 위해서 북한의 이데올로그들은 사상자체가 감정을 반영하고 있다고 주장하면서 이것을 사상감정이

---

59) 모택동도 처음에는 자신의 민족적 전통을 적대시하지는 않았다. 그러나 문화혁명기에 와서는 전통을 전적으로 배격하게 된다. 중국의 경우는 문화대혁명기 때 모택동은 아예 부르조아 문화를 파괴함으로써 새로운 프롤레타리아문화를 만들고자 시도하였다. 겉으로 보기에는 북한의 문화정책은 소련의 경험과 중국의 경험을 종합하거나 절충한 것이라고 할 수 있다. 그러나 김일성이 소련과 중국의 경험을 의식하면서 자기의 경험을 만들어 갔다고 봐야 할 것이다. 스탈린과 모택동은 결국 부르조아 문화와 다른 공산주의 고유의 프롤레타리아 문학예술을 만드는 데 실패했다. 공산주의자들에 의해 일어난 문화혁명은 결국 부르조아 문화를 파괴하거나 부르조아 문화에 흡수되는 것으로 끝났다. 그런데 공산주의적 문화를 만들어낼 수 없다면 공산주의적 새인간은 탄생될 수 없다. 개인적으로는 공산주의적 새인간이 나올 수 있지만, 집단이 공산주의적 새인간으로 탄생될 수는 없다. 그리고 문화혁명 없이 사상개조, 인간개조도 불가능하고 인간개조 없이 새로운 사회, 공산주의 사회는 도래할 수 없다.

60) 사회과학원 문학연구소, 『북한의 문예이론: 주체사상에 기초한 문예이론』(서울: 인동, 1989), 123쪽.

61) 사회과학원 문학연구소, 『북한의 문예이론: 주체사상에 기초한 문예이론』, 116~117쪽.

라고 지칭했다.[62]

김일성은 감정에는 옳은 감정과 옳지 못한 감정이 있으며, 더 좋은 감정과 더 나쁜 감정도 있다고 생각하였다. 이러한 감정론에 따르면 문학예술의 목적은 올바른 감정, 고상한 감정을 고양시키고 잘못된 감정, 비천한 감정은 약화시키는 것이다.[63]

사상감정이라는 말은 감정이 인지적 효과를 가지고 있음을 북한식으로 표현한 말이라고 볼 수도 있다. 사람들은 인지를 통해서 가치판단을 하는 것보다 감정이라는 느낌을 통해서 가치판단을 한다고 볼 수 있기 때문이다. 인간은 이성적 동물 이전에 감정적 동물이라는 생각이 밑바탕에 깔려 있는 것이다. 이것은 자유주의 사회에서도 통용되는데, 유권자들이 지지하는 정당은 유권자들의 합리적인 판단에 근거한 것이 아니라 그 정당이 표방하는 가치에 대한 감정적 선호도가 더 큰 영향을 준다고 할 수 있기 때문이다.[64]

북한에서는 문학예술이 공산주의적 인간을 양성하기 위한 지속적인 교양의 수단이 되어야 할 뿐만 아니라 직접 실천과 행동에 나서도록 하는 선전선동의 효과가 있어야 한다. 즉 문학예술을 향유하는 것은 향유하는 것으로 그쳐서는 안 되고 반드시 직접적인 실천과 행동을 일으킬 수 있어야 한다. 직접적인 실천과 행동을 겨냥한 문예작품을 요구하다 보면 그 예술적 기량, 다양성, 복잡성은 훼손될 수밖에 없었다. 한마디

---

62) “문학 예술은 바로 인간을 중심으로 한 생활을 반영하며 무엇보다도 인간의 운명과 그들의 사상 감정을 그려 낸다. 그리하여 문학예술은 독자들에게 사람들의 생활과 그들의 사상 감정에 대하여 심오하게 리해할 수 있게 하여 준다.” 리상태, 「공산주의적인 새 인간 형성에서의 문학 예술의 역할」, 『근로자』 제12호(1962), 31쪽.

63) 이러한 감정론은 막스 셸러의 감정론과 근본적으로 다르지 않다. 이을상, 『가치와 인격: 막스 셸러의 실질적 가치 윤리학』(서울: 서광사, 1996); 조정옥, 『감정과 에로스의 철학: 막스 셸러의 철학』(서울: 철학과현실사, 1999).

64) 조너선 하이트, 『바른 마음』(서울: 웅진하우스, 2014).

로 주제의식이 명확하고 구성이 단조롭고 집단의식을 고취시킬 수 있는 문예작품만이 노동자계급의 문예일 수밖에 없었다.

아직 서구화되지 않은 조선인민들에게 적합한 이런 노동자계급의 문예작품의 전례는 무엇일까? 북한의 주장에 따르면 항일유격대시절에 김일성이 이미 그와 같은 작품을 만들어 냈다고 한다.

> 우리는 1936년에 만강을 해방하고 김 일성 동지의 지도 밑에 연극 《혈해》를 비롯한 예술 공연을 진행하였을 때 이에 감동되여 즉석에서 여러 명의 청년 남녀들이 참군할 것을 결의하고 앞을 다투어 나섰던 사실을 잘 알고 있다.65)

그러나 이 정도로는 북한의 주체적인 프롤레타리아문학예술이 수천 년 이상 이어져 내려온 부르조아 문학예술, 봉건적 문학예술을 이겨낼 수도 없고 대체할 수 없다. 신생 공산주의국가의 문화자본이 양과 질에서 뛰어난 예술작품을 만들어 내고 선진 자본주의국가의 문화자본을 따라 잡을 수는 없다. 그리고 과연 항일유격대가 창조했다는 문학예술이 과연 문학예술 오래된 미래 즉 미래의 공산주의 문학예술을 선취한 것이라고 봐야 할지도 확신할 수 없는 것이다. 이런 상황이었기 때문에 김일성은 선진국의 문학예술을 퇴폐적인 것이라고 일방적으로 규정하고 차단하고 시간을 번 다음에 그 사이에 새로운 공산주의 프롤레타리아 문학예술을 새롭게 만들어 내고자 했던 것으로 보인다. 일종의 문화적 쇄국정책을 시도한 것이다.

---

65) 리상태, 「공산주의적인 새 인간 형성에서의 문학 예술의 역할」, 31쪽. 당시 만강에서의 '피바다'나 1930년 창작되어 오가자에서 공연된 '꽃파는 처녀'는 말로만 전해졌을 뿐 당시의 문예인들이 이것을 중시하지는 않았던 것으로 보인다. 따라서 항일빨치산들이 창작했다는 작품들이 제대로 보존된 것인지를 확인할 수는 없다. 사실 북한의 혁명가극의 원형이 정확히 어떠했는지는 아무도 알 수 없을 것이다.

특히 음악과 무용은 그 집단성으로 인해 중요한 역할을 했던 것으로 보인다. 군중무용과 합창, 집단체조는 집단주의에도 적합하고 문학예술의 대중성과 인민성을 강화하는 데도 매우 유용했던 것으로 보인다.[66)]

집단주의교양이 공산주의교양의 핵심적 내용이 되면서 예술도 집단주의에 의거해서 그 방향으로 정해졌다. 군중예술이 모든 예술의 정점이 된 것이다. 개별적 기능을 종합해서 군중예술을 만드는 방향으로 진행된 것이 아니라 군중예술, 집단주의 예술을 전제로 해서 개별적 기능을 익히는 방향으로 진행된 것이다. 이것은 또한 예술에서도 엘리트주의보다 평균주의를 강화하는 것이었다. 음악에서는 개인별 경연이나 독주는 최대한 억제되었다. 나의 능력을 발휘하기보다는 내 실력과 취향을 남과 조율하고 맞춰가는 것이 예술활동의 군중노선이고 집단주의였다. 이처럼 천리마작업반운동은 예술에서도 공산주의적 집단주의를 강화시켜야 했다. 천리마작업반운동은 북한주민들의 예술교양, 정서교양의 방향과 내용에도 결정적 역할을 한 것으로 보인다.[67)]

---

66) "특히 군중 무용은 근로자들을 서로 돕고 화목하게 할 뿐만 아니라 집단주의 사상으로 무장시키며 그들의 정서를 높이며 증산 투쟁에로 고무한다. 군중 무용《총 동원가》,《유격대 행진곡》등은 근로자들을 환희와 랑만으로 들끓게 할 뿐만 아니라 그들의 계급 의식을 높이게 한다. 무용 보급을 위해서는 무용 써클원이 중심이 되어 점차 군중적으로 보급할 것이다. 군중 무용 조직은 점심시간, 저녁 최근 시간 후 혹은 집회 휴식 등의 시간을 리용하며 특히 야회 등에서 진행하도록 하여야 한다." 총련 중앙선전부, 『선동원들에게 주는 참고 자료』(동경: 선동원사, 1963), 171쪽.

67) "무용에서 좋은 재료로 되는 것은 인민 무용인바 인민 무용에 근거해서 만들어진 군중 무용은 특히 훌륭한 재료로 된다. 무용에 대한 기본 요구는 인민 무용에서 취재하되 그 형상이 소박하고 아름답고 선명하며 그 실기가 우수해야 한다는 데 있다. 의상은 민족적 특색을 나타내는 것이라야 하며 그 색체가 흥미를 끌며 잘 조화되며 맵시나면서도 은근하여야 한다.(중략) 학교에서는 개별적 출연에 치우치는 《독연》, 《독주》등의 개인 연기에 지나치게 관심을 둘 것이 아니다. 무용의 교양적 의의는 학교에 군중 무용을 도입하는 데 있다." 교육학분과집필위원회, 『교육학: 사범전문학교용』, 320쪽.

제3절 산지식인이 되어야 한다

일제시대의 영향으로 인해 북한의 주민들에게는 대학을 나온 사람들, 유학을 갖다 온 사람들에 대한 맹목적인 기대감과 경외감이 있었다. '인테리'상은 일제시대의 지식인들, 소련유학생들, 일제 때부터 있어왔던 공산주의 활동가들로부터 유래했다. 북한에서 소련 등 외국으로 유학갔다 온 사람들에 대한 칭송과 기대는 여전했다. 그러나 그들이 실력발휘를 하려면 소련이 북한에 지속적으로 기술지원과 물자를 도입되어야만 했다. 그들의 지식과 기술은 소련의 현실에 적합하게 적응되어 있었기 때문이다. 김일성은 처음에는 소련과 스탈린의 지원의 고마움과 중요성에 대해서 분명히 표현했다. 그런데 스탈린 사후 사회주의혁명 이후 북한이 중공업위주의 경제계획을 수립하자 사회주의 건설과정에서 소련과의 관계는 결정적으로 훼손되었던 것으로 보인다. 북한은 소련으로부터 전폭적인 지원을 받을 수 없게 된 것이다. 이런 점에서 소련의 물질적, 지적 교류 없이는 자신의 실력을 발휘하고 존재적 위상을 하기 어려웠던 지식인들과 김일성의 대립이 심화되었다. 북한에서는 소련과 스탈린, 흐루시초프를 대신해서 조선인민과 김일성만이 소리 높여 찬양되었다.

주체확립과 혁명적 군중노선이 관철되는 과정은 북한에서 소련 등 선진국의 지식과 기술에 의존하는 지식인관이 타파되는 과정이었으며 군중들에게 지식인과 지식에 대한 새로운 관점을 갖도록 하는 과정이었다고 볼 수 있다. '인테리'를 혁명화하기 위해서도, 대중이 정치, 기술, 문화에서 주체가 되게 하기 위해서도 지식에 대한 신비주의를 깨야만 했다. 새로운 지식인상을 세운다는 것은 새로운 지식인상을 통해 새로운 교육철학과 교육방법을 수립한다는 것과 같은 일이다. 혁명적 '인테리'를 대중적으로 표현한 말이 산지식인이라는 용어다.

산지식인은 북한의 현실에서 요구되는 지식인을 의미했다. 그리고 북한의 현실이란 주체확립과 군중노선이라는 목표지향적 현실을 의미했다. 이러한 목표를 지향하기 위해서는 기존의 지식이나 지식인관이 바뀌어야만 했다. 북한에서 요구되는 과학과 지식은 주체확립과 군중노선이라는 북한의 현실에 적용될 수 있는 과학과 지식이어야 했다. 학문은 학자들 개개인의 진리에의 의지나 탐구욕의 결과물이 되어서는 안 된다. 북한은 해결해야 할 문제가 있으며 그 문제 해결을 위해 요구되는 과학과 지식도 주체확립과 군중노선에 적합해야만 인정받을 수 있었다. 지식은 실제문제를 해결하는 데 도움이 되어야 한다는 것은 실용주의적인 과학관 지식관이라고도 할 수 있다. 그러나 당시 북한의 교육은 이런 것을 만족시켜주지 못하고 있었다. 김일성의 입장에서 보면 북한의 교육은 주체성이 부족한 만큼 현실과 괴리되어 공산주의 건설이라는 북한의 현실적 요구를 충족시키지 못하고 있었다. 김일성은 사람의 실제 능력보다는 학력을 보고 판단하는 경향을 대학신비병이라고 강하게 비판하고 대학생과 대학졸업생에 대해서도 불만을 노골적으로 표시하였다.

> 중학을 나와야 중학지식이 있고 대학을 나와야 대학지식이 있는 것은 결코 아닙니다. 학교 졸업증이 문제인 것이 아니라 사람들의 실지 문화수준과 지식수준이 문제입니다.
>
> 어떤 동무들은 남의 이력서를 보고 대학졸업이라고 하면《이 사람이 상당한데》하고, 소학졸업이라고 하면《이 사람 문화수준이 대단히 낮구만》이렇게 속단합니다.
>
> 나는 이러한 판단이 얼마 어리석고 위험한것인가를 여러차례 보았

> 습니다. 대학졸업생이라고 해서 만나보니 많은 사람이 대학지식은커녕 판무식쟁이라는 것이 드러났으며 또 소학졸업생이라고 하여 모두 허수히 여기는 사람을 만나보면 그들가운데에는 아주 점잖고 지식수준이 높은 사람이 얼마든지 있었습니다.
>
> 내가 왜 이런 말을 하는가 하면 동무들이 대학신비병에 걸리지 않게 하기 위해서입니다. 대학을 못나왔다고 하여 자기를 지나치게 낮게 평가할 필요도 없는것이며 대학을 나왔다고 하여 우쭐해서는 더욱 안됩니다.[68]

김일성 자신이 대학을 나온 것이 아니기 때문에 자신의 경험에 의거해서 더욱 용이하게 학력주의를 비판할 수 있었고, 8월종파사건 이후 공산주의 건설과정에서 주도권을 확보한 항일유격대출신들이 또한 대학출신이 아니었다는 점들이 학력주의비판을 강화할 수 있었던 요인이 되었던 것으로 보인다.

김일성은 당시 지식인들이 현실이나 실천과 괴리되어 있음을 계속 언급했는데 그의 주장을 요약하면 다음과 같다. 첫째, 산지식은 현실적이어야 한다, 산지식인들은 북한의 현실에 요구되는 기술혁신을 주체적으로 해나갈 수 있는 사람들이다. 김일성은 공산주의 교양, 당정책, 김일성교시 등이 모두 북한의 현실을 반영하고 있다고 생각한다. 그러므로 어떤 지식이든 당정책이나 교시와 연관성이 있어야 현실성이 생기는 것이다. 이런 현실성에 부합하는 쓸모 있는 지식을 가진 지식인이 바로 산지식인 것이다. 선진국의 현실과는 다른 북한의 현실, 선진국의 사상이나 가치와는 다른 북한의 사상, 북한이 추구하는 가치가 북한에서 요구되는 지식의 전제조건이 되어야 한다는 것이다. 어떤 지식이든 북한식의 사회주의가치와 그것을 구체화한 당정책, 교시 같은 것이 그 지식의

68) 김일성, 「공산주의교양에 대하여(1958. 11. 20)」, 601쪽.

핵심을 차지해야만 그 지식은 산지식이 된다는 것이다. 둘째, 산지식과 산지식인이라는 말은 북한이 추구하던 주체확립이라는 노선을 지식과 지식인에 적용한 것이라 할 수 있다. 김일성이 주체성을 거론한 것은 이미 1955년의 연설에서부터였다. 그 때부터 김일성이 산지식이라는 말을 썼을 때, 다른 지식은 죽은 지식이라는 뜻도 내포되어 있는 셈이다. 산지식인이 아닌 지식인들은 죽은 지식인이고 쓸모없는 지식인이라는 뜻이다. 셋째, 산지식인은 혁신적이어야 한다. 혁신이란 북한의 현실에 적응하기 급급한 것이 아니라, 현실에 적합한 더욱 발전된 기술문화를 만들어 내야한다는 것이다. 창의고안을 하려면 모든 사대주의, 기술신비주의, 소극주의와 보수주의를 비판하고 극복해야 한다. 이렇게 산지식을 규정하게 되면 기존의 유학생이나 대학졸업생들과 노동자계급의 근본적인 지적 차이는 존재하지 않게 되고, 오히려 당정책과 김일성 교시에 충실한 노동자들이 북한 정권이 요구하는 성과를 더 잘 낼 수도 있었고 산지식인에 가까워 질 수 있었다.[69]

물론 김일성의 선전선동에 가까운 이런 연설은 부작용도 낳았다. 왜냐하면 구지식인에 대해 비판을 하면 할수록, 산지식인이 구지식인에 대한 대안으로 강조되면 될수록 계급, 계층 간의 협동, 협력보다는 지식인과 노동자가 서로 배척하게 만든 점도 있었기 때문이다. 김일성은 이런 우여곡절을 겪으면서도 노동자와 지식인들이 힘을 합쳐 북한 현실에 맞는 기술혁신을 해 주기를 바랐던 것으로 보인다.

---

69) "오늘날 평양에서 열리고 있는 전국집단혁신전람회에는 수많은 기계와 연구성과가 전시되고 있다. 그 대부분은 근로자, 농민의 창의고안의 결실이다. 그런데 유감스럽게도 여기에는 우리의 과학자의 발명과 연구성과는 거의 없다. 현실과 유리되어, 현실에서 제기하는 문제에서는 눈을 돌리고 순수한 '학구적 연구'만을 하는 경우에는 그러한 학자의 과학은 창조적인 힘을 잃어버리고 그것은 공허한 명제와 공식의 퇴적으로 되어버릴 것이다." 「재차 보수주의와 소극성에 반대하여」, (『로동신문』 1958. 9. 16)」, 백두연구소 엮음, 『북한의 혁명적 군중노선』(서울: 도서출판 백두, 1989), 25쪽.

따라서 일반적으로 알려져 있는 공산주의적 지식인 즉 '붉은 인테리'와 김일성이 주창하는 산지식인은 근본적으로 다른 점은 없다. 또한 산지식인이라는 용어는 위에서 이미 언급한 공산주의적 새인간과 범주적으로 일치되는 것이기도 하다. 공산주의에서 말하는 전면적으로 발전된 인간을 만들어 내기 위해서는 지식과 기술의 소유는 당연시되었다. 산지식인이란 공산주의 사상과 도덕교양의 습득을 전제로 해서 북한의 노동현실, 산업적 요구를 충족시킬 수 있는 주체적인 지식과 기술을 습득한 지식인을 의미하는 것이다. 그러기 위해서 산지식인은 노동현장 속에서 북한의 현실을 몸으로 터득해야 하고 끊임없는 사상교양, 당정책교양을 통해서 그 사회의 과제와 국가노선을 알아야 하는 것이다. 그런데 학교교육에서 보면 '붉은 인테리' 양성, 곧 산지식인의 양성이라는 과제는 이론과 실천의 결합에 대한 문제, 생산노동의 교육교양적 의의에 대한 문제와 같은 교육학적 문제를 제기한다.

1. 이론과 실천의 결합

공산주의교육에서는 이론과 실천이라는 인식론적, 교육적 관점에서 생산과 노동교양이 중요할 것이라고 추론할 수 있지만 공산주의의 창시자인 마르크스는 이러한 인식론적, 교육적 관점에서 생산과 노동의 필요성, 필연성을 이야기한 것이 아니다. 마르크스는 주로 전면적 인간발달의 일부로서 기술교육을 위해서 생산노동을 중시한 것이었다. 레닌은 사회주의혁명과정에서부터 이론과 실천의 결합을 강하게 주장했다. 사회주의국가의 산업건설과 기술발달이 절실했던 레닌은 이론과 실천의 결합을 더욱 절실하게 요구하였고 이론과 실천의 결합을 위해서는 생산노동이 필히 요구된다는 것을 강조하였다. 마르크스는 전면적 발달의 하나로서 기술자가 되어야 함을 중시한 것이고 레닌은 이론과 실천의 결합을 통한 인식과 지식의 발전을 중시한 것이다.[70)]

김일성은 전면적 발달을 위해서도 그렇고 이론과 실천의 변증법적 관계 때문에서도 노동의 중요성을 강조하였다. 산지식인이 되기 위해서는 생산노동의 질을 높여야 했고 이는 이론과 실천을 결합해야만 가능한 일이었다. 그에 따라 위에 언급된 레닌의 주장을 북한에서는 더욱 철저히 실현하고자 했던 것으로 보인다. 이론과 실천의 연관성과 결합은 이론이 실천에 앞설 수도 있고, 실천이 이론에 앞설 수도 있다. 이론과 실

---

70) "력사적인 조선 로동당 제 3차 대회는 오늘 우리 나라의 교육을 경제 건설과 사회 발전의 요구에 순응하도록 하기 위하여 중등학교에서 충분한 범위의 일반 교육과 함께 기본 생산 기술 교육을 실시하며, 교육과 생산 로동과의 련계를 일층 강화할 과업을 제기하였다. 기본 생산 기술 교육의 필요성은 칼 맑스가 로동자들의 전면적 발전의 과업을 해명하는 것과 결부하여 처음으로 제기하였다. 맑스에 의하면 기본 생산 기술 교육은 모든 생산 과정의 기본 원리를 잘 알게 하며, 동시에 아동과 소년들에게 모든 생산의 간단한 도구를 사용하는 수련을 주는 교육이다.(중략) 기본 생산 기술의 리념은 웨 · 이 · 레닌에 의하여 더욱 발전되였다. 그는《인민과의 몽상의 정화》라는 론문에서 다음과 같이 썼다.《젊은 세대의 학습과 생산 로동을 결부함이 없이는 미래 사회의 리상을 생각할 수 없다. 즉 생산 로동과 결부되지 않는 어떠한 교수 및 교양도 또한 교수 및 교양과 결부되지 않는 어떠한 생산 로동도 현대 기술의 수준과 현재의 과학적 지식이 요구하는 높이에 도달할수 없다》(레닌 전집 2권 440페지)력사적인 조선 로동당 제 3차 대회는 오늘 우리 나라의 교육을 경제 건설과 사회 발전의 요구에 순응하도록 하기 위하여 중등학교에서 충분한 범위의 일반 교육과 함께 기본 생산 기술 교육을 실시하며, 교육과 생산 로동과의 련계를 일층 강화할 과업을 제기하였다." 교육학분과집필위원회, 『교육학: 사범전문학교용』, 56쪽. 이론과 실천의 결합 그리고 '붉은 인테리' 양성은 러시아혁명 이후 공산주의 교육에서는 항상 주장되어 왔다. 따라서 레닌의 지식관, 노동관은 마르크스의 노동관과 지식관을 발전시킨 것이라고 할 수 있다. 이것은 레닌이 마르크스에 비해 인식론에서의 실천을 강조함으로써 강화된 것이라고 할 수 있다. 이론과 실천의 결합이라는 문제는 교육의 고유 문제이기도 하지만 마르크스 인식론으로부터 나온다. 이론은 실천을 위해 존재하고 이론은 실천을 통해서 입증이 되고 확고한 인식이 될 수 있다. 실천에서는 많은 문제가 제기되고 이것은 또한 인식에 이르는 길이기도 하다. 여기서 학생들의 실천은 마지못해 하는 것이 아니라 이론을 터득하고 체득하는 과정이므로 반드시 학생들이 거쳐야 하는 과정이었다.

천의 결합을 가능하게 한 것은 북한에서 교과활동만큼 비중이 컸던 교과외활동, 생산 노동 덕분이었다.[71]

과외활동과 생산노동이 교육교양적 효과를 올리기 위해서는 학생들이 수업시간에 습득해야 하는 체계적인 지식과 생산노동이 강력하게 연계가 되어야 하고 수업내용은 생산노동의 구체적인 준비과정이 되어야 하는데 그에 대한 책임은 각 학교의 교사들에게 지워져 있었다. 약수중학교에서도 교사들은 수업시간에 교과와 관련된 생산기술적 자료들을 부단히 도입해야 했다.

> 동시에 학교는 학생들에게 충분한 일반적 지식과 기술적 지식에 토대해서 생산 로동에 참가하게 하며 의식적이고 자각적인 태도로써 로동에 대하게 한다. 이를 위하여 학교는 부단히 실천적 문제의 해명에 있어서 학과목 교수에서 배운 지식을 적용하며 일반 과목과 인민반에서는 로동 교양 과목, 중등반에서는 생산 실습, 기술반에서는 기초 기술 과목, 축산 과목들과의 련계를 지으며 교수 내용에 생산 기술적 자료들을 부단히 도입한다.[72]

---

71) "우선 리론이 실천에 선행되는 형태가 있다. 례하면 학생들이 정치사상과목에서 배운 위대한 수령님의 혁명사상과 당정책을 해설하는 글을 짓고 군중들앞에 나서서 해설선전하며 또한 수학에서 배운 지식을 학교연구실을 꾸리기 위한 실제작업, 각종 물체의 표면적과 용적을 계산하는데서 적용한다.(중략) 리론과 실천의 결합은 다음으로 실천이 리론에 선행하는 형태로 진행된다. 이러한 경우에 학생들의 실천활동은 혁명리론과 원리, 과학과 기술을 배우는 출발적계기로 된다. 학생들은 여기에서 축적한 경험에 기초하여 새로운 지식을 습득한다. 례를 들어 생물시간에 식물의 영양을 배울 때 이미 그들이 꼬마계획활동에서 해바라기와 피마주를 키우면서 얻은 경험에 기초하여 수분과 해빛, 토양, 비료에 대한 지식을 습득한다."『사회주의교육학: 사범대학용』(평양: 교육도서출판사, 1991), 230~231쪽. 물리학개념 중 대다수는 공장에서 이루어지는 산업노동과 관련지어 설명할 수 있을 것이고 질문도 그렇게 설명할 수 있을 것이다. 실습 때는 이와 같은 설명과 질문이 교과수업 때보다 더욱 생생하게 현실과 결합되어 진행될 수 있었다. 북한의 교육학자들은 이렇게 해서 일반교육과 기술교육이 잘 결합될 수 있다고 보았다.

72) 교육도서출판사,『약수 중학교 교육 경험』, 100쪽.

그를 위해서는 과외활동의 교육과정은 학문중심으로 교과과정에 의거 체계적으로 지식을 편성한 다음에 그에 맞춰 교과외활동, 생산노동을 끼워 맞춘 것이 아니다. 반대로 지역별로, 정책적으로 요구되는 실습, 생산노동, 사회활동 즉 교과외 활동이 먼저 제시되고 그것을 위해 학생들이 습득해야 할 일정한 지식과 학문에 대해 선택적으로 교과과정으로 구성했다고 볼 수 있다.

> 게사니를 기르는 첫 시기에 동물, 축산 통론 과목들에서는 과외 수업으로, 인민반 국어, 자연 과목들에서는 게사니의 생활 상태와 형태학적 특징을 교수하였다. 그 밖에 이 지방에 많이 자라고 있는 각종 산채, 도라지, 인삼, 삿째, 삼지구엽토, 오미자 등의 자연생 약초, 머루, 다래, 찔광이, 아광이, 돌배 등의 산과실, 군내 지방 공업 기업소들의 생산 시설과 주요 제품들, 리내 농목장의 기계화된 기술 장비와 생산 장성 상태 등의 지방 자료를 교수에 리용하였다.[73]

그런데 북한의 교육학에서 이론과 실천의 상호의존적 관계에 따라서 실천을 요구해야 할 범주는 매우 넓었다. 이 범주는 자연과학, 인문사회학, 문학예술, 생활분야에 모두 걸쳐있다. 이론의 실용성은 실천을 통해서 담보되는 것이다.

그러나 인식론에서 실천을 중시하는 것은 이론의 적용으로서 중시되는 실천과는 다른 것이다. 실천이 인식을 주도하기 위해서는 이론을 적용하고 검증하는 것보다 복잡한 과정을 거쳐야 한다. 실천을 강조할수록 순수 이데올로기만으로는 부족하여 실천이데올로기가 뒷받침되어야 하고 실천이데올로기에 따라서 구체적인 실천형태, 정책이 제시되어야 한다. 이론과 실천의 결합이라는 관계에서 본다면 김일성은 레닌보다도

---

73) 위의 책, 102쪽.

더욱 지속적으로 실천을 강조하였고 일상적으로 실천을 주민들에게 강제할 수 있는 힘을 가졌던 것 같다. 이렇게 실천을 강조하는 김일성의 생각과 강력한 힘은 결국 북한사회를 마르크스-레닌주의라는 순수 이데올로기의 지배로부터 북한식 실천이데올로기의 분화와 강화로 이끌어 갔다고 할 수 있을 것이다.

김일성은 실천이데올로기로서의 주체확립과 혁명적 군중노선을 내세워 북한 교육의 실천적 성격을 규정했다. 실천의 강조로 인해 북한주민들이 사상적으로 마르크스-레닌주의의 단순한 교조적 적용에서 벗어나게 만들었다고 할 수도 있겠지만, 북한주민들은 김일성의 교시, 당정책을 적용하기 급급했다고 볼 수도 있었다.

주체사상의 실천적 성격은 노동교양 뿐만 아니라 학교안팎에서 선전선동활동을 매우 중시하는 것으로 나타났다. 군중노선에 입각해 모든 인민이 선전연습을 함으로써 선전선동이 북한 주민들에게 체화되었다. 그 중에서도 '인테리'와 교사들은 선전선동의 모범을 보여야 했다. 교사는 학생에게도 선전선동을 해야 했고 학부모 앞에서도 서야 했다. 교사 자신이 5호담당제로서 선전을 담당해야 했다. 선전선동은 자신이 알고 있는 이론과 실천의 결합시킬 수 있는 수단이었다. 선전선동은 특히 여러 가지 행사기간에 교양이라는 이름으로 실시되었다.[74]

북한은 학생, 피교육자의 실천을 이끌어 내기 위해 반복학습을 중시했다. 산지식인은 학교에서 배운 것을 완전히 자기의 것으로 만들어야 했다. 그것이 지식이든 기술이든 교양이든 실천과 실습은 반복학습의 효과가 있었다. 주어진 이론은 행위자들에 의해 실천되고 무수한 실천

---

74) "도덕교양을 실생활과 결부시키는데서 중요한것은 또한 국가재산애호월간, 교통안전월간을 비롯한 국가적으로 제정된 월간행사를 계기로 실생활과 결부된 도덕교양을 잘하는 것이다." 전광두 · 장세운, 『소년단건설2: 사범대학 사로청지도원학과용』(평양: 교육도서출판사, 1986), 51쪽.

과정을 통해서 이론은 행위자에게 체화되었다고 할 수 있다. 실천위주로 하되 이론과 실천의 결합을 반복하는 것은 개인적인 과업이 아니라 조직적 과업이어야 했고, 이러한 조직적 실천은 소년단시절부터 시작되었다.[75]

실천을 중시하고 실천을 통해서 행위자들에게 이론과 사상을 체화시키기 위해서는 김일성은 교육보다는 교양을, 학급활동보다는 소년단 활동을, 직장생활보다는 조직생활을 더 중시 여겼던 것 같다. 교육은 교양에 종속되어야 했다.

2. 이론과 실천의 결합에 있어 생산노동이 갖는 교육교양적 의의

북한에서 생산노동의 교육교양적 의의는 "생산노동이 교육교양적 의미를 가지려면 이론과 실천이 결합되어야 하고 일부학생들만 부여해서도 안 되고 형식적으로 행해서도 안 된다. 생산노동이 막노동이 되지 않고 단순한 육체노동이 되지 않으려면 생산노동과정에서 요구되는 지식과 생산노동의 목적에 대한 교양을 치밀하게 하지 않으면 안 된다."는 원칙하에 행해졌다. 이러한 원칙은 소련의 저명한 교육학자인 마카렌코의 모범적 사례로 인해 당연하게 여겨졌고 생산노동의 구체적 내용까지도 마카렌코의 권위를 빌려 주장되기도 했다.

---

75) "소년단원들에 대한 도덕교양을 실생활과 결부시키는데서 중요한것은 무엇보다도 소년단생활과정이 도덕 규범과 준칙의 요구를 실지 행동과 활동으로 배워주는 과정으로 되게 하는 것이다. 소년단생활과정에 소년단원들의 도덕상태가 나타난다. 소년단생활과정은 소년단원들이 도덕 규범과 요구를 실생활에 구현해나가는 과정이라고도 말할수 있다." 전광두 · 장세운, 『소년단건설2: 사범대학 사로청지도원학과용』, 51쪽.

> 저명한 쏘베트 교육학자 아. 에쓰. 마까렌꼬의 교육 경험에서 우리는 교육과 생산과를 결합한 모범을 찾아 볼 수 있다. 그는 드쉐르진스끼 명칭 꼼무나에서 사진기 공장을 설치하고 학생들에게 하루 4시간 교수하고 4시간은 그들을 생산 로동에 참가시켰다.(중략) 금년부터 설치되는 기술 학교에서는 50% 학습하고 50%는 생산 로동을 실시하는 원칙에서 리론과 실천을 밀접히 결부할 뿐만 아니라 매년 1개월 반의 로력 동원을 통하여 전면적으로 발전된 적극적인 사회주의 건설자들을 육성해 낼 것이다.[76]

그리하여 우선 북한의 학교에서 노동교양이라는 이름으로 무분별하게 시행되었던 막노동을 벗어나서 마카렌코식의 생산노동이 이루어질 수 있도록 법령을 만들었다.[77]

다음으로 마카렌코식의 생산노동은 교육적 요구와 맞아 떨어져야 하고 동시에 실제로 생산적이어야 한다. 생산노동은 생산을 하기 때문에 생산노동이 아니라 명실공히 생산노동이 되려면 일정한 잉여가치를 생산하는 것과 직간접적으로 관계를 맺어야 한다. 생산물은 단위학교의 자체수요와 함께 지방적 요구를 충족시켜야 한다. 생산물은 실제로 인민에게 보급되어 활용되었고 생산노동은 인민들로부터 평가를 받아야 했다.[78]

---

76) 류영술, 「기술 혁명 수행에서의 중등 및 기술 의무 교육제 실시의 의의」, 『근로자』 제11호(1958), 15쪽.

77) "특히 각급 학교들에서 교육과 생산로동의 결합을 강화할 데 대한 교육 문화성령 제 6 호에의하여 많은 학교들에서 학생들의 로동이 교육적 목적에 종속되면서 제도화되여 가고 있다. 또한 새로 제정된 과정안과 생산 로동교수 요강에 의하여 시간표를 고착시키고 교수안을 쓰는 과정에서 로동 조직과 방법에 대하여 연구하며 종전과 같은 무계획적인 막로동이 시정되여 가고 있다." 보통교육국, 「교육과 생산 로동의 결합을 강화하기 위한 당면 몇 가지 문제」, 『인민교육』, 1960년 12월호, 20쪽.

78) "(중략) 또한 라진 동명 중학교에서는 생산 로동을 잘 조직함으로써 부삽, 불갈구리, 문고리, 못 등을 만들어 지방적 요구까지 일부 충족시키고 있다. 고급 중학교들에서

김일성은 공업분야의 천리마작업반운동이 모든 사회분야에 모범이 되기를 원하였지만, 특히 농촌에서는 학교가 지역사회의 모범이 되기를 바랐고, 혁명의 중심지가 되기를 원하였다.[79)]

생산노동이 교육교양과 결합되려면 그 생산노동의 내용이 교과목과 관련이 없는 노동이 아니라 교과목과 연계된 노동이 되어야 했다. 이런 조건을 충족시키기 위해 북한은 산업분야에 따른 노동관련 교과를 도입하기도 했지만, 일반적인 교과도 생산노동과 결부시켜 내용을 구성하였다. 이것은 이일경의 다음과 같은 당부에도 불구하고 교과의 지적, 이론적 수준을 약화시키기도 하였다.

> 다음으로 교육과 생산노동의 결합을 강화함에 있어서 중요한 문제는 학과목 교수의 이론적 측면을 약화시키는 현상이 발로되지 않도록 교수내용의 과학·이론적 수준을 높이는 문제입니다.[80)]

이론교육이 약화되는 것을 막기 위해서 북한의 교육학자들은 생산노동이 문제해결, 연구, 창의고안과정이 되도록 요구했다. 특히 실습이 절

도 학생들에게 기술을 습득시키는 사업에서 성과를 올리고 있는바" 『인민교육』, 1960년 12월, 20쪽.

79) "모든 학교들에서는 경제림, 포도원, 호박산 조성운동을 비롯하여 피마주, 해바라기 재배를 광범히 조직·진행하여야 하겠습니다.(중략) 모든 학교들에서는 토끼사육에서의 선진적 사육방법을 도입하여 금년도 토끼 사육과제를 어김없이 수행하여야 하겠습니다. 동시에 우리는 학교에서 파지, 파고철, 파고무 등 일체 폐물회수사업을 활발히 조직·전개하여야 하겠습니다. 알곡 100만톤 증산을 위한 전 인민적 투쟁에 호응하여 우리는 학교실습지와 농목장운영에서 반드시 타에 모범이 되는 증산성과를 쟁취하여야 하겠습니다." 이일경, 「김일성원수의 청산리교시와 교육부문에 주신 교시를 더욱 철저히 실천하기 위하여(1961. 4. 25)」, 백두연구소 엮음, 『북한의 혁명적 군중노선』, 249쪽. 결국 북한의 학교는 공업학교든 일반학교든 마르크스가 생각했던 종합기술학교는 아니었다.

80) 이일경, 「김일성원수의 청산리교시와 교육부문에 주신 교시를 더욱 철저히 실천하기 위하여(1961. 4. 25)」, 246쪽.

대적으로 중시된 고등기술학교에서는 2교대를 통해서 실습시간을 확보하도록 하였다고 한다.81)

또한 생산노동이 교양과정이 되기 위해서는 당정책과 결합되어야 했다. 이것을 북한에서는 교수의 당정책화라고 했다. 교수의 당정책화를 위해서 당정책이 교과에 명시적으로 반영될 뿐만 아니라 생산노동과 그 생산물에 구현됨으로써 교양과 교육의 유기적 연계가 실천적으로 보장되었다고 주장했다.82)

교수의 당정책화에 따르면 교원은 수업 중에 당정책과 수령의 현지교시를 적절히 인용하는 것으로 그쳐서는 안 되고 수업의 중심고리로 삼을 수밖에 없었다. 그러나 1960년대의 북한 교육과정을 보면 생산노동의 정체성을 찾는 방황의 시기였음을 알 수 있다. 해마다 교육과정에서 계속적으로 생산노동의 비중이 바뀌어 간 것을 보면 알 수 있다. 초기에

---

81) "학교는 생산 로동을 막로동으로가 아니라 일반 과목의 리론적 지식을 생산 실천에서 창조적으로 적용하며 새로운 생산 기술적 문제의 해명을 위한《전문적인 관찰》과《실험》의 형태로 연구적으로 진행하며 학생들을 창의 고안, 기술 발명과 당면한 기술 문제의 해결에로 추동하고 있다." 교육도서출판사, 『약수 중학교 교육 경험』, 100쪽. "희천고등기계공업학교, 개천군 천동공업학교는 실습공장들을 완비하고 그 설비를 정상적으로 운영하는 데서 긍정적인 경험을 축적하였습니다. 이 학교들에서는 학생들의 기술 · 기능수준을 높이며 설비이용률을 제고하기 위하여 과정안에 입각하여 학급별 실습조직 순환표를 작성하고 실습하는 기간 실습에 참가하는 학생들은 하루 2교대제로 1일 8시간작업을 정상적으로 진행하고 있습니다. 이리하여 학생들의 자습도 정상적으로 보장하면서 실습공장을 쉬우지 않고 정상적으로 운영하여 설비이용률을 높였으며 이미 질 좋은 만능선반을 비롯하여 각종 실험실습기구들과 학교의 물질적 토대를 꾸리는 데 필요한 제품들을 생산해내고 있습니다." 이일경, 「김일성원수의 청산리교시와 교육부문에 주신 교시를 더욱 철저히 실천하기 위하여(1961. 4. 25)」, 248쪽.

82) "교육내용이 혁명과 건설에 쓸모있는 생산로동과 밀접히 결합되기 위해서는 우리의 혁명실천, 생산실천에서 절박한 해결을 기다리는 문제들이 옳게 반영되여야 하며 일반적원리도 우리의 구체적실천문제를 푸는데 도움이 되게 구성되여야 한다. 위대한 수령 김일성동지께서 처음으로 내놓으신 교수의 당정책화에 관한 리론은 이 문제 해결의 유일하게 정확한 방도를 밝힌 과학적이며 혁명적인 리론이다." 사회과학원, 『주체사상에 기초한 사회주의 교육리론』, 102쪽.

는 학교현장에서 생산기술교육과 일반교육의 비율을 어떻게 할 것인가에 대한 문제가 많았지만 점차 일반교육을 강화하는 쪽으로 조절되어 갔다. 그리고 교육과정안에 규정된 수업시수의 준수, 고정시간표에 의한 수업 진행의 정규화가 강조되었다.[83]

북한에서는 모든 사업에서 교양적 효과를 내기 위해서는 무엇보다도 해당 사업을 책임진 일군들의 이신작칙이 우선시되었다. 이런 이신작칙에 대한 요구야말로 일군들에게 강요된 생산노동을 자발적으로 수행하는 것으로 보이도록 하였고 인민들은 인민들대로 일군들이 앞장서서 생산노동을 하는 것에 감화를 받아서 자발적으로 동참하고 수행하는 것으로 보이도록 하였다. 그와 같이 학교에서는 교사가 학생에 대해 생산노동을 이신작칙함으로써 학생들에게 교양을 줄 수 있었다. 교사의 생산노동에의 참여는 학생들의 생산노동의 참여를 독려하게 되었고 또한 학생들의 생산노동에 대한 교양적 효과를 올리는 데는 교사가 학생에게 노동에 대한 가치를 부여하는 것과 함께 교사가 몸소 그러한 가치 있는 생산노동을 앞장서서 행하는 것이 또한 학생들에게 노동에 대한 가장 효과적인 교양수단이었다고 할 수 있다. '인테리'의 노동계급화를 위해서도 그렇고 교사가 산지식인이 되기 위해서도, 자력갱생에 대한 요구 때문에서라도 교사들은 약수중학교의 교원들처럼 다양한 생산노동에 동원되었다.[84]

---

83) "여기에서 문제가 되는 것은 학생들을 장기간 교수를 전폐하고 로력에 동원시키며 또한 수업을 계속한다 하더라도 수업반 끝나면 각종 로동에 과중하게 동원시키고 해가 진 후에 집에 돌아가게 함으로써 학생들의 과학지식 습득에 지장을 주는 현상들이 많은 지방의 학교들에서 지속되고 있다는 그것이다.(중략) 교육과 생산 로동에 관한 당의 방침을 그릇되게 인식하는 데서 일부 지방 정권기관 지도 일'군들은 학생들을 마치 '후비 로력'과 같이 동원시키고 있다." 리일경, '1959-60학년도 신학년도 준비 사업을 성과적으로: 도시, 시, 군 인민부위원장들의 협의회에서 한 리 일경 교육문화상의 보고(요지)', 『교원신문』, 1959. 7. 25(조정아, 「산업화 시기 북한의 노동교육」, 서울대학교 대학원 교육학박사학위논문, 2003, 92~93쪽 재인용).

원칙적으로 담임교사나 모든 교사들은 각자 자기 역량에 맞게 학생들의 생산 노동을 지도할 수 있는 실력을 갖춰야 했고, 공업노동은 몇 명의 교원이 담당할지라도 농업노동의 지도는 담임교사의 몫이었다.[85]

이와 같은 생산노동의 지도자, 이신작칙의 교사상은 이미 사범학교에서 교사를 양성하는 과정에서 철저히 준비되었다. 특히 교사들의 교편물 제작능력은 이미 사범학교에서 생산노동을 통해서 단련되었다. 사범학교 자체가 학교에서 요구되는 교편물을 자체 제작하는 생산노동의 장이었다고 할 수 있다.

> 우리 학교는 사범 교육 기관으로서 앞으로 인민 교원으로 학생들을 준비시키는만큼 기본 생산 제품을 인민 학교 및 중학교용 교편물 생산에 중심을 두었다. 즉 인민학교 4학년자연과 교재 중에는 전기가 통과하는 물건(동, 알미늄, 철)과 전기가 통과하지 않는 물질(유리, 나무, 가죽, 노끈, 고무)의 수업에 리용될 교편물로서《도체와 부도체》를 생산하고 있다. 생산 로동에 참가하는 학생들은 생산을 진행하면서 인민 학교 해당 교재를 다시 한 번 보게 되며 다른 교편물을 생산할 데 대한 의견도 제기하고 있다. 이것은 또한 자연 교수법의 학습에 학생들이 적극적으로 참가할 수 있게 한다.[86]

---

84) "끝으로, 이 학교 교원 집단은 로동의 교양적 의의를 높이기 위하여 언제나 교원 자신이 이신작칙한다. 이 학교에서는 학생들끼리만 로동하는 것을 보기 힘들다. 그러나 그들은 학생 앞에 나서서 모든 것을 조직하는 것이 아니라 뒤에서 핵심을 지도하며 그들을 전면에 내세운다. 그렇기 때문에 약수 중학교에서는 로동에서 불평이란 없으며 로동은 항상 즐겁고 유쾌하다." 교육도서출판사, 『약수 중학교 교육 경험』, 76쪽.

85) "공업 로동은 아직 전체 교원들이 다 지도할 수 있게 준비되지 못한 조건에서 학교 내에 준비된 몇 명의 교원이 분담하도록 하며 농업 로동은 애원 중학교를 비롯한 일부 학교들에서 하고 있는 바와 같이 원칙적으로 학급 담임이 담당하는 것이 합리적이라고 생각한다." 『인민교육』, 1960. 12. 22쪽.

86) 리중구, 「공업로동에 대한 교원의 준비와 지도」, 『인민교육』, 1961년 1월호, 38쪽.

사범학교의 예비교사들의 교편물을 만드는 것보다 그 시간에 좀 더 효율적인 교수법을 연마하는 것이 사회주의교육의 질적 발전에 기여할 것이 분명했겠지만 결국 자력갱생이 더 급선무였던 것으로 보이고 이것은 북한 교육의 질적 발전의 한계를 보여주는 모습이라고 할 수 있겠다.

3. 학제개편: 단선제(기술의무교육)

그러나 약수중학교의 모델의 보급에도 불구하고 북한주민들 사이에 존재하고 있던 인문계학교(고급중학교)에 대한 선호도를 막을 길이 없었으며, 고급중학교들은 일반과목 이수에 집중하느라 노동과 생산에 대한 요구는 간과되곤 하였다.

> 그러나 아직 일부 사람들은 자본주의 사상잔재를 완전히 청산하지 못함으로써 학교에서의 교육과 생산 로동과의 결부의 정당성을 옳게 리해하지 못하고 있다. 그들은 마치 학교에서 생산로동을 광범히 실시하는 것이 학생들의 학업성적을 저하시키는 것으로 인정하며 이 사업에 소극적으로 대하고 있다.[87]

약수중학교와 고급중학교가 경합하는 모델이 되었고, 교사, 학생, 학부모들은 이 두 가지 모델 사이에서 동요하였다.[88]

---

87) 류영술, 「기술 혁명 수행에서의 중등 및 기술 의무 교육제 실시의 의의」, 『근로자』, 1958, 제11호, 13쪽.

88) 김지수, 「기술의무교육제 실시: 급진적 사회주의 교육 개혁의 좌절과 변형」, 이향규 · 조정아 · 김지수 · 김기석 공저, 『북한교육 60년: 형성과 발전, 전망』(파주: 교육과학사, 2010), 161~163쪽. 약수중학교에 대한 김일성의 언급은 『약수 중학교 교육 경험』이라는 책이 나오기 전부터 자주 있었다.

북한이 사회주의로 개조하기 이전의 학제에서는 중등교육이 초급중학교 3년과 고급중학교 3년으로 나뉘어져 있었다. 고급중학교를 졸업한 학생들은 전문학교나 대학 등의 고등교육기관으로 진학하게 되어 있었다. 한편, 북한에서는 사회주의공업화를 위해 1957년부터 제1차 5개년계획(1957~1961)이 시작되었다. 전문학교와 대학에서는 기사, 기수를 더 많이 양성할 것이 요구되었고, 1958년부터 초급중학교 졸업생을 교육시키는 2년제 기술학교가 신설되기 시작하였다. 기술학교는 종전의 전문학교를 대체하게 될 교육기관으로 광업, 금속공업, 전력공업, 기계공업, 화학, 경공업, 건설, 수산, 농업학교가 건설되었다. 각급학교 학생들은 노동을 통해 5개년 계획에 참여하였다.[89)]

그러나 고급중학교가 있는 한 고급중학교를 포함한 인민학교도 일제시대부터 있어왔던 입시위주교육, 시험위주교육에서 벗어날 수 없고, 고급중학교가 있는 한 학력사회라는 과거의 유물도 없앨 수 없었다. 2년제 기술학교의 성공도 보장할 수 없었다. 김일성은 입시위주교육, 시험위주교육은 학교를 주입식교육, 암기만 하는 교육, '글뒤주'를 만들뿐이라고 생각했다.[90)]

김일성은 이에 대해 1959년 10월 최고인민회의 제2기 제6차 회의에서 고급중학교를 폐지하는 극단의 조처를 취했다. 김일성은 남한의 인문계 고등학교에 해당하는 고급중학교를 없애고 2년제 기술학교 2년제 고등

89) 이향규, 「학교교육의 팽창과 교육개혁」, 『북한교육60년: 형성과 발전, 전망』(파주: 교육과학사, 2010), 114~116쪽 참조.

90) "우리나라에서는 1969년 "중학교 무시험 추첨 방법 및 학교군에 관한 규정"을 제정, 공포하여 중등 학교의 차등을 없애기 위한 "평균화"를 단행하고 학구별로 추첨에 의해 입학자를 배정하였다. 이것은 국민학생들을 입시지옥에서 구출할 수 있는 유일한 길이었다." 홍웅선, 『광복 후의 신교육운동』(서울: 대한교과서주식회사, 1991), 206쪽 참조. 중학교 평준화가 가져온 우리나라의 학교의 변화를 통해서 단선제가 가져온 북한 학교의 변화를 어느 정도는 상상해 볼 수 있겠다.

기술학교로 대체함으로써 비로소 이론과 실천이 결합된 교육이 가능해졌다고 보고 있다.

> 사회주의와 공산주의를 건설하기 위하여서는 새세대들을 일반기초지식과 함께 현대적 기술을 가진 문명하고 전면적으로 발전된 일군으로 키워야 합니다. 사회주의건설의 이와 같은 실천적요구로부터 출발하여 우리 당은 1959년에 인민교육체계를 개편하였으며 각급 학교들의 사업을 근본적으로 개선하기 위한 중요한 조치를 취하였습니다. 우리는 현실생활에서 떨어지고 학생들에게 기술교육을 거의 주지 않던 그전의 고급중학교체계를 없애고 중등 및 고등 기술학교체계를 내옴으로써 젊은 세대들로 하여금 모두다 과학의 기초에 대한 일반지식뿐만아니라 일정한 분야의 기술지식을 가질수 있게 하였습니다. 이와 함께 우리는 모든 학교들에서 교육과 생산, 리론과 실천을 결합시키는 원칙에서 교육의 내용과 방법을 개선하였습니다. 인민교육체계의 이와 같은 개편은 교육분야에서 낡은 사회의 잔재를 종국적으로 없애고 맑스-레닌주의적교육리론을 철저히 구현한것이며 우리 나라 사회주의건설의 요구에 전적으로 알맞은것입니다.[91]

결국 유치원－4년제 인민학교－3년제 중학교－2년제 기술학교－2년제 고등기술학교－4, 5년제 대학－4년제 연구원으로 이루어진 학제가 마련되었다. 북한은 이와 같은 단선제형 학제를 '유일적인 기본 교육 체계'라 불렀다. 이러한 학제는 대학 이전 단계에서는 모든 학교에서는 모든 학생들은 누구나 기술학교와 고등기술학교를 목표로 하였고 대학생들마저 생산과 노동이 강화되었기 때문에 유일적인 교육체계라고 할 수 있었다.[92]

---

91) 김일성, 「조선로동당 제4차대회에서 한 중앙위원회사업총화보고(1961. 9 .11)」, 『김일성저작집 15』(평양: 조선로동당출판사, 1981), 187쪽.

그 후에는 중학교와 기술학교를 통합하여 5년제 중학교가 신설되었고, 의무교육은 인민학교 4년과 중학교 5년을 합쳐 9년이 되었다. 이 때 중등단계의 기술교육체계인 '기술학교'는 사라졌다. 종전의 고등기술학교는 교육연한이 2년에서 3년 내지 4년으로 연장되어 후기중등교육 및 나아가 고등교육의 성격을 띠게 되었다. 교원의 질을 높이기 위해서 교원양성과정도 대폭 강화되었다. 고등사범학교가 신설되어 유치원교양원 양성을 담당하였고, 4년제 교원대학이 신설되어 인민학교 교사양성을, 4, 5년제의 사범대학은 중학교, 고등학교, 고등기술학교 교사양성을 담당하게 되었다.93)

이러한 단선제 자체가 북한의 특이한 학제라고 할 수 있다. 그리고 이렇게 단일화된 학교들의 모델은 약수중학교였다. 창성군 약수 중학교는 삭주에서 창성으로 가는 성골령과 문지령, 사이의 심신산곡에 자리 잡고 있었다. 약수 중학교는 기술반까지 병설한 9년제 학교였다. 교육과 노동을 결합한 학교였다. 그에 반해 스탈린이 권장한 소련의 모델학교는 도시형으로서 교육위주의 학교였다. 모택동이 권장한 학교는 농촌학교로서 인민공사에 융합된 학교로서 노동이 위주가 되는 학교였다.94)

---

92) 허인혁, 『우리나라에서의 사회주의 인테리의 형성과 장성』(평양: 조선로동당 출판사, 1960), 45쪽 참조.

93) 김기석, 「학교교육의 팽창과 교육개혁」, 이향규 · 조정아 · 김지수 · 김기석 공저, 『북한교육 60년: 형성과 발전, 전망』(파주: 교육과학사, 2010), 119쪽. 이러한 9년제 기술의무교육제도는 그 이전의 7년제 의무교육제와 차원이 다른 것이었지만 1973년부터 세계 유일의 단선형 11년제 의무교육제도의 기초와 가교가 되었다. 또한 1967년에는 김일성이 폐지했던 고급중학교는 한시적으로 고등학교라는 명칭으로 부활하기도 했다. 고등학교는 중학교 졸업 후 진학할 수 있는 2년제 학교로 "전문기술교육대신에 기초기술교육을 배합"하는 학교라고 소개되어 있으나, 이 고등학교의 성격은 불명확했고, 불과 5년 남짓 존재하고, 1973년부터 실시된 11년 의무교육제도 실시에 따라 사라졌다.

94) "오늘 약수 중학교 학생들의 성적이 전교가 우등, 최우등으로 된 것은 결코 우연하게 이루어진 것은 아니다. 그들의 성적 제고의 현실적인 가능성과 기초는 바로 교육

또한, 북한은 교양의 교육적 효과뿐만 아니라 생산활동에 참여한 학생들에 대해 진로진학에서 우선권을 보장함으로써 학생들로 하여금 순수학문이나 자신의 적성과 욕망에 따르는 진로진학이 아니라 북한에서 사회적으로 필요로 하는 부문의 산지식인이 되기 위한 진로진학의 요구를 받아들일 수 있도록 추동하였다.95)

과 생산로동을 철저히 결합하는 우리 당의 교육 방침을 관철한 데 있다." 교육도서출판사, 『약수 중학교 교육 경험』, 115쪽. 이 보잘 것 없는 마을에 세워졌던 약수중학교와 스탈린이 세웠던 모범적인 학교를 비교해 보자. 스탈린의 모범적인 학교는 지배계층의 자제들로 채워졌으며 왜곡된 운영으로 인해 스탈린의 바램과는 달리 소련의 공산주의 학교의 모범이 될 수 없이 운영되었다고 한다. Lary E. Holmes, Stalin's School(Pittsburgh Univercity of Pittsburgh Press, 1999) 참조.

95) "전문학교, 대학들에서는 생산활동에 수년간 참가한 우수한 초, 고중 졸업생들의 취학을 우선적으로 보장하는 대책을 강구 실시함으로써 생산현장에 진출한 초, 고중 졸업생들의 배움의 길을 보장하고 있다." 김석준, 「초, 고중 졸업생들의 사회 진출 지도에 계속 시선을 돌리자」, 『인민교육』, 1958년 4월호, 24쪽.

제4절 집단주의자가 되어야 한다: 집단주의교양

공산주의교양에서 핵심은 계급교양과 집단주의교양이었으며 계급교양이 부정적 사상에 대한 적개심을 강화하는 것을 모두 포함하고 있다면 집단주의교양, 집단주의 덕성은 사회주의에서 요구되는 긍정적 사상의 핵심이라고 할 수 있었다. 결국 계급교양도 집단주의 덕성 교양을 위한 과정이라고도 할 수 있다. 김일성은 공산주의교양의 핵심 즉 집단주의교양의 요구를 '하나는 전체를 위하여 전체는 하나를 위하여'라는 구호로 집약하였다. 그러나 이 구호는 매우 모순적이며 이상적인 이념을 표현한 구호였다. 이 구호가 얼핏 보기에는 개인과 집단을 동시에 고려한 구호라고 생각할 수 있지만, '전체는 하나를 위하여 하나는 전체를 위하여'라는 구호가 아니기 때문에 이 구호가 개인보다 전체를 우선시한다는 것을 알 수 있다. 개인주의에 대한 적대감은 계급교양과 집단주의교양의 공통적 토대였다. 그리고 김일성의 입장에서 볼 때 개인주의는 궁극적으로는 부르조아사상, 제국주의사상과 밀접히 연관되어 있었기 때문에 개인주의에 반대하는 것은 곧 사회주의를 지키는 것이며 애국애족이었다.

1. 집단의 힘을 개인보다 월등히 강화시켜야 한다

'하나는 전체를 위하여 전체는 하나를 위하여'라는 구호가 상상하는 것은 고립된 개인들이 경쟁하는 자본주의사회와 달리 모든 노동자들의 소외가 사라진 이상적인 사회주의사회의 이상적인 모습이라 할 수 있다. 이것은 노동과 생산과정에서 적대적 경쟁이 사라지고 분업의 비인간적 측면을 극복한 협동생산, 협업이라고 할 수 있는데, 사회주의 노동에서는 노동자들이 계획적인 생산을 통해서 자신들이 전체 산업활동에서 어떤 위치를 얼마큼 차지하고 자신들이 하는 일이 어떤 의미와 가치를 지니는지를 알고 있기 때문에 소외를 느끼지 않는다는 것이다.

그러나 반대로 이것은 개인의 이익보다 전체의 이익, 개인의 생명보다 전체의 생명을 중시하는 것이기 때문에 개인의 소외가 극도로 심화된 것으로 보일 수도 있을 것 같다. 그럼에도 불구하고 사회주의사회의 노동소외는 자본주의 소외나 물신숭배와는 다른 과정이라고 할 수 있다.

마르크스가 말한 소외나 물신숭배란 자본주의 사회의 메커니즘에 대한 대중의 무기력(착취와 피지배)과 착시현상을 보여주는 것이라면 공산주의 사회에서는 자본주의와 다른 방식으로 개인이 집단속에서 개인성을 상실함으로서 소외되고, 개인이 속한 당과 조직의 종속되기 때문에 물신숭배와는 다른 일종의 조직숭배 현상이 나타날 수 있다. 자본주의 사회란 물질의 순환관계, 시장의 법칙이 인간을 지배하듯이 공산주의에서는 조직의 순환관계, 조직의 법칙이 인간을 지배하는 것으로 느껴질 수 있다.

소외와 물신숭배가 자본주의가 대중의 자발적 동의를 이끌어내는 메커니즘을 설명한 것이라고 한다면 집단주의논리는 공산주의 사회에서 대중을 자발적 동의로 이끌어가기 위한 메커니즘을 설명한 것이라고 할 수 있다. 여기서는 집단주의에 대한 비판보다는 집단주의가 북한사회에서 어떤 식으로 구체화되어 있는가, 또는 전체와 개인의 관계를 어떤 식으로 결합시키고 있는지 고찰하기로 한다.

우선 집단주의는 공산주의교양의 목표이기도 하지만 공산주의덕성교양을 위한 가장 유력한 방법이기도 했다. 북한의 교육학자들은 집단의 압력과 집단이라는 대타자를 통해 성격교양을 할 수 있기 때문이라고 생각하였다.

> 학생들의 성격 형성에서 집단, 사회적 여론, 사회적 통제의 영향력은 매우 크다. 우리 공화국에서 사람의 성격은 집단생활에서, 집단을 통해서 이루어진다. 집단의 목소리와 건전한 사회적 여론은 규률을 제고시키는 유력한 요인으로 된다. 개별적 학생의 행위에 대한 찬양과 비난, 매개 성원에 대한 집단의 실무적이고 신중한 요구, 이 모든 것은 가장 중요한 교양적 역할을 논다.[96]

그런데 공산주의적 집단은 일반적인 집단과는 달라야 한다. 공산주의 집단이란 조직화되고 체계화된 집단으로서 단순한 놀이집단이나 또래집단, 자체목적을 지닌 자율단체와는 달라야 한다. 학급이나 학교도 예외가 아니다. 공산주의에서는 모든 학생들은 집단에서 맡은 의무와 역할을 다하여야 한다.[97]

이와 같은 집단이 개인에게 강한 교양적 역할을 하고 영향력을 발휘하려면 집단이 먼저 공고화되지 않으면 안 된다. 집단이 분열되어 있거나 구성원들이 개별화되어 있다면 구성원의 모범사례나 간부의 이신작칙도 그 파급력이 적어질 수밖에 없을 것이다. 발전되지 않은 집단에서는 긍정적인 것이 힘을 발휘하지 못하고 오히려 부정적인 것이 그 힘을 발휘하게 될 것이다.[98]

---

96) 교육학분과집필위원회, 『교육학: 사범전문학교용』, 339쪽.

97) "학급은 모든 학생들이 집단의 사명에 상응한 의무와 책임을 다할 것을 요구하며 맡은바 과제를 책임적으로 수행할 것을 요구한다. 이 점에서 학급집단은 유치원시기 아동의 놀이집단과 다른 것이다." 리새순, 『심리학개론』(평양: 과학백과사전종합출판사, 1988, 동경: 학우서방 번각, 1990), 382쪽.

98) "그런데 모든 집단이 다 이러한 교양적 힘을 가지는 것은 아니며 이러한 집단의 건전한 여론이 모든 학교에서 다 리용될 수 있는 것은 아니다. 아직도 집단이 공고화

북한의 심리학에 따르면 이러한 공산주의적 집단은 계획적, 단계적, 연령적으로 형성, 심화, 완성이라는 3단계를 거쳐야 한다. 연령적으로 집단형성은 초등학교 1학년 전후가 되고 심화단계는 초등학교 2학년 전후가 되며, 이 때 집단의 핵심골간들도 드러나고 이들을 중심으로 집단이 움직이게 된다. 그 이후로는 완성단계에 접어든다. 완성단계에서는 소년단과 사로청 활동으로 이어지는데, 이 시기부터는 학급집단 자체가 교양을 주도하게 된다. 그 후 줄곧 조직생활과 교양을 강화하여 집단의 요구는 곧 개인의 요구가 되고 개인의 요구가 집단의 요구가 되어 '하나는 전체를 위하여, 전체는 하나를 위하여'라는 집단주의의 이상에 도달하게 된다. 전일체가 된다고 할 수 있다. 집단의 응집력을 형성하는 개인적 요소는 사라지고 오직 원칙, 원리에 의해서만 집단이 움직이게 된다. 집단주의 원리가 모든 구성원에게 내면화된 것이다.

완성단계에서는 학급의 구성원들은 집단심리, 집단심정을 가지게 된다. 즉 자아정체성은 집단정체성으로 이루어지게 된다. 그리하여 공산주의 사회가 요구하는 사회적 존재가 된다. 집단이 요구하기 전에 자신이 먼저 적극적으로 집단을 위해서 나서는 존재가 될 것이다. 그리고 이렇게 집단과 불가분의 심리상태를 가지고 생활을 할 때 개인은 더욱 큰 힘을 느끼게 될 것이다. 집단의 성과가 곧 나 자신, 개인의 성과로 여겨지게 될 것이기 때문이다. 다른 학급과의 비교 속에서 자기 학급에 대한 명예를 생각하게 된다.

셋째단계에서 학생들은 자신에 대한 요구를 제기하기 시작한다.

되지 못 한 학교에서는 집단이 교양자의 교양 시책을 지지하지 못 하며 도리여 부정적인 여론이 보다 강할 수도 있다. 그러므로 교양자는 집단의 힘을 리용하기 위하여서는 우선 집단을 창조하고 그를 강화해야 한다." 교육도서출판사, 『약수 중학교 교육 경험』, 78쪽.

> 학급집단은 전학교집단의 구성단위이다. 그러므로 학생들은 다른 학급과의 관계에서 자기 학급의 지위와 역할을 자각하여 집단심리, 집단심정을 가지게 된다. 그리하여 다른 학급과의 대비속에서 자기 학급의 지위가 높고 앞서나가면 자기 집단에 대한 긍지를 가지며 집단의 단합이 더 강화된다. 그리고 자기 집단의 영예를 더럽히지 않기 위하여 여러모로 마음을 쓰기 시작한다. 이것은 집단심리의 구체적인 발현이다.
>
> 이와 같이 학생들은 학급이라는 집단에 망라되여 생활할 때 더욱더 힘있는 사회적존재로 자라나게 된다.[99]

또한 공산주의집단을 만들어 집단의 개인에 대한 영향력을 극대화하기 위해서는 위로부터 핵심에 대한 교양대책을 세워야 할 뿐만 아니라 아래로부터 모든 구성원들의 지위와 역할에 맞게 교양 대책을 세워야 한다. 즉, 집단을 형성하고 강화하기 위해서는 먼저 모든 개개인들을 집단주의로 교양하는 것이 우선되어야 한다. 사람은 처음부터 집단주의적으로 되는 것이 아니며 더구나 공산주의식 집단주의는 매우 인위적으로 만들어져야 하는 것이기 때문이다.

> 각이한 조직에 망라되는 학생들은 집단과 다양한 관계를 맺고 호상작용을 하면서 생활한다. 그러므로 교원들과 부모들은 매 집단에서 학생들이 차지하는 지위와 역할을 잘 알고 그에 맞게 면밀하게, 기동성있게 교양대책을 세워야 한다.[100]

집단주의 교양은 공산주의 도덕교과와 국어교과의 중요내용을 이루었다. 이러한 교과에 등장하는 개별적인 실천사례도 개인주의적 도덕이

---

99) 리새순, 『심리학개론』, 383~384쪽.

100) 위의 책, 387쪽.

아니라 집단주의적 도덕으로 환원되어 소개되었다.

> -동무들 사이에는 어떻게 지내야 하는가.
> -동무를 어떻게 도와 주어야 하는가,
> -동무의 아픔에 어떻게 대하여야 하는가를 인식시킨다.
> 그런 다음 꽃밭을 혼자서 가꾸는 것보다 여러 동무들이 힘을 합쳐 가꾸면 어떻게 좋은가(1학년 공산주의 도덕《꽃밭》), 어렵고 힘든 일을 하기 위해서는 어떻게 하는 것이 좋은가(1학년 공산주의 도덕《꿀벌과 여우》), 순희네 비행기조 동무들은 어떻게 여우놈을 몰아 냈는가(2학년 공산주의 도덕《줄 당기기》, 개미들이 적은 힘으로 어떻게 큰 짐을 슬슬 끌 수 있게 되었는가(1학년 국어《개미》)하는 교재 내용을 통하여 집단의 힘이 크다는 것을 자각시킨다.[101]

즉 북한에서는 개인과 개인의 관계에서 요구되는 도덕도 결국은 집단의 힘을 자각하는 집단의 윤리문제로 환원시켜서 집단주의교양에 종속시켰다.

2. 집단주의교양에 알맞게 집단의 규모와 단위를 정해야 한다

생활과 생산과정에서 느껴야 할 집단주의에 대해 북한의 심리학에서는 다음과 같이 묘사하고 있다.

> 단합된 집단의 성원들은 생산로동에서 서로 돕고 이끌어줄뿐아니라 하루 일이 끝난 다음에도 집체적으로 다양한 휴식과 오락도 하고

---

101) 평양시 교육 방법 연구실, 「인민 학교 학생들에 대한 공산주의 교양의 내용과 범위(1)」, 『인민교육』, 1965. 9, 29쪽.

> 학습도 하려고 한다. 생산로동이 끝난 다음에도 여유시간을 함께 보내고 생활을 즐기려고 하는 것은 단합된 생산집단의 심리적특징이다. 그들은 경쟁에서 이긴 것을 기념으로, 생산에서 높은 성과를 달성하고 높은 평가를 받은 것을 계기로 집체적으로 휴식을 조직하고 즐겁게 보낸다. 그리하여 이러한 집단속에서는 집단성원들사이에 서로 리해하고 호의를 가지고 대하며 동지적으로 따뜻이 도와주고 이끌어주는 건전한 분위기가 조성되게 된다.
>
> 단합된 집단일수록 호상간의 요구수준도 높고 단결을 위하여 개인의 리익을 희생하려는 지향도 강하다. 그리하여 집단의 밀접한 단합은 집단의 힘을 더욱 증대시킨다.[102]

이론상으로는 개인은 항상 조국이라는 집단의 일부로서 움직여야 하지만 조국을 일상생활에서 감각적으로 실체로서 인식하는 것은 쉽지 않다. 그렇다면 대중이 상호 간에 직접 인식할 수 있는 집단의 최소단위는 무엇일까? 또는 어떤 단위가 개인주의를 극복하고 집단주의를 생활화할 수 있는 적절한 단위인가? 개인이 집단을 위하고 집단이 개인을 위하는 것을 항상, 실체로서 목격하고 느낄 수 있는 조직단위는 무엇일까? 그것은 작업반이었고, 그에 따라 작업반을 집단주의 생활과 교양의 장으로 만드는 막중한 책임이 작업반장에게 주어졌다.

> 작업반은 생산현장에서 노동자의 정치 · 사상의식과 문화, 기술수준을 향상시키고, 공산주의 도덕 · 품성을 기르는 생산활동의 말단단위이다. 작업반장은 사람들의 활동(반원에 대한 교육활동), 설비 · 자재의 활동(설비관리사업), 반원의 학습을 실시한다. 작업반장은 또 반원의 부문별 담당제를 관리한다. 이부문별 담당제란 반원의 자발성에 의거하여 작업반의 활동을 부문별로 분담하여 그들을 기업관리

102) 리새순, 『심리학개론』, 381쪽.

에 참가시키는 제도이다.[103)]

그러나 작업반이 집단주의의 최소단위가 되기에는 해결해야 할 고유의 문제가 있었다. 작업반에는 여러 세대가 섞여 있고 핵심과 그렇지 않은 층이 비교적 뚜렷하게 드러나고, 여러 성분이 복잡하게 공존하고 구성원간의 지식문화수준이 차이를 지닌다. 특히 전쟁과 갑작스런 공업화로 인해 공업부문에 들어온 노동자들의 구성은 복잡했다.

이런 이유로 해서 북한에서는 작업반의 교양적 역할이 더욱 강조되었다. 작업반에서 다양한 배경을 가진 노동자들을 단합시킬 수 없다면 작업반보다 크거나 작은 집단에서의 단합은 더욱 어렵기 때문이었다. 작업반에서는 다양한 노동자들이 일상적으로 생활과 생산활동 중에 집단주의를 익힐 수 있기 때문이며 그 효과를 내는 데 있어 다른 크기의 단위보다 더 적합하기 때문이었다. 작업반에서 집단주의가 실현되어야 그보다 작은 단위도 집단주의를 실현할 수 있고 그보다 큰 단위도 집단주의를 실현할 수 있기 때문이었다.

작업반이 집단주의교양과 노동의 최소단위가 되는 데 있어 오로지 작업반장의 능력과 책임에만 맡겨놓은 것은 아니었다. 우선 작업반이 분배의 보충단위가 될 수 있도록 제도적으로 뒷받침되었다. 즉 보충분배에 있어 다른 작업반과 비교도 되고 경쟁도 할 수 있게끔 만든 것이다.[104)]

---

103) 현대조선문제강좌 편집위원회편, 『북한의 경제: 사회주의 조선의 경제』(광주: 도서출판광주, 1988), 162쪽.

104) "이미 지적한 바와 같이 기본분배는 협동농장마다 평균화된 분배인 것에 비해 보충분배는 작업반마다 그 능률성에 의해 분배되는 것이고 그 상한선은 제한되어 있지 않다. 또 보충분배, 보충 노동 지불은 작업반을 단위로 하고 있고, 작업반 성원 개개인의 노력에 의하여 직접 규정되는 것이 아니라 작업반 성원 전원의 집단적 노력에 의해서만 실현되는 것이다." 고뢰정, 『북한경제입문』(서울: 청년사, 1988),

개인적인 물질적 관심이 반드시 작업반이라는 단위를 통해서 해결될 수 있도록 분배제도를 수립한 것이다.

> ‘집단적인 물질적 관심’과 ‘개인적인 물질적 관심’으로 나누어 볼 경우, 사회주의 하에서는 일반적으로 전자가 기본이고, 그 가운데 후자가 실현된다는 입장이 관철되고 있다. 특히 개별적인 생산고에 따른 지불의 적용이 곤란한 농업 생산에 있어서는 그러하다. 또 “개인적인 물질적 관심이 반드시 집단－작업반을 통해서만 실현될 수 있다는 것은 농민에 대한 집단적인 물질적 관심을 동시에 자극한다”는 점에서 그러하다. 이리하여 개인적인 물질적 관심에 비해 집단적인 물질적 관심과 개인적인 물질적 관심의 사이에 새로운 결합관계의 형성이 요구되고 있다. 작업반을 생산단위로 한, 생산고에 따른 지불제도와 보상금제도가 그것이다.[105]

이렇게 공업에서는 작업반이 최소단위로 규정되었다면 농업에서는 작업반에서 분조로 바뀌기도 하고 최소단위가 작업반과 분조사이에서 동요한 것 같다. 농촌의 특성이나 농촌생활의 특성상 작업반보다는 분조가 더 적합했기 때문인 것 같다.[106]

그래서 1965년경부터 작업반을 기본단위로 하면서도 분배에 있어 분

73쪽.

105) 고뢰정, 『북한경제입문』, 69~70쪽.

106) “지난 이태동안 우리가 분조관리제를 실시하면서 이모저모로 분석하여보니 비교적 규모가 작은 분조에서 농장원들은 서로 성격도 더 잘 알게 되고 리해가 깊어지게 되었으며 따라서 서로 돕고 이끄는 집단주의정신이 높아지게 되었습니다. 또한 모든 분조원들이 분조가 맡은 생산과제에 대하여 다같이 책임지려는 자각이 커지게 되었습니다.
이 모든 것은 분조관리제가 단순한 물질적자극을 강화하는 수단이 아니라 농촌에서 농민들의 공산주의사상을 키우는 가장 합리적인 집단생활의 세포라는 것을 말하여줍니다.” 《김일성저작집》 2권, 22쪽(리새순, 『심리학개론』, 402쪽 재인용).

조 도급제를 도입하게 되었던 것 같다. 이것이 1965년에 시행된 것은 농업노동이 기계화되는 것과 관련이 깊었던 것으로 보인다. 그래서 농업부문에서 집단의 기본은 작업반, 분조가 되었다.[107]

개인은 작업반이나 분조의 집단적 작업의 평가를 통해서만 장려금이나 상금으로 이익 분배를 받을 수 있기 때문에 혼자서 잘한다고 되는 것이 아니라 다른 작업반원이나 분조원들과 함께 협력해야만 된다. 북한이 원하는 집단주의에서는 개인이 혼자 잘해서는 효과를 보기 어려워야 하고, 분배를 하는 과정에서는 열심히 하지 않은 구성원들은 부당한 몫을 받지 말아야 한다. 그러나 개인들을 경쟁과 협동으로 분발 시키지 않으면 집단이 분발할 수 없다. 북한의 집단주의 제도란 집단을 중심으로 해서 개인과 개인 간의 경쟁과 협동, 집단과 집단 간의 경쟁과 협동, 개인과 집단의 모순적인 요구를 충족시키기 위한 복잡한 장치라고 생각할 수 있다.

공장과 농장의 기본단위가 작업반이나 분조라면 다른 분야는 어떨까? 분야마다 다를 것이라고 예상할 수 있을 것 같다. 예술분야에서는 창작단이 최소단위가 될 수 있을 것이다. 학교는 최소단위가 무엇이 되어야 할까? 학교는 공장이나 농장, 기업소들과 다르기 때문에 공장, 농장, 기업소와 최소단위가 달라질 수도 있다. 학년이 될 수도 있고 분과가 될

---

107) "1965년 경부터는 이 작업반 우대제는 그대로 존속시키면서, 작업반 하에 분조(15 내지 20인 정도로 구성) 단위의 생산고에 따른 지불제도 즉 '분조도급제'가 도입되게 된다.(중략) '분조도급제'를 채용함에 따라 분조의 성원에게 자신의 임무와 책임의 한계를 명확히 하고 농장원이 생산의욕을 발휘할 수 있게 되었다. 그것은 또한 공장의 기계에 노동력을 고정시켜 보수를 그 기계의 생산 결과와 직결하는 공업의 노동조직 및 분배방법에 대응하여, 농장 경영을 공업 관리방식에 접근시키는 조치라고 할 수 있다." 고뢰정, 『북한경제입문』, 75~76쪽. "생산집단의 기본은 작업반, 분조이다. 작업반, 분조는 사회적생산이 진행되는 기층단위로서 생산활동의 특성과 생산력발전정도, 기계화, 자동화수준, 생산자들의 준비정도 등에 의하여 각이한 규모로 구성될 수 있다. 우리 나라의 현재의 농업생산력발전수준과 협동농민들의 준비정도, 농업생산활동의 특성으로 보아 농업부문의 생산집단인 분조는 15~20명이 가장 합리적이다." 리새순, 『심리학개론』, 380쪽.

수도 있다. 학생들의 경우에는 학급이 될 수도 있고 학습반이 될 수도 있다. 그 최소단위가 무엇이든 개인주의를 막기 위한 가장 적절한 규모가 될 것이다. 학교는 경우에 따라 경쟁 단위가 다양했지만 주로 학급(분단)을 단위로 했다고 볼 수 있다.[108)]

3. 북한의 집단주의는 중층적 경쟁과 협동을 요구한다

집단주의를 생활화할 수 있는 최적단위가 작업반, 분조, 분단 등이라 한다고 해도 그보다 크고 강한 규정력을 지닌 집단을 상정하지 않는다면 그와 같은 집단주의는 소집단주의로 그칠 뿐이다. 집단주의가 소집단위주로 이루어지고 그 소집단간의 적절한 조화를 통해서 대집단이 이루어지고 그럼으로써 집단주의사회가 구현될 수 있다고 본다면 그것은 순진한 생각일 것이다. 소집단 간의 조화를 이루기 위해서는 그 소집단들이 궁극적으로 지향하는 대집단이 동일해야 하고 소집단의 목표는 또한 항상 대집단의 목표에 종속되어야 하고, 대집단이 요구하는 목표를 달성하기 위해서 소집단은 경쟁해야만 사회전체가 집단주의화 될 수 있다. 소집단들이 집단주의를 저해하지 않으려면 다음과 같은 사항이 고려되어야 한다.

첫째, 대집단 중에서도 무엇을 위주로 하느냐 하는 것은 매우 중요하다. 즉 소집단들이 추구해야 할 최상위의 가치가 무엇인지를 규명해야

---

108) "소년단의 공산주의도덕규범학습은 주로 분단을 단위로 하여 진행된다.(중략) 필요에 따라 단적으로 진행할 수도 있다." 전광두 · 장세호, 『소년단건설2–사범대학 사로청지도원학과용』, 43~44쪽. "본보기대상이 소년반이나 분단, 단으로 되어야 그것을 따라배우는 단위가 반, 분단, 단으로 되어 온 집단에 그 영향력이 인차 퍼질 수 있다." 전광두 · 장세호, 『소년단건설2–사범대학 사로청지도원학과용』, 47쪽.

한다. 북한에는 사회주의 조국이라는 최상위의 집단이 존재하며 그 아래로 여러 가지 사회적 집단이 존재한다. 조국 전체의 이익이 절대적 가치를 지니며 다음으로는 지역단위(도, 시, 군)가 될 수 있고 그 다음으로는 기업소, 농장 단위가 될 수 있고 그 다음으로는 직장, 작업반, 분조식으로 내려 갈 것이다. 최종적으로 가정과 개인이 있다. 개인은 조국을 위해 존재하지만 오직 자신이 속한 작은 단위를 통해서 조국과 연결이 되어야 한다. 만약 개인이 자신이 속한 소집단이나 좀 더 큰 집단과 연계를 갖지 않고 그들과는 무관하게 자신이 개인의 뜻과 의지로 조국을 위한다고 개인적인 사업을 벌여 나간다면 그것은 개인영웅주의가 될 것이다. 북한에서는 개인영웅주의를 집단주의에 대한 반대사상으로 척결대상으로 경계한다. 개인은 오직 어떤 일정한 집단에 소속되고 그 집단을 통해서만 더 큰 집단과 연결되고 궁극적으로는 조국과 연결된다고 할 수 있다. 즉 자신이 속한 집단의 논리를 따르면서 더 큰 집단을 위해 복무해야 하고 그것을 통해 더 큰 집단인 조국을 위해서 복무해야 한다.

둘째, 각 단위에 소속된 소집단에게는 그 단위의 공통된 집단적인 목표가 자기 전망으로 항상 제시되어야 한다. 하나의 집단적 목표가 달성되면 또 다시 다른 집단적 목표가 제시되어야 한다. 이때도 소집단 고유의 목표를 전망으로 세우는 것은 배제되어야 하고 상위 집단의 목표와 어긋나는 전망을 세우면 안 된다. 학교는 끊임없이 새로운 전망을 내세워야 하고 그 전망을 달성하기 위해 학급과 분단마다 자기 단위가 해야 할 작은 전망이 있어야 한다.[109]

---

109) "그들은 공고한 집단을 창조하기 위하여 우선 학생들 앞에 《전망》을 제시하였다. 집단은 항상 활동해야 하며 그를 위하여는 항상 사업이 있어야 하며 집단을 이끌고 나가는 그러한 힘이 있어야 하는 바 그것이 곧 《전망》이다. 학생들에게 《래일》을 반드시 기쁘고 흥미 있는 전망의 날로 되게 해 주어야 한다. 다시 말하면 즐거움을 줄 수 있는 어떤 사업이 항상 있도록 지도하는 것이 중요했다. 약수 중학교에는 이러한 즐거운 전망-사업이 항상 있다. 《4월 15일 행사》-이것은 겨울 방학이

셋째, 모든 집단적 목표는 경쟁을 내포해야 한다. 소속감은 경쟁을 통해서도 주어진다. 경쟁단위가 곧 소속집단이 된다. 즉 군은 다른 군과 경쟁하고 시와 도는 다른 시, 군과 경쟁한다. 학교에서는 분단 내에서 소년반끼리 경쟁하고 분단들끼리는 단(학교)내에서 경쟁해야 한다. 소집단, 집단 간 경쟁을 강화하기 위해서는 개인 간 경쟁은 최소화 또는 최적화되어야 한다. 집단주의적 경쟁이 효율적으로 이루어지기 위해서는 경쟁의 기간을 정하고 평가하고 또 다시 다른 경쟁을 시작해야 한다.[110]

여기서 지방분권과 지방공업의 거점으로서 군이 매우 중요했다. 김일성 생각에는 사회주의건설을 가로막는 문제가 세 가지가 있는데 그것은 도시와 농촌, 농민과 노동자, 육체노동과 정신노동의 차이였다. 그런데

끝 나는 시기부터 학생들 앞에 나서는 즐거운 전망이다. 학생들은 이 전망을 바라보면서 학습도 하고 써클 련습도, 모임 준비도 한다. 이러한 사업 과정에서 학생들은 교양되면 집단은 강화된다. 4월 15일을 재미 있게 보내자 그들 앞에는 또 새로운 전망인 《5.1절》, 《6.6절》행사가 다음에는 《만경대 견학》(방학간)이 제시되며… 다음에는 8.15 행사, 9월 9일 행사, 전통적인 《10월 10일 행사》가 전망으로 제시된다." 교육도서출판사, 『약수 중학교 교육 경험』, 79쪽.

"이와 같은 학교적인 《전망》과 함께 매개 학급과 분단들 앞에도 항상 그들의 생활을 이끌어 주는 《자그마한》전망이 있는 것은 물론(후략)" 같은 쪽. 학생들의 '전망'을 순차적으로 키워가는 것은 마카렌코의 성격교양의 방법에서 매우 중요한 원칙이다. 팽영일, 「마카렌코(A. S. Makarenko)의 훈육방법론으로서의 「전망(ПерсПектива)」」, 『比較教育研究』 제12권 제2호(2002. 12), 214~231쪽.

110) "경쟁방법에는 단체간 경쟁으로 조직하는 방법과 개인간 경쟁으로 조직하는 방법이 있다. 분단에서는 소년반들간의 경쟁으로 조직하며 단에서는 분단들간의 경쟁으로 조직한다. 개인간의 경쟁은 분단에서 조직할수 있으며 그것도 경쟁내용과 목표로 볼 때에 소년단원들이 능히 해낼수 있는 것으로 하여야 하며 절실히 필요하다고 인정되는 경우에만 조직한다. 개인간의 경쟁을 번잡하게 조직하는 것은 유해로운 결과를 가져올수 있다. 소년단안의 경쟁대상은 어디까지나 같은 학년의 분단과 분단간 또는 한분단안에서 소년반과 소년반간의 경쟁으로 되도록 하여야 한다." 전광두 · 장세운, 『소년단건설 1: 사범대학 사로청지도학과용』(평양: 교육도서출판사, 1986), 258쪽.

"소년단의 경쟁은 한달 또는 분기간으로 정하는 것이 좋다. 학기간 또는 학년간을 경쟁기간으로 정하는 것은 좋지 않다." 전광두 · 장세운, 『소년단건설 1: 사범대학 사로청지도학과용』, 259쪽.

김일성의 기획에 따르면 군이야말로 이러한 문제점들을 해소시킬 수 있는 지역거점이었다. 북한에서 군은 인민주권이 실현되는 지방자치의 장으로 규정되었다. 이것은 중국의 인민공사와 비교되는 일종의 콤뮨이라고 할 수 있었다.[111]

넷째, 각 단위의 본위주의를 원천적으로 막기 위해서 이익과 사업에서 상위집단의 목표를 달성하는 것을 무조건적으로 우선시하도록 제도화했다. 중층적인 집단주의를 구조화한 것이 북한의 집단주의의 특성이라면, 북한은 또한 이런 중층적으로 구조화된 집단주의를 각 단위들의 주관적 의지에 맡기지 않고 객관적인 물질적 관계 즉 분배과정에서의 상층집단과 하층집단간의 관계를 제도화하였다. 북한은 이익 배분을 함에 있어 상위 집단이 요구하는 것을 먼저 채우고 다음을 채우는 것을 원칙으로 세웠다. 이것은 생산물의 분배 서열이 국가→협동농장→작업반→작업반 성원순으로 명시된 것을 보면 알 수 있다.[112]

생산과정에서도 국가가 요구하는 것을 먼저 해야 하고 그 다음 여력이 있으면 상위단위가 요구하는 것을 할 수 있고 자기단위의 고유의 사업을 할 수 있는 것은 수순으로 봐서 마지막이라고 할 수 있다. 이익배분뿐만 아니라 각 단위는 무엇을 하든 국가가 요구하는 것을 먼저 해야 하고 자신들에게 필요한 것을 다음으로 하는 것이 원칙이 된 것이다.

다섯째, 소집단들의 경쟁의 대원칙은 최고 상위에 위치한 집단의 이

111) 고뢰정, 『북한경제입문』, 168~169쪽.

112) "'작업반 우대제' 하에서는 국가에 대한 의무를 납부한 후 생산물의 분배 시기에, 이상 지적한 바와 같은 협동농장에 남아 있는 부분의 항목이 제시되고, 이들을 우선적으로 보장하지 않고서는 개인 소비재의 분배가 행해지지 않고 있다. 이리하여 국가→협동농장→작업반→작업반 성원으로 생산물 분배의 서열이 명시되고, 다른 한편 이 서열의 하부에서 이루어지는 것에 따라 물질적 자극은 확대·강화되어 개인적 관심의 폭이 무제한으로 접근하는 형태가 된다." 고뢰정, 『북한 경제입문』, 74~75쪽.

익에 복무해야 하고 최고 상위에 있는 집단은 소집단의 노력을 제대로 평가해 줘야 한다는 것이다. 소집단 간의 경쟁에 매몰되면 본위주의가 되고 협동이 깨지고 전체의 이익에 반할 수 있기 때문이다. 경쟁은 사회주의적 도덕을 지키면서 이루어져야만 소집단주의나 본위주의를 극복할 수 있다. 소집단들은 경쟁하면서도 서로 협동하게끔 계획을 세워야 한다.[113]

그러나 아무리 공산주의도덕이나 미풍이라고 권유하고 제도적으로 강제한다고 하여도 소집단의 이익을 위해 개인의 이익을 희생하거나 전체 이익을 위해서 소집단의 이익을 포기하는 것은 쉽지 않다. 만약 그 전체라는 집단이 소집단이나 개인의 노력을 알아주지 않는 한 자기희생은 쉽게 택할 수 있는 길은 아니다. 그래서 반드시 어떤 일정한 집단보다 높은 단위에 있는 집단은 그 소집단의 희생을 인정하고 올바르게 평가해 줘야 하고 자신의 이익을 희생한 개인에 대해서는 소집단이 먼저 그것을 인정하고 올바르게 평가해 줘야 한다. 북한은 직종과 노동에 따라 다양한 임금체계를 도입하고 일한 만큼 대가를 받아야 한다는 것을 강조하였다.

천리마작업반운동은 이와 같은 사회주의 분배원칙을 부정한 것이 아니라 좀 더 엄밀하게 규정하려고 한 것으로 보인다. 만약 대집단이 이런 소집단의 희생을 알아주지 않는다면 그 소집단의 구성원들은 어느 한 시기는 희생을 할 수도 있지만 다음 시기에도 희생을 감수할 것을 장담할 수는 없을 것이다. 또한 실제로 내가 속한 소집단이 더 큰 대집단 그리고 궁극적으로는 조국을 위해서 한몫을 담당하는 소집단임이 입증되

---

113) "경쟁내용을 설정한다고 하여 각자가 제힘을 해결할것만 예견해서는 안된다. 경쟁과정에 소년단원 호상간 서로 돕고 이끌며, 소년단조직 호상간 서로 방도하고 도와줄수 있도록 내용을 규정하는 것이 중요하다. 그래야 경쟁과정에 편향을 나타내지 않을수 있으며 서로 돕고 이끄는 공산주의적미풍을 높이 발양하게 할수 있다." 전광두 · 장세운, 『소년단건설 1: 사범대학 사로청지도학과용』, 258쪽.

어야 한다. 그렇지 않다면 나의 노력은 곧 조국을 위한 것이 아니게 되며 소집단의 노력을 제대로 평가해 주지 못하는 사회는 집단주의 사회를 이룰 수 없을 것이다. 집단주의는 이런 식으로 나름대로의 공평무사 속에서만 유지될 수 있을 것이다. 이러한 공평무사를 북한에서는 사회주의적 분배라고 했는데, 이것은 어떤 식으로든 경쟁과 협동이 균형을 이루어야 한다는 뜻이라고 할 수 있을 것 같다.

여섯째, 집단주의에 따르면 개인의 이익도 전체에게 이익을 주었기 때문에 그 대가로 주어지는 것이다. 그런데 전체의 이익이라는 명분으로 국가가 우선적으로 가장 많은 부분을 가져가고 이것이 결국은 각 개개인에게 돌아온다는 사실을 어떻게 보여줄 수 있는가? 북한은 모든 주민들이 자신의 맡은 바 일을 제대로 하면, 국가는 주민들에게 완전고용, 식량, 집, 보건, 교육, 문화적 상품/서비스 등의 기본적 요구를 제공할 것이라는 것이라고 주장한다. 그리고 '필요에 따른 분배'와 복지혜택을 늘리는 것으로 개인의 이익도 보장하고 있다고 주장한다.[114)]

그리고 북한 주민들에게 이와 같은 물질적 혜택이 주어지지 않는다고 할지라도 안보와 국방 같은 것이 우리 모두의 이익이라고 주장하게 함으로써 생활의 하향평준화에 대해서도 합리화할 수 있다.

---

114) "지금까지 사회주의 각국의 노동자와 직원은 기본적으로 임금이나 봉급의 형태로 노동에 대한 지불을 받을 뿐 아니라 사회복지 관계의 혜택을 각각의 필요에 따라 누리는 형태를 취하고 있다. 즉, 사회주의 국가에서는 한편으로 노동자나 직원의 임금 및 봉급을 명목적으로나 실질적으로 높임과 동시에 다른 한편, 사회적 축적이 증대됨에 따라 '필요에 따른 분배'의 분을 증대시키고 있다." 고뢰정, 『북한 경제입문』, 65~66쪽. "사회주의사회는 국가의 모든 정책이 노동자, 농민을 비롯한 근로인민의 이익과 행복을 위하여 실시되며 사회의 모든 재부가 근로인민의 복리증진에 돌려진다. 사회의 물질적 부를 늘리는 투쟁은 사회의 집단과 근로자들 자신의 일로 되며 노동의 결과도 전적으로 사회의 번영과 근로자들 자신의 행복한 생활을 위하여 이용된다." 사회과학출판사 편, 『사회주의경제건설이론』(서울: 태백, 1989), 198쪽.

사회주의국가는 지금 당장은 아닐지라도(고전적 사회주의는 후진국에서 발생했기 때문에) 곧 자본주의를 따라잡을 수 있고 인민들에게 더 나은 삶이 도래할 것이라는 약속을 했을 뿐 아니라 그것을 느낄 수 있도록 흉내라도 내야 했던 것이다.[115)]

북한에서 이루어진 하향평준화와 국방의 강조는 결국 계급계층 간의 격차를 줄이게 되었고 상금이나 장려금과 같은 개인의 노력을 통한 이익은 물질적 혜택보다는 상징적 의미를 가지게 되는 결과를 낳았다.

북한 당국의 주장처럼 북한 주민들에게 '필요에 따른 분배'가 많아진다거나 복지혜택이 전반적으로 늘어나게 되었다면, 북한 주민들이 열심히 일을 하지 않아도 어느 정도 잘 살 수 있다는 뜻이 되고 사회가 평등구조를 가지고 있다는 뜻이 된다. 또한 이런 구조는 개인이나 기관들로 하여금 무임승차와 이기주의를 조장하게 되고 북한주민들의 생활은 물질적 측면에서 하향평준화 된다는 것을 내포한다고 볼 수도 있다.

일곱째, 중층적 구조를 지닌 집단주의가 완성되려면 여러 단계로 되어 있는 모든 집단들이 예외 없이 조국을 위한다는 동일한 목표를 가져야만 하고 선의의 경쟁 속에서 협동생산을 해야 한다. 그렇지 않으면 북한이 애써 만들어 놓은 중층적 구조로서의 집단주의는 제대로 순환되지 못할 것이다. 그렇게 되면 구호로는 개인이 전체를 위해서 사는 것이라고 하면서도, 사람들은 명분상으로만 전체를 내세울 뿐 실제로는 본위주의라는 소집단위주의 행위나 개인주의에 빠져버릴 것이다. 이렇게 대집단과 소집단의 관계에서도 소집단이나 개인은 소집단본위주의나 개인주의를 벗어나기 어렵겠지만 비슷한 지위를 가진 단위들 간의 협동관계에서도 본위주의나 개인주의를 벗어나기는 어렵다. 공산주의가 완전승리한 사

115) Janos Kornai, The Socialist System: The Political Economy of Communism (Pinceton: Pinceton univercity Press, 1992), pp.53~54 참조.

회가 아닌 과도기로서의 사회주의에서는 주민들에게 경쟁을 시키면서 동시에 협동을 요구할 때 개인이나 각 단위는 사회주의적인 경쟁과 협동을 동시에 달성하기가 쉽지 않을 것이다. 북한에서 선호한 집단적 경쟁은 현실에 안주하는 본위주의나 개인주의를 극복하기 위한 필수적인 장치였지만 또한 본위주의를 유발할 수 있는 장치였던 것으로 보인다.

결과적으로 볼 때 북한에서 본위주의는 생산, 교환, 분배, 소비 등 경제의 전 과정에서 나타날 수밖에 없었다. 특히 본위주의는 계획을 수립할 때와 자재공급에서부터 나타났다. 될 수 있으면 생산할당량을 적게 받아내고 생산에 필요한 자재는 여유 있게 받아내려는 집단이기주의로 나타났다. 김연철의 주장처럼 북한경제관리에서 본위주의는 쉽게 나타날 수 있는 현상이라고 할 수 있다.

> 계획경제에 참가하고 있는 행위자들(공장, 각 부처)의 생존조건은 흥정노력에 달려있다. 노동력이나 자재를 누가 더 많이 확보하는가에 따라 생산능력이 결정되기 때문이다.
>
> 따라서 각급 개별 단위들에서 이기주의적 이익추구 현상들이 나타났다. 이기주의적 이익추구는 북한에서 '본위주의'라고 부르는 것으로 공장단위들에서 계획지표의 왜곡, 허위보고, 자재, 노동력에 대한 비축 등으로 나타났다.[116)]

이러한 본위주의로 인해 일군들은 자재를 구하러 돌아다니게 되고, 한쪽에서는 자재가 보장되지 않아 생산을 제대로 하지 못하고 있는데, 다른 한쪽에서는 자재를 사장시키거나 되는대로 써서 낭비하는 현상이 일어나게 되는 것이다. 김일성도 이런 현상을 모르는 것은 아니었다. 그러나 김일성은 그런 본위주의를 구시대의 유물로서, 북한체제의 청산되

---

116) 김연철, 『북한의 산업화와 경제정책』(서울: 역사비평사, 2002), 317쪽.

어야 할 부정적 현상으로 보았는데 반해 김연철은 본위주의를 공산주의의 유물로서, 북한체제에서 청산될 수 없는 체제의 본질적 요소로 보았다.

김연철은 더 나아가 이러한 비계획적이고 비합리적인 본위주의와 본위주의가 낳을 수밖에 없는 상하 간의 흥정적이고 인격적인 관계(코르나이가 말하는 관료적 조정과 도덕적 조정이 혼합된 형태)가 아래에서 상층부까지 전반적으로 이어지면서 북한 특유의 수령제의 대중적 토대가 되었다고 주장한다.117)

> 공장관리에서 충성과 복종, 흥정을 강요하는 계획경제의 실패 그리고 '정치화된 관료제' 등이 바로 사회 내부에서 인격적 관계를 발전시켰다. 그리고 이러한 사회적 관계들이 수령제라는 전통적 지배 형태가 형성되고 제도화되는 조건이 되었다는 것이 필자의 결론이다.118)

그러나 반대로 조국이라는 최고 상위의 대집단, 사회주의 완전승리라는 전망, 협동생산이라는 목표의 제시만으로는 본위주의를 없앨 수 없었기 때문에 수령제를 점차 강화시킨 것으로 생각해 볼 수도 있다. 김일성이 심혈을 기울여 북한을 집단주의체제로 만들어 내고 개인주의, 본위주의를 척결하고 모든 집단의 공통의 목표인 국가의 이익을 앞세우게 하고 소집단간에 협동생산도 잘하면서 개개인을 더욱 분발시키려고 하였지만 한계에 봉착했던 것으로 보인다. 이 한계를 넘어서기 위해서는 애국주의나 집단주의만으로는 안 된다는 것을 알게 된 것이 아닌가 생

---

117) 코르나이에 따르면 조정기제는 어느 사회에나 필요한 것으로서 관료적 조정, 시장적 조정, 자율적 조정, 도덕정 조정, 가족적 조정이 있는데, 관료적 조정은 지배와 복종 관계를 뜻하고 도덕적 조정은 증여와 수혜의 관계로 이루어진다. Janos Kornai, The Socialist System: The Political Economy of Communism, pp.91~109 참조.

118) 김연철, 『북한의 산업화와 경제정책』, 320쪽.

각한다. 그래서 눈에 보이는 구체적이고 현실적인 인간관계보다도 더 강한 인격 대 인격의 감화나 더 상위의 인간적인 연관이 필요했고 그래서 시간이 흐를수록 수령에 대한 충실성이 더욱 강조된 것이라고 할 수도 있다. 즉 수령을 중심으로 한 방대한 인격적 관계는 공산주의건설에 필요한 집단주의적, 공동체주의적 요구를 만족시키기 위한 장치였다고 볼 수 있겠다.[119]

4. 조직과 분공: 조직사회주의

공산주의사회에서 집단주의 기초단위로 소집단을 설정했다고 하더라고 행위는 개인별로 이루어질 수밖에 없다. 집단주의가 작동하려면 개개인이 소집단속에서 어떤 역할을 할 것인가가 명확하게 주어져야 한다. 개인의 행위는 소집단속에서 의미를 갖게 되고 그러한 소집단은 더 높은 대집단 나아가서 국가로부터 부여받은 임무를 나누어 갖는 것이다. 학생들에게 분공은 과업이며 의무라고도 할 수 있지만 그것은 소속감을 분명히 느끼게 하는 것이다. 즉 학생이 사회로부터 인정을 받았다는 뜻도 된다.[120]

북한에서 집단은 조직에 의해 강화되었고 조직은 집단주의에 의해 강화되었다고 할 수 있다. 조직은 규약이 있었고 이 규약에 따라 조직은 조직의 결정과 지시에는 바로 구성원 각각에게 차례대로 주어진 또는 개인이나 소집단에게 특별히 주어진 분공이 들어간다. 개인의 일상생활

119) 이태섭, 『북한의 경제 위기와 체제변화』(서울: 도서출판 선인, 2009), 213~218쪽.
120) "모든 학생에게 분공을 줌으로써 어느 학생도 자기를 집단 사업과 관계가 없는 사람으로, 방청자로 느끼지 않으며 집단과 자기와의 리해 관계의 일치를 똑똑히 인식하고 있다." 교육도서출판사, 『약수 중학교 교육 경험』, 79~80쪽.

중의 많은 부분이 조직으로부터 주어진 분공을 실행하는 것으로 이루어지는 것이다. 직장(학교)에서 받은 분공은 곧 근로자단체(소년단과 사로청)으로부터 받은 분공과 같은 의미를 지니게 된다. 소년단이 별도로 분공을 줄 수도 있지만, 학급에서 받은 분공은 곧 소년단에서 받은 분공이라고 할 수도 있다. 왜냐하면 북한에서 학급은 소년단의 하부조직이기도 하기 때문이다. 북한의 학교와 학급은 상부조직의 하부 조직으로서 분공을 받는 체제였듯이 학교와 학급은 그 아래에 엄청나게 많은 세밀한 조직과 그에 따른 분공체계를 가지고 있다.

약수중학교의 사례에서 보듯이 분공체계는 학생들을 혁명화, 노동계급화 하는 데 가장 절실히 요구되는 노동과 선전부문에서 매우 조밀하고 세부적으로, 시기적으로 구성되어 있었다.

> 철저한 분공 이것은 이 학교의 특징이다. 학교 주변에 있는 5천 그루의 나무 하나 하나에도, 교실 유리 한 장 한 장에도 지어는 흑판 지우개, 거울에도 《주인》이 있다. 토끼 책임, 위생 책임, 노래 보급 책임, 복도 휴지 줍는 책임 등등 모든 학생들에게 한 가지의 분공된 일 있으며 고정 분공 외에 림시 분공이 주어진다. 흔히 분공을 통하여 교양 사업이 성과적으로 진행된다. 례하면 옷차림이 란잡한 학생에게 위생을 통제하는 과업이 분공되였고 학습을 태공한 학생에게 숙제를 예비 검열할 과업이 분공되였다. 이 학교에서는 작업이 끝나거나 분공이 주어진 후에는 제 때에 정상적으로 총화 사업이 진행된다. 총화 결과는 즉시로 직관화되여 발표되며 제 때에 찬양됨으로써 학생들의 작업 의욕을 제고시키며 결함을 시정하게 하며 로동에 대한 책임감과 성실성을 교양한다.[121]

---

121) 위의 책, 76쪽.

벽보편집위원회는 단, 분단별로 꾸린다. 단벽보편집위원회는 5~7명으로 꾸리며 분단벽보편집위원회는 3~5명으로 꾸린다. 단, 분단 위원회는 소년단원들속에서 학습과 조직생활에서 모범이며 직관교양을 담당수행할수 있는 능력과 자질을 갖추고 사업에서 책임성과 열성이 높은 소년단원들을 선발하여 벽보편집위원회를 꾸려야 하며 벽보주필을 임명하여야 한다.

벽보편집위원회는 매해 새학년도가 시작되여 새로운 지도기관 선거한 다음 뒤따라 꾸려야 한다. 편집위원회의 역할을 높이는 것이 중요하다. 편집위원회의 역할을 높이려면 위원들에게 사업분담과 임무를 명확히 주고 위원들이 집체적협의를 잘하도록 해야 한다.

벽보편집위원들에게 주는 사업분담은 사업내용과 위원들의 능력을 고려하여 자료수집, 원고작성, 글쓰기, 그림그리기, 벽보관리 등으로 줄수 있다.(중략) 편집위원들은 주별로 편집위원들의 협의회를 열고 편집사업에서 나타나는 우결함을 찾아야 하며 직관교양을 더 잘해나가기 위한 대책을 세워야 한다.[122]

벽보도 발간주기가 있고 영예판도 일정한 기간이 지나면 새로 발간한다. 그러나 소년단속보는 새로운 소식, 새로운 모범이 나타나면 아무 때나 발간할수 있고 또 발간하여야 한다.[123]

분단에서는 매 학년도초에 분단위원회에서 속보원을 1~2명정도 임명할수 있다. 단벽보편집위원회가 속보운영까지 맡기 어려운 학교단에서는 단에도 속보원을 임명할수 있다.[124]

벽보는 각 크루쇼크에서 자기 사업과 관련하여 발간할 수 있고 또

---

122) 전광두 · 장세운, 『소년단건설 1: 사범대학 사로청지도학과용』, 242쪽.
123) 전광두 · 장세운, 『소년단건설 1: 사범대학 사로청지도학과용』, 242쪽.
124) 전광두 · 장세운, 『소년단건설 2: 사범대학 사로청지도학과용』, 250쪽.

> 학교와 학급에서 소년단을 중심으로 하여 규칙적으로(례를 들면 월 2회 토요일) 발간한다. 학교에서는 또한 국가적 명절일과 관련하여 벽보를 발간하고 아동들의 정치적 사회적 열성의 분위기를 조성한다.[125]

이러한 분공은 넓게 보면 북한사회의 규율의 일부라고 할 수도 있지만, 각자가 해야 할 구체적인 임무를 부여한다는 특징을 가지고 있다. 즉 규칙위주의 규율을 지키는 것만으로는 조직의 구성원이 될 수 없다는 것이다. 조직이 맡기는 역할이나 일을 반드시 해야 하고, 조직은 구성원들에게 반드시 일을 맡기도록 하고 있다. 간부들이나 일하고 나머지 일반구성원들에게는 최소한의 일만을 맡긴 것이 아니라 모든 성원들에게 일정한 일거리를 주고 그것을 가지고 조직활동에 대해 평가를 하고 정기적인 모임에도 참여하지 않으면 비판을 받거나 심하면 자격을 박탈하도록 만든 것이다.

북한에서 말하는 집단주의 규율이란 넓은 의미에서는 자기가 맡은 바 책임을 다하는 것까지 포함한다. 소년단에서는 개인주의적이고 분공을 제대로 하지 않으면 비판을 받을 수 있고, 이것은 어디까지나 집단의 규율의 이름으로 비판을 받았고 최악의 경우에는 출단을 당할 수 있었다. 이것은 최악의 무거운 벌이다. 북한 사회는 이러한 조직들이 그물망처럼 연결되어 있을 뿐만 아니라 위계를 가지고 있고 이러한 그물망의 중심과 위계의 꼭대기에는 수령인 김일성이 있었다. 모든 조직은 수령의 조직이었고, 수령의 교시는 직접적으로 내려오거나 당정책을 통해서 전달되기도 했다. 따라서 조직이나 개인에게 주어진 분공은 곧 수령이 내려준 분공이었다. 분공을 제대로 못하거나 조직생활에 빈틈을 보여 조직에서 비

125) 교육학분과집필위원회, 『교육학: 사범전문학교용』, 351쪽.

판을 받고 쫓겨나는 것은 수령으로부터 버림을 받는 것과 같았다.

반대로 분공을 성공적으로 완수하게 되면 그것은 자랑스럽고 명예로운 일이었다. 개인분공 중에는 조직관리가 있는데 조직관리를 잘 해서 조직의 구성원들로 하여금 각자에게 맡겨진 개인분공을 잘 하게 만들면 조직을 관리한 그 사람이 좋은 평가를 받게 되고 인정을 받아서 천리마기수가 될 수도 있고 궁극적으로는 가장 영예로운 당원이 될 수 있게 된다. 조직의 중심이자 꼭대기에 있는 어버이수령과 좀 더 가까워지는 것이다.

또한 북한의 집단주의의 특징은 거의 모든 인민이 조직에 들어가 있으며, 인민들로부터 인정받으려면 조직 내에서 어떤 지위와 역할을 부여 받아야만 한다는 점에 있다고 볼 수 있다. 일정한 집단은 그 자체가 조직이기도 하지만 치밀하게 계산되고 주도면밀하게 체계화된 조직의 통제를 받는 집단이기도 한 것이다. 북한사회에서는 개인이 아무리 명성이 있고 능력이 있고 성품이 좋아도 조직과 분리되어서는 의미가 없다. 북한 사회는 노동당에 의해 지도받는 일정한 조직들로 이루어져 있으며 오직 조직을 통해서만 인정받고 의미를 부여받을 수 있기 때문이다. 북한 인민들에게 조직과 집단은 자신을 보호하는 부모 같은 존재이기도 하지만 조직으로부터 분리되거나 비난받으면 집단 따돌림을 받을 수 있는 무서운 존재이기도 하다. 흔히 자유주의 사회에서 말하는 취미모임, 친구, 혈연, 지연적 관계로 맺어진 집단은 조직이라고 할 수 없다. 북한 사회에서는 시민사회가 존재하지 않는다고 하기보다는 시민사회가 집단이나 조직으로 인정받지 못하고 큰 가치를 부여받지 못하고 있다고 봄이 옳을 것이다. 북한의 나약한 시민사회는 조직으로부터 배제된 북한주민들을 보호해줄 능력이 없는 것이다.

5. '희생과 봉사'의 제도화

계산적이고 순환적인 위계질서, 강력한 조직만이 북한의 집단주의의 특징을 설명하는 것은 아니다. 북한의 집단주의는 개인보다 집단을 위해야 한다는 집단위주의 생활을 강제하는 것을 넘어서 개인에게 집단을 위해 무조건 봉사하고 희생하는 삶을 요구하기도 한다. 결국 북한 주민들에게 개인의 무조건적인 희생과 봉사는 조국을 위한 길이고 내 자신에게 직접적인 이익을 주지 않더라도 그것이 삶의 가치요 보람으로 강요된다고 하겠다. 이것은 한편으로는 누가 알아주건 알아주지 않건 관계없이 인정받지 못하고 평가를 제대로 받지 못하더라도 실행해야 하는 것이다. 그러나 이런 행위는 북한주민들에게 공산주의도덕이 내면화될 때만 가능한 것이다. 개인이 자신의 욕망을 내세운다면 공산주의도덕은 개인에게 언제나 국가의 이익과 요구가 우선이라고 설득하였다.

북한소설에는 개인이 원하는 진로나 진학이 국가나 집단의 이익과 요구와 맞지 않을 때 개인이 방황하고 어떤 우회로를 통해서 자기가 원하는 진로나 진학을 선택하려는 사례가 많이 나온다. 자본주의사회에서는 개인의 운명을 시장이 결정하는 것으로 보이지만 사회주의사회에서 국가와 조직이 결정하는 것처럼 보일 것이다. 자본주의사회에서는 대중들은 개인의 욕망과 이익을 실현할 수 없는 것을 국가의 정책 탓으로 돌리기가 쉽지 않지만, 집단주의사회에서는 국가의 정책 탓으로 돌리기가 쉬울 것이다.

결과적으로는 자본주의사회에서나 공산주의사회에서나 현실을 받아들이고 감수하게 되지만 그것을 받아들이거나 귀인하는 추론과정이 다른 셈이다. 물론 북한사회에서도 자본주의사회와 마찬가지로 개인의 지위, 역할, 생활주준을 개인의 탓(노력과 능력)으로 돌리는 것은 비슷하다. 다만 그것을 받아들이기 힘든 상황일 때는 북한 주민은 집단주의논리에 따라 개인의 욕망과 이익은 집단을 위해 희생되어야 한다는 합리화논리를 주입받을 것이다.

희생과 봉사를 합리화하고 내면화하는 것만으로는 부족하다. 북한은 희생과 봉사마저 제도화하여 모든 주민들이 희생과 봉사를 하지 않을 수 없도록 만들었다. 북한주민들에게는 사회가 요구하는 여러 가지 활동에 의무적으로 참여하지 않으면 안 되었다. 학교는 지역사회나 국가와 분리된 것이 아니다. 학생들의 봉사활동에는 정치사회위생 캠페인 청소 같은 일들이 있었다. 천리마시대의 학교에서는 일상적으로는 '좋은일하기운동'으로 계획적으로 진행되었다. 아동들에게는 '좋은일하기운동'를 제도화한 꼬마계획이 주어졌다. 이와 같은 봉사활동은 개인적인 미담의 제조가 아니라 집단적인 미담의 제조라고 할 수 있겠다.

> 소년단원들은 좋은일하기운동을 힘있게 벌려 5개년계획기간에 《소년호》렬차 1대, 《소년호》기중기 2대, 《소년호》자동차 56대, 《소년호》뜨락또르 140대를 나라에 바쳤다.
>
> 또한 소년단원들은 여러 가지 《근위대》활동을 활발히 벌려 거리와 마을을 알뜰히 꾸리고 조국의 산을 푸르게 하는데 크게 기여하였다.
>
> 이와 함께 소년단원들은 사회주의건설을 로력적으로 지원하였다.
>
> 소년단원들은 공장과 도시 건설장들을 찾아가 벽돌장도 날라주고 흙도 날라주면서 건설을 도왔다. 그리고 농촌지대 소년단조직들에서는 알곡생산을 늘이기 위한 모내기, 김매기, 가을걷이 등을 도와주었다.[126]

천리마작업반운동 자체가 그러한 희생과 봉사의 제도화의 한 가지라고 할 수 있다. 누가 알건 모르건, 평가나 인정과는 무관하게 희생과 봉

126) 전광두 · 장세운, 『소년단건설 1: 사범대학 사로청지도학과용』, 56쪽.

사를 해야 한다고 했지만, 각종 단체와 기구들은 개인과 각 단위의 희생과 봉사를 평가되고 사회적인 인정을 받을 수 있도록 노력했다. 천리마작업반운동의 평가항목에는 희생과 봉사가 있었다. 천리마작업반운동에서는 특히 선진적인 노동자들에게는 자신에게 주어진 역할과 행동보다 더 많은 일을 할 것이 요구되었다. 또한 그것은 모든 '인테리'들에게도 부여되었다. 의사들에게는 담당구역제가 있었고 교사들에게는 5호담당제가 있었다.

> 소년단지도원동무가 약수골에 있는 5세대를 담당하여 농민들속에서 당정책도 해설선전하고 일반지식수준도 높여주며 위생문화사업도 잘하도록 도와준다는데 다른 교원들도 다 그렇게 하여야 합니다. 의사들에게 담당구역제가 있는것처럼 교원들도 5세대씩 담당하여 선전사업을 하여야 합니다.[127]

의사를 포함한 보건일군들에게는 희생과 봉사가 '정성운동'이라는 이름으로 제도화되었다. 의사나 교사뿐만 아니라 북한 주민들은 자기 조직의 뒤떨어진 구성원들뿐만 아니라 뒤떨어진 다른 단위의 노동자들에

---

127) 김일성, 「학생들에게 산 지식을 배워주며 5호담당 선전을 잘하자(창성군 약수중학교 교원들과 한 담화, 1962. 7. 1)」, 『김일성저작집 29』(평양: 조선로동당출판사, 1985), 199쪽. "우리가 창성군에서 시범적으로 해본 5호담당선전원제 같은 것은 사로청에서 얼마든지 조직할수 있을것입니다. 이 방법은 농촌을 혁명화하는데서 아주 좋은 방법의 하나입니다. 선생들과 학생들에게 다섯집씩 책임지워 그들이 늘 가지 많은 집 아이들과 어른들을 만나 우리 당의 정책과 문화위생사업, 반간첩투쟁에 대한 문제 같은 것을 가지고 해설선전하게 하면 모든 주민들을 당정책의 적극적인 지지옹호자로 만들 수 있으며 사람들속에서 건달을 부리거나 사회재산을 좀먹는것과 같은 현상을 제때에 막을수 있고 또 간첩, 파괴암해분자들이 어디에도 발을 붙이지 못하게 할수 있을것입니다." 김일성, 「청년들의 특성에 맞게 사로청사업을 더욱 적극화할데 대하여(1971. 2. 3)」, 『김일성저작집 26』(평양: 조선로동당출판사, 1984), 51쪽.

대해서도 희생과 봉사로서 원조를 아끼지 않아야 했던 것이다. 이것은 집단 간 경쟁에서 상향평균주의를 요구하는 것과도 통한다. 희생과 봉사는 공산주의도덕의 내면화와 각종 노력동원의 제도화를 통해서 집단주의를 강화하였다. 이것은 북한에게만 해당하는 것은 아니었다. 사회주의국가들에서는 사회주의애국주의라는 사상 자체가 인민들에게 희생과 봉사를 요구했다.[128]

희생과 봉사는 혼자서만 하는 것이 아니라 누구나 함께 하는 것이다. 일종의 노동강도의 강화, 노동시간의 연장 같은 것이 희생과 봉사의 주된 형태였다. 이런 희생과 봉사는 사회주의산업화 초기 사회주의국가들의 고도 경제성장률의 결정적 요인이 된다고 할 수 있다.[129]

그러나 혁명의 열기가 지나고 사회이동이 멈추고 나면 이런 성장은 한계에 봉착할 수밖에 없다.

6. 전체는 하나를 위해서

마르크스와 엥겔스는 공산당선언에서 공산주의는 "발전을 거치는 가운데 계급적 차이가 소멸되고 모든 생산이 연합된 개인들의 수중에 집중되면, 공권력은 그 정치적 성격을 상실하게 될 것이다.(중략) 계급과 계급대립으로 얼룩진 낡은 부르조아 사회 대신에, 각자의 자유로운 발전이 전체의 자유로운 발전의 조건이 되는 연합체가 될 것이다."고 결론

128) Janos Kornai, *The Socialist System: The Political Economy of Communism*, pp.57~59 참조.

129) 이것은 코르나이가 질적 성장인 내포적 성장(intensive groth)에 대하여 외연적 성장(extensive growth)이라 이름붙인 것으로 한계와 문제점을 많이 가지고 있는 성장이다. Janos Kornai, *The Socialist System: The Political Economy of Communism*, pp.181~186 참조.

을 내렸다.[130]

이러한 마르크스의 생각을 한마디로 요약한 것이 '하나는 전체를 위하여 전체는 하나를 위하여"라고 말할 수 있다. 북한의 집단주의는 집단주의의 명제를 집약한 구호인 '하나는 전체를 위하여 전체는 하나를 위하여'에서 개인이 전체를 위한다는 제1명제(전건) 뿐만 아니라 전체가 개인을 위한다는 집단주의 제2명제(후건)를 만족시켜야 한다. 개인이 국가를 위해 희생과 봉사를 해야 하고 모든 생산 단위가 궁극적으로는 국가를 위해서 생산하는 것과 상위단위가 먼저 분배를 받는 것은 개인이 전체를 위하여 살아야 한다는 집단주의 제1명제를 제도적으로 충족시키는 것이지만, 전체가 개인을 위하여야 한다는 제2명제를 충족시키는 것은 아니다. 북한의 집단주의는 제2명제를 충족시키기 위해서는 집단이 일정한 집단적 목표에 도달해야 하고, 동시에 낙오자가 없도록 해야 한다는 단서를 달았다. 높은 수준에 도달한 구성원들에게는 반드시 낮은 수준에 있는 구성원들의 수준을 한 단계 이상 높여줘야 한다는 책임이 주워진 것이다. 조직생활이든, 교육문화수준이든, 기술수준이든, 생활양식이든 선진적인 구성원이 후진적인 구성원을 지도하거나 지원해 줘야 한다는 것이다. 노동현장에서도 그랬지만 학교현장에서도 똑같이 요구되었다. 공부를 잘 하지 못하는 아이 없이 다 같이 잘 하도록 하는 것, 즉 목표는 모두가 우등생이 되는 것이었다. 상향평균주의는 학교에서 학업성적에만 해당하는 것은 아니었다. 모든 방면에서 품앗이 하듯이 서로 서로 끌어주고 상대방이 부족한 것은 도와줘야만 했다.

평균이하 수준의 개인A에 대해 개인B가 개별지도를 하는 경우 개인B는 '하나는 전체를 위해서' 살고 있다는 것 즉 개인은 자신을 위하기보

---

130) 칼 마르크스 · 프리드리히 엥겔스, 「공산당 선언」, K. 마르크스 · F. 엥겔스, 『마르크스 · 엥겔스 저작선』(서울: 거름, 1988), 70쪽.

다는 전체의 평균을 상향시키기 위해 노력해야 한다는 것을 가시적으로 보여주는 것이다. 개별지도를 받는 A는 개인B가 자기가 소속한 집단인 국가의 요구에 의해 '전체는 하나를 위해서' 개인 B의 이익을 버리고 자신을 위하고 있다는 것을 느껴야 했다. 이것은 개인 대 개인의 관계라고 할 수도 있지만 집단주의에서는 전체 대 개인의 관계로 해석되었다. 누구는 수학을 잘 할 수 있고 누구는 체육을 잘할 수 있으며 누구는 노동을 잘 할 수 있고 누구는 음악을 잘 할 수 있다.

이런 식으로 품앗이 하게 되면 전체적으로도, 개별적으로도 모든 수준이 상향되었다고 할 수 있다. 이것을 확실히 하기 위해 소집단간의 경쟁에서 북한은 평균점을 택하지 않았다. 평균점수를 택하거나 최우수학생의 숫자로 비교하게 되면 내부의 성원들의 수준차가 무시될 수가 있다. 북한은 소집단 간 경쟁을 하되 예를 들어 한 명이라도 낙오되면 경쟁에서 좋은 점수를 얻을 수 없도록 만들었다. 따라서 아무리 나머지 구성원이 잘 하더라도 한명이 못하면 집단의 점수는 좋게 나올 수 없는 것이다.

상향평균주의를 위해서 전체가 하나를 돕기도 했지만 그와 함께 그 한 사람에게도 항상 기회와 역할을 부여함으로써 그가 항상 도움을 받는 위치가 되지 않도록 했고, 모든 명예를 몇몇이 독점하지 않도록 했던 것이다. 일종의 순환보직제를 실시하고 분공을 맡은 사람을 적극적으로 도와줌으로써 모두에게 기회와 명예를 누릴 수 있게 했다.

> 본보기를 창조하는 과정자체가 도덕교양과정이므로 그 대상을 일부에 국한시켜서는 안된다. 그러므로 한 대상을 본보기로 내세우고 일반화하였다면 다음번에는 다른 대상을 내세우는 식으로 바꾸어가면서 모든 소년단조직과 소년단원들을 대상으로 삼아야 더욱 효과적이다.
>
> 본보기대상을 이렇게 모든 소년단조직과 소년단원들로 하여야 본

> 보기를 창조하는 과정을 통하여 그들을 교양할수 있으며 그 영향력도 모든 소년단조직과 소년단원들 속에 빨리 파급될수 있다.[131]

품앗이라고 할지라도 누구나 기여도가 같은 것은 아닐 것이다. 모든 면에서 유능한 사람과 모든 면에서 무능한 사람을 비교해 보면 알 수 있다. 따라서 상향평균주의는 결국 위에서 설명한 '희생과 봉사'를 제도화한 것이라고 할 수 있다. 이것은 김일성이 북한주민들에게 이타주의를 설교하거나 요구한 것이라기보다는 집단주의와 집단의 목표를 위해 개인의 '희생과 봉사'를 요구한 것이라고 할 수 있을 것 같다. 결국 '희생과 봉사'를 통해서 '하나는 전체를 위하고 전체는 하나를 위한다'는 구호 중 '전체는 하나를 위한다'는 것이 현실화될 수 있었다. 노동영웅 정춘실의 실화에 바탕을 둔 영화 〈정방공〉(1964)은 무엇보다도 희생과 봉사를 중시한 천리마 영웅을 형상화한 영화들의 원형이 되었으며 정춘실은 '전체는 하나를 위한다'는 것을 몸으로 보여준 집단주의의 전형 천리마시대의 이상적인 인간상이 되었다.[132]

이런 미담을 통해서 북한사회에는 사회주의 대가정이라는 은유적 표현이 나타났고, 사회주의란 각 개인이 북한이라는 대가정의 일원으로 느끼고 생각하고 행동하는 것이며 그런 대가정을 이루는 데 도움이 되

---

131) 전광두 · 장세운, 『소년단건설 2: 사범대학 사로청지도학과용』, 48쪽.

132) "천리마 시대에 맞는 문학예술을 창조하자"를 필두로 천리마 문화(영화)이 시작되었다. 옥림은 일제시대 천이 없어 아버지를 가마니에 말아 매장한 사연을 가진 여성노동자이다. 그녀 자신은 15원에 공장에 팔려왔으며 이후 가족과 소식조차 끊기고 해방이 되어도 갈 곳 없는 노동자가 되었다. 그런 그녀를 강희덕이란 인물이 자신의 집으로 데려와 돌봐준다. 희덕에게는 복순이라는 딸이 있는데 그녀 역시 의지할 곳 없이 헤매다 강희덕과 모녀의 인연을 맺었다. 개인주의와 가족주의가 견고하게 팔을 걷고 있는 남한과 달리 남남이 가족을 이룰 수 있다는 상상력은 사회주의체제로서 북한체제 초기의 긍정성을 보여준다." 이명자, 『북한영화사』(서울: 커뮤니케이션북스, 2008), 61쪽.

어야 하는 것으로 표현되었다. 이것은 조직사회주의, 집단주의가 내포하고 있는 기계적 논리를 보완하고 미화시키는 장치이기도 했다.[133)]

그런데 이와 같은 상향평균주의는 하향평준화가 될 우려가 항상 있는 법이다. 순환보직제도 집단의 효율성을 해칠 수 있고, 분공을 제대로 실현하지 못하게 되어 집단의 목표를 달성하는 데 방해가 될 수도 있다. 앞에서 언급했듯이 애초부터 집단이 가지고 있는 내부 역량을 낮게 상급 단위에 보고함으로써 조금만 노력해서도 결과적으로 모두가 상향평균화 된 것처럼 보이게 할 수도 있다. 그리고 이런 행위는 개인이 집단 안에서도 꾀를 쓰는 이기주의의 다른 형태로 될 수도 있다. 같은 작업반 내에서 반원끼리 가짜로 주고받기 식의 거래도 이루어질 수도 있는 있다. 따라서 어떤 행위가 '희생과 봉사'인지 사실은 자신의 역량보다 작은 분공을 받아 놓은 상태에서 타인이나 집단에게 베푼 여유 있는 행위를 '희생과 봉사'라고 했는지 정확하게 감시, 평가하지 않는다면 '희생과 봉사'는 그 의미를 제대로 살릴 수 없을 것이다.

또한 '희생과 봉사'도 궁극적으로는 어떤 대가 특히 물질적 대가가 주어지지 않는다면 대중의 참여를 불러일으킬 수 없을 것이다. 도덕적 자극만으로는 부족하고 물질적 대가가 있어야한다. 그런데 북한에서 이러한 '희생과 봉사'에 대한 물질적 자극이 큰 역할을 한 것으로 보이지 않는다. 북한에서는 '희생과 봉사'에 따르는 물질적 자극이라는 것은 실질적으로 생활을 윤택하게 하는 데 있는 것이 아니라 상품이나 하사품처럼 일종의 상징적 역할을 한 것으로 보인다. 희생과 봉사에 따르는 사회적 지위향상이 물질적 자극을 대신했던 것으로 보인다. 그러나 상징적

133) 이러한 미담을 예술적으로 형상화하는 과정에서 경희극이라는 장르가 탄생하였다. 북한사람들은 부정적인 면마저 웃음으로 넘기는 새로운 예술형식인 경희극은 북한과 같은 사회주의 대가정이라는 새로운 사회에서만 나올 수 있는 새로운 예술적 형식이라고 자랑스러워했다.

자극이 아무리 사회적 지위향상과 결부되어 있다고 해도 이렇게 명예를 얻은 사람이 '희생과 봉사'가 없이 사는 사람보다 실제로 물질적으로 부족하게 살게 되고, 이런 물질적 생활의 수준차이가 자신과 타자에 의해 비교되고 수치스럽거나 구차하게 여겨지게 된다면 그러한 상징이 가지고 있는 자극은 약화될 수밖에 없을 것이다. 따라서 북한에서 아무리 습관화되고 제도화되었다고 하더라도 '희생과 봉사'를 보상과 결합시키는 것은 쉽게 해결될 문제는 아니었던 것으로 보인다.

7. 규율과 규칙

사회주의 생활양식의 가장 포괄적인 특징이라고 할 수 있는 집단주의는 북한 주민들의 의무적인 조직생활과 이중 삼중의 규율엄수로서 나타난다. 집단의 규율에는 직장이나 단체의 규율이 있을 수 있다. 집단주의에 반하는 것이 이기주의라고 하고 이기주의는 물질적 욕망으로도 표현되고 정신적 욕망, 사회적 욕망으로도 표현된다고 한다면, 집단주의에 반하는 것으로서 김일성이 가장 경계한 것 중의 하나가 자유주의다. 북한에서는 자유주의는 주민이 소속된 직장이나 단체의 규약이나 규칙을 지키지 않는 것으로 나타난다고 여겨졌다.[134]

김일성은 말로는 지지하거나 찬성하면서 속이 다른 행위를 '양봉음위'라 해서 매우 적대시하였는데, '양봉음위'인지 아닌지 알 수 있는 판단기

---

134) "자유주의는 혁명적조직생활을 싫어하고 조직의 결정과 지시에 복종하지 않고 자기마음대로 무원칙하게 행동하는데서 나타난다. 자유주의는 또한 사회와 집단의 공동행동규범을 자각적으로 지키지 않으며 당 및 국가 규률을 위반하는데서 표현된다." 사회과학원 철학연구소, 『철학사전』(평양: 사회과학원 철학연구소, 1985), 443쪽.

준도 규율과 규칙을 지키지 않는 것으로 알 수 있으며 이것도 역시 집단주의에 반하는 '자유주의'라고 못 박았다.[135)]

결국 사회주의 사회는 조직생활이며 인민들은 조직의 규율과 규칙을 무조건 지켜야 하고 결정사항은 무조건 따르고 무조건 실행에 옮겨야 한다. 이를 조직주의라고도 할 수 있고 집단주의라고도 할 수 있으며 규율주의라고도 할 수 있다. 규율과 규칙은 집단을 유지하기 위해 필수불가결한 요소다. 다른 사회와 마찬가지로 주민들이 지켜야 할 규율과 규칙을 성문화해 놓은 것은 법전이라고 할 수 있다. 그러나 법은 주민들의 삶을 세부적인 사항까지 규정하지는 못한다. 북한은 특히 북한 주민들의 직장생활을 규정하는 노동관계법에서 그 공백을 메우기 위해 끊임없이 노력했지만 그것은 한계가 많을 수밖에 없다.[136)]

노동관계 법을 아무리 수정을 하고 완벽하게 만든다고 할지라도 법은 노동자의 모든 생활을 조문화할 수는 없었기 때문에 조직과 노동현장에서 그때그때 요구되는 세부적인 규율과 규칙이 필요했다고 볼 수 있다. 북한주민들이 사회주의적 사회성격을 형성하기 위해서는 내적으로는 집단주의에 의거한 덕성을 내면화하여야 하고 외적으로는 집단이 요구하는 규율과 규칙을 잘 지키는 것으로 나타나야 했다. 그런데 북한에서

---

135) "조직의 결정과 지시에 복종하지 않고 마음대로 무원칙하게 행동하며 양봉음위 즉 겉으로는 받드는 척 하면서 뒤에서는 반대하며, 회의할 때에는 다 좋다고 찬성하고도 그 자리를 떠나면 딴 짓을 하는 것들은 다 자유주의적 경향이다. 김일성, "창립 1주년을 맞이하는 북조선로동당(1947.8.28)」, 『김일성저작집 3』(평양: 조선로동당출판사, 1979), 410쪽.

136) "첫째로 강조하고 싶은 것은 이들 범죄와의 투쟁에서 좌우경적 편향을 극복하는 문제이다.(중략) 둘째로 강조할 것은 로동 법령을 위반하는 범죄의 장의 절대 다수의 조문이 공백적 규정으로 되어있다는 것이다. 따라서 구체적으로 로동 법령, 로동 보호에 관한 규정, 기타 제반 로동 법규에 대한 심오한 연구와 분석이 요구된다는 점이다." 리중선, 「사회주의적 소유를 침해하는 범죄자와의 투쟁을 강화할 데 대하여」, 『민주사법』 제10호, 1959, 28쪽.

는 집단을 규정한 것은 앞에서 언급했듯이 소속된 노동현장이나 직장의 논리보다 그 집단의 구성원들이 소속된 조직의 규약이었고 직장의 규칙은 그 규약에 의해 정당화되었던 것이다.

예를 들어 "동맹원은 사회주의경쟁과 천리마작업반운동에 솔선참가하여 높은 혁명적 열의를 발휘하고 집단적 혁신을 일으키며, 공산주의적으로 일하면서 생활하기 위하여 적극 로력하여야 한다."는 농업근로자 동맹규약(1965년 3월 27일)에서 보듯이 농민들은 농장에서 요구되는 일을 하기위해서 경쟁도 하고 천리마작업반운동도 하는 것이 아니라 농업근로자 동맹이 요구하는 사회주의 경쟁과 천리마작업반운동을 하기 위해서 농장에서 일한다고 봄이 더 정확한 관점이라고 할 수 있다.[137]

북한 주민을 일차적으로 규제하는 것은 사법기관이 아니라 소속 근로단체였다. 직장에서 시기별로 요구되는 세부적인 규칙과 규율을 통제하고 지도하는 단위가 원래 노동성에 있었는데 1959년엔 노동자들이 소속되어야 할 직업동맹총동맹(직총)으로 옮겨 갔다는 것이 그것을 분명히 보여주는 것이다.

> 우리 나라의 현존 공업 관리 체계를 개편하며 중앙 공업과 함께 지방 공업 체계를 확립할 데 대한 조선 로동당 중앙 위원회 상무 위원회 확대 회의 결정에 의한 1959년 8월 31일 정령《조선 민주주의 인민 공화국 로동성을 통합 및 폐지함에 관하여》에 의하여 로동성이 폐지되고 그가 수행하던 로동 임금 및 로동 정량 사업과 기술 향상 대한 사업을 조선 직업 총동맹 중앙 위원회에서 담당 수행하게 되었다. 따라서 직업 총동맹 중앙 위원회에서는 로동 보호, 사회 보험, 로동 규률, 로동 임금 등에 관한 일련의 결정이나 규정(행정 관리적인) 이 채택될 수 있을 것이며 또 바로 이 결정이나 규정들의 위반도 종전에 로동성령 규칙의 위

137) 「농업근로자 동맹규약」, 최종고, 『북한법』, 168~184쪽.

반과 같은 법적 효과가 발생된다고 보아야 할 것이다.[138]

그래서 일반적으로 북한 주민은 법적 규제, 직장의 규율, 근로단체의 규약이라는 삼중의 규율과 규칙 속에 살게 된다. 여기서 이 모든 규율규칙을 총화하고 강제하는 힘은 근로단체, 사회단체로부터 나온다. 이 규율규칙을 강제하는 조직이 농민의 경우는 농업근로자 동맹이며, 노동자의 경우는 직총이지만 학생들에 대해 규율과 규칙을 강제하는 것은 북한에서는 소년단, 사로청이었다. 북한에서는 구성원이 속한 어떤 조직에서든 그 조직이 요구하는 규율과 규칙을 지켜야 하는 것이 그 단체의 규율규칙이기 때문이다. 결국 북한 주민들은 자신이 속한 조직이 많을수록 삼중, 사중의 규칙과 규율 속에 살고 있다고 할 수 있다. 기본적으로 자신이 소속된 노동현장의 요구가 있을 것이며 이것은 법으로 조문화되어 있을 것이다. 다음으로는 자신이 소속한 단체가 그때그때 요구하는 규율과 규칙이 있을 것이다. 북한주민들은 행정조직이든 직장이든 학교든 소속되어 있으며, 또한 북한 주민들은 당의 인전대라고 하는 근로단체에 모두 망라되어 있다. 게다가 만약 대중운동에 참여한다면 그 대중운동이 요구하는 규율이 있기 마련이다. 여기에 더해 당원이라면 또한 당의 규율과 규칙을 따라야 했기 때문이다. 그리고 북한에서는 상급단체의 구성원도 자기가 소속된 하급단체의 규율을 지키는 것이 상급단체의 규율중의 일부로서 들어가 있기 때문에 상급단체에 소속된 사람일수록 지켜야 할 규율이 많아진다고 할 수 있다. 이것도 북한 특유의 규율구조라고 할 수 있다.

학생들에게도 자신들이 소속된 조직이 요구하는 규율이 일상생활의

138) 리중선, 「사회주의적 소유를 침해하는 범죄자와의 투쟁을 강화할 데 대하여」, 『민주사법』 제10호, 1959, 25쪽.

중심이었다고 할 수 있다. 이것은 사회주의국가인 쿠바의 사례에서도 보듯이 대부분의 사회주의교육의 공통점이라고 할 수 있다.

> 학교위원회는 숙제를 제대로 하는 것부터 출석, 진급 등 모든 문제에 관여한다. 학교를 빼먹거나 등교거부를 하면 위원회 대표가 이유를 알아내기 위해 모르는 가정일지라도 부모를 찾아가서 문제가 있다면 상담한다. 이처럼 지역 주민들이 참가하여 더욱 완벽하게 만드는 것이 피오네로다. 활동내용은 성적, 진급, 출석에 까지 미치며 교칙을 어기거나 아이들끼리는 해결할 수 없는 학생이 있다면 리더가 그것을 이야기하고 주위에서 압력을 가하게 된다. 지각도 엄금이며 6학년생인 담당자가 교문에서 지각한 학생을 체크하고 지각 공책에 기록한다. 담당자는 학생에게 지각한 이유를 물으며, 여러번 지각하면 교장에게도 이야기가 전해져 부모와 상담을 하게 된다.[139]

모든 학생들에게는 노동현장과 일상생활에서 규칙과 규율을 지킬 의무가 절대적으로 우선시 된다. 학생들은 지켜야 할 학교규칙, 소년단 규약, 사로청규약이 있다. 북한에서 규율은 사람들의 행위와 품성, 생활을 평가하는 기준이 되고 있다.

그런데 이 규율이 집단주의로서 공산주의적 인간상으로 요구되는 것인지 아니면 산업화시기의 테일러시스템의 노동규율로서 요구되는 것인지 판단하기는 쉬운 일이 아니다.

주지하다시피 노동규율은 미국의 테일러가 창시한 테일러시스템에 따르는 규율이었다. 레닌은 러시아혁명 직후 붕괴하고 있던 소련경제를 살릴 수 있는 방안으로 국가자본주의, 부르주아 전문가 채용, 1인경영, 테일러 시스템이 도입되어야 한다고 보았지만 그가 상상했던 사회주의

---

139) 요시다 다로, 『교육천국, 쿠바를 가다』(서울: 파피에, 2012), 231쪽.

의 공장의 분위기는 자본주의의 병영식 규율과는 다르게 평등한 사람 사이의 규율, 노동자들의 자율적인 규율이 지배로서 자본주의의 병영식 규율과는 다를 것이라고 생각했었다. 이러한 레닌의 생각은 스탈린의 사회주의 건설과정에서 기본적으로 반영되었지만, 스탈린체제에서의 노동자에 대한 규율은 레닌의 상상과는 다른 통제적이고 억압적인 규율이었다.[140]

북한의 노동규율은 테일러시스템에 맞춘 것이지만 북한의 모든 규칙이 산업노동을 위한 것이라고 보는 것은 적절치 않아 보인다. 북한 특유의 사회주의산업화에 요구되는 규칙과 규율도 많았다고 보는 것이 적절한 것 같다. 그 이유는 앞에서 언급했던 것을 토대로 해서 설명하면 다음과 같다.

첫째, 천리마운동의 기술혁명이란 테일러 시스템에 의한 기존의 과학적인 작업동작을 보수주의로 규정하고 계속혁신, 계속 전진하는 것이 관건이었기 때문이다. 그러기 위해서는 기존의 노동규정이 무시하지 않으면 안 되었기 때문이다. 그래서 북한에서는 노동규정을 지키라고 하지만 실제로는 천리마기수들이 기존의 노동규정을 지키지 않고 무리해서 생산성을 올리는 이야기로 가득 차 있다. 둘째, 청산리방법과 공산주의적 사업작풍이라는 리더십, 당위원회를 강화함으로써 1인경영=지배인유일관리제의 관료주의, 권위주의 대신하고자 했기 때문이다. 셋째, 전문가의 기술신비주의의 한계를 조직과 집단의 지혜와 힘으로 창의성, 혁신성을 통해 생산성을 올리자는 운동이었기 때문이다. 넷째, 테일러시스템은 생산성 향상에 초점을 맞춘 것이지만 북한의 천리마운동은 사상혁명을 앞세우면서 문화혁명과 함께 기술혁명을 추진한 것이기 때문이다.

---

140) 토니 클리프, 『레닌평전3: 포위당한 혁명』(서울: 책갈피, 2010), 103~121쪽.

그리고 만약 산업화과정의 유산이었다면 그토록 광범위하고 복잡한 중층적인 조직체계와 규율체계를 만들 필요는 없었을 것이기 때문이다. 이것은 어디까지나 북한 특유의 조직사회주의의 속성으로 필요했을 것이라고 추론하는 것이 더 적절할 것 같다. 그리고 소비에트 테일러 시스템은 경쟁, 물질적 자극, 관리자의 억압적 통제와 결합되어서 운영되었지만 북한의 테일러 시스템은 사상교양, 조직과 집단, 당위원회의 힘을 통해 규율을 강제한 것이기 때문에 소비에트 테일러시스템과 북한의 테일러 시스템이 같다고 할 수 없을 것이다.

따라서 천리마작업반운동은 테일러 시스템을 토대로 하고 있지만 테일러 시스템에 북한사회나 북한 교육을 맞춘 것은 아니라고 할 것이다. 주체확립과 혁명적 군중노선에 따라 일어난 천리마작업반운동은 소비에트 테일러리즘에서 벗어나기 위한 움직임이었다고 할 수 있다. 천리마시대의 북한은 스탈린주의라기보다는 신스탈린주의 또는 탈스탈린주의라고 할 수 있듯이, 당시의 북한은 테일러주의라기보다는 신테일러주의 또는 탈테일러주의라고 하겠다.

북한이 이와 같이 테일러주의와 테일러주의의 극복이라는 모순된 명제 속에서 사회주의산업화과정을 겪고 있을 때 학생들에게 요구되었던 규율이 담긴 《학생 규칙》을 소개하면 다음과 같다.

> 《학생 규칙》에는 우선 학생들의 학습 의무에 대하여 지적되여 있다. 즉 부지런히 공부하며, 정확히 출석하며, 지각하지 말 것, 수업 시간에 교원의 설명 및 동무들의 대답을 주의 깊게 들으며, 작업과 숙제를 제때에 자립적으로 정확하게 수행할 것.
>
> 그와 함께 《학생 규칙》에는 우선 학생들의 학습 의무에 대하여 지적되여 있다. 즉 부지런히 공부하며, 정확히 출석하며, 지각하지 말 것, 수업 시간에 교원의 설명 및 동무들의 대답을 주의 깊게 들으며, 작업과 숙제를 제때에 자립적으로 정확하게 수행할 것.

그와 함께 《규칙》에서는 수업 시간에 있어서의 학생들의 태도에 대하여 지적하고 있다. 즉 교실에서 대답할 때에는 일어 서서 자세를 단정히 하며, 교원의 허가에 의해서만 앉으며, 대답하거나 물어보려고 할 때에는 손을 들고 교원의 지명을 기다리며, 교원이 교실에 출입할때에는 일어 서서 경의를 표해야 한다.

《규칙》의 여러 조항에는 위생 문화에 대한 요구가 들어 있다. 즉 신체를 항상 깨끗이 하고 의복을 청결하고 단정히 하며, 교실과 자기 방을 청결 정돈하며, 학교에서 제시하는 위생 문화적 제 요구와 생활 규제를 준수하는 것 등이다.

《규칙》은 동방 례의지국의 후대들이 웃사람, 로인을 존경할 때 대하여 특별히 주의를 돌리고 있다.

《규칙》은 학교장과 교원의 명령, 지시를 정확하게 수행하며, 교원과 부모들에게 례절 있게 대하며, 학교의 모든 일'군, 동무들, 방문객들에게 정중할 것을 요구하고 있다.

《규칙》은 로인, 어린이, 약한 사람, 환자들에 대한 주의 깊고 친절한 태도, 부모를 돕고 어린 동생들을 잘 돌볼 것을 요구하고 있다.

《규칙》은 학생들에게 학교 재산을 애호할 책임을 지우고 있으며, 동무들의 물건을 소중히 할 것을 요구하고 있다.

《규칙》은 학생들이 담배를 피우거나 술을 마시거나 도박하는 것을 절대로 금지하며, 비방적이며 야비한 언사를 허용하지 않는다.

《규칙》은 또한 대중적인 장소 및 가두에서 학생들의 례절, 겸손성을 요구하면서 그들의 행동을 조절한다.

《규칙》은 자기 학교와 자기 학급의 영예를 자기의 영예보다 더 소중히 여길 것을 요구하고 있다.[141)]

---

141) 교육학분과집필위원회, 『교육학:사범전문학교용』, 286~287쪽. 학교규칙 이외에도 북한에는 '학생생활표준세칙'이라는 것이 있었다. 조정아, 「산업화 시기 북한의 노동교육」, 249~257쪽. '학생생활표준세칙'에는 학생들이 등교, 수업시간, 휴식 시간, 점심 시간, 과외 시간, 가정에서의 생활, 기타 일상생활에서 지켜야 할 사항, 학교 청소 사업 등으로 나눠서 학교, 가정, 사회생활 중에 필요한 동작들을 하나하나 나

그런데 학생들의 교육에서 규율교육을 중시하고 학교가 해야 할 과업의 최우선 순위로 놓는 것, 규율을 품성의 하나로 보는 것 그리고 학부모들을 이런 문제에 참여시키는 것은 당시의 모든 사회주의국가 특히 소련교육의 특징이기도 했다.142)

소련의 산업화시기 소련 교육을 주도했던 교육학자인 마카렌코는 규율을 위한 수단으로서 레짐을 말했는데 이러한 레짐은 무엇보다도 엄격해야 한다고 주장했다. 그리고 그는 이러한 레짐은 지속적으로 성숙해가야 한다고 보았지만 어떤 레짐이 되었든 그가 근본적으로 제시한 것은 언제나 변함없는 권위주의적이며 엄격한 부모상이었다.143)

그는 부모의 엄격함과 아이에 대한 애정은 모순되지 않다고 주장하였다. 아이들에 대한 엄격한 명령이 애정과 모순되지 않는 이유는 그 명령이 아이들의 수준에 맞아야 하고 단순한 호통도 아니고 신경질을 내거

누어서 세부적으로 규정하고 있다. 이 표준세칙은 학생, 학부모, 교사가 지켜야 할 규율규칙이었다. 그런데 '학생생활표준세칙'의 기록은 1957년 이후로는 북한의 교육학 교재에서 찾기가 어렵다. 아마 천리마작업반운동으로 집단주의, 조직생활, 긍정적 감화교육이 강화되면서 '학생생활표준세칙'은 명시적으로는 사라지거나 약화되지 않았을까 생각해 본다.

142) "공산주의 투사와 건설자들에게 필수적인 도덕적 품성들 중에서 고상한 자각적 규률은 거대한 의의를 가진다. 바로 그렇기 때문에 학생들을 자각적 규률의 정신으로 교양하는 것이 학교의 가장 중요한 제 과업들 중의 하나로 되는 것이다. 학생들의 자각적 규률은 학교 사업의 전체 내용에 의하여 교양되며《…부모들, 공청 단체 및 소년단 단체와 전체 쏘베트 사회계와 공동적으로 학교가 학생들에게 주는 교양적 작용의 전체 총화의 결과로써》교양된다." (1951년 12월 12일부 로련 교육성 명령 No. 1092 호《학교에서의 규률 강화에 대하여》에서). 교육도서출판사 편, 『교수교양 사업 경험』(평양: 교육도서출판사, 1956), 156쪽.

143) "부모는 사무적인 것을 두려워해서는 안 된다. 사무적인 것이 부모의 애정과 모순된다거나 부모 자식 간의 관계를 재미없고 냉정하게 만들 우려가 있다고 생각해서는 안 된다. 자녀를 바르게 교육시키기 위해서나 가족 상호간의 존경심과 애정을 두텁게 하기 위해서 가정에서 필요한 분위기를 만드는 것은 본격적이고도 성실한 사무적인 방식뿐이다. 부모들은 가능한 일찍부터 침착하고 단정하고 붙임성 있으며 항상 늠름한 자세로 사무적인 명령을 하는 것을 체득해야 한다." 안톤 세묘노비치 마카렌코, 『아동교육 강연』, 52~53쪽.

나 애원하는 것도 아니고 합리적인 요구요 명령이어야 한다고 보았기 때문이다.[144]

마카렌코는 처벌과 같은 두려움에 의한 통제보다는 레짐이라는 가부장적인 권력체제를 통해 아동들을 훈육할 것을 권유한 것 같다. 마카렌코가 무조건적으로 가정에서 규율을 강제하고 항상 엄격하게 할 것을 요구한 것이 아니라 엄격하지만 합리적인 가부장적인 체제를 수립할 것을 요구한 것이라고 볼 수 있다. 합리적이지 않으면 처벌도 효과가 없고 엄격한 가부장적인 체제를 수립한 가정이라면 굳이 처벌이 없어도 아동을 훈육시킬 수 있다고 주장한 것으로 보인다.[145]

마카렌코의 용어인 레짐이라는 것은 아동의 훈육을 위한 수단이며 결국 마카렌코의 규율주의는 규율 자체를 중시한 것으로 보인다. 그가 노동교육을 중시한 것도 노동을 통해서 규율적인 인간이 될 수 있다고 생각한 것이라고 보인다. 소련에서는 마카렌코의 등장과 학생규칙의 강화는 거의 동시적인 것으로 보인다. 그것은 소련이 산업화되고 군사화 되는 시기 그리고 숙청이 거의 끝나갈 무렵이었고 스탈린체제가 확고해지는 시기와 겹치기 때문에 마카렌코식의 교육의 필요성이 어느 한 가지 이유만으로 채택된 것은 아닐 것이다.

---

144) "① 명령을 할 때는 화를 내거나 큰 소리로 호통을 친다거나 신경적이거나 애원하는 식으로 해서는 안 된다. ② 자녀의 능력에 상응하는 명령이어야 한다. 너무 어려워서 큰 부담이 되는 것은 곤란한다. ③ 이성적인 명령이어야 한다. 즉 상식에 어긋나는 것이어서는 안 된다. ④ 또 그것은 여러분의 다른 명령이나 다른 부모들의 명령과 모순되어서는 안 된다." 안톤 세묘노비치 마카렌코, 『아동교육 강연』, 53~54쪽.

145) "부모들에게 거듭 강조하는데 올바른 레짐이 아니면 처벌은 전혀 도움이 되지 않는다는 것이다. 올바른 레짐이 있으면 처벌 없이도 편안하게 대해 나갈 수 있으며, 더 참을성 있게 대처하는 것이 필요하다. 아무튼 가정생활에서는 잘못된 경험을 고치는 것보다는 올바른 경험을 조성하는 편이 훨씬 더 중요하고 유익하다." 안톤 세묘노비치 마카렌코, 『아동교육 강연』, 56쪽.

초기 소련의 교육은 자유주의적 교육철학과 교육방법이 지배적이었다. 마카렌코는 이들에 대해 매우 비판적이었고, 그에 맞서면서 자기교육철학을 완성하였다. 마카렌코가 활동한 1928년의 우크라이나뿐만 아니라 소련의 교육계에는 그러한 자유주의적 경향이 매우 많았던 것으로 보인다.146)

> 교사들은 그들이 학생들로부터 위협을 당한 적이 있으며 학생들이 수업을 빼먹고 작업도 제대로 하지 않고 그저 빈둥거리만 한다고 불평하기도 했다. 탈선학생들이 교사의 관심과 정력을 상당히 많이 잡아먹었기 때문에 오히려 소심하긴 하지만 모범적인 학생들은 결국 관심밖으로 밀려나고 말았다. 이론적으로는 학생의 집단규율과 자치가 교사와 행정가들의 통제를 대신하도록 되어 있었지만 실제에 있어서는 규율이 완전히 상실되어버리기도 했다. 게다가 학교의 활동을 고안하고 기획하는 일과 이 활동으로 인해 학생들이 교실의 속박으로부터 행방되는 정도는 규율문제를 더욱 심각하게 만드는 것이었다. 즉 1920년대의 내전과 급진적인 가족정책의 유산이라 할 수 있는 소년범죄집단, 결손가정의 자녀 등이 바로 그 요인을 이루었다. (중략) 또 이러한 개혁의 결과 교사의 사기가 뚝 떨어졌다고 한다. 많은 교사들이 비전통적인 교수방식을 택하는 과정에서 계속 변경되는 요구사항에 일일이 맞추기란 쉽지 않았으며, 개중에는 자신이 가르치는 학생들로부터 위협을 받는 경우도 있었다. 그래서 그들은 노동자와 농민 출신의 학생들에게, 혹은 공산청년동맹원과 당원인 학생들에게는 비판이나 낮은 점수를 주기가 두려웠다.147)

---

146) 위의 책, 14쪽 참조.

147) 마틴 화이트, 「중국과 러시아의 교육개혁」, 이규환 · 강순원 편, 『資本主義社會의 敎育』(서울: 창작과 비평사, 1984), 240~241쪽.

소련 교육계의 방향상실은 애초에 어떤 교육이 좋은 교육인지에 대한 구체적 방향을 마르크스-레닌이 제시하지 않았기 때문에 벌어진 상황이었다고도 할 수 있다. 교육계의 백가쟁명의 상황에서 소년범들을 교양하는 과정에서 터득하게 하게 된 훈육과 노동, 규율의 효과를 보고 마카렌코는 자기가 경험한 것이야말로 사회주의교육방법으로 적합하다고 보았을 것이다. 소년범 훈육에서 출발한 교육교양방법을 일반학생들에게도 적용하게 되면 그 교육교양방법은 일반학생에게는 지나치게 통제적일뿐만 아니라 권위주의적이라고 할 수 있을 것 같다. 그러나 마카렌코에게 있어 집단적 노동과 규율은 사회병리와 이탈을 막을 수 있는 만병통치약이었던 것이다. 북한의 1961년의 『교육학: 사범전문학교용』에 따르면 학생들의 규율, 노동교육의 의미와 방법에 대해서는 마카렌코가 가장 권위 있는 사회주의교육학자였던 것으로 보인다.[148]

그러나 마카렌코의 교육학은 자유주의, 무질서와의 싸움을 통해서 확립되었다면 북한에서는 사회주의 교육학을 세우는 데는 자유주의와 함께 형식주의, 관료주의, 사대주의와의 싸움이 일차적으로 중시되었고, 규율이나 집단생활의 핵심은 어디까지나 조직생활이었다. 이는 위의 《학생 규칙》과 다음의 아동단원들의 의무조항을 비교해 보면 알 수 있다.

> –아동단원들은 조선인민의 위대한 수령이시며 어버이신 김일성원수님의 가르치심에 충실하며 원수님의 훌륭한 혁명전사가 되기 위하여 있는 힘을 다하여야 한다.
> –아동단원들은 조국을 열렬히 사랑하며 인민의 자유와 해방을 위하여 유격대원들을 도와 용감하게 싸워야 한다.

---

148) 교육학분과집필위원회, 『교육학: 사범전문학교용』, 27쪽.

–아동단원들은 조직에 복종하고 조직에서 주는 과업을 제때에 어김 없이 실천하여야 한다.
–아동단원들은 조직의 비밀을 목숨으로 지켜야 한다.
–아동단원들은 혁명을 위하여 대담하고 용감하게 행동하고 무서워 하지 말아야 하며 모든 난관과 시련을 뚫고 나가야 한다.
–아동단원들은 어떤 원쑤놈들도 기어들지 못하게 보초를 잘 서며 통신련락을 잘하며 적통치구역에 삐라를 뿌리며 적들의 비밀을 알아내여 유격대에 알려야 한다.
–아동단원들은 로동을 사랑하고 부모들의 일손을 적극 도와야 한다.
–아동단원들은 학습을 잘해야 한다. 학습을 게을리하면 훌륭한 아동 단원이 될 수 없다. 그러므로 일하며 배우고 배우며 싸워야 한다.
–아동단원들은 조직을 사랑하고 동무를 사랑하며 서로 싸우지 말며 화목하게 지내며 굳게 단결하여야 한다.
–아동단원들은 원쑤를 미워하고 항상 원수에 대하여 경각성을 높이며 적간첩을 모조리 잡아내야 한다.
–아동단원들은 언제 어디서나 인민들에게 일제는 망하고 우리 혁명은 반드시 승리한다는 것을 선전하여야 한다.
–아동단원들은 제욕심을 차리지 말며 조직의 리익에 어긋나게 행동 하지 말아야 한다.
–아동단원들은 거짓말을 하지 말아야 한다. 세상에서 제일 비렬한 것은 굴종과 변절과 거짓말이다. 잘못은 용서할 수 있어도 거짓말은 용서못한다.
–아동단원들은 항상 겸손하여야 하며 제가 제일이라고 우쭐거리지 말아야 한다.
–아동단원들은 몸가짐과 의복을 단정히 하여야 하며 례절을 잘 지켜야 한다.
–아동단원들은 언제나 명랑하고 유쾌하게 생활하여야 한다.[149]

149) 학생소년출판사, 『김일성원수님의 품속에서 자라난 아동단』(평양: 학생소년출판

학교규칙이 집단생활에서 요구되는 학생들의 일상적인 외적행위의 규칙을 규정한 것이라면 상대적으로 소년단의 의무조항은 학생들의 목적의식적 행위를 요구하고 있다. 이것은 조직사회주의 성격의 북한 교육과 마카렌코의 교육의 차이점을 설명해 줄 수 있는 근거가 된다고 할 수 있을 것이다.[150)]

북한의 학교규칙이나 노동규율만 보면 그것이 일반적인 산업화과정의 요구인 것처럼 보이지만 규율전체와 분공, 조직생활을 놓고 보면 북한 특유의 사회주의와 산업화과정의 산물이라는 것을 느낄 수 있다. 코르나이가 말하듯이 이런 규율은 사회주의혁명이 일어난 국가에서 사회주의혁명과정에서 가혹한 탄압을 받았거나 군사적인 투쟁, 게릴라전, 시민전쟁 등의 과정을 밟았기 때문이라고 할 수도 있다. 북한에서도 규칙과 규율이 노동현장의 요구 때문이 아니라 국방이나 안보의 이유로도 요구되었다고 볼 수 있다.[151)]

그런데 규율과 조직에 대한 복종과 상관이나 간부의 지시에 복종하는 것을 구별하는 것이 쉽지 않다. 즉 관료주의와 집단주의를 구별하는 것이 쉽지 않다는 점이다. 또한 학생들의 개인적 의견이나 주관적 견해가

사, 1969), 5~97쪽. 이 의무조항은 만주에서 김일성이 항일무장투쟁을 할 때 만들었다고 하는 아동단의 의무조항이라고 한다. 아동단의 의무조항을 통해서 아동단을 계승했다고 소년단의 성격을 어느 정도 파악할 수 있을 것 같다.

150) 마카렌코의 집단훈련에서는 군대식 조직과 훈련이 큰 부분을 차지했다. 학생들은 제복을 입고 군사훈련을 받았다. 무장한 초병이 코뮨을 지켰다. 학교에는 지도원이 있었고 지도원은 다른 성원들에게 명령을 할 수 있었고, 모든 성원은 지도원의 명령에 따라야 하며 지도원에게 인사해야 했다. S. 캐슬 · W. 뷔스텐베르크, 『사회주의 교육의 이론과 실천』(서울: 푸른나무, 1990). 104~105쪽 참조. 아동단의 의무조항을 보면 마카렌코의 군대식 조직에서 보이는 상하관계의 규율은 보이지 않는다. 마카렌코에게는 군대식 조직과 훈련은 규율과 규칙을 세우기 위한 수단이었다면, 김일성의 조직사회주의에서 요구된 소년단, 사로청과 조직생활을 통해 일상생활을 지배했고 조직생활이 인간개조의 가장 중요한 수단이었다.

151) Janos Kornai, *The Socialist System: The Political Economy of Communism*, 58쪽 참조.

반영되지 않은 채 외부에서 주어진 규율과 조직에 대한 복종은 북한에서 늘 주장하는 자각적 규율이라는 말과 쉽게 어울릴 수 있는 말은 아니다. 그러나 이런 규율에 대한 복종이 북한 주민들이 산업현장이나 군대에서 해야 할 노동규율, 군대규율을 미리 훈련한다는 의미도 있었다는 것을 부정할 수는 없을 것이다. 주체확립을 위해서는 산업화와 국방에서의 자위가 지상과제였던 만큼 이 모든 것이 산업화나 국방에서의 자위를 위한 것이었다고 볼 수도 있다. 사회주의건설과정에서 혼란이 만연되었고 남북한 간의 군사적 충돌의 가능성이 계속되었기 때문에 강한 규율이 요구된 것이기도 하고, 모든 생산수단이 국유화가 된 상태에서 북한경제에 대한 효율적인 통제를 위해서 규율이 요구되었다고 볼 수도 있겠다.[152)]

---

152) 조정아, 「학교 규율과 '사회주의적 노동자' 만들기」, 이향규 · 조정아 · 김지수 · 김기석 공저, 『북한교육 60년: 형성과 발전, 전망』(파주: 교육과학사, 2010), 201~210쪽 참조. 이 글에서는 북한의 공장과 북한의 학교를 주로 고찰하고 있다. 이 글에서는 북한의 주체확립과 혁명적 군중노선을 스탈린체제와 비교해 보기 위해 우선 북한의 공장과 소련의 공장을 비교해 보았다. 만약 사회주의국가들이 병영식, 군대식 규율을 유지했다고 해도 소련의 군대, 중국의 군대, 북한의 군대가 같았을까 아니면 달랐을까의 문제를 따져봐야 할 것이다. 그러나 이것은 이 글의 주제를 넘어선 것이다.

제5절 애국자가 되어야 한다: 사회주의애국주의교양

원래 마르크스-레닌주의에서 국가는 계급지배의 수단으로서 소멸의 대상이며 민족주의는 노동자계급의 단결을 해치는 암적 존재였다. 스탈린주의는 일국사회주의를 택함으로써 이 모든 것을 뒤집었다. 공산주의 사회가 되기 전에 과도기로서의 사회주의국가는 더욱 강화되어야 하고 민족주의와 지도자숭배는 사회주의애국주의라는 이름으로 부활되어야 했다. 소련에서 스탈린체제가 확립되는 데 있어 이렇게 마르크스-레닌주의를 변용시킨 스탈린주의에 힘입은 바가 크다. 북한은 수정주의, 교조주의와 선을 긋고 주체확립을 내세웠지만 이것은 또한 사대주의에 대한 반대라고 할 수 있다. 사대주의에 대한 반대의 표현으로서의 사회주의애국주의교양은 한마디로 자기 나라의 모든 것을 다른 나라의 것보다 가치 있게 여기는 것이다. 그렇다면 이것은 일반적인 국가주의나 민족주의와 어떤 차이가 있을까? 『교육학: 사범대학용』은 다음과 같이 요약하고 있다.

> 수령에 대한 충실성교양, 조선로동당에 대한 자부심에 대해 혁명전통교양과 결부시켜 진행해야 한다. 가장 우월한 사회주의제도하에 살고 있다는 우월감과 자부심을 느끼도록 해야 한다. 사회주의, 공산주의를 건설하며 나아가서는 사회주의, 공산주의의 종국적승리를 이룩하기 위한 영광스러운 혁명투쟁에 참가하고 있다는 혁명적 자부심과 영예감을 가지도록 교양해야 한다. 그리고 그 자부심을 바탕으로

혁명투쟁에 나서게 해야 하는데, 투쟁의 대상은 첫째, 사회주의제도를 고수하고 강화발전시키는 것 둘째, 나라의 살림살이를 알뜰히 꾸리고 더욱 늘리기 위한 것 셋째, 남조선을 해방하고 통일을 이룩하는 것 넷째, 사회주의, 공산주의 미래를 앞당기기 위하여 투쟁한다는 것을 의미한다.[153]

윗글에서 보듯이 사회주의애국주의라 함은 천리마시대의 북한체제와 북한 지배체제의 정당성과 정통성을 받아들이고 그것을 키워나가는 데에 있고 마침내 공산주의를 앞당기고 남북의 통일을 주도적으로 만들어 낸다는 데 있는 것이다. 제1절에서 언급한 혁명가의 신념, 의지, 낙관이 혁명가 자기 자신에 대한 반성적 사유에서 오는 심리라면 사회주의애국주의의 자부심은 '자본주의에 대한 혐오심'과 짝한다. 자부심은 자본주의에 대한 사회주의 비교 우위에 따른 심리, 자본주의에 대한 반대심리로서 자신이 자신에게 느끼는 감정이다.[154]

그뿐만 아니라 애국심은 현재 자신이 누리고 있는 삶의 긍정적인 측면을 모두 국가의 은혜로 생각하게끔 교양하는 것이다.

1학년 국어 《우리는 학교로 가요》, 《공원》 등을 비롯한 교재 내용을 통하여
–학교에서 처음 공부하게 되는 즐거움,
–누구나 다 마음껏 공부하는 기쁨
–김 일성 원수님이 마련해 주신 학교에서 공부하는 행복,
–공원에서 동무들과 같이 뛰노는 즐거움 등 학생들이 체험하는 기

153) 집필위원회, 『교육학: 사범대학용』, 312~329쪽.
154) 『사회주의적 애국주의에 대하여』에 따르면 사회주의적 애국주의의 제 특징은 사회주의 제도에 대한 열렬한 사랑, 선진적 전통 및 문화유산에 대한 민족적 긍지, 전 인민적 성격, 자각적 성격, 국제주의적 성격이다.

뿜과 즐거움, 인상적인 사실로부터 우리 제도의 우월성을 인식시키기 시작한다.

그리하여 공산주의 도덕《즐거운 명절》에 이르러서는

–우리 나라에는 일제놈과 지주 놈들과 같은 나쁜 놈들이 없다는 것.
–김 일성 원수님이 일제 놈들을 때려주시고 새 나라를 세우셨다는 것.
–아버지, 어머니들이 마음껏 일하고 행복하게 사는 좋은 나라라는 것 등을 알려주게 된다.[155]

우리나라는 금은보화 가득한 살기 좋은 나라다, 아름다운 바다를 가진 나라다, 금강산이 얼마나 아름다운가 등을 가르치는 것 등 민족적 긍지와 자부심을 느끼도록 하는 것도 사회주의애국주의였다.

사회주의애국주의는 과거와 현재의 우리나라가 자랑스럽다는 것을 포함하는 것으로 그쳐서는 안 되었다. 공산주의가 오는 것은 필연적이고 그러한 세상을 만드는 데 다른 사람이 아닌 내가 참여하고 있다는 데 자부심을 느껴야 한다는 그런 의미였다. 사회주의애국주의에 의거해서 남북통일은 남조선해방이라는 이름으로 바뀌었다. 남조선을 해방시키는 것은 북한주민들의 의무이고 남한은 대상이고 북한이 남북통일의 주역이라는 의식이 학생들에게 끊임없이 주입되었다.[156]

그런데 이러한 정당성과 믿음의 근거에는 무엇이 있는가? 그것은 과학적 공산주의인 마르크스-레닌주의에 의거해서 자본주의, 제국주의는 반드시 멸망하고 사회주의, 공산주의는 반드시 승리한다는 역사의 필연성이라는 과학적 사실과 그에 대한 믿음에 근거한 것이다.

---

155) 평양시 교육 방법 연구실,「인민 학교 학생들에 대한 공산주의 교양의 내용과 범위(1)」, 23쪽.

156) 특히 제3시기 천리마운동이라 할 수 있는 1968년부터는 통일과 해방을 위한다는 명분으로 인민을 노력 동원하였고, 인민은 조국과 민족, 사회주의 건설을 위해서 노력한 만큼 대가를 받지 못하는 것을 감수해야 했다.

> 《우리는 근로자들에게 맑스-레닌주의학설과 력사적사실들에 근거하여 제국주의의 멸망과 공산주의승리의 필연성 그리고 공산주의의 참다운 지리를 철저히 인식시켜야 하겠습니다. 그리하여 우리의 전체 근로자들이 어떠한 정세에서나 공산주의의 앞날에 대한 열렬한 지향과 굳은 신념을 가지고 온갖 난관과 장애를 극복하면서 힘차게 전진하도록 하여야 하겠습니다.》(《김일성저작선집》, 제4권, 383페지)[157]

사회주의애국주의는 북한사회가 지도자를 숭배하고 김일성이 수령이 되는 데 일정한 역할을 했음에도 불구하고 기존의 민족주의, 국가주의와 구별이 잘 안 되기 때문에 '사회주의적'이라는 말이 어디서 어디까지를 말하는 것인지 판단하는 것이 쉽지 않다. 주체확립과 혁명적 군중노선에 따르면 사대주의는 외세에 대한 의존적인 자세나 비굴한 자세를 말하는데, 이것이 결국은 민족적인 전통, 인민적 전통을 비하하는 결과를 낳게 된다는 것이다. 이 문제에 대해 북한은 문화적 측면에서는 사회주의애국주의의 문예정책인 민족적 형식에 사회주의적 내용이라는 정식화를 통해서 해결할 수 있다고 보았다. 사회주의는 민족주의에 의해 보완되고 규제되며 민족주의는 사회주의에 의해 보완되고 규제된다고 생각한 것이다.[158]

그러나 이로써 민족주의와 사회주의 관계에 대한 의문이 해소되는 것은 아니다. 다시 문제가 되는 것은 어디서 어디까지가 민족적 형식이고 어디서 어디까지가 사회주의적인 내용인가이다. 이런 것은 논쟁을 하다 보면 한이 없고 해결되기도 어렵다. 주체확립과 혁명적 군중노선이 외

---

157) 집필위원회, 『교육학: 사범대학용』, 327쪽 재인용. 그러나 자본주의와 제국주의 사멸론과 공산주의의 필연적 도래는 학생들도 이해하기는 어려운 일이었고, 아마 김일성에게도 믿기 쉬운 일은 아니었을 것이다.

158) 사회주의 내용에 민족주의 형식이라는 정식화는 소비에트애국주의 즉 사회주의애국주의를 처음으로 표방했던 스탈린에 의해 이루어졌다고 한다.

국의 것, 선진적인 것을 받아들이는 것을 부정하는 것은 아니라 할 때 어느 정도 받아들이는 것이 옳은 것인지도 판단하기 어려웠다. 그 때 북한에서는 항구적인 해결책을 마련했는데 그것은 김일성의 교시와 김일성의 뜻이다. 당은 당대로 무엇이 옳은지 판단하기 어려울 경우, 예술가나 예술교육자, 역사가나 역사교육자들이 무얼 버리고 무얼 선정해야 할지 잘 모를 때 결국은 김일성의 교시에 전적으로 의존해서 결정하는 길 밖에는 없었다.

제6절 도덕적 인간이 되어야 한다: 사회주의 생활양식교양

앞에서 언급했듯이 사회주의 덕성교양, 성격교양의 목적은 사회주의형의 인간형성에 있었다고 볼 수 있다. 그런데 덕성교양, 성격교양이 사회주의 형의 인간형성에 이르기 위해서는 모든 일상적인 생활 역시 사회주의적으로 개조하지 않으면 안 된다. 자본주의 사회의 생산양식과 사회주의 생산양식이 다르고, 자유주의 정치형태와 공산주의 정치형태가 다르듯이, 자본주의 생활양식과 사회주의 생활양식은 다르다.

사회주의생활양식의 핵심적 내용은 조직생활에 입각한 집단주의라고 할 수 있다. 넓은 의미의 사회주의생활양식이란 지덕체의 전면적 발달도 인민들이 모든 분야에서 일상적으로 건전하고 수준 높은 사회주의 생활을 하는 것이라고 할 수 있다.[159]

북한에서 민족적 전통 특히 일상생활에 요구되는 도덕적 측면은 주체확립과 혁명적 군중노선에 따라 이미 확고한 자리를 마련할 수도 있었지만 소위 사회주의적 생활양식이라는 이름에 의해 구체적으로 비호되고 정당성을 부여받았다. 산지식인이 기술혁명과 관계가 깊고, 사회주의애국주의가 사상혁명과 관계가 깊다면 사회주의적 생활양식은 문화혁명과 관계가 깊다고 할 수 있다.

---

159) "사회주의적 생활양식이란 사회주의사회에서 사는 사람들의 활동방식이며 따라서 사회주의적 생활양식을 확립한다는 것은 정치, 경제, 문화, 도덕의 모든 분야에서 사회주의적 생활규범, 사회주의적 행동준칙에 따라 모든 사람들이 활동하도록 한다는 것을 의미합니다." 김일성, 「조선로동당 제5차대회에서 한 중앙위원회사업총화보고(1970. 11. 2)」, 『김일성저작집 25권』(평양: 조선로동당출판사, 1983), 291쪽.

북한에서는 사회주의 생활양식을 넓은 의미에서도 사용하고 좁은 의미에서도 사용한다. 좁은 의미의 생활양식이란 사람들의 일상적인 생활의 양식을 뜻하면 생산과 분배의 분야보다는 소비분야, 인간과 자연과의 관계보다는 인간 상호 간의 관계, 정치경제분야보다는 문화 분야라고 할 수 있다. 사회주의 생활양식은 장소적으로 생산문화와 생활문화라고 표현할 수도 있다. 생산문화란 노동현장에서 요구되는 정리정돈, 절약, 위생 같은 것을 장소적으로 표현한 말이라 할 수 있다.

북한에서는 좁은 의미의 사회주의생활양식은 자본주의 생활양식과 다음과 같이 대비되었다.

> 부르죠아생활양식의 본질적내용을 이루는것은 황금만능주의와 야수성, 인간증오와 살인, 강탈과 사기협잡 등이다. 부르죠아생활양식의 본질적 내용을 이루는 다른 측면은 부화방탕한 개인향락과 그 과정에서 조장된 색정주의가 극도에까지 도달한 점이다.(중략) 사회주의가 선 다음에도 부르죠아생활양식은 낡은 잔재로서 계속 남아있으면서 근로자들속에 사회주의적, 공산주의적 생활기풍을 확립하는데 저해를 준다.[160]

사회주의적 생활양식은 그 자체로서 정당함을 얻는 것은 쉽지 않았지만 미국식 생활양식과 대비할 때는 쉽게 정당화할 수 있었다. 미국식 생활양식은 매우 야비하고 천한 생활양식으로 묘사되었고 남한은 그러한 미국식 생활양식이 지배받는 나라로 인식시켰다. 이것은 사대주의에 대한 반대로서의 주체확립을 주장하는 북한의 노선과도 잘 어울리는 것처럼 보였다.

학생들은 학교생활뿐만 아니라 사회생활, 가정생활에서 사회주의생

---

160) 사회과학원 철학연구소, 『철학사전』, 285쪽.

활양식에 맞게 생활을 영위해야 했다. 지덕체의 전면적 발달이라는 사회주의 전인교육을 하기 위해서는 학교의 교과과정이나 교과외과정만으로는 부족했던 것이다. 북한이 요구하는 지덕체의 교육은 학교뿐만 아니라 가정과 사회를 동원해야 효율성을 기할 수 있었다. 그래서 북한에서는 학교교육을 보완하기 위해 가정교육과 사회교육이 대단히 중요시 되었다. 사회주의적 생활양식은 기업소나 학교의 규칙과 괴리되어서는 안 되었다. 북한 주민들은 사회주의 산업화사회에서 요구되는 산업화인력양성과 훈련을 위한 생산활동이나 노동활동을 내면화하는 노동자가 되어야 할뿐만 아니라 가정생활이나 여가활동 등 보다 일상생활의 모든 분야에서 사회주의생활양식이 몸에 밴 사람으로 되어야 한다는 것이다. 생활양식은 넓은 의미에서 문화라고 할 수 있다. 사회주의 생활양식은 규칙, 규율만 의미하는 것은 아니다. 생활양식은 규칙, 규율을 포함해서 더 깊은 의미를 가지고 있다. 그것은 어려서는 주로 외형적인 예의나 규칙으로 나타나지만 고학년이 될수록 도덕적 품성으로 된다.[161]

자본주의나 계급사회의 모든 것을 부정하고 등장한 사회주의는 생활양식마저도 부르조아 생활양식과 대비되는 사회주의 생활양식을 탄생시켰다. 레닌은 생산양식에 따라 생활양식이 변한다는 것, 사회주의 생활양식이 정당하다는 데 강조점을 뒀다면, 북한에서는 사회주의생활양식을 교육교양해야 사회주의를 건설하고 공산주의사회를 만들어 낼 수 있다는 점을 강조한 것이라고 할 수 있다. 김일성은 이와 같은 사회주의 생활양식 교양의 목적은 '공산주의도덕품성'을 기르는 것이라고 했는데

---

161) 북한 주민들이 교육에 의해 어려서부터 익힌 습관으로서의 아비투스는 나이를 들면서 일종의 정신적인 것으로서의 멘탈리티로 정착된다고 할 수 있다. 이러한 멘탈리티를 북한에서는 인민적 품성, 인민성이라고 했다. 멘탈리티는 개인마다 다르게 형성된 개별적 성격인 개성과는 달리 일정한 사회의 성격과 조응하는 성격으로서 구성원들의 의해 공통적으로 형성된 '사회적 성격'이라 말할 수 있겠다.

이것을 소년단원을 통해서 어려서부터 습관화하도록 제도화하였다.

> 소년단원들은 아름다운 공산주의적도덕품성을 가져야 합니다. 소년단원들은 사회질서를 제일 잘 지키는 사람이 되어야 합니다. 소련단원들은 사회질서와 공중도덕을 잘 지키기 위하여 언제나 옷차림과 몸가짐을 단정히 하고 걸음걸이를 똑바로 하며 어린이들에게 해로운 일을 하지 말며 아름다운 말을 쓰며 선생님들과 웃사람을 존경하고 례절을 잘 지켜야 합니다. 소년단원들은 정직하고 겸손하여야 하며 학교와 사회의 모든 생활질서와 규률을 자각적으로 지켜야 합니다. 소년단원들은《록화근위대》활동을 적극 벌려 아름다운 우리 조국의 산과 들을 더욱 푸르게 하며 거리와 마을에 록음이 우거지고 꽃이 만발하게 하여 합니다. 소년단원들은《위생근위대》활동을 잘하여 언제나 자기 몸을 깨끗이하고 집과 학교를 알뜰히 꾸리며 자기의 마을과 길들을 깨끗이 거두며 파리, 모기를 비롯한 해로운 벌레들을 없애버려야 합니다.[162]

사회주의적 생활양식교양은 대비교양방법에 결합됨으로써 북한사람들의 심성에 자본주의사회와 남한사람들의 생활양식에 대한 거부감을 극도로 키워놓았다. 자본주의나 남한사람들의 일상생활을 미워하고 경멸하도록 교양되었고, 그것을 자기들의 일상생활과 이웃들의 일상생활을 평가하고 감시하는 데도 적용하게 되었다. 자본주의의 화려함을 부러워하는 것이 아니라 멸시하고 증오하도록 교육받은 것이다. 그리고 현실 사회주의사회의 사회적 병폐와 병리현상은 모두 사회주의적인 요소가 아니라 사회주의에 반대되는 적들의 본질적 요소이며 사회의 낡은 요소로 보게끔 교양했다. 즉 "음주벽과 같은 습관을 사회적으로 질서의

---

162) 김일성, 「소년단원들은 공산주의 건설의 후비대가 되기 위하여 항상 준비하자(1971. 6. 6)」, 『김일성저작집 26』(평양: 조선로동당출판사, 1984),197쪽.

교란과 경제적 낭비, 문란한 이성관계와 가정파탄과 같은 사회적, 경제적 문제뿐만 아니라, '가족주의'의 조성 등의 사상적 문제로까지 확대시키고 있다. 자본주의 초기에 노동자들의 음주벽이 노동자 계급의 도덕적 결함을 증명하는 요소로 회자되었던 것에 비하여, 북한에서 노동자들의 음주벽은 식민지 시기의 노동 관습이 초래한 봉건적인 요소로 여겨졌다."[163]

이러한 논리는 더 나아가면, 자본주의사회에서 가난한 사람들이 못사는 이유를 가난한 사람의 책임으로 돌리는 논리가 발달했듯이, 북한 사회가 빈부의 격차가 있고 계급계층 사회임에도 불구하고 계급계층사회를 유지하는 논리로 활용될 수도 있었다. 사회주의사회에서도 성실하지 못하고 도덕적이지 못한 사람은 성공할 수 없는 것이다. 이는 사회주의 건설 단계에 있는 북한의 현실을 정당화해 주는 논리이기도 했다.

그리고 이 과정에서 민족적 전통이 새로운 의미를 부여받고 사회주의적 생활양식이라는 이름으로 재창조되었다. 이러한 인위적인 조합은 김일성에 의해서 이루어졌다. 민족적 전통 중 생활과 밀접한 관련이 있는 것마저 최고지도자의 강력한 뒷받침이 없다면 사라질 수도 있고 살아날 수도 있다는 것을 북한은 보여주었다.

이러한 생활상의 덕목은 신동아시아적 윤리(유, 불, 도)라고 할 수 있고 따라서 북한이 주장하는 사회주의적 생활양식에는 동아시아적 전통이 있다고 하겠다. 이러한 신동아시아적 윤리는 유교적 윤리가 중심에 있기 때문에 신유교적 윤리라고 할 수 있다. 신유교적 윤리는 자력갱생을 택한 북한의 산업화에도 요구되는 덕목이었고, 어버이 김일성이 생각하는 사회주의적 가족관계, 사회주의 대가정을 생활상에서 구현하기 위해서도 필요한 것이었다.[164]

---

163) 조정아, 「산업화 시기 북한의 노동교육」, 162쪽.

사회주의 생활양식의 교양은 저학년에서는 예절교양이 위주가 되지만 고학년이 되면 도덕품성과 도덕원리를 위주로 가르쳤다. 여기에는 예절, 공중도덕, 겸손, 소박성, 정직성, 동지와 형제간의 우애, 국가 및 사회재산을 아끼는 것 등이 들어갔다.

1. 위생, 청결, 절약

위생과 청결은 부르주아 고유의 생활양식이라고 할 수는 없겠지만 사회주의 생활양식이라고도 할 수 없을 것이다. 그럼에도 불구하고 김일성은 개인생활, 공중생활에서의 위생과 청결을 사회주의 생활양식이라는 이름을 부여하였다. 『교육학: 사범전문학교용』의 주장처럼 이런 것도 덕목 중의 하나라고 볼 수도 있다. 학교에서 규율을 앞세웠듯이 환경에서는 청결과 정돈이 우선적으로 요구되었다. 청결과 정돈이 없이 규율이 성립되기는 어려울 것이기 때문이다.

> 청결과 정돈은 미'적 교양의 전제 조건이다. 깨끗한 교실, 신선한 공기, 아담하고 쓸모 있는 비품, 정결하고 사용하기 편리한 교과서와 교편물, 소박하면서도 언제나 단정한 의복 등은 미'적 취미를 발전시

---

164) 1980년의 '조선로동당 규약'에 보면 유일사상에 어긋나는 사상들을 나열하고 있는데 그 중에는 '봉건적 유교사상'이 들어가 있다. '유교사상'이 아니라 '봉건적 유교사상'으로 한정하고 있는 이유는 신유교적 윤리의 입장에서 생각해보면 알 수 있을 것이다. "조선로동당규약」, 최종고, 『북한법』, 93쪽. 필자는 많은 오해를 살 수 있는 '신유교'라는 말 대신에 '동아시아적 윤리'가 더 낫다고 생각한다. 동아시아적 윤리이기 때문에 그것이 유, 불, 도에서 온 것인지 한국 고유의 것인지도 중요하지 않은 것이다. 예를 들어 효사상은 유교윤리 이전에 우리 고유의 윤리라고 할 수 있기 때문이다. 한국사상사에서는 화랑도와 동학사상을 고유사상이자 유불도를 융합한 사상으로 평가하고 있다.

> 킨다. 옳게 조직된 생활 규제, 자각적으로 지키는 규률은 책임감을 교양한다. 그렇기 때문에 교구의 구조와 배치, 청결과 정돈, 실내의 장식과 미화, 이것을 보기만 하면 그 학교의 교육 교양 사업 특히 미'적 교양에 대한 조직 사업이 어떤 수준에 있는가를 대략 판단할 수 있다.
>
> 그렇기 때문에 우리 공화국의 선진적 학교들은 조선 로동당 중앙위원회 1958년 5월 4일 결정《위생 사업을 군중적 운동으로 전개할데 대하여》와 내각 결정 제 2호 및 내각 명령 제 51 호의 정신에 립각하여 학교의 위생 문화 사업을 높은 수준에서 진행하고 있다.
>
> 아름다운 환경에서 살던 사람은 불결한 것, 란잡한 것을 참을 수없다. 따라서 그는 일상적으로 자기의 주변을 깨끗이 하지 않을 수 없게 된다.[165]

학생이나 학부모가 위생, 청결의식이 부족하거나 힘이 닿지 못하다면, 약수중학교의 사례에서 보듯이 교사들이 나서서 학부모를 대신해 주기도 했다.[166]

절약이라는 덕목은 육체의 물질적 욕망을 최소함으로써 자신의 육체를 다스리는 방법이 되었다고 볼 수 있다. 북한사회가 사회주의혁명으로 사적 소유물은 최소화되고 국가적 소유와 협동적 소유가 극대화되었기 때문에 절약은 곧 공유재산에 대한 절약을 의미하였고 공적인 덕목으로 더욱 의미를 부여받고 주민들에게 강제되었다고 할 수도 있을 것 같다.[167]

---

165) 교육학분과집필위원회, 『교육학: 사범전문학교용』, 323쪽.

166) "교원들은 항상 바늘과 실을 가지고 다니면서 옷을 꿰매 주고 단추를 준비했다가 떨어지면 달아 주었고 비누를 준비하였다가 강'가에 데리고 가서 머리와 몸을 씻어 주었고 옷을 빨아 주었다." 교육도서출판사, 『약수 중학교 교육 경험』, 44쪽.

167) "평북도 창성군 약수중학교 천리마교원집단은 학생들에게 학교건물, 교구, 비품들이 다 강과 김일성원수의 두터운 배려에 의한 것이며 우리 노동계급의 귀중한 노

2. 오락, 여가활동의 조직화 및 질의 규제

북한 당국은 학생들에게 어느 정도 개인적인 자유시간을 주면서도 이 시간에 해야 할 활동에 대해 간접적으로 원격조정이 가능하도록 노력하였다. 특히 매스컴의 역할이 컸다고 할 수 있다. 사회교육기관으로서의 매스컴은 교육적 기능, 선전선동기능을 다할 뿐 어떤 유희오락적인 것은 어떠한 것도 방송방영하지 않았다. 즉, 학생들의 여가활동도 규제되었고 여가 활동도 교양활동의 일부가 되도록 하였다. 집단적인 여가활동이든 개별적인 여가활동이든 여가시간에도 건전한 오락이나 대화를 나누는 것이어야 했다. 그러기 위해서 '저급한' 문예물들은 방송방영에서 금지했을 뿐 아니라 모든 곳에서 추방하고 금지하였다.[168]

북한에서는 문학예술, 체육교육이 교과목으로는 독립되어 있지만 내용적으로는 이데올로기나 정책적 목표에 철저히 기여하는 것으로 되어 있음을 알 수 있다. 교과서뿐만 아니라 모든 매스컴이 혁명적이거나 민족적인 작품들만을 인민들에게 보급하였고, 인민들에게 보급하는 것은 또한 학생들에게도 보급되었고, 외부세계의 문화유입은 극도로 통제된 상태였기 때문에, 학생들은 여가시간에도 학교에서 배운 것, 매스컴에서 소개되는 것만을 보고, 즐기고, 행할 수밖에 없었다. 또한 퇴폐 향락

동의 열매라는 것을 잘 인식시켰을 뿐만 아니라 학교를 어떻게 청소하여야 하며 교구, 비품을 비롯한 일체 공공재산물은 어떻게 소중히 해야 하는가를 세세히 가르쳐주고 그를 생활화하도록 지도하였습니다." 이일경, 「김일성원수의 청산리교시와 교육부문에 주신 교시를 더욱 철저히 실천하기 위하여(1961. 4. 25)」, 백두연구소엮음, 『북한의 혁명적 군중노선』, 251쪽.

168) "창가 수업과 음악에 관한 과외 사업은 아동들을 통하여 근로 인민들에게 좋은 노래와 음악을 보급시키며 그것을 가정, 가두, 구락부 등에 침투시킨다. 이것은 또 학생들에게 건전한 예술적 취미를 조성하여 비예술적이고 저급한 노래들을 없앤다. 음악은 휴일과 여유 시간을 문명적으로 보내는 데 있어서도 커다란 의의가 있다." 교육학분과집필위원회, 『교육학』, 318쪽.

적인 것을 보고나 듣거나 행하거나 하는 것에 대해 주민들이 상호감시 통제하고 주민들의 생활 총화를 통해서 비판되었기 때문에 인민들은 생활의 패턴뿐만 아니라 생활의 내용까지도 통제받았다. 그렇다고 해서 북한 사람들이 사적 인간관계나 사적 욕망에 따른 퇴폐, 향락이 없다고 말하는 것은 아니다. 그러나 그것은 언제든지 규제될 수 있고 비판받을 수 있는 불안한 위치에 있었고 따라서 극도로 억제될 수밖에 없었다고 봐야 할 것이다.

3. 전통적 통과의례 및 명절의 폐지와 교체

북한에서는 미신타파, 봉건적 유물의 해체를 집요하게 지속적으로 벌여 나갔다. 해방 직후부터 시작된 반봉건투쟁은 사회주의혁명 이후에는 더욱 힘차게 진행되었고, 전통문화의 한 축을 이루는 무속신앙의 사상적 기반과 인적 기반도 해체되었다.

> 특히 미신타파운동은 '건국사상총동원운동'보다도 먼저 시작되었다. 1946년 11월 13일 북조선임시인민위원회에서는 '미신타파돌격기간'을 설정하고 이를 대중운동으로 진행시킨 것이다. 주관 기관이었던 북조선임시인민위원회 교육국에서 각 정당, 사회단체, 교육부 책임자 좌담회를 개최하고 11월 25일부터 30일까지를 '미신타파돌격기간'으로 설정 · 집행대책을 세웠다.
>
> '미신타파돌격기간' 동안 전국에서 민간신앙행위를 없애기 위한 각종 운동과 사업이 벌어졌다. 특히 마을마다 있었던 동제와 부락제는 이 운동을 통해 거의 대부분 철폐되었다. 미신타파운동이 진행되면서 각 마을에서 마을제와 굿을 담당했던 무당들이 많은 피해를 입을 수 밖에 없었다. 이들은 중앙 녀맹 관리 밑에 특별교양을 받아야 했

고, 각 지역의 대중모임마다 나가 '미신의 허황성을 자신의 생활과 결부하여 폭로'하도록 강요받았다.[169]

사회주의 혁명은 공유재산에 대한 절약과 청결을 요구하기도 했지만 사회주의 혁명에 따른 조직적인 집단주의로 인해 전통적인 생활양식도 그 존재의 물적, 정신적 토대를 잃게 되었다.

명절이나 민속놀이, 관혼상제의 변화는 1950년대 농업협동화 운동과 관련되어 있다. 농업협동화 운동 결과 사회주의 집단경작으로 변화하면서 농민들의 생활환경이 완전히 변화되었다. 가족 중심의 전통적인 소농경영이 사회적 경제활동, 공동노동으로 전환이 된 것이다. 모내기부터 추수 탈곡까지 대부분의 영농과정이 협동농장과 조합의 공동 작업장에서 진행되면서 농가 용도도 변했다. 집집마다 있었던 외양간은 마을 협동농장에서 공동사육하면서 사라지고 곡식을 널고 탈곡했던 마당도 좁아졌다. 이 같은 변화를 수용하면서 농촌에는 전통적인 농가와는 다른 규격의 '문화주택'이 세워졌다.

또한 마을 단위가 협동농장을 중심으로 변화되면서 지방마다 풍습으로 내려오던 공동노동 전통은 사회주의적 협동노동으로 바뀌거나 사라졌다.(중략) 이러한 분위기 속에서 전통적인 마을제사나 동제 등은 '낡은 종교적 의식'이라며 약화되었다. 결국 마을 제사가 사라지면서 그것과 함께 진행되었던 마을 축제들도 붕괴되었다.[170]

여성들에 대한 꾸준한 계몽활동과 함께 동제나 부락제를 실질적으로 담당했던 무당들이 탄압을 받으면서 마을제사는 더 이상 지속되기 어려웠다. 사회주의 협동화를 거치면서 마을제사에 사용되는 마

169) 박소영, 「북한의 지방문화의 획일화와 지방공동체의 해체」, 『북한학연구』 제6권 제2호, 138쪽.
170) 박소영, 「북한의 지방문화의 획일화와 지방공동체의 해체」, 134~135쪽.

> 을공동재산도 사라졌다. 게다가 수차례 진행된 '군'과 '리'단위의 분화로 오랫동안 유지되었던 혈연공동체가 붕괴되면서 마을의 수호기능을 담당했던 마을제도 순식간에 모두 사라졌다. 이 과정에서 지방의 공동체적 전통도 많이 무너졌다.[171]

특히 북한에서 농촌에 수리화, 전기화, 화학화가 전개됨에 따라 자연을 인간의 힘으로 조절할 수 있다는 생각이 일반화되면서 '미신'에 의존하는 풍습들이 자연스럽게 사라지게 된 것이다.[172]

전통문화의 큰 축을 이루는 전통적인 상류계층에 대해서는 허례허식 추방운동이 벌어졌다. 누군가 일정한 수준을 넘어서 생일잔치나 환갑, 혼인잔치를 벌이면 이웃이 신고를 하였고 당사자들은 수사를 받아야 하는 상황이 되었다. 북한에서는 일찌감치 이런 식으로 가정의례를 간소화하는 작업을 강력하게 벌여나갔다. 학교나 사회에서 이루어진 체계적인 반종교교양, 무신론교양, 유물론 교양 역시 봉건적 풍습을 없애는 데 큰 역할을 하였다. 민속명절인 음력설, 한식, 단오, 추석도 사라졌다. 그러나 제사와 같은 유교문화는 오래 지속되었다가 1967년 박금철 등 갑산파를 숙청하면서 모두 청산되었다. 그리고 이렇게 일순간에 사라진 전통적인 통과의례를 대신하여 사회주의적인 의례, 사회주의적 행사와 기념일들이 들어서기 시작했다. 북한은 전통적인 통과의례(관혼상제)와 세시풍속(명절)을 점차적으로 사회주의적 통과의례와 사회주의적 명절로 교체해 갔고 전통적인 마을공동체는 사라지고 새로운 사회주의적인 공동체가 들어섰다.[173]

---

171) 박소영, 「북한의 지방문화의 획일화와 지방공동체의 해체」, 140쪽.

172) "또한 질병 역시 '조상의 분노'나 '귀신의 원한' 때문에 걸리는 것이 아니며 개인과 마을의 위생 상태를 깨끗이 하고 당과 정부의 지원으로 더욱 발전된 의학과 잘 조직된 병원을 이용하여 치료할 수 있다고 강조했다." 박소영, 「북한의 지방문화의 획일화와 지방공동체의 해체」, 141~142쪽.

4. 새로운 생활공동체의 윤리

부농, 중농, 빈농 등의 계급으로 구성되어 있던 농촌의 마을공동체가 무너지고, 리협동조합으로 단일화 되었고, 도시에서는 이웃과의 관계는 경제적으로 매우 균등한 인민들로 구성된 지역공동체인 인민반으로 묶여지고 통일되었고 공산주의적인 예의와 도덕이 생겨났다. 주민들은 애경사는 물론이고 집안일도 서로 도왔다.[174]

북한주민들은 공동으로 소유하고 사용하는 재산을 관리하는 데 스스로 참가하도록 권유받기도 했지만 다른 사람들이 참가하는데 자신만 불참하기는 쉽지 않은 상황이 되었다.[175]

---

173) "김일성은 1947년 그의 어린 아들이 익사하자 대단히 상심하여, 10년 뒤 그 장소에서 무당을 시켜 굿을 했다. 북한측 "압수문서"가 보관된 미국 문서보관소에서 자식을 잃은 김일성의 상실감과 고통을 달래주기 위해 스님이 쓴 글을 담은 긴 족자가 한 점 있다." 브루스 커밍스, 『김정일코드』(서울: 따뜻한손, 2005), 234쪽. 이것은 북한의 최고지도자 마저 종교행위가 필요했다는 것을 보여주는 것이기도 하고, 삶의 현실에서 없애는 것이 얼마나 어려운가를 보여주기도 한다. 김일성이 그런 심정이었다면, 과연 항일빨치산들이 북한의 혁명전통이 주장하듯이 유물론적 사고방식을 가진 철저한 공산주의자였을까 하는 생각을 하게 만든다.

174) "이웃에 경사가 나면 같이 기뻐하고 불행한 일이 생기면 슬픔도 함께 나누어야 한다. 결혼식, 생일잔치, 환갑잔치와 같은 경사에 이웃들을 청하고 함께 즐기는 것은 이웃 간의 정을 두텁게 하며 한 가정처럼 화목하게 지내는 데 도움을 준다.(중략) 이웃에 앓는 이가 생기면 병원에 련락도 해주고 집안 일도 거들어 주며 자주 병문안하여 위로해 주어야 한다.(중략) 특히 이웃이 오래 동안 앓다가 일어 났거나 몸을 풀었을 때 맛 나는 음식을 만들어다 권하며 건강이 속히 회복되도록 도와 주는 것은 매우 아름다운 일이다." 군중문화출판사, 『공산주의 례의 도덕 교양』(평양: 군중문화출판사, 1964, 번인 발행: 동경 학우서방, 1964), 84쪽. "결혼, 장례로부터 분배 받은 곡식을 들이는 일, 구들 뜯고, 회칠하고, 대청소를 하는 일, 가을에 김장을 담그는 일에 이르기까지 품이 많이 드는 일에는 이웃끼리 서로 힘을 합치고 돕는 것이 이웃간의 응당한 도리이다." 군중문화출판사, 『공산주의 례의 도덕 교양』, 85쪽. 새로운 계층분화가 일어났고 새로운 신분제도가 형성되었지만 여기서는 그것을 논하지 않는다.

175) "반에서 조직하는 사업에는 빠짐없이 참가하여야 한다. 공동수도, 공동으로 사용하는 우물, 빨래터, 공동변소, 아동 공원 등 시설들을 모두가 잘 관리하여야 하며,

리협동조합이나 인민반의 장은 여성들이 차지하였고, 노동에 주된 관심을 가졌던 작업반과 달리 지역을 기반으로 한 구성원들의 생활공동체로서 특히 구성원들의 교양 문제에 많은 관심을 기울였다. 이 지역 공동체는 가족적 지지를 받지 못하는 아이들이나 고아들을 일탈하지 않고 북한의 교육체제와 조직체제에 묶어 놓는 울타리 역할을 했다고 볼 수 있겠다.[176]

즉 지역의 어른들은 모든 아이들의 어른이었고 모든 아이들의 교양자였던 것이다. 아이들은 학교와 조직, 가정과 그에 더해서 지역사회의 어른들로부터 통제와 보호를 받았다.[177]

5. 가정윤리

인간 상호 간의 일상적 예의도 공산주의적 예의범절로 고쳤다. 절약과 청결이 단순한 개인적 덕목을 넘어 공산주의적 생활양식이 되었듯이 단순한 예의범절도 공산주의적 예의범절이라고 명명되었다. 절약과 청결을 하지 않으면 그것은 단순히 개인의 부족점이라기보다는 곧 부르조

꽃밭을 가꾸고 한길을 정리하는 일들에 솔선참가해야 한다." 군중문화출판사, 『공산주의 례의 도덕 교양』, 86쪽.

176) "인민반 사업에서 어린이 교양 문제는 매우 중요한 자리를 차지한다. 자식이 있거나 없거나 또는 제 자식이거나 남의 자식이거나를 가리지 말고 우리의 뒤를 물려받을 어린이 교양에 모두가 가장 큰 관심을 돌려야 한다. 사회의 모든 성원들이 어린이들의 생활에 관심을 두고 잘 한 일은 칭찬해 주고 그릇된 일은 바로 잡아준다면 어린이들에게 어떤 나쁜 영향도 미치지 못할 것이다." 군중문화출판사, 『공산주의 례의 도덕 교양』, 86쪽.

177) 헨리 루이스, 『쿠바식으로 산다: 밑바닥에서 본 아바나의 이웃공동체』(서울: 삼천리, 2010), 123~177쪽 참조. 북한의 이웃들, 마을, 인민반이 성공적으로 공동체를 만들었는지를 가늠하는 것은 쉽지 않다. 쿠바의 사례를 비교하면서 상상해 보는 것도 북한 사회를 이해하는 데 도움이 될 것이다.

아 생활양식 또는 비사회주의적 생활양식이라는 비판을 들을 수 있었던 것과 마찬가지로 이런 예절을 지키지 않으면 역시 비사회주의적 생활양식이며 나아가 부르조아 생활양식이라고 비판을 받을 수 있었다. 가정에서의 예절도 일정한 형태로 규범화되어 보급되고 교양되었고 강요되었다. 가정에서의 훈육은 소련의 교육학자인 마카렌코의 영향으로 인해 더욱 강화되었다. 사회주의 학교가 자본주의 학교와의 큰 차이중의 하나는 학교가 학부모의 가정교육마저 지도할 수 있는 지위를 가지고 그런 역할을 했다는 점에 있다.[178]

마카렌코의 주장처럼 북한에서도 교사들이 학부모에 대한 교양을 통해서 학생들의 가정생활을 통제하고자 했을 뿐만 아니라 여맹, 인민반, 직맹을 통해서 이중 3중으로 부모와 아이들의 가정생활을 사회주의 양식으로 바꾸려고 했는데 이는 가정혁명, 여성혁명, 농촌혁명이라는 이라는 이름으로 추진되었다. 1회 어머니대회에서 사례발표한 것을 보면 가정혁명화가 60년대 매우 세차게 벌어진 것을 알 수 있다. 가정혁명화는 여성혁명화라는 측면에서 볼 수 있겠지만 특히 당원이나 간부들에게 강조되었던 것을 보면 사회주의생활양식을 교양하기 위한 의미가 있었다는 것을 알 수 있다. 천리마작업반 칭호 쟁취운동에 참가한 노동자들의 '전망 결의문'에 따르면 "자기 부모, 처자를 사랑하고 가정생활을 언제나 화목하고 명랑하게 하며 자녀들에게 대한 교양에서 모범을 보이며" 살아야 했다.[179]

---

178) "우리들은 아 · 에쓰 · 마까렌꼬의 교시를 상기하였다.《가정은 좋을 수도 있으며 혹은 나쁠 수도 있다. 가정이 제대로 교양하리라고 전적으로 떼여 맡길 수는 없다. 가정은 그들이 원하는 대로 교양할 수 있다고 말할 수도 없다. 우리들은 가정 교양을 조직하여야 하며 국가적인 교양을 실천하는 기관으로서의 학교가 이러한 조직의 기초로 되어야 할 것이다. 학교는 가정을 지도해야 한다.…교원들도 교육시킬 수 있는 것 처럼 자제를 교양할 줄 모르는 부모들도 가르칠수 있다》」, 교육도서출판사편, 『교수 교양 사업 경험』, 253쪽.

그런데 북한에서의 가정혁명화는 가정생활의 사회주의화만 도모한 것이 아니라 봉건시대의 전통윤리 중에서 사회주의적으로 유의미한 것을 선택하고 재해석해서 사회주의적 가정윤리로 재정립하여 교양하였다. 천리마시대의 가정윤리는 핵가족보다는 대가족제도의 토대위에 성립된 것으로 보인다. 이것은 부모와 자식의 엄밀한 지위의 차이, 그리고 아내와 남편의 역할을 확실하게 구별한 것을 전제로 한 가정윤리였다. 청소년들이 가정에서 부모를 견제하기도 했지만 기본적으로 북한 사회의 가정생활을 통제한 것은 청소년이 아니었고 부모였다. 부모는 자식들의 가정생활과 윤리의 교사가 되어야 했고, 자식들은 부모를 따르고 모시고 존경해야 했다. 북한공산주의 가정혁명은 사회혁명에 비해 보수적이었다고 할 수 있다.

> 자식들은 어떠한 경우라도 아침에 부모보다 일찍 자리에서 일어나야 한다. 부모가 자리에서 일어 나면 아침 인사를 하고 부모의 잠'자리를 거두어야 한다.
>
> 밤에 잠'자리에 들 때에는 반드시 부모의 이부자리를 먼저 펴 드려야 하며 부모에게 안녕히 주무시라고 인사를 한 다음 자기 자리에 들어야 한다. 부모가 누워계실 때 절대로 머리맡으로 다니지 말아야 한다.[180]

> 집에서는 집안일에 대해서 반드시 부모와 의논해야 한다. 비록 사소한 물건을 사는 경우라 하여도 부모의 의견을 듣는 것이 좋다. 어머니가 아직 집안일을 돌볼 수 있다면 며느리는 모든 일을 어머니의

179) 「"전망 결의문"에 포함되어야 할 내용들」, 강호제, 『북한 과학기술 형성사 1』(서울: 선인, 2008), 380쪽. 특히 간부들에게 가정혁명화는 자체수양, 성격교양과 분리될 수가 없었고, 가정문제는 간부의 정치사상문제로 비화될 수 있었다.

180) 군중문화출판사, 『공산주의 례의 도덕 교양』, 88쪽.

> 의견을 존중히 하여 처리하여야 한다.
>
> 밖에 나갈 때에는 반드시 어디에 가는데 몇 시에 돌아 오겠노라고 부모에게 말려야 하며 돌아 와서는 돌아왔다는 인사를 하고 만일 예정보다 시간이 많이 늦었다면 늦은 사유를 자세히 말씀 드려야 한다.[181]

> 부모와 한 집에서 생활하지 않는 경우에는 더욱이 부모에 대하여 념려하여야 하며 될 수 있는 대로 자주 문안의 편지를 올려야 한다.
>
> 부모가 멀리 계실 경우에는 되도록 휴가를 리용하여 처자를 거느리고 찾아 가 뵙도록 하며 부모가 가까운 곳에 계신다면 명절이나 생일에 반드시 찾아 가서 기쁘게 해 드려야 한다.[182]

그러나 사회주의 가정, 혁명적 가정은 가족주의적 전통윤리를 벗어나야 했다. 자기 부모에 대한 효보다 혁명과 당, 애국이 더 중요했다. 유교식으로 이야기하면 효보다 충이 중요했고 충이 곧 효가 되어야 했다. 그러나 이것도 유교식으로 해석할 수 있었다. 입당과 표창은 입신양명이고 입신양명은 곧 효가 되기 때문이다. 이렇게 해서 천리마시대의 북한의 가정윤리는 유교와 결별하면서도 공산주의적으로 재해석된 동아시아적 가정윤리로 정착될 수 있었다.

> 부모를 잘 섬기는데 있어서 또한 중요한 것은 부모로 하여금 자기 자식에 대해서 떳떳한 자랑을 품을 수 있도록 하는 것이다. 그러자면 우선 자기가 맡은 당'적 임무, 국가적 임무에 충실하며 사업과 학습에서 모범이 되어야 한다. 만일 자기 임무도 똑똑히 수행하지 못하고 남의 뒤꼬리만 따라 다닌다면 그가 아무리 부모의 잠'자리를 돌

---

181) 위의 책, 90쪽.

182) 위의 책, 93쪽.

> 보아 드리고 음식을 잘 대접해 드린들 그것이 무슨 소용이 있겠는가.[183)]

한편, 김일성이 리더나 교사들에게 요구했던 긍정적 감화와, 이신작칙, 어머니같은 품성의 요구는 기존의 권위주의적인 것을 벗어나자는 데 있다. 그러나 권위주의는 사회주의생활양식이라는 이름으로 새로운 형태로 북한 사회에 뿌리를 내렸다. 전통사회의 남존여비사상은 남성의 권위로, 장유유서의 질서는 어른의 권위라는 새로운 형태로 변용되었다. 새로운 권위주의는 김일성의 사회주의교육학 속에서 교사의 높은 사회적 지위로 반영되었고 사회주의생활양식(도덕적 인간)교양의 속에 편입되었다. 군사부일체로서의 숭배의 대상이었던 김일성 자신이 이런 분위기를 조장한 것일 수도 있다. 수령에 대한 충실성교양이 이런 현상을 가속화시켰다고 할 수 있다.

김일성은 북한에서 아버지이면서 어머니인 '어버이수령'이었다. 모택동은 전통적인 위계질서를 공산주의의 걸림돌이라고 생각해서 가부장주의를 타도 대상으로 삼았다. 군대의 계급제도도 봉건유물로 보고 계급장을 떼어버리기도 했다.[184)]

마카렌코에서 보듯이 소련의 가부장주의는 권위주의적이라면 김일성의 가부장주의는 어버이로서 모성적인 면이 강하다. 공화국의 유일한 세대주인 김일성은 전통적인 권위적 아버지가 아니라 인자한 어버이의 모습으로서 가부장적인 아버지상에서는 벗어나려고 했다. 수령은 신유

183) 위의 책, 93쪽.

184) "반동인 아버지와 어린 시절 결별한 것을 자주 강조하던 마오와는 달리, 김일성은 항상 자신이 효자임을 보여주었고, 이는 암묵적으로 그의 정치사업에서도 요구되는 덕목이었다. 김일성의 어떤 연설 또는 북한의 어떤 공식 이데올로기에서도 당과 국가의 권위 또는 부모와 선생의 권위에 저항하는 것을 결코 정당화하지 않는다." 찰스 암스트롱, 『북조선 탄생』(서울: 서해문집, 2006), 355쪽.

교적 아버지상이고 신유교적 가부장이었다. 이러한 여성성의 강화는 불교적 가치의 투영이라고 할 수 있겠다.[185]

부부관계에서도 남편 위주의 전통윤리에서 크게 벗어나지 않는 한에서 남편은 아내의 가정일을 도와 줘야 하는 존재였다. 남편도 당연히 가정일도 많이 함으로써 인정을 받아야 하지만 남편은 혁명을 해야 하는 존재이기 때문에 가정 일에 동참하지 못하더라도 아내는 묵묵히 남편이 가정일에 신경 쓰지 않도록 최대한 배려하고 희생하는 것이 옳은 것이다. 즉 자식이든 남편이든 혁명과 당을 위해 살아가는 한 그를 지지하고 도와줘야 하며 아내는 자신의 개인적 바람을 갖거나 요구를 해서는 안 되는 것이다. 그것이 혁명화 된 여성이 가져야 할 가정윤리였다.[186]

결국 가정에서의 봉건적인 남성위주의 가정윤리의 일부는 사회주의 혁명, 사회주의 가정, 사회주의 생활양식이라는 이름으로 재해석되기도 하였고 새로운 모습으로 재생산되었다고 할 수 있겠다. 그리고 이러한 가정윤리는 김일성이라는 정치지도자를 중심으로 하는 사회주의 대가정의 가부장적 사회의 이미지를 정당화하는 데 적절히 활용될 수 있었

---

185) 찰스 암스트롱은 『북조선 탄생』, 355~356쪽에서, 브루스 커밍스는 『브루스 커밍스의 한국현대사』, 592쪽에서 각각 모성특징이 가부장적인 유교와 다르다고 지적하면서 이러한 모성을 샤머니즘과 연결시키기도 하고 동아시아에서는 모성이미지가 그리 특별한 것은 아니라고 주장하지만, 모성과 불교(관세음보살과 부모은중경)의 연관성은 떠올리지는 못하고 있다.

186) "직장에 근무하는 안해는 대체로 남편보다 몇 배나 더 많은 일을 하게 된다. 직장에서 하는 일 외에도 식사와 세탁 등 주부로서의 가정 살림살이를 해야 하며 어린 애가 있으면 이를 돌봐야 하며 그 밖에 이러저러한 일을 해야 한다. 이런 경우에 남편이 방안에 앉아서 독촉만 하고 있을 수 있겠는가? 남편은 팔 걷고 나서서 안해와 부담은 덜어 주어야 한다. 아침이면 안해와 같은 시간에 일어나 방 안팎의 청소도 하고 안해가 직장에 늦지 않도록 모든 일을 힘껏 도와 주어야 한다." 군중문화출판사, 『공산주의 례의 도덕 교양』, 95쪽. "안해는 당과 혁명을 위하여 일하고 있는 남편이 자기나 가정의 사사로운 일 때문에 머리를 쓰지 않고 마음껏 일하며 보다 큰 성과를 달성할 수 있도록 힘써야 한다. 이것이 첫째 가는 남편 공대로 된다." 같은 책, 97쪽.

다. 부모와 자식의 관계를 중심으로 하는 가정윤리를 국가 차원으로 투사하면 북한 주민들은 사회주의 대가정이라는 국가 이미지를 자연스럽게 받아들일 수 있었다. 그리고 정치적 지도자에게 예의를 갖추고 충실한 것은 사회주의 대가정의 자식들로서 당연한 윤리이며, 북한이 수립해야 할 사회주의 생활양식의 일부라고 여기도록 하는 교양이 이루어졌다고 할 수 있다.[187)]

6. 겸손, 검소, 소박

물질적 욕망만큼 분명하게 쉽게 드러나지는 않지만, 이기적인 방법으로 사람들로부터 인정을 받고 싶어 하는 인간의 속성을 보여주는 영역이 있다. 북한 당국이 자본주의적인 물질적 자극보다 사회적 인정, 정치사상적 자극을 강조하게 된다고 해서 북한 주민들이 부르주아적 영향권에서 벗어날 수 있는 것은 아니다. 물질이 사람들의 우열을 따지는 데 별 영향력을 발휘하지 않는다면 인간은 하찮은 것을 가지고도 우열을 따지게 되기 십상이기 때문이다. 이것을 북한에서는 공명주의라고 했다. 북한의 교육자들은 사회적 인정, 칭찬, 표창이 낳을 수 있는 공명주의에 대한 차단방법에 대해 다음과 같이 학생들에게 가르쳤는데 이것은 성인이 되어도 지켜야 할 예절이었을 것이다.

---

187) 이온죽은 이러한 전통적인 가족주의가 북한에서 집단주의를 가능하게 했다고 본다. 이온죽, 『북한 사회의 체제와 생활』, 49쪽 참조. 그에 반해 김성보는 북한의 봉건적 윤리나 구 시대의 지역유지들의 권위가 북한 정권의 사상교양으로 타격을 받고 사라지는 것을 소개하고 있다. 김성보, 『남북한 경제구조의 기원과 전개: 북한 농업체제의 형성을 중심으로』(서울: 역사비평사, 2000), 346쪽 참조.

이 때는 축하를 기본으로 하고 상대편이 당과 인민을 위하여 더욱 힘차게 나아가도록 고무하며 동시에 자기도 뒤지지 않겠다는 결의를 같이 말하는 것이 좋다.

《축하합니다. 신문에서 읽었습니다. 우리 식구들은 그 이야기로 꽃을 피웠답니다》.

《축하합니다. 우리 모두는 동무의 모범을 따라 당의 붉은 전사가 될 것을 다짐하고 있습니다》.

《축하하네. 그렇게 훌륭한 일을 하고도 가만히 있었나? 참으로 훌륭하네》.

등의 인사를 한다. 이러한 인사를 받으면

《고맙습니다》.

《감사합니다. 별로 한 일이 없는데 당에서는 저를 이렇게 높이 평가해 주셨습니다. 당의 기대에 보답하기 위하여 있는 힘을 다 바치겠습니다》.

《고맙습니다. 당이 하라는 대로 했을 뿐입니다. 성과가 있다면 여러분의 방조와 지도가 있기때문이였습니다.》

《저는 한 일이 별로 없습니다. 이 표창은 당이 우리 집단에 준 신임이라고 생각합니다. 앞으로 있는 힘을 다 바쳐 투쟁하겠습니다》등으로 답인사를 한다.[188]

위와 같이 공을 세운 사람들이 겸손을 표현하지 않는다면 겉으로는 집단주의와 대의에 맞는 일을 했다고 해도 자신의 공명주의 때문에 좋은 일을 망쳐놓을 수도 있고, 남의 명예를 중간에 자기의 것으로 바꿔치기 할 수도 있기 때문이다. 자본주의 사회의 인간이나 사회주의 사회의 인간이나 인간의 심리와 인간관계는 매우 복잡하고 미묘한 것이다. 겉으로 드러나는 사회적 인정과 정신적 자극, 규율 그 자체가 집단주의를

---

188) 군중문화출판사, 『공산주의 례의 도덕 교양』, 194~195쪽.

보장하는 것은 아니다. 개인주의가 어떤 식으로든 자라나고 표출될 수 있기 때문이다.[189]

겸손을 포함해서 공산주의자가 되기 위한 도덕과 품성은 1965년의 농업근로자 동맹규약의 한 항목(제1장 7항)에 "동맹원은 고상한 공산주의적 도덕품성을 소유하고 진실하게 생활하여야 하며 동지를 사랑하고 례절이 바르며 겸손하고 소박하며, 안일하고 해이한 현상들과 온갖 낡은 습관을 버리고 일상생활에서 검박하며 공명과 허풍을 버리고 솔직하여 한다."로 요약되어 있다.[190]

이러한 품성은 김일성이 명명한 '인민적 사업작풍', '인민성'이라는 것으로부터 연유한다고 볼 수 있다. 앞서 언급했듯이 1980년의 '조선로동당 규약'에는 "당원은 항상 소박, 솔직, 겸손하여야 하며 사리와 공명을 탐내지 말고 당과 함께 솔직하며, 인간성이 풍부하고 문화적이어야 하며 국법과 사회질서 및 공중도덕 준수에 모범이 되어야 한다."고 표현되어 있다.[191]

---

189) 이 밖에도 품성과 관련된 것으로 우정과 동지애, 소박성, 정직성 등 인민성이 있는데 이것은 5장의 '교육교양방법'의 제1절 '김일성원수님의 어린시절 이야기'로 대신하고자 한다. 이렇게 할 수 있는 이유는 북한의 주장에 따르면 인민성을 구현한 김일성의 품성이야 말로 공산주의도덕 자체였기 때문이다. 그리고 인민성에는 민족적 정서 또는 인민적 정서라고 하는 것도 있었다. 물론 민족적 정서, 인민적 정서 중 어떤 것이 애국적사회주의에서 계승할만한 것인가는 김일성의 교시에 따르는 수밖에 없었다.

190) 「농업근로자 동맹규약」, 최종고, 『북한법』, 170쪽. 인간관계의 예절에서의 겸손함은 물질생활면에서는 검소한 것으로 인격적인 측면에서는 소박한 것으로 되었다. 김일성은 이것을 인민성, 민족적 정서, 전통이라고 했는데 이것은 도교에서 중시하는 덕목의 계승이라고 할 수 있다.

191) 「조선로동당 규약」, 최종고, 『북한법』, 94쪽. 이 책의 제2장 제5절 주 157 참조.

제 5 장

교육교양방법

방법론들을 크게 범주화해서 분류해 보면 서사교육, 설복과 교양, 거점·순례·행사·의례를 통한 교양, 실습·실험·연습, 천리마학급, 천리마학교, 모범분단 칭호 쟁취운동, 교과수업외 활동과 자체학습, 자체수양으로 나누어서 설명할 수 있다. 이렇게 크게 분류해서 본다면 천리마시대의 북한의 교육교양방법은 용어상의 차이점 정도는 발견할 수 있을지 모르지만 다른 사회주의국가들의 교육교양의 방법론에 비해 특히 새로울 것이 없는 것 같다.

앞에서 언급했듯이 천리마시대에 요구되는 새로운 교육교양방법은 수령이 창시했다는 청산리방법을 학교교육에 적용한 것으로 여겨졌다. 그런데 천리마기수와 같은 교육적 인간상과 천리마작업반 내에서 이루어졌던 교육교양의 내용이 김일성에 의해 창시되었듯이 교육교양의 방법이 김일성에 의해 창시되었다는 것을 쉽게 납득하기는 어렵다. 김일성이 천리마시대에 창시했다는 사회주의교육학에서 교육교양의 내용과 교육적 인간상은 북한 사회주의 특수성을 어느 정도 반영한 것이라고 할 수 있겠지만, 천리마시대의 교육교양방법을 김일성이 창시했다고 말하는 것은 이해하기 매우 어렵기 때문이다. 천리마시대의 교육교양방법은 이미 근대국가 또는 사회주의국가들에서 실험적으로 또는 광범위하게 이루어지던 교육교양방법이라고 할 수 있을 것이다. 북한에서 사회주의 개조 이후에 활성화된 교육교양의 방법은 이미 소련에서 실시되고 있었고, 그 이전부터 교육학자들이 제안했던 교수법이기도 했기 때문이다. 따라서 천리마시대의 교육교양방법은 일부 특징이외에 김일성이 창시했다고 볼 수 있을 만큼 뚜렷하게 새로운 방법을 찾기는 쉽지 않은 것 같다. 그렇다고 천리마시대에 형성되었고, 김일성이 사회주의 교육교양 방법을 창시했다고 주장하는 북한의 주장을 이해할 수 있는 길이 없는 것은 아니다.

첫째, 교육교양방법에 대해서도 북한의 천리마학급, 천리마학교, 모범분단 칭호 쟁취운동과 같은 대중교육운동이 소련이나 중국의 대중교육운동과의 차이를 비교해야만 차이점이 드러날 수 있을 것이다. 이는 교육적 인간상이 추상적 수준에서는 사회주의국가들 사이에서도 차이점을 찾기 어려웠지만 북한의 구체적 인간상인 천리마기수를 소련의 교육적 인간상인 스타하노프, 중국의 교육적 인간상인 뇌봉을 비교함으로써 차이점을 찾아 낼 수 있었던 것과 유사한 것이다. 그러나 이 글에서는 사회주의국가들의 대중교육 운동의 차이점을 자세히 밝혀 내지 못했다. 그러나 2장에서 북한의 주체확립과 혁명적군중노선, 청산리방법과 천리마작업반운동이 소련이나 중국의 사회주의 건설노선과 다른 점을 밝힌 것으로서 큰 차이점이 간접적으로 드러났다고 생각한다.

둘째, 사회주의 개조 이후에도 북한의 교육교양방법에는 부르조아적 교수방법과 사회주의 교수방법이 뒤범벅이 되어 공존하고 있었고, 사회주의적인 교육교양방법과 비사회주의적 교육교양방법을 구분하는 것은 쉬운 일이 아님에도 불구하고 김일성이 스스로 그 계선을 분명히 했다는 것이다.

셋째, 교육교양의 내용에서 수령, 당, 혁명전통, 집단주의가 중시되었듯이 교육교양의 방법에서도 수령, 당, 혁명전통, 집단주의가 교육교양방법들을 주도하고 독점적 지위를 차지하고 있다는 점이다. 즉 수령, 당, 혁명전통, 집단주의는 교육교양의 내용을 규정했을 뿐만 아니라 교육교양의 방법을 규정한 것이기도 했다.

넷째, 천리마작업반운동이 교육부문에서 전개되었고 김일성이 창시했다는 청산리방법이 사회주의의 교육교양방법으로 절대화됨으로써 비로소 북한 특유의 교육교양방법이 모든 학교교육에 정착되고 주류로서 제도화되었다는 점이다. 한 사회에 여러 가지 교육교양방법이 존재한다는 것과 일정한 교수법이 주류를 이루며 전면적으로 실시되었다는 것은 다른 의미를 지닌다. 사회주의로 개조되기 전에는 북한의 학교에서 설사 내용적으로는 사회주의적 교육교양의 내용이 있었다고 할지라도 경제적, 사회적 토대와 맞지 않기 때문에 전면화 될 수 없었을 것이다. 그와 마찬가지로 사회주의적 교육교양방법들도 천리마작업반운동이 전개되기 전에는 북한 사회에서 부분적으로 실현이 될 수 있을 뿐 전면화 될 수 없었다고 볼 수 있다.

다섯째, 사회주의국가나 근대국가에서 다양하게 활용되었던 각각의 교육교양방법론들의 위상, 비중이 김일성에 의해 새롭게 조정되고 각각의 교육교양방법이 새롭게 융합되었다는 것이다. 김일성에 의해 새롭게 해석되고 재평가된 사회주의교육학의 핵심에는 '깨우쳐주는 교수법', '깨우쳐주는 교양방법'이 있다. 김일성이 항일무장투쟁 시기에 활용했다던 교육교양방법을 넓은 의미의 '깨우쳐주는 교수법'(교수법+교양방법)이라고 칭한다면 북한의 교육교양방법은 '깨우쳐주는 교수법'을 그 핵심으로 하고 있다고 볼 수 있다. 항일빨치산식 사업방법이 사회주의개조 후에 청산리정신, 청산리방법으로 새롭게 풍부하게 되었듯이 항일빨치산식 교수방법도 새롭게 풍부하게 되었다고 할 수 있다.

이것은 1969년의 『교육학: 사범대학용』에서는 교수방법은 1) 언어적 교수방법: ㄱ) 이야기, 해설과 담화 방법 ㄴ) 토론과 론쟁 ㄷ) 독서방법(책을 리용하는 방법) 2) 직관 및 실물 교육방법 ㄱ) 연시방법 ㄴ) 관찰방법 3) 실험실습방법 4) 연습방법으로 열거되어 있고, 교양방법은 1. 교양방법의 기본 1) 해설과 설복의 방법 2) 긍정적 모범에 의한 감화교양방법 3) 실천활동을 통한 교양방법 2. 교양사업의 조직과 지도 1) 《김일성원수혁명활동연구실》을 통한 교양 2) 교수 및 과외활동을 통한 교양 3) 조직생활을 통한 교양 4) 사회정치활동을 통한 교양 5)《모범분단》 및 《천리마학급》운동을 통한 교양으로 열거되어 있는 것을 보면 알 수 있다.

1977년 김일성이 발표한 "사회주의교육에 관한 테제"에서도 혁명적인 교육교양의 방법으로 '깨우쳐주는 교수방법'이 제일 우선적으로 등장하고 있다. 여기서는 이야기, 담화, 토론과 논쟁, 문답식방법, 직관교육, 실물교육, 해설과 설복, 긍정적모범으로 감화하는 것을 깨우쳐주는 교수교양방법으로 나열하고 있다. 이 방법은 1991년의 『사회주의교육학: 사범대학용』에도 '깨우쳐주는 교수', '깨우쳐주는 교양'으로 나와 있는데 이중에서 '깨우쳐주는 교양'은 1. 해설과 설복(이야기, 강연, 담화, 토론), 2. 긍정감화교양(모범본받기, 교원의 이신작칙, 칭찬과 표창) 으로 되어 있어 천리마시대의 교육교양방법이 여전히 건재함을 볼 수 있다. 김일성은 영원한 수령이고 북한 사람들은 김일성 민족이고 '깨우쳐 주는 교수법'은 김일성이 이룩하고 창발적으로 적용한 것으로 되어 있는 한 북한교육에서 일부 변용이 있거나 강조점이 바뀔 수는 있겠지만, 폐기하기는 어려울 것이다.

단, 필자는 이 글에서 깨우쳐주는 교수방법을 해체해서 분야 별로 나누었다. 그리고 1969년의 『교육학: 사범대학용』에서는 '교수사업의 조직형식'(이 글에서는 '교육학적 공정'이라 칭함), '교양사업의 조직과 지도'로 나와 있는 것도 모두 교육교양의 방법론으로 합쳤다. 1991년의 『사회주의교육학:사범대학용』에서는 교수방법, 교수형태, 교양방법, 교양형식으로 좀 더 합리적으로 범주화하고 있지만 여기서는 교수방법, 교양방법은 분리시키지 않고 교육교양의 방법에 넣었고 교수형태나 교양형식도 주로 교육교양방법에 넣었다. 그리고 북한의 교육학에는 방법론으로서는 크게 등장하지 않고 있지만 김일성이 줄기차게 강조했던 대비교양을 중요한 교육교양방법으로 부각시켰다. 그리고 북한 주민들의 정체성형성에 결정적인 역할을 한 '이야기'를 서사교육이라는 이름으로 좀 더 비중 있게 다루었고 서사교육의 하나의 방법이라고 할 수 있는 형상분석을 좀 더 비중 있게 다루었다. 마지막으로 자체수양은 1969년의 『교

육학: 사범대학용』에서는 '조직생활을 통한 교양'이라는 항목 속에서 설명하고 있는 데 반해 1991년의 『사회주의교육학:사범대학용』에서는 조직생활과 분리해서 자체수양을 하나의 항목으로 다루고 있는 데 이 글은 후자를 따랐다.

제1절 서사교육

1. 『김일성원수님의 어린 시절 이야기』

윤복진이 아동독자를 대상으로 해서 쓴 『김일성원수님의 어린 시절 이야기』는 작가의 개인적인 탐구의 결과물이나 일반적인 문학작품이나 전기가 아니라 당시 북한정권의 요구였던 주체확립과 군중노선을 구현하는 공산주의적 인간양성이라는 교양적 목적을 달성하는 데 도움이 될 수 있도록 편집된 이야기책이다.[1]

김일성이 1961년 4월 25일 전국교육일군열성자대회에서 한 연설 '청소년교양에서 교육일군들의 임무에 대하여'에서 공산주의 인간이 갖춰야 할 덕목으로 강조한 것은 모든 것에 대한 '사랑'이었다. 이 연설에서 김일성은 학생들에게 사람, 공동재산, 노동, 미래를 사랑하도록 교양해야 한다고 강조하였다. 마치 윤복진의 책은 이 연설을 토대로 김일성의

---

1) 윤복진, 『김일성원수님의 어린 시절 이야기』(평양: 민청출판사, 1963). 윤복진은 이원수, 윤석중과 함께 일제시대의 대표적인 동요시인이었다. 일제시대에 노래로 지어져 아이들 입에 오르내린 동요는 윤복진 또는 윤석중 작사로 된 것이 아주 많다. 원종찬, 「동요시인 윤복진 연구-북한에서의 활동을 중심으로」, 『동화와번역』 제17집(2009. 06), 156~186쪽 참조. 1971년 사로청출판사에서 나온 『김일성원수님의 어린 시절』의 김일성에 대한 덕성을 묘사하는 문장들은 1963년의 윤복진의 『김일성원수님의 어린 시절 이야기』의 문장들과 차이가 많이 나지만, 소개하고 있는 일화나 덕성에는 큰 차이가 없는 것을 보면 알 수 있다. 『김일성원수님의 어린 시절』이 국어 수업시간에 활용한 예는 「교수를 통한 당정책교양경험」, 『인민교육』, 1967. 10, 24쪽. 「학생들은 김일성원수에 대한 다함없는 흠모의 정으로」, 『인민교육』, 1967. 10, 29~30쪽 참조. 당력사연구실에 비치된 직관물 자체가 이미 어린 시절의 김일성의 활동부터 소개하고 있다.

일화를 구성한 것 같은 느낌을 줄 정도로 윤복진의 책에 나타난 김일성은 특별히 누군가에게 배우지 않았어도 천성적으로 모든 것을 사랑할 줄 아는 인물이었다.

따라서 김일성의 어린 시절의 모습은 공산주의교양에서 아이들의 모델이 되기에 충분했다. 김일성의 어린 시절이나 수령의 혁명활동이 아직 교과목화가 되지 않은 시기였지만 김일성의 어린 시절은 어린이들에 대한 교양이라는 미명하에 광범위하게 교양 선전되었다. 김일성의 어린 시절은 아이들이 본받아야 할 인물이 아이들과 같은 나이였기 때문에 쉽게 공감을 불러일으킬 수 있었다. 그뿐만 아니라 공감을 강화하기 위해서는 그 인물을 매우 매력적인 인물로 묘사를 잘 해야 하는데 윤복진은 이를 성공적으로 구현하였다. 윤복진이 만들어낸 김일성의 초상은 그대로 김일성관련 다른 서사들의 모형이 되었던 것으로 보인다.

김일성을 뛰어나게 훌륭한 인간으로 보여주기 위해 각색된 김일성 일화는 북한 주민에 대한 덕성교양이 되기도 하였고, 나중에는 김일성에 대한 충실성교양도 되었고 위대성 교양도 될 수 있었다. 김일성이 구현하고 있는 덕성이란 당시 천리마학급의 기수들, 모범학생들이 갖춰야 할 덕성으로 알맞은 것이었다. 그리고 이것은 천리마기수, 천리마작업반원들에게 요구하던 공산주의도덕을 다 구현하고 있었다. '사랑'이라는 포괄적인 덕성 이외에도 이 책에서 윤복진이 그린 김일성의 덕성을 몇 가지 나열해 보면 다음과 같다.

첫째, 김일성은 효성이 지극하였다. 김일성의 효성은 국가의 충성과 일치가 되었다. 어린 나이임에도 불구하고 김일성의 아버지가 항일독립운동하는 데 적극 나서서 도와줬고, 가정일도 돌봄으로써 부모의 노고를 덜어 줬기 때문이다.

둘째, 김일성의 가족들은 가진 것이 있으면 자기 것 챙기기에 급급하거나 잘난 척하는 것이 아니라 자기 것을 남과 공유하기를 좋아했고 친구들이나 이웃들과 어울리기도 좋아했다. 특히 김일성은 어렸을 때부터 리더십이 있었고 무엇이든지 다른 학생들보다 잘 했다. 즉 공산주의적으로 사는 데 요구되는 덕성과 군중노선에 따른 리더십을 잘 갖추고 있었다는 뜻이다. 이렇게 모든 면에서 뛰어난 김일성의 어린 시절은 대부분의 모범생들에게는 부러움과 존경의 대상이 될 수밖에 없었다. 일제강점기의 아동들이 김일성을 대장으로 따른 것처럼 천리마시대의 북한의 아동들은 김일성 장군을 추종하는 것은 자연스러운 일이었다.

셋째, 김일성은 악한 사람들에 대해서는 적개심이 많았다. 즉 계급의식이 투철하였다. 위대한 김일성이 어린 시절부터 증오심을 가졌듯이 북한의 아동들도 적대계급에게 증오심을 갖는 것은 당연하고 자랑스러운 일처럼 느껴야 했다.

넷째, 김일성은 자기보다 못한 아이들이나 약자들, 노인들을 잘 도와주었다. 천부적으로 자기희생적이며 공산주의적 인간이었던 것으로 여겨졌다.

다섯째, 김일성은 단지 노동을 많이 열심히 한 것이 아니라 노동을 사랑하였다. 노동의 동기도 경제적 이유나 이기적인 것이 아니라 충효에 있었다. 자기를 위한 노동이 아니라 타인을 위한 노동이었던 것이다. 즉 자본주의 노동이 아니라 공산주의 노동이었다.

여섯째, 절약정신이 강했다. 북한당국은 사회주의국가의 아동들이 학용품을 아껴 써야 할 것을 거듭 강조하고 그것을 공산주의의 덕목으로까지 격상시켰는데 김일성은 누구에게 강요받지 않고도 절약하는 것이 천부적으로 몸에 배어있었다. 이것은 그저 절약과 단정이라는 일반적인 덕목으로 볼 수 있음에도 불구하고 김일성의 일대기속에서는 숭고한 행위요 습관으로 묘사되었다.

일곱째, 국가와 민족에 대한 충성심이 강했다. 어린 시절의 김일성의 애국심은 너무 확고해서 아동 같아 보이지 않을 정도다. 김일성의 이런 조숙한 모습은 북한 공산주의자들이 북한의 아동들에게 일찌감치 정치교양을 실시하는 것을 학부모들에게 당연한 것으로 받아들이는 효과를 낳았고 김일성이라는 모델을 통해서 아동들은 아동들대로 정치적 삶을 자기정체성으로 받아들이게끔 하였다. 김일성은 13살의 어린나이로 조선의 현실을 알고자 일부러 만주에서 떠나 조선의 고향땅을 향한 '배움의 천리길'을 걷게 되는데 이 장면은 김일성의 어린 시절의 클라이맥스를 장식하고 있다.

이것은 당시 북한이 주장하고 있던 주체확립이나 산지식이라는 것이 무엇인지를 잘 보여주는 것이었다. '배움의 천리길'은 원래 김일성의 아버지이자 애국자로 알려진 김형직이 김일성에게 제안한 것이지만, 김일성 자신이 일본의 식민지였던 조선의 현실을 알고 조선의 현실이 요구하는 것을 직접보고 느끼는 것을 중시했기 때문이기도 했던 것으로 묘사되고 있다. 김일성이 조국의 현실을 알고 광복을 굳게 다짐한 것처럼 천리마시대의 아동들은 당시 북한의 사회주의 현실에 대해 잘 알고 현실이 요구하는 공산주의 건설에 나서야 한다는 것을 유비적으로 보여주었던 것이다.

그 다음으로는 김일성이 아버지 김형직의 체포 소식을 듣고 다시 만주로 넘어가는 이야기가 어린 시절의 대단원이 된다. 이 때 즈음 김일성은 확고한 애국자로 변해 있었다.

《나는 열 네 살 때 조선이 바로 잡히지 않으면 다시 돌아 오지 않으리라 굳게 결심하고 압록강을 건넜습니다.

그 때 나는 그 누군가가 지은 압록강의 노래를 부르며 이렇게 생각하였습니다.

내가 언제 이 땅을 다시 밟을 수 있을가?

내가 자라 나고 선조의 무덤이 있는 이 조국에 언제 다시 돌아올 수 있을가?

조국이 해방되고 독립된 후에야 오겠는데 그 날은 과연 언제일 가?…

이것을 생각하는 어린 마음에도 비감을 금할 수 없었습니다.》

이런 이야기가 전하고자 하는 내용은 김일성을 따라서 북한의 아동들도 열네 살 정도가 되면 또는 인민학교를 졸업할 때 즈음이면 애국심을 감정을 넘어서 각오와 신념화하여야 한다는 것이다. 이런 것은 보통의 아동들로서는 다다를 수 없는 높은 경지인 것이다. 이런 비범하고 예외적인 모습 자체가 아동들에게 수령에 대한 더없는 존경심과 충성심을 불러 일으켰다.

여덟째, 초급중학교 학생들이나 기술학교학생들에게는 김일성의 길림의 육문(毓文)중학교시절, 화전의 화성의숙, 길림중학교시절과 길회선투쟁, 김일성이 지도한 아동단과 청소년을 지도한 것은 모두 모범이 되었다. 본격적인 항일무장투쟁을 통해서 김일성장군이 되기까지의 일화도 많이 소개되어 김일성의 일대기 자체가 서사화 되어 북한 청소년들의 귀감이 되었다고 할 수 있다. 북한청소년들이 활발한 조직생활을 하는 데 있어 김일성의 활동은 모범이 되었고, 김일성이 학생운동시절 보여줬던 리더십은 그대로 공산주의 건설시기의 사로청의 리더들, 소년단의 리더들의 귀감이 되었다고 할 것이다. 당시 이러한 김일성의 혁명활동이 구체적으로 청소년들의 리더십 교양과 강화에 어떻게 활용되었는지 기록을 찾기는 어렵다. 그렇지만 이것이 청소년들에게는 그 나이에 맞는 각각의 김일성의 혁명활동을 통해서 청소년들이 공유할 수 있는 김일성 위주의 공동체적 서사를 만들어주었을 것이라는 것을 어느 정도 짐작할 수 있다.

아홉째, 산지식인에게 요구되는 학습방법을 잘 보여주고 있으며, 산지식인이 피교육자에게 보여줘야 할 교수방법이 잘 드러나 있다. 김일성은 어려서부터 천부적인 학습자요 교육자였던 것이다. 자신이 현실 속에 뿌리를 내리고 학업에 열중하면서도 실천 활동을 했을 뿐 아니라 김일성이 청산리에서 보여준 교수방법, 교육자적 자세는 이미 김일성의 일대기 속에 표현되고 있었다. 따라서 김일성은 교육을 하고 지도를 해야 하는 모든 일군들과 교사들과 어른들, 상급생이나 우등생들이 따라야 하는 교육자였다고 할 수 있다. 김일성은 교육자들의 교육자요 스승들의 스승이며, 일군들의 모범이었다.

열 번째, 김일성 전기에서 등장하는 김일성의 아버지 김형직, 어머니 강반석, 할아버지는 김일성과 더불어 사회주의 가족의 모범이 되기에 충분하였다. 김일성뿐만 아니라 김일성 일가는 모두가 애국적이고 사회주의적인 성격을 지닌 사람들로 묘사되었다. 김일성 일가는 천리마시대의 북한 가족들에게 가정생활에서 상호 지켜야 할 예의 도덕을 잘 보여주었다. 모든 가정에서는 김일성 가계와 같은 가족이 재생산되어야 했던 것이다. 북한에서 모든 가정은 혁명화 된 가정이 되어야 했는데, 그 절대적 모델로서 김일성 일가가 제시된 것이다. 흔히 전기물들이 가계를 다루게 되어 있으니까 이것이 새로울 것은 아닌데, 다만 북한에서는 사회주의 가정혁명이라는 목표를 위해서 이 부분이 매우 의도적으로 일정한 방향으로 부각되었고 비중 있게 다루어졌다고 할 수 있다. 그러나 아직은 김일성 가계의 신성화, '백두혈통'을 강조하기 위해서 도입한 것은 아니었다고 할 수 있다.

이상에서 보듯이 윤복진의 『김일성원수님의 어린 시절 이야기』는 천리마시대의 사상교양에서 요구되던 것을 모두 담고 있는 공산주의도덕 교양서라고 할 수 있다. 따라서 이 책은 다분히 교육적 효과를 노리고 쓴 전기소설이라고 할 수 있다. 김일성의 일생을 서술함에 있어 그 시대가 요구하는 공산주의 인간상에 맞춰 김일성의 일화를 첨삭, 선택과 집중하고 서사적으로 재구성한 것이라고 할 수 있다. 그럼에도 불구하고 수많은 북한의 교사와 학생, 북한의 주민들은 이것을 전기소설이 아니라 전기로 받아들였던 것으로 보인다.[2)]

2. 항일빨치산의 회상기를 통한 교양

그러나 천리마시대에 교육교양에서 가장 많이 활용된 것은 각종 김일성 일대기보다 항일빨치산들의 회상기였던 것으로 보인다. 항일빨치산의 혁명정신, 혁명전통교양과 관련하여서는 회상기가 압도적으로 많이 활용된 교재였다. 모든 계층, 모든 연령층에게 회상기가 잘 활용되었을 것이다. 물론 고급중학교나 고등기술학교학생들에게는 김일성의 항일무장투쟁시기가 와 닿았을 것이다. 적어도 고급중학교나 고등기술학교 학생들은 회상기를 읽고 토론할 수 있는 수준은 되었을 것이고 교사가 적절히 각색된 회상기의 이야기들은 저학년 학생에게도 활용할 수 있었을 것이다.

첫째, 회상기를 일정한 집단이 함께 토론하고 공유하는 감상모임이 있었다. 회상기를 개인적으로 숙독하고 학습하는 것도 있었지만 집단적으로 함께 읽고 감상을 공개하고 교환하게 되면 그 학습효과는 배가 될 것이고 회상기의 내용은 일반적이고 객관적인 의미를 부여받을 수 있었다.[3)]

---

2) 사람들은 허구를 역사적 사실보다도 오히려 더 진실에 가깝다고 생각하는 경향이 있다. 이상섭, 「사실에 대한 불만과 문학」, 이상섭, 『역사에 대한 불만과 문학』(서울: 문학동네, 2002), 43~54쪽 참조; 이러한 가운데 북한의 학생들은 “김일성동지의 혁명활동략력사”를 통달하기 위한 운동을 벌여 나갔다. 강근조, 『조선교육사 4』(서울: 교육과학사, 『북한교육사(조선교육사영인본)』, 2000), 531쪽.

3) “회상기감상모임은 혁명전통교양에서 가장 힘있고 널리 보급된 교양방법의 하나이다. 회상기감상모임은《항일빨찌산참가자들의 회상기》중에서 어느 한제목 혹은 몇

감상모임은 감상만이 아니라 자신의 당면과업과 관련하여 토론하고 결의하는 시간이었다. 학생들이 회상기의 내용과 자신의 삶과 결부시켜 대중 앞에서 구체적으로 결의를 공개하는 자리였기 때문에 감상모임은 감상뿐만 아니라 결의마저 공유하는 시간이었다. 따라서 감상모임은 자기 혼자서 책을 읽고 마음속으로 결심하는 것과는 비교가 되지 않을 정도로 학생들의 생활에 대해 더 강한 규정력을 발휘하였던 것으로 보인다. 구성원들이 자신이 결의한 바를 기억하고 있을 타자를 서로 의식하게 된 것도 규정력 강화의 한 요인이었던 것으로 보인다.[4)]

이런 감상모임이나 토론에서는 선전원의 역할이 매우 중요했다. 학교에서는 모든 교사가 선전원이었다고 볼 수 있을 것이다. 회상기 읽기 모임에서의 감상과 결의가 개인들마다 다소 자유롭게 수용하는 것이라면 교원이나 선전원은 회상기를 분석하고 그 회상기가 독자에게 요구하는 것을 일방적으로 규정하고 주입시킴으로써 독자들에게 동일한 것을 각인시켰다. 이것은 회상기를 다양하게 해석할 수 있는 여지를 줄이고 많은 독자들이 동일한 것을 느끼도록 강요하는 방법이라고 할 수 있다. 선전원이 토론의 방향을 잡아주기 때문에 토론이란 결의를 할 것인가 말 것인가에 대한 토론이 아니었다. 결의는 이미 주어진 것이었고 토론이 되어야 하는 것은 단지 얼마나 많이 할 것인가, 얼마나 적게 할 것인가, 어떻게 하는 것이 효율적인 가를 결정하는 것에 지나지 않았다.[5)]

개 제목을 지정해가지고 모두가 사전에 읽고 집체적으로 모여서 각자가 자기 감상을 이야기하는 방법이다." 조선인련합회 중앙상임위원회 선전부, 『혁명전통교양지도를 위한 참고자료』(도쿄: 조선인련합회 중앙상임위원회 선전부, 1966), 13쪽.

4) "감상모임에서는 참가한 사람들이 다만 읽고난 자기의 감상만을 이야기하는 것으로 그치는 편향들을 극복하고 자기에게 맡겨진 혁명과업수행과 밀접히 결부시켜 실현방도를 찾아내며 항일투사들의 혁명정신을 본받아 그들처럼 일하며 생활하겠다는 굳은 결의가 스스로 우러나오도록 하는 것이 중요하다." 조선인련합회 중앙상임위원회 선전부 『혁명전통교양지도를 위한 참고자료』, 1966, 14쪽.

5) "감상회에서는 선전원들 자신이 미리 잘 준비하였다가 그 작품의 주제와 중심사상

회상기는 다른 직관물을 덧붙여서 읽혀졌으며 회상기는 지금 여기서 부딪치고 있는 문제 상황을 풀어가는 데 활용하기도 했다. 회상기를 순서대로 읽고 감상하고 결의하는 경우도 있었지만 문제상황에서 그 해결 방법을 찾기 위해 회상기를 읽은 경우도 많았다. 회상기의 내용을 더욱 자세히 분석하고 문제상황과 결부하여 해석함으로써 문제를 해결할 수 있는 교훈을 회상기에서 찾았다. 북한 주민들은 회상기에 내포된 가치관이나 당시의 문제상황을 통해서 현재의 문제상황을 규정하고 지향해야야 할 가치를 발견해 냈던 것이다. 회상기가 활용되는 과정은 문제 상황의 봉착→문제상황을 회상기상황과 동일시함으로 인해 회상기를 통한 문제 해결 모색 찾기 위한 동기부여→회상기에 대한 감상(학습과 분석)→회상기를 통해 문제상황에 대한 해법 발견→회상기에 따라 토론과 결의→결의에 따른 실천→회상기를 통한 평가의 순으로 전개되었다고 할 수 있다. 대개 이런 순서로 회상기의 내용과 회상기에 내포된 문제의 인식, 실천, 평가가 사람들에게 반복적으로 각인되었고 이에 따라 회상기의 내용이나 문구들은 북한 주민들의 생활의 지침이 되었던 것으로 보인다. 그런데 회상기에 대해 토론과 결의를 하고 실생활과 결부짓는다고 해서 그것이 다음 사례에서 보듯이 교육교양의 효과를 보장하는 것은 아니다.

> 이 학교 인민반 4학년에서《혁명 투사들처럼 동무를 사랑합시다》라는 제목으로 이야기 모임을 가졌다. 교원은《고난의 행군》에 관한 그림을 리용하면서 감명 깊게 이야기했고 흥분된 학생들이 저마다 토론했다. 이 때 싸움 잘 하기로 유명한 운섭 학생도《혁명 투사들처

은 무엇이며 주인공의 형상을 통하여 무엇을 배웠으며 그것을 자기의 실생활에 어떻게 구현할것인가를 이야기하는 것이 좋다." 조선인연합회 중앙상임위원회 선전부,『혁명전통교양지도를 위한 참고자료』, 1966, 22쪽.

> 럼 동무를 사랑하며 싸움도 안 하고 동무들과 의좋게 지내겠다고 결의했다. 그러나 모임이 끝나자 그는 한 학생의 팔을 붙잡고 왜 내가 말 할 때 웃었니? 》하면서 싸우기 시작했다. 이는 혁명학습이 말'공부로 그치고 실생활과 결합되지 못 한 결과다.[6)]

이와 같은 결함을 '약수 중학교'에서는 두 가지 방법으로 해결하고 있다. 하나의 방법은 앞으로 어떻게 하겠다는 것을 결의하는 모임이 아니라 이미 얻은 성과를 가지고 토론하는 모임이 되도록 하는 방법이었다. 그러기 위하여 모임을 준비하는 과정에서 교원들은 학생들로 하여금 선배들의 모범에 비추어 볼 때 자기의 부족한 점이 무엇인가를 똑똑하게 느끼게 할 뿐만 아니라 자기 결함을 직접 퇴치하고 시정하는 데서 성과가 있도록 지도하고 그것을 가지고 토론에 참가하게 하였다. 또 하나의 방법은 모임이 끝난 후 조직 사업을 철저히 따라 세우도록 하는 방법이었다.

> 즉 모임에서 결의한 내용을 그가 어김 없이 실천할 수 있도록 교원들과 열성자들이 방조를 주는 문제다. 례를 들어서 인민반 4 학년 《총가목에 대한 이야기》를 가지고 그림극 모임이 진행되였다. 그림극을 보고 감동된 학생들은 원수님이 지어 주신 자기 학교를 깨끗이 거두고 책상과 걸'상을 마스지 않고 소중히 사용하며 마사지면 곧 수리하겠다고 결의하였다. 모임이 끝 난 후 교원은 그들이 자기의 결의를 실천할 수 있도록 개별적 학생에게 신'장을 수리하는 일, 창고 고리를 수리하는 일, 벌통을 수리하며 토끼우리를 수리하는 일 등을 분공 주기도 하고 부탁하기도 하였다. 그리고 학생들이 그것을 수행한 후에는 벽보를 통하여 혹은 구두로 찬양하여 주었다.[7)]

---

6) 교육도서출판사, 『약수 중학교 교육 경험』(평양: 교육도서출판사, 1964), 53쪽.
7) 교육도서출판사, 『약수 중학교 교육 경험』(평양: 교육도서출판사, 1964), 53~54쪽.

이와 같은 방법으로 회상기는 북한 사회주의사회 집단주의, 천리마작업반운동을 실현하는 과정에서 생기는 문제점을 해결하는 데 자주 활용된 일종의 실천적 지혜서였다고 할 수 있다. 난관이나 갈등이 있을 때 이것을 해결하는 방법을 책에서 찾는 것과 오묘한 지혜를 찾는 것과는 다르다. 현실 극복의 관점에 서 있기 때문에 답은 주어져 있는 것이고, 과거에도 이와 유사한 일이 있을 때 책에서는 이런 식으로 극복했으니 유사하게 적용하면 된다는 식이였던 것이다. 그래서 회상기는 북한주민들이 어떤 문제에 봉착했을 때, 또는 어떤 과제가 주어졌을 늘 펼쳐보고 자신의 각오나 타인에 대한 설득을 위해 활용하는 만병통치약이었다고 할 수 있겠다. 항일빨치산 출신의 일군들이 앞장서서 선동선전함으로써 회상기의 내용을 북한 주민들이 더욱 생생하게 느끼게 해 주게 되었기 때문에 이런 분위기가 자리잡게 되었던 것으로 보인다.

이렇게 해서 회상기의 주인공들은 죽은 후에는 혁명열사가 되고 혁명열사릉에 안장되어 북한사회의 영원한 모델이 되었다고 할 수 있겠다. 그들의 행위는 천리마시대에 북한 주민들에게 수시로 반복적으로 각인됨으로 북한 주민들에게 본받아야 할 전형으로 익숙하게 되었기 때문에 천리마시대에 그들은 이미 북한사회의 영원한 모델이 되었다고 할 수 있겠다. 김일성이 영원한 모델이 되었듯이 항일빨치산도 영원한 모델이 되었던 것이다.

회상기의 모델과 일화들이 북한주민들의 모델로서 내면화된 또 하나의 이유는 회상기의 일화들을 그 일화들의 배경이 되는 시대적 상황과 연계를 지어 학습을 하였기 때문이다. 이로써 회상기는 회상하는 주체인 필자나 화자의 허구가 아니라 역사적 사실에 입각한 구체적 사실로서 사람들에게 각인되었다. 북한주민들은 혁명전통이 허구가 아니듯이 회상기의 일화도 허구가 아니라고 생각했다.[8)]

또한 혁명전통을 흉내 내는 북한 주민들의 모습이 현실이듯 빨치산의 일화도 사실이어야 했다.

> 약수 중학교에서는 전교생이 한 가지 이상의 악기를 다루게 하는 사업을 항일 빨찌산의 혁명 정신을 계승하는 사업과 결합시키면서 제기되는 난관과 애로를 극복하였다.
>
> 날씨가 추워지면서 일부 학생들 속에서는 련습에 열성을 적게 들이는 경향이 나타났다. 가야금 조에서는《공청원 리 순희 동무》에 대한 회상기 모임을 음악실에서 가졌다. 모임에서는 아동단원들이 어떻게 학습하였으며 원수님 앞에서 단심'줄을 공연하기 위하여 어떻게 준비했는가에 대하여 이야기되였고 1930년대의 어려운 환경에서 아동단원들이 노래와 춤으로써 어떻게 생활을 즐겼는가에 대하여 또 그들이 가창대, 유희대를 조직하여 유격대원들과 인민들을 어떻게 위안하였는가에 대하여 토론하였고 이러한 혁명 전통을 계승한 우리가 조그마한 난관 앞에서 주저 앉을 수 없다고 토론되였다.[9]

즉 회상기에서 어떤 지혜와 극복에 대한 해법만을 찾아내고 결의만을 얻는 것이 아니라 그런 해법과 결의 뒤에 숨어 있는 사상적 요소를 끄집어내고 분명히 함으로써 학생들로 하여금 주체확립과 혁명적 군중노선에 따르는 공산주의사상, 혁명전통교양을 가지게 하는 데까지 교육교양해야 한다는 것이다. 회상기는 실천적 지혜서로 활용되는 것을 넘어 사상서로 활용되었다고 할 수 있다.

그러므로 회상기 학습은 이 당시 북한이 중시했던 혁명전통교양 그 자체이기도 했고 다른 혁명전통교양방법과도 연계되어 실시되었다. 회

---

8) "회상기학습은 단순히 선정된 제목만을 가지고 토론하는데 그칠것이 아니라 그 내용에 담긴 기본사상을 그때의 력사적환경과 밀접히 결부시켜 원리적으로 일군들의 세계관을 형성하는 방향에서 폭넓고 심도있게 진행하여야 한다." 조선인 련합회 중앙상임위원회 선전부, 『혁명전통교양지도를 위한 참고자료』, 17쏙.

9) 교육도서출판사, 『약수 중학교 교육 경험』, 134쪽.

상기는 당면 혁명과업을 실시하기 위해 대중들이 갖춰야 할 자세를 교양하는 선전선동 자료로도 되었지만 회상기학습은 북한의 주체 확립을 위한 혁명전통교양의 가장 적합한 교육방법이었다. 결국 회상기학습은 혁명전통교양과 공산주의교양을 동시에 만족시켜주는 가장 적합한 교육방법이었던 것이다. 회상기는 혁명전통을 주제로 한 영화, 연극과 적절히 함께 활용되었기 때문에 회상기는 혁명전통교양을 강화시켜줬고, 다양한 방법으로 혁명전통교양을 강화하는 것은 곧 회상기의 사실성과 형상을 대중들에게 각인시켜 주는 효과를 낳았다. 회상기에 대한 집체적인 독서감상회뿐만 아니라 자체학습 등 다양한 방법으로 권장되고 집행되었다. 특히 가장 열성적인 근로자들은 회상기 학습만을 위한 독자적인 학습장을 만들기도 하였다.

아동들도 아동들의 나이에 맞는 항일빨치산의 모델을 찾아냈다. 이름없이 사라졌던 많은 아동단원들이 이야기 속에서 살아났다. 항일빨치산와 함께 활동했다고 전해지는 아동단원과 아동들은 천리마시대의 소년단과 소년단원으로 계승되었다. 사회주의 건설기의 소년단원의 규율과 의무는 항일시기의 아동단의 규율과 아동단원의 의무를 계승함으로써 그 정당성이 부여되었다.[10]

3. 천리마기수들의 일화를 통한 교양

천리마작업반, 천리마작업반의 기수, 당원과 간부들에게 요구된 인간상은 그대로 전체 인민과 청소년들에게도 요구되는 공산주의적 인간상

10) 학생소년출판사, 『김일성원수님의 품속에서 자라난 아동단』(평양: 학생소년출판사, 1969), 5~97쪽.

과 다를 바 없었다. 천리마기수들의 모범이 전파되고 교양되는 과정에서 북한당국이 원하는 대로 각색되고 내용도 선택, 집중될 수밖에 없었다고 할 것이다. 교양의 효과를 극대화하기 위해서는 모범들은 실제보다 더욱 그럴 듯하게 형상화, 서사화 되어야 했다. 천리마기수들의 형상화, 서사화 방법은 기본적으로 항일빨치산들의 회상기를 모방했다.

> 천리마작업반에서는 관료주의도 형식주의도 허용되지 않으며 오직 설복과 교양의 방법으로 사람들을 개조하고 동지적우애와 공산주의적호상방조로써 모든 일을 훌륭히 하고 있습니다. 이 운동의 선구자들은 다만 생산혁신자들일뿐만 아니라 재능있는 관리일군들이며 능숙한 조직자들이며 훌륭한 교양자들입니다.
> 이와 같이 천리마기수들은 항일빨찌산의 혁명전통을 훌륭히 이어받았으며 당의 정책을 자기의 살과 피로 만들고 그것을 끝까지 관철하는 공산주의자의 모범을 보여주고 있습니다.[11)]

천리마기수들의 일화는 항일빨치산들의 회상기처럼 실화문학의 형태를 띠기도 했지만 내용에는 천리마기수들의 실천과정과 프로그램 등을 포함하고 있었다. 이런 일화들을 통해서 천리마기수들의 집단주의적 삶의 모습이 구체적으로 드러나고 사상적으로도 공산주의에 투철함이 집중적으로 부각되었다. 회상기가 주로 그 정신과 사상의 핵심을 극적으로 보여준다면, 천리마기수들의 일화들은 천리마작업반운동을 대중적으로 벌여나가던 북한 인민들이 지금 당장 배우고 따를 수 있는 프로그램을 내장하고 있었다. 따라서 어떤 천리마기수들의 일화 한편의 분량은 항일빨치산들의 회상기 한편의 분량보다 많았다.

천리마작업반 구성원들 사이의 공산주의적 인간관계는 혁명적 동지

11) 김일성, '천리마기수들은 우리 시대의 영웅이며 당의 붉은 전사다(1960. 8. 22),' 259쪽.

애로 지칭되었고 항일유격대원들 사이의 동지애와 비교되고 비유되었다. 즉 북한 내에서 이루어지는 인간관계는 모두 항일유격대원들 간의 동지애와 유비를 통해서만 그 가치를 인정받을 수 있었다. 자연스럽게 형성되는 친구나 인도주의적 우정의 가치는 혁명적 동지애보다 가치가 격하되었다. 1965년 '성장의 길에서'라는 영화는 혁명적 동지애와 인도주의적 우정의 차이를 다룬다. 이 영화는 남한의 혁명가들을 다루기 때문에 지도자 김일성과 남한혁명가들의 육친적 관계, 충성관계가 등장하지는 않는다. 지도자에 대한 충성과 의리의 존재유무는 북의 혁명가와 남의 혁명가의 차이점을 드러내는 것이다. 항일빨치산의 회상기에서 북한 주민들에게 가장 감동을 준 장면은 지도자와 인민, 장군과 유격대원들 사이의 충성과 의리라고 할 수 있다.

따라서 천리마기수의 일화는 선전적 효과는 있을지 모르지만 회상기만큼 감동적이지는 않았다. 왜냐하면 천리마기수들과 김일성과의 관계는 대부분이 그토록 육친적 충성과 의리일 수가 없기 때문이다. 천리마기수의 일화는 매우 모범적임에도 회상기가 가지고 있는 감동적인 요소를 결여하고 있다고 봐야 한다. 생사를 넘어 들면서 보여주고 있는 수령에 대한 충실성, 혁명적 동지애, 조국애의 모습이 회상기만큼 강하게 표현될 수는 없기 때문이다.[12)]

결과적으로 천리마기수를 모범으로 내세워 교양하는 것과 회상기를 통한 혁명전통교양은 교육적 목표에 있어 같은 점도 있지만 근본적으로 다르다고 할 수 있다. 그러나 천리마기수들은 항일빨치산들을 모델로 복제된 것이고, 항일무장투쟁의 경험이 천리마기수들의 모델이 됨으로써 천리마기수가 북한사회의 여러 분야의 구심점이 되면 될 수록 김일

12) 수령에 대한 충실성, 동지애, 조국애가 하나라고 정식화 되는 것은 천리마운동 제2시기 이후로 보인다.

성계파가 모든 분야에서 자연스럽게 헤게모니를 장악하게 되었다고 할 할 수 있을 것 같다. 청산리방법이든 천리마작업반운동이든 사회주의혁명운동의 본질에 맞을 뿐만 아니라 항일무장투쟁의 혁명전통을 계승한 것으로 정당화되었다. 각 분야로 천리마작업반운동이 확산됨에 따라 모든 분야에서 천리마기수들이 등장하였고 그 모든 천리마기수들은 항일빨치산의 복제, 화신으로 비유되었기 때문에 각계각층의 천리마기수들은 그들이 원하건 원하지 않건 김일성계파의 헤게모니가 모든 분야로 확대되는 모습을 실체적으로 보여주는 상징적 역할을 한 것으로 볼 수 있다. 그들은 사회주의 건설시기의 새로운 영웅이었다고 할 수 있다. 천리마기수들이 사람들에게 모델이 되고 인구에 회자될수록 그 원형인 항일빨치산들의 일화도 거론되고 회자될 수밖에 없었다.

천리마기수들의 일화, 전쟁영웅들의 일화는 항일빨치산들의 일화의 재생이요 부활이며 현현이었다. 항일빨치산의 일화는 항일빨치산들이 곳곳을 누비면서 항일빨치산의 경험을 강연 등의 형태로 북한 주민들에게 이야기해 줬기 때문에 생생하게 재생되었다고 할 수도 있지만, 천리마기수가 자신의 성공담에 대해 설명할 때 항일빨치산들의 일화를 인용하였기 때문에 천리마기수들은 항일빨치산 일화를 재생시키고 부활시키며 현재화하는 데 있어 결정적 역할을 했다고 볼 수 있다.

4. 형상분석

천리마시대의 북한이 서사교육을 중시하고 생생한 이야기와 담화를 중시하니까 분석적인 방법을 소홀히 했을 것 같은데 그렇지 않다. 오히려 문학이나 예술수업에서는 문학작품이나 예술작품에 등장하는 천리마기수, 항일빨치산들에 대한 일화와 그 표현을 분석하고 평가하는 수업이 진행되었다. 이것을 북한에서는 '형상분석'이라 했다.

> '형상분석'이란 "인물의 외모, 경력, 견해와 신념뿐만 아니라 작가가 인물의 성격을 어떻게 밝혔는가, 작품의 어느 장면과 부분이 성격 묘사에서 가장 중요한가, 그 부분의 사상 예술적 역할은 무엇인가, 그 성격이 어떤 환경에서 묘사되었으며 성격발전을 위하여 이 환경들은 어떤 의의를 가지는가, 형상의 예술적 표현이 잘되었는가 등을 분석하는 것을 의미한다.[13]

왜 이런 '형상분석' 방법이 필요했을까? 그것은 일단 인물과 예술에 대한 과학적 분석을 할 수 있는 비평적 능력을 키우기 위한 것이었다고 볼 수 있을 것이다. 또한, 그것이 예술작품을 감상하고, 감동을 공유하고 나아가 결의를 하는 것보다 북한 주민들을 문학예술에 대한 능동적 주체로 만들 수 있는 길이라고 생각됐기 때문일 것이다. 그러나 그보다 형상분석이 지닌 더 중요한 역할이 있을 것이다. 형상분석은 예술작품에 나타난 인물의 성격을 분석함으로써 현실생활에서 만나는 인물들의 성격을 파악하거나, 인물들의 성격을 사상과 연결시켜 생각할 수 있는 추론능력을 키워줄 수 있다. 이것은 사람들의 성격과 심리를 파악할 수 있는 심리학을 대신하는 적절한 수단이 된다. 그리고 이러한 형상분석을 통해서 자신의 성격, 심리, 감정을 점검할 수 있는 힘을 키울 수도 있다. 사상, 심리, 감정이 구체화되고 형상화되어 나타난 예술작품의 인물들의 성격들을 분석해서 탐구한다는 것은 북한 주민 자신들의 내밀한 사적 생활을 분석하는 것과 같은 일이 된다. 이런 식으로 해서 형상분석

---

13) 최원종, 「고등 기술학교 공산주의 교양 과목 교수에서 제기되는 몇 가지 문제」, 『기술교육』, 1961년 제3호, 12쪽. 조정아, 「학교 규율과 '사회주의적 노동자' 만들기」, 이향규 · 조정아 · 김지수 · 김기석 공저, 『북한교육 60년: 형성과 발전, 전망』(파주: 교육과학사, 2010), 186~187쪽. 주 31 재인용.

은 성격교양에는 직접적으로 쓰일 수 있었고 자체수양에도 간접적으로 도움이 될 수 있었다. 형상에 대한 이러한 세밀한 분석은 북한의 예술작품을 일정하게 규정하였고 예술작품들은 북한 주민들의 성격을 일정한 형상으로 만들어 갔다. 따라서 북한 주민들을 비슷한 성격의 소유자로 만드는 데 예술작품의 영향과 형상분석이라는 교육교양방법이 차지하는 중요성은 무시되어서는 안 될 것이다.

그런데 형상분석이 교육적 효과를 내려면 형상을 분석하기 전에 우선 독자나 시청자가 주인공의 형상을 깊이 있게 받아들여야 한다. 이는 주인공의 심리가 잘 묘사되어야만 가능한 일이다. 이를 위해 북한영화에서는 플래시백 기법을 많이 사용하였는데 그 효시는 천리마기수를 주인공으로 한 『정방공』이었다고 한다.

> 특별히 북한 영화에 많이 쓰이는 기법인 과거회상 기법 즉 플래시백(flashback)이 『조선중앙년감』이 전하는 대로 이 영화에서 처음으로 의미있게 제대로 쓰이기 시작했다면, 북한 영화사의 중요한 기술적 고리가 하나 해결된다. 북한영화에 많이 이용되는 플래시백 기법은 1950년대 후반 시작된 '빨치산 회상기' 학습운동이라는 사회적 현상과 말에서 말로 전해지는 노동영웅, 빨치산영웅들의 이야기를 가장 잘 전달할 수 있는 영화적 형상화기법으로서 선택된 것이다. 그리고 이러한 이야기 방식이 성공적임이 확인되자 이후에도 북한영화 속에서 확대 재생산되었다고 할 수 있다.[14)]

그러나 이러한 북한의 문학과 서사에 대해 정치가 도덕적 담론에 의해 포박된 상황이라느니, 윤리적 대화가 없다느니, 대화를 봉쇄하는 심미화만 남았다니 등의 비판이 가능할 것이다. 서술자와 주인공 그리고

---

14) 이명자, 『북한영화사』(서울: 커뮤니케이션북스, 2008), 63쪽.

독자가 하나의 도덕적 담론에 의해 같이 묶여 있는 상황에서는 문학작품을 통해서 허심탄회한 대화와 만남은 불가능하기 때문이다. 천리마시대의 북한 문학에 대해서 다양한 등장인물들의 다양한 목소리와 대화를 담아내는 다성주의형식의 문학이 아니라 단성주의의 형식으로서 성도전이나 신화, 서사시 같은 이야기들은 권위적 도덕 담론으로 억압－동원을 일상화하는 미학적 장치였다는 비판도 가능할 것이다.[15]

5. 서사교육과 서사공동체

회상기에 실린 짧은 일화들이 보여주는 모델은 풍부한 내용이 결여된 단편적인 모델이라고 할 수 있다. 그러나 이런 단편적인 일화를 하나로 이어주기도 하고 유기적으로 연관을 맺게 하는 것은 그 이야기들의 중심에 김일성이 있기 때문이다. 회상기의 모델들과 일화들을 모으면 김일성의 구체적인 생애사를 풍부하게 구성할 수 있었다. 회상기와 무관하게도 김일성의 어린 시절부터 항일무장투쟁시기까지 중요한 에피소드들은 모두 북한주민들의 사상교양, 덕성교양에 활용되었다. 북한주민들은 자연스럽게 김일성의 생애사를 민족의 현대사를 결부지어 생각하게 되었다. 김일성의 생애사가 곧 민족의 현대사가 되었고 김일성가계의 역사가 곧 우리나라의 근현대사가 되었다. 결국 북한주민들은 김일성의 생애사를 통해서 역사공동체로 구성되었을 뿐만 아니라 서사공동체를 이루게 되었다고 볼 수 있다.

이러한 서사공동체성은 주체확립, 군중노선에 따른 통일단결과 결합

---

15) 신형기, 『민족이야기를 넘어서』(서울: 삼인, 2003), 193~194쪽. 그리고 문학의 심미화, 도덕화라는 것은 북한주민들이 자동화되는 것을 설명할 수 있는 하나의 방법이라고도 볼 수 있다.

하여 북한 주민의 자아정체성의 일부를 이루게 되었다. 북한주민들은 이러한 서사를 다양한 방법으로 접하기도 했고, 내면화하기 위해 강제되기도 했지만 열성적인 주민들은 스스로 김일성의 서사, 회상기의 서사를 통해서 자기수양을 하고 자기 성찰, 덕성교양의 거울로 삼았다.

김일성의 서사는 사회주의, 집단주의와 불가분의 관계에 있기 때문에 김일성 서사가 북한주민들에게 지속적으로 교양되고 학습되고 그것이 북한 주민의 집단서사요 개인의 서사가 된 것이다. 북한 사회주의 공산주의 심성, 집단주의 심성은 기본적으로 김일성의 서사, 혁명전통과 불가분의 관계에 있으며 김일성의 주체사상과 김일성의 서사, 민족의 집단서사도 불가분의 관계에 있다. 결국 북한의 집단적 서사는 북한 주민들의 집단 정체성을 형성했다. 그러나 어떤 일화가 모범으로 제시되고 기회가 있을 때마다 반복되고 인용된다고 해서 서사가 내면화되는 것 즉 서사적 정체성이 생기는 것은 아니다. 그런 서사가 사람들의 일상생활 속에서 확인이 되어야 한다. 개인의 삶의 이야기 속에서 공동체의 이야기가 반영되어야 한다.[16)]

무엇보다도 중요한 것은 천리마작업반 자체가 항일유격대의 후신처럼 묘사되었다는 사실에 있다. 항일유격대를 집단적으로 복제한 천리마작업반은 북한 주민들 중에서 누구보다도 항일유격대와 유사한 집단심리를 가지게 되고 정체성을 가지게 되었다고 할 수 있다. 천리마작업반의 집단적 정체성은 항일유격대원과 유사한 것이었다. 모든 천리마작업반은 북한 사회주의국가라는 대부대에 소속된 하나의 중대였다고 할 수 있다. 이러한 유비는 천리마기수들이나 선전선동원에 의해 교양되었는데 만약 천리마작업반과 천리마작업반 구성원들과의 관계와 항일유격

---

16) 알래스데어 매킨타이어, 『덕의 상실』(서울: 문예출판사, 1997); 송희자, 『교류분석개론』(서울: 시그마프레스, 2010); 우한용 외, 『서사교육론』(서울: 동아시아, 2001).

대와 항일유격대의 관계가 구조적 유사성과 의미적인 유사성이 없었다면 회상기의 서사는 천리마작업반의 집단 정체성의 일부가 되기는 어려웠을 것이다.

그러나 북한에서는 천리마작업반운동의 구조나 활동이 회상기라는 서사 속에서 묘사된 항일유격대의 구조나 활동과 유사하다고 인식되었기 때문에 천리마작업반운동에 참여한 사람들에게 항일유격대의 서사, 회상기의 서사는 국가수준의 공동체 서사였을 뿐만 아니라 북한의 노동자, 근로자, 학생들이 소속되어야만 했던 각 소집단의 집단정체성을 형성하는 데 결정적 역할을 했다고 봐야 한다. 또한 천리마기수들의 삶을 대중들에게 교양 선전할 때 항일빨치산의 회상기의 서사가 가진 형식과 내용을 흉내 내고 항일빨치산의 서사를 비유해서 설명하거나 인용하였기 때문에 항일빨치산의 회상기는 다시 복제되고 더욱 풍부해졌다. 천리마작업반운동을 통해서 항일유격대의 서사는 단순히 과거의 사라진 이야기가 아니라 현실의 이야기가 되었고, 살아 있는 사람들 자신의 지금 여기의 이야기처럼 느끼게 되었다. 그리하여 회상기는 과거의 항일빨치산들의 회상이 아니라 바로 지금의 우리들의 이야기처럼 되었다.

분명히 회상기 속의 시대상황과 공산주의 건설기의 시대상황이 다름에도 불구하고 사람들은 항일빨치산의 회상기 속의 다양한 인물들이 그대로 현실에 되살아 난 것으로 생각할 수 있었다. 그리고 이러한 집단정체성의 중심에는 김일성의 덕성과 위대성에 대한 신화가 들어있었다. 북한주민들의 집단정체성은 결국 김일성을 중심 놓은 집단정체성으로 구성되었다고 할 수 있다. 그것은 혁명전통이라는 혁명역사교육을 통하여 보강되었고 그에 따라 김일성을 중심으로 하는 집단정체성은 더욱 강화되었다. 공동체의 서사는 그 외에도 다양한 경로와 방법을 통해서 보강되고 강화되었다. 공동체의 이러한 서사적, 집단적 정체성을 세우는 데 있어 북한의 다양한 교육교양방법은 매우 유효했던 것으로 보인다.

제2절 설복과 교양

위에서 설명했듯이 북한에서 회상기나 혁명전통이라는 서사를 주민들에게 공유시키기 위해서는 공산주의 건설과정에서 요구되는 것을 위한 실천과 항일유격대와의 유비, 항일유격대와 천리마작업반의 유비를 통해서 북한 주민들에게 지금, 여기라는 현존의 형태로 생동감 있게, 실감 있게 접근한 것도 중요했지만, 서사를 기계적으로 형식적으로 반복 전달하거나 주입식으로 외우게 하는 방법에서 탈피하고자 한 교수방법도 매우 효과적이었던 것으로 보인다.[17]

청산리방법과 청산리정신 그리고 천리마작업반운동이 확산되면서 교육교양방법을 발전시켜야 할 책임을 진 분야는 교육계였다고 할 수 있다. 그래서 다른 산업분야와는 달리 북한 교육계에서는 내용보다는 교육교양방법을 두고 치열한 논쟁을 하기도 했다.

방법과 관련하여 보면 교육방법으로서의 교조주의라고 할 수 있는 주입식 암기 교육과 반대되는 교육방법으로서 김일성이 반복적으로 제시한 것은 설복과 교양이라고 할 수 있다. 이것은 학교교육에서만 요구된 것은

---

17) “방법적 측면에서 우선 강조할 것은 일정한 지식이나 사상을《통채》로 학생들에게 주입하는 현상인바 이는 여러 가지 의미에서 교조주의를 낳는 원인으로 된다.”『인민교육』, 1960년 12월호, 29쪽. 그러나 우리가 주입식교육을 어떻게 규정하느냐에 따라 북한의 암송식 교육방법도 주입식 교육이라고 볼 수 있다. 그렇다면 북한은 주입식 교육을 탈피한 것이 아니라 새로운 주입식 교육을 시도한 것이라고 평가할 수 있겠다. 그리고 천리마시대에 일어난 ‘만페지읽기운동’도 김일성의 노작만을 강제했기 때문에 주입식 교육이라고 할 수 있다. 이렇게 ‘만페지읽기운동’을 김일성의 노작으로 집중시키는 작업을 주도한 사람은 김정일이라고 한다. 강근조, 『조선교육사 4』, 631~634쪽.

아니었다. 당 사업은 정치사업이며, 정치사업은 사람사업이고 사람사업은 설복과 교양으로 해야 한다는 것이다. 또한 사람과의 사업은 우선적으로 정치사업이고 정치사업은 설복과 교양으로 해야 한다는 것이다. 인간개조는 설복과 교양을 통해서 해야 한다는 것이다. 설복이 교양이고 교양이 설복인 것이다. 교양으로 설복하는 것이고 설복함으로써 교양하는 것이다. 설복과 교양은 대중들을 자각적으로 혁명에 동원되도록 하는 것이다. 원래 설복과 교양은 강제와 관료적 명령, 형식주의, 교조주의에 대한 반명제로 쓰인 것이라고 할 수 있다. 그러나 교육교양방법에서의 관료주의, 형식주의, 교조주의는 교육이라는 영역에 따라 좀 더 구체적으로 열거될 수 있고, 좀 더 광범위한 대상을 지칭하게 된다. 일단 이 시기 김일성은 기존의 교육교양방법에 대해서 형식주의적이며 관료주의적인 것이며 주입식교육이라고 규정하였다. 교육교양자가 대중이 알아듣기 힘든 용어로 연설이나 연단에서 땅땅거리는 식으로 교양하는 것은 대중을 윽박지르고 비난을 위주로 하여 협박하고 어떤 구체적인 예비적인 조치나 후속조치도 별로 없이 대중에게 책임을 전가시키는 방법이라고 할 수 있다. 따라서 김일성은 이 때 공산주의교육교양의 내용과 방법 모두를 바꿀 것을 요구했다고 볼 수 있다. 김일성의 교시에 따르면 공산주의교육교양의 방법으로서의 설복과 교양은 다음과 같이 진행되어야 했다.

첫째, 긍정적 감화가 되어야 한다. 긍정적 감화란 어떤 긍정적인 모델이나 사례를 통해서 교양하는 것이다. 비판을 하더라도 피교육자의 문제점을 직접 비판하는 것으로 그치는 것이 아니라 그보다는 긍정적인 것을 구체적인 사례로 제시함으로써 즉, 대비교양을 통해서 피교육자가 자연스럽게 감화되도록 해야 한다는 것이다.

둘째, 설복과 교양의 한 방법으로 제시된 것이 설명이다. 교수자는 잘 설명해 줘야 한다. 형상적으로 또는 논리적으로 잘 이야기해줘야 한다. 생동하고 풍부한 형상과 치밀하고 빈틈이 없는 논리를 갖춘 설명이 되어야만 설복과 교양이 될 수 있다.

셋째, 학생들과 교사가 주고받는 대화와 문답으로 이루어져야 한다. 교사가 일방적으로 전달만 하는 것으로는 부족하고 반드시 전달과정에서 학생들과 대화가 있어야 한다. 북한에서는 이것을 담화라고 했다.

넷째, 학생들이 발표하고 토론함으로써 교양을 내용을 학생들이 더욱 풍부하게 하고, 실천으로 이끌어가도록 유도해야 한다.

이런 교수방법도 학생들의 연령에 따라 그 중심을 달리 해야 했다.

1. 긍정적 감화와 대비교양

북한에서 교육교양의 궁극적 목표는 피교육자가 감화받아야 한다는 것이다. 그것은 오직 구체적인 모델, 그리고 좀 더 강렬한 일화를 제시함으로써 가능한 것이다. 북한이 긍정적 감화를 교수교양방법으로 유독 반복적으로 강조한 것은 항일빨치산, 김일성의 일화, 천리마기수들의 일화가 별 거부감 없이 교육계와 북한 사회에 전반적으로 뿌리 내릴 수 있는 논리적 근거, 교육학적 근거가 되었다.[18]

긍정적 모범을 통한 감화는 단편적인 사례를 통해서도 이루어졌다고 할 수 있지만, 사례가 포함하고 있는 서사를 통해서 이루어졌다. 사례가 감화를 주려면 단편적 사례 제시만으로는 부족했기에 경우에 따라서는 사례에 얽힌 서사를 통해서 이루어졌다. 김일성이 꼭 집어서 서사교육을 강조한 것은 아니지만 공산주의 교양방법으로서 긍정적 감화라는 교

18) "실천적인 모범, 생동한 경험과 사실로서 실감 있게 배워주는 이 방법은 일반적인 연설이나 호소와는 비할바 없는 커다란 지도적 및 교양적 실효를 나타낸다." 리새삼 편, 『청산리 정신, 청산리 방법 관철에서의 몇 가지 문제』(평양: 조선로동당출판사, 1964), 52쪽.

수방법론의 효율성을 극대화하는 과정에서 서사교육이 강화되었다고 할 수 있다.

그런데 북한 교육을 보면 긍정적 감화라는 것이 강한 부정적 비난과 짝을 이루고 있음을 알 수 있다. 북한에서는 이것을 대비교양이라고 했다. 그것은《공산주의도덕》과목이 긍정적 감화만큼 부정적 비난의 비중이 많았다는 것을 봐서 알 수 있다. 1963년 북한의 전역의 인민학교와 중학교에서《공산주의도덕》과목 교수가 진행되었다. 이 당시만 해도 북한의 계급포용정책을 기본으로는 하는 군중노선이나 민족주의와 확연하게 구별 되지 않는 사회주의애국주의 노선이 강했고, 부정적 교화에 대한 긍정교화로 대체해 가는 과정이었기 때문에 북한에서 전반적으로 대비교양도 약화되었고, 비사회주의적 관점이 교과서에 온존해 있었다. 1963년에 발행된《공산주의도덕》과목에는 김일성이 직접 감수했기 때문에 비사회주의적 요소는 없었겠지만, 대비교양(계급교양)은 부족했던 것으로 보인다.《공산주의도덕》과목에 적대세력에 대한 비난이 강화된 것은 김일성이 1968년에 대비교양을 강조했기 때문이었다.[19]

사회주의애국주의를 긍정적 감화의 기준으로 하였기 때문에 비사회주의적이고 비애국적인 것은 비난과 증오의 대상이 되었다. 대비교양은 학생들에게 비사회주의적이고 비애국적인 사람들을 감화하기보다는 비난하고 증오하는 마음을 심어줬기 때문에, 어떤 면에서는 긍정적 감화는 사실 부정적 비난과 증오심의 이면이었고 부정적 비난과 증오심은 긍정적 감화의 이면이었다. 혁명전통교양도 김일성을 부각시키다 보니까 상대적으로 김일성 이외의 노선들은 모두가 오류투성이의 형편없는 존재처럼 되었다. 특히 사회주의생활양식을 교양할 때는 사회주의생활양식에 어긋나는 자본주의, 자유주의생활양식에 젖어 사는 지주, 자본

19) 강근조, 『조선교육사 4』, 535쪽 참조.

가 등은 비난의 대상이 되었다. 그런데 이들은 북한이라는 새로운 신분 사회에서 몰락한 계층에 지나지 않았다. 성분이 좋지 않은 계급계층의 주민들과 그 가족들은 대비교양 때문에 커다란 고통을 겪어야 했고 북한 사회에서 고개를 들고 살 수 없었을 것이며 북한체제에 대한 원망만 깊어졌을 것이다.

그리고 지나치게 긍정적 감화만을 주장함에 따라 북한 주민들의 심리에는 반동형성이 이루어지고 있었다고 볼 수 있다. 긍정감화로 인해 억압된 감정은 한계에 봉착했을 때 비난과 부정으로 폭발할 수 있고, 서로 서로 비교하면서 열등감과 우월감을 조장할 수 있다. 자부심에 대한 지나친 강조는 그렇지 못한 사람들에 대한 멸시를 낳을 수가 있었다.

그러나 긍정감화를 관철하기 위해 김일성은 인격자체를 비웃고 약점을 잡아서 야유하는 폭로비판을 금지시켰다. 이런 방식의 비판은 마르크스-레닌주의자들 사이에서 매우 유행하던 투쟁 방식이었다. 김일성은 이것을 교조주의로 보고 금지시켰다고 한다. 김일성은 그 대신 이와 같은 폭로비판을 대비교양의 방법으로 남한이나 미국 등 자본주의와 북한의 적에 대한 적개심을 고취할 때만 사용하도록 한 것이다. 폭로비판은 펠레톤(feuilleton: 풍자소평)이라 하는데, 주로 신문기사에서 '풍자소품'이라고 했다. 김일성은 1954년 12월에 펠레톤의 문제점을 지적하였고, 신문에서 주체를 세우기 위한 투쟁을 진행하는 과정에서 1950년대 후반에 점차 없어지고 1961년을 전후한 시기부터 비판기사 대신 긍정적 모범으로 부정을 감화하는 교양기사 즉 긍정교양기사(당시에는 공산주의교양기사라고 함)가 새롭게 등장하고 나서 완전히 없어졌다.[20]

신문의 긍정교양기사와 대응하는 것으로서 학교나 노동현장에서의 대표적인 긍정적 감화방법이 영예 게시판이다.

---

20) 『조선대백과사전 23』(평양: 백과사전출판사, 2001), 479쪽 참조.

> "이 영예 게시판은 청소년들을 교양하는 데 있어서 긍정에 의거하여 부정을 극복하도록 하는 것이 중요하다고 가르치신 김 일성 원수님의 교시에 따라 만들어 진 것이였다."21)

인민학교에서 영예게시판은 소년단이 관리하였다. 영예게시판에 오르는 모범학생을 선정하는 기준과 교체시기 같은 것을 엄정하게 정해서 운영하였던 것으로 보인다.

> 소년단영예판에 올릴 대상은 대중이 소년단 사업과 생활에서 모범이라고 다같이 인정하고 소년단 속보나 벽보를 통하여 그 모범이 여러차례 소개되였으며 앞으로도 계속 모범적으로 활동할수 있다고 인정되는 소년단조직과 소년단원들이여야 한다. 일시적인 열성이나 지난 시기의 성과만 보아서는 안된다. 그리고 일시적이며 순간적으로 나타나는 모범은 어디까지나 소년단속보나 벽보의 소개평가 대상으로 밖에 될수 없다.(중략) 영예판은 반면 내지 1년에 한번씩 그 내용과 대상을 전면적으로 바꾸어야 하며 수시로 영예대상자들을 새로 선발하여 올려주도록 해야 한다. 특히 사진만 소개하는 영예판인 경우에는 분기를 단위로 하여 바꾸도록 하여야 한다. 영예판에 올렸던 대상이 교체되면 그 사진은 단영예등록장에 모범적인 내용을 소개하는 글과 함께 올려놓도록 하여야 한다.22)

천리마시대의 긍정감화의 중요성에 대해 더 잘 알려면 소련의 펠레톤과 계급투쟁의 주요수단이었던 중국의 대자보를 비교해 볼 필요가 있

21) 김일완, 『혁명의 씨앗을 키우며』(평양: 교원신문사, 1963), 187쪽.

22) 전광두 · 장세운, 『소년단건설 1: 사범대학 사로청지도학과용』(평양: 교육도서출판사, 1986), 255쪽. 노동자들의 경우는 대상 노동자의 사진을 영예게시판에 게시하고 이를 가족에게 보내서 가족들도 영예를 공유토록 하였다. 조정아, 「산업화 시기 북한의 노동교육」, 서울대학교 대학원 교육학박사학위논문, 2003, 189쪽.

다. 김일성의 긍정감화방법의 강조는 소련의 계급투쟁방법과 중국의 계급투쟁방법을 비교하면 그 특수성이 드러난다고 하겠다. 이러한 긍정감화교양방법은 천리마시대의 북한 문학예술의 방향과 인물의 성격까지 규정하였다. 김일성이 1960년 "천리마시대에 맞는 문학예술을 창조하자"에서 밝힌 바, '부정적 사실의 비판을 지양하고 긍정적 모범을 내세우는 것'이다. 이것은 1964년 1월 8일 김일성이 연극《아침노을》을 보고 연극예술인들과 한 담화인 "문학예술작품에서의 갈등 문제에 대하여"에서 좀더 구체화되었다. 김일성의 요구에 따라 북한의 예술가, 작가들은 '부정적 사실의 비판을 지양하고 긍정적 모범을 내세우기' 위해서, 창작의 기본 방향을 다음과 같이 설정하였다. 첫째, 긍정인물에게는 모든 긍정적인 측면을, 부정 인물에게는 모든 부정적인 측면을 집중시켜서는 안 된다. 둘째, 투쟁 대상을 부정인물로 설정할 것이 아니라 그가 가지고 있는 낡은 사상 잔재와 생활 습성을 설정해야 한다. 셋째, 핵심 군중들의 역할을 무시하고 주인공의 역할만 내세우거나 부정인물만 많이 등장시켜서는 안 된다. 넷째, 개별적 주인공을 영웅으로 그릴 것이 아니라 집단적 영웅주의로 그려야 한다.[23]

긍정감화방법의 강조로 인해 북한에서는 펠레톤에 가까운 풍자극은 사라지고 해학을 위주로 하는 경희극이라는 장르가 탄생되었다. 풍자는 부정적인 인물에 대한 적개심과 경멸감을 불러일으키는 것이라면 경희극은 해학의 일종으로서 풍자가 섞여 있지만 익살스러운 면을 부각시키는 것으로서, 북한의 주장에 따르면 "해학문학: 생활에서 희극적인 것, 우스운 것들을 해학적으로 기술하여 독자들의 웃음을 자아내는 문학. 본질적이기는 하나 부분적인 결함들에 대한 가벼운 조소가 동반된다."

---

23) 민병욱 · 구명옥, 「북한 연극의 장르와 역사」, 민병욱 · 구명옥 편, 『북한 경희극』(서울: 도서출판 연극과인간, 2002), 386~387쪽.

고 되어 있다.[24]

이것은 1962년에 등장한 북한 최초의 경희극 〈산울림〉을 보면 알 수 있다.

> 이 작품에서 희극적 주인공은 관리위원장 리송재이다. 리송재는 석철의 제안에 대해 밭머리 돌각담을 정리하여 경작지를 늘리거나 3 혼작을 하여 성과를 내는 것이 현실적이고, 강 건너 범바위산을 개간하는 것은 공상에 지나지 않는다고 단정해 버린다. (중략) 작품에서 리송재는 산각벽지에서 농민들의 생활을 향상시키기 위해 애쓰고 있으며, 농민들을 아끼고 사랑하는 '훌륭한' 관리일꾼으로 설정되어 있다. 그러나 과거에 비해 몰라보게 달라진 현실에 자만자족하여 소극성과 보수주의에 사로잡혀 있다는 데 그의 희극적 성격이 있다. (중략) 범바위산을 개간하자는 황석철의 제안을 공상으로만 생각하여 오히려 말썽부리지 말라며 타이르는 부분, 황석철을 '낙후분자'로 인정하고 리금단에게 그를 개조하라는 과업을 주는 부분, 농장원들을 편히 쉬게 하면서도 휘황한 성과를 꿈꾸는 부분에서 그의 희극적 성격은 두드러진다. 리송재는 작품의 결말에서 결국 자신의 '보수성'을 깨닫고 황석철이 이끄는 대열에 합류하게 된다.[25]

즉, 자본주의사회나 일제 강점기와는 달리 사회주의 사회의 부정적 측면은 비적대적 모순이므로 충분히 설복하고 교양함으로써 부정적인 요소를 극복할 수 있기 때문에 등장한 것이 경희극이다. 경희극에서는 웃음의 주체와 대상 사이에 공동의 이상이 전제되어 있다. 경희극은 대

24) 조선민주주의인민공화국 과학원 언어 문학 연구소 사전 연구실 편, 『조선말사전 5』(평양: 조선민주주의인민공화국 과학원출판사, 1962), 546쪽. 우리나라 고전인 '흥부전'에서 흥부는 해학의 대상이지만 놀부는 풍자의 대상이라고 할 수 있다. '심청전'에서는 심봉사는 해학의 대상이지만 뺑덕어멈은 풍자의 대상이라고 할 수 있다.

25) 박영정, 『북한연극/희곡의 분석과 전망』(서울: 연극과 인간, 2007), 78쪽.

상을 증오가 아닌 어리석음, 오해, 무지, 습관같은 것을 건강한 웃음으로 폭로함으로써 부정 속에서도 긍정이 넘치는 코미디라고 할 수 있다.

그런데 북한의 대표적인 문헌들에서는 긍정적 감화만을 강조하다 보니 북한에서는 그러한 교양방법만 사용하는 것 같지만 그렇지 않은 것 같다. 긍정적 감화는 권장하는 것이고 나머지 다양한 방법도 열려 있었다. 긍정적 감화에 대한 수령의 교시를 절대화한 1969년의 『교육학: 사범대학교용』에는 긍정적 감화 이외의 것이 나와 있지 않지만 1961년의 『교육학: 사범전문학교용』에는 학생교양의 복잡성과 다양성으로 인해 교원들은 명령, 권고, 훈계, 요청 등을 취할 수 있다고 솔직하게 인정하면서 교양의 다양한 형식들을 소개하고 있다.

> 명령은 절대적인 강력한 형식을 취하는 요구로서 학생들에 의한 명령의 정확하고 적시적인 수행은 교양자가 명령을 얼마나 능숙하게 주는가에 의존되는 것이다. 권고는 주어진 경우에 어떻게 행동하는 것이 가장 좋은가를 말해주는 것으로서, 학생이 성실하게 접수할 수 있으리라 예상되는 상황에서 친밀한 분위기 속에서 대화가 진행되는 것이다. 훈계는 학생이 일정한 방식으로 행동하도록 설복하며, 학생에게 요구의 본질 및 의의를 보다 깊이 느끼고 그 준수의 필요성을 이해하도록 이유를 들어서 일깨워 주는 것이다. 친구들이나 집단 앞에서 공개적으로 하는 훈계는 학생들에게 수치심을 느끼게 하기 때문에 경우에 따라서는 개별적 훈계가 필요한 것이다. 요청은 온화한 형식으로 하는 것으로 학생이 일정한 행동을 의무적으로 수행할 것을 기대하는 것이다. 명령과 달리 요청은 학생에게 어떤 행동에 대한 선택의 가능성을 부여하는 것이다. 학생들이 반항하는 기색이 있을 경우에 요청의 형식이 더 나은데, 이로써 학생은 명령을 받는 것이 아니라 자립적으로 자기의 행동을 선택할 권리를 가지는 데 대하여 만족을 느낄 것이다.[26]

이에 반해 1969년의 『교육학: 사범대학교용』에는 이러한 형식들이 사라졌다고 해서 북한 교원들이 이와 같은 비긍정적 방법을 사용하지 않았다고 생각하는 것은 공상일 것이다. 김일성은 긍정적 감화만을 반복해서 말하고 있지만 그것은 김일성이 북한 주민들 사이에 존재하고 있는 갈등과 불만을 외면하고 있음을 보여주는 것이기도 하고, 그 모든 책임을 일군들과 교원들에게 돌리는 것이기도 하다. 어찌되었든 긍정적 감화를 절대시하는 김일성의 요구와 교시와 관료주의, 형식주의에 대한 비판으로 말미암아 교원들은 명령, 권고, 훈계, 요청을 줄여나가야 했을 것이다. 이것은 혁명적 사업방법과 사업작풍을 요구받은 간부들이나 작업반장들에게도 똑같이 적용될 수 있을 것이다.

위와 같은 비긍정적 방법이외에 교원들이 사용하던 부정적 방법은 1961년의 『교육학: 사범전문학교용』에서 열거한 '교원의 주의', '학급 앞에서의 책망', '책상 옆 등의 장소에 세우는 처벌', '수업 시간 중 교실에서 내보내는 처벌', '교원 회의 또는 평의회 석상에서의 훈계', '품행 점수를 낮추는 처벌', '경고', '엄중 경고 또는 출학 처벌', '좌석 변경', '타 학급 또는 타 학교에로 이동시키는 처벌', '기타 처벌(행사참여제외)'과 같은 방법이 있었다.

천리마작업반운동에 참여한 학교들에서는 김일성의 긍정적 감화의 강조에 따라 교사들이 학생들을 교육교양하는 데서 긍정적 감화방법이 많이 늘어났을 것으로 보인다. 그런데 아무리 교사가 긍정감화를 많이 사용한다고 해도 동시에 비긍정적 훈육방법이나 부정적 교육교양방법이 많이 쓰이게 된다면 긍정적 감화의 효과는 사라질 것이다. 그리고 일부의 교사들만이 긍정감화법을 쓴다면 긍정감화가 효과를 내기는 어려웠

---

26) 교육학분과 집필 위원회, 『교육학: 사범전문학교용』(평양: 교육도서출판사, 1960, 학우서방, 번인발행, 1961), 293~294쪽.

을 것이다. 많은 사람 또는 집단이 함께 긍정감화방법을 쓰지 않으면 감화의 효과는 떨어질 수밖에 없을 것이다. 그런데 이것은 교사들이 일시에 권위주의, 관료주의를 청산하지 않는 한, 학생들과 가정이 협조하지 않으면 뿌리를 내리기가 쉽지 않다. 또한 교사들이 긍정적 감화를 하려고 해도 몸에 습관이 된 훈육방법을 고치는 것은 쉽지 않았을 것이다.

피교육자의 입장에서는 교육자의 감화가 마음에서 우러나오는 긍정적 감화인지 형식적인 감화인지, 긍정적 감화를 가장한 부정적 방법인지를 판단하는 것도 쉽지는 않았을 것이다. 결국 김일성의 강력한 교시에 따라 교사들이 형식적으로는 긍정적 감화를 했겠지만 음으로 양으로 또는 일상 속에서는 비긍적적 훈육방법, 부정적 방법(여기에 나열되지 않는 다양한 방법)이 공존하고 있었다고 봐야 옳을 것 같다.

2. 생동적 감화 : 이야기방법, 직관물, 실물, 방식상학, 시범상학, 견학, 연시

이야기방법은 학습하는 대상을 묘사하거나 사건의 줄거리를 알려주는 것이다. 예를 들어 역사과목교수에서는 이야기방법을 통해서 취급되는 사건의 전말을 알려주는 것이 많은 비중을 차지한다. 국어, 자연, 지리와 같은 과목에서는 학습하는 대상을 묘사하기 위하여 이야기 방법을 많이 적용한다.[27)]

우선 이야기를 구술함에 있어 형상적으로 실감 있게 표현하는 것이 매우 중요하다. 그 다음으로는 직관물을 광범위하게 활용해야 한다. 긍

---

27) 집필위원회, 『교육학: 사범대학용』(평양: 교육도서출판사, 1969, 학우서방 번각발행, 1971), 170쪽.

정적 감화를 일으키기 위해서는 항일빨치산의 회상기나 천리마기수들의 일화 등의 긍정적 모범사례를 그대로 전달하는 수준에 그쳐서는 안 되었다. 텍스트화된 회상기와 일화에 교육교양자가 자신의 감정과 의지를 실어야하고 내용에 대해서도 더 살을 붙이는 창조적인 작업을 해야 했다. 교육교양자들은 전문적인 구연가가 되고 이야기꾼이 되어야 했다. 그에 따르는 구연 기법, 억양과 태도를 배워야 했다.

구연 자체만 해도 생동적인 감화 방법의 하나로서 중요시되었지만 생동적인 구연이 되기 위해서는 직관교육이 동반되어야 했다. 이 두 가지를 결합하는 것은 이야기를 생동하게 전달하고 받아들이는 데서 절대적으로 중요했던 것으로 보인다. 이야기를 생동감 있게 표현하는 것도 중요하지만, 눈으로 보고 몸으로 느끼는 것이 중요하다. 이야기교수법이 대중들에게 어렵지 않게 흥미를 불러일으키기 위해 서사 속으로 끌어들이고 몰입시키는 교수방법이었다면 직관교육은 피교육자에게 전달하고자 하는 내용을 시각적으로 강렬하게 각인 시키는 힘을 가지게 된다. 이것은 천리마작업반운동이나 청산리방법에서 선전선동방법으로 요구된 것이기도 했다. 군중교양노선은 그대로 모든 학교교육의 교수방법론이 되었다. 대중들이 누구나 쉽게 받아들이게 하려면 군중노선에 따라 눈으로 보고 몸으로 느끼게 하는 수밖에 없었다.

따라서 북한에서 매우 강력하게 전개된 선전선동 자체가 생동감 있는 직관물이었다고도 볼 수 있다. 선전선동에 참여하는 사람들에게는 선전선동은 혁명실천이요 조직생활이었겠지만 그것을 보고 듣는 사람들에게는 눈앞에서 벌어지는 생생한 실체요 직관물이었다. 선전선동자는 교양활동이었지만 그것을 보고 듣는 사람들은 피교육자였다. 그리고 이러한 역할은 끊임없이 상호교체 되고 비슷한 내용이 형식만 달리 해서 끊임없이 반복되고 선전선동 되었다. 선전선동자가 다른 장에서는 피교육자가 되었고, 피교육자가 다른 장에서는 선전선동자가 되었다.[28)]

직관교육은 직관물을 통한 교육이라는 의미로 쓰였는데 직관물이란 게시물, 전시물, 그림, 도표다. 혁명전통교육에 있어서는 특히 직관교육을 많이 활용하였다. 특히 당역사연구실에는 항일빨치산이 생동하게 보이는 것처럼 눈앞에 보이는 것처럼 자료들을 만들어 게시했다.[29)]

온갖 구호와 선전포스터도 모두 직관물이다. 교수방법으로서의 직관물은 교양방법으로도 쓰였다. 북한은 직관물의 양을 중시한 것 같다. 이때부터 북한에서는 때와 장소를 가리지 않고 선전선동용 직관물이 넘쳐났다. 북한은 선전과 구호가 넘치는 나라가 되었다.

학생들에게 생동적인 감화효과를 주려면 실제로 눈앞에서 일어나는 것을 교사가 직접 보여주는 것도 가장 좋은 방법 중의 하나일 것이다.

---

28) "담화와 해설이 진행되고 회의가 소집되며 벽보와 전투 속보들이 발간되고 구호가 나붙고 사진 도표 등 직관 자료들이 게시되며 기동 선동대와 유선방송이 발동된다." 리새삼 편, 『청산리 정신, 청산리 방법 관철에서의 몇 가지 문제』, 76쪽. 피교육자가 직접 선전선동하는 주역이 되는 것은 '이론과 실천의 결합'이라는 관점에서도 볼 수 있을 것이다.

29) "함흥고등의학학교 당력사연구실 직관물 운영은 경험적이다. 이 학교당력사연구실 정면에는 김일성원수의 석고상을 모시고 남은 벽면은 3개부 문으로 나누어 조선로동당의 력사를 개괄하는 자료들, 해당시기 당정책과 그를 관철하기 위한 근로자들의 투쟁을 반영하는 자료들, 매달 제기되는 주요기념일과 관련한 자료 등을 정연하게 게시하고 있다. 혁명전통교양의 기본인 당력사를 개괄하는 자료는 대체로 고정시키는 방향에서 정리하고 있는데 여기에는 김일성원수를 비롯한 항일빨치산지도간부들의 초상화를 걸고 그 밑에 당력사를 개괄한《우리 당이 걸어온 영광스러운 길》을 년대순위로 배렬하였다.
다음 해당시기 당정책과 그를 관철하기위한 근로자들의 투쟁을 반영하는 자료는 분기에 한번정도 갈아붙이되 해당시기 당정책관철에서 발현된 자기 학교교직원, 학생들의 모범적사실을 속사한 각종 그림과 사진들을 해설을 달아붙여놓았다. 그리고 매달 제기되는 기념일과 관련한 자료는 월평균 2~3회 정도 갈아붙이되 교직원, 학생들의 학습에 직접 도움이 되는 구체적인 자료를 제공하는 방향에서 편집되였다. 례하면《홍두산전투》기념일과 관련해서는 그 전투의 력사적환경, 전투내용, 그 전투가 가지는 력사적의의 및 전투략도, 그 전투와 관련되는 보충자료들을 게재소개하고 있다." 조선인련합회 중앙상임위원회 선전부, 『혁명전통교양지도를 위한 참고자료』, 19쪽.

방식상학, 시범상학이 그런 것이다. 사실 따지고 보면 김일성이 청산리에서 보여준 것도 일종의 직관교육이다. 이것은 넓은 의미에서는 이신작칙이라고도 하지만 교육자 자신이 직접 보여주는 방법을 정교하게 만들어서 교육교양의 방법론으로 제도화한 것이 방식상학, 시범상학이라고 할 수 있다.

> 당은 지도일군들로 하여금 현지에 내려가 방식상학, 시범상학을 널리 조직하여 생동한 모범으로 아래일군들에게 일하는 방법을 가르쳐주고 이동강습의 새로운 형식을 리용하여 늘 현지에서 초급일군들에 대한 교양사업을 적극 진행하도록 하였으며 각급 당조직들에 지도그루빠를 파견하여 아래일군들을 도와주고 배워주도록 하였다.[30]

방식상학이나 시범상학도 교양선전사업의 군중노선이라고 할 수 있다. 만약 방식상학이나 시범상학이 없다면 소수만이 이해하게 될 것이고 상상력이나 이해력이 부족한 대중은 이해하지 못하고 실천의지를 발휘할 수 없기 때문이다. 그리고 설명과 더불어 또한 설명의 일부로서 이루어진 방식상학이나 시범상학은 대중들로 하여금 말로서만 이루어지는 설명과는 달리 그 해석의 편차를 최소화함으로써 대중이 동일한 것을 생각하고 동일한 것을 실천하도록 하는 집단주의원리에 적절했다고 볼 수 있다.[31]

---

30) 조선로동당 중앙위원회 당력사연구소, 『조선로동당략사: 1979년판』 2(서울: 돌베개, 1989), 160쪽.

31) "방식상학은 학교책임일군들이나 준비된 교원들이 학생들에 대한 교육교양사업의 내용과 방법을 교원들에게 직접 가르치거나 본보기를 창조하고 그것을 통하여 가르쳐주는 교육교양방법연구사업의 기본형식이다." 『사회주의 학교 관리학:사범대학용』(평양: 교육도서출판사, 1976), 208~209쪽. "시범상학은 방식상학과 구별된다. 교원들에게 교수교양 내용과 방법에 관한 문제를 리론실천적으로 직접 가르쳐주는 것이 방식상학이라면 시범상학은 교육교양방법의 원리와 그 구현 방도를 실제로 직접

또한 직관교육은 이러한 직관물, 시범상학과 함께 피교육자들의 생활과 현실에서 직접 취한 것을 교육에 활용했다는 점이 특징이다.

> 다음으로 약수 중학교에서의 교수 내용에는 학생들 자신이 가지고 있는 풍부한 생활 체험과 자기 지방의 현실적 자료들이 체계적으로 도입됨으로써 교수에서 학생들의 적극성과 창발성을 고무하였다.[32]

야외수업도 활성화되었다.

> 약수 중학교에서 실시하는 교수 조직에서 중요한 특징의 하나는 야외 관찰과 견학을 수업에 다양하게 포함시켜 45분 수업을 교실에서 아니라 현지에서 《야외 수업》의 형태로 진행하는 것이다. 이러한 형식들은 인민반 자연, 국어, 산수, 지리, 도화, 공작 과목들, 중등반 문학, 식물, 동물, 자연 지리, 도화들에서 많이 적용되며 기술반에서는 이것이 현장 수업 형태로 진행되고 있다.[33]

수업활동과 과외활동을 통해서 학생들이 스스로 만들고 채집한 것이 교재물이 되기도 하였다.

> 이와 같이 이 학교에서는 직관 교수를 철저히 보장함으로써 학생들의 지각과 리해 과정을 촉진시키며 교수에 생동성을 부여하고 그들의 적극성을 발양시키고 있다. 또한 실물 교육을 강화하여 명확한

보여주어 그를 본받게 한다는데서 구별된다. 그러나 시범상학과 방식상학은 서로 밀접한 통일속에서 진행된다. 일반적으로 시범방식상학이라고 하는 것은 이 두 요소를 포함한 종합적 표현이며 또 실제로 종합적으로 진행되는 경우가 많다." 『사회주의 학교 관리학: 사범대학용』, 210~211쪽.

32) 교육도서출판사, 『약수 중학교 교육 경험』, 87쪽.

33) 교육도서출판사, 『약수 중학교 교육 경험』, 88쪽.

> 표상을 형성시킬 뿐만 아니라 실제 쓸모 있는 지식을 소유시킴으로써 학과 성적을 체계적으로 제고시키고 있다.[34)]

직관교육에는 직접 교사가 보여주고 아이들은 집중해서 관찰토록 하는 연시가 있다. 연시에는 동작연시, 실험연시가 있다. 방식상학, 시범상학도 마찬가지로 동작연시, 실험연시는 교사 자신이 동작으로, 실험으로 먼저 보여주는 것이다. 학생들에게 영화, 연극, 공연을 시청하거나 관람하게 하는 것도 직관교육이라고 할 수 있겠다.

3. 해설, 담화, 토론, 논쟁, 낭독

북한에서는 일정한 주제에 대해 누군가 권위 있게 해설하는 것을 중시한다. 해설은 전문가적인 권위를 바탕으로 한다. 교사는 학생들에게 해설을 잘해야 한다. 해설이란 일정한 사실적 자료를 전달하고 그를 분석한데 기초하여 사물과 현상들 간의 인과관계를 해명하며 개념이나 법칙, 규칙, 결론, 명제 등 일반화된 사상을 판단과 추리의 도움을 설득시키는 방법을 말한다.[35)]

어떤 명제, 노래 가사, 영화 주제를 접한 청자들은 그에 대해 동일한 생각을 하는 것도 아니고 내용 중에서 무엇이 중요한지 아닌지에 대해서도 생각을 같이하는 것은 아니다. 북한의 교육자들은 이러한 다양한 생각을 그대로 수용한 것이 아니라 미리 준비된 해설을 통해서 생각을 하나로 통일하도록 유도했다. 더욱이 통일단결을 요구하는 북한의 교육

---

34) 위의 책, 91쪽.

35) 집필위원회, 『교육학: 사범대학용』, 173쪽.

교양방법에서는 다양한 생각을 그대로 허용할 수 없었다. 학생들이 공통된 견해를 갖도록, 이해하기 쉽도록 어떤 권위 있는 표준적인 설명 즉 해설이 필요하다.

예를 들어《학생규칙》에 대해서는 반복적으로 해설해서 학생들에게 주입하고 기억에 새기도록 해야 했다. 교원들은 학생들이《규칙》의 매 조목을 정확히 이해하며 기억을 하게끔 교양했다. 학생들은 규칙을 무조건 외우도록 하는 것이 아니라 학생들이 설복될 수 있도록 학생들은 매개 규칙의 의미와 그 제정 이유를 명확히 이해시켜야만 했다. 교원은 실생활에서 얻은 자료, 간단한 실례 등을 통해 이야기하듯이 해설해야 한다.[36]

《규칙》에 대한 교양의 경우와 같이 북한에서는 해설과 서사를 전달하기 위한 가장 좋은 방법으로 담화식을 누누이 강조하고 있다. 일제 강점기로부터 소련의 영향하에 있었던 학교교육에 이르기까지 교수방법으로 정착한 주입식 교육, 학생들의 수동적 학습, 교수자의 권위주의적 자세에 대한 대안으로서 담화식 교수법을 내세운다.

《규칙》을 해설할 때처럼 해설은 반드시 담화와 결합되어야 했다. 『인민교육』의 한 필자의 주장에 따르면 해설 담화는 교수자와 학생이 서로 대화적 관계를 조성하고 그럼으로써 학생들이 적극적인 사고를 보장할 수 있다는 것이다. 즉, 교사와 학생 간의 직접적인 대화가 없더라도 학생들이 적극적으로 사고하게 되므로 대화자적 관계가 조성된다는 것이다. 이것은 교조주의적으로 반복해서 주입하는 것과는 다른 것이라고 주장한다.

> 담화식 교수를 강화할 데 관한 김일성 원수의 교시는 바로 이러한

36) "해설담화의 방법이란 례를 들어《항일빨찌산참가자들의 회상기》를 비롯한 혁명전통교양자료를 가지고 대상들에게 그 내용을 알기쉽고 흥미있게 이야기해주며 말을 주고 받고하면서 그들을 교양하는 방법을 말한다." 조선인련합회 중앙상임위원회 선전부, 『혁명전통교양지도를 위한 참고자료』, 9쪽.

> 의미에서 우리 사업에서 기본으로 되어야 한다. 담화식 교수가 진행될 때 학생들은 수동적인 청취자의 립장에서 교원의 이야기를 앉아 듣고만 있을 것이 아니라 교원과의 사이에서 대화자적인 관계가 조성되면서 교원의 이야기를 적극 자기의 머릿속에서 사고 정리하면서 듣게 된다. 이와 같이 어떻게 하면 학생들에게 더 많이 사고 시키며 더욱 적극적인 인식활동을 보장할 것인가 하는 문제는 교조주의를 극복하는 직접적인 방도의 하나로 된다. [37]

담화는 교원이 문제를 설정하고 학생과 이야기를 주고받는 식으로 혹은 문답하는 형식으로 할 수 있다. 이는 문답식 담화라고 할 수 있다. 흥미 있게 해설해주지 않으면 학생들의 적극적인 반응을 얻어낼 수 없다. 학생들에게 충분히 자세히 흥미 있게 해설해 주는 것은 당연히 해야 할 일이지만 그것만으로는 교육적으로 부족하고 담화가 필요하다는 것이다. 적극적인 반응을 얻어낼 수 있을 만큼 흥미 있게 이야기하고 학생들의 반응과 대화를 이끌어 내고 그에 대해 좀 더 이야기 해줌으로써 학생이 충분히 이해함으로써 설복당하기에 이르도록 해야 한다는 것이다.[38]

이렇게 교사가 이야기를 주도하고 학생들이 그에 대해 적극적으로 반응하도록 하는 이야기 주고받기, 이야기식 대화가 매우 단순한 형태로 변형된 것이 문답식이다. 담화 자체가 문답식으로 이루어지는 경우가 많았다고 할 것이다. 그런데 이 경우 물음도 답도 거의 정해진 것이고 창의적인 것과는 거리가 멀었다. 김일성은 담화나 문답식 교수법이 교조주의

---

37) "이야기는 교원의 혼자말에 의한 형상적서술과 론리적해설로서 교수의 내용을 풀이하여 가르치는 설명수법이라면 담화는 교원이 학생과 이야기를 주고받으면서 교수내용을 풀이하여 가르치는 설명수법이다." 『사회주의교육학: 사범대학용』(평양: 교육도서출판사, 1991), 159쪽.

38) 평양시 교육 방법 연구실, 「인민 학교 학생들에 대한 공산주의 교양의 내용과 범위(1)」, 29쪽.

즉 주입식 교육을 극복하는 방도라고 했지만 어떻게 보면 『인민교육』의 필자가 "계발식 교수를 한다 하여 다만 일문일답식으로 단편적인 문답법을 적용한다면 교수에서 심한 형식주의를 범할 뿐만 아니라 교수자의 주관적인 의도와는 반대로 주입식 교수를 면하지 못하게 된다."고 말한 것처럼 또 다른 의미의 주입식 교수법이라고 할 수 있었다.[39)]

1969년의 『교육학: 사범대학용』에 따르면 담화에는 새 교재를 가르칠 목적으로 진행하는 것과 지식의 공고화, 심화, 체계화를 목적으로 진행하는 것, 학생들의 지식습득정형을 검열하여 그들이 지식을 창조적으로 적용하도록 하기 위하여 진행하는 것이 있다고 했으며, 여기서 가장 중요한 것은 새 교재를 가르칠 목적으로 진행하는 담화라고 했다.

이에 따르면 새 교재를 가르칠 때는 (1) 교원은 담화하기 위한 내용연구를 충실히 하는 한편 학생들의 사고활동을 적극화하여 해당한 결론에로 유도해나가기 위한 방법적 기능을 소유하여야 한다. (2) 해당 제목과 관련해 학생들의 구체적인 지식과 표상을 형성시키거나 학생들이 이미 가지고 있는 표상과 지식을 끌어낸 다음에 담화를 진행해야 한다. (3) 전체학생들이 집중할 수 있도록 학생들의 수준에 맞게 문제를 순차적으로 제기해야 한다. (4) 학생들이 알고 있는 경험이나 지식을 되풀이 하는 것이 아니라 그것을 이용하여 새로운 규칙, 법칙, 결론 등을 발견할 수 있도록 해야 한다. 그러기 위해서는 교원은 학생들에게 생각할 충분한 시간을 보장해 줘야 한다. (5) 토론과 논쟁의 수법을 도입해야 한다. 교원은 전체 학급학생들에게 문제를 제기하고 한 학생에게 대답시킨다. 이때 다른 학생들에게는 그의 대답에서 옳은 점과 그른 점, 논증과 분석의 불충분한 점들을 찾아내게 하고 다음에 서로 보충시키기 위한 담화

39) 문답법은 소련에서도 성행했다. 중국도 소련에서 문답법을 받아들였다고 한다. 중국조선족교육사편찬위, 『중국조선족교육사』(연변: 동북조선민족교육출판사, 1991, 서울: 한국문화사 영인, 1994), 347쪽.

와 토론을 진행한다. 이렇게 하면 학생들은 스스로가 학습하는 문제의 일반화와 결론에 도달한다는 것이다.[40]

깨우쳐주는 교수법에 따르면 학생으로 하여금 한번 깨닫게 하는 것으로 그치는 것이 아니라 그것을 공고화, 심화, 체계화시켜 주는 것까지 가도록 해야 한다. 그러므로 새 교재를 시작할 때 스스로 생각할 수 있도록 하는 것과 그 후반에 그것을 자기 것으로 내면화하도록 다지는 과정이 필요할 것이다. 그런데 새 교재를 시작할 때 학생들의 스스로 생각할 수 있도록 하기 위해서는 가장 중요한 것이 담화(또는 담화를 통한 문답)이라는 것이다. 보통 교수법에서는 발문을 중시하는데 깨우쳐주는 교수법에서는 그러한 발문을 이야기식으로, 문답식으로 하라는 것이다. 그런데 이런 방법은 가르치는 사람과 배우는 사람이 모두 충분히 준비되어 있지 않으면 성공하기 어려운 방법이다. 또한 교사가 이야기를 하면서 학생들에게 질문을 하게 되면 학생들은 창의적인 생각을 하기보다는 교사가 원하는 답을 찾기에 급급한 현상을 낳을 수도 있다. 이렇게 되면 발문은 창의성을 고취하는 것이 아니라 퀴즈대회의 알아맞히기 게임처럼 될 수 있다.

담화나 문답이 교사의 주도하에 학생이 참여하도록 하는 것이라면 토론은 학생들이 스스로 자기 견해와 의지를 밝히는 것이다. 그러나 토론도 교사의 지도와 요구에서 벗어날 수 없다는 점에서는 담화나 문답과 다를 바 없었다. 집단이나 당이 요구하는 토론의 방향과 내용은 정해져 있는 것이기 때문이다. 쟁점토론이 벌어질 수도 있겠지만 주로는 학생

---

40) 집필위원회, 『교육학: 사범대학용』, 172~173쪽. 이 책의 178~180쪽에서는 '지식의 공고화, 심화, 체계화를 목적으로 하는 담화'와 수업의 시초, 복습과 예비작업의 단계에서와 첫다짐단계에서 많이 적용하는 '학생들의 지식 습득 정형을 검열하며 습득한 지식을 창조적으로 적용하도록 하기 위한 담화'도 간략하게 소개하고 담화의 방법적 수완 특히 교사가 발문을 잘하는 것이 매우 어려운 일이라고 하면서 발문을 잘하기 위한 원칙을 나열하고 있다.

들이 번갈아가며 발표하는 수업에 가까웠던 것으로 보인다. 토론은 고학년들의 교양에 많이 활용되었지만 이 교수법 역시 또 다른 의미의 주입식이었다고 할 수 있겠다.[41)]

담화와 토론이 중시되었지만 또한 낭독도 일상화되었다. 북한 교육교양방법에는 일정한 자료를 함께 소리 내서 읽거나 대표자가 낭독하고 나머지 학생들은 경청하는 것이 기본적인 교수법으로 되어 있다. 북한의 교사들은 특히 "새로운 개념이나 법칙, 결론 등을 도출하고 언어로 정식화할 때 전체 학생들이 교과서의 해당한 구절을 읽거나 자기 학습장에 쓰도록 지도한다."는 교육학의 가르침을 따랐다.[42)]

아침마다 행해지는 당정책이나 김일성교시에 대한 독보에서도 낭독이 당연한 과정이었지만 수업시간에도 교재를 소리 내어 읽는 과정이 중요한 부분을 차지하였다. 경우에 따라서는 윤독을 하기도 했다. 독보는 낭독, 해설, 토론 등의 방법으로 진행하였다. 독보 자체를 주입식 교수교양방법이라고 할 수는 없겠지만, 독보한 내용은 학생이나 교사에게 강렬하게 각인되기 때문에 여기서 벗어나는 생각을 하는 것은 쉽지 않았을 것이다. 교사와 학생간의 담화와 학생들 사이의 토론도 독보한 교재의 범위 내에서 벗어날 수는 없었다. 또한 독보한 내용은 당면과제 해결에 관련된 토론 주제가 되었다.[43)]

---

41) 집필위원회, 『교육학: 사범대학용』, 180~183쪽.
42) 집필위원회, 『교육학: 사범대학용』, 184쪽.
43) 조정아, 「산업화시기 북한의 노동교육」, 183~184쪽.

제3절 거점, 순례, 행사, 의례를 통한 교양

1. 거점, 순례를 통한 교양

담화가 공동체의 자연스러운 의사소통과 서사를 함께 공유하는 방법이었고 직관교육은 그것을 생동하게 느껴서 내용을 강하게 각인하는 효과, 새롭게 각색된 것이 아니라 사실인 것처럼 느끼게 만들었다면, 교양 이루어지는 장소라고 할 수 있는 거점은 그곳이 특별한 곳이고 특별한 공간임을 보여주는 성지요 성소인 느낌을 주었다. 백두산을 중심으로 하는 항일무장투쟁의 사적지가 해방직후부터 또는 5, 60년대부터 제대로 관리되거나 건설된 것은 아니었다. 그래도 혁명의 사적지 부근 지역의 주민들은 사적지를 관리해서 보존하였고 그 지역에는 사적과 관련된 이야기가 생생하게 남아 있었기 때문에 사적지 탐사는 성지순례와 같은 의미를 가지게 되었다.[44)]

특히 순례의 마지막 목적지에서 벌어지는 우둥불모임은 청소년들의 혁명전통교양에 매우 효과가 있었던 것으로 보인다. 『인민교육』이 주장하듯이 "《보천보전투행로》를 따라서 군사놀이를 하며 모두가 훨훨 타오르는 우둥불곁에 앉아서서 회상기발표모임, 시랑송모임들을 한다. 이 우둥불모임은 학생들의 정서에 맞는 과외교양형식이다."고 할 수 있었다.[45)]

---

44) 이 순례를 정확하게 정치적 의미를 가지고 처음으로 추진한 사람은 김정일이라고 한다. 항일빨치산의 사적지, 유적지가 백두산에만 있는 것은 아니지만 백두산에 집중되어 있었다.

45) 「인민학교에서의 조선로동당 력사연구실설치와 운영」, 『인민교육』, 1967. 10, 27쪽.

그러나 백두산까지 가기에 교통이 불편했던 대부분의 지역에서는 이러한 성지 순례를 하기가 쉽지 않았다. 이러한 성지를 대신한 것이 바로 주요 건물에 산재되어 있던 당력사연구실이다. 당력사연구실은 오직 혁명과 관련된 생각만 하고 그것만을 위한 자료로 가득 차있는 곳이다. 혁명과 관련된 모든 직관물이 집중되어 있어 누구라도 쉽게 직관을 물을 접할 수 있었다. 여기서는 모든 사람, 누구나, 언제나 혁명만을 생각하고 혁명에 대해서만 논해야 한 곳이다. 성소이자 학교구성원들에 의해 혁명연구, 학습, 토론, 사업계획, 선전사업, 조직사업이 이루어지는 곳이다. 이곳은 북한 주민들이 숭고한 감정을 가지게 되고 충성심과 각오를 다지는 특별한 장소였다.[46)]

그리고 직관교육이라는 이름으로 지지되고 정당화되었던 유적지나 당력사연구실은 점차적으로 누구도 함부로 범접할 수 없는 성지처럼 가치를 가지게 되었다. 물론 이 성소의 중심부에는 조선로동당과 항일유격대의 경험을 형상화한 직관물들이 있었는데 특히 중요한 것은 사진설명판(도록)이었고 이 도록의 그 중심에는 김일성이 있었다.[47)]

직관물에 대한 강조는 많은 조형물과 사진, 그림 등으로 현실화되었고 직관물은 혁명전통교양이나 충실성교양과 결합되면서 북한 주민들의 생활 곳곳에 자리 잡게 되었다. 북한 주민들은 혁명전통이나 사회주의 애국주의라는 이론으로 생각하기 전에 김일성은 형상적으로도 북한사

우등불은 나무나 검불을 모아 태우는 불을 뜻한다. 모닥불에 대한 함경도 방언이라고도 한다.

46) "당력사연구실에서는 회상기감상모임. 회상기연구발표회, 항일빨찌산참가자들과의 상봉모임. 혁명전적지답사자들과의 좌담회, 혁명전통을 주제로 한 독서, 영화 및 연극감상회 등 다양한 모임을 조직할수 있다." 조선인 련합회 상임위원회 선전부, 『혁명전통교양지도를 위한 참고자료』, 19쪽.

47) 「인민학교에서의 조선로동당 력사연구실설치와 운영」, 『인민교육』, 1967. 10, 25~26쪽 참조.

회의 중심이며 혁명전통의 중심이었던 것이다. 김일성의 실제업적이야 어떻든 북한주민들에게는 직관물이 보여주는 대로 김일성의 업적을 절대적으로 높게 평가하고 김일성을 숭배할 수밖에 없었다. 왜냐하면 직관물들은 일정한 사실을 복제한 것으로 느껴졌기 때문이고 굳이 김일성을 절대자로 명명하지 않아도 직관물들이 김일성의 위대함을 풍기고 있었기 때문이었다. 도처에 있는 김일성과 혁명전통에 대한 직관물을 보면서 직관물이 북한주민의 대상이 된 것이 아니라 오히려 북한주민들은 직관물이 내려다보는 대상처럼 되었고, 모든 직관물 자체가 성소이자 성물(聖物)로 되었고, 그것을 바라보는 주민들은 하찮은 존재가 되었다.

성소에서 벌어지는 교육교양은 교실에서 벌어지는 교육교양보다 학습분위기를 한층 고양시켰으며, 사실감을 더했고, 공감대를 형성하였다. 그리하여 북한의 모든 기관에서는 이 성소가 만들어졌고 이곳은 북한 주민들의 주체확립과 군중노선의 교양을 위한 센터가 된 것이다. 이 성소는 북한에서 가장 중요한 곳이 되었으며, 학교에서도 이곳이 어떤 다른 곳보다도 중시되었고, 여기에서의 활동이 가장 절대적인 가치를 가지게 되었다. 이 성소는 특별히 관리되었고 그 관리규정도 엄격히 준수되었다. 북한 사회의 변화, 사상의 변화는 이 성소에서부터 시작된다고 볼 수 있다. 김일성시대를 지나 김정일시대에 이르기까지 이 성지와 성소는 명칭이나 내용이 변화하고 확대되었고, 새로운 것들이 첨가되었다.

김정일시대의 북한은 사상의 물질적 기반, 물질적 중심을 성지와 성소에 두었다. 성지와 성소를 지키는 것이 최우선적 과업이 되었다. 김일성 사후 산업시설, 군사시설, 문화교육시설이 파괴되거나 무너지고 생계가 어렵더라도 성지와 성소는 철저히 지키고 관리되었을 뿐 아니라 생활이 힘들 때 일수록 더욱 성지와 성소의 관리와 건설에 매진하였다. 이것을 제3자의 입장에서 보면 북한이 우상화를 위해서 경제를 희생한다고 비판할 수 있지만 북한 사회가 사상교양을 중시하고 거점을 고수하는 것이 북한의 교육교양사업의 가장 큰 특징 중의 하나라고 생각하면 어느 정도 이해할 수 있을 것 같다. 북한 주민들이 거점에 대해 쏟는 과도한 관심과 정성은 합리적 관점에서 보면 이해가 안 되겠지만 북한에서 사상교양의 거점은 곧 성지요, 성소로서 일종의 종교시설이라고 보면 어느 정도 이해할 수가 있을 것이다. 이와 같은 직관물들은 북한에서는 사상적 중심지, 신앙과 신념의 중심지로 간주되기 때문에 일단 경제적 가치와는 별도의 범주로서 평가할 필요가 있다. 이로써 북한이 혁명전통교양을 위해서 얼마나 심혈을 기울였는지 사상교양을 얼마나 중시하고 독자적인 영역으로 규정했는지 쉽게 알 수 있을 것이다. 북한에서 거점교양을 강화하는 것은 곧 사상교양을 강화하는 것이다. 거점교양이 약화되는 것은 곧 사상교양이 약화되는 것을 보여주는 신호탄이라고 할 수 있을 것이다.

2. 행사, 의례를 통한 교양

혁명전통과 회상기의 서사는 교육현장이나 산업현장에서 계기적으로 인용되는 것만 아니라 주기적으로 시행된 기념행사를 통해서 정기적으로 필연적으로 재현되었다. 이러한 행사들이 북한 체제에서 갖는 의미를 생각해 보면 다음과 같다. 첫째, 역사적 사건을 기념하는 행사를 통해서 서사를 반복한 것은 서사를 주민들에게 각인하는 방법 중 가장 중요한 방법이었던 것으로 보인다. 기념행사는 북한 주민들에게 과거사가 지금-여기에서 반복되고 있는 것처럼 착시현상을 일으켰고 이것에 의해 서사의 효과가 더욱 강화되었다고 할 수 있다. 둘째, 북한에서 기념행사는 세시풍속처럼 행사를 위한 행사 변함없이 반복되는 행사가 아니었다. 반복되는 요소도 있었지만 늘 새로운 것을 창조하고 새로운 의미를 부여하는 행사이기도 했다. 북한에서 진행되는 기념행사는 대개 국가나 당 차원에서 준비되고 의미를 부여받았기 때문에 역사적인 기념행사들은 북한 사회체제의 전체 맥락, 지배적인 사회사상과 깊게 관련되어 있었다. 서사에 대한 해석은 고정된 것이 아니라 변화되어 갔다. 이렇게 서사에 대한 해석이 바뀌게 되는 것은 북한사회의 상황이나 객관적 요구가 바뀌거나 주관적인 측면에서는 북한주민들의 사상이 바뀌었기 때문이다. 서사에 대한 해석이 바뀌고, 사상이 바뀌게 되면 역으로 다시 서사가 진화하고 바뀌게 될 것이다. 그러면 이런 서사를 복제하거나 재현하는 2차 서사도 바뀌게 된다. 2차 서사는 영화, 연극, 무용, 음악 등 다양한 형식으로 재현될 것이다. 셋째, 역사적인 기념행사를 준비하는 과정에 모든 학생과 주민들이 동참하였다는 사실도 중요하다. 그것이 동원이든 자발적이든 각 개인들은 단위별로 밑에서부터 기념행사에 역할을 부여받았다. 기념행사를 그냥 구경하는 것이 아니라 어떤 식으로든 적극적인 참여자가 되어야 했다. 일상적인 행사와 기념행사가 분리된 것이 아니라 일상적인 행사들을 기반으로 해서 정기적인 기념행사가 이루어졌기 때문이다. 일상적인 행사는 정기적인 기념행사를 위한 준비의 과정이었다고 할 수 있다.

북한이 사회주의화되고 공업화됨에 따라 기존의 세시풍속이나 종교적 행사들은 급속도로 그 힘을 잃게 되었고 정치적 기념행사들이 그와 같은 성스러운 의례들을 대체하기 시작했다. 나아가 주체확립과 혁명적 군중노선, 천리마작업반운동이 확대됨에 따라 북한의 정치적 기념행사들은 그 자체가 세속적 의미를 넘어서 성스러운 의례가 되었다. 의례도 서사교육의 입장에서 보면 서사의 재현인 셈이다. 다만 서사나 예술 형식과 다른 점은 의례는 서사를 허구가 아닌 지금 여기에 존재하는 것으로 만들고, 지금 여기를 집단적으로 신성화할 뿐만 아니라 구성원들이 의례에 직접 동참하여 서사를 하나의 사실로서 만드는 데 있었다. 이런 행사에 의해 지금여기가 신성화되고 지금여기에 재현된 행사에 의해 의례는 더욱 신성시 된 것이다. 의례와 그 의례를 가능하게 만든 현실은 지금여기에서 벌어지는 행사를 통해서 상호 되먹임을 하게 되고 상호 변화 발전되어 왔다. 또한 서사와 다른 점은 의례를 집행하기 위해서는 집단이 움직여야 하고 의례에는 엄한 규칙이 따른다는 사실이다. 그리고 이런 신성한 행위에서 요구되는 규율규범마저 신성함을 부여받았다. 북한에서는 사회주의, 집단주의가 요구하는 생활 속의 세속적인 규율규범과는 달리 신성한 서사를 재현하는 과정에서 요구되는 규율규범자체가 신성시되었다. 혁명을 기념하는 세속적 행사는 의례화 되고 신성시 되었다.[48]

그러나 북한에서는 의례가 의례자체만으로 신성한 권위를 갖추게 되었다고 볼 수는 없을 것 같다. 무대 위의 인물들에 의해 벌어지는 의례에 앞서 북한주민들에게 공유된 서사의 존재, 공교육에 의한 서사교육방법, 대중적 참여에 의한 의례, 북한 사회의 사회주의라는 제도적 장치 등 네 가지 요소가 서로 밀접한 연관을 맺으면서 북한 사회가 서사공동체를 이루었다는 사실이다. 서사공동체가 이루어졌다는 것은 북한 주민들이 함께 공유하는 서사를 통해서 자신의 정체성을 형성해갔다는 것을 뜻한다. 강제 또는 반강제적으로 북한주민들은 서사를 공유하게 되었고, 천리마시대에 새롭게 충원된 당원이나 일군들일수록 공유된 서사가 더욱 강하게 개인 정체성의 일부가 되었다. 서사, 서사교육방법, 의례, 북한식 사회주의라는 4가지 요소 중에 가장 강력한 힘으로 남아 있는

48) "이것을 베버는 "권위의 일상화"라고 설명한다. 정당성은 "권위의 일상화"의 과정에 의해 그 사람의 생애를 넘어서까지 지속될 것이며, 이 과정을 통해 권위라는 것은 한 재임자에서 다른 재임자에게 의례적인 수단에 의해 전달되어질 수도 있고, 또는 새로운 개인에게서 만들어질 수 있는 객관적이고도 양도가능 한 실체로 간주되는 것이다." 조은희, 「북한의 김일성시대 문화상징으로서의 공간: '혁명전통'관련 공간을 중심으로」, 『한민족문화연구』 제27집, 2008, 136쪽.

것은 바로 서사다.

서사는 인간의 머릿속, 마음속에 깊이 자리 잡고 있기 때문에 혹시 서사교육방법, 의례, 북한식 사회주의가 변질되거나 무너진다고 해도 또한 허위의식으로서의 이데올로기가 퇴색된다고 해도 서사는 쉽게 사라지지 않고 어떤 식으로든 남아서 현재나 미래에도 영향을 줄 수 있다. 그것은 그리스 고대 신화의 토대가 된 사회, 의례, 교육과정이 사라졌음에도 불구하고 오늘날까지 살아남아 서양인들의 삶과 사상 속에 지속적으로 영향을 미치고 있는 것만 봐도 알 수 있다.

북한이 기념행사를 반복하고 그런 행사에 인민들을 동원한다는 사실만으로 북한이 극장국가가 되는 것은 아니다. 특히 북한이 기억의 정치를 고수하기 위해 서사교육을 어떻게 활용했는지, 서사교육을 위해 학교교육을 얼마나 철저히 체계화시켰는지에 대한 이해 없이 북한을 극장국가로 규정하는 것은 본말이 바뀐 것이거나 북한을 극장국가로 보이게끔 한 그 과정을 무시한 표피적인 관찰에 지나지 않는다. 북한이라는 극장은 교육교양의 결과물이며 교육교양 방법의 일부라고 할 수 있기 때문이다.[49]

---

49) 이러한 주장은 정병호 · 권헌익이 쓴 『극장국가 북한』(서울: 창비, 2013)에서 북한을 단지 극장국가로만 본 것에 대한 비판이자 보완이라고 할 수 있다.

제4절 노동을 통한 교양

1. 학생들에 대한 노동교양의 수준 : 양과 질

학생에게 있어 노동은 본질적으로 무엇이어야 하는지 또는 어떤 역할을 해야 하는 가에 대해서 북한에는 다양한 입장이 존재했던 것으로 보인다. 학생들의 노동에 대한 교육당국이나 전문가의 생각과 행정부의 생각은 달랐다. 우선 생산노동에 대한 군인민위원회와 교육부의 갈등이 매우 컸던 것으로 보인다. 군인민위원회는 생산노동의 교육적 의미에는 관심을 기울이지 않았고 생산노동이 가지고 있는 경제적 효과만을 중시했던 것으로 보인다. 다음으로는 북한의 교육학계 내부의 입장차가 있었을 것이라고 추측할 수 있다.

왜냐하면 세계적으로 보았을 때 마르크스-레닌주의적 노동교육관도 있겠지만 그 외에도 다양한 노작교육관도 있었기 때문이다. 노동의 교육적 의의에 대해서는 페스탈로찌나 루소도 중시하였다. 공상적 사회주의자였던 오웬도 노동의 교육적 의의를 중시했다.[50]

착취적 노동과 교육적 노동의 차이를 규정하기는 쉽지 않았을 것이다. 많은 현존하는 귀족형 자유주의교육이나 많은 선진 자유주의국가에서는 교실이나 학교청소마저 학생들이 해야 할 일로 규정되어 있지 않다. 동양에서도 청소노동은 수행방도로 권장되곤 하였다. 문화대혁명기의 중국의 노동교양에서는 학습을 대신할 만큼 노동량이 많았다.[51]

---

50) 柳 久雄, 임상희 옮김, 『교육사상사』(서울: 백산서당, 1985).

따라서 북한에서도 학생들에게 얼마나 노동을 부여해야 하는지에 대해서도 쉽게 합의될 수 없었을 것이다. 의무교육과정에서 학생들이 근대적 공업발전에 필요한 지식과 경험 및 능력의 소유하기 위해서는 많은 학습과 준비기간이 요구되므로 소년들이 생산노동에 참가시킬 수 없다는 견해와 사회주의사회에서는 인격의 전면적 발전을 위하여 생산노동에 참가시키는 것이 필수적이라고 보는 견해가 있었다. 그런데 사회주의 교육학자들이 학생들을 생산노동에 참가시켜야 된다고 할 때에는 마르크스, 레닌이 구상했던 생산노동으로서 이것은 노동의 주체가 물질생산의 직접적 과정에 참가함으로써 근대적 공업에 상응한 인간의 육성을 한다는 측면을 염두에 두고 있었다.[52]

그에 반해 김일성은 생산노동에서 유리되어 학업을 전문으로 하는 학생들을 생산노동에 참가시키는 것은 그들을 혁명화, 노동계급화하며 교

---

51) 沖原 豊, 『學校淸掃: 行動指導實際의 東西比較』(서울: 정민사, 1982). "중학교에서는 보편적으로 전업반(농기, 농업재배, 정론 등)을 꾸렸는데 실은 이런 전업반이 로동력의 단순한 훈련장소로 되어버렸다. 학생들은 빈번히 일어나는 정치운동에 참가하여야 했을뿐만아니라 그 무슨 《대회전》이요, 분교로동이요 하는 힘든 단순한 로동에도 참가하여야 하였다. 하여 학생의 학습시간이 보장되지 못하였으며 어떤 학기에는 학생들의 학습시간이 두달도 못되였는데 그나마 또 《문을 열고》 사회에 나가 학습해야 했던 것이다." 중국조선족교육사편찬위, 『중국조선족교육사』, 418쪽.

52) "학생들을 생산로동에 참가시키는 문제는 교육학에서 론쟁문제로 나섰다. 그것은 의무교육과정에서 학생들을 생산로동에 참가시키는것이 불가능하다고 보는 견해와 인격의 전면적 발전을 위하여 생산로동에 참가시키는 것이 필수적이라고 보는 견해와의 투쟁이였다. 전자는 근대적공업발전에 필요한 지식과 경험 및 능력의 소유를 위하여서는 많은 준비기간이 요구되므로 소년들이 생산로동에 참가하는것은 불가능하다는것이다. 후자는 근대적공업은 본래 그에 적응된 전면적으로 발전된 인간육성을 전제로 하는 만큼 자본주의사회와는 달리 사회주의, 공산주의사회에서는 마땅히 전면적으로 발전된 인간을 육성하기 위한 수단으로 소년들도 생산로동에 참가시켜야 한다는 것이다. 여기에서 전자나 후자나 생산로동에 참가시키는 문제를 맑스-레닌주의창시자들이 념두에 둔 물질 생산의 직접적과정에 참가시키는것을 념두에 두고있으며 근대적공업에 상응한 인간의 육성의 측면을 념두에 두고 론하고 있다." 사회과학원, 『주체사상에 기초한 사회주의 교육리론』(평양: 사회과학출판사, 1975), 98쪽.

육의 질적 수준을 높이는 데서 중요한 의의를 가진 것으로 보았다.[53)]

그러나 생산노동이 어느 정도 차지해야 하는가에 대해서는 이렇다 할 정답이 없었다. 이에 대해 김일성은 '교육학적 요구'를 철저히 지켜서 생산노동에 지나치게 참가시켜서도 안 되고 소홀히 해서도 안 된다는 원칙과 사회주의 교육에서 논했던 노동교육에서 요구되던 노동을 생산노동만으로 한정시키지 않는다는 원칙을 세움으로써 해결하고자 하였다.[54)]

특히 저학년의 경우는 직접적 생산노동이 아니라고 할지라도 다양한 노동을 통해서 여러 가지 교육학적 요구를 만족시킬 수 있다고 보았다.

---

53) "그러나 오늘 교육과 생산로동을 결합시키는것은 여러 가지 교육학적필요로부터 나선다. 따라서 생산로동이 반드시 직접적생산로동으로써만 교육과 생산로동의 결합의 교육학적목적을 이룩한다고 말할수 없게 되었다." 사회과학원, 『주체사상에 기초한 사회주의 교육리론』, 99쪽.

54) "학생들은 생산로동을 통하여 사상을 단련하고 로동계급의 혁명성과 조직성을 본받으며 학교에서 배운 지식을 공고히 하고 그 응용능력을 키우며 현실에 대한 체험과 로동에 대한 숙련을 쌓는다. 학생들을 생산로동에 참가시키는 데서 교육학적 요구를 철저히 지켜야 한다. 교육일면에만 치우치면서 생산로동을 소홀히 하는 경향과 학생들을 생산로동에 지나치게 많이 참가시키는 경향을 다같이 경계하여야 한다." 김일성, 「사회주의교육에 관한 테제(1977. 9. 5)」, 『김일성전집 64』(평양: 조선로동당출판, 2006), 39쪽. 이것은 실습시간이 큰 비중을 차지하는 고등기술학교에서는 더 큰 문제가 되었다. 북한은 이것을 2교대 실습을 통해서 해결하였다고 주장한다. "희천고등기계공업학교, 개천군 천동공업학교는 실습공장들을 완비하고 그 설비를 정상적으로 운영하는 데서 긍정적인 경험을 축적하였습니다. 이 학교들에서는 학생들의 기술·기능수준을 높이며 설비이용률을 제고하기 위하여 과정안에 입각하여 학급별 실습조직 순환표를 작성하고 실습하는 기간 실습에 참가하는 학생들은 하루 2교대제로 1일 8시간작업을 정상적으로 진행하고 있습니다. 이리하여 학생들의 자습도 정상적으로 보장하면서 실습공장을 쉬우지 않고 정상적으로 운영하여 설비이용률을 높였으며 이미 질 좋은 만능선반을 비롯하여 각종 실험실습기구들과 학교의 물질적 토대를 꾸리는 데 필요한 제품들을 생산해내고 있습니다." 이일경, 「김일성 원수의 청산리교시와 교육부문에 주신 교시를 더욱 철저히 실천하기 위하여(1961. 4. 25)」, 백두연구소 엮음, 『북한의 혁명적 군중노선』(서울: 도서출판 백두, 1989), 248쪽.

> 사회적으로 유익한 로동으로서는 교편글 제작으로부터 시작하여 농촌 로력 협조에 이르기까지 일련의 사회적으로 유익한 로동에의 참가를 예견하여야 하며[55]

> 약수 중학교에서 조직되는 로동에는 자기 교실과 복도의 위생 문화적 관리, 화단 가꾸기, 학교 주변의 록화 사업 등으로 진행되는 간단한 생활 로동, 딸기 밭, 화초 가꾸기, 실습지, 실험 포전, 약초 재배 묘포전 등 계절적 특성을 고려하여 조직되는 농산 로동, 사료 준비 공급, 가축들의 일상적 관리, 수의학적 예방 치료 등 년간을 통하여 정상적으로 진행되는 축산 로동과 사회 로동들이 있다.[56]

그 외에도 교실생활에 필요한 각자의 역할 중 조금이라도 노동과 관련된 일이면 그것을 생산노동으로 취급하였다.

> 인민 학교에서 실시되는 사회에 유익한 로동으로서는 자기 교실과 학교를 청소 미화하는 사업, 간단한 교편물, 동식물 표본을 수리 제작하는 작업, 실습지에서의 작업과 화단의 정리 및 관리 사업, 학교의 월동 준비를 위한 각종 작업, 학교 주변의 록화 작업, 피마주, 해바라기재배, 유해 곤충 박멸 사업, 약초를 비롯한 각종 유용 식물의 채취사업들을 들 수 있다.[57]

특히 연령에 따른 차이를 어떻게 해야 하는가가 중요한 문제였다. 북한에서는 지식, 과학교육과 마찬가지로 노동교양도 연령에 따라 단계적으로 접근하는 것에 매우 심혈을 기울였던 것으로 보인다. 왜냐하면 그

---

55) 교육학분과집필위원회, 『교육학: 사범전문학교용』, 218쪽.
56) 교육도서출판사, 『약수 중학교 교육 경험』, 104쪽.
57) 교육학분과집필위원회, 『교육학: 사범전문학교용』, 277쪽.

렇게 하지 않으면 노동의 교양교육적 효과는 상실되기 때문이다.[58]

이렇게 연령별로 노동에 질적 차이를 두는 것에서 더 나아가 일정한 제품을 만드는 데 요구되는 작업공정에 따른 구체적인 노동분업이 이루어졌다. 이렇게 함으로써 학교에서 제품을 만들거나 생산현장에 동원되었을 때 한 학교 학생만으로 충분히 분업과 협업을 통해서 일정한 성과를 올릴 수 있는 조건이 마련되었고, 교육적 효과도 더 컸다고 한다. 저학년 학생은 난이도가 낮은 작업이나 보조역할을 하고 고학년 학생은 고난도의 작업을 함으로써 학교는 외부의 도움 없이도 자체의 힘으로 자율적으로 제품을 생산할 수 있었다고 한다. 모든 학생들은 학교라는 거대한 노동조직체를 구성하는 한 명의 노동자가 될 수 있었다.

> 우리는 우선 학교의 물질, 기술적 토대를 구축하는 사업에 학생들의 지혜와 창의 창발성을 발동하며 이 과정에서 배운 지식을 실천에 적용하는 능력을 배양하도록 하는 데 주의를 돌렸다.
>
> 우리는 학교 당 조직의 지도하에 먼저 제지 공장 건설 사업에 학생들을 적극 조직 동원하였다. 교원들의 지도 밑에 설계조, 자재 보장조, 부속품 가공조, 기계 조립조 등이 조직되였다. 저급 학년 학생들에게는 볼트, 낫트를 비롯한 단순한 기계 부속품을 깎는 사업이

58) "로동과 사회사업을 조직함에 있어서 그것을 교육 교양적 목적에 복종시키며 따라서 년령적 특성에 적합해야 한다. 학생들의 로동은 막로동이 아니라 교육과 결합된 로동이다." 교육도서출판사, 『약수 중학교 교육 경험』, 76쪽. "인민반 1,2 학년은 여름 철에 포도와 과수 나무에 물을 두고 가꾸는 극히 단편적인 작업을 진행한다. 인민반 3,4 학년은 화초, 포도나무, 과수나무 등의 재배에 필요한 간단한 원예 작업과 함께 몇 가지의 접 방법과 삽목을 배우고 중등반 1, 2 학년은 야생 과실, 지방산 과실의 품종 개량을 실시한다. 토끼는 모든 학년에서, 양봉은 중등반 이상의 학급에서, 중등반은 닭, 오리 등의 가금, 기술반은 가금, 양, 염소 등의 초식 동물을 사양 관리함으로써 풀을 리용하여 가공한 자연 사료, 재배한 농산물의 가공 사료를 공급하고 이에 따라 다양한 농산 로동을 진행한다." 교육도서출판사, 『약수 중학교 교육 경험』, 107쪽.

> 맡겨졌고 고급 학년 학생들에게는 복잡한 부속품의 제작과 기계 조립에 대한 과업이 분공되였다. 학생들은 분공을 실행하는 과정에 도면 료해, 제지 공장의 흐름, 기계적 특성, 작용 원리들을 더욱 깊게 알게 되었다.[59]

1960년의 『교육학: 사범전문학교용』에서 노동교양의 질적 목표를 다음과 같이 세 가지로 요약하였다.

> 첫째로 학생들에게 가장 단순한 로동 관습을 배양한다. 특히 학생들의 자립적인 활동 관습을 배양함에 주의를 돌린다.
>
> 둘째로 학생들에게 가장 널리 보급된 손 도구로써 작업하는 방법을 가르쳐 준다.
>
> 셋째로 유익한 제품을 만들게 한다. 이리하여 사회에 유익한 활동을 하게 한다.[60]

2. 노동의 전문화 : 기술소조, 연구소조

각 학교에서는 분업화뿐만 아니라 생산과 노동의 질적 발전을 선도할 수 있는 소조를 조직하여 소조원들의 역할을 극대화하였다. 우선 소조원들은 일반학생들, 비소조원들보다 높은 수준의 기술교육을 받았으며 높은 수준의 제품을 생산하도록 요구받았다. 고학년의 경우 생산기술연구소조의 소조원들은 논문도 작성하고 창조성을 발휘할 수 있도록 하였고 연구결과를 생산에 도입할 수 있도록 했다.[61]

---

59) 조선사회주의로동청년동맹, 『지덕체 과업 실천을 위한 사로청 조직들의 사업 경험』 (평양: 조선사회주의로동청년동맹출판사, 1964), 123쪽.

60) 교육학분과집필위원회, 『교육학: 사범전문학교용』, 219쪽.

생산노동을 연령에 따라 단계적으로 성격을 달리 했듯이 기술연구소조의 생산노동의 성격도 연령에 따라 단계적으로 성격을 달리했다. 저학년에는 공작크루쇼크가 고학년의 기술연구소조와 같은 역할을 했다. 이와 같은 소조들은 교원의 지도하에 연구, 생산시설의 관리를 책임졌다.[62)]

그러나 일부 학교들은 이러한 소조를 조직하지 않거나 형식적으로 운영하였던 것으로 보인다.

---

61) “인민 학교 공작 요강에는 천(실) 작업이 예견되여 있다. 그러므로 과외 크루쇼크 작업에서는 이를 공고화하며 확대할 작업들 례컨대, 손‘수건 만들기, 장갑 뜨기, 수놓기 등을 비롯하여 재봉기 사용의 초보까지 줄 수 있다.” 교육학분과집필위원회, 『교육학: 사범전문학교용』, 220쪽. “생산 기술 연구 소조 활동에서 중요한 의의를 가지는 것은 주어진 제목에 근거한 소론문 작성이다. 론문 작성 과정은 학생들에게 이미 습득한 지식을 깊고 공고히 체득할 수 있게 하며 앞으로의 생산 활동에서 창조적으로 일할 수 있는 능력을 배양하여 준다. 일용과 4학년 1반 초급 단체에 조직된 《일용품 연구 소조》에서는 오늘까지 160여 건에 달하는 론문을 작성 발표하였다. 그 중에서도 문 혜자 동무가 발표한 《내한성 가소제 제조》와 리 평화 동무의 《도료용 멜라민 수지축함》, 로 영자 동무의 《염화비닐 접착제 제조》등의 론문은 생산 실천에서 가치 있는 것으로써 높은 평가를 받았다.” 조선사회주의로동청년동맹, 『지덕체 과업 실천을 위한 사로청 조직들의 사업 경험』, 122쪽.

62) “1) 교편물 제작 2) 자연 연구 크루쇼크용 비품 제작 3) 각종 모형 제작 4) 제본 작업 5) 천(실) 작업 6) 학교에서 필요한 각종 비품 7) 명절과 기념일 행사용 작식품 8) 각종 제품 제작」, 교육학분과집필위원회, 『교육학: 사범전문학교용』, 219~221쪽 ;“공작 크루쇼크에서는 학교에서 필요한 각종 비품, 례컨대 쓰레받기, 액틀, 화분대를 비롯하여 소년단실 비치용 각종 비품, 조선 로동당 력사 연구실용 비품, 토끼 우리 제작, 교구 수리.” 교육학분과집필위원회, 『교육학: 사범전문학교용』, 220쪽. “현재 학교에는 원예 연구 소조, 축산 연구 소조, 꼬마 병원, 꼬마 기상대, 공작실 연구 소조 등이 조직되여 활발하게 운영되고 있다. 원예 연구 소조와 축산 연구 소조는 해당 교원의 지도 하에 실습지, 가축사의 관리와 기타의 생산 로동 조직과 생산 시설의 관리에 참가한다. 매 연구 소조에는 학생 소조 책임자와 양사, 염소사, 토끼사, 창고, 시험 포전, 약초 재배지 등 부분 별 책임자와 학급 별 책임자가 있어 자체의 소조 활동을 진행하면서 자립적인 생산 조직 관리 운영체계를 이루고 있다.” 교육도서출판사, 『약수 중학교 교육 경험』, 109쪽.

> 어떤 학교에서는 과목 및 기술 크루쑈크를 조직조차 하지 않고 있으며 또한 어떤 학교에서는 이름만 걸어 놓고 운영하지 않음으로써 사실상 유명 무실하게 만들고 있다. 그리고 운영한다 하더라도 일정한 목적과 구체적인 계획을 가지고 의도적으로 조직하지 못하고 형식적으로 사업하고 있는 것을 찾아 보게 된다.[63]

또는 노동교양의 취지에 맞지 않게 기술 소조, 공작소조 학생들에게만 생산을 담당하게 했다.

> 여기에서 일부 학교들에서 하고 있는 바와 같이 몇 명의 크루쇼크 학생들만이 직접 토끼를 관리할 것이 아니라 전체 학생들이 토끼를 훌륭하게 길러내는 방법을 실제로 체득할 수 있도록 작업 조직을 하여야 한다.[64]

> 또한 일부 학교들에서와 같이 자그마한 《실습 공장》을 꾸려 놓고 극히 제한된 몇 명의 학생들이 모표나, 휘장이나, 못 등을 생산하는 것으로써 만족하고 이것으로 공업 로동을 대치하려는 경향도 철저히 없애야 한다.
>
> 동시에 어떤 중학교에서와 같이 선반, 만능 선반과 같은 귀중한 기대를 철공실에 사장 시키고 녹쓸게 하고 있는 엄중한 현상들[65]

어떤 학교들에서는 실제 작업을 실시하지 않았던 것으로 보인다.

> 일부 학교들에서는 재봉, 수예, 료리 등 가장 초보적으로 요구하고

---

63) 『인민교육』, 1960년 12월, 23쪽.
64) 위의 책, 23쪽.
65) 위의 책, 21쪽.

> 있는 실제 작업조차 실시하지 않고 있으며 심지어 재봉침이 몇 대씩 학교에 있음에도 불구하고 그것을 사장시키고 학생들에게 재봉침 사용법조차도 가르쳐 주지 않고 있다.[66]

이런 현상이 일어난 것은 지도교사가 소조원들을 지도하기에 급급했기 때문이었던 것으로 보인다. 이런 한계를 극복하기 위해서 소조원들은 일반학생들을 위한 생산실습 지도원이 되었고, 지도교사는 소조원들이 지도를 손쉽게 할 수 있도록 실습지도서를 작성하고 규정을 만들어 게시하였다.

> 아직 생산 로동에 참가하는 것은 일부 크루쇼크원, 《기술 핵심》에 국한되였을뿐 전반적인 학생들이 생산 로동에 참가하지는 못했다. (중략) 우리는 교육 문화성령 제6호에 기초하여 이상의 제반 결함들의 원인을 분석하고 그 결함을 퇴치하는 방향에서 생산 로동에 참가하는 것을 과정안에 포함시켰다. (중략) 또한 실습 지도 교원 혼자서 서로 다른 기대들 즉 선반, 불반과 손 가공 로동, 단야, 목공 작업을 진행하는 학생들을 지도하느니만큼 매 기대 들에 대한 구체적 지도를 진행하기 위하여 기대별 《지도원》을 기술 크루쇼크 학생들 중에서 선발하였다.(중략) 그러나 기술 《지도원》들의 설명과 지도에 있어서는 교원이 계획하고 있는 전반적인 교육 교양적 문제를 해결할수 없었다. 이를 극복하기 위하여 매 기대별, 작업 공정별로 실습지도서를 작성하였다.(중략) 매 기배별에 대한 지도서 이외에 생산 로동에 참가하는 전체 학생들이 일반적으로 알아야 할 문제 즉 일반적 질서와 안전 규정 등을 포함한 《일반 규정》을 작성하여 일상적으로 게시하도록 하였다.[67]

---

66) 『인민교육』, 1960년 12월, 22쪽.
67) 리중구, 「공업로동에 대한 교원의 준비와 지도」, 『인민교육』, 1961년 1월호, 36~37쪽.

그리고 학교는 전학생들을 대상으로 자체적으로 기술 평정을 하는 기구인 기술기능평정심사위원회를 실습지도교사와 연구소조 학생들로 구성하였다.

> 우리 학교에서는 학생들의 기술 기능 습득 정형을 평정하기 위하여 기술 기능 평정 심사 위원회를 조직하였다. 기능 급수 평정 규준은 학교의 실정에 맞게 현존 공장 급수를 고려하여 1급부터 6급까지 설정하였다. 심사 위원회는 실습을 담당지도하는 교원과 유능한 기술 크루쇼크 학생들로 구성되여 있으며 한 개 한급의 생산로동이 끝나는 때마다 소집했다.[68]

기술연구소조원들은 동료학생들의 기술 기능 습득 평가에도 참석하여 단순히 어느 한 공정과정에서의 지도원이 아니라 명실공히 전공정에서 지도원의 자격을 부여받았다. 연구소조원들이 지도에서 평정까지 책임을 짐으로써 소조원들의 역할을 극대화하였다. 이것은 일종의 평정의 자력갱생이라고 할 수 있을 것이다.

노동현장의 천리마작업반운동에서 노동자들에 의해 일어난 기술창의, 고안운동처럼 생산기술연구소조 학생들은 교육현장에서 창의고안을 이끌어가는 역할을 했을 뿐만 아니라 소조가 속한 학교의 모든 학생들이 생산노동에 참여할 수 있도록 하는 지도원역할을 했다.

> 인민학교에서 각종 제품, 례컨대 송곳, 과자곽, 못 및 기타 일련의 제품을 생산함에 있어서 공작 크루쇼크 성원들은 핵심적 역할을 놀아야 한다. 그러므로 모든 아동들이 로동에로 조직적으로 인입되기 전에 학교에서 생산되는 제품 생산에는 우선 크루쇼크 성원들이 망

68) 위의 글, 38쪽.

> 라되여 제품을 먼저 제작해 보아야 한다. 이리하여 크루쇼크 성원들은 기타 학생들에 대한 기술 전달자로 제품 생산에서 핵심적이며 주도적 역할을 놀아야 한다.[69]

이는 학생들을 직접 생산노동과 실습을 지도할 만큼 교사나 전문기술자가 부족했기 때문에 일어난 일이었지만 대중이 대중을 교육교양하는 체계를 수립했기 때문에 가능한 일이었다. 생산연구소조원들의 이런 역할은 저학년의 경우에도 적용되었다. 즉, 학생들 스스로 가르치고 배우는 군중노선을 광범위하게 교육현장에도 도입한 것이다.

인민학교에서는 특히 공작 크루쇼크, 자연연구 크루쇼크라고 명명된 소조의 역할이 컸다. 공작 크루쇼크는 기본 생산 기술 교육 실시에서 중요한 역할을 했고, 자연연구 크루쇼크도 폭넓은 활동으로 동료학생들의 학습에 기여했다.

> "자연 연구 크루쇼크의 사업 내용은 다음과 같다.
>
> 첫째로 자연 관찰. 일기와 동식물계의 변화를 관찰한다. 그러기 위하여 크루쇼크 성원들은 자기에게 위임된 관찰 과제를 수행하기 위하여 체계적으로 관찰할 뿐만 아니라 관찰 일지에 기록하며 처리하여야 한다.
>
> 둘째로 표본 제작. 지방적으로 보아 학생들의 힘에 알맞은 동물, 식물, 유용 광물 표본을 수집 제작할 수 있다. 이리하여《우리 마을의 식물》,《우리 마을의 곤충》,《우리 향토의 유용 광물》등 표제 밑에 표본을 제작한다.
>
> 셋째 화단과 학교 실습지에서 꽃을 가꾸며 특히 작물 재배와 가금, 가축 사육에서 책임적 역할을 수행하며 재배와 사양 관리에 대한 기능과 숙련들을 다른 학생들에게 전달한다.

---

69) 교육학분과집필위원회, 『교육학: 사범전문학교용』, 221쪽.

넷째 자연 학습과 실습지 작업을 위하여 필요한 각종 교편물을 제작 한다.

다섯째, 각종 실험 등을 수행한다. 즉 잘 간 땅과 잘 갈지 못한 땅에서의 식물의 성장에 대한 관찰, 온실 조건과 포전 상태에서의 발아 상태와 성장 상태, 사람들이 식물의 성장을 좌우할 수 있다는 것을 보여 주기 위한 실험(야로비자찌야) 등 특히 이런 실험을 관수, 심경, 밀식, 다량 시비의 정당성을 실증하는 방향으로 조직되여야 한다.

여섯째 견학. 농업 협동 조합과 국영 농목장 등을 비롯한 일련의 생산 대상에로의 견학과 자연현상에 대한 견학을 조직한다.

일곱째 사회적으로 유익한 로동—농촌 로력 협조를 비롯하여 각종 작업에 참가할 수 있다."[70]

학생들이 동료학생을 가르치는 것은 지도교사가 가르치는 것만큼 질적 수준은 높지 않았겠지만, 기본 교육은 가능했을 것이다. 농촌에서는 소조원들은 과외활동을 통해서 농민들의 기술혁명을 이끌어 가는 역할도 부여받았다.[71]

---

70) 교육학분과집필위원회, 『교육학: 사범전문학교용』, 216~217쪽.

71) "소조원들은 자기 학교 학생들 속에서 뿐만 아니라 자기 집, 자기 마을과 린근 일대의 주민들 속에서 선진 영농 방법과 경험들을 선진 소개함으로써 농촌의 기술 문화 수준의 제고에 이바지 한다." 교육도서출판사, 『약수 중학교 교육 경험』, 109쪽. "꼬마 병원은 리내의 진료소와 밀접한 련계를 보장하면서 학교 내 예방 치료 사업을 자립적으로 담당 수행하며 학생들 속에 보건 위생 지식과 실무적인 치료 방법을 보급한다. 병원 약국에서는 주사 하나에도 약명, 성분, 용도, 효능, 제조 연월일을 기입한 설명서를 붙여 진렬함으로써 드나드는 학생들에게 일반 상식을 높이도록 세심한 주의를 돌리고 있다. 병원 일'군들은 (연구 소조원) 실무적인 치료 사업과 강습, 기능 전습을 통하여 졸업할 때까지는 경험 있는 간호원으로 준비된다." 같은 책, 110쪽. "학생들이 진행하는 품종 개량과 선진적인 가축 관리 방법과 영농 방법들은 부근 일대의 인민들에게도 심각한 영향을 주어 그들을 고무하고 있다." 같은 책, 115쪽.

3. 공장, 농장, 혁명의 장으로서의 교육현장

모든 학생이 생산노동을 하고 실습을 하려면 학교와 학교환경이 생산노동을 할 수 있는 장으로 탈바꿈해야 했다.

> 현재 학교는 교사와 운동장을 중심으로 학교 구역 일대가 풍경림, 과수원과 화단으로 뒤덮여져 있고 아름다운 공원을 이루고 있다. 그러나 이것은 학생들이 즐겁게 휴식할 수 있는 단순한 공원이 아니라 그들의 실습, 실험, 생산 로동을 진행할 수 있는 넓은 교실이며 실험실이다.
>
> 운동장 전면과 교사의 측면 및 후면에는 5000여 그루의 나무와 800여 그루의 각종 과수나무가 자라고 있고 수영장, 교사 측면과 후면, 기숙사로 가는 유보도에는 1000여 그루의 포도나무가 있다. 교사 후면 약 50메터 거리에서 실습 포전이 시작되고 교사 후면 서쪽에는 약초 재배지가 자리 잡고 언덕빼기는 산채 재배지로 리용되고 있다.
>
> 학교는 운동장 주변과 과수원 사이사이 및 도로 주변 공간을 합리적으로 리용함으로써 넓지 않은 공간을 화단, 실습, 실험 기지, 딸기밭으로 가꾸고 있다. 그 밖에도 그 속에는 온실, 온상이 있어 필요한 모든 생산 로동을 진행할 수 있게 한다. 학교로부터 1키로메터의 도로 좌우에는 해바라기, 피마주, 꽃들을 심어 록화 사업과 유지 작물 생산을 겸하고 있다. 매개 구역에는 관리하는 학급, 학생 성명, 재배하는 식물을 설명한 패쪽이 게시되여 있고 나무마다 그 이름과 과명, 산지, 관리자의 성명이 있어 학교 구역 내를 한 번 돌고 나면 식물원 견학을 하고 나서 나무와 화초들을 잘 알게 되듯이 환하게 된다. 그 많은 야생 과실, 지방산 재래종 과실의 품종 개량과 포도 묘목 생산도 이 공원을 이룬 과수원 구역에서 진행되고 있다. 이런 데서 6,000 그루의 복숭아나무 같은 수량의 사과와 배 묘목과 1년에 9,000여 그루의 포도 묘목, 수다한 딸기 모를 생산하여 군내 각 학교들과 도내

> 산간 지대 학교들은 물론 풍토에 맞는 멀리 자강도, 량강도까지 보낸다면 누구나가 놀라지 않을 수 없다. 실습 포전에서는 이 지대의 풍토에 맞는 고추, 옥수수와 콩과 재배 식물을 많이 심어 다수확을 거두고 있다.
>
> 교사 후면 동쪽으로 20메터만 내려가면 맑은 강물이 흐르는 언덕우에 가축사가 자리 잡고 있다. 가축사의 위치는 학교의 전반적인 문화적 환경조성과 가축들의 위생적인 사양 관리에 편리하게 되어 있고 이곳 역시 복숭아나무들로 둘러 싸이여 봄과 여름철이면 멀리서는 잘 알아 보기도 힘 들게 되어 있다.(중략) 형용하여 말하면 아름다운 공원에 어울리게 이곳은 잘 관리되고 있는 동물원이라고 말해야 옳을 것이다.72)

모든 생산노동은 집단노동이어야 했고 집단은 10~15명 정도의 작업반으로 구분하는 것이 각각의 학생들의 과제를 쉽게 할당하거나 작업을 총화하며 평가하기에도 적절하다고 보았는데 이는 결국 학생들이 사회에 진출해서 참여해야 할 천리마작업반운동을 학창시절에 미리 연습하고 습득하는 셈이었다.

북한은 학생들에게 집단주의 노동만을 육성한 것이 아니라 어디서나 언제나 노동할 것을 요구했다. 그렇기 때문에 기술, 기능적으로 집단노동, 분공을 통한 노동, 공정을 거치는 작업만을 노동으로 취급하지 않았다. 모든 현장은 부족하면 부족한대로 생산노동현장이 되어야 했다.

> 여기에서 황해남도 신천군 도락 중학교를 비롯한 일부 학교들과 같이 아직도 만능 선반이나 후라이스, 전기톱, 전기 대패, 제재기 등 큰 기대만을 갖출 것을 꿈꾸면서 학교에서 능히 해결할 수 있는 간단한 도구들은 갖추려 하지 않은 경향들을 철저히 근절하는 문제가

72) 위의 책, 112~113쪽.

중요하다.[73)]

노동조건이나 생산조건을 갖췄느냐 갖추지 못했느냐가 중요한 것이 아니라 조건과 관계없이 모든 곳이 노동의 장이요 생산의 장이었던 것이다. 그렇게 생각해 보면 학교와 마찬가지로 가정도 교육의 현장이었으며 노동의 장이었다고 할 수 있다. 천리마시대에는 가정교육이 학교교육만큼 중요했고 그것을 잘 보완하는 장치였던 것으로 보인다. 노동은 학생들에게 학교에서 요구하는 것처럼 가정에서도 요구되었다고 할 수 있다. 학교에서의 노동과 가정에서 요구되는 노동은 유사한 것이 많았기 때문이다.[74)]

---

73) 『인민교육』, 1960년 12월호, 21쪽.

74) 이것은 소련의 마카렌코의 사상에서도 분명히 드러난다. 그러나 마카렌코에게서는 학교에서의 노동과 가정에서의 노동이 명확하게 나누어져 있었다고 할 수 있다. 마카렌코는 가정에서 할 수 있는 다양한 노동을 소개한다. 안톤 세묘노비치 마카렌코, 『아동교육 강연』(서울: 지만지, 2009), 80~82쪽.

제5절 실습, 실험, 연습

생산노동에 대한 각별한 의미 부여로 인해 생산노동은 교육과정상의 실습을 규정지었다. 북한에서 생산노동은 집단노동이므로 결국 학교에서의 실습과정은 집단주의적인 노동교양, 사상교양과 교육을 강력하게 결합시켰다. 학생들이 할 수 있고 해야만 하는 생산노동의 연령별 단계별 특성에 따라 교육과정도 전반적으로 연령별 단계별로 분류되어야 했다. 즉 학생들의 인지적 발달과정에 맞춰 교육과정이 편성된 것이 아니라 학생들이 할 수 있는 생산노동의 질적 양적 수준에 맞춰 교육과정이 편성되었다고 할 수 있다. 이를 위해서는 연령에 맞게 단계적으로 노동을 분류하는 것이 결정적으로 중요한 과제였다고 할 수 있다. 북한에서는 노동의 내용과 순차성에 의하여 인민반, 중등반, 기술반에 적용되고 있는 생산 노동의 특징을 다음과 같이 간단히 요약하였다.

> 인민학교에서 가장 간단한 노동에 대한 관습으로부터 시작하여 중학교에서 공업노동과 농업노동, 기술학교에서 현대 생산기술의 기본을 이루는 기초기술과목실습과 전문실습, 고등기술학교에서 전공학과에 따르는 생산실습의 형태와 방법을 학생들의 연령적 특성과 육체적 발전에 상응하게 조직하는 것이 중요합니다.[75)]

초급중학교에서 실시된 '실습'과목에는 목공, 철공, 간단한 전기 작업

---

75) 이일경, 「김일성원수의 청산리교시와 교육부문에 주신 교시를 더욱 철저히 실천하기 위하여(1961. 4. 25)」, 246쪽.

을 하는 공작실습과 작물재배, 가축 사육 등을 하는 실습지실습이 포함되었다. 고급중학교의 '생산기본'과목에서는 공업기본으로 자동차, 트랙터의 구조와 작동원리, 초보적인 전기전신기술 등 금속공학, 기계공학의 기초를 교육하였으며 농업기본으로 토지경작, 시비, 작물재배, 영농법, 농기계, 축산, 양잠의 기본에 대한 지식과 기능을 습득하도록 하였다.[76]

상급학교인 기술학교와 고등기술학교에는 전문적인 기술이 요구되는 '생산실습' 과목이 있었다. 그런데 많은 분야 중에서 매 학년도에 실습과제를 선택하는 것이 문제가 된다. 실습시간과 실습의 물질적 토대가 한계가 있기 때문이다. 북한의 생산노동 중심의 교육과정은 순수 학문적 관점에서 실습과제가 선정된 것이 아니라 북한경제가 요구하는 현재의 문제를 해결하기 위한 것이 실습과제로 선정되었다. 실습과제는 물론 당의 요구, 김일성의 교시가 주된 것이었다.[77]

실습은 궁극적으로는 북한 주민들이 실제로 사용하거나 공급할 수 있는 제품을 생산하기 위한 생산실습으로 되었다. 산지식인을 양성하기 위한 북한의 실습수업은 그것이 단지 생산노동과 관련을 맺었기 때문에 의미를 갖는 것은 아니었다. 실습은 이론과 실천을 이어주고, 실용적 지

---

76) 조정아, 「산업화 시기 북한의 노동교육」, 91쪽.

77) "이 학교에서는 김일성원수의 현지교시정신에 입각하여 '계단식 과수재배법', '과수재배에서의 기계화방도', '다양한 다수종의 합리적 배치방법' 등 일련의 간절한 문제해결에 교원, 학생들의 연구를 집중시켰으며 실습대상의 선정과 실습진행방법도 교수요강과 실습요강에 입각하여 이에 적응하게 선정하였습니다. 뿐만 아니라 교내 실습과수원도 이러한 방법에서 꾸리고 이러한 방향에서 조직 · 운영하였습니다." 이일경, 「김일성원수의 청산리교시와 교육부문에 주신 교시를 더욱 철저히 실천하기 위하여(1961. 4. 25)」, 247쪽; 또한 실습기간에도 정치교양은 빠지지 않았다. 이는 실습보고서에 실습제목, 실습기간, 실습기간, 실습을 통해서 학습한 과학기술적 내용과 그에 대한 분석, 실습에 사용한 기구와 수량 · 기구와 장치의 도면, 실습과정에서 달성한 성과와 제기되는 의견뿐만 아니라 "김일성동지의 로작과 당정책, 혁명전통학습을 비롯한 정치학습정형, 사회정치활동에 참가한 정형"을 기재하도록 한 것을 보면 알 수 있다. 집필위원회, 『교육학: 사범대학용』, 235쪽.

식과 이론을 이어주는 다리역할을 하였고 이론과 실천, 당정책과 국가계획에 대한 전망을 공유하는 것과 생산노동을 융합하고 종합하는 역할을 하였다. 이것은 〈표 5-1〉과 같은 학습지도안을 보면 알 수 있다.

〈표 5-1〉 생산노동 지도안

시일		학년 학급	
작업제목			
1. 사회 로동에서 해결해야 할 과업 ㄱ) 작업과 관련된 일반 지식 ㄴ) 작업기술 ㄷ) 교양 과업 2. 지도 내용 ㄱ) 작업의 목적과 필요성이 해설 ㄴ) 예견한 지식 및 기술 및 작업 시 류의할 점에 대한 해설 3. 작업평가 ㄱ) 진행한 작업에 대한 질, 량적 평가 ㄴ) 교양 과업의 실현 정형			

출전 : 「교육과 생산 로동의 옳은 결합을 위하여」, 『인민교육』, 1963년 5월호, 27쪽.

실습의 효과는 오직 생산노동을 통해서 입증되어야 했다. 실습을 강화한 이유는 생산노동을 위한 것이었다. 김일성은 생산노동 즉 집단노동은 노동교양이며 이 교양적 효과가 교육전반에 변화를 줄 수 있다고 보았다. 생산노동은 '인테리'나 인민들을 노동계급화 하는 데 요구되는 것뿐만 아니라 사회주의가 원하는 지식과 과학을 발전시키기 위해서도 요구되었다. 김일성이 보기에는 생산노동을 통해서 지식과 과학이 현실적으로 입증되고 이렇게 입증되어야만 북한의 지식과 과학이 발전할 수 있는 것이다. 그렇기 때문에 아주 정교하게 수업진행을 하지 않으면 그러한 목표를 달성할 수 없었다. 김일성은 산지식인을 육성하기 위한 결정적인 역할을 실습에서 찾은 것 같다. 그것은 〈표 5-2〉 고등기술학교

실습 시간표를 보면 알 수 있다.

〈표 5-2〉 실습 시간표

오전 8시 - 작업복, 실습 노트, 점심
기타를 준비하고 실습 공장 정문 앞에 집합
8. 00~8. 10 - 인민보건 체조
8. 10~8. 25 - 시사 독보 모임
8. 25~8. 40 - 브리가다별 가제 제시와 주의(안전규정, 표준 조작법)
8. 40~8. 50 - 탈의실에서 작업 준비
8. 50~9. 00 - 작업 준비를 갖추고 인계 인수 작업에 참가
9시 이후 - 1) 강의 참가(1시간 30분)
2) 실습 과제 집행(1시간 30분)
3) 기능공들의 작업 수법 연구(30분)
4) 기능 수준 제고(4시간 30분)※(점심시간 포함)
5. 00~5. 20 - 세면, 복장 정돈
5. 20~5. 50 - 브리가다별 총화 내용으로는 1. 규률 준수 정형 2. 과제 수행 정형 3. 질의 4. 실습 노트 정비 정형 5. 의견 제시
5. 50~7. 10 - 1. 혁명 활동 연구 모임(과외 작업) 2. 회상기 감상 모임 3. 모범 로동자들과 상봉 모임 4. 시사 연구 모임 5. 영화 감상 조직 6. 목욕 조직(이러한 사업들 중 한두 가지 사업을 진행한다)
7. 10~7. 40 - 브리다가 반장 및 학급 열성자들과의 총화

출전: 배윤환(개성 관덕 공업 학교), 「현장에서의 실습을 어떻게 조직 지도하였는가」, 『기술교육』, 1960년 제9호.[78]

김일성은 생산노동을 중시함으로써 교수교양사업의 변화를 촉진하려고 한 것으로 볼 수 있을 것 같다. 북한에서 모든 생산노동은 청산리방법과 천리마작업반운동으로부터 강력한 영향을 받았다. 김일성은 생산노동으로 집단주의 교양을 강화하고, 생산노동 질적 강화를 통해 실습의 질을 규정할 수 있고, 철저한 실습과 양질의 생산노동은 일반과목의 교수나 교양의 혁명을 이끌어 올 수 있다고 생각한 것으로 보인다.[79]

78) 조정아, 「산업화 시기 북한의 노동교육」, 97쪽. 재인용.
79) "교육과 생산노동을 통하여 학생들은 배운 지식을 더욱 심화하고 일정한 생산기

그러나 이런 묘책은 여전히 구체화되지 않으면 무의미한 발언일 수도 있다. 그래서 김일성은 이에 대한 답을 주기 위해서 약수중학교 등 여러 학교를 모범으로 선정하여 그것을 답습하도록 하였다. 생산노동과 실습의 강화를 통해서 학습효과도 올릴 수 있다는 것을 보여줘야만 김일성의 교육혁명은 대중적인 설득력을 갖출 수 있는데, 이것을 위해 김일성이 집중적으로 현지지도해서 모델화한 것이 약수중학교였다. 약수중학교 학생들은 학습에서 성과를 올려야 할뿐만 아니라 김일성이 바라던 산지식인의 모델이 되어야 했고 그것은 무엇보다도 생산노동의 교육교양적 효과로서 해석되었다.[80]

또한 북한은 학생이 졸업한 뒤에 배치될 직종, 특히 지방산업 육성책에 의해 세워질 지방산업에 맞춰 학생들에게 요구될 생산노동의 종류가 선정되어야 한다고 보았다. 그렇게 하지 않으면 이론과 실천이 괴리되고 학생들의 노동계급화는 형식화될 것이라고 보았다. 즉, 자기 마을, 자기 군, 자기 지방의 현재와 장래에 관심을 가지고 생산노동을 하게 될 때 이론과 실천이 결합될 수 있으며 노동이 소외되지 않을 뿐만 아니라 노동이 학생을 노동계급화 하는 데 효과를 낼 수 있다고 보았다.

술·기능을 소유할 뿐만 아니라 노동에 대한 공산주의적 태도, 규율성과 집단주의, 강의한 의지, 고상한 도덕적 품성으로 교양하고 있습니다. 교육과 생산노동의 결합은 오늘 교원들의 교수교양사업과 학생들의 학습에서 형식주의와 교조주의를 퇴치하고 교수교양사업의 질을 전반적으로 제고하는 강력한 수단으로 되고 있습니다." 이일경, 「김일성원수의 청산리교시와 교육부문에 주신 교시를 더욱 철저히 실천하기 위하여(1961. 4. 25)」, 246쪽.

80) "오늘 약수 중학교 학생들은 보잘 것 없는 지식을 소유한 지난 시기의 농촌 학생이 아니라 그들은 도시 학생에 조금도 못지 않은 쓸모 있는 인간으로 자라나고 있다. (중략) 또한 자기 군, 자기 지방 실정에 정통하고 있다. 그들이 소유한 지식은 자기 지방의 장래 발전과 우리 나라 사회주의 건설에 실제로 적용될 수 있는 실천성 있는 지식이다." 교육도서출판사, 『약수 중학교 교육 경험』, 117쪽.

> 구체적인 목표와 내용을 규정하지 않고 학생들을 생산 로동에 참가시킨다면 그들 대다수는 자기 지방의 자연 경제적 조건과 실정을 모르게 되며 졸업 후 그들이 지방의 실정에 적응하게 인민 경제 각 부분에 복무할 수 없게 된다. 학생들의 생활과 인연이 먼 생산 로동의 내용은 그들이 파악하기 어려워 한다. 어린 시절부터 자기 지방의 실정에 맞게 체계적으로 생산 로동에 참가시킨다면 그들은 자기 마을, 자기 군, 자기 지방의 현재와 장래에 대한 애착심을 가지게 되어 자기 고향의 발전을 위해 모든 힘과 정열을 다하는 훌륭한 애국자로 교양될 수 있다.[81]

즉 자기와 가족, 이웃들이 살아가고 직접 혜택을 받을 수 있는 그런 대상을 건설하고, 생산하고, 그것을 위해서 일할 때 노동의 의미를 느끼고 더욱 열심히 일을 할 것이라고 본 것이다.

그렇다면 이런 실습시간은 얼마나 되었을까? 생산실습시간이 1958년만 해도 전체 수업시수에서 일반교과가 25%, 기술교과와 생산실습시간을 합한 시간이 75%나 되는 데 반해 1962년에는 일반교과의 수업시수가 82.9% 기술교과와 생산실습시간을 합한 시간이 17.1%로 줄어들었다. 기술학교는 기초기술이 아닌 전문기술을 가르칠 수 있는 교원들이 있어야 하는데 그런 교원들이 9년제 기술의무교육에 맞춰 재빠르게 공급될 수는 없었으며 고육지책으로 생산현장에서 일하는 기사, 기수들을 기술학교 교원이나 강사로 인입하는 방법과 임시기술교원양성소를 설치하여 단기간에 기술교원을 충원하는 방법을 썼지만, 이는 급속한 경제성장으로 인해 공장에서도 기사와 기수가 많이 부족한 상황이었기 때문이었다. 여기에 더해 최신의 생산실습시설을 기술학교에 설치하는 것이 여의치 않아서 학생들이 충분히 실습할 수 없었다는 것과 고급중학교를

81) 위의 책, 99쪽.

폐지함으로써 북한 주민들의 의사에 반하는 9년제 기술의무교육이 강제되었기 때문에 주민들의 교육열이 꺾였고 학교증설도 그만큼 어려워졌고, 학교라는 교육기관의 특성을 제대로 고려하지 않고 시급한 기술인력 확보를 지나치게 강조하다 보니까 생산노동활동과 교육활동을 적절히 결합시키지 못했기 때문에 지속적으로 동요되고 변화를 겪다가 1967년도 9년제 기술의무교육제가 전면적으로 실시될 때에는 생산실습시간이 대폭 축소되면서 중등학교에서의 기술교육은 직업적 기술교육이 아니라 기초기술교육으로 성격이 바뀌었고, 사상교양의 비중이 이전보다 커지게 되었다.[82]

실험도 실습의 진행과 큰 차이는 없다. 즉 북한 사회가 요구하는 것에 대한 교양과 교육이 결합된 형태였다. 다만 실습에 비해 실험으로는 학생들이 새 이론과 법칙을 《발견》할 수 있다고 하는 점이 달랐다.

연습은 기능숙련이 요구될 때 하는 교수방법이다. 여기에는 계산숙련, 독서숙련, 생산노동숙련, 체육경기숙련, 군사숙련, 공산주의 행동숙련이 있었다.

---

82) 김지수, 「기술의무교육제 실시: 급진적 사회주의 교육 개혁의 좌절과 변형」, 이향규 · 조정아 · 김지수 · 김기석 공저, 『북한교육 60년: 형성과 발전, 전망』(파주: 교육과학사, 2010), 165~170쪽. 북한이 스스로 자랑하고 있는 세계 유일의 단선형 학제는 스탈린체제 뿐만 아니라 어느 나라 교육제도와도 대별되는 가장 특별한 특징이라고 할 수 있다. 이것이 갖는 의미와 그의 변화과정에 대한 글을 쓰려면 별도의 연구가 필요할 것이다.

제6절 모범분단, 천리마학급, 천리마학교

1. 완전학습

모범분단이 교과목 위주의 평가였다면 천리마학급, 천리마학교는 공산주의적 인간개조의 수준, 사상혁명, 기술혁명, 문화혁명의 수준을 평가했던 것으로 보인다.83)

모범분단의 목표는 교과수업에서의 완전학습이었다고 할 수 있다. 천리마시대의 북한의 교수법은 북한식 완전학습이었다고 볼 수 있을 것 같다. 완전학습법은 1960~70년대 미국이나 우리나라에서 풍미했던 교수법으로서 모든 학생이 예외 없이 정해진 교육과정을 전부 완전히 알고 자기 것으로 만들게 하는 교수법, 학습법이었다. 이것은 평등주의 교육철학을 교수법에 적용한 것이라고 볼 수 있다.84)

---

83) "천리마학급 : 천리마운동에 궐기한 학급가운데서 당의 유일사상체계가 튼튼히 서고 학습과 모든 생활에서 모범적인 학급에 위대한 수령 김일성동지의 배려에 의하여 주는 영예의 칭호, 또는 그 칭호를 받은 학급. 천리마휘장 : 천리마작업반, 천리마학급, 천리마인민반 등의 성원에게 주는 영예휘장천리마영예상: 천리마작업반운동을 더욱 심화발전시키기 위한 투쟁에서 훌륭한 모범을 보인 2중천리마작업반, 2중 천리마직장, 2중 천리마공장들에 경애하는 수령 김일성 동지의 배려에 의하여 주는 영예상." 사회과학원 언어학연구소, 『조선문화어사전』(평양: 사회과학출판사, 1973), 714쪽. 모범분단은 성적위주로 본 것 같고, 천리마학급과 천리마학교는 성적이외의 모든 활동을 종합적으로 평가한 것 같다. 특히 2중 천리마작업반은 이미 천리마작업반칭호를 받은 작업반이 유일사상체계가 확립되었을 때 내린 칭호로 보인다. "2중천리마작업반 : 천리마작업반의 칭호를 받은 작업반가운데서 당의 유일사상체계가 튼튼히 서고 혁명과업수행에서 특출한 모범을 보인 작업반에 또다시 천리마작업반의 칭호를 주는 명예의 칭호 또는 그러한 칭호를 받은 작업반을 말한다." 『위대한 수령 김일성동지의 로작 용어사전』(평양: 과학,백과사전출판사, 1982), 552쪽.

'만페지책읽기운동'도 개인 간 경쟁이라기보다 집단 내에서의 완전학습이 목표였다.

> 우리 당이 가르친바와 같이 만페지읽기운동은 뚜렷한 목표와 계획을 가지고 집단적인 학습전투를 힘있게 벌림으로써 한 사람의 낙오자도 없이 누구나 다 우등, 최우등생으로 될 것을 요구하며 학습에서 주체를 철저히 세워 조선혁명에 써먹을 수 있는 산 지식을 체득하며 선진과학의 높은 고지를 단숨에 점령할 것을 요구한다.[85]

5점 척도에서 모든 학생을 5점의 최우등으로 만드는 것과 미국이나 우리나라에서 유행한 완전학습이 같은 의미는 아니었겠지만, 북한에서는 최우등 학생이라면 주어진 교육과정을 모두 완전히 알고 자기 것으로 습득한 학생으로 간주되었다. 북한의 5점척도란 1960년대 남한에서 수우미양가라는 5점 척도를 사용하는 것과 같다. 최우등이란 모든 교과목 성적이 '수'를 받는 것이고 우등은 '우'를 받는 것으로 보인다. 우등학급은 한 학급의 모든 학생이 '우'이상을 받는 것이고 최우등 학급은 한 학급의 모든 학생이 '우'이상을 받는 것이다. 최우등학급은 한 학급의 모든 학생들이 모든 과목에서 '수'를 받는 것이고, 최우등학교는 한 학교의 모든 학생들이 모든 과목에서 '수'를 받는 것이다. 이것은 이석형이 구술했듯이 쉬운 일이 아니었고, 교사들의 헌신적인 노력이 있어야 했다. 물론 그 대가는 천리마기수, 모범교원의 칭호를 받는 것이고 나아가 노동당에 입당하는 것이었다.

> 학교는 학교대로 그 체계 갖추고 있어요. 그러니까 맨 처음에는

---

84) 김호권, 『완전학습이론의 발전』(서울: 문음사, 1997).

85) 금성청년출판사, 『주체의 학습론』(서울: 미래사, 1989), 152쪽.

> 학교 내에서 호조반을 조직하고, 그 다음에 호조반 단계를 넘어가게 되면, 전학급이 5계단 쟁취운동, 한 사람도 낙오됨이 없이 다 5계단 쟁취운동. 5점 이상 없어요. 5계단 쟁취운동. 그래서 이거이. 학교 선생으로서의 모범교원이 된 사람들도 많지 않습니까? 그래 가지고 그 분들이야 특수한 대우를 받았지요. 그만치 노력이 있었으니까. 가령 전체반이 한 사람도 낙오자가 없이 할래면 선생이 참, 특별한 노력이 없으면 안 되거든요. [시험은] 그 뭐 딴 데서처럼 학점에 의해서 하는 게 아니라, 이거는 딱 비레트 뽑아 가지고 하니까. 이건 거짓말도 못하고. 위원들이 딱 앉아서 하는 거니까. 그래서 5계단. 전원이 할려면 그건 참 힘든 거예요.[86]

북한에서 천리마학교, 천리마학급칭호를 쟁취하기 위해서는 "중심과업은 학생들 속에서 당적사상체계를 세우는 것이며 학생들이 기본혁명과업인 학과학습에서 집단적 혁신운동을 일으켜 모두가 우등, 최우등의 성적을 쟁취하는것이며 군중문화체육사업과 사회정치활동을 적극 벌리고 좋은 일을 많이 하는 것이며 민청초급단체의 역할을 결정적으로 높이는 것"이었다.[87]

천리마학교의 칭호를 들으려면 당의 교육노선과 방침의 관철, 교내 학생전원이 우등성적에 도달, 사회봉사와 근로활동에 헌신, 학교내의 엄정한 규율 준수, 무단결석자 없이 95%의 출석율, 교육성과를 위한 창의성 고안, 교직원과 학생들의 당에 대한 충성도, 학생들의 도덕윤리의 공산주의화, 무사고의 학교경영이라는 조건을 충족시켜야 했다.[88]

---

86) 김석형 구술, 이향규 녹취 · 정리, 『나는 조선노동당원이오!』(서울: 선인, 2001), 443쪽.
87) 강근조, 『조선교육사 4』, 547쪽.
88) 김동규, 『북한의 대학과 대학생』(서울: 민족통일중앙협의회, 1989), 52쪽.

2. 교육학적 공정을 따르는 교수법

1960년대에는 전 세계적으로 완전학습뿐만 아니라 새로운 교수법에 대한 연구가 활발했었고, 소련의 교육이 주목을 받았다. 그 이유는 무엇보다도 소련이 1957년 10월 4일에 성공한 인류최초의 인공위성인 스푸트니크의 성공이었다. 소련을 따라 잡기 위해서 미국도 교육과정이나 교수방법에 대한 대대적인 검토와 개혁에 착수했다. 그 동안 미국의 교육계를 지배했던 존 듀이의 진보주의교육론은 비판받았고, 생활중심교육과정 대신에 학문중심교육과정이 주류를 이루었다. 특히 교육과정과 교재를 어떻게 구성하고 교육학적 공정을 어떻게 거쳐야 하는가에 대한 많은 연구물들이 쏟아졌다. 북한도 이런 현상에서 예외일 수 없었다. 소련의 교육과정이 과학, 수학에 강한 과학자, 기술자를 양성하는 데 초점이 맞춰져 있었기 때문이었다. 다음 글에서 보듯이 북한의 교육학자, 과학자들은 스푸트니크의 성공이 곧 소련교육의 우수성을 입증한 것으로 여겼으며 소련교육을 북한교육의 모범으로 생각하는 경향이 있었다.

> 쏘베트 제도하에서 또한 과학, 문화 예술이 비상히 발전하였다. 세계 최초의 공업용 전기를 제공하는 원자력 발전소의 건설, 대륙간 탄도 로케트의 완성, 세계에서의 첫 인공 지구 위성의 발사 기타 쏘련 인민의 과학적 및 예술적 재능을 보여주는 우수한 저작, 창작물은 이것을 말하여 준다.[89]

---

89) 교육학분과집필위원회, 『교육학: 사범전문학교용』, 28~29쪽. 그러나 이런 생산노동의 강조가 일정한 효과를 보여줄 수 있지만 과학기술발전에 언제나 도움이 된다고 할 수는 없을 것이다. 그것은 곧 북한의 기술발전의 질적 한계에 부딪친 것을 보면 알 수 있고, 소련의 과학기술도 그 후에는 미국에게 추격당한 것을 보면 알 수 있다. 생산노동의 강조는 지식과 기술의 수준이 높아질수록 그 역할이 줄어들 수밖에 없는 교육교양수단이라고 할 것이다. 흐루시초프는 마치 스탈린에 반대해서 레닌이 구상했던 종합기술학교를 부활시키고 스탈린시대에 확립된 학력사회, 일반교육 중

그러나 김일성은 교재 편성과 교육학적 공정에 대해 다른 생각을 가지고 있었다. 이 교육학적 공정은 자유주의 사회의 교육학적 공정과는 다른 공산주의가 요구하는 교육학적 공정이었다. 모든 학생을 우등생으로 만드는 모범분단의 칭호를 얻으려면 북한의 교사들은 김일성이 요구하는 교육학적 공정을 잘 지켜야 했다.

김일성은 학생들을 주체적인 공산주의자, 산지식인으로 만들 수 있게끔 교육과정이 구성되어 있어야 할뿐만 아니라 교수법이나 학습방법도 교육학적 공정을 잘 따라야 한다고 생각하였다. 북한에서는 공산주의라는 진리가 있고, 공산주의적 인간이라는 모델이 정해져 있었다. 교사들은 그것을 당으로부터 전수받았고, 학생들에게 전수해야할 책임이 있었다. 학생들의 지식과 덕성은 정해진 범위 내에서 새롭게 창조되어야 하고 새로운 창조를 위해서는 우선 기존의 지식과 덕성을 학생들에게 체계적으로 내면화시켜야 했다. 북한정권이 원하는 것을 원하는 수준까지 완전히 내면화한 사람을 북한에서는 산지식인이라고 했는데 이런 산지식인을 육성하기 위해서는 수업 하나하나가 빈틈없이 완벽하게 진행되어야 했다.

1969년에 나온 사범대학용 교재인 『교육학: 사범대학용』 교과서에 따르면, 이 공정은 학습의 목적제시 및 예비작업의 단계, 새 교재를 가르치는 단계, 수업을 마무리하는 단계로 3단계로 구분되었고, 교육의 교양적계기를 조성해야 할 첫 단계가 가장 중요했던 것으로 보인다. 첫 단계에서 항일유격대의 지도자인 김일성에 대한 충실성과 당정책이 제시되어야 했기 때문이다.

심의 교육과정과 학제를 만들 것처럼 호언장담했지만 거의 실천에 옮기지 못하고 말로만 끝났다. 죠엘 슈와르츠 · 윌리엄 키츠, 「소련 정치과정과 집단의 영향」, 안택원 편, 『소련정치의 체계적 이해』(서울: 경남대학교극동문제연구소, 1986), 159~183쪽 참조.

ㄱ) 학습의 목적제시 및 예비작업의 단계: 수업의 첫단계로서의 이 단계의 기본과업은 학생들에게 새로 취급하는 교재와 관련한 학습목적을 명백히 파악시키며 새 교재를 적극 받아들일수 있도록 예비작업을 진행하는 것이다. 또한 필요한 경우에는 지난 시간에 배운 교재를 복습시켜 더욱 굳게 다져준다. 따라서 이 단계에서 교양적계기는 다양하게 조성된다.

우선 이 단계에서 교양적계기는 학생들로 하여금 해당수업에 높은 사상적각오를 가지고 자각적으로 참가하도록 정치사업을 선행시키는데서 이루어진다.

또한 수업의 첫단계에서 학습에 대한 학생들의 사상정치적열의를 높이며 그들을 교양하는 계기는 해당 수업의 목적과 과업을 수령님의 위대한 혁명사상에 철저히 립각하여 당정책적견지에서 명확히 제시하는 것을 통해 이루어진다.[90]

수업의 첫단계에서 교양적계기는 교원이 학생들에게 항일유격대원들이 우리 혁명의 위대한 수령 김일성동지께 무한히 충실하기 위하여 어떻게 혁명적으로 학습하였는가를 새로운 학습과제와 관련시켜 실감있게 해설하여주며 그들처럼 열심히 배우도록 학생들을 고무추동하는 다양한 사업을 진행하는 과정에서 이루어진다. 이러한 사업은 학습에 대한 옳은 관점과 태도를 형성시킬뿐만아니라 오직 한마음 수령님께 충실하였던 항일유격대원들의 높은 혁명정신과 혁명적의지를 본받게 하는 중요한 계기가 된다.[91]

---

90) 집필위원회, 『교육학: 사범대학용』, 222쪽. 교원은 제목 및 목적 제시에 들어가면서 담화를 통하여 전교재로부터 이 시간에 취급할 교재에로 학생들을 이끌고 나갔다. 이것을 유도담화라고 한다. 조정아, 「학교규율과 '사회주의 노동자' 만들기」, 이향규 · 조정아 · 김지수 · 김기석 공저, 『북한교육 60년: 형성과 발전, 전망』(파주: 교육과학사, 2010), 197쪽.

91) 집필위원회, 『교육학: 사범대학용』, 223쪽.

두 번째 새교재를 가르치는 단계에서는 교재내용을 사실적으로 전달해야 하는데, 여기에서도 당정책에 의거해서 결론, 명제, 법칙, 개념들을 이끌어 내어야 하고 지식의 활용에 대해서도 지도자의 요구와 당정책에 의거해야 했던 것이다.

> 이 단계에서 교양적계기는 우선 교원이 학습하는 제목과 관련한 사실적자료를 전달하며 학생들이 학습하는 대상을 직접 관찰하고 료해하는 과정에서 이루어진다. 다음으로 이 단계에서 학생들을 교양하는 중요한 계기는 교원이 사실적자료를 당의 정책적견지에서 분석종합하며 해당한 결론, 명제, 법칙, 개념들을 이끌어내는 과정이다. 다음으로 새 교재를 가르치는 단계에서 학생들을 교양하는 중요한 계기는 해당 수업에서 학습하는 과학과 기술의 원리를 수령님의 교시와 당의 정책을 위해 어떻게 활용할것인가를 생동한 자료를 가지고 가르치는 과정이다.[92]

마지막으로 수업을 마무리하는 단계에서도 교양과 교육은 결합되어야 했다. 이런 식으로 수업시작부터 끝까지 사상교양이 강조됨을 알 수 있다. 북한의 완전학습은 교육의 완전학습에 앞서 우선 교양의 완전학습이었던 것이다.[93]

---

92) 위의 책, 225~226쪽.

93) "이 단계에서 교양적계기는 교원이 해당 수업에서 학습한 내용을 단지 과학과 기술의 측면에서만 개괄하고 결속짓는것이 아니라 교재에 담긴 사상적내용을 경애하는 수령 김일성동지의 교시와 당정책에 튼튼히 립각하여 체계화하며 결속짓는 과정에서 이루어진다. 특히 여기에서 학습하는 해당 부문의 모든 성과들이 경애하는 수령 김일성동지께서 이룩하신 영광스러운 혁명전통의 뿌리가 있음으로 하여 달성될수 있었으며 또한 김일성동지의 현명한 령도를 떠나서는 생각조차할수 없다는것을 명확하게 결속지어주는것이 중요하다. 또한 이 단계에서 교양적계기는 새 교재를 가르치는 단계에서 학습한 원리적인 지식을 당의 정책적내용을 반영한 각종 과제풀이와 련습, 그리고 다양한 실제적활동을 진행하는데서 이루어진다." 위의 책, 226쪽.

또한 체계적인 교육학적 공정을 거치는 데 있어 숙제를 주고 숙제를 검열하는 과정은 수업내용을 내면화하는 것으로서 매우 중시되었다. 이러한 숙제는 그날그날 수업을 위해서도 중요했지만 교육학적 공정의 마지막이라고 할 수 있는 평가와 시험 대비를 위해서도 교사는 학생들에게 숙제를 내주었고 숙제검열도 철저히 했다. 숙제검열은 수업의 일부이기도 했고 수업 전에 이루어지기도 하였다. 숙제는 예습이나 복습을 위한 것이었으며 학생들은 방과 후에 학교에 남아서 숙제를 하기도 했고, 학교에서 집에 돌아가서 하기도 했고, 지역적으로 묶인 학습반에서 급우들과 모여 함께 숙제를 하기도 하였다.

3. 협동학습

사회주의국가들 중에 협동학습을 중시하지 않은 나라는 없을 것이다. 북한에서는 학교의 정규수업에서도 조별 협동학습을 촉진하는 교수법이 광범위하게 실시되었고 방과후 학습활동이나 학생들의 하교 후의 학습반에서도 이루어졌다. 이에 더해 성적이 좋은 학생들은 뒤처진 학생들을 가르쳐야 하는 것이 의무적으로 부과되었다. 천리마학급, 천리마학교가 되기 위해서는 성적이 높은 학생은 성적이 낮은 학생들을 가르쳐주기도 해야 하고 성적이 낮은 학생들과 보조를 맞춰야만 했다. 이는 아무 대가 없이 학생들에게 강요될 수 있는 것은 아니었다. 개인이 최우등생이 되는 것보다 학급이나 학교가 천리마학급이나 천리마학교가 되는 데 기여하는 것이 더욱 명예로운 일이 되고 사회적으로 인정을 받는 길이기 때문에 최우등학생들도 그렇게 할 수밖에 없었다. 오히려 최우등학생들 중에서도 뛰어난 학생들에게는 특정한 학생들의 성적을 올리는 명예로운 임무가 맡겨지기도 하였으며 그 임무는 생활총화에서 보고

되고 평가되기도 했다.

4. 일반적지도와 개별지도의 결합

일반적지도와 개별지도의 결합은 청산리방법 중의 하나이기도 하지만 자유주의 교육학에서도 일반적인 학습지도방법의 원칙으로 강조되기도 한다. 차이점은 북한에서는 이 결합이 완전학습을 위한 것이자 집단주의를 전제하고 있다는 점에 있다. 완전학습을 하기 위한 교육학적 공정은 하나의 교육과정이나 교수법을 모든 대상들에게 일률적으로 적용한 것이 아니라 청산리방법의 교양방법처럼 대상에 따라 여러 가지 형식으로 진행해야 했다.

> 군중의 계층 별, 직업 별, 지식 별, 년령 별, 성별 등의 특성을 무시하고 추상적으로 진행하는 정치사업은 많은 경우에 《대포로 참새를 잡는 격》으로 되기 쉽다. 정치 사업은 오직 각 계층 군중의 각이한 특성들을 세밀히 고려하여 그들의 수준과 요구에 적응하게 구체적으로 조직할 때에라야 응당한 성과를 거둘 수 있다. 사람들의 개성적 특징에 대하여서도 역시 그렇게 말할 수 있다.[94]

특히 방과후 보충학습, 복습지도에서 개별지도가 이루어져야 했다. 우등학급, 천리마학급이 되기 위해서는 하향평준화가 아닌 상향평준화를 위해 잘하는 아이는 잘 하는 아이대로 못하는 아이는 못하는 아이대로 그에 맞게 방과 후 학습이 준비되어야 했다.

---

94) 리새삼 편, 『청산리 정신, 청산리 방법 관철에서의 몇 가지 문제』, 79쪽.

> "교원은 학습에서 뒤떨어지는 학생들에 대한 지도에 각별한 주의를 돌리면서 뛰여난 소질과 재능을 가진 앞선 학생들을 더욱 고무추동하고 발전시키기 위한 보충지도를 강화하여야 한다. 이를 위하여 학생들의 준비지도와 특성에 맞는 보충학습과제와 학습자료를 잘 준비하는것이 중요하다."[95]

복습지도에서뿐만 아니라 일상적으로 개별지도를 강조하고 있다. 왜냐하면 수업시간에는 기본적인 것을 가르치고 그것을 일정한 수준 이상으로 가르치는 것은 아니기 때문이다. 수업시간에 학습한 것만으로는 부족했고 특히 학생들이 성적 차이가 있기 때문이었다.[96]

개인별로 다른 숙제를 내주고 방과 후에 숙제를 하고 교사들은 일정한 양식에 따라 숙제 실행을 철저히 검열하도록 했다.[97]

---

95) 남진우 외, 『사회주의교육학: 사범대학용』(평양: 교육도서출판사, 1991), 229쪽.

96) "개별학습을 강화하는것은 수업에서 학생들에게 기본적인것만 가르치는 조건에서 더욱 절실한 문제로 나선다." 위의 책, 234쪽.

97) "가끔 검열시에 몇몇 학생들이 숙제를 하여 오지 않은 것이 드러난다. 그들을 방과 후에숙제를 풀도록 남게 한다. 이것을 어떻게 합리적으로 조직할 것인가? 그전엔 우리 학교의 매교원들은 학생을 방과 후에 남게 하고 자신이 그를 통제하며 작업을 검열하였다.(중략) 지금에 와서는 이 사업이 달리 조직되였다. 그 명단은 다음과 같은 형식으로 기입한다.

월 일	No	학생의 성명	과 목	진행하여야 할 문제 (장기호, No, 페지 등)	숙제실행에 대한 당번 교원의 점수

방과 후에 이 기록부를 3명의 교원(수학, 로어 및 박물 교원)이 당번을 하고 있는 숙제를 실행하기 위하여 배정된 방에 보낸다. 당번 교원들은 학생들에게 방조를 주며 과제 실행을 검열하며 그의 실행에 대하여 기록부에 점수를 기입한다. 교원은 그전에는 한 주 일에 4~6번 남는 대신에 한 주일에 한 번만 방과 후에 남게 된다. 이 학습이 끝난 후에 당번 교원들은 성적 기록부를 해당한 학급부에 끼워 둔다. 이렇게 하면 숙제를 실행하지 않는 학생들의 수는 계속 감소된다." 교육도서출판사 편, 『교수교양사업경험』(평양: 교육도서출판사, 1956), 51쪽.

5. 학습반의 조직적 활동

북한은 완전학습을 하기 위해서는 학습반을 통한 집단주의적 학습방법을 중시하였다. 능력과 계층이 달라도 지역적으로 인근에 사는 학생들로 이루어진 학습반이 중요한 역할을 하였다. 학습반이 해야 할 일 중에 하나는 학습반에 소속된 학생들이 교사가 내준 숙제를 함께 해결하고 시험, 평가에 대비해서도 함께 학습하는 것이었다. 학습반은 천리마운동의 최소단위는 아니었음에도 불구하고 천리마학급이 되기 위해서는 각각의 학습반이 잘 운영되어야 했다. 학습반은 방과후 활동에서 함께 모여 야외학습을 하기도 했고, 실내활동을 해야 할 때는 소속 학생들의 가정집에서 모여서 하였다. 학습반활동이 이루어지는 가정은 한 곳으로 정해져 있는 것이 아니라 학습반 학생의 집들을 번갈아 가면서 사용하였다.

숙제나 학습을 해야 할 시간도 정해져 있었고 규칙도 정해져 있었으며 조직에서의 역할분담도 되어 있었다. 그러니까 단지 모여서 학습하는 것이 아니라 서로 협동학습을 하였다고 볼 수 있다. 한 가지 과제를 해결하기 위해서 각자 분공을 하였고 서로 잘하는 것을 가르쳐주기도 하였다. 학습반의 구성원들은 함께 여가생활도 할 만큼 가까운 사이가 되었고 생활공동체처럼 되기도 하였다. 학급에서 생활총화를 하기 전후로 해서 학습반에서도 생활총화가 이루어졌다. 학습의 구성원들은 등굣길도 함께 해야 했고 하굣길도 함께 해야 했다. 함께 등교하고 함께 하교해야 하기 때문에 학생들이 지각이나 결석하기도 쉽지 않았고 귀가할 때 다른 곳으로 이탈하기도 쉽지 않아 학생들이 생활상의 규율을 지키고 매일 일정한 시간을 학습하는 것을 집단적으로 규제할 수 있었다.

6. 평가

교육적 인간상, 교육관의 차이는 교수방법뿐만 아니라 북한 교육이 중국이나 소련과 다른 평가제도를 도입하도록 했다. 북한 교육학자들은 자본주의사회의 교육은 조작된 시험점수에 의해 학생들의 등수를 결정하여 학업성적을 평가한다고 비난했다. 근로자의 자녀들은 낙후하고 착취계급의 자식은 우수하다는 논리로 차별교육제도를 정당화했다는 것이다. 지능검사에 의한 능력확인과 시험에 의한 실력확인이라는 패턴에 대한 비판은 일찍이 진보적인 교육학자들이 많이 비판했던 점과 다를 바는 없다.

> 과거 1세기간 교육자들은 극소수의 학생들만이 교과의 완전습득을 해낼 수 있다고 생각해 왔다. 이런 가정하에서 교육자들은, 아무리 신중하게 선발된 학생들이라 하더라고, 겨우 몇%의 학생들에게만, "수"의 성적을 주도록 성적평가체제를 조절해 왔다. 어떤 학년의 학생들이 전학년도의 학생들보다 교과를 잘 학습하였다 하더라도, 교사는 사위의 10%나 15%의 학생들에게만 "수"를 주려고 고집한다. 그리고, "겨우 실패를 면한" 것으로 교사가 보는 다수의 학생들에게, 교사는 싫어도 할 수 없이 "미"나 "양"의 성적을 준다. 현재와 같은 상대평가의 체제하에서는, 완전습득이나 완전습득으로서의 인정은 대다수의 학생들에게는 달성불가능이라고 할 수 밖에 없다. 그러나, 그것은 우리들의 교육체제가 꾸며낸 한 속임수에 불가하다.[98]

아이들이 어떤 교과에 대해 완전학습의 결과는 아이들이 완전히 습득하는 것으로 입증되어야 한다. 그런데 완전습득은 학생 자신이 주관적으로 완전하다는 생각이 있어야 하고 학교나 사회에 의해 공

98) 김호권, 『완전학습이론의 발전』(서울: 문음사, 1997), 97쪽.

> 적으로 인정을 받아야 한다. 시험과 같은 객관적인 평가제도는 공적인 인정을 통해서 학생자신이 주관적으로 완전히 습득했다는 생각을 갖도록 하는 것이다. 학생이 노력을 했고 그 결과 완전히 습득한 것으로 입증된다면 자타가 인정한다면 대개의 학생들은 그 교과에 대한 흥미가 생겨날 것이고, 자발적으로 적극적으로 공부를 하게 될 것이다. 반대로 대개의 학생들은 완전습득에 실패한다면 자발적으로 공부하고 싶은 생각을 막아 버리게 될 것이다. 자타가 인정하는 완전습득에 이른 학생은 유능감과 자부심을 느끼고 학습에 대한 의욕도 느낄 것이다. 반대로 좌절을 맛본 학생들은 자기자신을 무능하다고 볼 것이고 자신을 부정적인 자아의식을 가지게 될 것이고 소극적인 자세로 공부를 하게 될 것이고 공부의 효율성도 떨어질 것이다.[99]

이와 같은 논리에서 보면 소련의 교육은 자본주의적 교육과 유사했다. 북한의 교육학자의 주장에 따르면 소련과 같은 수정주의에서는 학업성적평가에서 실천활동과는 아무런 관련이 없는 시험과 점수만을 절대화하여 학생들을 학생들이 교조적으로 학습하는 결과를 빚어내며 그들로 하여금 사회적 실천활동에 참가하기 싫어하도록 만드는 우경적 편향과 중국처럼 시험제도자체를 거부함으로써 학생들이 학습을 태공하게 하는 좌경적 편향을 낳았다는 것이다.[100]

그러므로 북한은 자신만의 독특한 평가방법과 평가체계를 만들었다

---

99) 김호권, 『완전학습이론의 발전』, 87~88쪽 참조.

100) 집필위원회, 『교육학: 사범대학용』, 203~204쪽; "중국에서는 유소기가 집권했던 1960년 후부터는 진학률을 추구하면서 졸업반의 교수진도를 앞당겨 끝내고 반년 내지 1년간 전문적으로 숙제를 많이 내고 시험을 자주치는 등 방법으로 학생들의 학습을 독촉하고 체육과 문화오락 등 활동을 홀시하는 현상이 나타났다." 중국조선족교육사편찬위, 『중국조선족교육사』, 348쪽. 따라서 중국은 수정주의와 교조주의를 오락가락한 것이다.

고 주장한다. 교사들은 학생들에 대해 일상적인 검열형태인 숙제검열, 학과토론, 질의 응답과 시험(학기말, 학년말, 졸업)과 학과논문, 과정설계 등을 통하여 종합적으로 평가했다. 이로써 학생들이 시험보기 며칠 전부터는 공부하는 데만 신경을 쓰게 되거나 시험에만 얽매어서 공부하는 것을 막을 수 있었다고 한다. 시험제도를 개선하기 위해서 시험은 학기말시험, 학년말시험 졸업시험을 구분해서 시험을 보되 필답방법을 위주로 하면서 구답방법, 실기방법을 결합하여 적용하도록 했다.

북한의 주장에 따르면 10점 채점법은 학생들의 시험성적을 10등급으로 나누는 것으로서 점수제로 학생들을 상대평가해서 학생들의 등수를 결정해서 학생을 우열로 나누는 자본주의(수정주의)식 평가를 극복하면서 학과성적에 차이를 지나치게 없애는 것보다 효율적이었다. 이는 또한 5단계(수우미양가)나 합격 또는 불합격(pass or fail)처럼 학생 간 차이를 지나치게 없애서 학생들의 학습 열의를 떨어드리는 등 부족한 점을 극복한 우월한 채점방식이라는 것이다. 그리고 평정의 목적은 학생들을 서열화 하기 위한 평가, 평가를 위한 평가가 아니라 평정을 정확하게 해서 해당 학급과 학생들의 학습지도대책을 구체적으로 세워 모든 학생들의 학과실력을 부단히 높여주는 것이라고 주장했다.[101]

---

101) 5점 채점은 소련의 채점법인데 중국도 1950년대에는 소련식으로 했다. 북한에서도 천리마작업반운동 초기에는 5점 채점이었던 것으로 보인다. 1967년 이후 10점 채점법이 된 것 같다. 그러나 그 후 북한은 다시 5점 채점법으로 돌아갔는데 그 시점을 지금은 확인할 길이 없다.

제7절 교과외활동과 자체학습

1. 수업과 덕육과의 관계

지육도 학교교과수업만으로는 실효성을 얻기 어렵듯이 덕육도 학교의 교과수업자체 만으로는 실효성을 내기 어렵다. 교과수업시간 내에 이루어지는 교육내용이나 그에 맞는 교육방법도 중요하지만 수업규율을 만들어 내고 그것을 유지하고 발전시키는 것은 별도의 문제이기도 하고 수업규율을 통한 덕육이야말로 덕육의 기본이라고도 할 수 있다. 덕육은 매 순간 일상적으로 이루어질 때 가장 효과가 있는 것인데 그런 기회란 일상적으로 이루어지는 학교수업에 임하는 학생들의 자세와 열의를 통해서 확인되고 다져질 수 있다. 이것을 강하게 통제한 것은 사로청이라는 것을 다음 자료를 통해서 알 수 있다.

> 이들은 수업 규률을 확립하기 위하여 매개 동무들의 수업 참가 정형 즉 결석, 지각, 조퇴, 교원이 제시한 과제 실행 정형, 수업 중 교원의 질문에 대한 대답 정형을 매주 분석 총화하고 분조별로 토의하며 해당한 대책을 강구하고 있다. 분조에서는 우선 과제 수행에서 모범인 동무들을 평가해 주고 결석한 동무들의 학습을 도와 줄 데 대한 분공을 주었다. 특히 실력이 부족하여 과제를 자립적으로 수행하지 못하고 있는 동무들을 방조할 대책을 세우는 동시에 학습을 태만한 동무에 대해서는 동지적 비판을 주어 결함을 시정하도록 방조를 주고 있다.[102)]

상상해 보건대 아마도 교사로부터 꾸중을 듣는 것보다도 동무들의 비판을 듣는 것이 더욱 자극적이고 교양효과가 있었던 것으로 보인다. 김일성이 교사들에게는 긍정적 감화만을 요구한 것으로 보이지만 사실은 소년단이나 사로청과 같은 조직에서의 동무들의 비판이라는 방법이라는 더 강한 교양방법으로 긍정적 감화방법을 보완하거나 새로운 부정적 방법을 도입한 것이라고도 볼 수 있을 것 같다.

2. 교과외활동의 위상 정하기

교과수업 시간 내에서는 실행하기 어렵거나 부족한 것은 교과외활동으로 보완되어야 한다. 교과외활동에서 터득한 것은 교과수업에 피드백되어야 한다. 북한에서는 교과외활동이 교과활동을 보완하고 실천하는 필수적인 것으로 규정하였고, 실제 교과내용과 교과외활동은 불가분의 관계가 있도록 구성하였다. 그러기 위해서는 교과내용과 교과외활동은 유기적 관련을 맺어야 하고, 교과외활동을 통해 학생들은 교과수업에서 이론으로만 배운 것을 실천할 수 있는 기회를 가져야 했고, 배운 것을 더욱 다지고 심화할 수 있어야 했다. 실제 단체생활에서 요구되는 도덕규범을 분단지도원이 해설도 해주었고 학생들끼리 토론도 하였다.[103]

---

102) 조선사회주의로동청년동맹, 『지덕체 과업 실천을 위한 사로청 조직들의 사업 경험』, 119쪽.

103) "소년단조직에서 벌리는 공산주의도덕규범학습은 수업을 통하여 소년단원들이 체득한 지식을 토론과 론쟁의 방법으로 공고히 하게 함으로써 그들을 공산주의도덕원리와 준칙을 소년단원들의 실생활과 결합시킴으로써 그것을 그들의 생활실천에 구현하도록 이끌어준다." 전광두 · 장세호, 『소년단건설2: 사범대학 사로청지도원학과용』(평양: 교육도서출판사, 1986), 43쪽. "해설은 소년단원들의 도덕생활에서 나타난 구체적인 산 자료를 가지고 생동하고 설득력있게 하여야 하며 도덕규범의 요구를 지키는 구체적인 방도를 친근하게 가르쳐주는 것으로 되어야 한다." 같은

그리고 수업규율도 교과외활동 시간을 통해서 평가되고 강화되었으며 교과외활동에서 요구되는 규율이나 그 규율에 대한 평가도 교과외활동 시간에 이루어졌다. 결국 수업활동이든 교과외활동이든 수업규율이든 교과외활동이든 결국은 소년단 활동을 통해 총화되었다.

방과후 교과외활동을 1차적으로 학교가 책임지는 자본주의사회와는 달리 북한에서는 북한의 정치조직이라고 할 수 있는 소년단과 사로청(사로청 전신은 민청)이 될 수밖에 없다. 과외활동을 장려한 존 듀이의 교육학에서는 과외활동은 교과활동을 보조하는 것이지 과외활동이 교과활동보다 중요시된 것은 아니다. 교과활동보다도 교과외활동이 중시되는 북한 사회에서는 학교보다는 사로청이나 소년단이 우위에 있게 된다. 사로청과 소년단이 학교교육활동을 돕는다고 할 수도 있지만 학교가 사로청이나 소년단의 일을 돕는다고 표현하는 편이 더 적절할 것이다. 북한이 사회주의적 개조를 하기 이전부터 특히 휴전 직후부터 이런 현상이 나타난 것으로 보인다.

> 교육성은 1954년 3월 11일 각급 학교에 《교내 민청 소년단 사업을 협조 보장할 데 대하여》를 시달하고 학교 내 청년 단체와 소년단 단체들의 사업을 개선 강화할 것을 강조하였다.
>
> 모든 학교들에서는 학생들의 사상 교양과 새로운 도덕적 품성의 형성에서 민청 소년단 조직의 거대한 역할을 지적하고 학교장과 교무 주임은 그들의 사업을 통일적으로 지도 협조하며 또 그들에 의거하여 학생들의 규률과 학업의 성과를 보장할 것을 지적하였다. 각 학교에서는 특히 아동의 년령적 특성에 적합한 다양한 흥미있는 사업을 조직하며 그들의 자립성과 적극성을 제고시키며 자격 있는 우수한 소년단 지도원을 배치하며 그들을 위한 강습회, 경험 교환회를

책, 45쪽.

> 조직하며 그들과 교원 학급 담임 과의 관계를 긴밀히 할 것을 요구하였다. 많은 학교 평의회들에서는 민청 중앙 위원회 제4차 전원회의 문건을 심중히 토의하고 학생들의 교양 사업을 일층 강화할 대책을 수립하였다.[104]

사회주의 개조 이후 교과외활동, 정치활동이 더욱 중시되자 그러한 교과외활동, 정치활동에 대한 1차적인 책임이 있는 소년단과 사로청의 역할이 더욱 강화되었던 것으로 보인다.

다음 약수중학교 사례에서 보듯이 고학년 학생이 저학년 학생을 지도하는 일이 가능해 졌고 학급, 학년의 조직력을 뛰어넘는 학교차원의 조직력이 강화되었다고 한다. 북한에서는 이러한 상황을 학생들의 자립성을 강화시키는 것이라고 했지만, 그 만큼 경우에 따라서는 교사들의 교육적 영향보다 소년단이나 사로청의 교양적 영향이 더 컸다는 것을 의미한다.

> 학생의 자립성을 높이기 위하여 노력하였다.(중략)약수 중학교 교원들은 모든 문제를 학생들과 함께 토의하여 그들의 의견을 묻고 그에 대하여 방조한다.
>
> 자립성 교양과 관련하여 약수 중학교에서 하고 있는 흥미 있는 경험의 하나는 상급생－민청원들을 하급 학년 집단에 대한 지도 사업에 인입하고 있는 문제이다. 《보조 분단 지도원》으로 임명된 민청원(기술반 학생과 중등반 3학년 민청원) 들은 담당한 분단에서 진행되는 모임, 학습반 사업, 과외 체육 문화 예술 활동에 수시로 참가하여 지도하며 어린 학생들의 위생 상태, 가정에서의 생활에 대하여서까지 친형제와 같은 심정으로 지도해 주고 있다. 《보조 분단 지도원》

104) 교육도서출판사, 『해방후10년간의 공화국 인민교육의 발전』(평양: 교육도서출판사, 1955), 223쪽.

> 제의 실시는 분단생활을 개선 강화함에 있어서 커다란 의의를 가질 뿐만 아니라 상급생과 하급생 간의 련계를 강화하며 친근한 관계를 유지하게 함으로써 학교 집단을 강화한다. 나아가서 민청원의 자립성을 높여 주며 그 자신이 모범으로 되기 위하여 노력하게 함으로써 상급생을 교양하는 데도 큰 의의를 가진다.[105]

방학 중에도 조직활동은 멈추지 않는다. 방학기간에는 특히 도덕규범 학습을 집단 안에서 실시하고 학습반활동을 지속한다.

> 소년단조직들에서는 매달 도덕규범학습을 계획화하고 그것을 정상적으로 집행하며 특히 방학기간과 사고방지대책월간을 계기로 집중적으로 진행하여 집단안에 건전한 도덕생활기풍을 세워야 한다.[106]

매일의 방과후 활동, 토요일, 휴일, 방학기간의 일정한 시간은 소년단과 사로청이 직접 통제하고 일정한 시간 넘어서도 분공이라는 이름으로 어느 정도 통제를 하고 있다고 할 것이다. 결국 수업활동 이외에는 모든 것을 소년단이 직접 통제하는 것과 같다. 수업활동, 수업시간 중의 학습활동에 대해서는 학습반을 통해서, 생활총화를 통해서 소년단이나 사로청이 간접적으로 통제한다고 보아야 한다. 수업이나 학습도 소년단원, 사로청원의 활동의 일부라고도 할 수 있다. 이 점이 자본주의 사회의 방과후 활동과 현저하게 다른 점이다. 자본주의 사회에서는 학생은 기본적으로 학교에서 공부하는 학생이고 부차적으로 학생회나 클럽의 조직원이 되는 데 비해 북한에서 학생은 학생이기 전에 소년단원, 사로청원이며 소년단원, 사로청원으로서 학교에 다니는 것이라고 할 수 있다.

---

105) 교육도서출판사, 『약수 중학교 교육 경험』, 80쪽.
106) 전광두 · 장세운, 『소년단건설 2: 사범대학 사로청지도학과용』, 45쪽.

이것은 쿠바의 사례를 보듯이 많은 공산주의 정권에서 택하고 있는 방법이다. 과외활동마저도 조직활동이었다는 것인데, 과외활동은 조직활동을 강화하기 위한 수단이기도 했던 것이다.[107]

> 페드로 마리아 로드리게스 초등학교이 로페스 교장은 "모든 아이들이 시르쿨로 데 인테레사(취미동아리)도 하고 있고 호세 마르티 피오네로 활동에도 참가하고 있어요."라고 말한다.
>
> 교장이 말하는 '시르쿨로 데 인테레사'란 아이들의 흥미와 관심을 높이는 과목이다. 호세 마르티 피오네로란 '작은 탐험가'라는 뜻으로, 소련을 모델로 만들어진 6~14살의 초 · 중학생이 소속되는 보이 스카우트, 걸 스카우트 조직이다. 1961년 4월 4일에 만들어졌으며, 1966년에는 학교와도 깊은 연관을 가진 거대한 발전하여 현대는 150만 명이 소속되어 있다.
>
> 7~8월의 여름방학에는 여름학교나 캠핑이 있는데, 이것을 개최하는 것도 피오네로다. 캠핑비용은 무료이며 토 · 일요일은 생일잔치를 열거나 하이킹을 가거나 해변으로 소풍을 간다.[108]

그러나 이러한 과외활동에 무엇을 하고 교재학습과의 갈등을 어떻게 해결해야 할 것인가의 문제 즉 이론과 실천을 어떻게 결합할 것인가의 문제는 해결하기 쉽지 않았을 것 같다. 학과공부를 열심히 하다 보면 실천활동은 줄어들게 되고 실천활동을 많이 하다 보면 학과공부는 줄어들

---

107) "학교에는 우리 당의 체육 교육의 방향 즉 생산과 결합된 체육, 교육과 결합된 체육이 관철되여 있으며 체육 사업이 군중화되여 있다. 생산과 결합된 체육이란 체조, 운동유희, 체육무용, 체육 경기들에 생산적 자료와 로동의 요소를 도입하는 것이다.(중략) 레컨대 약수 중학교에서는 나무를 심거나 토끼 풀을 뜯으러 갈 때 조를 짜서 더 좋게 더 많이 심고 뜯기 위한 경쟁을 조직하기도 한다. 이렇게 함으로써 로동에서 학생들의 흥미를 제고시키며 로동 활동에 체육의 요소를 포함시킨다." 교육도서출판사, 『약수 중학교 교육 경험』, 119쪽.

108) 요시다 다로, 『교육천국, 쿠바를 가다』(서울: 파피에, 2012), 228쪽.

수밖에 없기 때문이다. 그리고 이렇게 소년단, 사로청의 역할이 강화되고 교과외활동이 중시될수록 교사들 중에서 소년단 지도원이나 사로청원이 될 수 있는 청년교원들이 학교의 주도권을 잡을 수 있는 가능성도 있었던 것으로 보인다.[109]

3. 교과외활동의 시간의 확보방법

1) 학교에서의 소조활동

북한은 일정한 교과외활동은 학사일정에 포함시켜서 반드시 행해져야만 할 것으로 정해 놓았다. 학사일정에 나와 있지 않은 것은 다소 자율성이 있음에 비해 학사일정에 나와 있는 것은 무조건 해야 했으며, 숙제, 검열, 평가도 반드시 집행되어야 했다.

> 연구 소조의 실제 운영은 학기 초에 수립된 학기 간 계획서에 의하여 매주 수요일에 정기적으로 모임과 발표회를 가지며 학기 말에 자기들의 사업을 총화한다. 연구 소조에는 사업 계획서 외에 소조 일지를 비치하며 소조원들은 각자가 소조 연구록을 준비하고 자기

---

109) "과외 활동은 학교 내 사로청 단체가 직접 틀어 쥐고 조직 지도해야 할 중요한 사업 부문이다. 우리는 학생들의 과외 활동을 위원회적인 사업으로 틀어 쥐고 진행하였다. 이 사업에서는 특히 교원 초급 단체를 통하여 청년 교원 집단의 역할을 높이는 데 심중한 관심을 돌리였다." 조선사회주의로동청년동맹, 『지덕체 과업 실천을 위한 사로청 조직들의 사업 경험』, 119쪽. 교원직업동맹의 역할 강화, 사로청과 소년단의 역할 강화 등의 과정을 통해서 청년 집단의 역할을 높이게 된다. 소년단, 사로청과 학교행정의 위상문제는 실제로 어떠한가는 연구해야 할 과제인데, 단체의 역할이 강화되는 방향이 아니었겠는가가 필자의 주장이다. 가장 궁금한 것은 학교에서의 지위갈등이 있지 않았겠는가 하는 것이다. 왜냐하면 소년단 조직과 학교조직이 겹치기 때문이다.

연구 결과들을 체계적으로 기입하고 있다. 또한 연구 소조원들은 학교에서 조직되는 군중적 형식의 과외 사업에서 교원들을 도와 중요한 역할을 놀고 있다.[110)]

특히 과외자작업지도에 심중한 관심을 돌려야 하겠습니다. 매개 학생들에게 충분한 과외자작업시간을 보장하여주며 과외학생생활반과 과외학습반운영을 개선하며 각종 과학기술연구소조를 효과있게 정상적으로 조직·운영하며 학생들의 능력에 맞게 정확하게 숙제를 제시하여주고 학생들의 지식에 대한 검열·평가사업을 정상적으로 진행하며 학생들의 과외생활을 잘 지도하여야 하겠습니다. 특히 학생들에 대한 개별지도를 강화하여야 하겠습니다.[111)]

우리 학교에는 지금 전문 학과목을 기본으로 하는 생산 기술 연구 소조와 력사, 문학, 수학, 생물, 물리, 화학 등 기초 과목에 대한 연구 소조, 음악, 미술, 무용, 연극 등 예술교양과 관련한 연구 소조, 체육의 각 부분 별 연구 소조들이 있어 대부분의 학생들이 자기의 소질과 능력에 따라 각 연구 소조에 망라되여 있다.

이 연구 소조들은 각기 자기의 사업 계획을 가지고 매주 1회씩 학교적인 연구 소조의 날인 목요일에 집체 모임을 가진다. 모임에서는 소조 책임 교원의 지도하에 소조원들의 연구 사업을 방조하기 위한 보충 강의, 질의 응답 및 실험 실습이 진행되며 개별적으로 분공된 제목에 대한 연구 발표도 진행된다.[112)]

그러나 평가나 검열은 시험과 같은 형식으로만 이루어진 것이 아니었

110) 교육도서출판사, 『약수 중학교 교육 경험』, 92쪽.

111) 이일경, 「김일성원수의 청산리교시와 교육부문에 주신 교시를 더욱 철저히 실천하기 위하여(1961. 4. 25)」, 243쪽.

112) 조선사회주의로동청년동맹, 『지덕체 과업 실천을 위한 사로청 조직들의 사업 경험』, 121쪽.

으며 각종 경연대회나 전람회가 시험을 대신했다. 과외활동의 경우는 이렇게 평가하는 것이 더욱 효과가 있기 때문이었다.[113)]

2) 학습반

방과후나 휴일이나 방학기간에는 특히 학습반이 큰 역할을 했다.

> 학교 밖에서 학생들의 학습은 학습반 단위로 진행된다. 학교 소년단 단체는 학습반과 소년단 반 조직을 한 단위로 하여 학생들의 학습을 통일적으로 지도하고 있다.(중략) 이 학교의 경험은 전반적인 학생들의 성적을 제고하고 통학 구역별로 학생들의 자습을 지도하며 개별적으로 뒤떨어진 학생들의 실력을 제고하는 데서 학습반 조직과 운영은 효과적인 방도임을 확증하였다. 학습반에서 학생들의 학습 기풍이 수립되자 소년단 생활도 한층 강화되였고 학습에 대한 집단적인 책임감과 동지 호상간 방조하는 미풍이 확립되였다.[114)]

분단활동이 잘 되려면 분단을 구성하는 각각의 학습반의 활동이 뒷받침해 줘야 했다.

---

113) "학교는 이와 같이 《엄격하고》 지나치게 학생들을 긴장시키는 《시험》이나 빈번하게 진행하는 검열 작업으로가 아니라 그들의 취미, 적극성에 적합한 각종 경연 대회와 전람회 등을 통하여 그들의 학습 의욕을 추동하고 실력을 제고시켰다." 교육도서출판사, 『약수 중학교 교육 경험』, 93쪽; "경연 대회와 전람회의 성과는 행사가 진행되는 대회의 당일 사업 진행에 의해서가 아니라 진행 계획이 발표된 후 학생들의 준비 정형에 대한 교원의 체계적 지도, 학생들의 적극적인 참가 여하에 의하여 결정된다. 개별적인 학과목 성적이 낮거나 학생들이 힘들게 학습할 때 이런 형식의 경연 대회는 그들의 학습 의욕을 추동하며 목적 지향적인 학습을 불러 일으킴에 있어서 일정한 역할을 논다." 교육도서출판사, 『약수 중학교 교육 경험』, 93쪽.

114) 위의 책, 94~95쪽.

> 공화국에서 맨처음 모범분단칭호를 받은 평양 창덕 중학교 제18분단 분단원들은 수상님의 모교에서 공부하는 영예와 긍지를 가지고 훌륭한 일군이 되기 위하여 항상 노력하고 있습니다. 그들은 태정옥 분단지도원의 지도밑에 학습반을 잘 운영하여 그날 배운 지식을 반드시 그날로 공고히 습득함으로써 전원이 우등, 최우등생이 되고 있습니다.[115]

이러한 학습반은 학생들의 집을 빌려 이루어졌는데, 그러기 위해서는 학부모의 관심과 참여가 필요했다.

3) 방과후 연장 학급

남한의 초등학교에서는 '나머지 공부'라 하고 중등학교에서는 자율학습 또는 보충수업이라고 하는 것도 교과외활동을 위해서 자주 활용되었다.

> 학교에서는 아동들의 과외 시간을 옳게 조직하며 그들의 학습과 생활을 지도하기 위하여 일부 아동들을 수업 후 계속 학교에 남겨 집단적으로 생활하도록 하는 제도를 수립한다. 이것은 특히 부모들이 늦게까지 직장에서 일하는 경우에 학교가 그들을 대신하여 아동들의 학업과 교외 생활을 지도하여야 할 요구로부터 제기된다.
>
> 학교에서는 연장 학급에 인입된 아동들의 생활을 위한 일과를 제정하고 학습, 휴식, 상보, 운동, 유희 등을 규칙적으로 진행한다. 아동들은 그 날의 과제와 학과의 준비를 한 자리에 모여 실시하고 집체적으로 유희와 작업을 진행하며 또 자유 시간에는 과외 독서를 진

115) 이일경, 「김일성원수의 청산리교시와 교육부문에 주신 교시를 더욱 철저히 실천하기 위하여(1961. 4. 25)」, 238~239쪽.

행하며 때로는 견학, 영화의 집체적 관람을 조직한다.[116)]

> 김수복교원은 학생들에게 그날 배운 것은 반드시 그날에 똑똑히 알고 돌아가도록 과외지도를 정상적으로 진행하는 한편 수년간을 하루같이 자기 학급 전체 학생들의 학습장을 검열하였습니다. 뿐만 아니라 그는 과외학습반을 조직하여 그것을 자기도 직접 담당·지도하는 외에 유능한 학부형들을 일임하여 학생들의 자습과 과외생활을 정상적으로 지도하게 하였습니다.[117)]

즉, 방과후 학습활동을 '연장 학급', '과외학습반' 등의 명칭으로 운영하였으며 교과학습뿐만 아니라 교과외활동도 이루어졌다. 물론 이런 활동이 원활하게 진행되기 위해서는 교사의 초과노동과 학부형들의 지원이 필수적이었다.

4) 토요일

매주 토요일은 정규적으로 한두 시간 공부하고 나머지 시간은 모든 학생이 소년단이나 사로청의 조직으로 편재되어 다양한 조직활동을 했다. 토요일은《소년단원 및 사로청원의 날》로 삼아, 학생들이 총화, 학습, 체육활동, 선전대활동, 좋은일 하기운동 등 조직활동에 전념하는 날이라고 할 수 있다.

> 소년단규약에 따라 정기적으로 진행하는 단 및 분단 총회, 단 및 분단 위원회, 소년단생활총화, 반모임 등을 진행하며 소년단규약학

---

116) 교육학분과집필위원회,『교육학: 사범전문학교용』, 351~352쪽.

117) 이일경,「김일성원수의 청산리교시와 교육부문에 주신 교시를 더욱 철저히 실천하기 위하여(1961. 4. 25)」, 245쪽.

> 습과 소년단의식활동, 소년단열성자들의 정치실무수준을 높이기 위한 사업 등을 진행하여야 한다.
>
> 토요《소년단원 및 사로청원의 날》에는 또한 배운 지식을 공고히 다지기 위한 여러 가지 과외활동을 조직하여야 한다.(중략) 소년단조직들은 종목별 체육경기, 운동회, 분단별 체육경기, 여러 가지 유희들을 널리 진행하도록 하여야 한다. 토요《소년단원 및 사로청원의 날》에는 또한 사회정치활동과 좋은일하기운동을 활발히 벌려야 한다.
>
> 소년단조직들은 《당정책선전대》, 《위생선전대》, 《과학선전대》를 비롯한 여러 가지 선전대를 건설장은 물론 동, 인민반들과 역 등에 파견하여야 한다. 이와함께 토끼기르기,《소년단림》가꾸기 등 여러 가지 좋은일하기운동에 소년단원들을 적극 조직동원하여야 한다.[118]

또한《소년단원 및 사로청원의 날》에는 한 달에 1~2차 정도는 한 학교의 학생전체가 하나의 소년단, 사로청이 되어 학교단위의 행사도 하고 그 후에 학급별(분단별) 활동을 하였다.[119]

5) 체육활동을 위한 시간 확보

북한에서는 1948년부터 인민체력검정이 시행되었다. 사업 초기의 검정종목은 달리기, 뛰기(조약), 턱걸이(현수), 주량운반, 던지기, 행군, 헤엄이었다. 검정 기준에 합격한 사람들에게 '영예의 체력장', '특수체력장'이 수여되었다. 그러나 천리마작업반운동과 함께 1959년부터 3, 6, 8, 10월의 둘째 주를 인민체력주간으로 설정해서 참여를 의무화하였고, 천리

118) 전광두 · 장세운, 『소년단건설 1: 사범대학 사로청지도학과용』, 144~145쪽.

119) "소년단조직들은 월에 1~2차 정도 단적인 활동을 조직하며 나머지는 교종과 학년 특히 분단별에 따르는 교양활동을 다양하게 조직하여야 한다. 이와함께 단적인 활동을 간단히 먼저 진행하고 분단활동을 진행하여야 한다." 위의 책, 146쪽. 소년단 활동이 집중적으로 진행되는 '화요일분단이야기모임'도 있었다.

마작업반칭호를 쟁취하려면 작업반원들이 인민체력검정에 누구나 일정한 기준을 통과해야만 했는데, 이것은 북한주민들이 체육활동을 할 수 있도록 강제하는 효과가 있었다. 각 직장은 인민체력검정사업을 추진하고 일상적으로 하루 1시간 이상 체육활동을 할 것을 의무화하였고, 직장 간 운동경기도 해야 했다. 기업소별 체육대회가 조직되고 정부의 성-중앙기관 일군 간의 체육경기대회도 치러졌다. 그리고 출근 시간에 따라 업간이 달라지기는 하지만 업간체조는 보통 11시에 시작되었다.[120]

건강한 신체와 강한 체력을 소유하기 위해 학생들은 매일 오전 두 시간 교과수업 과 수업시간 사이에는 남한에서도 행해졌던 맨손체조와 유사한 '업간 체조' 시간을 가졌다. 매일 교과외활동으로 1시간씩 반드시 체육활동을 해야 하고 매주 토요일은 다양한 체육활동을 해야 했다. 교사든 학생이든 누구나 인민체력검정에 응시해야 했다. 약수중학교교사들이 악기를 먼저 익힌 것이 학생들에게 영향을 준 것과 마찬가지로 교사들이 이신작칙해야 했기 때문에 학생들의 인민체력검정시험 응시는 더욱 힘 있게 진행되었던 것으로 보인다. 학생들은 학업성적에 우선해서 무엇보다도 인민체력검정시험에 열중했던 것으로 보인다.[121]

일요일에는 주로 체육 대회, 행군, 야유회, 행군을 하게 되는데 이 역시 소년단과 사로청의 조직활동이라고 할 수 있다. 북한에서 일요일마저 일정한 시간은 개인이나 또래집단의 자발적 놀이보다는 조직활동과 분공을 수행하는 일이 많다고 할 것이다.[122]

---

120) 박영옥, 「북한의 체육」, 경남대학교 북한대학원 엮음, 『북한 문화, 둘이면서 하나인 문화』(서울: 한울아카데미, 2006), 210~112쪽 참조.

121) "이리하여 교원들을 비롯해서 전체 학생들이 인민 체력 검정에 합격되였다." 교육도서출판사, 『약수 중학교 교육 경험』, 119쪽.

122) "체육 사업 중에는 휴일을 리용하여 진행하는 것이 많다. 즉 체육 대회, 스케트 대회, 야유회, 행군 등은 대개 휴일에 진행된다." 교육학분과집필위원회, 『교육학: 사범전문학교용』, 338쪽.

〈표 5-3〉 '년간 체육 대회 기준 지표(인민학교)'에서 보듯이 매월 체육 대회가 열렸으며 계절에 맞게 다양한 종목이 채택되었다. 그에 따라 학생들이 주력하는 체육활동이 매월 또는 계절에 따라 달랐다고 할 수 있다.

〈표 5-3〉 년간 체육 대회 기준 지표(인민학교)

월별	1월	2월	3월	4월
종별	집단적 연 띄우기, 팽이 돌리기, 줴기 차기, 썰매 타기, 뜀틀 운동 등 모임 조직	교내 집단적인 썰매 타기, 연띄우기 모임 조직	1. 교내 륙상 경기 기록 대회 60 메터, 100 메터, 400 메터, 계주 2. 투피구 시합 조직	1. 야유회 동산 모임 2. 교외 친선 시합 조직
월별	9월	10월	11월	12월
종별	1. 학년별 률동 체조 모임 조직 2. 투피구 학년별 대회 조직 3. 줄 당기기 시합	1. 교내 학년별 마스껨 발표회 2. 체육절 기념 교내 체육 대회 3. 등산 모임	1. 교외 친선 시합 2. 투피구 교내 선수권 대회 조직	1. 교내 집단적인 썰매 타기, 연띄우기 2. 등산
월별	5월	6월	7월	8월
종별	5.1절 경축 교내 체육회, 원형 투피구, 줄 당기기, 대장구, 륙상 마스껨, 각종 유희	1. 교내 학년별 마스껨 발표회. 2. 오락 유희 모임	1. 학급 대항 시합 조직, 률동 유희, 륙상, 줄 당기기	1. 야유회, 등산 모임 2. 수영 시합 조직

출전: 교육학 분과 집필위원회, 『교육학: 사범전문학교용』, 332~333쪽.

체육대회를 준비할 겸, 인민체력검정시험에 대비할 겸 각 종 과외 체육 활동이 일과에 포함되어 1시간씩 진행되었고, 매주 토요일은 체육의 날로 되어 있어 다양한 체육 활동이 진행되었다. 이뿐만 아니라 약수 중학교처럼 온갖 가능한 조건과 기회를 이용해서 체육활동을 하였고 노동에도 체육활동을 결합시키기도 하였다.[123]

---

123) "체육 사업을 통하여 학생들의 체력을 단련시키기 위하여 약수 중학교는 온갖 가능

그뿐만 아니라 체육 교육은 체육 교원이 지도해야 한다는 김일성의 교시에 따라 북한은 체육 교원의 자질과 수업 준비에도 특별한 관심을 돌렸다. 결국 북한의 학교에는 체육을 중시하는 분위기가 조성되었다고 할 수 있다.

다른 소조와 마찬가지로 학교마다 여러 체육소조들도 있었고 다른 분야의 소조와 마찬가지로 발표회나 경기, 경연을 하였다. 학교 내에서도 했지만 학교 간에도 경연, 경기가 이루어졌다. 또한 소조보다 좀 더 전문적인 체육구락부와 체육단도 조직되었던 것으로 보인다.124)

북한은 이 시기 체육활동에서의 대중화(인민체력검정의 강화, 소조)와 전문화(구락부=체육단)를 동시에 꾀했다고 할 수 있다. 특히 축구는 북한에서 일종의 단결심과 혁명적 열의를 보여주는 국기였다. 이런 분위기에 힘입어 북한의 천리마축구단은 1966년 월드컵에서 8강에 오르게 된다. 근대국가 건설기에 구기종목이 국민들로 하여금 일체감을 느끼게 하는 것은 어느 나라든지 동일하다. 국위선양을 하는 전문가중의 전문가들이 있고 이들의 대중적 토대가 되는 아마추어들을 중층적으로 육성하는 것을 목표로 하는 것이 북한의 체육교육의 특징이었다.

이러한 북한의 체육교양과 『중국조선족교육사』에 서술되어 있는 문화대혁명시기의 중국의 체육교양과 비교해 보면 북한 교육의 특성이 드러나는 것을 알 수 있다.

한 조건과 기회를 리용한다. 례컨대 이 학교의 적지 않은 학생들이 통학 거리가 좀 멀다는 사정을 고려하여 통학 시간을 달리기로 하고 있다. 이러한 달리기는 평양-보천보-백두산 달리기에 포함된다. 학생들은 자기가 달린 거리를 알고 있으며 그 거리가 얼마나 방대한가에 대해서 놀라움과 동시에 그에 대한 긍지를 가지고 이 사업에 적극 참가한다." 교육도서출판사, 『약수 중학교 교육 경험』, 126~127쪽.

124) "학교 체육단(스포츠 구락부) 년간 경기 종목 시합 기준 지표(인민학교)는 다음과 같다. 룩상-20회, 체조-15회, 마스껨 도시-5회 지방-4회, 각종 유희-20회" 교육학 분과 집필위원회, 『교육학: 사범전문학교용』, 332쪽.

> 몇 년 가도 중소학교의 운동대회를 볼수 없었고 교내운동대회마저 볼수 없었다. 많은 학교의 운동장에는 풀이 무성하였으며 지어 어떤 학교의 운동장에는 풀이 무성하였으며 지어 어떤 학교의 운동장은 밭으로 변하여버려 학생들의 체육활동, 체육단련과 훈련장소마저 없어졌다.[125]

중국의 문화대혁명은 교육혁명이라기보다는 지식인을 적대시하고 교육을 파괴한 것에 가깝다는 것을 알 수 있다.

4. 자체학습: 자율학습

북한에서는 학생이 스스로 학습하는 것을 자체학습이라고도 했다. 우리나라의 자율학습에 해당한다. 자체학습은 교원의 직접적 지도 없이 가정과 학교에서 기타 장소에 공부를 열심히 하는 것이다. 물론 여기에도 지도가 따른다. 이것을 북한에서는 자체학습지도라 했다. 학생들이 스스로 해야 할 학습은 (1) 학생들의 당의 유일사상체계확립을 촉진시키며 그들의 정치리론수준을 높이기 위한 자체학습: 김일성이 노작과 문헌학습 및 발취, 김일성의 혁명역사학습 및 발취, 각종 혁명전통자료의 학습 및 발취, 각종 청치서적을 정독하고 발취하는 것 (2) 학교에서 배운 지식을 굳건히 다지고 심화확대할 것을 목적으로 하는 자체학습: 교과서 본문과 각종 참고서의 연구발취, 련습과제의 수행, 문제풀이, 실험, 실제작업의 수행 (3) 기능과 숙련을 형성하며 공고발전시키는 것을 목적으로 하는 자체학습(각종 련습, 문제풀이, 지식을 실천에 적용하는 실험, 실제작업의 수행 등) (4) 학생들의 과학적 탐구심과 창조적재능을

---

125) 중국조선족교육사편찬위, 『중국조선족교육사』, 419쪽.

더욱 발전시킬 것을 목적으로 하는 자체학습(자연관찰과 분석, 현지답사, 창조적 성격을 띤 실험, 실제작업의 수행과 보고서 작성, 작문짓기를 비롯한 창작활동, 생산노동에 의한 제품생산 등의 방법 (5) 앞으로의 학습을 성과적으로 보장하기 위한 예습적인 성격을 띤 자체학습(앞으로 배울 학과의 교과서 본문연구, 앞으로 배울 대상물에 대한 관찰과 견학 등의 방법)으로 이루어져 있다.[126)]

그런데 북한의 교사들은 학생들의 자율학습(자체학습)방법을 자율적으로 선택하게 한 것이 아니라 그 방법마저도 다음과 같이 정해주고 가르쳐줬다.

> 여기에서 특히 문헌이나 서적을 정독하고 그의 본질적인 내용을 발취하는 방법, 사전, 편람 등을 사용하는 방법을 가르쳐주는 것이 중요하다. 례를 들어 문헌의 전문을 통독하여 그의 전체적인 체계를 파악하며 다음으로 전문을 부분으로 나누어 분석연구함으로써 문구와 표현, 단락들의 의미(사상)를 깊이 리해하며 끝으로 다시 한번 읽으면서 요지를 발표할 수 있도록 정리하는 방법을 가르친다. 그밖에 읽은 책의 내용에 대한 간단한 체계, 요목을 작성하는 방법을 가르쳐주어야 한다.[127)]

따라서 북한에서는 자체학습마저 궁극적으로는 타자들에게 보여주고 발표하기 위한 준비단계였음을 알 수 있다.

---

126) 집필위원회, 『교육학: 사범대학용』, 245쪽.
127) 위의 책, 247쪽.

제8절 자체수양

1. 자체수양: 자기에의 배려

푸코는 규율권력, 생체권력에 대해 집필한 다음에 자기에의 배려를 최종적으로 연구했는데 푸코의 이런 연구 순서를 따르다 보면 자기에의 배려도 규율권력이나 생체권력을 보조해주는 역할로 축소되고 자기에의 배려도 권력에 복종하는 과정을 그린 것이라고 해석될 수 있다. 이렇게 되면 결국 푸코는 역사의 주체는 없다는 자기의 초기 주장을 더욱 심화시키는 연구를 했다고 볼 수 있다. 그러나 푸코의 자기에의 배려에 대한 연구는 인간이 스스로 주체적 존재로 만들어가는 과정과 장치를 연구한 것이라는 평가가 있다. 따라서 푸코의 말년의 연구가 과연 주체화를 설명하려고 한 것인지 아니면 규율권력이나 생체권력처럼 자기배려 역시 자기의 마음을 가둬놓는 심리적 감옥의 형성과정을 고찰한 것인지 아니면 주체가 물질적, 육체적, 정치적으로는 지배될 수밖에 없는 규율권력이나 생체권력에서 벗어나 심리적으로 해방되는 과정을 고찰한 것인지 알 수가 없다.

그러나 이것만은 확실한 것 같다. 규율권력이나 생체권력이 주체에게 외부로 강제로 주입되는 것이라면 자기에의 배려는 주체가 스스로 자기 자신에게 정체성을 부여하는 과정이라는 것이다. 그것은 주체형성의 마지막 단계이자 권력에 의해 대상화되었던 인간이 권력의 요구를 내면화하는 과정이라고 할 수 있다. 이런 주체를 북한식으로 말한다면 자각적

주체라고 할 수 있을 것이다.[128)]

푸코에 따르면 서양에서 대표적인 자기배려 수단으로서의 수행방법은 고대 스토아학파의 금욕주의에서 볼 수 있다. 스토아주의자들은 금욕주의적 수양을 통해서 심리적으로 자신의 욕망을 초월하였고 또한 더욱 그런 초월적 자세를 가지고 사회적으로 주어진 역할이나 의무를 다했다고 볼 수 있다. 스토아주의자들은 그렇게 해서 로마사회의 주체가 되었다고 볼 수 있다. 푸코는 중세 서양에서 자기에의 배려의 주요장치를 고해성사로부터 찾았다. 타자에게 자기의 잘못을 고백하는 것이다. 자신의 죄를 자신이 스스로 반성하고 참회하는 것이 아니라 타자에게 반성하고 참회한다는 사실이 중요했다. 이것은 자기에의 배려를 제도화한 것이라 볼 수 있다.[129)]

푸코가 분명하게 주장한 것처럼 인간의 성찰은 인식세계에만 있는 것이 아니다. 인간이 합리적으로 또는 경험적으로 자기를 인식하기 이전에 인간에게는 이미 자기의 배려라는 자기수양, 도덕적 과제가 주어져 있다. 자발적 주체의 형성, 자기에의 배려, 자체수양, 내면화, 자아정체성은 같은 의미를 다른 식으로 표현한 말들이라고 할 수 있다. 이러한 말들은 자기인식을 내포한 말들이지만 자기수양, 자기수행과정에서의 자기인식이란 인식기능을 통해서 자기를 인식하기보다는 도덕과 수양을 통해 자기인식을 한다는 것이다. 푸코가 주장하듯이 자기인식을 앞세우고 그로부터 자기정체성을 만들어가는 것은 근대사회에 비로소 나타난 현상이라고 할 수 있을 것 같다. 즉 근대 이전에는 사람들은 자기

---

128) 북한에서 수령론이 심화되면서 '자주적 주체'라는 용어가 등장하게 된다. 그러나 천리마시대에는 수령론을 전제로 하는 '자주적 주체'를 그대로 적용할 수는 없을 것이다.

129) 미셸 푸코, 「자기의 테크놀로지」, 미셸 푸코 외, 『자기의 테크놀로지』(서울: 동문선, 1997) 56~86쪽.

를 인식의 주체 이전에 수행의 주체로 보았던 것이고 이것이 근대에 와서 역전되었지만, 인간이 자기에의 배려를 생각하는 것은 누구의 요구 이전에 인간이 자각적인 주체가 되기 위한 요구라고 본 것이다.[130]

이러한 사정은 동양사회에는 더 잘 들어맞는다. 동양은 개인주의가 없었음에도 불구하고 자기에의 배려는 고대국가가 성립할 때부터 있어왔고, 수행론은 서구세계에 비교할 때 압도적으로 높은 수준과 양을 보여주고 있기 때문이다. 사회주의사회에서도 자유주의사회 만큼의 개체의식, 자아의식이 부족할지는 모르지만 자기의 배려에 관심을 가지고 그를 통해 자각적 주체가 되고자 하는 자발적 움직임은 있을 것이다. 인간이 가지고 있는 이러한 자기에의 배려에 대한 내적욕구를 통해서 북한 주민들의 심리를 파악해 보면, 북한 주민들도 나름대로의 도덕과 수양을 통해 자아정체성을 확보해 갔을 것이라고 추론할 수 있다. 푸코에 따르면 서구사회에서 자기에의 배려의 선구자요 모델은 소크라테스였다. 북한의 교육교양체계와 자기수양이란 결국 그 모든 것이 소크라테스의 다음과 같은 요구에 대한 김일성의 응답이었다고 볼 수도 있을 것 같다.

> 1) 자신의 사명은 신들로부터 부여되었고, 마지막 숨을 거두는 순간까지 그 사명을 포기할 수 없다.
> 2) 이 주어진 사명에 대해서 자신은 어떠한 보상도 요구하지 않는다. 자신은 사리사욕이 없으며, 선의에서 행동할 뿐이다.
> 3) 자신의 사명은 국가에 유익하다—올림피아에서 아테네인이 군사적 승리를 거둔 사실보다 훨씬 유익하다. 그 이유는 그는 사람들

---

130) "요약하면 이와 같다. 〈네 자신을 배려하라〉와 〈네 자신을 인식하라〉라는 고대의 두 가지 원리의 위계질서가 그간 전도되어 왔다. 그리스 · 로마 문화에서 자기 인식은 자기 배려의 결과로서 나타났다. 근대 사회에 이르러서야 비로소 자기 인식은 기본 원리로 구성된 것이다." 미셸 푸코 외, 『자기의 테크놀로지』, 43쪽.

> 에게 자기 자신에게 전념하라고 가르치는 가운데 국가에도 전념하라고 가르치기 때문이다.[131]

소크라테스와 김일성의 차이점은 소크라테스는 자신의 기획을 아테네인들에게 강요할 수 없었다면 김일성은 자신의 기획을 북한주민들에게 강요할 수 있었고, 소크라테스의 자기에의 배려에 잠재되어 있는 개인주의적 요소를 김일성은 소크라테스보다 더 강하게 집단주의에 의해 최대한 약화시키려고 했다는 점에 있다. 그러나 이런 인간개조방법이 북한의 모든 주민들에게 집단주의적 정체성을 갖도록 하는 데 완전히 성공한 것은 아니다. 자아정체성 내에서도 언제든지 개인정체성과 집단정체성이 대립되면서 자기인식을 먼저 중시하는 개인주의가 나올 수도 있기 때문이다.

어떤 사회든 중점을 두는 덕목들의 차이점 그리고 덕성교육에 대한 방법과 제도의 차이는 있겠지만 그 사회가 요구하는 덕목을 구성원들에게 내면화하고 수행할 것을 요구한다는 점에서는 동일하다고 할 수 있다. 김일성은 공산주의적 인간은 궁극적으로는 공산주의적 신념이나 생활방식이 내면화되어야 하고 법과 통제나 물질적 자극 또는 도덕적 자극마저 없어도, 집단의 압력이 없어도 어떤 상황에서도 공산주의혁명과 건설에 나설 수 인간, 스스로 자기 자신을 공산주의 인간으로 형성해나가는 인간, 즉 스스로 공산주의를 자신의 정체성으로 확립해 가는 인간으로 보았다.

공산주의사회에서도 독자적인 공산주의 수양론이 요구되었고 수행의 절대적 금기 대상은 이기주의였다. 이기주의는 자본주의사회나 사회주의혁명, 사회주의건설단계에서 다양한 형태로 나타나기 때문에 공산주

131) 위의 책, 40쪽.

의자들은 이기주의에 대해 주체가 스스로 경계해야 할뿐만 아니라 자신의 이기주의적 경향을 스스로 공개해야 하고 타자의 이기주의에 대해서도 비판함으로서 반면교사의 자세를 가져야 했다.

천리마시대에 북한에서는 '자각적으로 해야 한다.'는 말을 노동, 학습, 조직생활, 규율엄수, 설복 등 모든 방면에 사용하고 있다. 그러나 이것만으로는 자각인지 강제인지 알 수가 없다. 김일성은 공산주의를 내면화하기 위해서는 반성을 습관화하고, 겸손의 훈련, 비판과 자기비판, 자체학습과 수양을 일상화하여야 한다고 보았다. 이 모든 것을 한마디로 표현하면 수양이었다. 김일성은 공산주의 건설과정에서 수양은 공산주의자에게 더욱 중시된다고 주장하였다.

> 지금 일부 사람들은 마치도 공장에 가서 로동이나 하면 로동계급화, 혁명화가 다 되는것처럼 간단하게 생각하는데 그것은 잘못입니다. 누구나 혁명화하기 위하여서는 자체를 꾸준히 단련하고 수양하여야 합니다.
>
> 어떤 사람들은 혁명화의 방도는 오직 투쟁뿐이라고 하면서 수양론을 반대합니다. 물론 사람들은 혁명화하는것은 하나의 투쟁과정입니다. 그러나 수양이라는 말을 옛날 선비들처럼 집안에 가만히 앉아서 책이나 보는것만으로 리해하여서는 안됩니다. 수양이란 낡은것을 반대하며 혁명적세계관을 세우기 위한 하나의 사상투쟁입니다.[132]

이는 공산주의자들에게 공산주의 이념과 이론에 충실한 인간으로는 그쳐서도 안되고 공산주의 덕목을 갖춰야 한다는 것을 넘어 일종의 수행자의 삶을 요구한 것이라고 볼 수 있다. 김일성이 조선공산주의자들

---

132) 김일성, 「학생들을 사회주의, 공산주의 건설의 참된 후비대로 교육교양하자(1968. 3. 14)」. 여기서 "혁명화의 방도는 오직 투쟁뿐이라고 하면서 수양론을 반대"하는 어떤 사람들은 중국의 모택동사상을 지칭하는 것 같다.

중에 별로 쓰지 않는 수양이라는 말을 사용한 것이 생경하지만 공산주의자들이 모두 수양이라는 말을 부정한 것은 아니었다. 공산주의자들은 인간혁명보다는 정치혁명, 사회혁명을 앞세우게 되고 일반적으로 자유주의적 인격수행이나 종교, 그리고 휴머니즘이 내포하고 있는 봉건적 성격이나 반혁명적인 경향 때문에 수양, 수행이라는 말을 강조한 사람들은 별로 없었다. 마르크스, 엥겔스, 레닌, 스탈린에 이르기까지 개개인의 수양이나 수행은 사회의 구조적 측면의 강조로 인해, 계급투쟁과 조직생활로 환원될 뿐이었다. 그러나 아시아의 공산주의혁명가들은 외적인 행위적 측면을 넘어서 내적인 수행적 측면을 매우 강조했던 것으로 보인다. 이것은 유교, 불교, 도교적 전통 때문일 수도 있고 또는 공산주의사상과 이론이 후진국으로 전파되는 과정에서 혁명을 위한 물질적 기반과 객관적 요소보다 사상과 혁명가들의 신념과 의지와 주관적 요소를 보다 강조하는 방향으로 나아가면서 자연스럽게 발생한 현상이라고도 할 수 있겠다. 특히 혁명시기와 달리 공산주의가 본격적으로 건설되어 가면서는 신념과 수양은 전인민에게 요구되었던 것으로 보인다.

중국에서는 수양론을 강조한 자는 모택동이 아니라 대약진운동에 이어 문화대혁명 때까지 그의 정적이 된 유소기였다. 1942년 유소기는 마르크스-레닌주의와 중국공산당의 경험을 분석종합하여 공산주의 도덕론을 정립했다고 볼 수 있다. 유소기는 연안시대에 『공산당원의 수양을 논함』이라는 논문을 써서 공산당원들의 교육에 활용하였다. 단 유소기는 이 과정에서 중국의 전통사상이나 전래된 중국인민들의 지혜도 활용했다고 볼 수 있다. 모택동의 철학정치사상(모순론, 실천론, 신민주주의론)과 유소기의 도덕사상은 1942년 연안에서 모택동이 권력을 장악하는 과정에서는 잘 결합될 수 있었다. 항일투쟁시기 지식인들의 동참을 요구했던 모택동의 통일전선전술도 이를 정당화하였다. 그러나 유소기의 수양론은 대약진운동시기의 사회주의교육운동론에서 보듯이 부정부패를 개인의 수양문제로 보았을 뿐 사상문제로 보지 않았고, 유소기는 반부패투쟁을 군중운동과 결부시키지 않았다. 유소기는 모택동 대신 주석이 된 다음 1962년에는 『공산당원의 수양을 논함』 개정판을 발행했는데 1966년까지 『모택동선집』보다 많이 배포되었다고 한다. 이는 모택동에 대한 유소기의 도전이었다.

60년대 후반 모택동이 문화대혁명을 진행하는 과정에서 당시 실권을 쥐고 있던 유소기의 수양론을 배격한 것은 자신의 저작보다 더 인기가 있던 수양론을 배격함으로써 유소기라는 최대의 정적을 제거하려고 한 것이었을뿐 모택동이 유소기의 수양론을 부정하고 모택동식 수양론을 주장한 것은 아니었다. 문화대혁명은 지식인에 대한 공격, 유교적 덕목이나 전통적 덕목에 대한 공격, 노동교화, 하방 그리고 계급투쟁, 무엇보다도 모택동에 대한 충성심을 강조해야 했기 때문이다. 그러나 이것은 중국공산당을 통일단결하게 만드는 데 큰 역할을 했던 공산주의도덕마저 부정하는 식으로 되었다. 역으로 생각하면 유소기가 체계화한 공산주의 수양론에 대한 배격은 곧 문화대혁명이 극단으로 흐르면서 정풍운동을 넘어 내부 분열로 치달을 수밖에 없음을 보여주는 사건이었다고 볼 수도 있다.[133]

그러나 북한의 경우는 공산주의도덕을 체계화한 인물과 공산주의 정치의 지도자, 사상을 확립한 사람이 동일한 인물, 최고 지도자인 김일성이었으며, 이러한 지도자의 도덕사상이 단절되지 않고 지도자와 지도자의 사상을 철저히 계승한 후계자에 의해 지속적으로 발전되고 심화되었

---

133) "《문화대혁명》시기의 우리의 교육을 본다면 도덕교양에서 이른바 《계급투쟁》과 《로선투쟁》이 유일한 내용으로 되였으며 《계급투쟁》, 《로선투쟁》 관점을 배양하는 것이 유일한 목표로 되였다. 《운동》에서 이른바 《투쟁성》이 강하면 사상이 좋은것으로 인정되였으며 도덕품성은 있어도 좋고 없어도 좋은것으로 인정되여 전혀 언급되지 않았다.(중략) 그들은 도덕품성은 있어도 좋고 없어도 좋은 《세절》문제로 치부하였다." 중국조선족교육사편찬위, 『중국조선족교육사』, 416쪽.

다고 할 수 있다. 중국에서 문화대혁명이 일어나고 모택동에 의해 유소기가 몰락당할 때 즈음에 북한에서는 소위 갑산파 사건이 일어났다. 이것은 김일성계 내부의 한 파벌이라고 할 수 있었던 갑산파의 지도자였던 박금철과 그 추종자들을 숙청한 사건이다. 박금철은 김일성의 교시보다는 다산의 『목민심서』를 간부들의 수양서로 권장했다. 이것은 공산주의의 수양을 봉건시대의 수양으로 대체하려는 것으로 보였다. 따라서 수양론의 관점에서 보면 박금철은 중국의 유소기에 해당한다고 볼 수 있겠다.[134]

북한에서 수양은 성리학자들처럼 개별적 수양을 중심에 놓은 것이 아니라 집단주의적 수양론이라고 할 수 있다. 북한의 지도자는 집단의 압력과 요구에 의해 개인이 변화되어야 한다고 생각했다. 수양도 집단주의적으로 수행해야 했다. 북한의 집단주의는 매우 강력해서 수양도 집단에 강제로 소속된 상태에서 이루어지는 것이다. 이러한 수양이 자율적으로 되기 위해서는 많은 세월 동안 지속적으로 집단속에서 반복 되어야 했다. 이런 점에서 자체수양이라는 말은 매우 애매하다. 자체수양이면서도 내적 동기에 따른 수양이기보다는 외부에서 요구한 수양이기 때문이다. 북한에서의 자체수양은 독서, 일기와 자기비판, 상호비판의 일상화와 제도화를 통해 그리고 그 비판을 접수하고 반성하는 것을 익숙하게 만드는 것이다. 이것은 통제의 효과도 있지만 반성을 제도화한 것이라 할 수 있다.

---

134) 남한은 1957~1958년 중학교 1~3학년 '도의' 교과서가 도입되었고, 고등학교 1학년은 '사회와 도덕', 2학년은 '국가와 도덕', 3학년은 '개인과 도덕'이 도입되었다. 전국철학교육자연대회의, 『한국「도덕 · 윤리」교육백서』(서울: 한울, 2001), 234~235쪽.

2. 비판과 자기비판

북한에서 자체수양으로 가장 중요하게 여긴 것은 집단속에서의 비판과 자기비판이었다.

> 《자기비판이라는 것은 다른 사람들앞에서 자기 잘못을 털어놓고 말하고 그것을 고치려는 결심을 다지는데 그치는것이 아니라 다른 사람들에게도 그런 잘못을 저지르지 않도록 교훈을 주는것입니다. 남을 비판한다는 것은 그 사람이 스스로 알지 못하는 결함을 다른 사람이 일깨워주는것이며 한사람을 비판하여 여러사람을 교양하며 건져주자는것입니다.
>
> 대중앞에 나와서 자신을 비판한다는 것은 마치 거울앞에 서서 자기의 얼굴을 들여다보는것과 같다고 말할수 있습니다. 사람들이 거울에 비치는 자기 얼굴의 흠집을 가리울수 없는것과 같이 대중앞에서 자기의 결함을 숨길수는 없는것입니다. 대중은 아주 총명하여 꿰뚫어보지 못하는것이 없습니다. 》[135]

이러한 공개비판을 공산주의사회의 정치사상사업으로 도입한 사람은 스탈린이었다. 비판과 자기비판은 공산주의 역사를 보면 공산당 내부 숙청과정이나 사안이 발생했을 때 이루어지는 것인데 비해 북한은 천리마작업반운동의 '전망결의문'에서는 비판과 자기비판을 일상적이고 정규적인 일로 제도화하려고 노력했던 점이 북한의 또 다른 특징으로 보인다. 또한 김일성에 의해 비판과 자기비판은 끊임없이 심화되고 발전되어 간 것으로 보인다.[136]

---

135) 김일성, 「지도일군들의 당성, 계급성, 인민성을 높이며 인민경제의관리운영 사업을 개선할데 대하여 (1964. 12. 19)」, 『김일성저작집 18권』(평양: 조선로동당출판사, 1982), 494쪽.

> 우리는 비판과 자기비판을 강화하여야 하겠습니다. 당회의에서는 될수록 비판을 많이 하는 것이 좋습니다. 물론 비판은 비판을 위한 비판으로 되어서는 안될것입니다. 비판은 어디까지나 동지를 교양하고 도와주기 위한 비판, 사업을 전진시키기 위한 비판으로 되어야 합니다.[137]

이런 자체수양에 대해 찰스 암스트롱은 신유교나 개신교와 연계시켜 설명하고 있다.

> 자아비판 방식은 인간의 천성적인 선함과 정신적 순응성 spiritual malleability 에 대한 신유교주의적 개념에서 문화적으로 깊은 영향을 받은 것일 수 있다. 즉 어떤 일탈자라도 논리상으로 자기성찰과 재교육을 통해 개조가 가능하다는 것이다. 자아비판은 이러한 개조의 공적인 표현이며 진정으로 참회하는 개인은 공동체 안으로 재통합될 수 있었다. 자아비판의 유사종교적 본질에 대한 지적이 종종 제기되는데, 그것이 공개적으로 이루어진다는 점에서 천주교의 고해성사보다는 복음주의 기독교의 '간증'과 훨씬 닮은 점이 많다.[138]

---

136) "스탈린은 정치교리 뿐만아니라 정치실제에 있어 적용된「자기비판론」을 도입하였다. 스탈린은 자기비판을 당료를 훈련시키는 방법으로서 볼세비키주의를 무장시키는 불가피하고도 영구적인 무기로 간주하였으며 당내에서의 이단자 내지 반대자들을 제거하는데 이용하고 심지어는 생산경쟁에 까지 이것을 이용했다. 1934년에는 당내의 이단자들에 대한 투쟁을 중지한다면 국가위기를 초래할지 모른다고 선언하고 당의 대중노선에서 벗어나는 정치적 견해는 국사범으로 인정했다. 이러한 여건하에서「감시」는 실질적인 당의 특성이 되었을 뿐만 아니라 이데올로기와 당교리의 일부가 되지않을 수 없었다. 여기서 감시대상자는 자기비판을 받고 국사범이 된다는 공포 때문에 일탈적인 행위를 감히 할 수 없게 된 것이다." 양호민 · 강인덕,『공산주의비판』(서울: 극동문제연구소, 1986), 177쪽.

137) 김일성,「지도일군들의 당성, 계급성, 인민성을 높이며 인민경제의관리운영 사업을 개선할데 대하여 (1964. 12. 19)」, 495쪽.

138) 찰스 암스트롱,『북조선 탄생』(서울: 서해문집, 2006), 333쪽. 그러나 불교에는 공개적으로 자기비판하고 참회하는 포살이라는 제도가 있음을 암스트롱은 고려하지

그러나 비판과 자기비판은 여러 가지 문제가 있었으며 이것의 극단적 형태는 일종의 인민재판식의 동원이 될 수도 있었다. 또는 사람들이 비판으로 인한 갈등이나 인간관계의 어려움을 기피하기 위해서 형식화될 수도 있었다. 또한 너무 자주 비판과 자기비판을 하다 보면 하는 사람이나 받는 사람이나 의례화될 수 있었다. 이것은 88년 조선문예출판사에서 나온 현승걸의 『아침해』라는 소설을 통해서도 알 수 있다.

> 박영진은 지난날에도 이러한 문제 때문에 무수한 비판을 받았고, 또 무수히 자기비판을 하였다. 그러나 그것은 비 오는 날, 강파로운 박토벼랑을 힘겹게 톺아오르는 자동차바퀴가 옆사람에게 진흙탕을 흩뿌리면서 공회전할 뿐, 전진할 줄 모르는 것처럼 무의미하게 되풀이될 뿐 개진이 없었다. 중요한 것은 박영진 자신이 자기비판을 하면서도 사업작풍이나 방법문제를 가지고 말을 듣는 것은 이러한 처지에 놓인 지배인이면 누구나 매일처럼 책상 위에 놓인 탁장 일면의 뒷면을 먼저 보는 것과 같이 하나의 습관된 일과로 남아야지, 거기에다 신경을 쓰면 일을 못한다는 확고한 견해를 가지고 있었기 때문이다. 이러한 견해는 비판받는 지배인에게만 있는 것이 아니라 그를 비판하는 많은 당원들과 일꾼들에게도 많든 적든 다 있는 것이어서 지배인과 관료주의는 숙명적인 관계에 있다고 어느 정도 공인돼 있는 것이었다. 그래서 지배인 박영진의 자아비판은 무수히 공회전하였고 그렇게 흩뿌려진 진창이 쌓여 마침내는 오늘의 버럭산이 된 것이 아닌가.[139]

않은 것 같다. 포살은 승려들이 보름마다 함께 모여 계율을 외우고 그에 따라 자신의 악행을 공개적으로 고백하는 의식이다. 이 시간에 승려나 신자들은 집단과 타인의 압력과 자신의 참회를 통해 율법을 내면화하고 타자는 나를 통해 나는 타자를 통해서 공동으로 수양하는 것이다.

139) 현승걸, 『아침해(상)』(서울: 청년세대, 1989), 196~197쪽. 이 소설의 시대적 배경은 80년대이지만, 70년대 초반의 형편도 크게 다르지는 않았을 것으로 보인다. "지금 당원들의 당생활을 조직하고 지도하는데서 내용보다 형식에 치우치거나 고정격식

그럼에도 불구하고 김일성은 비판과 자기비판을 어린 시절부터 훈련시켜야 한다고 보았다. 북한은 비판과 자기비판을 권력투쟁시기에만 요구한 것이 아니라 일상화하였고 지나치게 자의적으로 흐르는 것을 막기 위해서 비판과 자기비판의 과정을 정교하게 규범화하였다. 북한에서 타자를 비판하는 것에 동참하거나 관찰하는 것은 비판을 통해 대리만족을 할 수도 있지만 자기가 직접 비판을 당하는 것이 아님에도 불구하고 자신을 돌이켜 보게 되는 것이고 자기비판은 자기의 내면을 드러내고 반성하는 일이기 때문에 수치스러운 일이기도 하지만 강력한 자기교정효과가 있다고 할 것이다.140)

자체수양방법으로서의 비판과 자기비판을 일상적으로 제도화한 것이 생활총화라고 한다. 김일성의 제안한 생활총화란 매일, 매주일, 매달 자신이 한 일과 행위에 대해서 반성해서 결함은 고치고 잘한 점은 계속 발전시켜 나아가는 것이었다. 김일성은 생활총화란 혼자서 할 수도 있고 회의를 열어 집단적으로 할 수도 있다고 보았다.141)

화된 틀에 맞추어 천편일률식으로 하는 경향이 없어지지 않고있습니다. 특히 당생활총화를 하는것만 보아도 당원들이 아무런 준비없이 한달에 한번씩 모여앉아 자기의 사업과 생활 정형을 실무적으로 총화하는데 그치고있습니다.” 김정일, 「전당에 새로운 당생활총화제도를 세울데 대하여(1973. 8. 21)」, 김정일, 『주체혁명위업의 완성을 위하여 2 (1972-1973)』(평양: 조선로동당출판사, 1987), 450쪽.

140) 이종석에 따르면 북한에서 ‘비판과 자기비판’을 당원들에게 본격적으로 요구한 것은 1955년 4월 당 중앙위원회 전원회의였다고 한다. 이종석, 『조선로동당연구』, 267쪽. 자기에의 배려와 관련하여 소련, 중국, 북한에서의 비판과 자기비판에 어떤 유사성과 차이점이 있는가는 매우 중요한 문제임에도 불구하고 미세한 차이를 알아낼만한 자료를 접할 수가 없다. 다만, 북한에서 긍정적 감화를 중시했기 때문에 비판과 자기비판도 그 영향을 받아서 인격적 모독에 해당하는 펠레톤은 없어졌을 것 같다. 소련은 스탈린체제 이후에도 관행적으로 펠레톤이 있어왔을 것 같고, 계급투쟁이 치열하게 벌어진 중국에서는 펠레톤은 사라지지 않았을 것 같다.

141) 이우영 · 황규진, 「북한의 생활총화 형성과정 연구」, 『북한연구학회보』 제12권 제1호, 2008, 130쪽.

3. 독서, 글짓기, 일기, '붉은 수첩'

학습이나 수양에서는 독서가 매우 중요할 것이다. 북한에서도 수양의 방법으로 평소 때는 독서와 일기를 중시한다고 볼 수 있다. 독서를 혼자서도 하고 함께 하기도 하는데 이 모든 것은 자기에의 배려라고 할 수 있다. 푸코는 혼자서 하는 것을 생각했지만 북한은 혼자서 할 수 있는 독서마저 통제하려고 했다. 외부 규율을 전제로 해서 내부규율을 만들어간 것이다. 또한, 북한에서는 학습을 위한 학습이 아니라 실천을 위한 학습으로서의 수양을 중시했다.

천리마시대의 북한에서는 각 공장마자 '1만 페지 독서 경쟁', '월 300 페지 읽기 운동' 등의 독서장려운동을 전개되었다. 독자들의 수준에 맞춰 직장마다 필독도서가 정해졌다. 필독도서는 필기하면서 읽어야 할 책들과 그냥 읽을 책들을 구분하여 읽었다. 독서 후에는 학습장에 학습내용과 감상, 결의를 적도록 권장하였다. 우수한 학습사례는 '혁명 전통 학습판'이나 벽신문, 작업반 속보를 통하여 소개하였고, 기동선동대를 통하여 이를 선전하고, 부별로 독서경쟁표를 작성하고 월별경쟁총화에 반영하였다.[142]

자기수양을 하는 데 가장 많이 활용된 책은 바로 항일빨치산들의 회상기였다. 회상기를 통해 항상 자기를 반성하고 자기를 단련시켜 나간 것이다. 독서에서 항일빨치산들의 회상기가 가장 강력하고 일반적인 필독도서가 되고, 김일성에 의해 공산주의도덕이 정식화, 체계화되자 일기내용마저 회상기의 교훈과 김일성식 공산주의도덕이 지배하게 되었다. 그런데 이것은 앞에서 언급했듯이 나의 독서행위와 타인의 독서행위가 토론이나 감상모임이라는 형식을 통해서 발표하게 되었기 때문에

142) 조정아, 「산업화 시기 북한의 노동교육」, 187쪽.

자연스럽게 그 사람의 독서행위까지 규정하게 된다. 이렇게 해서 독서나 감상은 자체수양이자 자체학습이 되었다.[143)]

'만페지책읽기운동'도 김일성의 노작에 초점을 맞추게 되면서 이 역시 김일성의 생각과 사상, 김일성의 교시를 반복해서 학습하는 것이 되었다. 김일성의 전기도 마음 편히 볼 수 있는 것이 아니었다. 『김일성동지의 혁명활동략력사』를 완전히 통달하여야 했기 때문에 이런 독서는 자체수양이라기보다는 반강제적인 주입식 자체학습이라고 볼 수 있을 것이다.[144)]

천리마기수들의 수기들에서는 주인공의 개인사나 심리묘사보다는 주로 주인공의 생각과 실천이 상호작용을 하면서 발전해 가는 과정을 묘사한다. 천리마기수들이 어떻게 깨달았고 어떻게 해서 중심고리를 발견하고 어떻게 실천해서 성공했는가를 묘사하고 있다. 수령의 교시를 통해서 자신의 과업을 깨닫는 장면, 난관에 봉착했을 때는 항일빨치산의 회상기 등을 읽고서 지혜와 용기를 얻는 장면, 대중과 함께 하면서 수령의 교시가 진리라는 것을 다시 깨닫는 장면, 자신의 깨달음과 지혜의 결실을 대중과 함께 나누는 장면, 영웅칭호를 얻거나 입당, 대의원이 되는 것 등으로 구성되어 있다. 따라서 천리마기수들의 수기는 혁명가들의 일종의 수행기라고 할 수도 있고 입신양명의 과정이라고도 할 수 있다.

---

143) "독서 운동－이것은 가장 힘있는 교양 수단의 하나이다. 우리는 지난 상반년 기간에만도 《서광》, 《땅》, 《석개울의 새 봄》, 《용광로는 숨쉰다》등을 비롯해서 총 30여 권의 소설책을 읽었고 매개 동무들이 50 여 제목의 회상기를 연구하고 그를 노트에 필기하였다." 직업동맹출판사, 『천리마작업반(4)』(평양: 직업동맹출판사, 1963), 399쪽. 70년대 후반에는 영화도 많이 제작되고 영화 속에 등장하는 주제가와 명대사가 그와 같은 역할을 하고, 김일성의 행적을 직접 서술한 『인민의 자유와 해방을 위하여』, 『김일성선집』이나 『김일성전집』 형태의 김일성어록이 그를 대신하기도 했지만 천리마시대에는 서사형식을 취한 항일빨치산의 회상기가 절대적인 역할을 한 것으로 보인다.

144) 강근조, 『조선교육사 4』, 531쪽.

북한 주민들은 천리마기수들의 수기를 보면서 천리마기수들과 같은 방법으로 자기의 배려, 자체수양의 방법을 모방하였을 것이다.

글을 쓰기 위해서는 우선 주어진 제목(문제)에 따라 수령의 교시와 당정책에 입각하여 자기가 체험한 사실적 자료와 알고 있는 지식을 개괄하여 자기의 소감과 희망을 표현하여야 했다. 분석과 개괄, 귀납과 연역, 논증과 추리를 활용해야 하는데 이러한 형식논리학은 김일성의 교시와 당정책을 뒷받침하는 논리로서 활용될 뿐이다. 사회과학과목교수에서는 정치이론적 성격을 띤 논설체의 글, 감상문, 결의문, 현실경험을 분석한 간단한 과학기술논문, 신문기사와 같은 보도성 글을 많이 쓰게 했다. 과학기술과학학과목 교수에서는 과학기술통보적인 성격을 띤 글, 실제 경험을 분석 개괄한 과학기술논문, 관찰, 실험실습 정형과 결과를 알려주고 분석 종합하는 보고서 등의 글을 많이 쓰게 했다. 국어과목에서는 인민학교 때부터 작문의 형태로 자기가 보고 느낀 소감, 결의, 희망 등을 적는 글을 많이 쓰게 하고 높은 학년에 올라가서는 문예작품적인 성격을 띤 창조적인 글을 점차 쓰게 했다.[145)]

북한에서는 연습의 일종인 쓰기 교수법을 '글씌우는 방법'이라는 별도의 교수법으로 중시했다. 여기서 쓴다는 것은 베껴 쓰는 것이 아니라 일종의 글짓기였다. 학생들은 정해진 틀에 따라야 하고 글짓기 교육을 하는 교사나 배우는 학생이나 당의 요구, 수령의 요구에 맞추는 글을 써야했다. 자기의 생각을 쓰기보다는 대타자나 타자가 원하는 글을 써야 했다.

> 글을 쓰기 위해서는 우선 주어진 제목(문제)에 따라 경애하는 수령 김일성동지의 혁명사상과 그의 구현인 당정책에 립각하여 정치사상적선을 세우고 쓰려은 글의 형식에 맞게 자기가 체험한 사실적자료

---

145) 집필위원회, 『교육학: 사범대학용』, 199~200쪽.

> 와 알고있는 지식을 개괄하여 일정한 사상을 론리적으로 전개하여야 하며 자기의 소감과 희망 등을 명료하게 표현하여야 한다.[146]

자체수양방법으로 '붉은 수첩운동'이 제기되기도 했다. 당시의 노동신문은 "'리수복 영웅돌격대' 대장 김경설의 호주머니에는 수첩이 하나 있었는데, 수첩의 첫 장에는 김일성의 초상화가 있고, 다음 장부터는 김일성의 '혁명사적'이 기록되어있다."고 선전했다. 붉은 수첩은 모든 노동자가 소지하였고 여기에는 김일성의 연설과 교시, 당의 정책결정, 천리마작업반운동 결의문, 천리마작업반 평가기준표 등이 기재되어 있었다. 모든 노동자들은 기재된 사항에 근거하여 하루의 작업과 생활을 스스로 평가하고 기록해야 했다. "하루의 생활에서 항일 빨찌산들의 혁명 정신을 어떻게 구현하였는가를 일기 형식으로 적어 넣을" 것을 권장하였다.[147]

『천리마』 잡지에는 1960년 10월호, 11월호, 12월호까지 3차례에 걸쳐 '일기를 어떻게 쓸 것인가 '라는 주제로 일기 쓰는 방법이 제시되었다. 10월호에서는 일기의 역할을 '첫째, 자기 자신을 반성하게 된다. 둘째, 글을 짓는 공부이다. 셋째, 사물에 대한 관찰력과 사고력이 현저히 높아진다. 넷째, 생활에 규율과 제도가 생긴다.'고 요약하였고 11월호와 12월호에는 일기의 내용으로 들어갈 것과 모범 사례들이 실려 있다.[148]

『천리마』 잡지에 나온 모범대로 천리마 기수들의 수기에는 주인공이 일기를 쓰고 생각에 잠기는 장면이 종종 등장했다.

146) 위의 책, 199쪽.

147) 조정아, 「산업화 시기 북한의 노동교육」, 187~188쪽.

148) 『천리마』, 1960. 10, 48~50쪽; 『천리마』, 1960. 11, 44~46쪽; 『천리마』, 1960. 12, 48~50쪽.

> 그 날도 교장은 밤 늦게 집으로 돌아 갔으나 일기장을 펼치는 것을 잊지 않았다. 일기장에는 원수님의 교시를 어떻게 지키였는가가 하루도 빠짐없이 기록되여 있다. 그는 매일 이 일기장을 쓰지 않고는 잠들지 못한다. 그는 일기장에 이날 원수님의 교시를 지켜 일한 내용을 다 쓰고는 생각에 잠겼다.[149]

소년단도 어른들의 '붉은 수첩'과 유사하게 모든 단원들이, 예를 들면 《아름다운 꽃》과 같은 제목의 수첩을 소지하고 다녔다. 김수복은 분단적 차원에서 《붉은 마음》과 같은 제목의 집단적인 수첩도 만들었다.

> 그 날 분단 위원회에서는 분단 위원인 정숙(리 정숙이 말고)이가 무거운 짐을 끌고 가는 할아버지, 할머니를 도와 감북동 먼데까지 갔다 온 사실을 토의하였다. 위원들은 제마끔 이런 아름다운 사실을 영예 게시판에 내 붙여서 대대적으로 알리자고 하였다. 그러면서 분단의 영예 게시판을 만들자고 하였다. 그러나 분단 위원장이 반대하였다. 교실에는 벽보 외에는 붙이지 못하게 된 사실을 그는 알고 있었기 때문이다. 그러면서 분단이 조직된 후부터 매개 소년단원들이 가지고 다니는 《아름다움 꽃》이란 수첩을 분단적으로 하나 가지자는 의견을 내놓았다.[150]

개인적인 '붉은 수첩'이 개인의 일지식 일기라면 집단의 일지식 일기인 '붉은 수첩'도 만들어졌던 것이다. 이것은 집단적인 자체수양방법이라고 할 수도 있고 긍정적 감화방법이라고도 할 수 있을 것이다. 이러한

---

149) 교원신문사, 『로동당 시대의 교육자들(5)』(평양: 교원신문사, 1961), 27~28쪽. 중국의 공산주의 새인간의 모델이었던 뇌봉의 전기에는 뇌봉이 썼다는 일기가 실려 있다. 뇌봉의 수기나 일기를 보면 뇌봉이 모택동어록의 학습, 스스로의 사고, 실천을 통해서 성장해가는 모습이 드러난다.

150) 김수복, 『한 녀교원의 수기』(평양: 민청출판사, 1961), 141쪽.

수첩의 성격을 다음과 같은 '우리들의 붉은 수첩'이라는 노래의 3, 4절만 봐도 알 수 있다.[151]

3. 랄라라라라…

수상님 다녀가신 그 아침부터
통조림공 우리들은 일떠섰다네
없는 것을 찾아 내고 아껴 쓰면서
아동용 연제품을 만들어 냈다네
아 수상님의 가르침 아 그 이 말씀 받들고
우리 모두 한 맘으로 했단 말이 옳아요
자랑 많은 우리들은 천리마 기수
(대사)
애들아 수상님의 현지 교시 받들고 일하는
통조림공 우리들의 다함없는 자랑이야…
수상님 말씀 대로 일하며 배우는
나라 위한 꽃마음 수첩에 적었네

4. 랄라라라라…

남 몰래 시간마다 좋은 일 해 놓은
수 많은 이야기 수첩에 적네
뒤 떨어진 동무들을 이끌어 가며
당의 딸로 키워 주는 붉은 수첩
아 첫 장을 펼치면 아 다정하신 그 이 앞에
새로운 승리를 마음 다지네 새로운 승리를 마음 다지네
(대사)
애들아 벌써 수첩을 다 썼으니

151) 조선문학예술총동맹, 『천리마시대의 노래』(평양: 조선문학예술총동맹, 1963), 116~117쪽.

또 새 것을 만들어야겠구나
래일은 무슨 자랑 적어 넣을가
마음 속에 아름다운 꿈을 키워 간다오
아 우리의 수첩은 뜨거운 가슴마다에
아 날마다 새로운 꽃을 피워 간다오

수령의 교시를 받들어 '하나는 전체를 위하고 전체는 하나를 위하는' 좋은 일을 한 것을 '붉은 수첩'에 함께 기록하고 함께 공유한 것이다. 자체 수양마저도 집단주의적 수양이었던 것이다. 남이 모르는 미담이 아니라 집단이 공유하는 자랑스러운 미담이었던 것이다.

제 6 장

‘북조선인’의 탄생과 관점 전환

김일성이 천리마작업반운동을 통해서 만들고자 했던 천리마기수는 북한 사회주의교육교양이 만들고자 했던 공산주의적 새인간이라고 할 수 있다. 북한 주민들이 이러한 새인간으로 개조되고 양성되기 위해서는 지난 시기에 가지고 있었던 낡은 집단정체성을 버리고 김일성을 중심으로 한 사회주의 대가정이라는 비유를 받아들여서 새로운 집단정체성을 형성해야 하고, 개인 각자가 가지고 있는 개인 정체성은 집단정체성과 조화를 이루어야 새인간이 북한 사회에 정착하게 될 것이다. 그런데 이러한 정체성의 교체과정에서 핵심적인 요소는 자연과 사회 그리고 자아를 분석하고 의미를 부여하고 해석하는 인식이 변화하는 것이라고 할 수 있다. 그리고 인식이 변화하는 과정을 인식전환학습이라고 할 수 있을 것이다. 그런데 이러한 인식전환에서 가장 중요한 것은 인식의 틀 즉 관점을 교체하는 것이라고 할 수 있다. 정체성형성과 인식전환학습이론에 의거해서 본다면 천리마작업반운동과 청산리방법은 일종의 인식전환학습방법이라고 할 수 있다. 그리고 이러한 인식전환학습과정을 거쳐서 북한에는 '북조선인'이 탄생했다고 볼 수 있다.

그러나 이러한 '북조선인'이라는 집단정체성을 구성하는 북한체제의 정당화 논리나 교육교양내용과 방법에는 내적 모순, 한계, 문제점이 있음을 알 수 있고, 따라서 인식전환에 따른 '북조선인'의 정체성 형성에도 모순, 한계, 문제점이 있었으리라 생각해 보는 것은 지나친 상상은 아닐 것이다. 이러한 생각을 현재 여기서 검증하는 것은 거의 불가능한 일이고, 북한 자료를 통해서 징후적으로 독해할 수 있을 뿐이다.

우리가 북한체제와 교육교양의 내적 논리에서 충분히 예상할 수 있는 모순, 한계, 문제점들과 징후적 독해를 통해 파악한 북한 사회와 '북조선인'의 정체성의 혼란과 불안을 종합해서 추론해 보면 천리마작업반운동의 말기인 1970년대 초반에는 북한 주민들에게 마르크스-레닌주의에 입각한 실천이데올로기로서의 주체사상에 대한 관점전환학습이 진행되었음을 알 수 있다. 이런 상황에서 김일성의 후계자인 김정일이 주체사상을 마르크스-레닌주의와 단절하고 주체사상을 실천이데올로기에서 순수 이데올로기로 격상하면서 이를 김일성주의로 명명하고, 김일성을 신격화하고, 북한 주민들을 김일성주의의 신봉자, 신앙자로 만드는 관점전환학습을 정교하게 만들어서 '북조선인'의 첫 번째 변용을 시도한 것으로 보인다. 이에 따라 천리마시대를 이끌었던 천리마세대가 비판받게 되었고 북한체제가 전반적으로 한번 변용되면서 그에 맞춰 '북조선인'들의 1차 변용이 시작되었다.

제1절 정체성과 관점전환

자기에의 배려는 끊임없는 수행과정에서 일정한 태도를 내면화하기도 하고 자기비판과 성찰력을 동반하게 된다. 사람들은 자각적 주체가 되어가는 과정에서 주어진 것에 동의하기도 하지만 그것을 넘어서서 동의하는 자기 자신을 성찰하기도 한다. 그리고 이것은 정도차이가 있지만 사람들을 내적 갈등으로 끌어가기도 하고 인식의 후퇴도 일어나게 하고 인식의 전진도 일으킨다. 사람들의 내적 성장은 외부의 것을 동의하거나 수용하고 흉내 내거나 외부의 것을 거부하는 것으로만 이루어지지 않는다. 외부의 정보를 인식하고 해석하는 과정에서 정체성이나 자신의 인식구조가 전체적으로 변화하는 과정이 일어난다.

인간은 선입견 없이는 살 수 없는 존재이기도 하지만 또한 성찰적인 존재다. 인간의 인식세계에는 이 두 가지 방향의 압력이 항상 존재한다. 대개 선입견을 고수하는 방향의 힘이 강하면 성찰적인 힘은 줄어들게 될 것이다. 인간의 삶과 인격의 변화과정을 인지적 측면에서 본다면 일종의 인식전환이며 인식전환에서 핵심적인 요소는 관점전환이라고 할 수 있다. 따라서 인식전환학습이란 관점전환학습이라고 할 수 있을 것이다. 인간의 정체성의 변화에서 핵심적 요소를 과연 인지적 과정인 관점전환이냐 아니냐에 대한 논쟁은 있을 수 있겠지만, 인식전환이 인간의 정체성 변화에서 한 부분을 차지하고 있는 것은 분명할 것이다.[1)]

---

1) 1975년에 메지로(Mezirow)는 인격적 전환의 과정이 10개의 국면을 통해 진행된다고 보았다. ① 기존의 성향으로 해결되지 않는 딜레마 상황 ② 죄책감 등의 자기검토 ③ 자신의 전제에 대한 비판적 평가 ④ 개인의 불만과 전환의 과정은 연결돼 있으

이렇게 인식관점전환을 중시하는 학자들은 관점전환학습이라는 것을 중시하게 되는데, 이들에 따르면 “사람들은 사회화 과정을 통해 자신의 의미관점을 형성해 나가는데, 자신의 의미관점에서 타인과 다른 점을 발견하거나 일상적으로 문제해결이 곤란한 전환점을 맞이할 때 의미관점의 재검토와 전환이라는 ‘관점전환학습’이 일어난다. 관점전환학습은 우리가 당연하다고 여겨온 인식의 준거틀을 보다 포괄적이고, 분별력있고, 개방적이고, 정서적으로 수용 가능하고, 성찰적인 준거틀로 변환시키는 과정이다.”[2)]

이러한 관점전환은 한 순간 또는 누적적인 경험과 인식의 결과로 인해 일어날 수 있을 것이다. 관점전환은 단번에 일어나는 것처럼 보이지만 장기적으로 보면 나선형으로 점차적으로 이루어지는 경우가 많다. 그런데 나선형의 구조를 가진 관점전환이 북한에서는 항상 집단적으로 이루어졌으며 그것도 정치적 지도자에 의해 위에서부터 아래로, 대중운동을 통한 아래로부터 위로라는 쌍방향으로 동시에 진행되었다는 특징을 지닌다.

만약 북한의 역사를 인간개조를 중심에 놓고 서술한다면 북한 주민들

며, 다른 사람도 자신과 유사한 변화를 한다는 사실 인식 ⑤ 새로운 역할-관계-행동의 선택 모색 ⑥ 계획을 수행하기 위한 기술과 지식의 습득 ⑦ 새로운 역할 임시시도 ⑧ 새로운 관계 협상과 재협상 ⑨ 능력과 자기확신 수립 ⑩ 개인의 삶에 새로운 관점 재통합. 정민승, 『성인학습의 이해』(서울: (사)한국방송통신대학교출판부, 2010), 263쪽.

2) 조정아 · 임순희 · 노귀남 · 이화영 · 홍민 · 양계민, 『북한 주민의 의식과 정체성: 자아의 독립, 국가의 그늘, 욕망의 부상』(서울: 통일연구원, 2010), 23쪽. 이 책은 북한사회의 개인주의적, 부르조아적 사고방식을 가진 일탈자들의 관점전환을 연구한 것이다. 특히 생애사를 통해서 그것을 확인하고자 한 연구물이다. 그에 반해 이 글은 관점전환을 통한 북한사회의 자발적주체형성의 형성배경과 과정을 연구한 것이다. 다만 부족한 것은 북한체제에 충실한 공산주의자들의 생애사를 연구할 수 없다는 사실이다. 이 두 가지가 균형을 이루어야만 북한 사회의 역동성과 인간개조의 현실을 제대로 파악할 수 있을 것이다.

의 관점전환의 역사라고 할 수 있다. 우선 해방 직후 소련교육의 영향을 받으면서 관점전환이 일어났다고 할 수 있다. 이것을 당시의 북한의 지식인의 다음과 같은 술회로부터 알 수 있다.

> 비록 나는 박사이지만 다른 누구보다 정치학교에서 공부하기가 어려웠다. 왜냐하면 내가 이 학교에서 배운 내용은 이전에 내가 습득했던 지식과 완전히 대립되는 것이었다. 이 학교에 들어오기 전에 가졌던 나의 지식들은 완전히 전도되었다. 나는 22년동안 나를 감싸왔던 관념론에서 깨끗이 벗어났다.[3)]

북한의 소설, 수기, 영화는 수령의 교시를 받아 안고 어느 순간인가 새롭게 깨닫게 되는 주인공들의 관점전환의 모습이나 과정을 곧잘 그린다. 이것은 자각 없던 한 개인이 혁명가로 태어나는 순간의 묘사라고 할 수 있다. 천리마작업반운동이나 천리마학급, 모범분단을 만드는 것만을 목표로 한다면 그것은 아직 목표가 확실하지 않은 것이다. 자신이 왜 무얼 위해 해야 하는지를 명확히 알고 있어야 한다. 어느 소설의 주인공은 생각하고 생각하다가 결국 공산주의인간형성에 있다는 것을 깨닫고 모범분단운동에 적극적으로 뛰어들게 된다.

> 그러나 5 점－최우등은 무엇을 위한 것인가?
> 무엇 때문에 한 아이를 위하여 그렇게 가슴을 태우는가?…공부를 잘 하라고, 훌륭한 사람이 되라고 하는 것이다. 그러면 무엇 때문에 공부를 잘 하고 훌륭한 사람이 되어야 한단 말인가?…
> 나는 등교하는 학생들의 얼굴을 하나 하나 눈여겨 보았다. 그리고 학교를 졸업하고 어른이 된 그들을 눈앞에 그려 보았다.

---

3) 신효숙, 『소련군정기 북한의 교육』(서울: 교육과학사, 2003), 273쪽 재인용. 이것은 민주당 함경북도 선전선동부 부장을 역임한 임정흡의 술회다.

> 그리고 그들이《어렸을 때 일생을 통하여 잊지 못할 그 무엇을 교원에게 받았는가?》하는 물음에 대하여 생각해 보았다.
>
> 그들은 어른이 되어 교과서 몇 과에서 무엇을 배웠다는 것은 회상하기 어려울 것이다. 그러나 그들은 나를 두고, 교원을 두고 회상할 것이다.
>
> －우리 담임 선생님은, 사람은 어떻게 살아야 한다는 것을 나에게 배워 주었다. 이 세상에는 행복과 불행이 있고 옳은 것과 그른 것이 있고 착한 것과 악한 것이 있다는 것, 두 계급이 있다는 것을 어린 내 머리에 뚜렷이 새겨 주었고 나를 행복, 정의, 아름다운 것을 지켜 투쟁할 줄 알도록 가르쳐 주었다.－하고.…
>
> 바로 이러할 때 그들에게 있어서 몇 과에 무엇을 배웠다는 지식이 필요할 것이며 5점－하고.…
>
> 바로 이러할 때 그들에게 있어서 몇 과에서 무엇을 배웠다는 지식이 필요할 것이며 5점－최우등이 필요한 것이다.
>
> 나는 무엇으로 학생들을 교양하며 글을 배워 주어야 하겠는가?
>
> 무엇으로? 그것은 계급 의식이다! 하고 나는 생각하였다.
>
> －그렇다! 계급교양을 강화해야 한다. 이것은 사상 교양의 근저에 놓여 있어야 한다. 그리고 계급교양은 학생들의 공산주의 도덕 품성을 높여주는 것으로 된다.
>
> 학생들이 사회주의 조국을 사랑하며 공동 재산을 자기 것보다 더 귀중히 여기는 것, 로동을 사랑하는 것, 공산주의를 향하여 나아가는 대오에서 전우로서 싸워야 할 동무들과 서로 사이 좋게 지내는 것－이 모든 공산주의 도덕의 근저에는 계급 교양이 놓여 있다.[4]

이와 같은 인간의 성찰적 특징을 보건데 북한의 교육교양내용과 방향 그리고 변화는 모든 사람들이 가지고 있는 궁금증, 즉 인간개조가 어떻게 가능한지에 대한 궁극적인 질문에 대한 북한식의 고민과 응답임을

---

4) 김일완, 『혁명의 씨앗을 키우며』(평양: 교원신문사, 1963), 150~151쪽.

알 수 있다. 공산주의의 미래는 궁극적으로는 모든 사람들이 가지고 있는 인간개조론, 인간관에 달려 있다. 이것은 사회주의이론들에서 크게 강조되지 않았다고 할지라도 사회주의이론의 무의식적, 의식적 토대며 전제였던 것이다. 공산주의는 도대체 무엇인가, 공산주의는 어떻게 건설될 수 있는가 하는 문제는 공산주의적 인간이란 무엇인가, 가능한가에 대한 문제의식을 포함하고 있는 것이다. 이러한 문제의식은 사회가 발전하고 있거나 혁명기나 건설을 시작했을 때에는 쉽게 떠오르지 않고 수면아래 잠겨 있을 수도 있다. 그러나 목표를 달성하지 못할 때, 혁명의 퇴조기, 발전이 답보상태일 때는 이런 의문이 수면 위로 떠오르게 되고 공산주의자들은 신념과 전망을 상실하게 된다. 이런 의문은 혁명의 부침에 따라 국면에 따라 심화되기도 하고 약화되기도 할 뿐 아니라 결국 공산주의의 소멸이나 파국의 형태로 나타나기도 한다. 인간개조와 공산주의 미래에 대한 신념 상실은 김일성이 수정주의에 대항하여 북한에서 사회주의적 개조를 서둘던 1950년대 후반에도 있었다. 이에 대한 김일성의 응답은 천리마작업반운동과 '단일지도체계(유사수령제)의 강화'로 나타났다.

천리마작업반운동을 통해 자본주의적 인간에서 공산주의적 인간으로의 개조한다는 것은 김일성 자신이 먼저 스탈린식 공산주의적 인간개조에 대한 기존의 관점에서 벗어나서 새로운 관점을 가지고 즉 관점전환을 한 상태에서 북한 주민들에게 제시한 일종의 집단적인 관점전환운동이라고 할 수 있겠다. 김일성은 이러한 집단적인 관점전환을 통해서 북한주민들에게 새로운 정체성을 심어주려고 했다. 자유주의 사상, 자본주의 신념, 개인영웅주의적 신념체계, 가족주의를 낡은 것이라고 규정하고 새것이라고 할 수 있는 사회주의 사상, 공산주의 신념, 대중영웅주의와 수령에 대한 충실성을 심어주려고 했다.

그러나 주체사상총서의 『인간개조론』에서 주장하는 바와 같이 공산주의적 인간을 만드는 것은 자연개조, 경제를 발전시키는 것, 생산력을 발전시키는 것보다 더 어렵다. 사회개조, 생산관계를 바꾸는 것, 모든 생산수단을 국유화하는 것보다 어려운 일이다. 만약 인간개조 없이 자연개조나 사회개조를 한다면 그러한 사회개조나 자연개조는 곧 후퇴하거나 소멸하게 될 수 있고 변질될 수도 있기 때문이다. 북한 사회는 타락, 이기주의, 부조리에 취약하다. 왜냐하면 김일성이 이러한 타락, 이기주의, 부조리를 공산주의의 유산이 아니라 자본주의의 유산으로 규정했기 때문이다. 공산주의자들이 사회주의도 자본주의와 마찬가지로 이기주의 또는 개인주의에 토대를 둔 체제라는 이론을 세웠다면 부정부패, 이기주의, 개인주의, 타락이 사회주의의 정당성을 훼손하는 결정적 요소가 되지 않을 것이다.[5)]

그런데 초기 인류사회로부터 발생했을 것 같은 부정부패, 타락, 이기주의, 부조리를 막아내는 것은 자본주의적 생산관계를 사회주의적 생산관계로 바꾸는 것보다 더 어려운 일인지도 모른다. 과학적 공산주의자인 마르크스는 생산양식인 토대가 정치, 사상, 법, 문화 등의 상부구조를 결정한다고 보았다. 이것을 한마디로 말해 마르크스는 "존재가 의식을 결정한다."고 표현하였다. 이런 논리를 기계적으로 적용하게 되면 생산수단을 공유화함으로써 자본주의를 청산하게 되면 사람들의 의식이나 상부구조는 사회주의적 생산관계를 따르게 되어 있고 자본주의적 의식이나 상부구조인 정치조직인 국가는 소멸되듯이 사라져야 할 운명이었던 것이다. 그런 점에서는 마르크스는 인간에 대해 매우 추상적이고 낙관적인 견해를 가졌었다고 봐야 할 것이다. 또는 공산주의 도래의 역사적 필연성을 입증하고 과학적 공산주의를 확립하는 것이 자신의 일차

---

5) 이온죽은 『북한 사회의 체제와 생활』(서울: 법문사, 1993)의 277~286쪽에서 북한사회 주민들의 타락, 이기주의, 부조리 현상, 태도, 성격을 자세히 구체적으로 망라해서 나열하고 있다.

적인 과업이었던 마르크스에게는 사회주의혁명 이후의 인간개조를 위한 인간론, 도덕론, 교육론에 관심을 기울일 여유가 없었는지 모른다. 그런데 극단적인 계급투쟁을 동반한 사회주의혁명을 일으키고 사회주의, 공산주의를 건설에 나선 현실사회주의국가들의 혁명가들은 우선적으로 사회주의국가를 운영하는 데 요구되는 인간을 어떻게 만들어내야 하는가 하는 문제에 부딪쳤던 것이다. 이것이 사회주의건설, 공산주의 건설의 최대의 난제였으며 사회주의국가들의 정치, 경제, 사회, 문화와 연관된 핵심적인 문제였음은 확실하다.

북한의 혁명건설이론에 따르면 사회주의건설, 공산주의 건설 단계에서는 완전한 공산주의 생산양식보다 완전한 공산주의 사회를 구성하는 공산주의적인 인간이 먼저 만들어져야 한다. 사회주의사회의 사람들은 우선 사회주의적인 인간이 되어야 하고 더 나아가서는 공산주의적 인간이 되어야 한다. 그것이 불가능하다면, 공산주의 건설은 요원한 것이고 공산주의를 건설할 수 없다면, 자신들의 사회주의 혁명의 당위성도 사라지는 것이고 혁명가들은 삶의 방향성을 잃게 될 것이다. 혁명가들이 전망과 신념을 잃어버리면 대중도 그것을 금방 눈치 챌 수 있고 그에 쉽게 동조하게 될 것이며 그렇게 되면 누가 무너뜨리지 않아도 사회주의 사회는 서서히 타락하고 후퇴하게 될 것이다.

화폐, 개인, 자유, 시장, 인간의 물질적 욕구는 자연적으로 발생하는 자연현상이라면 그것을 부정하는 사회주의건설은 인위적인 구성물이라는 생각이 들 것이다. 아무리 사회주의를 외쳐대고 누가 노력하지 않았음에도 불구하고 만인이 자본주의에 젖어들고 있음을 보게 된다면 자본주의는 불가항력적인 자연의 힘, 인간본성의 힘이고 사회주의는 허상이라는 생각을 하게 될 것이다. 공산주의자들은 자본주의가 망할 것이라고 호언장담했는데, 오히려 어떤 인위적인 노력을 하지 않았음에도 불구하고 생산수단을 공유화함으로써 자본주의의 싹을 없애버렸다고 하는 사회주의사회에서도 때가 되면 새싹이 트듯이 돋아나는 자본주의 새싹들을 보면서 자본주의를 자연의 힘처럼 받아들이게 될 것이다.[6)]

천리마시대의 북한의 교육교양사업은 적극적인 측면에서 보면 천리마기수 칭호를 얻은 진응원, 정춘실, 길확실과 같은 집단주의에 충실한 자발적인 인간유형을 만들어 내는 데 있었다면, 소극적인 측면에서 보면 북한 주민들이 혁명가는 못되더라도 타락, 이기주의, 부조리에 대해 자각적으로 대항할 수 있는 인간을 양성하기 위한 것이라고 볼 수 있다. 북한 교육교양의 성패는 바로 여기에 달렸다고 할 수 있다.

물론, 계획자체가 완전하거나 원래의 목표를 완전히 달성하는 교육제도는 없을 것이다. 모든 사람들이 공산주의적 인간이 되거나 혁명가가 되지 못하더라도, 북한사회를 끌고 나갈 만큼의 천리마기수와 같은 인간들, 간부들을 충분히 육성하고 대다수의 인민들이 타락, 이기주의, 부조리를 행하지 않는다면 북한의 교육은 목표를 달성한 것이라고 할 수 있을 것이다. 과연 북한 사회의 곳곳에 천리마기수들이라는 핵심이 만들어 졌고 모든 주민들이 집단주의자가 되었으며 북한 주민들은 각자가 자기에의 배려에 의해 자각적 주체가 되었을까? 공산주의적 새인간을 만들겠다던 김일성의 기획은 어느 정도 성공했을까?

이것을 과학적으로 규명하려면 밝혀야 할 과제가 너무 많다. 김일성이 기획했던 공산주의적 인간 유형이 북한이라는 특수한 사회주의체제에 적합한 인간유형이었는가를 고찰해 보아야 하고, 인간개조 방법 즉, 북한의 교육교양방법이 적합했는가 하는 것도 따져봐야 한다. 북한 교육의 수준이나 북한 학생들의 학업성취도도 추정해 봐야 한다. 또한 교육제도가 적합했는가도 알아봐야 한다. 김일성이 추켜세웠던 이상적인

6) 박후건은 자력갱생에 의존한 북한체제가 봉착한 문제를 '공유지의 비극'과 '수확체감의 법칙'으로 간명하게 설명한다. 박후건, 『유일체제 리더십: 잭 웰치, 이건희, 김정일 리더십의 비밀』(서울: 선인, 2008), 204 · 210쪽.

인간유형이 적합하지 않은 것인가, 교육교양방법이 잘 못 되었는가, 아니면 인간개조를 앞세워야 한다는 이론이 잘못된 것인가, 김일성이 그려보았던 완전한 공산주의와 인류의 이상은 올바른 것이었는가, 실현가능한 것이었는가, 북한 주민들의 인간개조는 북한의 생산력발전에 도움이 되었는가, 1956년 스탈린격하운동, 수정주의대두, 헝가리사태 등이 일어났을 때의 대외환경과 천리마작업반운동 3시기의 대외환경이 어떻게 다른가, 북한이 산업화(사회주의공업화)를 달성한 다음은 어떠한 경제적 목표를 설정할 것인가 등의 수많은 문제들이 연관을 맺고 있기 때문에 이 모든 연관을 파헤치는 것은 이 글의 범위를 넘어서는 것이다. 여기서는 천리마시대 교육교양의 결과 형성된 북한인의 사회적 성격과 북한의 인간개조론에 내재된 한계와 모순을 통해서 북한 주민들의 관점 전환의 몇 가지 계기를 찾아보고자 한다.

제2절 북한 사회주의교육교양의 한계와 모순

1. 집단주의와 도덕경제

북한이 집단주의 사회임에도 불구하고 학생들 사이에서 개인영웅주의가 나오게 되면 집단의 통일단결의 분위기는 깨지게 되므로 그런 학생은 북한사회에서 도태되어야 한다. 뒤쳐진 자들을 위해서 자신을 위한 노력을 줄이는 사람에 비해 자신만을 위해서 투자하는 사람들이 존재하고 별 탈 없이 살수 있다면, 사람들은 겉으로는 그들을 비난하고 손가락질 하더라도 내심으로는 집단과 타인을 지향하는 자신의 삶에 대해 회의가 들것이다. 개인영웅주의가 사회에 만연하게 되면 이것은 집단을 분열시키고 모두가 함께 가는 세상을 만들자는 구호는 구호로서 그치게 되고 아무도 그 구호를 따르지 않게 될 것이다. 집단의 힘은 개인의 힘보다 강하다는 것을 경험하고 집단의 지혜를 통해서 개인들이 성장해야 한다는 것이 북한의 집단주의원리이지만, 그런 집단적 지혜를 통해서 개인이 성장하는 기회를 갖는 것보다는 집단적 지혜라는 복잡한 과정을 통하지 않고 쉽게 개인의 능력으로 성장하는 것이 쉬운 경우가 많을 수 있다. 모두가 공산주의로 개조되지 않는 한 집단의 힘보다 개인의 힘이 강하다는 것을 느끼게 될 것이다. 북한 주민들은 자아 속에서 언제나 개인의 힘, 개인정체성의 힘을 느낄 것이다. 그리고 가끔 집단의 힘 즉 집단정체성을 강하게 느낄 것이다. 집단은 의식적으로 노력하지 않으면 실체화되지 않는데 개체는 의식적으로 노력하지 않아도 지금, 여기서 직면하고 있기 때문이다.

어떤 사회에서든지 가정, 친구, 이웃 등 다양한 인간관계가 있다. 북한의 집단주의가 합리적 계산에 의해 위로부터 아래로 인위적으로 만들어진 노동집단, 학습집단, 정치집단, 사회단체를 기초로 한 생활단위임에 비해, 간부를 포함한 대중들 사이에는 구시대로부터 내려오는 자연스러운 단위들이나 인간관계망이 있다. 혈연, 학연, 지연 등이 대표적인 것이다.[7]

김일성이 바라는 집단주의가 완성되려면 천리마작업반은 개인의 사생활도 공유하는 생활의 공동체가 되어야 했다. 그래야 집단에 대한 사적 관계의 부식효과를 최소화할 수 있다. 모택동은 대약진운동, 인민공사, 문화대혁명을 통해서 이 모든 것을 공산주의 건설을 위한 희생물로 삼고자 했다면 스탈린주의는 이러한 자연스러운 관계망과 타협한 노선이라고 할 수 있다.[8]

이것을 흔히 도덕경제라고 하는데, 이런 것에 대한 간섭을 사람들은

---

7) "이처럼 북한 당국이 매우 강력한 의지를 가지고 전통적인 사회적 관계망을 공식적 관계망으로 삼고자 했지만, 그 의도대로 기존의 사회적 관계망을 공적 관계망이 일거에 대체할 수는 없었다. 오히려 그보다는 공동체적 관계망이 공적 관계망 내부로 스며들어 비공식적 관계망의 형태로 존속하는가 하면, 공적 관계망이 공동적 관계망 내부로 스며들어 비공식적 관계망이 형태로 존속하는가 하면, 공적 관계망이 공동체적 관계망을 포섭해서 활용하는 양상이 나타났다." 장세훈, 「북한 도시 주민의 사회적 관계망 변화」,최완규 엮음, 『북한 도시의 위기와 변화』(서울: 도서출판 한울, 2006), 288~289쪽. 장세훈은 북한 주민의 사회적관계망을 공적관계망, 공동체적 관계망, 사적 관계망으로 나누어서 설명하는데, 공동체적 관계망이 도덕경제의 기반이라고 할 수 있을 것이다.

8) 문화대혁명 당시 중국에서는 많은 사람들이 오류분자(五類 分子: 지주, 부농, 반혁명분자, 우파분자, 악질분자 등 다섯 종류의 반동분자를 가리킨다) 로 간주되어 살해되었는데 살해된 대상은 가족 구성원 전체였고, 부녀자와 어린아이들도 예외가 될 수 없었다. 전 가족을 살해한 것은 "화근을 철저히 없앤다."는 농민의 전통적 의식과 모택동 사상에서 "계급의 적이 부활하지 못하게 한다."는 사상에 기인한다. 많은 사람들이 고문을 견디지 못하고 아무렇게나 자백하여 '악질 분자'가 되었다. 이들 '악질 분자'들은 모두 가혹한 형벌을 받았고, 일부는 고문 도중 사망했다. L. 루이링거, 『중국을 보는 제3의 눈』(서울: 소나무, 1995), 82~83쪽.

본능적으로 거부하게 되어 있다. 그런데 만약 이러한 도덕경제가 만연하다거나 인간관계에서 차지하는 비중이 공식적인 집단주의적 인간관계보다 상대적으로 높아진다면 북한의 집단주의는 겉돌게 된다고 볼 수 있다.[9)]

그런데 결과적으로 보았을 때 허버트 사이먼의 말처럼 '새로운 인간'을 만들어 내기 위한 공산주의 실험은 '낡은 인간'만이 살아남을 수 있음을 보여주었다는 결론을 내릴 수 있다.

> 20세기에 우리는 두 개의 위대한 국가, 중화인민공화국과 소련이 '새로운 인간'을 창조하려고 노력하는 것을 관철했다. 그러나 그 결과 우리가 확인한 것은 사심에 가득 차 있고 자기 자신 또는 자신의 가족, 씨족, 인종, 지역의 복지에만 관심이 있는 '낡은 인간'이 살아 있을 뿐 아니라 아직도 건재하다는 사실이다.[10)]

김일성은 천리마작업반운동을 하면서 지역주의, 본위주의, 가족주의를 없앨 것을 주문했고, 수령과 당에 대한 충실성을 전제로 하는 공산주의자들의 동지애는 자유주의 사회의 우정과는 다르다고 했지만 그것은 김일성의 상상의 세계에서만 존재하는 세계다. 북한이 집단노동과 조직생활로 인해 새로운 이웃공동체를 만들어지고 기존의 공동체를 해체했다고는 하지만 변형된 형태의 가족주의, 지역주의, 본위주의가 나타날 수 있는 조건이 형성되었기 때문이기도 했다. 이런 현상은 또한 북한의 지방산업 육성정책, 지방분권화 정책, 군(郡)을 중시한 정책 때문에 쉽

---

9) 권헌익 · 정병호, 『극장국가 북한』(서울: 창비, 2013), 232~236쪽.

10) Simon, H, "A mechanism for social selection and succesful altruism", science(1990), 250: pp. 1665~1668(매트 리들리, 『이타적 유전자』, 서울: 사이언스북스, 2001, 358쪽 재인용).

게 없앨 수가 없었을 것이다.[11)]

그리고 김일성이 바라는 대로 군이 사회주의건설의 믿을만한 거점 즉 콤뮨을 만들어 내는 데 성공했는지도 의문스럽다고 할 수 있겠다. 혁명의 열기가 식을수록, 북한 경제가 침체되어 각 개인에게 돌아가는 분배가 적어질수록 이러한 부식현상은 강화되었을 것으로 보인다. 분배가 충분하지 못하게 되면 공식적인 조직과 집단보다는 비공식적인 도덕경제가 살아나게 되는 것은 자연의 힘과도 같기 때문이다. 집단이나 조직을 위해 자신을 희생할 수 있는 사람이라도 집단과 조직을 위해 가족, 친구의 어려움이나 부탁을 외면하는 것은 쉽지 않기 때문이다. 이것은 풍요로운 사회에서의 부정부패와는 다르지만 결핍한 사회에서 벌어질 수 있는 인간의 자연스러운 습관이며 살아남기 위한 생존경쟁이고 남보다 더 우월하고자 하는 인정투쟁인 것이다.

매트 리들리의 주장처럼 공산주의적 유토피아는 인간의 본성에 대한 어설픈 이해에 기반한 것일 수도 있다. 우리가 바랄 수 있는 것은 어설픈 유토피아가 아니라 현실적인 유토피아가 되어야 할지 모르겠다.

> 나는 인간의 사회적 본성에 관한 우리의 아직 희미하고도 어설픈 이해가 곧바로 정치 철학에 적용될 수 있다는 식의 올가미에 나를 던져 넣고 싶지는 않다. 다만 하나의 출발점으로서 과학은 우리에게 유토피아는 불가능하다는 것을 가르쳐주고 있다. 사회는 자연선택 그 자신의 손으로 직접 설계된 것이 아니라, 서로 상충하는 야심을 갖고 있는 개체들 간의 불편한 타협이기 때문이다.(중략) 인간에게

---

11) 북한의 지방분권화는 당조직을 강화하는 것과 동시에 일어난 만큼 글자 그대로의 지방분권이라고 말할 수는 없다. 그럼에도 불구하고 전체적으로 보았을 때는 북한식의 지방분권화라고 할 수 있을 것이다. 함택영 · 김근식, 「지방 당사업체계의 형성과 발전과정」, 최완규 엮음, 『북한 도시의 형성과 발전』(서울: 한울아카데미, 2004), 79쪽 참조.

> 는 대의를 추구하는 몇 개의 본능이 있는 반면, 나머지 본능은 자기 이익과 반사회적 행동을 추구한다, 우리는 전자를 북돋고 후자를 억제하는 사회를 만들어야 한다.[12]

2. 집단주의 사회의 핵심 형성의 한계와 모순

학교의 우등생과 사회의 우등생의 일치하는가의 문제는 천리마시대에 북한 사회가 집단주의적으로 잘 구성되어 있는가의 문제와 통한다. 누군가 집단에 충실하다면 그 학생은 집단에서 인정받을 수 있어야 하고 집단에 충실할수록 그는 우등생이 되어야 한다. 또한 우등생이 되려면 이기적이어서도 안 되고 개인의 성공을 위해서 남을 이용하거나 외면해서도 안 되고 억압해서도 안 된다. 북한의 『심리학개론』에 따르면 공산주의에서의 집단은 그러한 학생이 우등생이 될 수 있는 환경과 조건을 갖췄다고 하지만, 북한 사회가 정말 그런 사회일까에 대한 의문이 생긴다.

북한의 『심리학개론』에서는 공산주의에서 집단을 만들고 형성하는데 이용되는 인간관계의 결합방식은 자본주의사회에서 이루어지는 인간관계의 결합방식과 다른 방식으로 해야 한다고 주장한다. 『심리학개론』에서 공산주의적 결합방식으로 인정한 인간관계는 통솔관계(종속관계), 상호관계, 경쟁관계, 협조관계였다. 상호관계와 협조관계를 중시하기도 했지만 무엇보다도 통솔관계(종속관계)를 우선시했고, 경쟁관계를 배제하지 않는다. 자본주의는 경쟁관계, 반대관계, 고립관계가 기본을 이루기 때문에 북한에서의 경쟁관계와 자본주의의 경쟁관계도 질적으

12) 매트 리들리, 『이타적 유전자』, 359쪽.

로 다르다는 주장을 하고 있다.[13)]

북한의 집단주의는 경쟁관계를 배제하지 않으면서도 상호관계나 협조관계보다는 통솔관계를 기본으로 삼고 있다. 이것은 학교, 학급, 직장에서 천리마기수나 일군들은 구성원들을 통솔하되, 상호관계와 협조관계를 우선시 하면서 경쟁도 부추겨야 한다는 뜻이 된다. 통솔, 상호, 경쟁, 협조는 천리마작업반운동에서 요구했던 리더십의 구성요소를 현대심리학의 용어로 표현한 것이라고 할 수 있다. 그러나 이 네 가지 역량을 두루 갖춘 리더를 양성하거나 발굴하는 것은 쉬운 일이 아니고, 대개의 경우 집단의 리더가 한두 가지 역량을 갖추게 되면 질적으로 다른 나머지 역량들을 지니기는 쉽지 않다. 한두 가지 역량만 가진 리더가 지도하는 집단은 공산주의적 집단이 될 수 없을 것이다. 리더에게 주어진 집단이 공산주의적 집단이 아닌 경우에는 한두 가지 역량만을 갖춘 리더는 그 집단을 공산주의적 집단으로 만들지 못하게 될 것이고, 리더 자신도 비사회주의적 집단생활에 적응하면서 살아갈 수밖에 없을 것이다. 북한의 『심리학개론』에 나오는 이러한 집단주의적인 리더로서의 핵심일군과 핵심 일군에 잘 결합되어 있는 공산주의적인 집단은 이상과 이론으로는 가능하지만 현실화되기는 어려울 것이다.

북한에서는 집단을 형성, 심화, 완성하기 위해서는 집단 내에 먼저 핵심일군을 꾸리는 것을 무엇보다도 중시했으며 이를 위해서는, 약수중학교의 사례나 각급의 학교의 사례에서 보듯이 열성자 학교 운영 등을 통해서 핵심을 강화시켰으며 검증된 학생들로 간부를 삼았다. 이것은 공

13) "아동들사이의 결합관계는 각이하다. 학급안에서 아동들의 결합관계는 대체로 통솔관계(종속관계), 상호관계, 경쟁관계, 협조관계 등으로 나눌수 있다. 착취사회의 학급집단에서 아동의 결합관계는 경쟁관계, 반대관계, 고립관계 들이 기본을 이루는 것이 특징이다." 리새순, 『심리학개론』(평양: 과학백과사전종합출판사, 1988, 동경: 학우서방 번각, 1990), 384쪽.

산주의적 결합방식 중에서도 통솔관계(종속관계)를 가장 중요시하였기 때문이었다. 핵심을 잘 꾸려야 집단의 단합에 의한 집단의 교양적 역할이 강화되고, 집단의 요구에 개인이 복종할 수 있다고 보았기 때문이었다. 북한은 간부의 권위를 제도에 의존하기보다는 역량에 의거하고자 했던 것으로 보인다. 물론 핵심이 영향력을 발휘하려면 소집단의 지지를 받아야 하는데 소집단의 지지를 이끌어 내는 것 자체도 핵심의 역량이었다. 역량 있는 핵심만이 형식적인 외적 동조나 지지가 아니라 실제적이고 내적인 지지와 동조를 이끌어낼 수 있다고 생각했다.[14]

북한의 심리학자는 집단의 핵심들이 구성원들로 하여금 내적 동조를 이끌어내어야 하기 때문에 공산주의에서 말하는 통솔관계(종속관계)는 자본주의사회에서도 중시하는 통솔관계(종속관계)와는 다르다고 주장한다. 공산주의에서의 통솔관계(종속관계)는 사사로운 감정이나 편가르기가 아니라 존경, 호감, 사랑에 의한 것이어야 한다. 북한의 심리학자들은 〈표 6-1〉의 실증적인 통계자료에 의거해서 그러한 관계가 초등학교 2, 3학년 때부터 가능하다고 주장한다.

---

14) "집단의 단합의 기능에는 통제력, 집단의 위엄, 동조행동 등 여러 가지가 있다." 리새순, 『심리학개론』, 403쪽. "집단의 핵심적골간이 있고 그를 위주로 하여 건전한 소집단이 뭉쳐져있을 때에는 집단의 위엄이 매우 크며 집단의 성원들은 집단의 결정, 집단의 요구, 집단의 평가에 무조건적으로 집단은 사람들의 유기적인 전일체로서 개인의 힘과 지혜를 집대성하고 있다. 그러므로 집단은 언제나 개인보다 총명하고 지혜롭고 힘있다. 집단이 가지는 이러한 위력은 집단의 구성요소, 매 개인에게 작용하여 그들로 하여금 집단의 의견을 접수하게 한다. 집단의 위엄은 동조와 공감에서 발현된다. 원래 동조는 크게 두가지로, 외적동조와 내적동조로 나타난다. 외적동조는 집단성원이 집단의 유일적의견을 겉으로만 접수하고 실제상으로는 그에 맞서며 항거하는 것이다. 내적동조는 집단성원이 자기 개인의 의견을 버리고 집단의 의견을 실제적으로 접수하고 그 요구에 따라 사고하고 행동하는 것을 말한다." 리새순, 『심리학개론』, 406쪽.

〈표 6-1〉 인민학교 1~3학년의 동무 선택 관계

항목＼학년	인민학교 1학년	인민학교2학년	인민학교3학년
호상접근	84%	32%	30.8%
동정,애착	13%	57%	40%
존경	1%	8%	18%
호상협조	2%	2%	2.5%
불명		1%	1%

주: 호상접근-부모의 직장이 같은 것, 한 책상에 앉는 것, 집이 서로 가깝다는것 등
동정, 애착-친절, 명랑 등 성격상공통성
존경-도덕륜리적인 것 즉 학습을 잘하는 것, 모범적행동 등을 의미한다.
출전: 리새순, 『심리학개론』, 385쪽.

이렇게 연령이 높아질수록 존경, 호감, 사랑이 통솔관계(종속관계)에서 차지하는 비중이 점차 커질 뿐만 아니라 공산주의사회에서는 〈표 6-2〉를 통해 알 수 있듯이 학생들의 연령이 올라갈수록 남녀의 차이는 있지만 사적인 친밀감에서도 품성을 더 중시하는 것으로 나타난다.

〈표 6-2〉 인민학교 3, 4학년과 고등중학교 1, 2학년의 동무 선택 관계

구분	인민학교 3학년		인민학교 4학년		고등중학교 1학년		고등중학교 2학년	
	남자	녀자	남자	녀자	남자	녀자	남자	녀자
학습	10	9.5	13	16	15	16	16	16
놀이	21	20	20	7	8	3	3	1
운동	4	0	5	13	4	2	7	4
품성	4.7	57	48	61	62	75	70	75
환경	8	6	10	3	6	4	2	2
기타	10	7.5	3	0	5	0	2	2

출전 : 리새순, 『심리학개론』, 385쪽.

표에서 보는 바와 같이 "호상접근은 학년이 올라감에 따라서 낮아진다. 그러나 존경은 학년이 올라갈수록 높아진다." 따라서 북한의 심리학자들은 품성이 좋고 존경을 받는 청소년들을 소년단의 핵심과 사로청의 핵심으로 키워야 한다고 주장한다.[15]

> 통솔관계(종속관계)는 아동의 자원적인 존경, 호감, 사랑에 의하여 전학급이 결합되는 관계이다. 학급집단에서 핵심은 소년단과 사로청 생활에서 모범적이거나 학업성적이 우수하거나 도덕적풍모가 매우 훌륭한 것으로 하여 여러 아동들의 사랑과 신임을 받는다. 이러한 몇몇 아동을 중심으로 전학급집단이 묶어지며 일치한 방향으로 움직이며 생활하게 된다.[16]

그리하여 대학생이 되면 이런 과정이 완성단계에 이르게 되고 완성단계에 이르게 되면 품성이 좋고 존경을 받는 학생이 금방 핵심으로 드러나게 되고 집단은 핵심을 발굴하고 그 핵심이 집단의 지지를 만들어 가는 과도기의 단계를 거치지 않아도 곧바로 이상적인 즉 완성된 공산주의 집단이 될 수 있다는 것이다.[17]

그러나 북한에서의 위와 같은 설문조사는 중요한 범주가 빠져 있기 때문에 왜곡된 통계라고 비판할 수 있다. 왜냐하면 북한은 성분이라는 새로운 계급사회를 만들었는데 설문조사에는 그것이 표현되어 있지 않기 때문이다. 성분이 좋지 않은 학생은 아무리 학습, 놀이, 운동, 품성, 환경이 좋아도 학생들 사이에서 집단의 핵심은 될 수 없다. 이와 같은 통계는 오히려 품성이 좋은 사람이 리더가 되는 것이 아니라 리더의 지위를 획득한 사람은 그 지위만 봐도 품성이 좋은 사람이라는 것을 알 수 있다는 식의 논리를 은폐하고 있는지도 모른다.

---

15) "학급집단안에서 동무선택관계는 다음의 표에서 보는바와 같이 사상도덕적풍모와 학습이 기본을 이룬다. 그리고 남자에 비하여 여자가 품성을 보다 중시하며 운동은 여자보다 남자가 더 중시한다. 어린 학생일수록 놀이와 환경의 영향이 크다." 위의 책, 385~386쪽.

16) 위의 책, 384쪽.

17) "대학의 학급집단은 또한 그 안에서 핵심과 건전한 층이 인차 이루어진다. 대체로 학급편성초부터 학생들의 지위가 뚜렷이 자리잡히고 그 역할이 나타난다." 위의 책, 387쪽.

이러한 신계급사회, 신신분사회의 체제는 강할 수 있지만 북한 주민들의 불만을 해소할 수는 없을 것이다. 혁명전통교양이 강조되고 혁명의 계승성이 강조되면서 천리마시대에 형성된 계급관계가 그대로 유지된다면 그것은 결국 사회가 경직되면서 신분사회가 고착화된다는 뜻과 다를 바 없기 때문이다. 천리마시대 초, 중기는 "개천에서 용 나는 시대"였다면 천리마시대 말기가 되면 북한 계층이동이 둔화되고 신분사회가 고착화되면 상류층이나 간부들은 현실에 안주하게 되고 하층은 자포자기하는 분위기가 형성되어갔던 것으로 보인다.[18)]

김일성은 간부들에게 사람을 볼 때 성분을 보지 말고 행위를 보라고 했고, 이력을 보지 말고 현재를 보라고 했지만, 간부들의 입장에서는 나중에 김일성으로부터 혹시나 성분, 이력을 무시했다가 대중들의 여론에 오르거나 만의 하나라도 실수하는 것보다는 형식주의, 관료주의라는 말을 듣는 편이 나았다고 할 것이다. 일종의 보신주의라고 할 수 있다. 김일성은 과거에 허가이가 관문주의를 범했다고 했지만, 김일성이 혁명전통을 협소하게 만들고 사상혁명을 강조한 것이 새로운 형태의 관문주의를 만든 것이라고 할 수 있다. 북한에서 성분이 나빠도 신분상승을 할 수 있고 당원이 될 수도 있지만 한계가 이미 그어져 있었기 때문이다. 또한 도덕경제가 존재하는 상황에서는 리더가 선출되는 과정에서 혈연, 지연, 학연, 또래집단, 내편 니편 가르게 되고, 부정부패가 개입할 수도 있는 것이다.

이것은 김일성의 다음과 같은 다급한 지적처럼 궁극적으로는 학교를 무질서로 이끌어 간 것으로 보인다.

---

18) 이런 현상을 서재진은 낙인이론으로 설명한다. 서재진은 결국 북한에서 군중노선보다는 계급노선이 지배한 사회라고 결론을 짓고, 김일성 사후에야 군중노선이 북한의 사회통합이데올로기가 되었다고 주장한다. 서재진, 『또 하나의 북한 사회』(서울: 도서출판 나남, 1995), 419~435쪽.

> 모든 교직원, 학생들이 사로청조직생활과 당조직생활에 적극 참가하도록 하며 학교규률을 엄격히 지키도록 하여야 합니다. 지금 학교규률이 매우 문란합니다. 학교들에서 규률을 강화하여 지각하거나 무단결석하는 학생이 없도록 하며 모든 학생들이 옷도 단정히 입고 모자도 바로 쓰고 신발도 깨끗이 신고다니도록 하여야 합니다.[19)]

3. 수령=당=인민이라는 공식

천리마작업반운동은 수령의 뜻을 따르면서 북한주민들을 수령의 둘레에 묶어줄 만큼 강한 핵심이 만들어 내는 데 성공했을까? 즉, 공산주의적인 새인간이 학교에서 핵심으로 성장하고 사회에 나가서도 핵심의 역할을 하는 데 성공했을까? 이것은 학교의 우등생이 사회의 우등생인가에 대한 질문이고, 산지식인 교육이 제대로 되었을까 하는 것과 같은 질문이다. 이 질문은 사회와 학교의 호환성이 있는가의 문제와 같다. 이론상으로는 천리마학급, 천리마학교의 우등생들은 사회에 나가서 곧 인정받고 천리마기수 역할을 해야 한다. 이는 교육계의 천리마운동과 산업계의 천리마운동의 논리와 방법이 일치성 여부를 따지는 문제이기도 하고, 학교에서의 일군이 사회의 일군인가 하는 문제이기도 하다.

더 크게 문제가 되는 것은 수령에 대한 충실성이 곧 혁명과 인민을 위하는 것과 일치될 수 있느냐다. 이론상으로는 북한의 학교, 학급에서의 우등생은 수령에 대한 충실성과 공산주의적 품성을 골고루 갖춘 학생이어야 한다. 그러나 현실에서 보면 수령에 대한 충실성은 있으나 품성은 나쁘고, 품성은 좋으나 성적이 나쁜 학생들, 성적은 좋으나 수령에

---

19) 김일성, 「교육부문에 3대혁명소조를 파견할데 대하여(1973. 12. 11)」, 『김일성저작집 28』(평양: 조선로동당출판사, 1984), 615쪽.

대한 충실성도 없고 품성도 좋지 않은 학생들이 있을 것이다. 이것은 학교에 영향력이 있는 사로청, 소년단 지도원, 학교장, 학부모와 이 모든 것을 지도하는 위치에 있는 당위원회가 제대로 우등생을 키워주고 밀어줬는가 하는 문제와 통하는 것이다. 과연 천리마기수들은 사회의 핵심 역할을 제대로 했는가, 천리마기수들은 모두 품성도 좋고 수령에 대한 충실성이 있는 사람들이었는가 하는 것이다.

북한에서는 공산주의적인 새인간이 등장했던 반면 공산주의적인 새 인간과 공산주의적으로 개조되지 않은 사람들과의 격차도 심화되었을 것이다. 김일성이 원했던 공산주의적인 새 인간 즉 김일성에 충실하고 당에 충실하면서도 인민에게 충실한 공산주의적인 새 인간도 있겠고 김일성 눈에는 이것이 수령을 중심으로 한 통일단결으로 보일 수도 있었겠지만, 겉으로 보이는 통일단결의 내부에는 내적인 모순과 갈등이 있을 수밖에 없었다. 김일성에 충실한 사람과 당에 충실한 사람이 균열을 일으킬 수 있다. 김일성에 충실하고 인민에 충실한 사람은 당과 균열을 일으킬 수 있다. 인민에 충실한 사람은 김일성에 충실하다는 것과 내적 갈등이 심화될 수 있다. 이런 식으로 수령, 당, 인민이라는 세 가지 요소의 불일치의 경우의 수를 따져서 생각해 보면 북한주민들이나 간부들의 마음속에 수많은 의혹과 갈등이 있었을 것임을 추론할 수 있다.

이 세 가지를 자신의 마음이나 행위에서 융합시키고 매사에 있어 세 가지의 등치관계를 해치지 않으면서도 중심고리를 잘 잡아 낼 수 있는 자가 공산주의적 새 인간이라고 할 수 있을 것이다. 그러나 이론상으로는 이 세 가지가 잘 합쳐질 수 있겠지만 이 세 가지는 원래 조화보다는 모순된 것이었고 원래 내적 갈등관계에 있었던 것으로 보아야 할 것이다. 북한주민들은 성격이 다른 세 가지를 하나로 융합시키려 하다 보니 갈등을 겪을 수밖에 없었던 것으로 보인다. 이것이 북한 주민의 정체성 혼란의 원인 중의 하나가 된다고 할 수 있을 것이다.[20)]

이런 경우 당위원회에서 집체적인 토론을 통해서 중심고리를 잡아내고 거기에 집중하면 된다고 하는 것이 대안의 사업체계가 제시하는 길이지만, 이러한 원칙만으로는 문제가 해결될 수는 없었다. 왜냐하면 문제가 복잡하게 얽혀있을 때는 무엇이 중심고리인지 파악하기도 힘들고 합의보기도 어렵기 때문이다. 공장을 예로 들어 보면 당비서, 지배인, 기사장, 직맹이 함께 모여 민주적 논의를 거쳐 결정을 하면 되는데, 이것이 쉽지 않았던 것으로 보인다.

당위원회의 집체적 지도가 가능하려면 몇 가지 조건을 만족시켜야 한다. 대표적인 조건을 몇 가지 나열해 보면 다음과 같다. 1. "당위원회를 반드시 당성이 강하고 해당 부문사업을 잘 알 며 군중에게 신망이 높고 유능한 지도 능력을 가진 생산자들과 전문가, 기술자들, 풍부한 경험을 가진 매사에 침착하고 로련한 다원들, 새것에 민감하고 진취력이 강한 젊은 당원들을 옳게 배합하여 튼튼히 꾸려야 한다." 2. "당 위원회 위원장이 당 회의 준비에 직접 참가하여 모든 문제들을 상세하게 연구 분석한 기초 우에서 보고를 충분히 준비하며 또한 매개 위원들이 토의 안건으로 예견된 문제들에 따라 해당 단위의 당원들과 군중의 의견을 청취하고 그것을 종합하여 당 위원회에 건설적인 의견들을 제기할 수 있도록 준비하는 것이다." 3. "집체적 토의에서 당위원장이 위원들에게서 제기된 모든 문제들과 의견들을 존중히 하면서 진지하게 대하고 정확하게 최종적 결론을 내린다는 것은 바로 그의 령도 예술과 당 정책에 대한 정

20) 이것은 모택동의 다음 말과 다르지 않다. "스스로 계획을 세우거나 하는 일이 전혀 없이 단지 상급기관으로부터 지시받은 대로만 함으로써 '중심활동'이 많아지게 하거나 혼란스럽고 무질서한 상태를 조성해서는 안된다. 상급기관도 또한 일의 경중과 완급을 구분하지 않고 중심활동을 정하지 않은 채 한꺼번에 하급기관에 많은 활동을 지시함으로써 하부의 활동단계에 혼란을 초래해 확실한 성과를 거둘수 없게 해서는 안된다." 모택동, 「지도방법의 몇 가지 문제에 대해」, 『모택동선집 3』(서울: 범우사, 2007), 138쪽.

확한 파악, 혁명적 원칙성 여하와 관련된다." 4. "당 위원회가 《키》는 버리고 《노》를 직접 짓는다면 당'적 령도에 대하여 말할 수 없다. 반대로 《키》를 잡았다 하여도 행정을 대행하며 《노》짓는 력량을 제대로 움직이지 못 한다면 그 령도는 날이 설 수 없다. 그러므로 당 위원회를 행정, 경제 기관들의 사업을 대신하여 행정 실무 사업을 집행하는 립장에 서지 말아야 하는 동시에 행정, 경제 기관들의 사업에 맹목적으로 추종하는 현상을 경계하여야 한다. 이 두 편향은 다 같이 당 위원회의 령도적 기능을 저하시키며 마비시키는 결과를 초래케 한다."[21]

당위원회의 집체적 지도가 성공적으로 이루어지려면 적재적소에 뛰어난 일꾼들이 배치되어야 하고 계획된 대로 일시분란하게 움직여야 하고 모든 단위에서 충분한 논의를 거쳐 최종적으로 중심고리를 정확히 잡아야 한다는 것이다. 이런 조건 중에 한 가지만 결여되어 있어도 집체적 지도는 불가능한 것이다. 그런데 김일성은 천리마작업반운동이 심화확대되면서 북한의 모든 노동현장에서 이런 조건을 만족시켰다고 자화자찬하기도 하지만 이것을 곧이곧대로 받아들이기는 쉽지 않은 것 같다. 현승걸의 『아침해』에서 보듯이 일이 복잡하고 어려울수록 의견을 모으기도 쉽지 않았을 것이다.

> 그런데 간석지 건설사업소에 자동차, 굴착기, 굴착기부선, 분배 증착기선 등을 보장해 줄 데 대한 교시는 어떻게 됩니까 사업소 사람들은 지배인 말이 다르고, 기사장 말이 다르고, 또 비서는 비서대로 딴 소리를 한다는데.[22]

---

21) 리새삼 편 『청산리 정신, 청산리 방법 관철에서의 몇 가지 문제』(평양: 조선로동당출판사, 1964), 165~198쪽. 발췌.

22) 현승걸, 『아침해(하)』(서울: 청년세대, 1989), 15쪽.

> 이튿날 생산계획에 대한 협의회가 있었다. 협의회는 당원들은 물론 현장 책임일꾼들과 핵심노동자들도 참가하였다. 협의회는 예상대로 긴장되었는데 그것은 박영진이 내놓은 부업농장 계획안에 대해 다름아닌 노장곤이 완강하게 반대하였기 때문이었다. 그러나 박영진은 자기의 결심을 끝까지 철회하지 않았을 뿐 아니라 그것을 상부에 제시하여 비준을 받겠다고 선포하였다. 협의회는 의견일치를 보지 못한 채 밤늦게야 끝났다.[23]

따라서 당위원회의 집체적 지도의 성공 조건들을 만족시키지 못하게 되면 대개의 사람들은 당위원장인 당비서를 바라볼 수밖에 없었다. 왜냐하면 궁극적으로는 당에게 실권과 권위가 있었기 때문이다. 그리고 혹시 이러한 조건들을 잘 갖췄다고 할지라도, 당이 《키》는 잡되 《노》는 잡지 말아야 한다는 조건을 만족시키기는 쉽지 않았을 것이다. 선박에서는 《키》와 《노》가 명확히 구분될 수 있지만 조직에서는 《키》와 《노》를 엄밀히 구분하는 것은 쉽지 않았고 궁극적인 책임이 당에 있기 때문에 상부에서는 속도와 실적을 요구하는데 자기 단위에서는 일이 잘 풀리지 않을 때일수록 당은 《키》만 잡는 것이 아니라 《노》도 어느 정도 잡을 수밖에 없겠고, 그 때는 결국 집체적 지도란 형식적으로 될 수밖에 없는 것이다. 이런 점을 김일성은 다음과 같이 지적하고 있다.

> 지금 당조직들과 당일군들이 모든 사업을 도맡아하고있는데로부터 직맹, 농근맹, 사로청, 녀맹 조직들이 제구실을 잘하지 못하며 정권기관도 자기 역할을 다하지 못하고있습니다. 그러다보니 사람들은 마땅히 정권기관에서 해결받아야 할 사소한 실무적문제에 이르기까지 다 당조직에 제기하며 당일군들은 그것을 풀어주느라고 뛰여다니

23) 위의 책, 69쪽.

면서 행정실무에 빠져 당내부사업을 제대로 하지 못하고있습니다.[24]

결국 집체적 지도는 형식적 절차가 될 수밖에 없고 구성원들에게 적극성을 줄 수 없으며 구성원들은 논의에도 소극적으로 참여하게 되고 상부의 결정 사항에 대한 열정적 지지 없이 대세를 따라가기만 할 것이다. 당위원회의 집체적 지도의 실패는 북한주민들을 무력감에 빠뜨리고 정체성 혼란에 빠지게 만들 수 있었다.

정체성의 혼란은 인간관계나 계급투쟁에서도 드러나게 된다. 북한의 인민들은 서로 상대방을 평가할 때 김일성에 충실하지만, 인민에게 충실하지 않은 자, 당에 충실하지만 수령에게 충실하지 않은 자 사이에 갈등이 일어날 수 있다. 김일성에 충실하고 인민에게 충실하고 당에도 충실한 사람과 그렇지 않은 사람들 사이에 갈등이 일어날 수 있을 것이다. 이러한 갈등은 이론상으로는 가능하겠지만 실제로는 구현하기 어려운 중공업우선, 경공업, 농업의 동시발전이라는 정책갈등에서도 나타날 것이고, 경제와 군사병진노선의 갈등에서도 나타날 것이다. 이런 문제를 해결할 때 언제든지 물론 수령에 대한 충실성이 답이고 수령에 대한 충실성은 김일성의 교시가 답이라고 할 수 있었다.

그러나 수령에 대한 충실성이 공산주의적 품성과 정비례하는가의 문제는 수령, 당, 인민의 상호적 관계, 되먹임(피드백) 수준에 달린 것이다. 이러한 상호적 관계나 되먹임이 잘 될수록 수령에 대한 충실성은 공산주의적 품성과 일치할 것이고 상호적 관계나 되먹임이 잘 안될수록 수령에 대한 충실성과 공산주의적 품성은 불일치하는 경우가 늘어날 것이다.[25]

---

24) 김일성, 「당간부양성사업을 개선강화할데 대하여(1971. 12. 2)」, 『김일성저작집 26』 (평양: 조선로동당출판사, 1984), 505~506쪽.

25) "국가와 국민의 관계는 수평적이지 않고 위계적(hierachical)일 수밖에 없다. 이런 위

그럼에도 불구하고 추측해 보건데, 북한주민들이 주체확립과 혁명적 군중노선에 따르는 공산주의적 인간성을 내면화하는 데 어느 정도는 성공했을 것이다. 특히 김수복의 수기에서 볼 수 있듯이 북한에서 입당이라는 통과의례는 이러한 내면화가 끝났음을 알려주는 증표였던 것으로 보인다.

> 로동당원의 붉은 당증을 심장에 지닌 때부터 나는 내 자신이 이상하리 만치 일에 욕심이 많아졌다. 일을 해도 자꾸 부족한 것만 같이 생각되였다. 그러자 겨울방학에 들어섰다. 매일이 어쩐지 허전하고 쓸쓸했다. 나는 방학 기간 지루하고 답답해서 못견딜 지경이였다. 버릇이 되어서 인지 아이들을 하루만 못 보면 안타까와 난다.[26]

그러나 수령을 중심으로 해서 당과 인민이 일체를 이룬다는 것이 추상적, 제도적 수준에서는 가능했는지 모르지만 소집단이 아닌 거대규모인 국가단위의 북한 주민들을 수령의 둘레에 묶어줄 만큼 실질적으로 충분한 수준에 이르렀던 것은 아닌 것으로 보인다. 특히 중간 간부들은 매사에 이신작칙해야 하였기 때문에 주체확립과 혁명적 군중노선을 내면화하는 것이 더 힘들었을 것이라고 볼 수 있다. 천리마운동의 제3시기는 중국이 문화대혁명으로 내란에 휩싸이고 중소분쟁은 심화되고 공산주의권의 경제성장이 현저히 둔화되고 분열되면서 공산주의에 대한 신념이 사라져 갈 때와 일치한다. 현실과 이론의 불일치로 인한 자신감 결여와 회의, 수령의 교시와 대중의 요구사이의 갈등도 심했을 것이다.

계적 관계에서 국가와 국민 간의 상호되먹임은 국가가 국민들에게 제공해 줄 수 있는 것이 있을 때만 가능하다." 박후건, 『유일체제 리더십』, 258쪽.

26) 김수복, 『한 녀교원의 수기』(평양: 민청출판사, 1961), 115쪽. 이것은 자본주의 사회에서도 일중독(워크홀릭)이라는 말로 알려져 있다.

그럴수록 간부들에게는 더욱 강하게 이신작칙과 자력갱생이 요구되었고 개인과 집단에게도 더욱 강하게 자력갱생이 요구되었다. 수령에 대한 충실성=당성=노동계급성=인민성이라는 혁명화의 공식에 문제가 생긴 것이다.

4. 수령의 교시와 지도의 문제점

천리마작업반운동은 단일지도체계(유사 수령제)나 수령제를 제대로 뒷받침해 주고 북한주민들의 수령에 대한 충실성은 김일성이 원하는 만큼의 수준에 도달했는가? 이것을 측정하기는 어렵지만, 우회적인 방법으로 알아 볼 수는 있다. 김정일이 67년의 당의 유일사상체계확립을 위한 10대원칙에서 보여주는 수령에 대한 충실성이 김일성주의, 유일체제에 적합한 수령관이 아니라는 것을 분명히 하면서 주체사상을 김일성주의화하고 김일성을 절대화, 신앙화, 양심화하기 위해 유일사상체계확립을 위한 10대원칙을 새로 만들어 낸 것은 천리마시대의 북한주민들의 김일성에 대한 충성심이 최고조에 달했음에도 불구하고 그에 만족하지 않고 더 많은 것을 요구했다고 볼 수도 있지만, 반대로 생각해 볼 수도 있다. 김정일이 북한주민들에게 수령에 대한 절대화, 신앙화, 양심화를 요구한다는 것은 북한 주민들이 수령을 겉으로는 충실한 것처럼 행동하지만 실제로는 수령에 대한 충실성이 북한 주민들의 개인의 정체성을 구성하는 결정적 요소로 되어 있지 않았다는 것을 증명하는 것이라고 해석해 볼 수 있다.

그런데 이러한 충실성은 김일성의 교시에 대한 충실성으로 통한다. '3. 수령=당=인민이라는 공식의 한계와 모순'에서 언급했던 정책과 노선 갈등이 현장에서 발생했을 때 그것을 해결해 줄 최종심급, 최고위급은 김일성의 교시요 김일성의 마음인 것이다. 그런데 모든 이데올로기와 정책에는 모순이 있기 때문에 이것을 현장에서 해결하는 것은 쉽지 않다. 왜냐하면 누구든 김일성 교시에 의거해서 자기 노선의 정당성을 주장할 수 있기 때문이다. 즉 정책갈등이나 사상적 대립이 없다고 하더라고 해석갈등이 일어날 수 있다. 이러한 해석갈등은 김일성의 언어정책, 언어교양정책에서도 발생했다. 김일성의 언어는 북한 주민들이 사용하는 일상어, 구어체를 그대로 담고 있으며 이러한 언어는 모순이 많고 체계성이 부족한 언어였기 때문이다.[27]

그래도 북한 사회가 단순할 때는 수령이 일일이 현지지도와 현지교시를 통해서 난제를 풀어줄 수 있지만, 사회주의 건설이 답보상태가 되거나 후퇴의 증상이 보이면 수령마저 속수무책이 될 수밖에 없다. 늙어가는 수령의 체력, 지력, 의지력은 세월의 흐름도 막을 수 없었고 경제적, 사회적 위기를 돌파해 낼 수 없었다.

김일성에게 충실한 북한 주민들은 수령이 해결해 주기를 기다릴 수밖에 없을 것이다. 혁명적 기풍이나 인민적 사업작풍으로 나서는 천리마 기수들도 있었겠지만 잘못하면 주관주의자이나 공명주의자로 지탄의 대상이 될 수도 있었기 때문이다. 그러나 최종심급, 최고위급이 수령의 교시고 수령의 마음이지만 수령이 북한 전역의 모든 분야에서 최종 판관이 될 수는 없는 법이다. 천리마시대는 김일성도 마르크스-레닌주의에 의거해서 사회주의 건설을 정당화하고 자신의 노선을 정당화하던 시기였기 때문에 북한주민들도 마르크스-레닌주의에 의거해서 수령의 교시와 당정책을 주관주의적으로 해석하는 경우도 있었을 것이다. 결국, 수령의 교시는 마르크스-레닌주의에 의해서 집행되는 동시에 집행되지

---

27) 전미영, 『김일성의 말, 그 대중설득의 전략』(서울: 책세상, 2005), 65~69쪽. 그러나 모순이 없는 언어체계는 존재하지 않을 것 같다. 지식인의 언어, 문어는 난해하기 지식인들 사이에서도 소통이 어렵고, 대중과 소통이 불가능할 경우가 많다.

않는 현상이 벌어질 수 있다. 수령의 교시를 핑계 삼아 수령의 마음에 거역하는 사람도 생길 것이다. 수령의 말을 이기주의, 개인주의, 출세주의로 이용하는 사람도 나타날 것이다. 간부와 인민, 간부와 간부, 인민과 인민 사이의 갈등이 심화될 것이다. 이렇게 되면 충성이 배신이 되고 배신이 충성이 될 수도 있다. 누구나 옳을 수도 있고 누구나 틀릴 수도 있는 상황이 펼쳐질 것이다. 더욱이 북한의 인민들은 정치적, 사상적 언어를 구사하는 데 익숙했기 때문에 이것은 정치투쟁, 사상투쟁으로 번질 우려가 많았다. 자본주의냐 사회주의냐를 놓고 수정주의냐 교조주의냐를 놓고 싸우게 될 것이다.

또는 각 단위마다 권력이 있는 자들의 관료주의, 형식주의, 행세주의, 종파주의가 다시 등장할 수 있다. 사람들은 수령의 교시를 인용하면서 서로 옳다고 주장하고 상대방을 의심하게 될 것이다. 수령의 언어와 마음에 대한 해석갈등은 간부들과 인민들 사이에 퍼져나갈 것이고 서로 믿지 못하게 될 것이다. 충신이나 간신이나 모두가 김일성의 어록을 들고 다닐 것이다. 이것은 다시금 수령에 대한 충실성을 약화시키게 될 것이고 이렇게 되면 수령이 교시와 당의 정책은 인민을 조직동원할 수도 없고 수령=당=인민의 통일단결도 불가능하기 때문에 주체확립도 혁명적 군중노선도 불가능하게 될 것이다. 이러한 상황을 방치하게 되면 중국의 문화대혁명과 같은 큰 혼란에 빠지게 될 것이다.[28]

---

28) 마리-클레르 베르제르, 『중국현대사―공산당, 국가, 사회의 격동』(서울: 심산, 2009), 192쪽. 이러한 해석의 불일치에 대해서 북한 자료에서는 때로는 기업소의 지배인, 기사장, 당비서의 의견차이로, 때로는 세대간의 차이로, 때로는 현장의 노동자들과 중간 간부들의 견해 차이로 설명되거나 묘사될 때가 있지만, 뒤집어 보면 이것은 수령=당=인민이라는 공식의 성립되지 않음을 다른 식으로 설명하고 묘사한 것이라 할 수 있겠고, 수령의 교시에 대한 해석의 차이를 내포하고 있다고 봐야 할 것이다. 왜냐하면 북한에서는 어떤 주장을 하든 수령의 교시가 근거로서 제시되어야 하기 때문이다.

5. 긍정적 감화교양의 한계와 모순

1961년의 『교육학: 사범전문용』에는 교양적 방법으로 긍정적 감화와 함께 해설, 담화, 명령, 권고, 훈계, 요청의 방법을 열거하고 있지만 1969년의 『교육학: 사범대학용』에는 교양적 방법으로 긍정적 감화만 남았고 명령, 권고, 훈계, 요청이 다 사라졌다. 그러나 완전학습에의 요구, 상호 경쟁, 수업의 양과 활동 등에 쫓기던 교사들은 절대적으로 시간이 부족하다고 느꼈을 것이다. 이러한 상황은 교사들을 권위주의적 방법으로 몰고 갔다. 사실 미성숙한 학생들을 긍정적 감화만으로 통제하고 교양한다는 것은 무척 어려운 일이다. 그것은 김일성의 다음과 같은 발언을 통해서도 알 수 있다.

> 지난날 부르죠아교육학에 의거하고있던 일제때의 학교들에서는 때리거나 출학을 주는것과 같은 처벌로써 학생들을 통제하려 하였습니다. 그러나 오늘 우리 사회주의제도에서는 학생들을 때릴수도 없고 욕할수도 없습니다. 또한 지난날에는 학교에 들어가기가 힘들었기때문에 학생들이 출학당하는것을 큰일로 여겼지만 오늘 우리 나라에서는 누구나 다 학교에서 공부할수 있고 설사 학교에서 나간다고 하여도 국가에서 밥을 먹여주기때문에 출학당하는 것을 큰일로 여기지 않습니다.[29]

위의 발언에서 보듯이 김일성은 긍정적 감화와 함께 학생교양 방법으로서 조직생활을 내세우고 있지만, 조직생활에 의한 감화가 교사에 의한 긍정적 감화보다 쉬운 것은 아니었을 것이다. 따라서 현실 교육의 현장에

---

29) 김일성, 「학교교육사업을 강화하기 위한 몇가지 과업에 대하여(1974. 5. 3)」, 『김일성전집 54』(평양: 조선로동당출판사, 2004), 117쪽.

서는 교사들은 해설, 담화보다는 명령, 권고, 훈계, 요청에 의존했을 가능성이 클 것이다. 교사의 해설, 담화도 명령과 권고의 성격을 가지게 되었다고 할 수 있을 것이다. 이것은 김일성이 바라던 교양방법은 아니었다.

완전한 사회, 모든 사람들이 공산주의자가 될 것을 요구했던 김일성의 처지도 그와 같았다고 할 수 있다. 천리마시대의 제1시기에는 최고지도자였던 김일성은 자신의 어려움과 나라의 어려움을 솔직하게 말하고 현장 노동자들과 대중들에게 직접 도와달라고 호소를 했다. 대중은 거기에 자발적으로 호응했다. 제2시기 즉 천리마작업반운동을 시작할 때에는 김일성은 호소만 한 것이 아니라 현지지도, 교육교양을 통해 노동자들과 대중들을 설복하고 긍정감화를 통해 공산주의적 집단운동으로 끌어 들였다. 제3시기 즉 수령제가 수립되었을 때(제2차 천리마작업반운동 선구자대회 이후)는 군사부일체를 체현한 어버이수령 김일성의 한마디나 교시자체가 부드러운 강요, 부드러운 명령이 되었다. 1967년의 '당의 유일사상확립을 위한 10대원칙'이 이것을 뒷받침해 주는 것이다. 교시는 명령이 된 것이다. 김일성의 담화는 담화라는 이름의 교시가 된 것이다.

김일성의 입장에서 보면 자신이 직접 청산리정신, 청산리방법, 공산주의적 사업작풍을 창조함으로써 그런 리더십의 전형을 창조했으며, 아래로부터는 군중운동을 통해서 위로부터는 자신을 수령화 함으로써 간부들에게 보스나 권력자가 아닌 리더가 되기를 강제한 것이라고도 말할 수 있었다. 그런데 같은 상황을 간부들의 입장에서 보면 자신들이 보스 또는 권력자인 수령과 군중사이에 낀 애매한 존재로 되었다고 할 수 있었다. 간부들은 이신작칙하고 자력갱생을 해야 했기 때문에 힘들었고, 인민들은 자력갱생과 이신작칙의 모범을 보이는 간부를 흉내 내야 사회적 인정도 받고 신분상승도 할 수 있기 때문에 힘들었을 것이다. 간부들에게는 당시의 사회주의건설 단계나 수준에서 감당할 수 있는 것보다 더 많은 것을 요구하였고, 누구보다 더 선진적이어야 하고 언제나 이신작칙, 자력갱생 할 것을 요구하였다.

김일성은 간부들에게 권위주의를 버리고 인민에게 먼저 본을 보이라고 했고, 인민들은 간부들이 본을 보이는가 보이지 못하는가를 가지고 평가하게 되었다. 이것이 간부들로 하여금 무한책임을 가지고 살아가도록 만들었다. 간부들은 수령으로부터 꾸지람을 듣고 인민들로부터는 이신작칙할 것을 강요받았다. 간부들은 인민들의 비교대상이 되었고, 이신작칙이나 자력갱생을 안 하는 간부는 대중들로부터 리더로서의 권위를 인정받기 어려웠다. 그러나 북한 경제가 어려워지고 침체되었기 때문에 간부들에게 요구되는 이신작칙과 자력갱생의 요구는 간부들의 역량을 넘어서게 되었다. 그러한 현상은 그대로 인민들에게 영향을 주고 인민들도 간부들을 보면서 자신의 무기력을 정당화할 수 있었을 것이다. 이것이 바로 이신작칙(본보기) 교육교양방법이 가지고 있는 모순과 한계라고 할 수 있다.

교사나 리더가 언제 어디서나 본보기가 되어야 한다는 것은 우리나라의 전통적인 교육관이라고 할 수 있다. 그러나 산업사회 또는 고도 산업사회, 고도로 분업화 된 사회에 그것이 맞는 교육교양방법인가에 대해서는 생각해 봐야 한다.

김일성 자신이 정말 새로운 공산주의적 리더가 된 것인가도 생각해 볼 일이다. 단일지도체계에서 김일성이라는 수령은 기존의 권력을 교체한 새로운 형태의 권력이고 이를 바탕으로 한 새로운 리더십이라고 볼 수 있겠다. 그리고 권력자와 리더의 역할은 이론상으로는 잘 결합될 수 있지만 실제 현실에서는 모순, 갈등, 긴장을 일으킬 여지가 항상 존재했다.

간부들에게는 권력, 위신, 실력을 함께 갖추고 있던 김일성이 직접 보여주었다는 리더십이나 경영철학, 경영방법을 흉내 내는 것이 한없이 어려웠을 것이다. 지나치게 어려운 과제가 주어졌을 때 집단이나 개인은 하는 척하거나(이것을 북한에서는 양봉음위라 한다) 회피하거나 형식주의나 관료주의에 빠질 수 있는 것이다. 그럴수록 지도자는 원래의 의도와는 달리 지시 아닌 지시, 명령 아닌 명령에 의지하게 될 것이다. 그러면 개인이나 집단들은 지시 아닌 지시, 명령 아닌 명령에 때로는 반응하기도 하고 때로는 반응하는 척할 수 있을 것이다. 김일성도 난관에 봉착하게 될 것이다. 지도가 지시, 명령으로 되면 원래 자신이 제시하고 창시했던 리더십과 리더십 이론에 어긋나기 때문이다. 수령, 간부, 작업반장, 인민, 교사, 학생들은 모두가 딜레마에 빠지게 될 것이다. 북한 사람들은 누구나 이럴 수도 없고 저럴 수도 없는 진퇴양난에 빠질 수도 있을 것이다.

수령은 오히려 긍정적 감화 이외의 방법을 사용할 수 없었겠지만 공장, 농장, 학교, 가정에서는 수령이 사회주의 교육이라고 인정하지 않은 처벌도 많이 활용되었을 것이다. 다양한 가정환경을 가진 학생들로 이루어진 다인수 학급에 학습량도 많다면 긍정적 감화라는 교양방법은 이상이 될 뿐이고 교사의 일상적인 교양방법으로 택하기는 어렵다. 집단을 통솔할 때 통솔자의 위치에 있다고 항상 통솔을 잘 할 수 있는 것은 아니다. 역량이 부족하거나 성원들로부터 인정을 받지 못하는 관리자나 교사는 권위를 내세워서 부족한 것을 채우려 할 것이다.

긍정적 감화는 교육자들에게 많은 인내와 기다림을 요구하고 경우에 따라서는 피교육자들에게 감동으로 감화시켜야 할 때도 많다. 그런데 이런 능력과 인격을 단시일 내에 만들어 내는 것은 어려운 일이다. 기술과 지식은 단시일 내에 투자하면 얻어낼 수도 있지만 인격은 그렇게 해서 되는 게 아니기 때문이다. 남을 감화시키려면 그 자신이 먼저 그런 인격적인 인간이 되어야 하고 그것은 기술이 아니라 인간의 성숙을 요구하기 때문이다. 만약 외연적 성장과 내포적 성장이라는 말을 인간에게 적용할 수 있다면 기술과 지식은 인간의 외연적 성장이고 인격과 품성은 인간의 내포적 성장인 것이다. 천리마시대에 물질은 개벽되었으나 북한 주민들의 정신적 개벽은 물질적 발전수준에 미치지 못했을 것임을 짐작할 수 있겠다.

자체 내의 긍정적 감화수단으로 작업반 내에서 기록하는 《공산주의 품성 등록장》이 있고 직장의 영예게시판에 싣는 것보다 영예로운 것은 신문이나 잡지에 실어 주는 것이다.[30]

긍정적 감화는 긍정적 모범을 알리는 수단에 따라 그 효과가 커지기도 하고 작아지기도 하였다. 이렇게 보면 천리마시대의 긍정감화란 긍정적 감화보다는 긍정적 감화로 인정받기 위한 인정투쟁일 수도 있다. 이렇게 되면 '누가 누가 잘 하나'의 게임이 되지 않고 어느 누가 더 많이 기록 되는가, 어느 누가 더 세상에 많이 알려지는가의 게임을 하게 될 것이다. 그리고 대중의 물질적 요구를 만족시킬 수 없다면 이러한 대중의 요구를 만족시키려 해도 물질적 대가가 없다면 물질적 대가를 대신해서, 여러 가지 형태의 선전 수단과 새로운 형태의 상징과 상품이 지속적으로 개발되어야 하는 것이다. 그러나 이것은 공산주의적 품성을 기르는 것이라고 할 수는 없을 것이다. 《공산주의 품성 등록장》 기록 경쟁이 공산주의 품성 경쟁을 왜곡시킬 수도 있기 때문이다. 북한의 자료에는 이런 현상이 일부인 것으로 선전하고 있지만 결코 일부의 현상만은 아니었을 것임을 추론할 수 있다.[31]

---

30) 《공산주의 품성 등록장》에 수록된 모범 사례들은 정기적으로 대중 앞에서 낭독되고 '영예판', '괘도', 예술 써클의 발표회 등을 통하여 전 공장에 선전되었다. 매월 그 자료들을 종합하여 작업반을 평가하는 데 반영하기도 하였다. 조정아, 「산업화 시기 북한의 노동교육」, 서울대학교 대학원 교육학박사학위논문, 2003, 188쪽. 《공산주의 품성 등록장》이 185쪽에서 언급한 《붉은 등록장》과 같은 것인지 다른 것인지를 확인할 수 없지만 내용이나 역할은 동일한 것이고 이름만 다른 것으로 보인다.

31) 직업동맹출판사, 『천리마작업반(4)』, 378~379쪽. 여기서 《공산주의 품성 등록장》을 오히려 업신여기는 자로서 긍정적 감화 수단이 잘 안 통하는 대상에게는 개별지도를 통해 감화시키고 있는 것으로 보고하고 있다.

교육교양방법 중 김일성이 항상 강조해 마지않았던 긍정적 감화가 일상화되거나 교육학적 공정에 따르기 위해서는 다양한 계층과 연령, 다양한 계기에 따른 다량의 감동적인 소설과 같은 이야기들과 다량의 직관물을 요구한다. 산업화사회에서 직관물 중에 가장 영향력이 있는 것은 영상, 음악, 공연이다. 이러한 부교재들을 지속적으로 필요할 때마다 빠르게 교사와 간부들에게 창작하고 공급할 수 있어야 학생이나 주민들에 대한 긍정적 감화가 가능하다. 대중이 받아들일 수 있는 양질의 직관물이 부족하다면 교육자들은 피교육자들에게 혼자의 힘으로 긍정적 감화를 시켜야 하는데 그것은 더 어려운 일이었다. 60년대 말 70년대 초까지 북한은 물질적 발전은 어느 정도 궤도에 올려놓았는데, 상대적으로 사상혁명, 문화혁명, 기술혁명이 뒤 떨어지는 상황이 되었던 것으로 보인다. 특히, 북한의 문학과 예술의 세계는 정체되어 있었던 것으로 보인다.

교육계가 그렇듯이 당마저도 이러한 권위주의에 빠지게 되었던 것으로 보인다. 김일성은 청산리정신, 청산리방법이라는 새로운 리더십으로 당원과 간부들을 변화시키려고 했지만, 일정한 시간이 지나자 새로운 공산주의자들이었던 그들마저 권위주의에 빠지게 된 것이다. 당은 교육교양과 조직에만 집중하라고 했지만 당은 언젠가부터 권력기관이 되고 행정대행을 하는 곳으로 바뀐 것이다. 김일성이 애써 키운 간부들이 변질된 것이다. 당과 수령, 간부와 수령, 수령과 인민의 통일단결이 깨져나가고 있었다.

이런 난관을 타개하기 위해서는 천리마운동 시기처럼 김일성 자신이 제2의 '붉은 편지'를 노동자들에게 보내고 스스로 전국을 돌면서 직접 현지지도를 하면서 이신작칙하는 본을 보여줘야 했다. 그러나 김일성은 천리마시대의 김일성이 아니었던 것으로 보인다. 어쩌면 김일성 자신마저 권위주의에 의존하고 있었는지도 모른다. 그리고 또 한 가지 고려해야 할 점은 수령은 과거에 비해 60노인이 되어 늙어버렸고, 늙은 지도자를 바라보는 간부들의 눈도 과거와 달랐다는 것이다. 수령자신이 그 동안에 세웠던 리더십에 대한 관점을 수정하든지 또는 다른 특단의 대책이 요구되었다.[32]

6. 완전학습의 한계와 모순

김일성이 고급중학교를 없애고 9년 기술의무교육제를 만들었다는 것은 입시제도를 없앤 것과 같다. 이것은 우리나라에서 1969년 우리나라에서 중학교 입시제도를 폐지하고 평준화한 것과 유사한 측면이 있어 비교할 만하다. 박정희 정권 때 평준화제도로 인해 학생 정원이 늘어나게 되고, 다인수학급에서 여러 수준의 아이들을 가르치는 데 따른 교육의 어려움 때문에 도입된 것이 완전학습이론이었다.[33]

북한도 우리나라와 같은 문제에 봉착했던 것 같다. 그런데 비슷한 시기의 우리나라의 교사들과는 달리 북한의 교사들에게는 완전학습이 이론이 아니라 실제로 시도해 볼만한 다양한 자원이 있었다. 그 자원 중에는 첫째, 소년단과 학습반(생활반이라고도 했다)이 있었다. 김일성이 원

---

32) 이러한 특단의 조치중 하나가 앞에서 소개한 김정일의 "당의 유일사상체계 확립을 위한 10대원칙"이었다고 할 수도 있을 것 같다.

33) "우리나라는 1969년부터 중학교의 무시험 입학제도가 실시됨에 따라, 학급을 구성하는 학생들의 지적 능력이 크게 이질화되기에 이르렀으며, 중학교의 수업의 운영원리에 크나큰 변화 내지 개혁이 요청된 데에 대한 하나의 반응이었다고 할 수 있다." 김호권, 『완전학습이론의 발전』(서울: 문음사, 1997), 91쪽. 고교평준화정책은 1974년 서울과 부산에서 시작하여 그 이듬해에는 대구, 인천, 광주로 확대되고, 1979~1980년에는 중소도시 지역까지 확대되어 1981년에는 21개 도시지역으로 확대되었다. 그 후 소도시 지역의 경우 평준화정책의 실효성이 미약하다는 논쟁이 계속되면서 일부 지역에서는 평준화정책을 폐지하였다. 그러나 그 중 일부 지역에서는 평준화정책으로 다시 환원하기도 하였고, 다른 지역에서는 평준화정책을 추가로 채택하기도 하고 고교입시와 평준화문제는 우리나라 교육의 가장 큰 의제 중의 하나다.

하는 대로 모든 학교가 공산주의 집단이 되고 모든 학생이 우등생이 되기 위해서는 학급보다 낮은 단계의 집단인 학습반이 잘 되어야 한다. 학급만 해도 서로 돕고 하나는 전체를 위하고 전체는 하나를 위한다는 생활을 하기에는 지나치게 큰 규모이고 다양한 학생들로 구성되어 있는 집단이라고 할 수 있기 때문이다.

천리마학급이나 우등학급을 쟁취하려면 방과 후에도 자체학습이 잘 되어야 하는데, 어른이나 교사가 직접 지도하지 않으면 학생들끼리 놀거나 떠들게 되지 학습을 하거나 실천활동을 하는 것은 쉽지 않다. 이러한 학습반이 잘 되려면 학부모들의 참여가 반드시 필요하다. 김수복의 수기에서는 학부모들을 《보조 교원》으로 활용하기도 하고, 학생들이 소년단에 들어가서 소년단의 지도를 받으면서부터 이런 문제가 해결된 것으로 진술하고 있다.

> 생활반은 주로 학부형의 집을 정하고 운영하였는데 시간은 오후반일 때에는 오전 9시~11시까지, 오전 반일 때에는 오후 2시~4시까지, 방학 기간에는 9시~12시까지로 정하였다. 이리하여 나에게는 또 하나의 새 일이 생겨난 셈이다.
>
> 나는 매일 같이 전체 생활반을 돌아 다니면서 《보조 교원》들을 도와 드려야 했다. [34]

> 소년단 반이 조직되면서부터 많은 유리한 점들이 나타났다. 소년단원들은 아침 기상에서부터 저녁에 잘때까지 항상 반에서 조직적 생활을 하게 되었다. 학습도 조직에 의거해서 할 줄 아는 습관을 붙여 갔다.
>
> 반사업은 활기를 띠여갔다. 분단 위원은 반장을 돕고 《보조 교원》

34) 김수복, 『한 녀교원의 수기』, 131~132쪽.

> 은 학습을 지도하였다. (소년단이 조직된 후부터는 《보조 교원》은 학습만 지도하게 하였다)
>
> 나는 매일 생활을 조직에 보고하고 지도를 받게끔 지도하였다. 소년단 반장들은 매일 생활 정형들을 분단 위원장에게 보고한다. 그러면 분단 위원장은 매개 반 생활 정형들을 종합하여 약속된 시간에 나를 찾아와서 분단의 하루 생활을 이야기해 준다.[35)]

김수복의 수기에서 보듯이 생활반(학습반)이 잘 운영되려면 전업주부(북한에서 가두여성이라고 한다)들이 있어야 하고 소년단이 활성화되어야 하고 소년단이 활성화되려면 소년단 지도가 잘 이루어져야 한다. 그런데 항시적으로 노동력 부족을 겪고 있었고, 그것을 해결하기 위해 온 인민의 노동계급화라는 기치를 걸고 있었던 북한에서 60년대 말이 되면 능력 있는 여성들은 직장을 가지게 되었고, 노력동원도 심화되었다. 맞벌이 부부들이 늘어나자 소년단 지도나 학습반 활동에 많은 어려움이 생기게 되었다. 김일성의 연설에서 알 수 있듯이 학생들의 학습열의는 낮아졌고 과외활동도 약화되었다.

> 그런데 요즘 일부 청년학생들은 책을 많이 읽지 않습니다. 청년학생들이 책을 잘 읽으려 하지 않는것은 좋은 책이 많이 나오지 못하는것과도 일정하게 관련되겠지만 주요하게는 청년들이 책을 읽기 좋아하는 버릇을 붙이지 못한데 원인이 있습니다.(중략) 지금 청년학생들이 혁명, 계급, 생산력, 과도기 같은 술어들을 잘 모른다고 하는데 이것은 지난날 사로청이 사업을 잘 못하였으며 청년학생들에게 학습자료를 제대로 보장해주지 않은데 원인이 있습니다.[36)]

---

35) 위의 책, 145쪽.

36) 김일성, 「청년들의 특성에 맞게 사로청사업을 더욱 적극화할데 대하여(1971. 2. 3)」, 『김일성저작집 26』(평양: 조선로동당출판사, 1984), 38쪽.

> 지금 일부 청년학생들이 나쁜 장난을 하는것은 사로청조직들이 그들속에서 여러 가지 과외활동을 널리 조직하지 않고 내버려두는 틈을 타서 나쁜놈들이 그들을 끌어당기기 때문입니다. 우리가 청년학생들을 잘 교양하여 사회주의, 공산주의길로 이끌지 않으면 적들이 자본주의편으로 끌어갈수 있습니다.[37]

청소년들에 대한 가정교육도 힘들어졌다. 게다가 인력부족으로 인해 교단은 남교사 대신에 여교사들이 차지하게 되었다. 학생들에 대한 교사들의 통솔력이 약화된 것이다.

학습반은 학습의 장이 되기보다는 노는 무리나 특별한 목표없이 시간을 보내는 무리로 변할 가능성이 많았다. 더욱이 저학년의 경우 입시가 사라진 상태에서는 아무리 정기고사, 졸업고사를 보고 평소 활동을 평가한다고 해도 학생들이 먼 미래에 해당하는 공산주의 사회를 이루기 위해서 또는 수령에게 충실하기 위해서 공부한다는 논리가 학생들에게 지속적인 학습동기를 줄 수 있는 것도 아니었다.

또한 이때가 되면 북한 주민들은 거의 모두가 취업을 하고 노동을 하는 직장인들이 되었다. 거의 완전고용상태였고 오히려 북한은 인력난에 허덕였다. 이것으로 북한의 교육교양의 중요요소이자 학습동기라고 할 수 있는 노동계급화라는 것이 의미를 상실했다고 할 수 있다.

둘째, 완전학습을 하기 위한 또 하나의 자원은 학생들의 혁명적 군중노선이라 할 수 있는데 공부 잘하는 학생들이 공부를 잘 못하는 학생들을 1대 1로 맡아서 가르쳐주는 것이다. '전체는 하나를 위하여 하나는 전체를 위하여'라는 천리마운동의 구호가 현실화되려면 집체적 지도와 개별적 지도가 잘 결합되어야만 한다. 만약 누군가 뒤쳐진다면 모든 사

---

37) 김일성, 「청년들의 특성에 맞게 사로청사업을 더욱 적극화할데 대하여(1971. 2. 3)」, 39쪽.

람들이 도와주고 일으켜줘야 한다. 그리고 뒤쳐진 자들을 끝까지 자기들의 수준만큼 올려 줘야 한다. 자기들의 수준만큼 올려 줄뿐 아니라 모두가 최우등생이 되어야 한다.

> 당시 우리 분단은 전체 소년단원들이 최우등을 목표로 열심히 학습하고 있는 조건하에서 제기되는 의견이란 거의 학습 문제에 귀결되였다. 그런데 우리분단은 구역의 개편과 함께 12명의 소년단원들을 새로 받았다. 4명을 제외하고는 모두 락후한 형편이였다. 그렇기 때문에 위원들은 일치하게 학습이 락후한 반들을 맡아 지도해야 한다는 의견들을 내놓았다.
>
> 분단 위원장인 전 옥순이가 먼저 뒤떨어진 신 여옥, 김 숙길, 조연옥 동무들을 자기와 같은 수준으로 끌어 올리겠다고 결의해 나섰다. 그러자 다른 위원들도 1명 혹은 2명씩 맡아 지도할 것을 제기하였다. 그러면서 뒤떨어진 반까지 자진해서 맡겠다는 것이다.[38]

이런 경우 능력 있는 사람이나 학생들 중 많은 이들이 하향 평준화된다는 생각을 하게 될 것이다. 자기가 소속된 학교나 학급을 다른 학교나 학급과 비교하고, 자기가 소속된 작업반과 다른 작업반을 비교할 때 더욱 더 그런 생각을 하게 될 것이다. 작업반, 직장, 학급, 학교가 본위주의에 빠지지 않아야 된다고 했지만, 외부의 평가가 어떻든 우선 내부성원을 설득하기 쉽지 않았을 것이다. 성적이 낮은 학생들에게는 상향평준화 효과가 있었다고 볼 수도 있지만 그만큼 최우등생들이 자기실력을 쌓을 수 있는 시간을 빼앗기기 때문에 최우등생들의 입장에서 보면 하향평준화 되었다고도 볼 수 있었다. 이런저런 이유로 뛰어난 교사나 학생들은 불만이 있을 수밖에 없었다.[39]

---

38) 김수복, 『한 녀교원의 수기』, 139쪽.

그럼에도 불구하고 만약 단지 다인수학급에, 환경이 동일하게 열악하다면 즉 교육환경이나 교사와 교재 등 모든 것이 동일하게 열악하다면 다 같이 우등학급, 천리마학교, 우등학교, 천리마학교를 만들자는 데 동의할 수도 있을 것이다. 그런데 천리마작업반운동이 진행되면서 사상이나 제도는 동일해졌지만, 삶의 질이나 내용은 격차가 생겨났던 것으로 보인다. 그렇게 되면 학교환경이나 조건, 학생들의 수준이 학교마다 모두 다르게 된다. 어떤 학급이나 학교는 조건이 되어서 쉽게 모범분단, 천리마학급, 천리마학교가 될 수 있지만 그렇지 못한 학급이나 학교는 아무리 해도 목표에 도달하기 어렵다. 김일성은 북한 사회가 전국적으로 고르게 발전할 것을 예상하였지만 실상은 그렇지 못했다. 지역적 차이가 생기고 도시, 농촌 간의 차이도 어느 정도 이상 좁혀지지 못했다.

좀 더 쉽게 천리마학급칭호를 얻을 수 있는 학급도 있지만 그렇지 못한 학급도 있다. 그런데 천리마학급의 칭호를 얻는 것과 못 얻는 것의 사회적 인정효과, 사회적 지위의 변화는 너무 컸다. 그렇기 때문에 어려운 환경에 있는 교사나 학생들은 미리 자포자기하거나 불만과 시기질투를 하게 될 것이다. 누군가 주도해서 천리마학년, 천리마학교를 만든다고 하면 상대적으로 열악한 처지에 있는 사람들은 협조하지 않을 수 있다.

사실 주변에서 협조적이지 않으면 누구나 어떤 집단이나 천리마작업반이 될 수는 없었다. 자신은 천리마작업반 칭호를 못 듣는데 다른 사람은 그것을 할 수 있다는 것도 받아들이는 것이 쉬운 것은 아니다. 또한 자기가 속한 작업반이나 학급이 천리마작업반이나 천리마학급이 된다고 할지라도 그것의 명예를 누군가가 독점해 버린다면 그것도 구성원들

---

39) "자기가 담당하고 있는 그런 클라스만 책임지면, 다한 줄 이렇게 생각하는데(중략) 한데 학교 전체로 보면 그게 그렇지 않다는 거지. 낙오분자도 있고. 그래 그걸 전체적으로 책임을 져야 되는데, 그런게 좀 불만이 있습니다." 김석형 구술, 이향규 녹취 · 정리, 『나는 조선노동당원이오!』(서울: 선인, 2001), 444쪽.

로부터 협조를 받기 어려웠다. 김수복의 수기를 보면 천리마작업반운동에 참여한 김수복은 동료교사들의 반발을 사거나 심지어 공명주의자라는 소리까지 듣게 된다.

> 우리 분과는 1960년 5월 4일에 다른 분과들과 함께 천리마 작업반 운동에 참가했었다. 당시만 해도 우리 분과에는 해결 할 문제들이 너무나도 많았다. 초기에 우리 분과에는 이러저러한 부정적인 요소들이 적지 않았다. 일부 분과원들이 불평 불만을 부리는가 하면 시기와 질투가 뒤 따르고 지어는 자기 초소를 버리려는 현상까지 있었다.[40]

> 내가 당의 붉은 편지를 받들고 우리 학급 전체 소년단원들을 4학년 말에는 전원 최우등생으로 키워 낼 것을 결의 해 나섰을 때도 성자 동무는 그리 좋아 하지 않았다. 한 마디로 그는 덮어 놓고 전원 최우등생은 불가능 하다는 것을 주장 해 나섰던 것이다. 지어는 공명심이라고 까지하였다.[41]

물론 북한의 선전물들은 어려운 환경에서도 그것을 극복하고 천리마학급칭호를 얻는 사례들을 많이 소개하고 있지만, 이러한 사례들은 불리한 환경의 교사나 학생들을 고취시킬 수도 있겠지만 반대로 쫓아가지 못하는 학급들에서는 구성원들에게는 무능력과 한계만을 느끼게 하면서 오히려 수치심과 열등감을 심어줄 수도 있다. 그리고 누군가로부터 전적으로 무상의 도움을 받아서 성적이 오르거나, 상을 받게 된 학생이 있다면 그런 학생은 도움을 준 사람에 대해 보은을 생각하고 적극적으로 살아갈 용기를 얻을 수도 있겠지만 평생 빚이 되어서 사람들에게 비

40) 김수복, 『한 녀교원의 수기』, 162쪽.
41) 김수복, 『한 녀교원의 수기』, 163쪽.

굴해 질 수도 있고 항상 남의 도움을 받는 데 익숙해져 주체적인 인간으로 자라나지 못할 수도 있다. 도움을 베푸는 자는 도움을 받는 자로부터 지지와 믿음을 얻게 되고 도움을 베푸는 자가 통솔력을 유지하는 데도 반드시 필요한 것이겠지만, 이러한 인간관계는 새로운 종속관계를 만들어 낼 수 있고 집단주의에 어긋나는 인맥역할을 할 수도 있다.[42)]

김수복의 수기에는 우등생이 되기 위해 여러 학생들의 열렬한 도움을 받는 학생이 나온다.

> 그들은 방과 후에 청소할 때면 의례히
>
> 《선생님, 진성이와 성준이는 뺍시다. 그 동무들이 못하는 몫을 우리가 하겠습니다.》하고 저마끔 그들의 청소를 맡아 나섰다.
>
> 이래서 진성이와 성준이는 교실에 남아 공부를 하였다.
>
> 진정이와 성준이의 책가방에는 항상 새 노트가 여러 권 들어 있군했고 필통에는 많은 연필이 들어 있었다. 이것은 모두가 학생들의 「선물」이였다.
>
> 펼치면 어느 것에나 첫 페지에는 이런 글'발이 씌여 있었다.
>
> 《동무가 5 점을 맞을 때 원쑤는 더욱 겁을 낼 것이다. 원쑤 갚는 마음으로 5 점을 쟁취하자!》[43)]

---

42) 이러한 온정주의분위기 속에서는 지도-피지도 관계란 후견-피후견 관계가 되고, '지적 · 도덕적 지도'로 인해 동적이고 상호적인 관계가 사라지게 된다. 그리고 작업반 단위에서의 이러한 '인신적 의존' 관계는 당과 모범노동자 사이에 형성되었던 온정주의적 관계와 심리구조를 일반노동자에게로 확대하여 재생산하는 과정이었다고 볼 수도 있다. 조정아, 「산업화 시기 북한의 노동교육」, 서울대학교 대학원 교육학 박사학위논문, 2003, 204쪽; 공개적이며 일방적인 도움 주는 행위인 기부에 담긴 부정적 측면은 사르트르가 잘 파헤치고 있다. 변광배, 『나눔은 어떻게 인간을 행복하게 하는가: 모스에서 사르트르까지 기부에 대한 철학적 탐구』(서울: 프로네시스, 2012), 151~190쪽.

43) 김일완, 『혁명의 씨앗을 키우며』, 179쪽.

김수복이 이런 수기를 썼을 때는 이것을 집단주의적 정신, 공산주의 도덕이라고 생각했겠지만, 당사자에게는 구차하고 수치스러운 일이었을 것 같다는 상상을 불러일으킨다. 급우들로부터 도움을 받았던 학생이 그 후에 다른 장면에서 남에게 도움을 베풀 수 있으면 이런 행위는 선순환될 것이고 다른 사람들에게 전염이 되면서 봉사와 선행은 기하급수적으로 늘어나게 될 것이고, 혁명적 군중노선은 실현될 것이다. 그러나 도움을 받은 사람들이 다른 사람을 돕게 된다는 것은 가설에 지나지 않는다. 도움을 받는 것을 당연하다고 생각할 수도 있고, 도와 준 사람들의 동기가 정말 자기를 위해서 한 것이 아니라 상을 받거나 자랑하기 위한 것이라고 생각할 수도 있다. 이렇게 되면 봉사와 선행은 꼬리에 꼬리를 물면서 이어질 수 없게 되고 찻잔의 폭풍처럼 그 단위, 그 시점에서만 효과를 낼 수 있는 것이다.

또한, 몇 명의 학생 때문에 천리마학급칭호를 쟁취하지 못했다고 해 보자. 그러면 그 학생에 대한 원망이 얼마나 클 것인가? 전체가 하나를 위하는 것이 아니라 전체가 하나를 미워하게 될 것이다. 이 학생은 집단주의의 힘을 공포로 느낄 것이다. 마찬가지로 한 학급 때문에 천리마학교나 최우등학교 칭호를 쟁취하지 못했다고 해 보자 그 교사나 학급이 느끼는 감정은 상상하기 어려울 정도로 고통스러울 것이다. 여기서 구성원 사이에서 한 가지 가능한 타협방안은 천리마작업반운동에 동참해도 형식적으로 하는 것이다. 아니면 평정을 적절히 해서 쉽게 만점을 맞도록 시험의 난이도를 낮추는 것이다. 그렇게 되면 학생들은 학습을 게을리 할 것이고 학습의 질은 떨어질 것이다.[44]

---

44) 이것을 남한에서는 성적 부풀리기라고 했다; 문화대혁명시기 중국은 경쟁과 퇴학제도를 없앴다. 그에 따라 러시아혁명초기의 소련의 학교처럼 학내 질서가 파괴될 수 있었다. 마틴 화이트, 「중국과 러시아의 교육개혁」, 이규환 · 강순원 편, 『資本主義社會의 教育』(서울: 창작과 비평사, 1984), 246쪽 참조. 이것을 우리나라에서는 교실

또 한 가지 고려해야 할 사항은 9년제 기술의무교육제를 완성하자마자 북한은 학제개혁을 해서 11년 의무교육제를 만들어갔다는 사실이다. 그에 따라 학교현장은 더욱 혼란스러웠고, 학교도 부족하고 교사들도 재교육을 받아야 하는 등 혼란이 가중되고 있었다. 1972년 9월 1일 11년제 의무교육제의 첫 개학식이 열렸고, 1975년에야 전국적으로 11년제 의무교육이 완성되었다. 11년제 의무교육으로 인해 학생들은 대학에 대한 경쟁이 심해졌던 것으로 보인다. 이제 대학자체가 목적으로 변할 수 있는 상황이 된 것이다. 이렇게 되면 학생, 교사, 학부모, 관리자들은 모두 대학진학에 관심을 집중하게 된다. 모든 학생에게 완전학습을 하고 모두를 우등생으로 만드는 것에 대한 관심은 줄어들게 될 것이다. 천리마 기수가 되는 것보다는 대학을 가는 것을 선호하는 학생들이 나타나게 될 것이다. 이렇게 되면 북한 사회가 다시 학력사회로 가는 것이 된다. 이는 1960년대 김일성이 공산주의적 인간개조를 위한 약수중학교형의 보급을 위해 고급중학교를 폐지하기 전과 같은 학력사회로 돌아가게 된다는 것이다.[45]

이렇게 되면 학업에서 좌절을 맛보는 학생들이 늘어나게 될 것이다. 좌절을 겪은 학생들은 자기 자신, 사회, 체제에 대해 부정적 정체성을 가지게 될 것이다. 그리고 이런 좌절감은 학생들이 노동자가 되었을 때 북한에서 요구하는 사상, 기술, 문화혁명에 필요한 학습이나 활동을 거

붕괴, 학교붕괴라고 한다.

45) 11년제 의무교육은 우리나라로 따지면 고교시험이 폐지된 것(고교 평준화)과 비슷한 효과를 냈다고 보여진다. 저학년은 입시부담에서 벗어날 수 있지만, 고교생들은 모두가 대학교를 향해 만인에 대한 만인의 경쟁이 시작된 것이기도 하다. 이것은 다음의 김일성의 연설에서 알 수 있듯이 학부모들이 학생들에게 공부만 권장하는 것으로 드러난다고 할 수 있겠다. "지금 일부 학부형들은 학생들의 심리적특성도 고려하지 않고 학생들이 학교에 갔다오면 덮어놓고 집에 앉아 공부만하라고 하는데 이래가지고서는 그들을 옳은 길로 이끌수 없습니다." 김일성, 「청년들의 특성에 맞게 사로청 사업을 더욱 적극화할데 대하여(1971. 2. 3)」, 40쪽.

부하거나 형식적인 참여로 이끌어 갈 것이다. 북한의 『교육심리』가 밝히고 있듯이 북한 학생들에게도 모든 인간들이 가지고 있는 지적욕망, 정서적 욕망, 인정욕망, 성장에 대한 욕망이 있다. 이러한 욕망이 좌절되었을 때 나타나는 심리적 기제인 부족한 점의 보상, 공상, 전환, 정당화, 반항, 도피도 존재한다.[46]

> 부족점의 보상은 자기가 가지고 있는 부족점과 그로부터 생기는 불만, 열등감을 다른 행동을 보상하여 만족스러워 하는 현상이다. 가령 키가 지나치게 작은 학생은 언제나 다른 학생들에게 가려져 자기를 나타낼 수 없는 부족한 점을 보상하기 위하여 큰소리를 내는 경우가 있다. 말하자면 작은 키를 큰소리로 보상하는 셈이다.
>
> 공상은 미래의 행동에 앞서는 계획, 예견, 설계도 같은 이상인 경우에는 좋은 것이지만, 공상이 일종의 자기만족으로서 많은 시간을 허비하고 그자체가 학생들의 생활을 지배하게 된다면 부정적인 것이다. 전환은 자기 결함에 구애되어 불만, 열등감이 생길 경우 그 긴장을 해소하기 위하여 그것을 보상할 수 있는 다른 능력을 강조하여 자기 결함을 은폐하거나 자기 만족하는데 그 특징이 있다. 가령 학업성적이 떨어져 언제나 뒤꼬리를 차지하던 학생에게 규찰대의 분공을 주면 책임적으로 잘 수행하는 것과 같은 경우다.
>
> 정당화는 자기 요구를 실현할 수 없는 원인이 다른데 있는 것처럼 구실을 붙여 변명하거나 합리화하는 경우이다. 전형적인 것은 책임을 다른 사람에게 넘겨 씌우거나 구실을 붙여 정당화하는 것이다. 공부를 안 하는 학생이 공부 못하는 원인이 마치도 교원이 잘 가르

---

46) 최청의, 『교육심리』(평양: 교원신문사, 2001, 번각발행, 학우서방, 2002), 281쪽. 이 책에서는 '지적요구, 감정정서적요구, 자기 인정에 대한 요구, 자기 발전에 대한 요구'라고 명명했는데, 필자가 적절하게 고쳐본 것이다. 북한에서는 요구가 객관적 사태의 필요성을 뜻할 때도 있고 주관적인 욕망을 뜻할 때도 있으며, 주개관적으로 필요하기도 하고 욕망하기도 하는 것을 뜻할 때도 있다.

> 쳐 주지 않는데 잇는 것으로 구실 삼는 것처럼 자기 행동의 결과에 대한 비난을 다른 사람이나 다른 것에 전가하는 것은 정당화의 전형적인 것이다.
>
> 반항은 지시에 복종하지 않을 뿐 아니라 반대의 행동이 나오게 되는 경우이다. 자기가 상대방보다 못하지 않다는 것을 보여 주기 위하여 충고를 무시하고 반대의 행동으로 나가게 된다. 침묵하는 경우도 있다. 금지 당한 일은 기어이 하려고 한다. 이것은 자기의 힘을 과시하며 주위사람들에게 자기가 강하다는 것을 보여 주는 일종의 자고자대의 행동이다.
>
> 도피는 공부를 잘 못하는 학생이 학교에 나오지 않게 되는 경우와 같이 자기에게 만족을 줄 수 없는 대상을 피하는 경우이다. 이렇게 되면 다른 학생들과 잘 휩쓸리지 않게 되고 집단생활에서 유리될 수 있으며 비겁하거나 겁쟁이로 될 수 있다. 얼핏 보기에는 조용하고 예절 밝은 것처럼 여겨지는 데 자기본위적이고 의심 많은 성격으로 될 수 있다. 때로는 주동적이고 적극적으로 행동하는 경우도 있다. 가령 글짓기 발표 같은 것을 분공 주면 그런 분공을 준다고 반박해 나서는 경우이다. 말하자면 자기가 대상을 피하는 것이 아니라 대상이 자기를 피하게 만들자는 것이다.[47]

이처럼 북한의『교육심리』에서 욕망의 충족이 좌절된 학생들의 심리기제를 설명하는 데 사용하는 용어들이 남한의 용어와 일치하는 것은 아니지만 크게 다르지는 않는 것 같다. 그것은 결국 남북의 기본적인 인간심리, 사회주의사회와 자유주의 사회의 인간들의 기본적인 심리기제가 동일하다는 것을 의미한다. 따라서 학습에 뒤떨어지는 학생들의 심리에 대해서는 우리나라의 교육을 비판하는 김호권의 주장을 북한에도 유사하게 적용할 수 있을 것이다.

---

47) 최청의,『교육심리』, 359~364쪽 발췌, 정리함.

> 고교생이나 대학생이 보여주는 신경증적 징후의 대부분은 학교학습에 있어서의 고통스러운 좌절의 경험 때문에 악화된 것이라고 우리는 확신하고 있다. 만일에 90%의 학생들에게, 그들의 학습이 적절하다는 긍정적인 인정을 줄 수만 있다면, 정서적 진료나 심리학적 조력의 필요성은 점차로 줄어들 것으로 믿어진다. 반대로 학습에서 무능력과 실패가 빈번히 지적된다면, 학생들의 자아불신은 증대될 것이며, 잃어버린 자신과 유능감을 학교 바깥에서 찾으려는 행동이 반드시 일어나고야 말 것이다.[48]

그리고 전체가 개인을 위해서 도와주는 것이 관습화되어 버리면 도움을 받는 사람들도 무감각해지게 되고, 남들이 도와 줬는데도 성적이 향상되지 않는다면 그는 학습에 대한 동기를 잃어버릴 것이다.[49]

7. 모범사례를 통한 교육교양 방법의 한계와 모순

수령제의 특징은 북한 주민들이 수령의 사상과 이론에 대한 충실성뿐만 아니라 김일성의 현지지도와 교시로 만들어진 모델에 대한 충실성도 요구한 것이다. 천리마시대에 김일성이 창시했다고 하는 각종 모델들은 노동현장에 대한 현지지도를 통해 노동자나 주민들과 함께 이야기를 나누는 가운데 창조된 것이다. 김일성이 이 모델들을 만들 때는 창의성, 개별지도, 의견청취, 토론 같은 것이 동반되었겠지만, 김일성의 모델이

---

48) 김호권, 『완전학습이론의 발전』(서울: 문음사, 1997), 88~89쪽.

49) “학교가 개인에게 적절한 학습과 자기향상에 대한 보장을 줄 수 없다면, 학생들은 학교에서 뿐만 아니라 졸업후의 인생에 있어서도 필연코 학습을 거부할 것이 틀림없다. 완전습득을 위한 학습은 학교에서의 학습에 즐거움을 불어넣고, 학습에 대한 흥미를 평생 동안 길러줄 것이다. 그리고, 이런 계속적 학습이야말로, 우리들의 교육체제의 주요목표가 되어야 할 것이다.” 김호권, 『완전학습이론의 발전』, 89쪽.

절대화되면 사람들은 오직 그 모델 내에서만 창의성, 개별지도, 의견청취, 토론을 해야 했다. 산업화되기 전에는 북한 사회가 비교적 단순하고 북한주민들의 의식수준이 낮기 때문에 김일성의 각종 모델은 사회주의 건설의 이론과 실천을 매개하는 역할을 할 수 있다. 산업화 초기까지 김일성은 천리마작업반운동을 통해서 북한사회를 균질하게 만들려고 노력했다. 균질적으로 만들어 내는 데는 구체적인 모델만큼 효율적인 것이 없다. 복잡한 환경 속에서 기업, 학교, 학급을 관리하는 데 있어, 아직 복잡한 것을 이해하기에는 그 구성원들의 학력이나 지력이 부족하면 하나의 모델만을 흉내 내게 하는 방법이 효율적이라고 할 수 있을 것이다.

천리마작업반운동은 청산리방법, 대안의 사업체계와 함께 북한 사회를 균질하게 만들었지만, 그것은 주로 사상과 문화적 측면에서만 그런 것이고 물질적 측면이나 인간개조적 측면에서 보면 균등한 발전이 이루어 진 것이 아니다. 김일성이 다양한 공장, 기업소, 농장을 현지지도하면서 다양한 모델을 만들어 준다고 해서 이런 문제가 해결되는 것은 아니다. 사회의 발전 속도가 빠르게 되면 그에 따라 새로운 모델들을 재빨리 만들어야 한다. 이에 따라 모델들은 기하급수적으로 늘어나야 하고, 그렇게 늘어난 수많은 모델들을 적재적소에 적용하는 것 자체가 어려운 일이 된다. 또한 김일성의 능력도 한계가 있기 때문에 이러한 모델을 자꾸 만들어낼 수는 없는 것이다. 그리고 김일성이 만들어 놓은 모델이외의 것은 그것이 아무리 훌륭해도 결코 김일성의 모델만큼 보급될 수도 없을 것이고 신성화된 모델과 경쟁할 수 없을 것이다.

어느 시기에 어떤 모델이 적합했고 거기에서 성공을 얻었다고 생각하는 사람들은 그 모델의 원리를 파악하기보다는 그 모델에 집착하게 된다. 김일성은 기술신비주의를 배격했지만 북한 주민들은 모델신비주의에 빠질 수 있고, 김일성은 기술에서의 보수주의를 비판했지만, 북한주민들은 모델에서의 보수주의에 빠질 수 있다. 북한 주민들은 김일성이 제시해 준 모델 뒤에 숨어 있는 방대한 원리나 배경 같은 것을 파악하지 못한 채 김일성이 보여 준대로 가르쳐 준대로 하면 된다는 생각을 하게 된다. 김일성의 모델이 현실에서 적용되고 성공하기 위해서는 여러 가지 조건이 충족되어야 한다. 그렇지만 한 번 성공을 경험해 본 사람은 모델자체가 수령의 신비한 능력과 혜안의 산물로 생각하게 된다. 청산리정신, 청산리방법은 경험을 통해 만들어진 것이지만, 김일성이 만들어낸 경험의 산물인 모델을 흉내 내는 북한 주민들은 경험주의나 교조주의에 빠지게 된다. 이렇게 되면 김일성을 찬양하고 영광을 김일성에게 돌릴 수는 있지만 창의성이나 사고의 발전은 있을 수 없다.

김일성이 제시한 모델을 역추격해서 그것이 어떤 절차를 밟아서 어떻게 나오게 되었는지 그것을 원리적으로 파악하지 않으면 그 모델을 스스로 변형시킬 수 있는 능력이 생겨나지 않는다. 김일성의 모델은 기존의 모델이나 소련이나 중국의 모델에 대한 반명제로 탄생된 것이기 때문에 여러 가지 모델이 공존하고 있을 때는 북한 주민들이 모델들을 쉽게 비교하면서 김일성의 모델을 선택할 수도 있었고, 김일성의 모델은 그 모델 자체가 강한 비판력과 성찰력을 줄 수 있었겠지만, 김일성의 모델 한 가지만 남게 되고 경합하는 모델들이 모두 사라지게 되면 김일성의 모델은 과거처럼 주민들 사이에서 비판력과 성찰력을 줄 수는 없게 될 것이다. 그렇다고 해서 주민들이 스스로 새로운 모델을 만들어 낼 수 있는 여건도 되지 않는다. 이미 수령을 중심으로 통일단결된 집단주의로 된 사회에서 수령의 교시에서 벗어나는 새로운 시도를 한다는 것은 거의 불가능하기 때문이다.

김일성이 개별지도를 강조하고 위가 아래에 항상 내려가서 아래를 도와주고 현실에 맞는 정책을 세워야 한다고 했지만, 이미 구체적인 모델이 신성시된 상황에서는 대부분의 사람들은 모델을 현실에 맞게 적용하기보다는 모델에 현실을 맞추기 바쁠 것이다. 북한 사회가 균질할 때는 하나의 모델에 맞추는 것도 가능하지만 북한 사회가 복잡해지고 분화되어 균질함이 사라지게 되면 이러한 방법은 비효율적이거나 관료주의와 형식주의에 빠져 대중의 창의성을 억압하게 되고 교조주의, 수정주의를 극복, 청산하고자 등장한 김일성주의 내에서도 새로운 교조주의나 수정주의를 낳을 수 있다. 그런데 김일성은 이것을 교조주의, 수정주의라 비판할 수 없다. 그것은 곧 주체사상과 수령을 비판하는 것과 같기 때문이다. 이런 경우 김일성은 북한 주민들이 경험주의적 오류를 범하고 있다고 비판해야 했을 것이다. 북한 주민들에게는 김일성에 대한 충성심은 있다할지라도 그것을 따를 수 있는 지혜는 없는 것이다. 또한 북한주민들이 김일성의 모델을 넘어서서 모델의 원리와 본질을 알고 그것을 새롭게 실천에 옮긴다고 해도 주위의 인정을 받는다는 것은 쉬운 일이 아니다. 그런 새로운 시도들은 특별한 기회가 주어지지 않는 한 대개는 도태되게 될 것이다.[50]

북한 주민들은 처음에는 김일성이 만들어낸 구체적인 모델을 모방하려고 할 것이고, 그래도 현실이 원하는 데로 변화되지 않으면 자기네들이 부족해서 그런가보다 생각할 것이다. 그런데 자기 자신을 불신하는 것은 한계가 있다. 결국 나중에는 그 모델을 부정하게 되어 있다. 모든 일에 자기의 탓만 하는 것은 자기의 배려가 아니기 때문이다. 이렇게 한 가지 또는 몇 개의 모델을 보여주고 그것을 복제하는 식으로 관리하고 통제하는 리더십은 작은 단위의 조직에게는 적합하지만 거대단위에는 적합하지 않기 때문일 지도 모른다.[51]

---

50) 이렇게 모범을 통한 인식과 교육, 실천이라는 것이 서구의 합리적 사고와는 다른 중국적 사고방식이라고 할 수도 있다. 박동환, 『동양의 논리는 어디에 있는가』(서울: 고려원, 1993), 129~134쪽.

51) "그러나 김일성과 김정일의 유일체제 리더십은 보편적으로 적용될 수 없는 매우 예외적인 사례이며 한 가지 심각한 한계를 가지고 있다. 그것은 척도와 범위(scale and scope)에 관련된 문제이다. 이는 유일체제 리더십이 GE나 삼성과 같은 기업단위까

8. 깨우쳐주는 교수법의 한계와 모순

김일성이 항일무장투쟁 시기에 자주 썼고 청산리정신, 청산리방법으로 인해 더 풍부해졌다는 깨우쳐주는 교수방법은 학생들로 하여금 혁명가, 공산주의자가 되기 위하여서는 열심히 학습하고 높은 정치적 자각을 가질 것을 요구한다. 이러한 자각성은 기계적으로 암송하는 것이 아니라 혁명실천에 창조적으로 적용하기 위한 적극성으로 드러나게 된다. 분석과 종합, 비교, 귀납과 연역추리 등 제반 논리적 사고활동도 할 수 있어야 하고 배운 지식을 실천활동에 적용하고, 실천활동을 통해 핵심적인 내용을 공고히 해야 한다. 그러기 위해서는 교재의 내용이 엄밀하게 체계적이고 순차적으로 구성되어 있어야 한다. 또한 교사가 지속적으로 직관물과 쉬운 말로 설명해줘야 학생들이 흥미를 가질 수 있다. 이와 같은 조건을 만족시켜야 피교육자들에게 적극성과 자각성이 생길 수 있다. 가장 이상적인 것은 생각하며 움직이고 움직이면서 생각하는 형태였다. 그러나 깨우쳐주는 교수법의 궁극적 목표는 자각성, 적극성, 창발성, 자발성이라기보다는 자동성이라고 보는 것이 옳을 것 같다. 김일성은 언제 어떤 상황에서도 굴하지 않고 집단의 도움을 받지 못하더라도 자력갱생의 힘으로 자동적으로 수령의 교시와 당정책에 따라 살아가기를 원했던 것으로 보인다.

어떤 구호나 선전선동이 일종의 시그널이 되어야 하고 그 반응속도는 시간이 짧으면 짧을수록 좋은 것을 자동성이라고 말할 수 있다. 김일성은 몸부터 움직이는 맹동주의를 비판하곤 했지만 실천을 강조하면 할수록 받아들이는 사람은 스스로 생각하는 시간을 갖기보다는 몸부터 반응

지는 적용가능하나 국가 단위로 확장하고 적용할 때 얼마나 큰 문제가 발생할 수 있는지 보여주는 사례로써 북한을 통해 파악할 수 있다." 박후건, 『유일체제 리더십』, 257쪽.

하게 될 수밖에 없었다.

이론상의 깨우쳐 주는 교수법이 아니라 북한에서 실제로 전개된 교수법은 3단계로 설명할 수 있을 것 같다. 1단계: 타인조절 즉 타인의 도움을 받는 단계, 2단계: 자기 자신에 의해 도움 받는 수행, 3단계: 내면화되고, 자동화되고, 화석화되는 단계가 그것이다. 여기서 2단계가 자체수양(자체학습)이라면, 3단계는 남의 도움 없이 언제 어디서나 정해진 길을 알아서 가는 것이다.[52)]

그런데 이러한 경지에 이르기 위해서는 자아정체성이 완전히 집단정체성으로 해체되어야 가능한 일이다. 어떤 지식이나 기능을 남의 도움을 받아 배우고, 그것을 계속 생각하고, 성찰하고, 연습해서 자기의 것으로 만들어내고, 나중에는 내면화 되어 자동적으로 버릇처럼 행위를 할 수 있다. 그렇게 되면 누가 시키지 않아도 일을 할 것이고 물질적 자극이 없어도 누군가의 지지를 받지 못해도 자기 길을 갈 것이다.[53)]

그러나 한 인간의 인격전체, 성격전체, 생활과 생각전체가 자동화되기는 쉽지 않고, 학생들을 자동적인 인간으로 만들어 낼 수 있는 교양방법, 교수방법이 특별히 있는 것은 아니다. 그럼에도 불구하고 대중을 그런 경지에 이르게 하려면 섬세한 과정과 방법은 외면한 채 반복된 훈련, 군중심리, 거역할 수 없는 명령, 황홀한 상태에 대한 반복적인 경험에 의존할 수밖에 없다. 만약 이런 장치가 효과를 발휘한다면 교사나 간부들은 깨우쳐주는 교수법의 절차를 무시하고 마지막 결과, 실적만을 생각하게 되고 그것에만 열심히 집중하게 될 것이다. 교육은 선전이 되고

---

52) 한순미, 『비고츠키와 교육』(서울: 교육과학사, 2001), 115~118쪽. 공자는 이러한 경지를 종심소욕불유구(從心所慾不踰矩)라고 했다.

53) "기업과 자신을 동일시하는 직원에게는 업무 달성을 촉진하기 위한 금전적 인센티브가 거의 필요하지 않다." 조지 애커로프 · 레이첼 크랜턴 지음, 『아이덴티티경제학』(서울: 랜덤하우스, 2011), 61쪽.

다시 선전은 선동이 될 것이다. 이렇게 되면 자동성은 달성할 수 있겠지만 자각성과는 멀어진다고 할 수 있다. 자각 없는 자동화만 달성할 수 있을 것이다.

지덕체의 전인교육과 모든 교육에서 완전학습을 이루려면 학생들에게 정확한 교육학적 공정을 거쳐야만 하고, 주체적 교수방법이 학교현장에서 이루어져야 한다. 깨우쳐주는 교수방법이 성공하려면 교사 자신이 깨달은 사람이면서 깨우쳐주는 방법에도 통달해야만 가능한 일이다. 그러기 위해서는 교사를 양성하는 교수들이 또한 깨달은 사람이면서 깨우쳐주는 방법을 가르쳐주는 방법에 통달해야 한다. 모든 교사들이 혁명가가 되어야 한다. 교사를 혁명가로 키우기 위해서는 예비교사들을 교육자 양성기관에 모아 넣는다고 되는 것이 아니다. 혁명가를 양성하기 위해서는 대학 교수들이 먼저 혁명가가 되어야 하는데 이것은 매우 어려운 일이다. 교수의 혁명화는 누가 담당할 수 있겠는가? 김일성은 북한의 교수들, 지식인들이 주체확립과 혁명적 군중노선을 통해 산지식인이 되면 교수의 혁명화가 가능하다고 보았다. 김일성은 김일성 자신의 깨달은 것을 대중에게 신념을 가지고 깨우쳐주는 혁명적인 교수들을 원했다. 그러나 '인테리'들로부터 별로 영향을 받지 못했던 대중이나 학생들은 김일성의 가르침을 통째로 받아들일 수도 있겠지만, '인테리'들은 기존의 지식체계를 완전히 버릴 수가 없었다.[54]

혹시 주체사상, 수령의 교시를 전적으로 따르는 교수들이 예비교사들을 깨우쳐 준다고 해서 교사들이 학교에서 깨우쳐주는 교수법을 실현할 수 있는 것은 아니다. 충분한 교재나 책이 있어야 하고 교실환경이나 학교시설이 있어야 한다. 이런 조건이 마련되어 있지 않은 상황에서는 교

54) 우리나라 교원양성기관들이 현장과 유리된 교육을 하고 있는 것을 보면 북한에서도 현실과 유리되지 않은 교원을 양성하는 과업이 얼마나 어려운 일이었는가를 추측할 수 있다.

사에게 혁명가가 되라고 거듭 강조하거나 교사를 혁명가라 불러주거나, 교사의 사회적 지위를 높이고 존경하라고 해 보았자 교사의 교수능력이 향상되는 것은 아니다. 게다가 학생팽창에 따른 2부제 학교운영, 실험실습 조건의 미비, 정규 사범대학, 교원대학 출신이 부족했기 때문에 깨우쳐주는 교수방법이 북한에 실현되기는 어려웠을 것이다. 또한 매우 역량 있는 교사가 있다고 하더라도 모든 수업준비물을 자력갱생해야 하는 상황에서는 교육학적 공정을 제대로 지키면서 깨우쳐주는 교수법을 실행하기는 어려웠을 것이다. 게다가 북한에서는 만성적인 교원부족으로 인해 중학교에서도 한 명의 교사가 다과목을 담당하는 것을 정책적으로 확대강화하였기 때문에 학습의 질을 보장하기는 더욱 어려웠을 것이다.[55]

이것은 다음과 같은 비판으로도 알 수 있다. "그런데 우리의 교수안을 흔히 고식적인 틀에 따라 형식적으로 작성된다. 교수안이라기보다도 교과서의 교재나 교원용 참고서 내용의 요점 발췌의 경우가 많다. 이러한 편향은 학년이 높아짐에 따라 더욱 심하게 표현된다."[56]

결과적으로 북한의 학교에서 이루어진 수업은 또 다른 의미의 주입식, 교조주의와 형식주의에 빠져들었다는 것을 알 수 있다. 북한에서 모범사례로 나온 수업참관록을 봐도 그런 것을 느낄 수 있다. 교사와 학생 간에 주고받는 과정은 있지만 무언가 활력이 없어 보이고 교원이나 학

---

55) 변왈경, 「다과목 담당제로의 이행과 분과 위원회 조직 문제에 대한 의견–강계 중학교의 경험을 중심으로–」, 『인민교육』, 1961. 11, 36~40쪽 참조. "중국의 언론에 의하면 계속되는 교사부족과 과밀학급의 존재, 무능력하고 성취동기를 갖지 못한 교사들에 대한 불만, 자신의 변경된 사회적 지위에 만족하지 못하는 교사들에 대한 불만 등을 확인할 수 있다. 그러므로 교사의 수와 자질, 그리고 그들의 사기라는 측면에서 중국은 과거 소련의 실험에 나타났던 것과 동일한 많은 문제들을 겪고 있다." 마틴 화이트, 「중국과 러시아의 교육개혁」, 247쪽.

56) 권대경, 「계발식 교수–이는 교수에서 청산리 방법의 구현이다」, 『인민교육』, 1961. 7. 45쪽.

생이나 교수안의 주체가 되기보다는 정해진 것을 따라가기 급급한 모습으로 보일뿐이다.[57]

북한의 교육교양체계를 분석해 보면 북한에서는 어린 시절에 아이들의 정치사상과 사회적 성격(품성)에 이미 틀이 잡히고 학년이 올라가고 나이를 먹으면서는 그것을 성찰하고 변화시켜 간다고 하기보다는 어린 시절에 확립된 사상과 성격에 대해 기본적인 것은 반복하면서도 합리화와 정당화 수준을 새롭게 높이고, 실천의 수준을 높이는 단계적인 교육과정으로 보인다. 그런 식으로 일종의 주입식 교육을 받으면서 청소년 시절을 보내게 되면 북한 주민들은 김일성의 교시를 시그널로 생각하고 그에 따라 자동적인 사고, 자동적인 행동을 하게 되는 것이다.

9. 이론과 실천의 괴리

모든 학생을 집단적인 노동, 학습, 실천활동, 조직생활을 통해서 산지식인, 공산주의적인 인간으로 만들어야 한다는 생각은 자연스럽게 김일성의 교육관에서 수재교육을 반대하는 논리적 결과를 낳았다.

> 심지어 어떤 사람들은《수재론》까지 들고나오면서 재간이 있는 사람들에게는 책만 읽게 하여야 한다고 합니다. 처음부터 무슨 특별한 재간을 가진 수재가 따로 있는 것이 아닙니다. 사람들가운데는 예민하고 재간이 좀 있는 사람도 있습니다. 그러나 좀 예민한 사람이나 그렇지 못한 사람이나 좋은 측면도 있고 나쁜 측면도 있습니다. 예민한 사람은 무엇을 인차 착안하는 좋은 점을 가지고있지만 일에서 지구성이 없으며 반면에 예민하지 못한 사람은 머리가 픽픽 돌지는

57) 조정아, 「학교규율과 '사회주의적 노동자' 만들기」, 196~200쪽 참조.

> 못하지만 어떤 문제를 하나 포착하면 꾸준하게 달라붙어 그것을 끝까지 해결하는 좋은 점을 가지고있습니다. 그러므로 우리는 《수재론》을 반대합니다."[58]

아무리 조건이 나쁘고 아이들의 조건이 나빠도 교사가 노력하면 모두가 우등생이 되고 모두가 공산주의자가 될 수 있다는 완전학습이론의 근거에는 바로 인간의 유전설을 반대하는 김일성의 교육관이 내재되어 있었다. 이러한 김일성의 생각은 북한 주민들이 기술신비주의나 지식인에 대한 경외심에서 벗어나기를 바라는 마음에서도 나왔겠지만, 김일성의 독특한 인간관과 교육관에 의거한 것이기도 하다. 유전설에 따르면 인간의 재능은 태어날 때부터 주어져 있는 것이다. 원래 똑똑한 사람도 있고 원래 어리석은 사람이 있게 되고 후천적으로 아무리 노력을 해도 되는 사람이 있고 안 되는 사람이 있어서는 안 된다. 속도의 차이가 있을 뿐 누구나 우등생이 될 수 있다는 뜻이다. 교사들이 긍정적 감화와 교육학적 공정을 잘 지키면 누구나 다 깨우칠 수 있다는 이러한 인간관과 교육관은 김일성이 천리마시대에 고급중학교를 폐지하고 9년제 기술의무교육이라는 학제를 만들 때도 그렇고, 주체시대의 학제인 11년 의무교육제라는 유일교육체제(단선제)를 만들 때도 결정적인 역할을 했다.

천리마기수가 된 교사들도 그런 학생관, 교육관을 가져야만 교육혁명에 나설 수 있었다. 김수복은 그렇게 수령의 《수재론》 비판에 적극 동감한다.

> 나는 나의 적은 체험을 통하여 정신적 장애가 없는 한 그 어떤 학생들이라고 능히 최우등생으로 만들 수 있다는 것을 확신 있게 말

---

58) 김일성, 「학생들을 사회주의, 공산주의 건설의 참된 후비대로 교육교양하자(1968. 3. 14)」, 『김일성저작집 22』(평양: 조선로동당출판사, 1983), 59쪽.

> 할 수 있다.
>
> 나는 수상님 앞–에 맹세한 대로 우리 분과 5명의 성원들이 맡은 학급 학생들을 모두 최우등생으로 키워 낼 것이며 나아가서는 우리 학교의 1,800 여명 학생들을 우등, 최우등생으로 키워 낼 것이다.[59]

그러나 김수복의 이 말을 믿을 수 있는 교사들은 많지 않았을 것이다. 이것은 일종의 형이상학적인 인간관이라고 할 수 있다. 이러한 형이상학적인 인간관은 인간에 대한 과학적 탐구를 가로막고, 이상과 꿈을 먹고 사는 사람들에게 좌절감을 줄 수 있다.[60]

그 때 마다 교사는 자신의 신심이나 의지를 부족하다고 자기 탓을 해야 하는 것이다. 그럼에도 불구하고 일종의 지능검사를 활용한 《수재론》은 김일성에 의해 반동교육이론이고 자본주의 사회의 학업성적평가는 《수재론》을 정당화하는 것으로 절대 부정의 대상이 되었다.

그럼에도 불구하고 북한에서 유일하게 마르크스-레닌주의를 깨쳤다고 알려진 김일성의 말 한마디 한마디는 학문이나 과학을 잘 모르는 사람들에게는 그것이 학문이요 과학이었다. 그들에게 김일성의 말은 지혜의 말이었다. 김수복은 천리마작업반운동을 하면서 부딪쳤던 문제들은 한두 가지가 아니었다. 더욱이 신규교사로서 어린 나이에 분과 위원장이 되어서 천리마작업반운동의 기수가 되고 나니 더 어려웠고, 경험도 지위도 없는 김수복에게는 복잡한 문제들을 풀 수 있는 리더십도 역량

---

59) 김수복, 『한 녀교원의 수기』, 181~182쪽.

60) 김일성의 연설에는 우리민족은 우수하다 식의 민족성에 대한 정의, 우리나라 인민은 원래 착하다는 식의 인민성에 대한 정의 등 검증되지 않는 형이상학적인 명제들이 수없이 많이 나온다. 김일성은 누구도 쉽게 명제화 할 수 없는 것들을 거침없이 말한다. 김일성의 명제들은 검증될 수 있는 과학적 명제가 아니다. 검증될 수 없지만 동아시아적 논리에 따르면 그것은 깨달은 자의 눈에만 보이는 세계다. 제자들은 득도한 스승을 따라 열심히 수행하는 수밖에 없다. 제자는 수행을 통해서 스승이 깨달은 도의 세계를 터득해야 한다.

도 없다. 그러나 김수복은 수령이 만든 청산리 정신, 청산리 방법의 의지해서 복잡하고 어려운 문제들을 풀어 나갔다고 생각한다.[61]

김수복은 자신의 수기의 말미에서 드디어 이렇게 소리친다.

> 《당 정책, 수상 동지의 교시－이는 바로 교육학이며 심리학이다!》
> 이것은 7년 간의 나의 사업을 총화하면서 얻어진 귀중한 교훈이다.[62]

김수복의 결론이 착각만은 아니었다고 할 수 있는 이유는 소련의 교육학이든 중국의 교육학이든 미국의 교육학이든 그것은 북한의 현실에 맞지 않았고, 수령의 교육학과 심리학은 가까운데 쉽게 접할 수 있고 기존의 교육학과 심리학에 물들지 않은 젊은 교사일수록 수령의 교육학과 심리학은 잘 받아들일 수 있게끔 단순화되어 있었기 때문일 것이다.

그러나 한 번이라도 합리적으로 생각해 본다면 "어떻게 완전학습이 가능하겠는가?"는 의심을 가질 만하다. 완전학습이 불가능하다면 그것이 가능한 것처럼 보이게 하는 방법은 있다. 그것은 첫째, 평가기준을 낮추는 것이다. 즉 시험의 난이도를 조절해서 평가 문항의 수준을 낮추는 것이다. 우리나라에서는 이것을 '성적 부풀리기'라고 했다. 이러한 '성적 부풀리기'는 결국 교육의 질을 떨어뜨리게 된다. 둘째, 교사나 학교 측은 평가하기 전에 문제나 정답에 대한 정보를 직간접적으로 누설하거나 문제풀이 요령이나 외우기 식으로 평가를 준비하게 하면 된다. 이렇게 되면 평가를 위한 학습, 평가를 위한 수업을 하게 되는 것이다. 그러나 이런 방법은 교육이라고 말할 수 없다. 결국 교육의 질은 떨어지

---

61) "나는 나의 생활을 통하여 청산리 정신, 청산리 방법의 위대한 생활력을 체험하였다." 김수복, 『한 녀교원의 수기』, 162쪽.

62) 위의 책, 180쪽.

고 학생들의 수준도 전반적으로 낮아질 것이다. 그리고 그 결과는 대학교육과 노동현장에서 드러나게 된다. 김일성의 다음과 같은 말이 그것을 입증하고 있다.

> 대학을 나온 일군들가운데서 적지 않은 사람들이 정치사상적각오가 높지 못할뿐아니라 수준이 어리다보니 공장을 관리운영하는 사업도 잘하지 못하며 공장을 새로 건설하는 사업도 잘하지 못하고있습니다. 지어 일부 일군들은 대학을 나오고도 설계 하나 변변히 할줄 모르며 기행문 하나 제대로 쓰지 못하고있습니다.(중략) 지금 사회과학이나 자연과학이나 할것없이 전반적으로 대학교육의 질이 낮습니다. 그렇기 때문에 대학을 나온 일군들이 과학기술수준도 낮고 정치리론수준도 낮으며 당성, 로동계급성, 인민성도 높지 못합니다.[63]

그리고 애초부터 능력이 부족한 사람에게 우등생이 될 수 있다고 말하는 것은 정신적 고문일수도 있다. 피교육자의 욕망이나 처지가 어떻든 누구나 공산주의적 인간이 될 수 있고 우등생이 될 수 있다고 설복할 수 있다. 그러나 인간의 잠재력을 부정하는 것도 인간에게 수치심과 열등감을 주는 것이지만 인간의 노력에 의해 얼마든지 변할 수 있다는 인간관도 능력이 떨어지는 피교육자에게는 큰 수치심과 열등감을 주는 것이다.

도움을 받아야 하는 학생들은 도움을 거부하거나 수치스러워할 수도 있다. 천리마학급이라는 명예를 위해 자기를 돕는 것이기 때문에 부담도 될 수 있고, 자기를 도와주는 것을 순수하지 않다고 생각할 수도 있다. 앞에서도 언급했듯이 학생들은 도움을 거부하거나 수치스러워할 수

---

63) 김일성, 「교육부문에 3대혁명소조를 파견할데 대하여(1973. 12. 11)」, 『김일성전집 53』(평양: 조선로동당출판사, 2004), 317쪽.

도 있다. 천리마학급이라는 명예를 위해 자기를 돕는 것이기 때문에 부담도 될 수 있고, 자기를 도와주는 것을 순수하지 않다고 생각할 수도 있다.

결국 북한주민들이 김일성이 경험한 세계와 다른 경험의 세계에 들어서게 되면 김일성의 모델에 대한 의심뿐만 아니라 김일성의 이론을 의심하게 될 것이다. 이론과 실천이 괴리가 생긴다. 이론과 실천에 괴리가 생기면 사람들은 처음에는 자기 자신을 탓할 것이다. 그러나 자기부정은 오래 갈 수 없다. 기회만 있으면 남의 탓을 하고 타인부정을 하게 되고 결국 김일성의 교시이외에도 주체사상전체에 대한 의심도 생길 것이다. 실천을 잃은 이론이 되고 이론을 잃은 실천이 된다. 이론과 실천의 괴리는 이론과 현실의 괴리를 낳고, 학생들은 이론과 현실을 별개로 받아들이게 된다. 학생이나 교사는 현실에 적당히 부응하면서 이론은 이론대로 공부하고 학습하게 된다. 이론과 연관성 없는 현실과 연결시키게 되고 이런 행위가 반복되다 보면 공부를 위한 공부 학습을 위한 학습이 될 뿐만 아니라 김일성이 형식주의라고 비판했던 주입식 교육을 하게 될 것이다.

1982년의 소설 『나의 교단』은 천리마시대 이후의 학교를 배경으로 한 소설이지만 최우등학교를 만들기 위해서 교장이나 교사가 어떻게 형식주의와 관료주의에 빠지게 되는가를 잘 보여주고 있다. 이 소설에 따르면 교사와 교장은 시험을 위한 공부만을 하게 되고 과정보다는 결과만 가지고 우등학급, 3대혁명붉은기학급이라는 명예를 목표로 삼게 된다. 학생이나 교사는 문제풀이 공부와 요령만 키우게 된다. 학교의 관리자들은 관료주의자가 될 뿐만 아니라 학교의 명예를 위해 이와 같은 교사들을 두둔하게 된다. 이렇게 되면 우등학급, 3대혁명붉은기학급의 원래 취지는 사라지게 되고 변질되게 된다. 이렇게 해서 성공한 교사나 학급이 있으면 이런 방법을 다른 교사나 학급은 비난하기보다는 흉내 내려

할 것이고, 결국 시험은 인간형성을 위한 수단이 되기보다는 출세의 길이 되어 교육은 과거의 형태로 회귀하게 된다. 아이들의 개성과 조건에 맞는 개별지도는 불가능하게 된다. 편법을 쓰는 사람은 성공하고 시간이 걸리더라도 원리원칙을 다하는 교사는 낙오자가 되고 부적응아가 된다. 이렇게 되면 교사는 깊이 있는 연구도 수업준비도 할 필요가 없게 된다. 수업시간도 시험대비 시간으로 된다. 문제를 열심히 풀고 암기만 열심히 반복적으로 시키면 되기 때문이다. 방과후 학습도 (자율학습)도 같은 모습으로 진행하게 된다. 공개수업도 매끄럽게 진행하지만 형식적으로 하게 된다. 그래도 사람들은 그 문제점을 눈치 채지 못한다.

> 하루공부가 끝나자 학교마당에는 전교 교직원 학생들이 모이였다. 학교적인 성적경쟁총화를 하는 것이였다. 높은 체조대 우에는 교장 림준식이 서있었다. 그는 등수순위별로 결과를 선포하였으며 대렬은 다시 그 등수 순위별로 편성되고 순위별 대렬은 학교운동장을 돌아가며 사열행진을 하였다. 맨 앞에서 우승기를 높여들고 행진해가는 대렬의 존엄과 자부심은 말할 수 없이 높았다. 앞대렬의 기수 옆에는 그 학급의 담임교원 정선옥이 걸어갔다. 대렬과 함께 걸어가는 정선옥의 모습은 무척 위엄이 있었고 선망의 눈길을 한몸에 받고 있었다. 마지막 등수를 낳 맨 뒤 대렬들에는 담임교원들이 학생들과 함께 행진하지를 않았다. 멀리 떨어져서 바라보거나 종적을 감추었다. 부끄러웠던 것이다. 담임 교원이 없는 뒤대렬은 앞대렬처럼 훌륭하지 못하였으며 아이들은 재간껏 말을 했고 교원들의 눈을 피해 장난을 썼다. 교장은 그 담임교원들이 자기 대렬에 들어서기를 강하게 요구하였다.[64]

64) 최상순, 『나의 교단』(서울: 물결, 1989), 23~24쪽. 물론 북한의 소설들이 그렇듯이 주인공 교사가 남을 비난하기보다는 긍정적인 모범, 봉사적 자세, 감동적인 호소로서 잘못된 학교풍토를 바로잡고, 잘못된 길을 가던 교사와 교장이 뉘우치는 것으로 끝

이론과 실천의 괴리는 주체사상 내에 있는 이론과 이론의 모순 때문에 증폭될 수 있다. 마르크스-레닌주의와 주체사상의 괴리, 이론과 이론의 충돌이 심하게 일어났다. 김일성은 스탈린을 더 이상 거론하지 않았지만, 마르크스-레닌주의는 여전히 김일성의 이론적 근거로서 거론되었기 때문이었다. 그리고 김일성이 거론하건 안하건 사람들의 뇌리에 오래 전에 박힌 사상은 쉽게 잊어버릴 수 있는 것이 아니었다. 더욱이 자신의 인생의 전환점이 되었던 사상을 버리는 것은 쉽지 않은 것이다. 해방직후 마르크스, 레닌, 스탈린에 대해 감격해 하던 지식인의 다음과 같은 고백을 보면 알 수 있다.

> 그는 20년 동안 일제의 탄압하에서 현장 활동에 종사했다. 소련군에 의해 한국이 해방되자 나는 열심히 일하여 간부직에 발탁되었다. 그러나 지식이 부족하여 일하기가 어려웠다. 다행히 나는 이 학교에서 전세계 피압박 민족들의 해방투쟁의 모범인 맑스 · 레닌 · 스탈린당의 혁명 투쟁의 역사를 알게 되었다. 내가 알게 된 것들이 얼마나 소중한 것들인지를 말로 표현하기는 힘들다. 나는 배움에 흥미를 느끼게 되었고 어디서 어떻게 배울 수 있는지를 안다. 나는 이전과는 완전히 다른 방법으로 일을 하고 있으며 업무 활동에서 보다 용감해지고 단호해졌다.[65]

천리마시대의 말기에는 북한에서도 마르크스와 엥겔스에 의해 정립된 변증법과 최신 과학기술의 실증주의적 논리(형식논리)가 충돌되었

난다. 1982년 작품이지만 천리마시대의 학교교육의 모순을 엿볼 수 있는 책이라고 할 수 있겠다. 이 소설은 천리마시대의 늙은 김일성세대와 주체시대의 젊은 세대와의 대비, 갈등을 압축적으로 보여주고 있다고 할 수 있다.

65) 신효숙, 『소련군정기 북한의 교육』, 274쪽 재인용. 이것은 산업국 차관이자 노동당원이었던 강일영의 고백이다.

다. 주체사상이 마르크스-레닌주의의 주체적 적용인 이상 이러한 모순을 피할 수는 없었다. 주체사상이 유물변증법이나 마르크스-레닌주의에서 벗어나지 않았지만, 수령의 사상과 이론은 혁명실천을 중시하고 사상과 인간개조에 중심을 두다 보니 주체사상이 유물론, 변증법과 충돌이 일어났고 마르크스-레닌주의와도 충돌이 일어났다. 이렇게 어울리기 힘든 세 개의 체계가 사람들의 머릿속에서 공존하고 있었기 때문에 수령의 교시가 절대화되면 될 수록 이 괴리는 심해졌다고 할 수 있다.

마르크스-레닌주의 내에서도 수정주의와 교조주의가 충돌하였다. 동양의 논리와 서양의 논리, 서양의 논리와 '동양의 마음'이 충돌하였다. 이와 같은 현상은 공약불능의 다수의 패러다임들이 충돌한 것이며, 다양한 언어게임들 간에 충돌이 일어났던 것이며, 다양한 세계관이 충돌한 것이다.[66]

이론과 실천의 괴리 현상을 심화시킨 것은 김일성의 언어 자체에도 기인한다. 북한주민들의 사고를 규정하는 김일성의 언어체계에서는 성격이 다르거나 모순되는 개념들이 함께 공존한다. 예를 들어 1. 경제군사병진노선 2, 중공업우선 경공업농업의 동시 발전 3. 사상혁명을 우선

---

66) 박동환, 『동양의 논리는 어디에 있는가』(서울: 고려원, 1993), 11~126쪽. "각각의 패러다임은 자신의 내부적인 논리를 가지지만, 그것은 다른 패러다임과 연결되지는 않는다." 도날드 폴킹혼, 『사회과학 방법론』, 166쪽. "라카토스는 어느 한 시점에 단일의 패러다임이 과학자공동체를 지배한다는 쿤의 생각을 거부하였다. 쿤이 정상과학이라고 불렀던 것을, 라카토스는 독점을 성취한 연구요목이라고 생각하였다. 그렇지만 그는 이러한 상황을 흔치 않은 그리고 잠시 동안의 것이라고 간주하였고, 대신 이론적 다원주의를 선호하였다. **'과학의 역사는 경쟁하는 연구요목들(또는 당신이 원한다면 '패러다임')의 역사였으며 역사일 수밖에 없다. 그러나 그것은 정상과학의 시대들의 연속은 아니었으며 아니어야 한다. 경쟁이 빨리 시작될수록, 더 많은 진보가 일어난다.'"** 노먼 블래키, 『사회이론과 방법론에 다가서기』, 171쪽. "비트겐슈타인은 논리와 문법은 역사적 산물이며 언어가 다른 구조를 가지고 있는 것처럼 많은 논리들이 있는 것은 당연하다고 주장한다." 도날드 폴킹혼, 『사회과학 방법론』(서울: 일신사, 2003), 150~159쪽

으로 기술혁명, 문화혁명의 동시추구 4. 계급교양을 위주로 하는 계급투쟁 5. 속도와 균형의 동시추구 6. 당, 기사장, 지배인, 직맹이 집체적으로 운영하는 당위원회 7. 인간개조=사회개조=자연개조 8. 수령=당=인민 9. 아버지이면서 동시에 어머니인 어버이 10. 충=효, 효=충 11. '하나는 전체를 위하여'='전체는 하나를 위하여' 12. 민주=독재 13. 위가 아래를 도와준다=자력갱생 등에서 보듯이, 쉽게 화합되기 힘든 개념들이 뭉쳐져서 하나를 이룬 개념쌍들이 매우 많다.

김일성은 이러한 개념쌍들 속에서 대립되는 것들의 모순성은 인정하지 않고 비동시성의 동시성만 보려하고 대립보다는 통일을 보려한다. 이러한 사고방식은 긍정감화라는 교양교육방법과도 통하고 '긍정으로 부정을 이긴다'는 논리와도 통한다. 외부인들이 북한의 주체사상을 이해하려고 할 때 이러한 논리 즉 이질=동질, 비동시성의 동시성의 논리가 지배하는 북한의 문화어를 이해하는 것이 가장 큰 장벽 중의 하나라고 할 수 있다. 이 때문에 같은 언어임에도 불구하고 남한의 표준어와 북한의 문화어가 기표상으로는 같음에도 불구하고 기의에서는 완전히 다른 언어가 되는 현상이 속출하게 된다.

모택동은 변증법적 논리 속에서 대립을 본질적인 것으로 보았고 그런 입장에서 부단혁명이라는 끊임없는 투쟁과 부정의 길을 중국인민들에게 제시했다. 스탈린이 변증법에서 부정의 부정이라는 법칙을 제외한 것은 스탈린이 적대적인 것 사이의 균형이나 조화를 거부한 것이라고 할 수 있지만, 모택동만큼 대립과 분열을 모순의 본질로 본 것이라고 볼 수는 없다. 그에 비해 김일성은 모순보다는 해결해야 할 문제점으로서 '차이'라는 말을 많이 했다. 사회주의 대가정인 북한에서는 긍정이 부정을 이기게 되어있고, 대립되고 분열되지 않은 것을 대립되고 분열되게 하는 것은 결국 인간의 오류에 지나지 않다는 것이다. 그러나 김일성처럼 도통하지 못한 북한 주민들이 생활 속에서 분열과 대립에 부딪치게

되면 이러한 조화의 이론은 합리적인 사고와 충돌을 일으킬 수가 있는 것이다.[67]

김일성은 북한 사회의 내부(대가정)에 대해서는 매우 조화적임에도 불구하고 그 조화의 세계의 밖에 있는 외부에 대해서는 철저히 이분법적이었다. 교조주의, 수정주의, 제국주의, 사대주의, 자본주의, 남한은 악이고 자기들만이 선이라는 것이다. 어떻게 보면 이러한 강한 이분법 속에서 김일성의 조화의 논리가 존재할 수 있었는지 모른다. 북한의 모든 학생과 인민들은 김일성으로부터 선과 악을 분별하면서도, 대립되는 것을 하나로 융합시킬 수 있는 통찰력, 의지력, 능력을 전수받아야 하는데 그건 쉽지 않은 일이었다.

김일성의 말에 따르면 남한이 하는 것은 모든 것이 악이고 북한이 하

---

67) 전미영은 이러한 김일성의 논리를 통속적인 삼단논법, 동어반복, 순환논법, 마법적인 언어에 지나지 않으며, 김일성의 언어는 폐쇄적이므로 증명하거나 설명되지 않고 단정과 명령만을 전달하는 언어라고 주장한다. 그 결과 김일성의 언어체계에서는 오웰적 언어 '평화는 언어다', '전쟁은 평화'가 가능하게 된다는 것이다. 전미영, 『김일성의 말, 그 대중설득의 전략』, 65~79쪽. 그러나 김일성의 언어 즉 북한의 언어를 이런 식으로 보는 것은 언어의 다양한 기능을 고려하지 않은 언어관이라고 할 수 있다. 김일성의 공산주의도덕에는 동아시아적 윤리와 서구윤리가 반영되어 있듯이 김일성의 논리 역시 동아시아적 논리와 서구의 이분법적 논리가 동시에 반영되지 않았을까 추측해 볼 수 있다. 천리마동상이 동서양의 것이 반영되어 있듯이. 서구의 논리와 동양의 논리를 비교한 대표적 저서로는 박동환의 『동양의 논리는 어디에 있는가』이다. 박동환, 『동양의 논리는 어디에 있는가』, 227~251쪽 참조). 브루스 커밍스는 자신이 북한사회의 특수성을 '조합주의'로 규정하고 나서 이것을 설명할 수 있는 논리를 성리학과 태극사상에서 빌려온다. 브루스 커밍스, 『브루스 커밍스의 한국현대사』, 576~600쪽. "이것은 공산주의라는 병 속에 담긴 성리학 혹은 마오쩌뚱의 옷을 입은 주희(朱熹)이다." 같은 책, 592쪽. "나는 그를 차라리 '주자의 외투를 빌려 입은 1900년대의 신채호'라 부르고 싶다. 그의 극단적이며 국가주의적인 반외세적 근대주의는 개화기의 급진적 민족주의와 상통하기 때문이다." 박노자, 『하얀 가면의 제국』(서울: 한겨레신문사, 2005), 245쪽. 법정 스님의 법문 「한 사람은 모두를 모두는 한 사람을(2002. 2. 17)」에서는 이 문구를 불교의 화엄사상으로 설명한다. 다만 화엄에서는 주체사상과는 달리 안과 밖도 하나고, 남과 북도 하나고 만물이 하나다. 법정, 『한 사람은 모두를 모두는 한 사람을』(서울: 문학의숲, 2010), 150~154쪽.

는 것은 모든 것이 선이었다. 이것은 결국 남한을 적화통일하겠다는 것이고 적화통일의 다른 이름은 남조선의 해방이었다. 김일성은 공산주의를 건설하고 통일하는 것이 사회주의애국주의이며 수령에 대한 충실성이라고 했지만 이것은 남북의 이질화를 심화시켰다. 남과 북이 융합하고 조화될 수 있는 논리를 찾지 못한다면 김일성의 조화의 논리, 통일노선도 현실과 잘 맞아 떨어질 수 없었다.[68]

10. 자기에의 배려(자체수양)의 한계와 모순

위에서 열거한 의문들은 마침내 마지막 의문으로 귀착된다. "천리마작업반운동과 학교교육은 학생들을 자기 미래에 대해 확고한 신념을 가진 공산주의적 새인간으로 만들었을까? 매일매일 혁명의 각오를 갖고 혁명실천을 하고 있다고 생각하는 사람들이 얼마나 될까? 자본주의에서 살아가는 우리들과 얼마나 다를까? 교사들은 아이들에게 혁명을 고취시키고 아이들은 거기에 잘 호응하고 있는가? 행사를 치를 때는 일사불란난한 것처럼 평소 때도 그러한가? 타자들이 북한체제를 비판할 때는 절대로 받아들이지 않는 북한 주민들의 모습은 방어기제 탓인가 신념과 의지가 투철해서인가?"

결론적으로 보면 북한 주민들에게 북한 사회는 북한 주민들의 객관적인 지각의 대상이 아닌 것 같다. 북한 주민들에게 북한 사회는 선험적으로 주어져 있는 세계로 보인다. 대부분의 북한 주민들은 주어진 세계에서 자기인식이 부족한 채 주체적 노력 없이 존재하며 살아가는 것으로 보인다. 북한의 소설을 보게 되면 많은 사람들이 매일의 삶을 습관적으

68) 이것은 우리나라의 반공, 반북교육과 같다.

로 살아가는 것을 드러낼 때가 많다. 혁명의 후비대인 학생도 그렇고 김일성에게 혁명가라는 최고의 찬사를 들은 교사도 그렇다. 북한의 학생과 교사들에게는 혁명이 직업이고 직업이 혁명이고 일상이 혁명이고 혁명이 일상이다. 옳다고 하니까 옳은 것이고 그르다고 하니까 그른 것이다. 우리는 이러한 일상인의 모습을 북한 소설에서 엿볼 수 있다.

> …옥성이가 고중을 졸업하고 공장으로 진출한 것은 그가 우리 사회에서 로동이 가지는 참다운 의미를 깊이 깨달은때문만이 아니였다. 그보다도 그는 여지껏 자라오는 과정에 소년단이나 민청, 학교선생님들이 시키는 일은 별로 따지지 않고 실행하는데 습관된 처녀였다. 왜냐하면 옥성의 단순한 체험이 가르쳐준 결론은 어떤 경우에나 집단이 내놓은 방향이니만큼 자기는 응당 그 방향을 따라야 한다고 생각하였다. 그는 기양기계공장을 선택했다.[69]

북한에는 학교에서 터득하지 못한 것을 작업장이나 노동의 현장에서 깨닫게 되는 과정을 그리는 소설들이 많다. 이것은 북한의 노동현장이야말로 학생들을 자각적 주체로 만들어내는 장이라는 것을 보여주기 위한 것이겠지만 북한 교육이 자각적 주체를 만들어내는 데 어려움이 있다는 것을 자연스럽게 드러낸 것이라고 할 수 있다. 그리고 인간개조의 장으로서의 노동현장이라는 모습도 학생들의 인간개조를 완성시켜주기를 바라는 북한당국의 바램을 투사한 것에 지나지 않고 북한에 현실적으로 존재하는 노동현장의 모습이었다고 볼 수는 없을 것 같다. 오히려 학교에서 교과서대로 배운 학생들이 나름대로 기대를 가지고 사회로 진출했다가 낙후되거나 보수화되고 관료주의화된 노동현장에서 기성세대와 부딪칠 수도 있고, 이것이 불평, 불만, 갈등으로 표출될 수도 있고,

---

69) 리명호 편, 『김철작품집 (상)』, 344쪽.

기존의 분위기에 잘 영합하는 젊은이들과 거부하는 젊은이들 사이에도 갈등이 있을 수 있고, 결국은 얼마 지나지 않아 모두가 기존의 분위기에 젖어 들어갈 수도 있을 것이다. 소년단의 구호는《공산주의 건설의 후비대가 되기 위하여 항상 준비하자!》였지만, 공산주의는 요원하고 구호는 아이들의 인격이나 성격을 변화시키지는 못했던 것이다.[70)]

북한주민들이 자기에의 배려, 자기수양을 하는 데 큰 장애는 바로 대비교양이라고 할 수 있다. 대비교양으로 인해 남한에는 긍정적인 것이 하나도 없는 것으로 가르친 셈이 되었다. 엄밀하게 말한다면 남과 북은 같은 점이 있어서는 안 되고, 북한의 사회주의 생활양식 중에서 남한의 생활양식과 비슷한 점이 있다고 한다면 그것은 의심스러운 것이고 재해석되어야 하고 경우에 따라서는 없애버려야 하는 것이다. 생활양식은 일상생활을 지배하는 것이며 가장 타락한 미국문화의 온상인 남한주민의 생활양식은 악한 것으로 규정되었기 때문에 북한주민이나 '인테리'들은 생활 속에서 자신을 바라보든 타인을 바라보든 항상 선과 악을 따져야 했던 것이다. 홀로 있어도 자기 자신이 항상 스스로 검열을 해야 했다. 그런데 자기검열은 자기수양이라 말 할 수 없을 것이다.

---

70) 만약 이 때 북한 주민들이 자체수양이 잘 되고 자각적이라면 당위원회를 중심으로 스스로, 집단적으로, 적극적으로 노동현장을 바꾸도록 나섰을 것이다. 그러나 현실은 그렇지가 않았던 것 같다.

제3절 '북조선인'의 탄생과 변용

1. '북조선인'의 탄생과 심리적 모순

천리마시대의 교육교양의 성패를 명확하게 측정하거나 확증하는 것은 거의 불가능한 일일 것이다. 다만 성공의 측면과 실패의 측면을 각각 살펴보는 편이 적절할 것이다. 우선 성공의 측면은 다음과 같은 증언을 통해서도 확인할 수 있다.

> 정성운동으로 나는 60년대에는 거의나 집에 들어가는 날이 없었어요. 병원이 내 집이었죠.…후에도 정성운동은 무의무탁인 나를 외롭지 않게 하였지요…평양에서 후에 지방으로 내려와 우리 지역은 탄광지역이라 시도 때도 없이 CO가스 폭발사고가 잦았어요. 그럴 때마다 수많은 화상환자들이 생겨났고, 이 때 마다 우리 군안의 보건일군들은 전체가 비상소집하여 치료중단하고 그곳 병원에 가서 피부이식을 하는 일이 다반사였지요. 우리 병원 성원들은 물론 우리 병원 일가족까지 평균 3~4점의 살점은 다 뗐지요. 심지어는 허벅지 피부로 모자라 팔의 상박 피부까지 최고 10여 점의 피부이식한 보건일군들도 꽤 된답니다. 저의 딸은 엄마대신 자기가 하겠다고 몰래 따라와 5점이나 떼 나를 감동시켰었지요.[71]

---

71) 이혜경, 「북한의 '보건일군' 양성정책 연구－체제수호 전위양성을 중심으로－」, 북한대학원대학교 박사학위논문, 2013, 192쪽 재인용.

이러한 측면은 지금까지도 계승되고 있는 것으로 보인다. 북한체제만큼 특수한 북한적 현상이라 할 수 있는 것은 바로 북한 주민들 자체라고 할 수 있다. 북한 주민들의 행위의 자동화나 자동인이라는 말은 우리를 당황하게 하는 북한 사람들의 모습, 즉 북한 사람들에게서 공통적으로 발견하는 두 가지 특성의 공존의 이유를 잘 설명해준다.

이것은 북한주민을 만나 본 사람이라면 경험해 보았을 다음과 같은 북한주민들의 모습을 이해하게 한다.

> 그들은 소박한 외모나 진지한 태도에 비해 이념적, 사상적 훈련이 철저히 되어 있고, 정신적 무장이 무섭도록 잘 되어 있다. 뿐만 아니라 그들의 이론과 주장은 다분히 독선적이고 너무나 밖의 세상을 모르고 있다는 인상을 풍겨 주었다. 아니 밖의 세상을 의식적으로 배격하고 있다고 느꼈다.(중략) 필자는 좋은 의미에서 그리고 나쁜 의미에서 이북 사람들이 '예수쟁이' 같다고 여러번 느꼈다. 철저하고 보수적인 '예수쟁이'나 도덕주의자들의 부정적 특성은 비현실적인 독선과 비실리적 아집이다. 그리고 그들의 신앙이나 신념을 고수하기 위하여서는 무서운 대가나 희생도 감수하려는 거의 비인간적 냉혹성이다.72)

> 자료의 분석을 통해서나 직접 북한 사람들을 대면한 데서 얻는 인상은 대체로 북한 주민의 의식이나 생활이 소박하고 순진하다는 점이다. 그리고, 대체로 경제관념이 부족한 것 같았다.73)

이러한 모습에서 북한주민들의 사회적 의식과 행위를 구속하면서 사

---

72) 김동수, 「이북의 현실과 통일과제」, 양은식 외, 『분단을 뛰어넘어』(서울: 중원문화, 1988), 248쪽.

73) 이온죽, 『북한 사회의 체제와 생활』(서울: 법문사, 1993), 287쪽.

회적 잠재의식 수준에서 작동하는 비물질적 힘으로서의 '멘탈리티'를 엿볼 수 있다. 이 '멘탈리티'는 집단주의, 온정주의, 탈식민지 자민족 중심주의로 요약할 수도 있다.[74)]

한만길은 『통일시대 북한교육론』에서 북한 주민들의 성격과 태도의 특징으로 기초적 생활규범은 습득, 김일성에 대한 충실성은 확실, 배타적이고 맹종적인 집단의식, 수동성과 타율성, 단순성과 순박성, 인정과 의리라고 나열했다.[75)]

즉, 정치사상적으로는 적개심에 차 있으면서도 일상생활에서는 지극히 도덕적으로 살아가는 사람이 북한 주민의 일반적인 모습인 것이다. 이러한 주민들의 모습은 천리마시대의 천리마작업반운동을 통해서 형성된 것이라고 할 수 있다. 천리마시대는 북한 사회주의 교육학, 북한 사회주의교육교양의 내용과 방법, 교육적 인간상뿐만 아니라 그러한 교육의 결과라고 할 수 있는 '천리마기수'와 같은 '북조선인'들이 탄생한 것이다.[76)]

---

74) 김갑식 · 오유식, 「'고난의 행군'과 북한 사회에서 나타난 의식의 단층」, 최완규 엮음, 『북한 도시의 위기와 변화』(서울: 도서출판 한울, 2006), 234쪽. 이것은 최봉대, 「북한 사회 주민들의 멘탈리티와 사회적 통합기제」, 『현대북한연구』 제2권 2호(1999)에 근거한 것임; 서보혁은 북한의 국가정체성이 형성된 3가지 계기로서 항일 무장투쟁 경험과 혁명전통교양, 한국전쟁, 대중운동 과정에서 형성된 집단주의문화를 들었다. 서보혁, 『북한 정체성의 두 얼굴』(서울: 책세상, 2003), 34~43쪽.

75) 한만길, 『통일시대 북한교육론』(서울: 교육과학사, 1997).

76) '북조선인'의 탄생은 번역서인 찰스 암스트롱의 『북조선탄생』에 조응하는 개념이라고 할 수 있다; 남한에서도 새로운 국가수립과 함께 요구되는 새로운 인간을 양성하기 위한 작업이 일찍부터 이루어진 것으로 볼 수 있다. 1948년 정부수립 직후부터 초대대통령인 이승만은 일민주의(一民主義)를 제창하고 그것을 자신이 만든 대한국민당, 자유당과 같은 정당이나 '일민주의보급회'와 같은 사회단체, 사회운동을 통해서 구현하려고 했다. '일민주의보급회'의 중앙 조직의 임원들은 국무총리인 이범석과 초대 문교부장관인 안호상 등 정부 관료들이 다수를 이루었다. 이범석도 국가지상주의 민족지상주의를 내세웠으며 안호상은 단군의 홍익인간을 대한민국의 교육이념으로 내세웠고, 단군의 자손인 우리들은 한 핏줄로서 새로운 나라의 지도자

인 이승만 주위에서 계급계층을 뛰어넘어 반공의 기치하에 하나가 되기를 요구했다. 홍태영, 「'과잉된 민족'과 '찾을 수 없는 개인': 일민주의와 한국 민족주의의 특수성」, 『한국정치연구』 제24집 제3호, 2015, 87~110쪽; 김수자, 「이승만의 일민주의의 제창과 논리」, 『한국사상사학』 제22집, 2004, 437~469쪽 참조.

이승만은 1949년에 '홍익인간'을 교육 이념으로 삼은 교육법의 제정 · 공포로 국민교육 제도 발전의 기틀을 마련했다. 「교육법」에 의하여 우리나라의 교육목적이 최초로 설정되어 명문화되었다. 「교육법」 제1조에 "교육은 홍익인간(弘益人間)의 이념 아래 모든 국민으로 하여금 인격을 완성하고 자주적 생활능력과 공민으로서의 자질을 구유하게 하여 민주국가 발전에 봉사하며 인류공영의 이상실현에 기여하게 함을 목적으로 한다."고 명시하여 국민교육의 기본이념을 설정하였다. 즉 이상적인 인간상을 홍익인간이라는 이념에 두고, ① 민주적인 사회개조를 위한 자주적 인간, ② 빈곤을 극복하고 경제적 자립을 할 수 있는 생산적 인간, ③ 생활의 합리화와 문화수준의 향상을 위한 과학적 인간, ④ 민족의 독립과 인류의 평화를 위한 평화적 인간을 길러내는 데 그 목표를 두었다.

이와 같은 교육목적을 달성하기 위하여 「교육법」 제2조에서는 다음과 같은 7개항의 구체적인 교육방침을 규정하였다. ① 신체의 건전한 발육과 유지에 필요한 지식과 습성을 기르며 아울러 견인불발(堅忍不拔)의 기백을 기른다. ② 우국애족의 정신을 길러 국가의 자주독립을 유지, 발전하게 하고 나아가 인류평화 건설에 기여하게 한다. ③ 민족의 고유문화를 계승, 앙양하며 세계문화의 창조 · 발전에 공헌하게 한다. ④ 진리탐구의 정신과 과학적 사고력을 배양하여 창의활동과 합리적 생활을 하게 한다. ⑤ 자유를 사랑하고 책임을 존중하며 신의와 협동과 경애의 정신으로 조화있는 사회생활을 하게 한다. ⑥ 심미적 정서를 함양하여 숭고한 예술을 감상, 창작하고 자연의 미를 즐기며 여가의 시간을 유효히 사용하여 화락명랑한 생활을 하게 한다. ⑦ 근검노작하고 무실역행하며 유능한 생산자요, 현명한 소비자가 되어 건실한 경제생활을 하게 한다. 이러한 교육의 기본방침은 학교와 기타 교육을 위한 시설에서만이 아니라 정치 · 경제 · 사회 · 문화의 모든 영역에서도 항상 실시되어야 하며, 공민 · 과학과 사범의 교육은 특히 중시되어야 한다고 규정하였다.

이러한 교육적 인간상은 한국전쟁 이후 분단이 고착화되면서 남한의 인간성으로 더욱 강하게 정착된 것으로 보인다. 이 과정에서 남한의 각급학교에서 1955년부터 체계적으로 가르치기 시작한 '도덕'과목이 큰 역할을 한 것 같다. 대한민국 정부수립과 함께 한국인을 만들어 가는 과정에서 남한의 주민들은 자연스럽게 과거의 조선인으로부터 분화되고 북조선인과 다른 진화과정을 거쳤다고 할 수 있을 것이다. 여기서 한 번의 변용이 있었는데 그것은 박정희 정권의 국민교육헌장과 반공도덕교육을 통해서 이루어졌다고 할 수 있다; 박정희가 1962년에 쓴 『우리 민족의 나갈 길』에서는 박정희는 소박, 근면, 정직, 성실 등을 한국인들이 갖추어야 할 덕목으로 요구하였다. 신형기, 『민족이야기를 넘어서』(서울: 삼인, 2003), 92쪽(주18).

박정희가 1978년에 쓴 『민족중흥의 길』에서는 자주정신, 조화의 정신, 창조의 슬기가 우리 민족 고유의 유산이라고 주장하였다. 박정희, 『민족중흥의 길』(서울: 광명 북한 학자들은 이러한 '북조선인'의 원형은 항일 빨치산들이었고, 항일 빨치산은 민족적 특성과 공산주의적 특성이 변증법적으로 결합된 것으로 파악하였고, 이러한 항일빨치산의 품성은 기존의 조선인들의 품성이 김일성의 지도에 의해 새롭게 형성되고 발전된 것으로 단정지었다. "조국에 대한 열렬한 애국심과 내외의 계급적 원수들에 대한 증오심, 그들과의 투쟁에서의 비타협성과 혁명성, 갖은 애로와 난관을 돌파하고 나가는 완강성, 인내성, 불요불굴하는 투지"등이 그것이다. 또는 "용감하고 근면하고 슬기롭고 애국적이고 단결력이 강한" 성격적 특질이 형성되었다고 주장하기도 하였다.77)

그러나 이렇게 긍정감화와 대비교양에 의해 만들어진 '북조선인'의 품성 또는 자동화는 북한주민들의 자기정체성을 지켜주는 데는 한계가 있는 법이다. 신념이 강한 사람이야 자동화가 자신을 지켜주겠지만, 신념이 약한 사람에게 자동화는 자기를 위축시키고, 진실을 회피하게 함으로써 자기기만에 빠지게 하기 때문이다. 언젠가는 위선적인 신념이 크게 흔들리게 될 것이다. 인간은 자기에의 배려를 해야만 하는 성찰적인 존재이기 때문이다. 그리고 이와 같은 자동인은 김일성이 말한 산지식인이라고 말할 수는 없을 것이다. 이와 같은 자동인은 초기산업화사회에는 어느 정도 적합하다고 볼 수 있지만, 후기 산업화사회 또는 탈산업화사회에는 적합한 산지식인이라고 말할 수 없다. 바야흐로 북한도 산업화의 막바지에 이르고 있었으며 전세계적으로 탈산업화사회의 물결이 다가오고 있었다.

출판사, 1978), 11~34쪽.

77) 신형기, 『민족이야기를 넘어서』, 231쪽, 286쪽, 292쪽.

2. 관점전환의 징후

만약 북한 주민들의 다수가 자각적 주체로 되었다면 천리마작업반운동이 점점 심화되고 발전되어 나가야 하고 천리마작업반운동이 더욱 힘차게 진행되어야 한다. 그러나 천리마작업반운동은 그 열기가 식어간 것으로 보인다. 북한이 공산주의적인 인간으로 내세웠던 인간유형들이나 인간개조방법에 부족한 점이 나타났던 것이라고 할 수도 있다. 공산주의 미래와 공화국의 미래에 대한 불확실성이 늘어갔다. 이것은 북한의 '인테리'뿐만 아니라 북한 인민들 모두가 서로에게서 느낀 감정이었을 것이다. 인간개조론의 관점에서 보면 자신들이 보기에도 아주 두드러진 일부 사람들 이외에는 계속 전진하는 불굴의 공산주의적인 새 인간이 되기에는 부족했기 때문이다. 그것은 『조선교육사4』에 의거해서 천리마학급칭호를 수여받은 학생 수와 천리마학교칭호를 받은 학교 수를 연도별로 조사해 보면 알 수 있다.[78)]

천리마학급칭호를 수여받은 학생 수는 1960년에 65명, 1963년에는 140,391명, 1964년에는 226,447명, 1965년에는 264,321명으로 기하급수적으로 늘어났지만 천리마학교칭호를 받은 학교 수는 1963년에 3개교, 1964년에는 6개교, 1965년에는 10개교, 1966년에는 14개교로 그 증가속도가 느린 것을 보면 작업반을 단위로 하는 천리작업반운동이 한계에 봉착했다는 것을 간접적으로 알 수 있다. 이것은 학교뿐만 아니라 공장이나 기업소에서도 마찬가지였을 것으로 보인다. 물론 제2차 천리마작업반운동 선구자대회 이후에 다시 증가속도가 늘어나는 현상을 보이지만 『조선교육사4』에 1966년 이후의 통계가 없는 것을 보면 교육부문에

---

78) 강근조, 『조선교육사4』(서울: 교육과학사, 『북한교육사(조선교육사영인본)』, 2000), 551쪽 참조.

천리마작업반운동의 성과가 좋지 않았거나 숫자에 큰 의미를 부여하지 않았음을 암시한다고 볼 수 있겠다.[79)]

『인민교육』 1967년 10월호에는 천리마작업반쟁취운동의 장애가 되는 교사들의 실제적, 생활상을 극복한 당세포의 수기가 나온다. “우리 학교의 교원 구성을 놓고 보면 거의 100%녀성이며 그 절대다수가 가정부인인 조건하에서 그들속에서는 한때 서로 돕고 이끌어주는 기풍이 부족하였으며 리기주의적인 표현도 적지 않았었다.” 그런데 당의 지도를 받은 직맹위원회가 처녀교원들과 주부교원들에게 교양을 주고 방법도 알려줘서 난관을 극복했다는 것이다. 즉, “그들(처녀교원들－필자)은 아침 일찌기 나와 가정부인 교원들이 담임한 학급학생들을 지도해주든지 교원실이며 복도의 청소를 말끔히 해놓고 가정부인교원들을 기다리게 되었다. 그리고 저녁이나 일요일 같은 때면 가정부인교원들이 안고 다니는 어린애들을 돌봐주거나 또는 학생들의 가정방문과 같은 이도 곧잘 해주군하였다. 이에 감동된 가정부인교원들은 처녀교원들을 어떻게하

---

79) 이러한 현상은 북한이 해마다 발행하는 『조선중앙년감』을 통해서도 알 수 있다. 1969년의 『조선중앙년감』에 따르면 천리마학교는 80여 개, 1970년의 『조선중앙년감』에 따르면 156개의 학교가 2중천리마 및 천리마학교로 등록되었다고 한다. 1973년의 『조선중앙년감』에 따르면 고등중학교에서는 11개의 학교가 2중천리마학교로 되었으며 128개의 학교가 천리마학교 칭호를 받았다고 되어 있어, 전체 천리마학교 규모는 알 수가 없다. 1971년, 1972년에는 『조선중앙년감』에는 이러한 통계마저도 실리지 않았다. 이것은 김일성이 학교 간 경쟁이라고 할 수 있는 교육부문의 천리마운동을 더 큰 단위인 군 단위로 경쟁으로 유도하고자 했던 ‘모범교육군칭호쟁취운동’이 천리마운동 제3시기부터 시작되었기 때문이기도 한 것 같다. 교육부문에서 천리마작업반운동과는 별도로 ‘모범교육군칭호쟁취운동’이 벌어진 것은 천리마작업반운동의 한계를 간접적으로 보여주고 있는 것이다. “《모범교육군(시, 구역)》칭호쟁취운동에 궐기한 군(시, 구역)이 자기의 결의목표를 달성하였다고 인정될 때에 교육위원회는 그것을 중앙인민위원회에 제기한다. 《모범교육군(시, 구역)》칭호를 받는 군(시, 구역)에는 조선민주주의인민공화국 주석이신 위대한 수령 **김일성**동지의 표창장이 수여된다. 또한 군내 모든 학교와 유치원들에는 《모범교육군(시, 구역)》휘장이 수여된다.” 『백과전서 2』(평양: 과학, 백과출판사, 1983), 713쪽.

면 도와줄수 있겠는가를 토의하고 480분 로동시간을 합리적으로 리용하는 한편 신임교원들의 교수기능을 제고하는 데 도움을 주기에 달라붙었다. 김명덕, 로보숙, 리성덕교원들은 직맹반장으로서 이신작칙하여 자기 교수를 잘 준비해 가지고 분과성원들을 참관시켰으며 또 교수기능이 어린 교원들의 교수를 참관하고 방조를 주군하였다." 그러나 이 글을 통해서 알 수 있는 것은 그 학교의 교원들이 언제나 집단주의적으로 살아간 것이 아니라 어느 한시기 적절한 인적구성과 조건이 맞았기 때문에 상부상조하고 협동할 수 있게 되었다는 것이다. 그것은 이 수기의 서두에서 "한때 우리 학교에서의 천리마작업반운동은 많은 경우 행정경제과업의 해결에 치중된데로부터 사실상 침체상태에 있었다."고 고백하는 것으로부터 알 수 있다. 천리마작업반운동의 열기가 있을 때 이외의 시기에는 일상에 쫓겨 살 수밖에 없는 것이 북한 주민들의 보편적인 모습이고 이것은 사람들이 이기적이고 개인주의적인 삶을 산다는 것과 같은 뜻이기 때문이다.[80]

이런 현상들은 북한 주민들의 관점전환의 계기를 보여주는 간접적이고 객관적인 징후라고 할 수 있다면 직접적이고 주관적인 징후는 무엇일까? 인간의 관점전환의 징후는 여러 가지 방법으로 파악할 수 있지만, 관점전환을 인지적 측면에서 본다면 인간이 자신에게 던지는 삶의 의미에 대한 물음으로부터 파악할 수 있다. 자기에의 배려, 자체수양, 관점전환, 삶의 의미라는 용어들은 서로 밀접한 관련이 있다. 자기에의 배려는 끊임없는 수행을 거치면서 내적으로 질적인 변화와 단계적으로 성장해 가는 것을 포함한다. 인간의 성장이란 자아관, 인생관, 사회역사관, 가치관, 인간관의 성장과 다를 바 없다. 인간의 성장이란 왜 살아야 하

---

80) 정혜숙, 「당의 사상, 당의 로선과 정책으로 확고히 무장하자」, 『인민교육』, 1967. 10, 18~19쪽.

고 무얼 위해서 살아야 하는가, 인간은 얼마나 변할 수 있는가, 즉 얼마나 개조될 수 있는가, 인간이 만들 수 있는 세상은 어떤 사회가 되어야 하는가, 나는 어떤 존재며 어떤 존재가 될 수 있는가 등의 궁극적 질문과 연관되어 있다.

이것을 한마디로 말하면 '삶의 의미'라고 할 수 있다. 삶의 의미의 물음은 무엇을 위해서 살아가느냐, 그의 생에서 가장 중요한 것이 무엇인가에 관한 물음이다. 삶의 의미에 관한 올바른 이해는 인간에게 자기 신뢰를 주고, 인간의 행동을 더 단호하고 목적 지향적으로 만든다.[81]

삶의 의미는 인간이 날마다 자기에게 제기하는 수많은 "작은 목표들"과는 대조적으로 인간의 "큰 목표"를 말한다. 즉 "인생의 의미는 그 때문에 인간이 살아가는 바 높은 사회적 목표"를 말한다. 그런데 마르크스-레닌주의에서는 "인생의 의미는 그 때문에 인간이 살아가는 바 높은 사회적 목표이다. 구체적으로 말하면 삶의 의미는 공산주의를 건설함이다. 그리하여 사회의 복지, 진보 보다 나은 사회를 위하여 일하는 것이 인간의 삶의 욕구요, 주요 관심이며, 삶의 의미이다."[82]

그러나 1960년대 후반에는 사회주의진영의 대부분의 지식인들에게는 공산주의가 가능한 것인가, 모든 사람 또는 대다수의 사람들이 공산주의적 인간이 될 수 있는가에 대한 회의가 들었을 것으로 보인다. 현실사회주의 모습으로 인해 공산주의 사회건설, 대중을 공산주의적 인간으로 개조하거나 혁명화 한다는 것이 불가능한 것으로 입증되지 않았는가 라는 생각도 들었던 것으로 보인다. 그리고 인간이란 어떤 존재인가 얼마나 가능성이 있는 존재인가에 대한 근본적인 의문도 일어났던 것으로 보인다. 그렇다면 어떻게 할 것인가, 과거로 돌아갈 것인가. 수정주의를

81) 안정수, 『마르크스와 프로이트를 넘어서』(서울: 을유문화사, 1993), 149쪽.
82) 위의 책, 149쪽.

택할 것인가, 중국처럼 내부계급투쟁을 강화할 것인가 등 여러 가지 생각이 떠올랐을 것이다. 그리고 그에 동반되어 나타난 회의도 있었을 것이다.[83)]

시간이 갈수록 학교에서는 학생들의 학습효과가 떨어지고 북한의 경제성장의 둔화되었던 것으로 보인다. 이러한 현상을 여러 가지 이유로 설명할 수 있겠지만 정체성의 상실이나 신념의 동요, 집단정체성과 개인정체성과의 갈등으로 볼 수도 있다.[84)]

설복하고 개조하려고 해도 개조되지 않은 사람들은 어떻게 할 것인가에 대한 고민도 해결방법을 찾기는 쉽지 않았을 것이다. 아무리 자체수양을 하고 자기의 배려를 실행해도 혁명가의 길은 한 없이 멀게만 느껴졌고 언제 끝날지 알 수가 없었다. 그렇게 노력을 했음에도 불구하고 모든 인민이 공산주의적 새인간으로 변화하는 것은 실현 불가능한 일이 아닌가 하는 생각이 들었을 것이다. 그렇다면 후퇴할 것인가, 소련이나 중국에서도 공산주의는 요원한데 우리는 어떻게 전진할 수 있는가, 공산주의의 미래에 대한 청사진을 만든 김일성은 믿을 수 있는 존재인가 등의 의문도 북한 주민들과 간부들 사이에서도 일어났을 것이다.

혁명가의 핏줄로서 기득권을 보장받은 계층은 타락할 수 있었고, 천리마작업반운동이 둔화됨에 따라 천리마기수를 통한 계층이동이 어려워졌을 수도 있고, 반대로 계층이 고착화 되어 더 이상 천리마작업반운동의 매력이 떨어진 것일 수도 있다. 성분으로 고착화된 계급관계로 인

83) 이병수, 「주체사상의 보편화 및 체계화 과정에 대한 분석」, 한국철학사상연구회, 『시대와 철학』 제9호(서울: 동녘, 1994), 149~150쪽 참조. 이것을 '삶의 의미' 상실, '소외의식', '정체감 상실'의 위기로 표현할 수 있고, 이런 실존적 상황은 무력감, 우울증이라는 증상을 동반할 수 있다.

84) 조지 애커로프 · 레이첼 트렌턴, 『아이덴티티 경제학』(서울: 랜덤하우스, 2011); 조정아 · 임순희 · 노귀남 · 이화영 · 홍민 · 양계민, 『북한 주민의 의식과 정체성: 자아의 독립, 국가의 그늘, 욕망의 부상』.

해 사회의 하층을 형성했던 주민들은 이것을 불만으로 표출할 수 있었을 것이다. 성분 때문에 북한주민들이 서로 따돌리고 따돌림을 당하는 현상이 일어날 수 있을 것이다. 따돌림현상은 강제적으로 없애라고 김일성이 교시를 내리거나 명령을 한다고 해서 될 일이 아니었다. 따돌림 당하는 사람이나 따돌리는 사람이나 결코 공산주의적 새인간이라 할 수 없었고 공산주의적 새인간이 될 수도 없었다.[85)]

이렇게 되면 북한에서 관용과 포용은 일부 계층에게만 제한적으로 적용되는 것으로 되고 북한을 사회주의 대가정이라고 할 수 없게 될 것이다. 또한 북한에서 계층이동이 멈추게 되면 세대 간 갈등도 일어날 수 있다. 이 모든 불만과 갈등은 김일성에게 향해질 수도 있겠지만, 공산주의체제에 대한 불만과 회의로 표출될 수도 있을 것이다. 북한주민들의 관점전환이 일어날 수 있는 학습이 본격적으로 시작된 것이다.

1971년에 쓰여 진 『백양나무』라는 소설의 한 대목에서 그 징후를 확인할 수 있겠다.

> "한마디로 말하면 당과 수령님께 무한히 충직한 사람, 수령님의 부르심이라면 물불을 가리지 않고 기어이 해내는 사람, 우리 조국과 인민을 사랑하고 사람들을 더 잘 살게 하기 위해서 자기의 모든 것을 다 바쳐 정력 껏 일하는 사람, 집단을 위해서 자기 개인을 희생시킬 줄 아는 사람, 말보다 실천을 앞세우고 그러면서도 자기 공적을 조금도 자랑할 줄 모르는 사람, 정의를 사랑하고 원수를 미워하는 사람들이라고 생각해. 이 세상에서 가장 아름다운 사람은 바로 이러한 공산주의자, 우리 천리마기수들일 가야. 이러한 사람들의 사상은

---

85) "우리가 가정주위환경과 사회정치생활경위가 복잡한 사람이라 하더라도 오늘 우리를 따라오려고 하는 사람에 대하여서는 단결하는 원칙에서 교양개조하여야 하며 더우기 그들의 아들딸들은 절대로 따돌리지 말아야 합니다." 김일성, 「청년들의 특성에 맞게 사로청사업을 더욱 적극화할데 대하여(1971. 2. 3)」, 58쪽.

저 월계꽃 따위와는 비할 수 없이 아름답구, 그들에게서 풍기는 향기는 저 월계꽃 따위의 향기에는 비할 수 없으리만큼 향기로운 거야. 나는 우리 사회의 모든 성원들이 다 이처럼 아름다워지기를 바라 마지않어."

"언제 가면 그렇게 될까요?"

"수령님의 말씀대로 온 사회를 혁명화, 로동계급화하면 그렇게 되지. 공산주의 사회에 가면 그야말로 모든 사람들이 다 아름다워질 거야."

"우리가 살아 있는 동안에 공산주의 사회가 올까요?"

"글세 그것만은 나두 모르겠는 걸…남이 건설해주는 건 아니니까. 우리가 생산도 많이 내고 빨리 혁명화하면 그만큼 빨리 오겠지"

"단 하루라도 공산주의 사회에서 살아봤으면, 아 참, 좋겠네."하고 림금옥은 방한가운데 서서 흥분한 목소리로 말했다. "공산주의, 천리마—이 말은 얼마나 아름답게 울리는 말일까요!"[86]

여기서 대화를 이끌어 가는 주인공이나 대화의 상대방이나 공산주의 이상사회에 이야기를 주고받고 있는데도 무언가 현실에서는 불가능한 것 같은 꿈의 대화를 하고 있다는 것으로 느껴지는 것은 필자의 느낌만은 아니리라 생각한다. 이상적인 인간들이 사는 이상적인 사회에 대한 바람은 강렬하지만 도래하기는 어려울 것 같다는 느낌을 공유하고 있는 듯이 보인다고 해석할 수 있다.

천리마운동이 심화되고 전면화 되었다고 해도 개인주의, 자본주의사상도 이웃들과 사회 속에서 항상 현실로서 존재하는 것으로 마주 대하고 있었던 것이다. 문제는 그것을 과연 없앨 수 있을까에 대한 우려인 것이다.

---

86) 하정희, 『백양나무—상』(서울: 도서출판 힘, 1990), 197쪽.

"(전략) 이건 보신주의구, 보신주의는 곧 개인주의다. 개인주의는 자본주의 사상이구 공산주의와는 하등 상관이 없다. 빌어먹을, 그놈의 보신주의나 개인주의니 하는 너절한 것들이 언제 가면 없어질는지? 그런 것들이 없어지면 이 세상이 얼마나 깨끗하고 얼마나 화목하구 얼마나 살기 좋아지겠니?"[87]

『백양나무』의 화자는 사상혁명, 기술혁명, 문화혁명만 잘 하면 노동에서 해방되는 세상이 올 것이라고 생각하지만 이것은 너무 단순한 생각처럼 보일뿐이며 확고한 신념에서 나오는 생각으로 보이지 않는다.

(전략)이제는 눈짐작이 아니라 과학적 판단에 의하여 로를 돌릴 수 있는 새 가열공들, 기수, 기사－가열공들이 요구되었다. 이러한 때도 결국 한때에 지나지 않을 것이다. 오목눈의 녀기사 홍정옥이가 이제 자동화를 실현하면 그의 말대로 본래의 의미에서의 가열공 자체도 필요없게 될 것이다. 이것이 천리마 시대의 요구이며 천리마현실이다.(후략)[88]

소설의 행간에서 징후적으로 읽을 수 있는 현상을 김일성의 발언에서도 읽어 볼 수 있다.

지금 어떤 사람들은 공산주의는 몇백년후에 가서야 실현될 수 있다고 하는데 이것은 우리 시대에는 공산주의를 건설할수 없고 우리 시대의 사람들은 다 죽은 다음에야 공산주의가 건설될수 있다는 말이나 같은것입니다. 공산주의사회가 몇백년후에 가서야 실현될수 있다고 한다면 사람들은 공산주의에 대한 신념을 가지지 못하고 그 승

87) 하정희, 『백양나무－하』, 181쪽.
88) 위의 책, 182쪽.

> 리를 위하여 적극 투쟁하지 않을것입니다. 물론 공산주의를 완전히 건설하려면 오랜 시일이 걸릴수도 있습니다. 그러나 공산주의를 빨리 건설하는가 못하는가 하는 것은 전적으로 우리가 어떻게 투쟁하는가 하는데 달려있습니다. 전체 인민이 힘을 합쳐 투쟁을 잘하면 공산주의사회를 빨리 건설할수 있습니다.
>
> 공산주의사회를 빨리 건설할수 있다고 하여 우리가 그것을 단꺼번에 건설할수는 없습니다.
>
> 우리는 조건이 마련되는데 따라 공산주의적시책들을 하나씩하나씩 점차적으로 실시해나가야 합니다. 오늘 할수 있는것은 오늘 하고 래일 할 수 있는것은 래일 하고 이렇게 하나씩하나씩 공산주의적시책들을 실시해나간다면 결국에 가서는 공산주의사회가 완전히 건설될것입니다.[89]

특히 1968년 이후에는 김일성에 의한 중앙집권적 명령경제가 더욱 강화된 반면, 천리마작업반운동의 경제적 잉여가 민수용이 아닌 군수용으로 우선 투자됨으로써 천리마작업반운동에는 물질적 자극이 없이 정치도덕적 자극만 넘치게 된 것이다. 수령체제가 성립하기 전에는 실패의 책임은 항상 반당 종파주의나 수정주의자 때문이었는데, 이제 수령의 요구가 더욱 잘 관철될 수 있는 조건에서는 사업의 실패는 곧 김일성의 실패를 입증하는 것으로 보일 수도 있었다.

북한은 1967년의 '당의 유일사상체계확립을 위한 10대원칙'을 정해놓고 수령의 교시=당정책을 강요하기도 하고 1968년 이후부터 대비교양을 강화하였으며 70년대 초 남북대화시기에는 남한과 대화하는 한편 내부적으로는 대비교양을 더욱 강화하였다. 남조선 해방과 통일을 앞세운 노력동원, 제3시기의 천리마작업반운동 즉 '제2차 천리마작업반운동 선

89) 김일성, 「교육사업에서 사회주의교육학의 원리를 철저히 구현할데 대하여(1971. 12. 27)」, 『김일성저작집 26』(평양: 조선로동당출판, 1984), 572쪽.

구자대회' 이후의 추동력은 여기에 있었다. 제3시기에는 김일성에 대한 충성경쟁과 남한에 대한 증오심을 사회주의애국주의라고 부추기면서 북한 주민의 노력동원을 추동하였고 그에 따라 그럭저럭 북한 사회주의는 완만하게 발전해 나갔다.

그러나 그 사이에 인민들의 불만, 갈등, 회의가 누적되었다. 그에 맞춰 수령의 불만, 갈등, 회의도 누적되어갔다. 수령의 입장에서는 수령의 말이 잘 집행되지 않은 것이라고 할 수 있다. 제3시기의 김일성의 교시와 연설에는 혁명사업, 조직사업의 잘못을 지적하는 경우가 늘어났다. 김일성의 입장에서는 이 모든 잘못의 책임은 당에 있었다. 사상혁명, 기술혁명, 문화혁명이 잘 집행되지 않는 책임도 당에 있었고, 인민을 혁명화, 노동계급화하기 위한 사업이 잘 안 되는 책임도 당에 있었다. 공장들이 제대로 안돌아가고 농업생산도 제자리걸음인 것도 당과 간부들 때문이었다. 특히 산업화의 마지막 단계라고 할 수 있는 자동화가 지체되고 있었다.[90]

김일성이 보기에 이것은 오래된 간부들이 젊은이들의 사상혁명, 기술혁명, 문화혁명을 따라가지 못하고 그것을 가로막고 있기 때문이었다. 천리마작업반운동을 하면서 조직생활과 교육교양체계를 세워놓았지만 집행이 잘 되지 않았다. 이신작칙해야 하는 간부들부터 이것을 지키지 않았다. 언제나 그렇듯이 김일성은 인민을 탓하지는 않았다. 긍정적 감화의 화신인 어버이인 수령은 적이 아닌 누구에게도 화를 낼 수가 없었다. 천리마시대를 생각해 보면 이럴 때 수령은 직접 아래로 내려가서 북

90) "지금 로동자들은 일을 잘하고있으며 우에 있는 간부들에게도 큰 문제가 없습니다. 문제는 중간단위에서 일하는 일군들에게 있습니다. 당이 내놓은 혁명과업들이 잘 집행되지 않고 나라의 경제가 더 빨리 발전하지 못하고있는 주요한 원인의 하나가 바로 중간단위에 소극분자들이 틀어앉아 사업을 적극적으로 하지 않는데 있습니다." 김일성, 「올해사업총화와 다음해사업방향에 대하여(1973. 12. 31)」, 『김일성저작집 28』(평양: 조선로동당출판사, 1984), 633쪽.

한 주민들과 허심탄회하게 이야기 하고 군중을 불러일으키면 될 텐데 수령은 당이나 간부 탓만 하면서 그렇게 나서지 못했다. 수령도 지친 것인지 모르는 일이었다.

수령이 이렇게 제 역할을 제대로 못하고 있을 때 남북대화가 시작되었다. 1972년 남북대화가 시작되면서 남과 북의 주민들의 통일의 열망도 높아갔다. 이러한 통일의 열망은 남과 북의 최고지도자와 체제에 부담으로 작용했다. 남과 북의 발전상도 서로 비교되었다. 남과 북은 대결과 함께 남과 북 중 어느 쪽이 더 잘 살 수 있는가의 경쟁을 시작하였다. 그러나 1973년부터 시작된 석유위기는 전세계의 경제성장률을 마이너스로 돌아서게 하였고 사회주의국가들이 입은 타격은 자본주의사회가 입은 타격보다 심각했다. 세계 경제의 위기, 사회주의 진영의 위기와 함께 북한 경제도 더욱 큰 위기를 맞이하게 된 것이다. 사회주의애국주의의 주요 요소라고 할 수 있는 북한 체제에 대한 자부심, 남한과 대비해서 상대적인 우월성 등이 그 효과를 발휘할 수 없는 시기가 온 것이다.[91]

공산주의에 가기 위한 사회주의 건설보다 당장 남북통일에 대비하는

91) "북한 주민들의 생애사에서 가장 두드러지게 나타나는 관점전환학습의 촉진요인은 사회구조적 불평등, 즉 출신성분으로 인한 박탈감과 불평등 경험과, 외부 세계와의 문화적 접촉 및 대안으로서의 남한 사회의 존재이다." 조정아 · 임순희 · 노귀남 · 이화영 · 홍민 · 양계민, 『북한 주민의 의식과 정체성: 자아의 독립, 국가의 그늘, 욕망의 부상』, 63쪽. 분명히 이 시기에 관점전환을 요구하는 분위기가 형성되었을 것이다. 보통 북한인민들의 정체성의 변화나 관점전환을 다룬 연구들은 북한의 집단정체성에서 어떻게 개인 정체성이 분리되어 나가고 일탈되어 나가는가를 연구한다. 그러나 이 글은 주로 자아정체성 중에서 개인 정체성이 어떻게 집단정체성에 통합되어 갔는가를 연구한 것이다. 그리고 북한의 교육교양체제가 바뀐다면 그것은 북한의 지도자가 기존의 관점전환학습에 부족한 점을 누적적으로 경험하고 인식함으로써 변화를 도모한 것이라고 할 수 있고, 북한 주민들이 기존의 관점에 반하여 새로운 관점전환의 분위기가 발생하는 것에 발 맞춰 적절히 수정한 것일 수도 있고, 아예 기존관점을 부정하고 새로운 관점을 내세운 것일 수도 있다는 가설을 세울 수 있을 것 같다.

것이 급선무가 되었다. 이를 위해 김일성은 '사회주의대건설'을 위하여 5개전선과 더불어 '10대건설목표'를 제시하고, 강철, 유색금속, 석탄, 전략, 시멘트, 기계가공품, 수산물, 화학비료, 간척지 개간, 알곡 등 10개 산업부문에서 달성할 수자를 제시하면서 경제건설에서 남한을 압도할 것을 인민들에게 요구했다.[92]

이런 상황에서 1958년 천리마작업반운동이 시작되었을 때처럼 당과 간부들의 리더십이 도마에 올랐다. 이때의 상황을 묘사한 김일성의 말처럼 "온도가 섭씨 영도까지 내려가야 물이 얼고 섭씨 100도까지 올라가야 물이 끓는 것과 같이 사업에 내재하는 결함도 일정한 한계에 이르러야 표면에 나타나는 법"이다. 이것은 그 때까지 지속되고 있었던 천리마작업반운동에 대한 수령의 총화라고 할 수 있었다.[93]

김일성은 해결책으로 천리마운동초기(천리마운동 제1시기)에 당 중앙위원들이 직접 작업현장에 내려가 노동자들에게 호소함으로써 1956년에 조성된 난관을 극복했지만, 이번에는 김일성이 직접 당 중앙위원들과 젊은이들로 소조를 만들어 전국의 노동 현장으로 보냈다. 그 대신 3대혁명소조를 수령대신 아래로 내보냈는데 이것은 수령답지 못한 일이었다. 이것으로는 천리마시대 초기의 수령이 보여줬던 현지지도와 같은 호응이나 감동을 연출할 수는 없었다. 이 때 수령의 전령이라 할 수 있는 젊은이들은 천리마작업반운동으로 양성되고 자각적(?)인 공산주의적 새인간으로 간주되었다.

그 사이에 천리마작업반운동 시기에 제출되었던 사상혁명, 기술혁명, 문화혁명은 '3대 혁명'이라는 이름으로 바뀌었고, 위대한 수령 김일성이

---

92) 양호민, 「3대혁명의 원류와 전개」, 양호민 외, 『북한사회의 재인식1』(서울: 한울, 1987), 183쪽 참조.

93) 위의 글, 175쪽 참조.

현장의 난관, 불만. 갈등 해결하기 위해 파견한 이들은 '3대혁명소조'라 불렸다. 3대혁명소조=당 핵심+대학생들은 시간이 경과함에 따라 3대혁명소조는=당 중앙위원회 간부+당 간부+국가 · 경제기관 간부+근로단체 간부+과학기술 간부+청년 '인테리'로 대폭 강화되었다. 이들이 지도해야 할 대상은 지배인, 기사장, 협동농장관리위원장, 공장과 기업소의 '지도일군들', 작업반장이나 직장장 같은 '초급일군들'이고, 그 중에서도 나이 많이 먹은 '오랜 간부' 들이었다. 3대혁명소조는 이들과 투쟁하되 간부자체와 투쟁할 것이 아니라 그들이 지니고 있는 '낡은 사상'과 투쟁해야 하며 이들을 도와주고 받들어 주어 힘을 합침으로써 결함을 고치도록 교시를 받았다. 김일성이 청산리정신, 청산리방법으로 리더십개선을 요구할 때 지도는 지도가 되어야지 검열이나 명령이 되어서는 안 된다고 말했지만, 그 동안 김일성에 충실하면서 천리마작업반운동을 이끌고 있던 일군들의 충격은 컸다. 그들은 거의 모두가 일시에 불신의 대상, 무능의 대상이 된 것이다. 더욱이 3대혁명소조운동은 김일성에 의해 시작되었지만 곧 후계자인 김정일의 지도하에 놓이게 되었다. 이것은 김일성에 의해 지도되었던 천리마운동의 청산을 알리는 사건이었다. 그리고는 곧 천리마운동을 대체한 3대혁명붉은기쟁취운동이 일어났다.[94]

김일성에 말에 의거해서 3대혁명소조운동과 3대혁명붉은기쟁취운동이 일어난 배경과 성격을 들어보면 천리마작업반운동과 청산리정신, 청산리방법의 성립 배경과 너무나 비슷해서 3대혁명소조운동은 제1시기 천리마운동과 비슷하고 3대혁명붉은기쟁취운동은 제2시기의 천리마운동과 유사해서 데자뷰현상 같은 느낌을 준다. 천리마운동 때처럼 김일성에 의해 우선 다음과 같이 간부들의 리더십문제가 제기되었다.

"① 당 조직들이 당원들과 근로자들을 주체사상으로 교양하는 일을

94) 양호민, 「3대혁명의 원류와 전개」, 173~177쪽.

잘못했기 때문에 주체사상에 관해 “말은 많이 하지만 아직도 그 본질을 똑똑히 모르고 있다”는 것, ② 당원들과 근로자들은 당의 유일한 지도사상인 ‘주체사상의 요구대로 사고하고 행동’하지 못하고 있다는 것, ③ 당 사업에서 해설과 설복 대신 아직도 명령하고 지시하는 ‘행정식 방법’을 사용하고 있다는 것, ④ 일부 기업소의 지배인, 당 비서들을 비롯한 간부들이 당조직생활에 참가하지 않고 대중의 통제를 벗어나 과오를 범하고 있다는 것, ⑤ 당원들과 근로자들이 당의 노선과 정책에 의거하여 사고하고 행동하지 않고 제멋대로 행동한다는 것, ⑥일부 일꾼들은 사회주의적 법규범과 규정을 따르지 않고 사회주의헌법에 대한 학습조차 하지 않고 있다는 것, ⑦ 이들은 아직도 사회의 집단이익보다 개인의 이익을 앞에 내세우고 있으며, 심지어는 공장과 협동조합에 있는 버스나 화물자동차를 개인승용차처럼 타고 다니는 현상이 있다는 것, ⑧ 또한 일부 협동농장 초급간부 중에는 일은 적게 하고도 노동공수를 많이 받는 사람이 있으며 노동자, 사무원 가운데서 자기가 맡은 일을 다하지 못하고 노임과 식량을 제대로 다 타먹는 사람이 적지 않다는 것 등이며, 이러한 것들이 바로 사상혁명의 투쟁대상이 되어야 한다는 것이다.”[95]

김일성이 보기에 기술혁명도 보수주의, 사대주의, 기술신비주의, 경험주의 등이 장애가 되어 발전하지 못하고 있는 것이며 이것은 ‘주체사상’을 견지하지 못했기 때문이었다. 이것은 천리마운동에서 주체확립과 혁명적 군중노선을 요구하던 상황과 비슷한 상황이었다.

북한의 문화도 전반적으로 정체하였다. 김정일이 상층에서 일으킨 문화혁명도 군중노선을 통한 군중에 의한 문화혁명으로 빠르게 확산되거나 발전되지 못하고 있었다. 천리마운동 때처럼 김일성에 의해 자본주의사상, 봉건적 유교사상, 수정주의, 보수주의, 소극성, 사대주의, 경험

95) 양호민, 「3대혁명의 원류와 전개」, 179쪽.

주의, 기술신비주의, 주관주의, 관료주의, 요령주의, 형식주의, 기관본위주의, 이기주의 등이 공격당했다. 천리마시대, 천리마세대가 김일성에 의해 전체적으로 비판받았다고 해도 과언은 아니었다.

3. 전환, 단절, 굴절, 변용

김정일은 이러한 위기 상황에서 발생할 수 있는 모든 의문과 질문에 대해 북한주민과 자기 자신에게 답을 주고자 했던 것으로 보인다. 김정일은 이렇게 생각한 것으로 추측할 수 있다. "천리마시대에 제시되었던 공산주의적 인간유형, 인간개조방법, 교육교양방법, 교육제도, 주체확립과 혁명적 군중노선, 천리마작업반운동을 가지고는 안 되겠다. 일정한 성과는 있었지만, 국내외의 새로운 정치경제적 상황과 전망에는 적합하지 않다. 공산주의적 인간과 사회에 대한 전망과 신념은 남겨두되, 목표와 방향을 틀면 된다." 이런 식으로 사회주의와 공산주의에 대한 이상향에 대한 개념적 정의를 바꾸는 것으로 나타났다.[96]

또는 새로운 교육적 인간상을 제시했다고 추론할 수 있겠다. 1967년의 유일사상체계확립 10대원칙은 수령에 대한 충실성에 대한 강조 때문에 간부들은 실제 사업에서 유능하고 충실한 사람들이 아닐 수도 있었다. 이제는 수령에 대한 충실성과 함께 실력도 갖춘 간부가 필요하게 되었다.[97]

---

96) 전미영, 『김일성의 말, 그 대중설득의 전략』, 106쪽.

97) "과거 열정과 대중들의 자발성에 의거하던 동원형 성장이 더 이상 가능하지 않았으며, 이제 기술의 혁신과 노동생산성의 향상을 통한 성장의 방식이 요구되었다. 이때부터 간부 평가의 기준에서 실력이 중요한 문제로 제기되기 시작했다. 과거 충성일변도의 간부 기준이 충성과 실력을 겸비한 간부로 바뀐 것이다." 정영철, 『김정일 리더십연구』(서울: 선인, 2008), 447~448쪽.

그리고 김정일은 “천리마시대에 제시되었던 공산주의적 인간유형, 인간개조방법, 교육교양방법, 교육제도, 주체확립과 혁명적 군중노선, 천리마작업반운동의 성과를 인정하되 새로운 목표와 방향을 설정하면 된다. 후계체제를 확고히 하면 다시 인민을 동원할 수 있을 것이다.”고 결론을 내린 것 같다. 즉, 북한사회의 새로운 주체를 만들어 내고 더욱 내면화할 수 있는 방법을 구상하게 된 것이다. 천리마시대와는 매우 다른 ‘자기에의 배려’ 방법, 수단, 제도가 필요하게 된 것이다. 이것은 주체사상이 마르크스-레닌주의로부터 벗어나서 김일성주의를 확립하고 김일성-김정일의 인간개조론을 전면화해야만 가능한 일이었다.

김정일이 온 사회의 주체사상화를 앞세운 주체시대의 새인간은 무엇보다도 김일성주의의 신봉자로서 천리마시대의 인간개조의 목표였던 공산주의적 새인간과는 다른 점도 많았고, 근본적인 차이점이 있었다. 이를 북한에서는 주체형의 혁명가라고 불렀다. 70년대의 북한의 교육과 3대혁명붉은기쟁취운동은 진응원과 정춘실과 같은 천리마작업반장을 넘어설 뿐만 아니라 색다른 존재를 양성해야 했다. 주체형의 혁명가는 기존의 천리마작업반운동으로는 달성할 수 없는 새로운 유형의 인간이었다. 천리마시대의 교육적 인간상이었던 진응원, 정춘실, 길확실과는 다른 유형의 인간이 나와야 했다. 그는 바로 김일성의 후계자 김정일이었다. 김정일이야말로 북한사회에서 김일성주의를 신앙화하고 수령에 대한 충실성을 양심화한 첫 번째 인물이었기 때문이다. 그 때부터 김정일은 다른 천리마기수들을 제치고 새로운 전형이 된 것이다. 주체시대의 유일체제에서는 김정일이야 말로 후계자로 적합한 것이다. 그리하여 김일성-김정일 통치시대가 열리게 되었고, 천리마작업반운동은 유일체제확립을 위한 3대혁명붉은기쟁취운동으로 계승되고 수정되어갔던 것으로 보인다.

김정일은 후계자가 되자마자 애초에 설정했던 공산주의적 새 인간상에 대해 수정을 가했고, 교육교양방법에도 수정을 가했다. 이것은 천리마시대의 사회주의교육교양의 원형이 잘못되었거나 실패한 증거라고 볼 수도 있지만, 천리마시대의 유산을 계승 심화한 것이라고도 볼 수 있다. 이것도 교육교양분야에 대한 일종의 관점전환이라고 할 수 있다. 북한주민들이 공산주의와 공산주의적 인간개조에 대한 회의를 가지고 방향상실로 혼란을 겪거나 수정주의적으로 관점전환이 일어나기 전에 먼저 김정일이 선도적으로 치고 나간 것이라고 할 수 있다.

김일성이 스탈린주의에서 벗어나려 했다고 할지라도 마르크스-레닌주의에 머물러 있는 한 스탈린주의와의 단절도 한계가 있었다. 그런데 김정일은 마르크스-레닌주의와 선을 긋는 관점전환을 행했던 것이다. 김일성이 탈스탈린주의를 택했다면 김정일은 온 사회의 주체사상화를 통해 초스탈린주의로 나아갔다. 물론 스탈린주의뿐만 아니라 마르크스-레닌주의와도 선을 긋는 관점전환을 시도한 사람은 김정일만은 아니었고 이러한 관점전환은 북한 핵심계층들의 시대정신이었던 것으로 보인다. 김일성 자신도 그러한 관점전환을 선도한 사람 중의 하나였던 것으로 보인다.

이제 공산주의와 사회주의사회에 대한 규정도 마르크스-레닌주의에 의거하지 않고 김일성주의에 의해 바꿀 수 있게 되었다. 이는 북한사회가 기존의 이론이나 모델에서 벗어날 수 있게 되었다고 말할 수도 있겠고, 기존의 관점에서 볼 때는 앞으로 만들어질 북한 사회가 공산주의인지, 사회주의 인지가 중요하지 않게 되었다고 말할 수도 있겠다. 마르크스-레닌주의에 내재되어 있고, 스탈린이 공산주의의 이상으로 굳혀 놓은 공산주의 이상향, 과도기로서의 사회주의사회상을 부정하게 되면 마르크스주의에 내재되어 있는 유토피아의 억압으로부터 생각을 해방시킬 수 있고, 북한의 현실사회주의를 정당화할 수 있는 논리도 나올 수 있었다.

1970년의 《철학사전》에는 공산주의는 "우리의 리상은 모든 사람들이 다 잘 먹고 잘 입고 오래 살 수 있는 사회, 한 사람도 뒤떨어지는 사람도 없고 모두가 진보적이며 다 같이 몸바쳐 일하는 사회" 라고 되어 있고 1972년에 발행된 《경제사전》에는 사회주의는 "생산수단에 대한 사적 소유가 청산되고 온갖 착취와 억압이 없어진 사회다. 사회주의 사회에서는 근로자들이 국가와 사회 그리고 생산수단과 생산의 주인으로 되며 그들이 생산한 생산물은 사회와 자기를 위하여 소비된다."고 되어 있는데 이러한 이상향에 대한 관점도 바뀌어야 했다.[98]

그러므로 북한의 천리마시대의 사회주의교육은 마르크스-레닌주의적인 공산주의를 건설하기 위한 교육이었다면 주체시대의 북한의 사회주의교육은 공산주의 사회라는 최종 목적지를 잃어버렸고 북한사회의 궁극적 전망이라고 할 수 있는 최종 목적지가 없어졌고, 종착역을 제시하지 않고 무작정 달리는 교육으로 바뀐 것이라고 할 수 있다. 사회주의사회라는 것도 마르크스-레닌주의가 상상했던 공산주의로 가기 위한 과도기로서 의미가 있었다면, 이런 공산주의에 대한 구체적 상이 변했기 때문에 과도기로서의 사회주의사회라는 상도 변해야 했지만, 그보다 사회주의건설이라는 목표도 애매하게 된 것이라고 보는 것이 옳겠다. 이것은 자본주의를 근본악으로 생각해서 많은 피와 죽음, 투쟁을 불사했던 자신들의 혁명과정에 대한 평가와 의미부여에도 큰 문제가 생겼다는 뜻이 된다.

이제 주체형의 새인간은 반드시 공산주의적 새인간이어야 할 필연성

98) 전미영, 『김일성의 말, 그 대중설득의 전략』, 106쪽, 〈표 1〉 재인용. 이 책 89~112쪽은 이 변화의 시작과 끝을 잘 보여주고 있다. 북한이 가끔 마르크스-레닌주의를 언급한다고 해도 이것을 근거로 김일성주의와 마르크스-레닌주의가 단절된 것이 아니라는 증거가 될 수는 없다. 이것은 국내외의 상황의 요구에 따른 일종의 립서비스라고 보면 될 것이다. 선우현, 『우리 시대의 북한철학』(서울: 책세상, 2000), 35쪽 참조.

은 없는 것 같다. 김일성주의가 마르크스-레닌주의를 초월하지 않고 스탈린주의를 초월할 수는 없다. 그리고 마르스크-레닌주의 또는 마르크스를 기반으로 하지 않는 사상이 공산주의라는 말을 쓴 다는 것은 공상에 가깝다. 천리마시대에는 주체확립과 혁명적 군중노선으로 대변되는 주체사상은 공산주의사회, 공산주의적 새인간을 만들어 내기 위한 방법론이었다면, 주체시대 즉 3대혁명붉은기시대에는 김일성주의로 격상된 주체사상은 목적이 되고 공산주의는 수단으로 되었다고 할 수 있다. 천리마운동의 '하나는 전체를 위하여 전체는 하나를 위하여'라는 구호는 3대혁명붉은기쟁취운동의 구호인 '생산도 학습도 생활도 항일유격대식으로!'로 바뀐다. 결국 다음과 같은 결론도 가능하다. '북한은 공산주의보다 주체사상을 더 중시한다, 공산주의는 유토피아라면 주체사상은 이데올로기가 되었다'고 할 수 있겠다.

그러나 이것은 문제의 해결책이 아니라 마르크스-레닌주의와 김일성주의사이의 갈등으로 나타날 수 있다. 사회주의 건설에 대한 노선투쟁으로 나타날 수 있고, 이것은 3대혁명붉은기시대와 천리마시대의 충돌로 나타났고, 김정일 후계체제와 수령제의 충돌로 나타났고, 김정일의 지도체계와 김일성의 영도체계의 충돌로 나타났다. 혁명전통과 계승사이에서의 충돌로 나타났고, 구세대와 신세대의 갈등으로도 나타났다. 이러한 충돌은 결국 리더십개선투쟁과 함께 노선투쟁, 숙청, 사상투쟁, 부정부패와의 투쟁을 동반하였다고 볼 수 있다.

천리마운동처럼 3대혁명붉은기쟁취운동과 같은 새로운 대중운동은 이와 같은 갈등을 해결하려는 방식이기도 하지만 갈등을 부추기는 방식이기도 했다. 사회주의국가에서의 갈등은 서양 중세의 종교 갈등과 유사한 형태로 나타난다. 인민재판은 종교재판이 되고 자아비판은 죄의 고백이 된다. 불신앙자는 고해하고 다시 죄사함을 받아야 한다. 이것을 못하는 자는 자기의 배려 수단이 없게 된다. 이것 없이는 자체수양도 불가능하다. 자체수양방법이 많지만 핵심적인 수단은 자아비판과 비판이다. 그런데 불신앙자가 끝까지 자백하지 않고 참회하지 않으면 추방되거나 영원히 도태되어야 한다. 더욱이 김일성주의를 신앙화한 이상 북한 사회의 갈등은 본질적으로 신앙 갈등과 유사한 형태일 것이라고 짐작할 수 있다.

김정일이 수령을 계승하는 과정에서의 충돌과 갈등은 북한 사회의 계급계층구조를 인위적으로 조정하는 기회이기도 했다. 천리마시대에 형성되었던 계급계층질서가 흔들리고 새로운 계층이동이 일어났다. 마르크스-레닌주의에 입각한 수령제에서 계층상승을 했던 사람을 대신해서 김일성주의에 입각한 유일체제, 지도자 김정일을 따르는 사람들이 득세하였고, 여기에 적응하지 못한 사람들은 계층하락을 감수해야 했다. 이러한 분위기에 잘 호응하거나 적응한 사람은 계층상승이 되어 김정일의 지지기반이 되었고, 불응하거나 부적응한 사람들은 계층이 하락하고 김정일에 대한 불만세력이 되었다. 이것은 천리마시대의 특징인 통일단결을 통한 경제발전이나 인간개조론과 모순되는 것이었다. 만약 통일단결이 북한사회의 과제라면 김정일의 과제는 다시금 이러한 분열을 끝내고 북한 주민들을 하나로 통합하는 것인데 그것은 많은 시간을 요하는 것이었고, 경제발전과 북한주민들의 생활개선이 되지 않는 한 쉽게 이룰 수 없는 일이었다.

공교롭게도 북한은 김정일이 후계자가 된 다음부터 경제나 사회발전이 둔화되어 갔다. 이것을 73년의 석유위기나 주변정세로 탓으로 돌릴 수도 있겠지만 북한의 인간개조론에 입각해서 보면 그만큼 수령-후계자-당-인민 사이에 통일단결을 이루지 못했기 때문이라고 볼 수 있다. 왜냐하면 북한의 인간개조론에 따르면 북한 사회주의 건설의 힘은 오직 통일단결에서 오기 때문이다.

그런데 이와 같은 상황을 공산주의라는 목표문화와 사회주의건설이라는 전이문화 사이의 갈등으로 해석할 수도 있겠다.

> 1970년대와 1980년대에는 목표문화는 '공산사회 건설'에 고정되어 있지만 구체적 정책과 관련되는 전이문화는 점차 생산력 발전을 중시하여 경제적 개혁과 관련되는 전이문화는 점차 생산력 발전을 중시하여 경제적 개혁과 개방의 필요성을 내세우고 현실적으로는 무역제일주의, 지방에 대한 분권화와 일선생산조직에 대한 독립채산제 확대, 가치법칙의 중시와 시장, 상품성이 증가하는 것이 특징으로 나타나고 있다. 이는 전이문화가 북한이 공식적으로 주장하는 '공산주의사회 건설'이라는 목표문화와는 점점 멀어지고 있음을 의미하는 것이다.(중략) 즉 현실적으로 자본주의적 요소인 물질적 유인, 시장, 상품, 개인적 소유권 등을 확대하면서 사회주의의 '과도기'에서는 이러한 자본주의적 유산의 활용이 불가피함을 역설하고자 하는 것이다.[99]

즉, 북한정권이 공산주의사회 건설이라는 목표를 버리고 주체사상을 김일성주의화 함으로써 북한체제를 유지하면서도 산업화 이후의 북한사회를 개조해 나가는 데 유연하게 대처할 수 있는 조건이 마련되었다고 생각해 볼만하다. 북한의 새로운 이데올로기인 김일성주의는 마르크스-레닌주의에서 벗어났기 때문에 수령과 당과의 관계, 수령과 후계자의 문제, 정부와 당의 관계 등 모든 것에 대해 김일성이 원하는 대로 수정하면 되는 것이고 그것을 김일성주의의 이름으로 정당화할 수 있게 되었기 때문이다.[100]

---

99) 권오윤, 『북한체제변화론』(서울: 다다미디어, 1998), 528쪽.

100) "'공산주의사회 건설'이라는 목표문화를 옹호하는 노동당은 이미 현실적응력이 결여되어 있으며 따라서 현실정책을 다루는 정부와는 갈등이 생길 수밖에 없다. 특히 북한체제의 변화과정에서 보듯이 목표문화와 전이문화간에는 시간이 흐름에 따라 괴리가 생기기 때문에 장래에 노동당은 '공산주의사회 건설'이라는 목표문화

마르크스-레닌주의에서 벗어난 김일성주의가 과연 시장사회주의를 낳을 것인지, 중국과 같은 길을 걷게 될지는 알 수 없다. 지금으로서는 북한의 지도자가 무얼 선택할지 어떤 나라가 될 것을 바라고 있는지도 전혀 알 수가 없다. 북한체제에 영향을 주는 변수는 너무 많고 현실공산주의는 모두 변질되거나 실패했다. 한동안 자본주의만이 대안이라고 생각하던 시기도 있었지만, 이제는 자본주의가 대안이냐에 대한 의문은 증폭되고 있으며, 2대 강국인 미국과 중국은 사람들을 끌어낼 수 있는 매력 있는 대안이 될 수는 없기 때문이다.[101)]

북한에서 공산주의에 대한 관념은 바뀌어도 주체사상은 쉽게 바뀌지 않을 것 같다. 북한정권은 공산주의적 인간개조는 포기해도 주체형의 인간개조는 포기하지 않을 것 같다. 김일성주의에서도 공산주의와 주체형의 인간개조는 담론 상으로는 결합되어 있지만, 둘 사이의 논리적 관계의 필연성은 없어 보인다. 공산주의에는 개혁개방이 있을 수 있지만, 김일성주의에는 개혁개방이 있을 수 없을 것이다. 사실 김일성주의 이후에 북한은 공산주의는 약화되어갔지만 김일성주의는 더욱 강화된 것을 목격할 수 있다. 그러나 이 말이 김일성주의가 변화하지 않을 것이라는 말은 아니다. 김일성주의도 북한 주민들을 김일성주의자로 인간을 개조하지 않고는 존재할 수 없는 사상이고, 인간을 개조하는 일은 끝이 없고 인간은 끊임없이 변화하는 존재인 만큼, 북한 주민들의 변화에 따

만 상징적으로 지향하고 실질적인 정책은 정부에게 맡길 수밖에 없을 것이다. 이러한 당 · 정간의 분리는 그동안 고질적인 병폐였던 관료주의를 타파하는 데도 효율적일 것이다." 권오윤, 『북한체제변화론』, 519쪽.

101) 권오윤, 『북한체제변화론』, 525~536쪽. 가라타니 고진은 『트랜스크리틱』(서울: 도서출판b, 2013)에서 자신의 탐구자세를 자본주의와 마르크스주의 사이에 놓고 그것을 '트랜스크리틱'이라고 명명했다. 가라타니 고진은 마르크스의 『자본』의 '가치형태' 장에 의거해서 『자본』과 마르크스를 재해석하고 '교환'원리를 통해 자본주의도 아니고 공산주의도 아니고 파씨즘도 아닌 세상을 구원할 수 있는 제4의 길을 찾는다.

라 김일성주의도 바뀔 것이다.[102)]

김일성으로 시작된 주체사상은 김정일에 의해 김일성주의로 바뀌었고, 김정일 사후에는 김일성주의는 김일성-김정일주의로 명명되었으며 김정은은 유일한 후계자가 되었다. 김정은 체제에서도 김정일이 후계자가 되었을 때처럼 북한 사회에서는 노선갈등, 계층갈등, 세대갈등, 사상갈등, 권력투쟁, 숙청, 부정부패에 대한 투쟁이 동시에 일어나고 있다. '당의 유일사상 체계 확립의 10대 원칙'은 2013년 6월 '당의 유일적 영도체계 확립의 10대 원칙'으로 바뀌었다. 2013년 9월 25일 북한은 김정은이 주재한 최고인민회의를 통하여 '중대발표'라는 이름으로 2015년부터 12년제 의무교육으로의 개편을 주요내용으로 하는 교육개혁조치를 발표하였다. 또한 기존 6년의 중학교 교육과정이 초급중학교 3년과 고급중학교 3년으로 나뉘어져 우리의 중학교 3년, 고등학교 3년의 학제와 비슷하게 개편되었다. 이 두 가지 변화는 북한사회와 북한의 교육교양내용과 방법이 크게 바뀔 것임을 시사하고 있다.

아마 김일성주의를 김일성-김정일주의로 바꾸는 것에 대한 반대도 있을 것이고 김일성-김정일주의에 대한 유일한 해석자로서의 김정은을 반대하는 움직임도 있을 것이다. 아니면 최소한 김정은으로 이어지는 후계체제에 대해 소극적으로 대하거나 재빠르게 적응하지 못하고 김일성, 김정일 유일체제에 대한 향수에 젖은 사람들도 있을 것이다. 김정은은 이에 대해 천리마운동시기의 김일성, 3대혁명붉은기시대의 김정일처럼, 강압적인 통치를 강화하고 새로운 대중운동을 통해서 이것을 해결해 나가려 할지 모른다. 이는 김정은이 후계자로 된 이후에 처형된 2인자인 장성택의 죄명들과 천리마를 대신한 만리마라는 말이 등장하는 것을 통

102) 선우현은 『우리 시대의 북한철학』에서 변용과 재편이라는 말을 써서 주체사상의 변화과정을 설명하는 데, 동구의 몰락 이후는 김일성주의가 '저항 민족주의'의 성격을 갖게 변용되고 재편되었다고 본다.

해 어느 정도 감지할 수 있을 것이다.[103)]

그러나 이러한 대중운동은 천리마운동이 그랬고, 3대혁명붉은기쟁취운동이 그랬듯이 기존의 북한 내부의 갈등과 충돌을 해결해 주는 길이 될 수도 있지만 새로운 갈등과 충돌을 불러일으키는 길이 될 수도 있을 것이다. 이제 북한의 최고지도자인 김정은이 공산주의적 인간개조와 김일성-김정일주의를 어떻게 결합시키고 변화시켜나가나 지켜볼 일이다. 김정은과 북한주민들의 관점전환을 기다려 볼 일이다. 그것이 김일성주의에 대한 전환일지, 굴절일지, 단절일지, 변용일지 주시해야 할 것이다.

인류가 바라는 사회상과 교육적 인간상이 무너지고 그런 세상에 도달할 수 있는 방법과 주체를 형성할 수 없다면, 즉 유토피아가 사라진 세상이라면 무엇이든지 가능한 세상이 된다. 무엇이든지 정당화될 수 있다. 선과 악의 경계가 애매해 진다. 어떤 이데올로기든 가능해 진다. 유토피아는 세상과 인간을 미치게 만들 수도 있지만 유토피아가 없다면 어떠한 자기의 배려의 방법도 정당화될 수 없게 되며 인간이 자기 자신을 성찰할 수 있는 방법도 없어지게 되고 자기 자신을 알아낼 길이 막히게 된다. 개인은 유토피아 없이 살 수 있지만, 집단에게는 막연하게나마 유토피아가 있어야 유지될 수 있다. 공산주의라는 기존의 유토피아를 대체할 새로운 유토피아, 새로운 신화, 새로운 서사가 필요한 것이다. 과학과 기술은 민족과 인류를 구원할 수 있는 중요한 수단이지만 그것으로 민족이나 인류를 구원할 수는 없다. 절대자가 우리를 구원할 수도 없다. 최종심급에는 인간의 마음, 우리들의 마음, 각자의 마음이 있을 뿐이다.

---

103) "천만군민의 치솟는 분노의 폭발. 만고역적 단호히 처단: 천하의 만고역적 장성택에 대한 조선민주주의 인민공화국 국가안전보위부 특별군사재판 진행」, 『로동신문』, 2013. 12. 13.

제 7 장

교육은 인간을 얼마나 변화시킬 수 있는가

이 글이 보여주고자 했던 것은 천리마시대의 북한교육의 형성과정과 특징을 밝혀냄으로써 북한체제의 특수성을 정확하게 파악하고 최종적으로는 현재의 북한 사람들의 인간성을 파악할 수 있는 길을 찾아내는 것이었다. 이제 지금까지의 탐구를 통해서 필자가 발견한 북한교육의 특수성이나 특징을 정리해 보면 다음과 같다.

1. 북한의 사회주의교육은 주체확립과 혁명적 군중노선에 의거한 천리마작업반운동과 청산리방법의 직접적인 영향하에 형성되었다. 북한의 사회주의교육은 천리마작업반운동처럼 북한 주민들이 김일성을 중심으로 통일단결하는 것에 기여할 수 있도록 설계되었다. 주체확립과 혁명적 군중노선에 맞게 이상화되고 각색된 항일빨치산들의 회상기와 김일성 일대기 자체가 혁명전통교양과 공산주의교양의 교재였다. 김일성의 연설과 김일성의 전기 북한 도덕교과서의 체계와 내용의 토대가 되었다. 모든 교과목에서는 김일성의 교시나 당정책을 교수내용과 반드시 결부시키도록 교수안이 만들어졌고 교과서가 편집되었다. 혁명전통교양, 사회주의애국주의교양, 당정책교양은 체계상으로는 분리되어 있는 것으로 보이지만 궁극적으로는 김일성에 대한 충실성교양으로 수렴되었다.

2. 소련은 계급투쟁을 약화시켰으나 중국은 계급투쟁을 강화하였고, 계급투쟁과정에서는 인간의 도덕성을 등한히 했다. 북한은 인민성을 중시하면서 사회주의생활양식을 확립하고 그에 맞게 생활하는 도덕적 인간을 중시했다. 중국은 계급교양보다 계급투쟁을 앞세웠고 북한은 계급투쟁보다는 계급교양을 우선시했다. 소련은 내부 계급투쟁을 비적대적

모순으로 규정하고 형식화하였고, 중국은 내부의 계급관계를 적대적 모순으로 봐서 계급투쟁이 내란에 까지 이르렀다. 북한은 계급투쟁의 주된 형태는 계급교양이었다.

3. 천리마시대의 북한의 교육의 목적은 사상혁명을 앞세운 사상혁명, 기술혁명, 문화혁명을 통해 적대계급이외의 대다수의 북한의 주민들을 전면적으로 발달한 공산주의적 새인간으로 양성하는 데 있었다. 똑같이 공산주의적 새인간 양성에 관심을 기울였던 소련의 스탈린은 상대적으로 기술혁명을 앞세운 것이라면 중국의 모택동은 사상혁명을 앞세운 것으로 보인다. 모택동은 물질적 평균주의와 정치적 자극에 치중했다면 소련은 정치적 자극은 형식화하고 물질적 자극을 주로 활용하였다. 북한은 표창과 같은 사회적 인정을 교양에 적극 활용하였다. 조직사회주의인 북한은 정치적자극과 사회적 인정의 효과가 커서 물질적 자극이 작더라도 상징적 효과는 컸다.

4. 북한의 교육적 인간상은 진응원, 정춘실, 길확실과 같은 천리마기수들로서 이들은 소련의 스타하노프나 중국의 뇌봉과 다른 유형인 리더형 인간이라 할 수 있다. 소련의 스타하노프는 소비지향적 기술자였다면 뇌봉은 금욕적인 군인형 인간이다. 천리마기수들은 당성, 계급성, 인민성을 갖춘 리더형 인간이다. 북한의 천리마기수들은 우선적으로 자기가 속한 집단의 성과를 올려야 분배도 많이 받을 수 있었다. 스타하노프는 개인 업적을 중시했고 뇌봉은 자신의 몫에 대해 전혀 신경을 쓰지 않았다.

5. 북한 사회주의 학교의 모델이 된 약수중학교는 교육을 우선으로 하면서 노동과 활동을 동시에 교육교양하였고, 소련의 사회주의 학교의

모델은 도시형 학교로서 교육이 우선이고 노동과 활동은 등한시 되었다. 중국의 학교모델은 인민공사 내의 학교로서 학교는 교육보다 노동과 활동이 월등하게 우선시 되었다. 북한의 사회주의 학교의 모델은 김일성이 직접 만들어 냈고 이 모델은 북한의 모든 학교의 절대모델이 되었다.

6. 북한의 9년제 기술의무교육이라는 학제는 세계 유일한 단선형학제로서 중국이나 소련과 달랐다. 교과서를 만들 때 중국은 수학, 과학, 국어같은 도구과목들도 철저히 실용적이고 생산적인 것으로 채웠다. 소련에서는 체계적인 교과중심의 교육과정을 유지하면서 실용적이고 생산적인 활동은 부차적으로 되었다. 북한은 체계적인 교과중심교육과정을 유지하면서 실용적이고 생산적인 활동을 교육과정에 강력하게 결합시키려 했다.

마르크스-레닌주의 교육, 변증법적 유물론, 사적유물론 교육, 소련의 교육자인 마카렌코의 권위, 최초의 인공위성인 스푸트니크호 발사 성공으로 인해 소련교육에 대한 신뢰와 영향력이 컸다. 북한의 깨우쳐주는 교수법은 이러한 소련의 영향력에서 벗어나려 했다.

스탈린은 시험위주의 학생평가제를 도입하였고, 모택동은 시험제도를 폐지하기도 했다. 북한은 시험을 존속시키되 다양한 활동도 평가하도록 했다. 김일성은 합격불합격의 결과를 내기 위한 시험이나 경쟁이 적은 5점 채점 대신에 10점 채점으로 바꿔보기도 하였다.

북한의 학생들에겐 집단주의와 조직생활이 중요했다. 소년단, 사로청과 같은 단체활동이 중요시 되었다. 북한의 주민들은 소련이나 중국과 달리 모두가 조직생활에 의무적으로 참여해야만 했다.

김일성은 학생들의 방과 후의 일상생활과 학습을 규제할 수 있는 제도인 학습반이라는 제도를 만들었다. 북한은 혁명전통교육과 사상교육을 위해 모든 학교와 지역에 거점을 만들어 놓았다. 김일성은 모든 학생이 우등생, 최우등생이 되는 모범분단, 천리마학급, 천리마학교 칭호 쟁취운동을 벌여나갔다. 이는 모든 학생들에게 교육내용을 완전히 습득시키는 완전학습을 목표로 하였다.

7. 김일성은 비판과 자아비판을 자체수양의 대표적 방법으로 만들었다. 북한이 긍정적 감화의 한 수단으로 활용한 북한의 영예게시판, 붉은 수첩 등은 소련의 펠레톤이나 중국의 대자보와 다르다. 자체수양(자기에의 배려)수단으로 김일성은 독서나 붉은 수첩같은 일기를 제도화하였고 양식화하였다.

8. 스탈린은 학생들로 하여금 교사의 권위와 관료주의적 태도를 받아드리도록 하였으나 모택동은 청년학생들을 동원해서 교사의 권위나 관료주의적 태도와 투쟁을 벌여나갔다. 북한은 동아시아적 윤리에 의거해서 교사와 학생간의 관계를 정립하면서 교사의 권위주의나 형식주의를 비판하되 학생들을 적극 동원하지 않았다. 김일성에 의해 교사는 혁명가로 호명되었고 청년학생들은 혁명의 후비대로 호명되었기 때문이었다.

그러나 이렇게 나열된 천리마시대의 북한의 교육교양의 특징과 특수성만으로는 소련이나 중국의 인간개조와 다른 결과를 낳을 것이라는 것을 보장할 수는 없다. 북한 사회와 북한 교육의 성패는 궁극적으로는 북한주민들이 어느 정도 자각적 존재로 되었는가, 자체수양과 자기에의 배려를 성공적으로 했는가 실패했는가에 달린 것이다. 자각이나 자체수양, 자기에의 배려는 결국 북한 사람들의 정체성에 대한 문제와 직결되므로 북한 교육의 성패는 정체성의 문제가 되고 정체성의 문제는 집단정체성과 개인정체성과의 관계의 문제라고 할 수 있다. 만약 개인정체성이 집단정체성에 잘 통합되어 있으면 그 사회의 교육은 기본적으로 성공한 것이라고 할 수 있지만 개인정체성과 집단정체성이 분리되면 그 교육은 실패한 것이라고 볼 수 있을 것이다.

그런데 앞에서 보았듯이 천리마시대의 북한 교육교양의 문제점을 분석해 보면 많은 모순과 한계를 발견할 수 있었다. 대표적인 모순과 한계는 1. 집단주의사회의 핵심형성의 한계와 모순 2. 수령=당=인민의 공식에 내재된 모순과 한계 3. 수령의 교시와 지도의 문제점 4. 긍정적 감화교양의 문제점 5. 완전학습의 모순과 한계 7. 모범사례를 통한 교육교양방법의 모순과 한계 8. 이론과 실천의 괴리 9. 깨우쳐주는 교육교양방법의 한계와 모순 10. 자기에의 배려(자체수양)의 한계와 모순 에서 찾을 수 있었다.

북한 주민들에게 공산주의 건설에 대한 전망이나 희망이 막연하게나마 존재하고, 북한 사회가 안정적으로 발전할 때는 이러한 모순과 한계는 겉으로 드러나지 않을 수 있다. 그러나 북한은 1960년대 후반부터 어려워지다가 1973년 석유위기와 더불어 체제가 근본에서부터 흔들리기 시작하고 어려움이 가중되었던 것으로 보인다. 더욱이 남한의 경제발전상은 사회주의제도나, 수령제에 대한 믿음을 흔들 수 있는 불안요소로 작용하였다. 북한사회의 침체나 인간개조의 어려움으로 인해 북한 주민이나 간부들에게 요구되었던 공산주의적 인간개조와 공산주의 미래에 대한 신념이 사라져가기 시작했다. 북한 사회가 어려워지면서 토지개혁, 집단화, 사상투쟁과정에서 지위를 박탈당했던 사람들의 삶은 더 어려워졌고 이들의 북한 사회에 대한 불만, 소외감은 더욱 깊어 졌다.

북한 교육교양 방법에 내재되어 있던 모순과 한계는 북한 사회의 위기와 결합되면서 북한 주민들과 간부들의 북한 사회와 수령에 대한 믿음이 흔들리기 시작했고, 수령의 교시와 정책도 쉽게 관철되지 못하는 상황이 되었다. 수령, 후계자, 당, 간부, 인민에 이르기 까지 모두가 정체성이 흔들리면서 관점전환의 시기가 도래했다.

이런 상황에서 김정일은 마르크스-레닌주의를 주체사상과 단절시키고, 주체사상을 김일성주의로 명명했던 것이다. 주체사상이 김일성주의로 명명되고 마르크스-레닌주의와 단절함으로써 북한의 주체사상은 공산주의사상과도 결별한 셈이 되었다. 천리마시대는 주체사상은 공산주의를 위한 실천수단이었지만, 천리마시대를 이은 주체시대는 주체사상이 목적이고 공산주의는 수단이 되었다.

1974년 이전의 주체사상은 북한이 공산주의를 건설하기 위한 수단으로서의 이데올로기였다면, 1974년 이후에는 공산주의가 오히려 온 사회의 주체사상화를 위한 수단, 김일성 주의를 위한 수단이 되었다. 이것은 김일성주의가 마르크스-레닌주의의 명제뿐만 아니라 공산주의, 사회주의 건설이라는 명제로부터 자유로워진 것이라고 할 수도 있다. 이 때부터 북한에서 '공산주의', '사회주의'라는 말은 기의 없는 기표가 되었다고 할 수 있다. 그러나 유일사상, 김일성주의라는 기표는 확실한 기의를 가지게 되었다고 할 수 있겠다.

북한의 사회주의 교육의 원형은 천리마작업반운동 초창기에 완성된 것이 아니라 1967년 '당의 유일사상체계 확립을 위한 10대원칙'이 만들어 진 다음 즉 천리마운동의 제3시기에 완성된 것으로 간주해야 한다. 이 때까지만 해도 북한의 주체사상은 마르크스-레닌주의에 의거하였을 뿐만 아니라 공산주의를 건설한다는 유토피아적인 목표를 지닌 이데올로기로서 북한 주민들을 주체로서 호명하는 역할을 충분히 하였다. 그러나 1974년부터 주체사상은 마르크스-레닌주의와 명시적으로 단절함으로써 김일성주의가 되었고, 김일성은 수령을 넘은 수령, 신격화된 수령이 되었고 북한 주민들은 김일성주의의 신앙인이 되어야 했다.

천리마작업반운동은 전사회의 주체사상화를 위한 3대혁명붉은기쟁취운동으로 교체되었고, 천리마시대는 주체시대로, 천리마기수는 주체형의 혁명가로 교체되었지만, 천리마작업반운동과 천리마시대에 이룩한 것은 사라지지 않고 있으며 북한 사회주의체제의 토대를 이루고 있다. 북한의 교육교양의 토대도 천리마시대의 교육교양에 있다. 현재의 '북조선인'의 사상과 인간성의 토대에는 천리마시대에 탄생한 '북조선인'의 사상과 인간성이 존재한다.

인류의 역사는 생산력발달의 역사라고도 볼 수 있지만 인간개조의 역사라고 할 수 있다. 북한이 내세운 주체확립과 혁명적 군중노선과 그의 구현인 천리마작업반운동은 바로 인간개조의 방향, 목표, 방법을 설정함에 있어 다른 사회주의국가들과 매우 다른 길을 택한 것이라고 할 수 있다. 작다면 작고 크다면 큰 이 차이가 그 후의 북한 사회주의와 다른 사회주의국가들의 진로의 차이를 낳은 결정적 요인이라고 볼 수 있다.

현재의 미세한 차이가 후에는 큰 차이, 결정적 차이를 낳을 수 있고, 과거에는 징후만으로 존재했던 것이 미래에는 지배적 현상으로 나타날 수 있다. 겉으로 보기에는 미세한 요소일지라도 질적 차원에서 보면 결정적으로 중요한 요소가 될 수 있다. 천리마시대에 형성된 북한 사회주의교육학의 원형을 미세하게 징후적으로 독해함으로써 그 이후에 전개될 교육교양의 흐름을 올바르게 파악할 수 있을 것이다. 반대로 너무 당연하고 큰 것은 눈에 잘 보이지 않는 법이다. 주체확립과 혁명적군중노선을 통해서 북한사회를 보게 되면 작은 세계와 큰 세계를 동시에 볼 수 있으리라 생각한다.

공산주의 인간의 가능성과 방법론에 대한 의문은 '인간은 얼마나 바뀔 수 있는가', '인간은 어떤 사회를 만들 수 있는가' 와 같은 철학적이며 과학적인 질문으로 표현할 수 있을 것이다. 이러한 질문은 체제와 시대를 떠나 수많은 사람들의 질문이라고 할 수 있을 것이다. 그러므로 인간개조론을 통해서 북한을 연구하는 것은 체제의 한계를 뛰어 넘어 북한을 객관적으로 연구할 수 있는 과학적 방법이라고 생각한다. 인간개조라는 주제는 끊임없는 나-나 대화를 요구한다. 나는 얼마나 변할 수 있는가, 인간이란 어떤 존재인가, 나의 인생관과 인간관은 무엇인가와 같은 철학적 질문을 연구자 자신에게 불러일으키기 때문에 성찰적 자세로 북한을 연구하게 만들게 된다. 우리가 세상을 이해하려면 과거와 현재와의 대화가 반드시 필요하듯이 나와 나의 대화가 반드시 필요하다. 이에 더해 반드시 나와 너의 대화가 필요하지만 이것은 오직 남과 북이 만나고 교류해야만 해결될 수 있다. 그래야만 이 연구가 완성될 수 있을 것이다.

참고문헌

1. 북한문헌

1) 김일성 저

『김일성저작집 3』(평양: 조선로동당출판사, 1979).
『김일성저작집 9』(평양: 조선로동당출판사, 1980).
『김일성저작집 12』(평양: 조선로동당출판사, 1981).
『김일성저작집 13』(평양: 조선로동당출판사, 1981).
『김일성저작집 14』(평양: 조선로동당출판사, 1981).
『김일성저작집 15』(평양: 조선로동당출판사, 1981).
『김일성저작집 16』(평양: 조선로동당출판사, 1982).
『김일성저작집 18』(평양: 조선로동당출판사, 1982).
『김일성저작집 19』(평양: 조선로동당출판사, 1982).
『김일성저작집 20』(평양: 조선로동당출판사, 1982).
『김일성저작집 21』(평양: 조선로동당출판사, 1983).
『김일성저작집 22』(평양: 조선로동당출판사, 1983).
『김일성저작집 25』(평양: 조선로동당출판사, 1983).
『김일성저작집 26』(평양: 조선로동당출판사, 1984).
『김일성저작집 28』(평양: 조선로동당출판사, 1984).
『김일성저작집 29』(평양: 조선로동당출판사, 1985).
『김일성저작집 32』(평양: 조선로동당출판사, 1986).
『김일성선집 3』(평양: 조선로동당출판사, 1963).
『김일성전집 53』(평양: 조선로동당출판사, 2004).

『김일성전집 54』(평양: 조선로동당출판사, 2004).
『김일성전집 64』(평양: 조선로동당출판사, 2006).

2) 김정일 저

『주체혁명위업의 완성을 위하여 2(1972-1973)』(평양: 조선로동당출판사, 1987).
『주체혁명위업의 완성을 위하여 3(1974~1977)』(평양: 조선로동당출판사, 1987).

3) 『근로자』

류영술, 「기술 혁명 수행에서의 중등 및 기술 의무 교육제 실시의 의의」, 『근로자』 제11호(1958).
리상태, 「공산주의적인 새 인간 형성에서의 문학 예술의 역할」, 『근로자』 제12호(1962).
송정우, 「교과서의 질을 높이기 위하여」, 『근로자』 9호(1962).
「당성, 인간성, 문화성」, 『근로자』 2호(1962).
「인민적 문풍 확립에서 제기되는 몇 가지 문제 : 평양사범 대학 조선어학 강좌」, 『근로자』 4호(1962).
「학교와 실생활과의 련계를 강화하며 인민 교육 체계를 가일층 발전시킬 데 대하여－쏘련 공산당 중앙위원회 및 쏘련 내각의 테제」, 『근로자』 12호(1958).

4) 『천리마』

『천리마』, 1960. 10.
『천리마』, 1960. 11.
『천리마』, 1960. 12.
『천리마』, 1970. 4.

5) 『인민교육』

『인민교육』, 1958. 4.

『인민교육』, 1960. 11.
『인민교육』, 1960. 12.
『인민교육』, 1961. 1.
『인민교육』, 1961. 6.
『인민교육』, 1961. 7.
『인민교육』, 1961. 8.
『인민교육』, 1961. 11.
『인민교육』, 1963. 5.
『인민교육』, 1965. 9.
『인민교육』, 1967. 10.

6) 『민주사법』

『민주사법』 제10호, 1959.

7) 신문

『로동신문』, 1971. 5. 25
『로동신문』, 1973. 5. 25.
『로동신문』, 2007. 5. 25.
『로동신문』, 2009. 9. 25.
『로동신문』, 2013. 12. 13.

8) 연감

『조선중앙연감』(평양: 조선중앙통신사, 1969).
『조선중앙연감』(평양: 조선중앙통신사, 1971).
『조선중앙연감』(평양: 조선중앙통신사, 1973).
『조선중앙연감』(평양: 조선중앙통신사, 1999).
『조선중앙연감』(평양: 조선중앙통신사, 2013).

9) 사전류

문영호 외, 『조선말사전』(평양: 백과사전출판사, 2010).
사회과학원 철학연구소, 『철학사전』(평양: 사회과학출판사, 1970).
사회과학원 철학연구소, 『철학사전』(평양: 사회과학원 철학연구소, 1985).
조선민주주의인민공화국 과학원 언어 문학 연구소 사전 연구실 편, 『조선말 사전 1』(평양: 조선민주주의인민공화국 과학원출판사, 1962).
조선민주주의인민공화국 과학원 언어 문학 연구소 사전 연구실 편, 『조선말 사전 5』(평양: 조선민주주의인민공화국 과학원출판사, 1962).
조선민주주의인민공화국 과학원 언어 문학 연구소 사전 연구실 편, 『조선말 사전 6』(평양: 조선민주주의인민공화국 과학원출판사, 1962).
『백과전서 1』(평양: 과학, 백과출판사, 1982).
『백과전서 2』(평양: 과학, 백과출판사, 1983).
『백과전서 4』(평양: 과학, 백과사전 출판사, 1983).
『위대한 수령 김일성동지의 로작 용어사전』(평양: 과학,백과사전출판사, 1982)
『조선대백과사전 4』(평양: 백과사전출판사, 1996).
『조선대백과사전 17』(평양: 백과사전출판사, 2000).
『조선대백과사전 20』(평양: 백과사전출판사, 2000).
『조선대백과사전 25』(평양: 백과사전출판사, 2001).
『정치용어사전』(평양: 사회과학출판사, 1970, 동경: 구월서방, 번각발행, 1971)
『조선문화어사전』(평양: 사회과학출판사, 1973).

10) 단행본

강덕서, 『새인간형성과 천리마작업반 운동』(평양: 조선로동당출판사, 1961).
교원신문사, 『로동당 시대의 교육자들(5)』(평양: 교원신문사, 1961).
교육도서출판사 편, 『교수 교양 사업 경험』(평양: 교육도서출판사, 1956).
교육도서출판사, 『사회주의 학교관리학 : 사범대학용』(평양: 교육도서출판사, 1976).
교육도서출판사, 『심리학:고등중학교 5』(평양: 교육도서출판사, 1998).
교육도서출판사, 『약수 중학교 교육 경험』(평양: 교육도서출판사, 1964).

교육도서출판사, 『해방후10년간의 공화국 인민교육의 발전』(평양: 교육도서출판사, 1955).

교육학분과 집필 위원회, 『교육학: 사범전문학교용』(평양: 교육도서출판사, 1960, 학우서방, 번인발행, 1961).

군중문화출판사, 『공산주의 례의 도덕 교양』(평양: 군중문화출판사, 1964, 번인발행 학우서방, 1965).

권정웅, 『전환』(평양: 문학예술종합출판사, 1999).

근로자신문사, 『천리마작업반운동의 심화발전을 위하여』(평양: 근로자신문사, 1970).

금성출판사, 『김일성원수님의 어린 시절』(평양: 금성청년출판사, 1978).

김수복, 『한 녀교원의 수기』(평양: 민청출판사, 1961).

김일성 종합대학 경제학부 교원일동, 『청산리 교시와 사회주의 경제 건설』(평양: 조선로동당출판사, 1962).

김일성종합대학출판사, 『위대한 령도자 김정일동지혁명력사교재』(평양: 김일성종합대학출판사, 2004).

김일완, 『혁명의 씨앗을 키우며』(평양: 교원신문사, 1963).

남진우 외, 『사회주의교육학:사범대학용』(평양: 교육도서출판사, 1991).

리남선, 『소련의 교육사업을 참관하고서』(평양: 교육도서출판사, 1957).

리명호 편, 『김철작품집 (상)』(평양: 문학예술출판사, 2005).

리병모, 『교수방법론:교원용』(평양: 교육도서출판사, 1988).

리상걸, 『사회주의와 지식인문제』(평양: 사회과학출판사, 1995).

리새삼 편, 『청산리 정신, 청산리 방법 관철에서의 몇 가지 문제』(평양: 조선로동당출판사, 1964).

리새순, 『심리학개론』(평양: 과학백과사전종합출판사, 1988, 학우서방 번각, 1990).

리새순 외, 『심리학』(평양: 김일성종합대학출판사, 2004).

리홍종, 『녀성들의 공산주의 품성』(평양: 조선녀성사, 1960).

박철희 · 정상순, 『수령님과 설맞이』(평양: 금성청년출판사, 1998).

백재욱, 『천리마운동은 사회주의 건설에서의 우리 당의 총로선』(평양: 조선로동당출판사, 1965).

사로청출판사, 『김일성원수님의 어린 시절』(평양: 사로청출판사, 1971).
사회과학원, 『주체사상에 기초한 사회주의 교육리론』(평양: 사회과학출판사, 1975).
사회과학원력사연구소, 『조선전사 23』(평양: 사회과학원력사연구소, 1981).
사회과학원 언어학연구소, 『문화어학습참고서』(평양: 사회과학원출판사, 1973).
사회과학원 언어학연구소, 『혁명과 건설의 무기로서의 민족어의 발전에 관한 김일성동지의 사상』(평양: 사회과학출판사, 1970).
사회과학원 주체사상연구소, 『주체사상에 기초한 언어리론』(평양: 사회과학출판사, 1975).
사회과학출판사 편, 『영도예술』(서울: 지평, 1987).
사회과학출판사, 『김일성동지의 로작 색인』(평양: 사회과학출판사, 1972).
윤복진, 『김 일성 원수님의 어린 시절 이야기』(평양: 민청출판사, 1963).
전광두 · 장세호, 『소년단건설1－사범대학사로청지도원학과용』(평양: 교육도서출판사, 1986).
전광두 · 장세호, 『소년단건설2－사범대학사로청지도원학과용』(평양: 교육도서출판사, 1986).
조선로동당출판사, 『계속전진, 계속 혁신하는 것은 공산주의적 혁명 기풍이다』(평양: 조선로동당출판사, 1962).
조선로동당출판사, 『김일성전집 목록(1926－1994.7)』(평양: 조선로동당출판사, 2012).
조선로동당출판사, 『누구나 일하며 다 잘 사는 세상』(평양: 조선로동당출판사, 1960)
조선로동당출판사, 『사상, 기술, 문화의 3대혁명 수행경험』(평양: 조선로동당출판사, 1986).
조선로동당출판사, 『사회주의적 애국주의에 대하여』(평양: 조선로동당 출판사, 1958).
조선로동당출판사, 『위대한 수령 김일성동지의 불멸의 혁명업적 12: 온 사회의 일심단결의 실현』(평양: 조선로동당출판사, 1999).
조선로동당출판사, 『주체혁명위업의 위대한 령도자 김정일동지1: 위대한 사상리론가』(평양: 조선로동당출판사, 2001).
조선문학예술총동맹, 『천리마시대의 노래』(평양: 조선문학예술총동맹, 1963).
조선사회주의로동청년동맹, 『지덕체 과업 실천을 위한 사로청 조직들의 사업 경험』(평양: 조선사회주의로동청년동맹출판사, 1964).
조선인련합회 중앙상임위원회 선전부, 『혁명전통교양지도를 위한 참고자료』(도쿄: 조선인련합회 중앙상임위원회 선전부, 1966).
직업동맹출판사, 『천리마작업반(4)』(평양: 직업동맹출판사, 1963).
집필위원회, 『교육학: 사범대학용』(평양: 교육도서출판사, 1969, 학우서방, 번각발행, 1971).
집필위원회, 『사회주의교육학』(평양: 교육도서출판사, 1975).
최청의, 『교육심리』(평양: 교원신문사, 2001, 번각발행, 학우서방, 2002).
총련중앙선전부, 『선동원들에게 주는 참고 자료』(동경: 선동원사, 1963).
학생소년출판사, 『김일성원수님의 품속에서 자라난 아동단』(평양: 학생소년출판사, 1969).
허인혁, 『우리나라에서의 사회주의 인테리의 형성과 장성』(평양: 조선로동당출판사, 1960).

2. 국내문헌

1) 국내 출판사가 발행한 북한 원전

강근조, 『조선교육사4』(서울: 교육과학사, 『북한교육사(조선교육사영인본)』, 2000).
강운빈, 『인간개조론』(서울: 도서출판 조국, 1989).
금성청년출판사, 『주체의 학습론』(서울: 미래사, 1989).
김길순, 『봄향기』(서울: 도서출판 한, 1995).
김석범, 『사랑으로 쓰는 교육수첩』(서울: 도서출판 물결, 1993).
김철만 · 오백룡외, 『회상기－상, 중, 하』(서울: 도서출판 대동, 1990).
리영환, 『조선교육사 5』(서울: 교육과학사, 『북한교육사(조선교육사영인본)』, 2000).
민병욱 · 구명옥 편, 『북한 경희극』(서울: 도서출판 연극과인간, 2002).

박종원 · 류만, 『조선문학개관 2』(서울: 인동, 1988).
백두연구소 엮음, 『북한의 혁명적 군중노선』(서울: 도서출판 백두, 1989).
백두연구소 엮음, 『주체사상의 형성과정 1』(서울: 도서출판 백두, 1988).
사회과학원역사연구소, 『현대조선역사』(서울: 도서출판 일송정, 1988).
사회과학출판사 편, 『사회주의경제건설이론』(서울: 태백, 1989).
유작촌, 『정통과 계승－위대한 인간, 새로운 문명을 위하여』(대전: 현대사, 1992).
조선로동당 중앙위원회 당력사연구소, 『조선로동당략사: 1979년판』 1 · 2(서울: 돌베개, 1989).
최상순, 『나의 교단』(서울: 물결, 1989).
하정희, 『백양나무－상, 하』(서울: 도서출판 힘, 1990).
현승걸, 『아침해－상, 하』(서울: 청년세대, 1989).
황장엽, 『인류사회는 어떻게 발생하였으며 발전해왔는가』(서울: 나라사랑, 1989).

2) 단행본

강정구 편, 『북한의 사회』(서울: 을유문화사, 1992).
강호제, 『북한 과학기술 형성사 1』(서울: 선인, 2008).
경남대학교 북한대학원 엮음, 『북한연구방법론』(서울: 한울아카데미, 2004).
경남대학교 북한대학원 엮음, 『북한 문화, 둘이면서 하나인 문화』(서울: 한울아카데미, 2006).
경남대학교극동문제연구소, 『북한 사회주의건설의 정치경제』(마산: 경남대학교 출판부, 1993).
고뢰정, 『북한경제입문』(서울: 청년사, 1988).
고영근 편, 『북한의 말과 글』(서울: 을유문화사, 1989).
고현욱 · 김영주 · 김용기 · 도흥렬 외, 『북한사회의 구조와 변화』(서울: 경남대학교 극동문제연구소, 1987).
권헌익 · 정병호, 『극장국가 북한』(서울: 창비, 2013).
김광수, 『사상강국: 북한의 선군사상』(서울: 선인, 2012).
김동규, 『북한의 대학과 대학생』(서울: 민족통일중앙협의회, 1989).
김동규, 『북한의 교육학』(서울: 문맥사, 1990).

김갑철 · 고성준, 『主體思想과 北韓社會主義』(서울: 문우사, 1988).
김석향, 『북한이탈주민의 언어생활에 나타나는 북한언어정책의 영향』(서울: 통일부 통일교육원 연구개발과, 2003).
김석형 구술 · 이향규 녹취, 정리 『나는 조선노동당원이오!』(서울: 선인, 2001).
김성보, 『남북한 경제구조의 기원과 전개: 북한 농업체제의 형성을 중심으로』(서울: 역사비평사, 2000).
김성보, 『북한의 역사1』(서울: 역사비평사, 2011).
김연철, 『북한의 산업화와 경제정책』(서울: 역사비평사, 2002).
김형찬 편, 『북한의 교육』(서울: 을유문화사, 1990).
민성길, 『통일과 남북청소년』(서울: 연세대학교출판부, 2001).
박노자, 『하얀 가면의 제국』(서울: 한겨레신문사, 2005).
박동환, 『동양의 논리는 어디에 있는가』(서울: 고려원, 1993).
박영정, 『북한연극/희곡의 분석과 전망』(서울: 연극과 인간, 2007).
박형중, 『북한적현상의 연구』(서울: 연구사, 1994).
박형중, 『북한의 변화 능력과 방향, 속도와 동태』(서울: 통일연구원, 2001).
박후건, 『유일체제 리더십: 잭 웰치, 이건희, 김정일 리더십의 비밀』(서울: 선인, 2008).
법정, 『한 사람은 모두를 모두는 한 사람을』(서울: 문학의숲, 2010).
변광배, 『나눔은 어떻게 인간을 행복하게 하는가: 모스에서 사르트르까지 기부에 대한 철학적 탐구』(서울: 프로네시스, 2012).
서보혁, 『북한정체성의 두 얼굴』(서울: 책세상, 2003).
선우현, 『우리시대의 북한철학』(서울: 책세상, 2000).
서재진, 『또 하나의 북한 사회』(서울: 도서출판 나남, 1995).
손봉숙 외, 『북한의 여성생활』(서울: 나남, 1992).
송두율, 『소련과 중국: 사회주의 사회에서의 노동자 · 농민 · 지식인』(서울: 한길사, 1990).
송두율, 『역사는 끝났는가』(서울: 당대, 1998).
송희자, 『교류분석개론』(서울: 시그마프레스, 2010).
신일철, 『북한주체철학연구』(서울: 나남, 1993).

신형기, 『민족이야기를 넘어서』(서울: 삼인, 2003).
신효숙, 『소련군정기 북한의 교육』(서울: 교육과학사, 2003).
에릭 홉스봄 외, 『만들어진 전통』(서울: 휴머니스트, 2005).
양문수 『북한경제의 구조』(서울: 서울대학교출판부, 2004).
양은식 외, 『분단을 뛰어넘어』(서울: 중원문화, 1988).
양재혁, 『東洋思想과 마르크시즘』(서울: 일월서각, 1987).
양호민 외, 『북한사회의 재인식1』(서울: 도서출판 한울, 1987).
양호민 외, 『"평화통일"을 위한 남북대결 – 1965년에서 1980년까지의 내외적 상황 – 』(서울: 소화, 1996).
양호민 · 강인덕, 『공산주의비판』(서울: 극동문제연구소, 1986).
오일환 · 유호열 · 이종국 · 정성장 · 최대석, 『현대북한체제론』(서울: 을유문화사, 2000).
오일환 · 정순원, 『김정일 시대의 북한 정치경제』(서울: 을유문화사, 1999).
우한용 외, 『서사교육론』(서울: 동아시아, 2001).
이기범 · 마이클 애쉬튼, 『H 팩터의 심리학』(서울: 문예출판사, 2014).
이명자, 『북한영화사』(서울, 커뮤니케이션북스, 2008).
이상섭, 『역사에 대한 불만과 문학』(서울: 문학동네, 2002).
이상우 외 『북한 40년: '朝鮮民主主義人民共和國'의 특성과 변천 과정』(서울: 을유문화사, 1988).
이온죽, 『북한 사회의 체제와 생활』(서울: 법문사, 1993).
이은윤, 『육조 혜능평전』(서울: 동아시아, 2004).
이향규 · 조정아 · 김지수 · 김기석 공저, 『북한교육 60년: 형성과 발전, 전망』(파주: 교육과학사, 2010).
이종석, 『새로 쓴 현대북한의 이해 』(서울: 역사비평사, 2000).
이종석, 『조선로동당연구』(서울: 역사비평사, 2003).
이종석, 『북한의 역사 2』(서울: 역사비평사, 2013).
이찬행, 『김정일』(서울: 백산서당, 2001).
이홍구 편, 『마르크스주의와 오늘의 세계: 변용의 제형태』(서울: 법문사, 1984).
전국철학교육자연대회의, 『한국 「도덕 · 윤리」 교육백서』(서울: 한울, 2001).

전미영, 『김일성의 말, 그 대중설득의 전략』(서울: 책세상, 2005).
정민승, 『성인학습의 이해』(서울: (사)한국방송통신대학교출판부, 2010).
정영철, 『김정일리더십연구』(서울: 도서출판선인, 2005).
조정아 · 임순희 · 노귀남 · 이화영 · 홍민 · 양계민, 『북한 주민의 의식과 정체성: 자아의 독립, 국가의 그늘, 욕망의 부상』(서울: 통일연구원, 2010).
조정옥, 『감정과 에로스의 철학: 막스 셸러의 철학』(서울: 철학과현실사, 1999).
조한혜정 · 이우영, 엮음, 『탈분단시대를 열며』(서울: 삼인, 2000).
중국조선족교육사편찬위, 『중국조선족교육사』(연변: 동북조선민족교육출판사, 1991, 서울: 한국문화사 영인, 1994).
최성편, 『현대사회주의비교연구』(서울: 학민사, 1990).
최완규 엮음, 『북한 도시의 위기와 변화』(서울: 도서출판 한울, 2006).
최종고, 『북한법』(서울: 박영사, 1993).
한승조 외, 『남북한의 인성 사상교육』(서울: 집문당, 1998).
한양대 사회인지발달연구모임 편, 『집단심리』(서울: 정민사, 2001).
함택영 · 김근식, 『북한 도시의 形成과 발전』(서울: 한울아카데미, 2004).
현대조선문제강좌 편집위원회편, 『북한의 경제 : 사회주의 조선의 경제』(광주: 도서출판 광주, 1988).
홍웅선, 『광복 후의 신교육운동』(서울: 대한교과서주식회사, 1991).

3) 학위논문 및 학술지논문

권오윤, 「해방후 노동조합으로서 북한 직업동맹의 성격변화(1945~1950)」, 『북한연구학회보』 제8권 제1호(2004, 여름).
김경욱, 「천리마시대(1956~1972)의 북한 교육교양에 대한 연구－북조선인의 탄생」, 『현대북한연구』 21권 1호, 2018,
김보근, 「대안의 사업체계를 보는 두 개의 눈, 그리고 북한 변화를 진단하는 두 개의 눈」, 『정치비평』 하반기(2002).
김수자, 「이승만의 일민주의의 제창과 논리」, 『한국사상사학』 제22집, 2004.
김용현, 「1950년대 북한사회 군사화의 내용과 성격」, 『북한연구학회보』 제6권 제1호(2002).

김진아, 「천리마 시기 소설의 현대성과 천리마 기수의 전형 창조」, 『한민족어문학』 제58집(2011).
김진아, 「석윤기 소설 연구-천리마시기 『조선문학』 수록 작품을 중심으로」, 『통일문제연구-제25~26집(2003~2004)』(2004).
김진환, 「조선노동당의 집단주의 생활문화 정착 시도」, 『북한연구학회보』 제14권 제2호(2010).
박소영, 「북한의 지방문화의 획일화와 지방공동체의 해체」, 『북한학연구』 제6권 제2호(2010).
박승민 · 배진영, 「주민등록사업참고서-전주민을 기본군중, 복잡한 군중, 적대계급, 잔여분자로 분류」, 『월간조선』 7월호(2007).
박태성, 「구소련의 교육전통: 사상적 측면을 중심으로」, 『중소연구』 통권5호(1991/2 겨울).
박혜숙, 「사회주의체제 형성기 북한 교원의 충원과 관리」, 『현대북한연구』 제15권 3호(2012).
원종찬, 「동요시인 윤복진 연구-북한에서의 활동을 중심으로」, 『동화와번역』 제17집(2009. 06).
이대우, 「사회주의교육운동과 모택동-유소기갈등」, 『법학연구』, 부산대학교법학연구소(1979).
이영미, 「1960년대 북한 문학교육의 일동향-아동문학교육교양장의 변동기적 위상을 중심으로-」, 『문학교육학』 제31호(2014).
이영형, 「스탈린 정책의 사상적 의미」, 『시민정치학회보』 제5권(2002).
이우영 · 황규진, 「북한의 생활총화 형성과정 연구」, 『북한연구학회보』 제12권 제1호(2008).
정상훈, 「농업 및 산업관리체계: 청산리방법과 대안의 사업체계」, 『북한사회주의건설의 정치경제』(서울: 경남대학교 극동문제연구소, 1993).
정영철, 「1970년대 대중운동과 북한 사회」, 『현대북한연구』 6권 1호(2003).
조은희 「북한의 김일성시대 문화상징으로서의 공간: '혁명전통'관련 공간을 중심으로」, 『한민족문화연구』 제27집(2008).
최만원, 「'대약진'운동의 기원-교육부문을 중심으로」, 『통일문제』 Vol.20. No.1

(2005).

팽영일, 「마카렌코(A. S. Makarenko)의 훈육방법론으로서의 「전망(ПерсПектива」」, 『比較敎育硏究』 제12권 제2호(2002. 12).

홍태영, 「'과잉된 민족'과 '찾을 수 없는 개인': 일민주의와 한국 민족주의의 특수성」, 『한국정치연구』 제24집 제3호(2015).

4) 학위논문

이정철, 「사회주의 북한의경제동학과 정치체제－현물동학과 가격동학의 긴장이 정치체제에 미치는 영향을 중심으로」, 서울대학교 대학원 정치학과 박사학위논문(2002).

이혜경, 「북한의 '보건일군' 양성정책 연구－체제수호 전위양성을 중심으로－」, 북한대학원대학교 박사학위논문(2013).

조정아, 「산업화 시기 북한의 노동교육」, 서울대학교 대학원 교육학 박사학위논문(2003).

홍민, 「북한의 사회주의 도덕경제와 마을체제」, 동국대학교 대학원 북한학과 박사학위논문(2006).

3. 외국문헌

가라타니 고진, 『트랜스크리틱』(서울: 도서출판b, 2013).

노먼 블래키, 『사회이론과 방법론에 다가서기』(서울: 한울아카데미, 2000).

니키타 세르게에비티 흐루시초프, 『개인숭배와 그 결과들에 대하여』(서울: 책세상, 2006).

도날드 폴킹혼, 『사회과학 방법론』(서울: 일신사, 2003).

레온하르트, 김광수 역, 『공산주의 이념의 변질』(서울: 종로서적, 1983).

로버트 대니얼스 외, 『스탈린혁명』(서울: 신서원, 1997).

모택동, 『모택동선집 3』(서울: 범우사, 2007).

마리-클레르 베르제르, 『중국현대사－공산당, 국가, 사회의 격동』(서울: 심산, 2009).

마이클 애플, 『교육과 권력』(서울: 한길사, 1989).
미셸푸코 외, 『자기의 테크놀로지』(서울: 동문선, 1997).
부르디외, 『상징폭력과 문화재생산』(서울: 새물결, 1997).
브루스 커밍스, 『브루스 커밍스의 한국현대사』(서울: 창작과 비평사, 2002).
브루스 커밍스, 『김정일코드』(서울: 따뜻한손, 2005).
블라지미르 마야꼬프스끼, 『내가 아는 한 노동자』(서울: 열린책들, 1989).
빅터 E. 프랭클, 『의미에의 의지－로고테라피의 이론과 실제』(서울: 분도출판사, 1968).
안택원 편, 『소련정치의 체계적 이해』(서울: 경남대학교극동문제연구소, 1986).
알렉 노브, 『소련경제사』(서울: 창작과비평사, 1998).
안톤 세묘노비치 마카렌코, 『아동교육 강연』(서울: 지만지, 2009).
악셀 호네트, 『인정투쟁』(서울: 동녘, 1996).
알래스데어 매킨타이어, 『덕의 상실』(서울: 문예출판사, 1997).
에드워드 H. 카아, 『역사란 무엇인가』(서울: 까치, 2015).
엘렌 브룬 · 재퀴스 허쉬, 『사회주의북한: 북한 경제발전 연구』(서울: 도서출판 지평, 1988).
엘리어트 아이즈너, 『교육적 상상력』(서울: 단국대학교출판부, 1999).
우노 시게아키, 『中國共產黨史』(서울: 일월서각, 1984).
와다 하루키, 『역사로서의 사회주의』(서울: 창작과 비평사, 1994).
와다 하루키, 『북조선: 유격대국가에서 정규군국가로』(서울: 돌베개, 2006).
이규환 · 강순원 편, 『資本主義社會의 敎育』(서울: 창작과 비평사, 1984).
이산하 엮음, 『체 게바라 시집: 먼 저편』(서울: 문화산책, 2003).
임지현 · 김용우 엮음, 『대중독재 3』(서울: 책세상, 2007).
장 코르미에, 『체 게바라 평전』(서울: 실천문학사, 2001).
조너선 하이트, 『바른 마음』(서울: 웅진하우스, 2014).
조지 애커로프 · 레이첼 트렌턴, 『아이덴티티 경제학』(서울: 랜덤하우스, 2011).
중국공산당 중앙문헌연구실 편, 『정통중국현대사: 중국공산당의 역사문제에 관한 결의』(서울: 사계절, 1990).
찰스 암스트롱, 『북조선 탄생』(서울: 서해문집, 2006).

토니 클리프, 『레닌평전3: 포위당한 혁명』(서울: 책갈피, 2010).

트로츠키, 『배반당한 혁명』(서울: 갈무리, 1995).

카를로 긴즈부르그, 『치즈와 구더기』(서울: 문학과지성사, 2001).

크루프스카야, 『크루프스카야의 국민교육론』(서울: 돌베개, 1989).

클리포드 기어츠, 『문화의 해석』(서울: 까치, 2009).

피에르 부르디외, 『자본주의의 아비투스』(서울: 동문선, 1995).

한나 아렌트, 『혁명론』(서울: 한길사, 2004).

헨리 루이스 테일러, 『쿠바식으로 산다: 밑바닥에서 본 아바나의 이웃공동체』(서울: 삼천리, 2010).

헬렌 야페, 『체 게바라, 혁명의 경제학』(서울: 실천문학, 2012).

F. V. 콘스탄티노프, 『사적유물론』(서울: 새길, 1988).

K. 마르크스 · F. 엥겔스, 『마르크스 · 엥겔스 저작선』(서울: 거름, 1988).

L. 루이링거, 『중국을 보는 제3의 눈』(서울: 소나무, 1995).

S. 룩스, 『마르크스주의와 도덕』(서울: 서광사, 1994).

S. 캐슬 · W. 뷔스텐베르크, 『사회주의 교육의 이론과 실천』(서울: 푸른나무, 1990).

吉本 均, 『수업과정의 인간화』(서울: 교육과학사, 1995).

柳 久雄, 『교육사상사』(서울: 백산서당, 1985).

沖原 豊, 『學校淸掃: 行動指導實際의 東西比較』(서울: 정민사, 1982).

Hazel Smith, "Bad, mad, sad or rational actor? Why the 'securitization'paradigm makes for poor policy analysis of north Korea", *International Affairs* 76, 3(2000).

Lary E. Holmes, *Stalin's School* (Pittsburgh Univercity of Pittsburgh Press, 1999).

Martin Carnoy, *Cuba's Academic Advantage* (California: Stanford, 2007).

Richard Sennet and Jonathan Cobb, *The Hidden Injuries of Class* (New York: Norton, 1993).

Sheila Fitzpatric, Education and Social Mobility in the Soviet Union 1921-1934 (London: Cambridge, 1979).

Janos Kornai, *The Socialist System: The Political Economy of Communism* (Pinceton: Pinceton univercity Press, 1992).

찾아보기

숫자

11년 의무교육제 382, 633, 645
11년제 의무교육 21, 633
11년제 의무교육시기 306
12년제 의무교육 685
2.19선언 282, 304
3대혁명붉은기시대 681, 685
3대혁명붉은기쟁취운동 18, 21, 22, 23, 24, 25, 55, 302, 675, 678, 681, 686, 694
3대혁명소조 17, 674, 675
3대혁명소조운동 20, 21, 675
5.25교시 284, 285, 286, 288
5점 채점 548, 691
5호담당제 162, 372
8월종파사건 65, 78, 88, 114, 218, 366
9년제 기술의무교육 21, 533, 645
9년제 기술의무교육시기 306
9년제 기술의무교육제 95, 534
9년제 기술의무교육제도 382

ㄱ

가부장적 425, 452, 453
가부장주의 452
가정교육 120, 438, 449, 527, 627
가정혁명 449, 450, 469
가정혁명화 199
가족주의 79, 129, 140, 141, 142, 151, 196, 293, 414, 440, 451, 454, 593, 600
갑산파 78, 220, 223, 284, 321, 446, 573
강선속도 20, 23
개별적 지도 157, 158, 159, 167, 627
개별지도 167, 412, 413, 543, 544, 556, 622, 636, 637, 638, 650
건국사상총동원운동 18, 82, 83, 264, 309, 444
경희극 415, 491, 492
계급노선 201, 202, 326, 607
계발교수법 272, 273
계발식 교수 272, 503
계발식교수법 271
고급중학교 116, 379, 380, 381, 382, 470, 529, 533, 624, 633, 645, 685
공명주의 131, 184, 454, 455
공명주의자 616, 630
공산주의도덕 109, 110, 120, 146, 234, 316, 324, 332, 398, 408, 411, 456,

465, 469, 550, 572, 578, 592, 632, 654
공산주의도덕교과서 108
공산주의도덕규범학습 394
공산주의 도덕교양 46, 107, 234, 324
공산주의 도덕론 571
공산주의 도덕예절 119, 120
공산주의 도덕 · 품성 390, 592
공산주의 품성 등록장 622
공산주의적 사업작풍 194
과도기 92, 176, 177, 244, 286, 401, 431, 606, 626, 679, 680, 683
과도기적 사회 184
과도기체제 102
과외학습반 556, 559
관료주의 62, 79, 83, 129, 130, 131, 132, 134, 135, 136, 140, 141, 147, 149, 151, 160, 163, 164, 165, 169, 173, 191, 200, 421, 427, 429, 477, 486, 494, 495, 576, 607, 617, 621, 639, 649, 656, 677, 684, 692
관료주의화 328
관문주의 129, 140, 142, 607
관문주의자 142, 184
관점전환 223, 224, 225, 589, 663, 679, 686, 694
관점전환학습 588
교육학적 공정 462, 538, 539, 542, 543, 623, 642, 643, 645
교조주의 69, 76, 86, 104, 116, 121, 135, 136, 139, 151, 271, 276, 293, 309, 318, 328, 336, 337, 340, 357, 431, 485, 486, 489, 501, 502, 532, 547, 617, 638, 639, 643, 652, 654
교조주의화 328
국가정체성 315, 321, 323, 660
군중예술 121, 236, 357, 363
군중체육 121, 122, 125, 236
극장국가 512
긍정감화 153, 166, 462, 489, 490, 494, 619, 622, 653, 662
긍정적 감화 34, 53, 452, 486, 487, 488, 489, 493, 494, 495, 550, 577, 618, 621, 622, 623, 645, 672, 692, 693
긍정적 감화교양 618
긍정적 감화교육 424
긍정적 감화방법 489, 494, 582
기사장 166, 189, 610, 611, 617, 653, 675
기술신비주의 114, 129, 137, 139, 140, 151, 200, 367, 421, 637, 645, 676, 677
기초기술교육 382, 534
길확실 242, 244, 596, 678, 690
길확실형 242
김수복 559, 582, 614, 625, 626, 630, 631, 632, 645, 646, 647
김연철 50, 78, 88, 401, 402
김일성주의 25, 29, 61, 64, 66, 74, 194, 225, 280, 282, 288, 298, 300, 301, 303, 304, 305, 334, 588, 615, 639, 678, 679, 680, 681, 682, 683, 684, 685, 686, 694
깨우쳐주는 교수 462
깨우쳐주는 교수교양법 276
깨우쳐주는 교수방법 462
깨우쳐주는 교수법 273, 274, 275,

303, 461, 504, 691
깨우쳐주는 교양 275
깨우쳐주는 교육 693
꼬마계획 409
꼬마계획활동 370

ㄴ

낙관 432
낙관적 198, 333
낙관적 전망 330
낙관적인 견해 594
낙관주의 234, 330
내부 채산제 102
뇌봉 241, 242, 460, 690
뇌봉의 전기 582
뇌봉형 229

ㄷ

단선제 53, 380, 381, 382, 645
단선제(기술의무교육) 379
단영예등록장 490
당생활총화 175, 577
당정책교양 96, 105, 109, 219, 256, 285, 287, 289, 291, 325, 328, 341, 352, 368, 689
대비교양 250, 331, 332, 439, 462, 486, 487, 488, 489, 657, 662, 671
대약진운동 62, 68, 88, 212, 239, 240, 241, 245, 571, 599
대약진운동시기 263, 571
대학신비병 365, 366
도급제 239, 393
도덕경제 598, 599, 600, 601, 607
독보 126, 127, 505, 531

ㅁ

마르크스-레닌주의 33, 34, 35, 61, 63, 69, 71, 76, 84, 91, 100, 103, 104, 105, 113, 195, 197, 224, 225, 268, 271, 282, 290, 302, 303, 304, 308, 309, 323, 330, 331, 334, 335, 336, 339, 340, 351, 372, 431, 433, 513, 588, 616, 646, 651, 652, 666, 678, 679, 680, 681, 682, 683, 684, 691, 694
마르크스-레닌주의 교양 83, 91
마르크스-레닌주의자 113, 213, 214, 489
마야꼬프스끼 213
마이클 애플 253
마카렌코 218, 347, 373, 424, 425, 426, 427, 429, 449, 452, 527, 691
마카렌코식 374
마카렌코의 성격교양 396
만리마 685
만리마속도 24
만페지읽기운동 485, 536
만페지책읽기운동 579
모범분단 259, 276, 459, 460, 461, 535, 539, 558, 591, 629, 692
모택동 35, 36, 62, 67, 82, 87, 88, 90, 93, 118, 119, 122, 123, 171, 192, 201, 211, 212, 215, 217, 218, 239,

240, 241, 244, 263, 266, 269, 270, 300, 304, 357, 360, 382, 452, 572, 573, 599, 610, 653, 690, 691, 692
모택동사상 211, 212, 570, 599
모택동어록 582
모택동주의 225
무조건성 80, 283, 293, 297, 298
문화대혁명 118, 122, 564, 571, 572, 573, 599, 614, 617
문화대혁명기 117, 267, 360, 513
문화대혁명시기 88, 632
문화어 105, 218, 353, 354, 653

ㅂ

박금철 220, 446, 573
박정희 235, 282, 284, 661
박정희 정권 250, 624, 661
반당수정주의 284
반당수정주의분자 73, 284
보수주의 25, 129, 135, 136, 137, 139, 140, 200, 333, 367, 421, 492, 637, 676
보수주의자 99, 137, 329
본위주의 79, 99, 101, 189, 397, 398, 400, 401, 402, 600, 628, 677
분공 144, 163, 165, 277, 403, 404, 406, 407, 413, 415, 429, 473, 518, 526, 545, 549, 553, 556, 561, 634, 635
붉은 등록장 182, 183, 622
붉은 수첩 578, 581, 582, 583, 584, 692
붉은 수첩운동 581
붉은 편지 24, 98, 168, 623, 630
비날론속도 19, 23

ㅅ

사대주의 71, 76, 86, 114, 135, 136, 139, 151, 285, 293, 309, 318, 325, 335, 336, 367, 427, 431, 434, 437, 654, 676
사대주의편향 340
사르트르 631
사회적 인정 180, 183, 184, 185, 186, 187, 454, 455, 619, 629, 690
사회적 자극 180
사회주의 분배원칙 177, 179, 398
사회주의 완전승리 402
사회주의적 분배 262, 399
사회주의적 분배원칙 262
상향평균주의 411, 412, 413, 414, 415
생산력주의 62, 92, 93, 95
생산실습 521, 528, 529, 533, 534
생활총화 165, 175, 542, 545, 553, 577
서사공동체 278, 482, 511
성격교양 346, 347, 386, 396, 436, 450, 481
소극주의 25, 79, 129, 135, 137, 140, 151, 367
소년단생활총화 559
소년단원 및 사로청원의 날 559, 560
수령제 20, 25, 61, 78, 79, 93, 172, 199, 210, 217, 221, 222, 223, 224, 225, 280, 283, 286, 302, 305, 306, 307, 308, 309, 354, 402, 615, 619, 636, 681, 693

수정주의 63, 64, 69, 71, 76, 83, 87, 99, 104, 121, 285, 293, 309, 335, 342, 343, 431, 547, 548, 593, 597, 617, 639, 652, 654, 666, 679
수정주의 노선 145
수정주의 조류 91
수정주의자 69, 71, 87, 212, 267, 671
스타하노프 111, 238, 239, 241, 242, 332, 358, 460, 690
스타하노프식 65
스타하노프운동 99, 100, 111, 238, 239, 241, 245, 262, 263, 332, 358
스타하노프형 229, 238
스탈린주의 33, 92, 210, 214, 238, 244, 263, 302, 307, 309, 331, 335, 339, 422, 431, 599, 679, 681
스탈린주의 유산 188
신격화 29, 30, 55, 290, 297, 300, 588, 694
신념화 297, 328, 468
신스탈린주의 62, 63, 64, 244, 422
신유교 440, 441, 453, 575
신테일러주의 422
실천이데올로기 280, 305, 371, 372, 588

ㅇ

아동단 468, 476
아동단원 324, 427, 428, 429, 475, 476
아이즈너 249, 255
어버이 215, 274, 407, 427, 440, 452, 619, 653, 672
어버이수령 112, 292, 319, 407, 452, 619
엥겔스 304, 343, 411, 571, 651
영예게시판 490, 622, 692
영예판 405, 490, 622
완전학습 535, 536, 538, 541, 543, 545, 546, 618, 624, 627, 633, 642, 645, 647, 692, 693
요령주의 677
우둥불 274, 506, 507
우둥불모임 506
유사수령제 593
유소기 87, 88, 211, 212, 217, 547, 571, 572, 573
유일체제 74, 78, 95, 217, 225, 280, 281, 302, 305, 615, 678, 682, 685
유일체제 리더십 40, 639
유일체제확립 678
이상우 300
이승만 660
이승만 정권 250
이신작칙 80, 146, 152, 163, 171, 193, 198, 199, 200, 201, 230, 323, 377, 378, 386, 452, 462, 498, 561, 614, 615, 619, 620, 623, 665, 672
이온죽 39, 207, 215, 454, 594
이종석 36, 46, 48, 64, 69, 72, 78, 217, 280, 281, 577
인민공사 68, 118, 212, 240, 245, 382, 397, 599, 691
인민공사화운동 88
인민체력검정 560, 561, 562, 563
인식전환학습 587, 589
인정욕망 183, 185, 634

ㅈ

자각성 198, 230, 261, 262, 266, 267, 275, 348, 640, 642
자기에의 배려 43, 566, 577, 578, 589, 596, 655, 657, 662, 665, 678, 692, 693
자력갱생 66, 83, 190, 198, 200, 201, 239, 240, 261, 264, 280, 296, 326, 336, 338, 346, 377, 379, 440, 522, 596, 615, 619, 620, 643, 653
자력갱생론 53, 67
자력갱생의 힘 640
자체수양 450, 459, 462, 463, 481, 566, 567, 573, 574, 575, 577, 579, 580, 582, 584, 641, 655, 657, 665, 667, 681, 682, 692, 693
전미영 277, 278, 356, 357, 654
정성운동 410, 658
정춘실 244, 414, 596, 678, 690
정춘실 유형 242
정춘실로력영웅 324
정통성 280, 321, 432
정통성교육 320, 321, 323
조선로동당력사연구실 218, 318
조직사회주의 241, 278, 286, 403, 415, 422, 429, 690
조직사회주의론 48
조직사회주의자 315
존 듀이 248, 538, 551
존 듀이식 248, 249
종파주의 69, 70, 71, 76, 87, 129, 140, 141, 143, 196, 293, 617, 671
종파주의적 경향 143
좋은일하기운동 409, 560
주관주의 129, 130, 132, 133, 135, 136, 140, 151, 158, 166, 677
주관주의자 616
주관주의적욕망 117
중심고리 136, 157, 158, 159, 166, 275, 376, 579, 609, 610, 611
지도자숭배 62, 210, 307, 431
지방주의 79, 129, 140, 141, 142, 151, 196, 293, 354
지배인유일관리제 19, 62, 65, 80, 189, 421
지배인의 유일적 지휘 188
직맹 189, 449, 610, 612, 653, 664
직맹반장 665
직업동맹 20
직업동맹총동맹(직총) 418
직일 작업반장제 243, 244
진응원 99, 116, 121, 124, 242, 244, 596, 678, 690
진응원작업반 98, 123
집단서사 278, 279, 483
집단의 핵심 146, 387, 604, 606
집체적 지도 19, 80, 129, 178, 188, 610, 611, 612, 613, 627

ㅊ

천리마학급 259, 276, 459, 460, 461, 465, 535, 542, 543, 545, 591, 608, 625, 629, 648, 649, 692
천리마학급칭호 111, 183, 537, 629, 630, 632, 663

체 게바라 233, 263, 266
초스탈린주의 679
초스탈린주의체제 64
충실성교양 60, 77, 109, 187, 195, 218, 219, 290, 292, 302, 316, 318, 320, 431, 452, 465, 507, 689
충실성의 4대원칙 297

ㅋ

코르나이 49, 332, 402, 411, 429
쿠바 50, 99, 233, 234, 263, 330, 420, 448, 554

ㅌ

탈스탈린주의 62, 63, 64, 92, 244, 307, 330, 334, 422, 679
탈테일러주의 422
테일러리즘 37
테일러시스템 420, 421, 422
테일러주의 422

ㅍ

펠레톤 357, 489, 491, 577, 692
평균주의 262, 263, 363, 690
평양속도 19, 23
푸코 49, 566, 567, 568, 578

ㅎ

학력사회 358, 380, 538, 633
학습반 394, 542, 545, 552, 553, 557, 558, 559, 624, 625, 626, 627, 691
한국인 55, 661
행세식 169, 202, 351
행정명령식 129, 130, 132, 134, 149, 162, 164, 165
허가이 142, 186, 607
허가이식 142, 169
혁명가적 기풍 60, 79, 194, 198, 199, 201, 202, 205, 346
혁명적 사업작풍 191, 194, 207
혁명적 수령관 309
현지지도 19, 20, 79, 82, 150, 153, 158, 162, 167, 168, 169, 170, 171, 172, 188, 190, 193, 204, 205, 207, 224, 259, 318, 532, 616, 619, 623, 636, 637, 674
형상분석 462, 479, 480, 481
형식주의 79, 129, 131, 134, 135, 136, 140, 147, 149, 151, 158, 160, 164, 165, 169, 191, 271, 276, 295, 309, 360, 427, 477, 486, 494, 503, 532, 607, 617, 621, 639, 643, 649, 677, 692
형식주의적 교육 248
홉스봄 320, 322

저자소개

김 경 욱

연세대학교에서 철학과 졸업, 고등학교에서 윤리를 가르쳤으며 북한대학원대학교에서 석사, 박사학위를 취득.
학참교육연구소소장, 학생생활연구회 회장, 따돌림사회연구모임 대표를 역임했다.
현 따돌림사회연구모임 명예대표.

대표저서:
『이 선생의 학교폭력 평정기』, 『이 선생의 학교폭력 평정기 특수전』, 『이 선생의 학교폭력 상담실』, 『10대 언어보감』, 『10대 마음보고서』, 『진짜 나를 만나는 혼란상자』, 『나의 벽을 넘어서는 불안상자』, 『교실, 평화를 말하다』, 『폭력교실에 맞서는 용기』, 『학급혁명 10일의 기록』(이상 공저)